Dominik Mikulaschek

Du wirst die Welt ~~nicht~~ verändern?

Anleitung für eine neue Weltordnung

tredition GmbH

© 2018 Dominik Mikulaschek
Umschlag, Illustration: Ivica Kamenjasevic
Lektorat, Korrektorat: Christian Kelly

Verlag & Druck: tredition GmbH, Hamburg

ISBN
Paperback   978-3-7469-5682-4 (Paperback)
Hardcover   978-3-7469-5688-6 (Hardcover)
e-Book   978-3-7469-5684-8 (e-Book)

Dominik Mikulaschek, geboren 1983, studierte Theater-, Film-, und Medienwissenschaften in Wien und lebt als Autor und Unternehmer in Linz. Er hat die Organisation: »Du wirst die Welt verändern« im Jahr 2018 gegründet.

Die wesentliche Wechselbeziehung zwischen Politik, Wirtschaft und Globalisierung, mit der er sich seit seinem 18 Lebensjahr beschäftigt, ist für ihn von höchster Bedeutung und das Thema des 21. Jahrhunderts, welches einer positiven systemischen globalen Lösung bedarf, damit möglichst viele Menschen weltweit in Frieden, Würde und Freiheit leben können. In diesem Buch zeigt er faktisch und argumentativ auf, was die wesentlichen Probleme unserer Zeit sind: ein globaler problematischer Ist-Zustand, den man dringend ändern muss, ein globaler realistischer Soll-Zustand und – was am wichtigsten ist – wie dieser globale Soll-Zustand durch ein multiples funktionales globales System unter Berücksichtigung eines globalen Hebelregisters erreicht werden könnte. Jede Leserin und jeder Leser erfährt, welchen realistischen Handlungsspielraum man selbst hat und wie man das System global in Summe verändern müsste, vor allem aus Sicht der Politik und Wirtschaft, damit eine gerechtere Welt und neue Weltordnung langfristig entstehen könnten.

www.du-wirst-die-welt-veraendern.com

tredition GmbH

Mit 18 Jahren hatte ich meine erste Diskussion bezüglich globaler Lösungsansätze für eine gerechtere Welt. Am Ende der Diskussion meinte mein gegenüber: »Alles schön und gut wie du dir das alles vorstellst, aber bitte glaub nicht, dass du die Welt verändern kannst.«

Inhalt

I.) Vorwort: An wen richtet sich dieses Buch und welches Ziel verfolgt es?

»Alle Menschen sind frei und gleich an Würde und Rechten geboren. Sie sind mit Vernunft und Gewissen begabt und sollen einander im Geiste der Brüderlichkeit begegnen.«[1]

Jeder von uns kennt den einen oder anderen Ansatz, wie man die Welt ein Stückchen besser machen könnte. Beginnt man sich damit zu beschäftigen, wie man die Welt global tatsächlich verändern könnte, überfordert einen dieses Thema letztendlich und man denkt nicht weiter darüber nach. Mit diesem Buch möchte ich jedem Menschen weltweit das theoretische und praktische Wissen geben, sich möglichst einfach und effizient für eine gerechtere globale Welt und neue Weltordnung einzusetzen. Eine detaillierte Analyse zeigt auf, was die wesentlichen Probleme unserer Zeit sind: ein globaler problematischer Ist-Zustand, den man dringend ändern muss, was ein globaler wünschenswerter Soll-Zustand wäre und – was am wichtigsten ist – wie dieser globale Soll-Zustand durch ein multiples funktionales globales System unter Berücksichtigung eines globalen Hebelregisters erreicht werden könnte. Jede Leserin und jeder Leser erfährt, welchen realistischen Handlungsspielraum man selbst hat und wie man das System global in Summe verändern müsste, vor allem aus Sicht der Politik und Wirtschaft, damit eine gerechtere Welt und neue Weltordnung langfristig entstehen könnten.

Zwei Thesen / zwei Formeln / zwei Systeme: Globale neoliberale kapitalistische Marktwirtschaft vs. globale gemeinwohlorientierte kapitalistische Marktwirtschaft

Globaler Ist-Zustand / Globale neoliberale kapitalistische Marktwirtschaft = Kapitalismus + Scheindemokratie oder Autokratie + Plutokratie

These, aus der diese problematische Formel resultiert: »Das bestmögliche Ergebnis wird dann erzielt, wenn das Individuum das tut, was für es selbst am besten ist.« **(Adam Smith)**

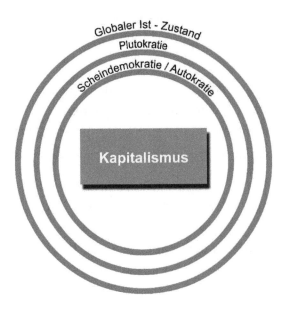

Problematisches globales System – Erklärung der Formel in einem Satz: Viele Unternehmer, an vorderster Front jede Menge Konzerne, sind angetrieben, innovative Produkte und Dienstleistungen zu schaffen, um möglichst viel Profit zu machen, schädigen aus Profitgier, Machtgier und Konkurrenzverhalten dabei meistens das Gemeinwohl, um den Aufstieg bzw. Überleben des Unternehmens zu sichern, wie z.B. durch menschenunwürdige Arbeitsverhältnisse, Steuerflucht, Umweltverschmutzung, ein oder zwei Dollar Tageslohn etc. **(Kapitalismus)**, Staaten werden entweder scheindemokratisch regiert, wie z.B. in Amerika, Russland, Deutschland etc., wo das Volk alle vier oder fünf Jahre zur Wahl gebeten wird, aber die Gesetze, die beschlossen werden, letztendlich nicht beeinflussen kann, oder Staaten werden autoritär regiert, wo das Volk kein demokratisches Mitspracherecht hat, wie z.B. in China, Nord-Korea, Kamerun etc. **(Scheindemokratie / Autokratie)** und viele Millionäre und Milliardäre, reiche Familien, Konzerne haben eine globale Lobby zur Verfügung bzw. kaufen die politische Elite, beeinflussen die Gesetze dadurch zu ihren Gunsten, wodurch keine Chance besteht, dass sich wesentliche Gesetze durchsetzen, die dem Gemeinwohl dienen. **(Plutokratie)**

Globale Formel, um die neoliberale kapitalistische Marktwirtschaft (Raubtierkapitalismus) weltweit zu bändigen: Globale gemeinwohlorientierte kapitalistische Marktwirtschaft

Globaler Soll-Zustand / Globale gemeinwohlorientierte kapitalistische Marktwirtschaft = Kapitalismus + Globale direkte Demokratie (Schützt den Souverän vor Scheindemokratien oder Autokratien und gemeinwohlschädigenden Gesetzen) + Globales Hebelregister (Schützt den Souverän vor der Plutokratie und dem Unterlaufen globaler Mindeststandards)

These, aus der diese zukunftsweisende Formel resultiert: »Das bestmögliche Ergebnis wird dann erzielt, wenn das Individuum das tut, was für es selbst am besten ist, **und das, was auch für die Gruppe bzw. das Gemeinwohl am besten ist.**« **(John Nash)**

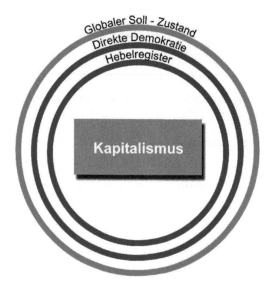

Neues globales System - Erklärung der Formel in einem Satz: Die wesentliche Triebfeder des Kapitalismus behält man am besten bei, da es aus heutiger Sicht nicht realistisch wäre, das zu ändern, und damit vor allem Unternehmer angetrieben bleiben, innovative Produkte und Dienstleistungen weiterhin zu schaffen, um in weiterer Folge möglichst viel Profit zu machen **(Kapitalismus)**, Politiker würden in Zusammenarbeit mit dem Souverän und Wissenschaftlern im UNO-

Parlament und in möglichst allen 206 Staaten unter dem Deckmantel der Subsidiarität Gesetze beschließen, die langfristig das globale Gemeinwohl befördern und schützen **(Globale direkte Demokratie)** und durch das Hebelregister würden globale universelle gemeinwohlfördernde Basis - Gesetze und somit klare globale Grenzen und Mindeststandards wie z.B. Menschenrechte, Mindestlöhne, Steuerabgaben etc. für Staaten, Unternehmen und vor allem für Konzerne entstehen, die eine gerechte Welt und neue Weltordnung zur Folge hätten **(Globales Hebelregister)**.

Auf Basis der These von John Nash und der daraus resultierenden Formel eines neuen globalen Systems, der »globalen gemeinwohlorientierten kapitalistischen Marktwirtschaft«, beschreibe ich ein globales Hebelregister, das aus siebzehn globalen, universell gültigen Hebeln besteht, und wie man systemisch die Welt neu ordnen müsste, **damit möglichst viele Menschen weltweit in allen 206 Staaten dieser Welt ein Leben in Würde, Frieden und Freiheit leben können.** Egal welchen aktuellen Bildungsstand und Wissensstand man zu diesem Thema hat, mit diesem Buch kann man bei null beginnen und sich das wesentliche Wissen aneignen. Ich möchte alle Menschen weltweit ansprechen, unabhängig von Herkunft, Familie, Religion, Beruf, egal ob arm oder reich etc., jeder kann dieses Buch lesen und sich nach seinen individuellen Möglichkeiten am Gelingen einer gerechteren Welt und neuen Weltordnung beteiligen.

II.) Eine effiziente Zusammenfassung des Buches für Nicht-Leseratten!

Bevor ich zur Einleitung komme, ist es mir enorm wichtig, den wesentlichen Inhalt dieses Buches kurz und knapp auf den Punkt zu bringen.

Hinweis: Wer das Buch in aller Ruhe von Beginn an lesen möchte und keine Zusammenfassung benötigt, blättere einfach auf S. 96 vor.

Da aber viele Leser nicht genug Zeit, Geduld, Interesse etc. haben, ein ganzes Buch zu lesen, hier die wesentlichen Fakten, die Sie unbedingt erfahren sollen, auf 80 Seiten komprimiert.

Folgende Punkte werden in der Zusammenfassung behandelt:

1.) Globaler Ist-Zustand: Was sind die derzeitigen wesentlichen globalen Probleme des 21. Jahrhunderts?

2.) Globaler Soll-Zustand: Was wäre ein globaler wünschenswerter Soll-Zustand bis 2030? → Sustainable Development Goals (SDG)

3.) Das grundlegende Problem – Das kollektive globale Bewusstsein: »Die Welt lässt sich nicht zum Besseren hin verändern.«

4.) Warum der Großteil der Weltbevölkerung aus heutiger Sicht nicht dazu befähigt ist, eine gerechtere Welt zu erschaffen?

5.) Individuum – Wie sich jeder Einzelne von uns für eine bessere Welt stark machen kann

6.) System neu aufsetzen → Regulierende Dynamik: »Das bestmögliche Ergebnis wird dann erzielt, wenn das Individuum das tut, was für es selbst am besten ist, und das, was auch für die Gruppe bzw. das Gemeinwohl am besten ist.« (John Nash)

7.) Globalen Soll-Zustand erreichen durch neue Politik- und Wirtschaftsordnung → »Globale gemeinwohlorientierte kapitalistische Marktwirtschaft« oder noch besser »Globale ökosoziale Marktwirtschaft«

8.) Globales Hebelregister - 17 Hebel für eine möglichst global gerechte Welt und neue Weltordnung

9.) Wege, um den globalen Soll-Zustand einzuleiten: Welche realistischen Möglichkeiten gibt es, damit dieses System mittels des Hebelregisters für eine bessere Welt umgesetzt wird?

10.) Start für eine neue Weltordnung durch das globale Netzwerk Facebook

11.) Sieben wesentliche Elemente zum globalen Erfolg: Buch + Filmdokumentation + Website + Facebook + weltweite NGO + Partei in möglichst vielen Staaten + Werbung

1.) Globaler Ist-Zustand: Was sind die derzeitigen wesentlichen globalen Probleme des 21. Jahrhunderts?

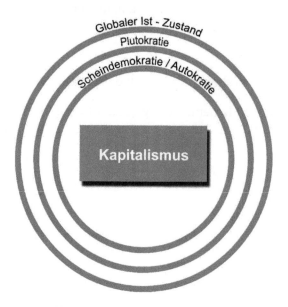

Globaler Ist-Zustand = Kapitalismus + Scheindemokratie oder Autokratie + Plutokratie (mehr dazu später)

Was bedeutet globale Ungerechtigkeit? Die schrecklichen Kennzahlen eines globalen Ist-Zustands:

- »Jeden Tag sterben 100.000 Menschen an Hunger oder an den unmittelbaren Folgen«[1]

- »Alle 3,6 Sekunden verhungert ein Mensch; die große Mehrzahl sind Kinder unter 5 Jahren.«[2] »Alle 5 Sekunden verhungert ein Kind.«[3] »30.000 Kinder sterben täglich an Hunger, den Folgen schmutzigen Wassers und vermeidbaren Krankheiten.«[4]

- »Letztes Jahr waren 842 Millionen Menschen schwerstens, permanent unter ernährt gewesen.«[5]

- »Weltweit sterben 2,6 Millionen Babys innerhalb ihres ersten Lebensmonats. Eine Million von ihnen sind schon am ersten Tag tot. Das hat das UN-Kinderhilfswerk Unicef gezählt. Besonders tragisch: Die meisten Tode wären vermeidbar.«[6]

- »Jedes Jahr sterben 6,6 Millionen Kinder unter 5 Jahren an vermeidbaren Krankheiten.«[7]

- »Alle 4 Minuten verliert jemand das Augenlicht, wegen Vitamin A Mangel.«[8]

- »Jede Minute stirbt ein Kind durch verunreinigtes Wasser.«[9] »Von den 2,1 Milliarden Menschen, die kein sicheres Trinkwasser haben, haben 844 Millionen nicht einmal Zugang zu elementarer Wasserversorgung.«[10] »8 Millionen Menschen sterben jährlich an den Folgen von Wassermangel und -verschmutzung, darunter 1,6 Millionen Kinder.«[11] »Um 300% wird der globale Süßwasserverbrauch in den nächsten 30 Jahren steigen.«[12]

- »Laut UN-Programm Habitat verfügen 1,1 Mrd. Menschen in städtischen Gebieten über keine angemessene Unterkunft; die Zahl der Betroffenen dürfte bis 2025 auf 1,6 Mrd. steigen. Mindestens 100 Mio. Menschen sind praktisch obdachlos. In Europa sind jedes Jahr vier Millionen vorübergehend von Obdachlosigkeit betroffen, in den USA 3,5 Millionen.«[13]

- »Im Jahr 2016 starben 1,34 Millionen Menschen weltweit an den Folgen einer viralen Leberentzündung, darunter Leberkrebs, Leberzirrhose, Hepatitis A, E, B, C und D. Tuberkulose verursachten 1,2 Millionen Todesfälle, 1 Millionen gingen auf das Konto der Immunschwächekrankheit AIDS und 719.000 Todesfälle wurden durch Malaria verursacht.«[14]

- »Mehr als 1 Milliarde Menschen müssen am Tag mit weniger als 1 Dollar haushalten. Weitere 2,7 Milliarden leben mit weniger als 2 Dollar am Tag.«[15]

- »Das reichste Prozent der Weltbevölkerung besitzt weiterhin mehr Vermögen als der gesamte Rest.«[16] »2017 gab es weltweit alle 2 Tage einen neuen Milliardär.« Vor 30 Jahren gab es 140 Milliardäre mit einem Gesamtvermögen von 295 Milliarden Dollar, 2017 gab es bereits 2043 Milliardäre mit insgesamt 7,7 Billionen Dollar Gesamtvermögen.«[17] »Bill Gates, Amancio Ortega, Warren Buffett, Carlos Slim Helu, Jeff Bezos, Mark Zuckerberg, Larry Ellison und Michael Bloomberg: Sie besaßen im Jahr 2016 426 Milliarden Dollar – 3,6 Milliarden Menschen kamen dagegen zusammen auf lediglich 409 Milliarden Dollar.«[18]

- »40 Millionen Menschen leben weltweit unter Verhältnissen moderner Sklaverei, 25 Millionen in Form von Zwangsarbeit, 15 Millionen lebten in einer Zwangsehe, die häufig auch Zwangsarbeit miteinschließe.«[19]

- »Von 2008 bis 2017 hat sich der Schuldenstand des Globalen Südens fast verdoppelt und beträgt aktuell 6,877 Billionen US-Dollar.«[20]

- »Weltweit 20 Kriege und 385 Konflikte hat das Heidelberger Institut für Internationale Konfliktforschung im Jahr 2017 gezählt.«[21] »1572 Mrd. Euro betragen die jährlichen Rüstungsausgaben, steigende Tendenz. Gemessen am weltweiten Bruttosozialprodukt (BIP) betrugen die Rüstungsausgaben weltweit 2,2 Prozent.«[22]

- »264 Millionen Kinder und Jugendliche zwischen 6 und 17 Jahren haben weltweit keinen Zugang zu Bildung.«[23] »750 Millionen Analphabeten weltweit.«[24]

- »Ende 2017 waren 68,5 Millionen Menschen auf der Flucht. Dies ist die höchste Zahl, die jemals von UNHCR verzeichnet wurde.«[25]

- »Demokratie feindliche Staaten: mindestens ein Viertel aller Nationalstaaten und damit rund ein Drittel der Weltbevölkerung werden autoritär regiert.«[26]

- »Täglich sterben, je nach Schätzung, zwischen 70 und 200 größtenteils unerforschte Pflanzen- und Tierarten aus. Die Hauptgründe für das Artensterben bestehen fort oder haben sich sogar verschärft.«[27]

- »Drohende Überbevölkerung: Im Jahr 2050 werden wir laut Prognosen der Vereinten Nationen 9,8 Milliarden / Im Jahr 2100 11,2 Milliarden.«[28]

2.) Globaler Soll-Zustand: Was wäre ein globaler wünschenswerter realistischer Soll-Zustand bis 2030? → Sustainable Development Goals (SDG)

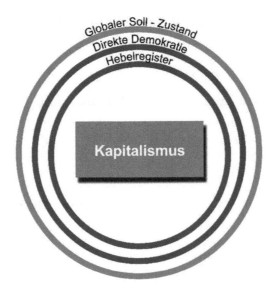

Globale Formel, um den Raubtierkapitalismus weltweit zu bändigen:

Globale gemeinwohlorientierte kapitalistische Marktwirtschaft = Kapitalismus + Globale direkte Demokratie (Schützt das globale Gemeinwohl vor Scheindemokratien oder Autokratien) + Globales Hebelregister (Schützt das globale Gemeinwohl vor der Plutokratie) – mehr dazu später

Die Vereinten Nationen (UNO) legen die Sustainable Development Goals fest und setzen auf die Agenda 2030. Die Agenda 2030 soll die Welt verändern.

Was ist die Agenda 2030 für nachhaltige Entwicklung?

»Mit der Agenda 2030 für nachhaltige Entwicklung gehen die 193 UN-Mitgliedsstaaten für die kommenden 15 Jahre eine Partnerschaft für Frieden und Wohlstand für alle Menschen und für den Schutz der Umwelt und des Klimas auf dem Planeten Erde ein. Die Agenda wurde am 25. September 2015 von der Vollversammlung der Vereinten Nationen in New York beschlossen. Sie trat am 1. Jänner 2016 in Kraft und enthält 17 globale Nachhaltigkeitsziele, die so genannten SDG

(Sustainable Development Goals). Diese Ziele gliedern sich in insgesamt 169 Sub-Ziele. Die SDG geben Leitlinien für nachhaltige Entwicklung auf wirtschaftlicher, ökologischer und sozialer Ebene vor und bauen auf dem Prinzip auf, alle Menschen miteinzubeziehen.

Die 17 globalen Nachhaltigkeitsziele (Sustainable Development Goals - SDG)

1. Armut in jeder Form und überall beenden.

2. Den Hunger beenden, Ernährungssicherheit und eine bessere Ernährung erreichen und eine nachhaltige Landwirtschaft fördern.

3. Ein gesundes Leben für alle Menschen jeden Alters gewährleisten und ihr Wohlergehen fördern.

4. Inklusive, gerechte und hochwertige Bildung gewährleisten und Möglichkeiten des lebenslangen Lernens für alle fördern.

5. Geschlechtergerechtigkeit und Selbstbestimmung für alle Frauen und Mädchen erreichen.

6. Verfügbarkeit und nachhaltige Bewirtschaftung von Wasser und Sanitärversorgung für alle gewährleisten.

7. Zugang zu bezahlbarer, verlässlicher, nachhaltiger und zeitgemäßer Energie für alle sichern.

8. Dauerhaftes, inklusives und nachhaltiges Wirtschaftswachstum, produktive Vollbeschäftigung und menschenwürdige Arbeit für alle fördern.

9. Eine belastbare Infrastruktur aufbauen, inklusive und nachhaltige Industrialisierung fördern und Innovationen unterstützen.

10. Ungleichheit innerhalb von und zwischen Staaten verringern.

11. Städte und Siedlungen inklusiv, sicher, widerstandsfähig und nachhaltig machen.

12. Für nachhaltige Konsum- und Produktionsmuster sorgen.

13. Umgehend Maßnahmen zur Bekämpfung des Klimawandels und seiner Auswirkungen ergreifen (in Anerkennung der Tatsache, dass die UNFCCC (United Nations Framework Convention on Climate Change – *Klimarahmenkonvention der Vereinten Nationen*) das zentrale internationale, zwischenstaatliche Forum zur Verhandlung der globalen Reaktion auf den Klimawandel ist).

14. Ozeane, Meere und Meeresressourcen im Sinne einer nachhaltigen Entwicklung erhalten und nachhaltig nutzen.

15. Landökosysteme schützen, wiederherstellen und ihre nachhaltige Nutzung fördern, Wälder nachhaltig bewirtschaften, Wüstenbildung bekämpfen, Bodenverschlechterung stoppen und umkehren und den Biodiversitätsverlust stoppen.

16. Friedliche und inklusive Gesellschaften im Sinne einer nachhaltigen Entwicklung fördern, allen Menschen Zugang zur Justiz ermöglichen und effektive, rechenschaftspflichtige und inklusive Institutionen auf allen Ebenen aufbauen.

17. Umsetzungsmittel stärken und die globale Partnerschaft für nachhaltige Entwicklung wiederbeleben.«[29]

Eine Weiterentwicklung der neuen Ziele ist, dass sie für alle Staaten der Welt Gültigkeit haben. Die Global Goals bilden einen Rahmen für nachhaltige Entwicklung auf wirtschaftlicher, ökologischer und sozialer Ebene. Ein schonender Umgang mit Ressourcen, verantwortungsvolle Sozialstandards und die Reduktion von klimaschädlichen Gasen wird von allen Staaten eingefordert.

Wesentliches Problem dieses Plans bis 2030 ist: Die Umsetzung ist freiwillig und jeder Staat entscheidet selbst über die Maßnahmen zur Erreichung der Ziele.

3.) Das grundlegende Problem – Das kollektive globale Bewusstsein: »Die Welt lässt sich nicht zum Besseren hin verändern.«

Einige von Ihnen waren vielleicht schon einmal in der Situation, dass in einer Runde das Weltgeschehen diskutiert wurde und man versucht hat, sich die Weltordnung und die globale Ungerechtigkeit zu erklären, mögliche Lösungsansätze zu finden, aber am Ende des Gesprächs zu dem Schluss kam, dass die Welt schon immer ungerecht war, ist und auch immer sein wird und man sich damit abfinden muss.

Egal mit wem ich diskutiert habe, ich habe noch so gut wie keinen Menschen kennen gelernt, der voller Zuversicht gemeint hätte: »Ja, ich denke, dass die Welt besser wird, dass in der Welt, in der ich lebe, die meisten Menschen ein gutes Leben führen oder führen werden.« In Summe sind sich sehr viele Menschen darüber einig, dass hier vieles gewaltig falsch läuft, aber sie unternehmen nichts dagegen. Am Ende jeder Diskussion steht fest: »**Die Welt lässt sich nicht verändern.**« Man muss die gegebenen Rahmenbedingungen akzeptieren und anerkennen, dass die Wirtschaft die Regeln immer mehr diktiert, die Politik im Wesentlichen hilflos zuschaut bzw. der Wirtschaftselite mehr und mehr unter die Arme greift, mittels entsprechenden Gesetzesbeschlüssen deren Reichtum noch mehr befördert und selbst immer machtloser wird. Jeder begibt sich in seine Welt zurück, ist vielleicht maximal Mitglied einer NGO, nimmt sein Wahlrecht wahr, kauft hin und wieder ein Fairtrade-Produkt, ist Vegetarier und hofft, dass er damit einen guten Beitrag leistet, damit die Welt vielleicht ein Stück besser wird, und sein Gewissen etwas beruhigen kann. Ich beobachte auch bei vielen, dass, wenn man argumentiert, wie man die Welt global verbessern könnte, viele Menschen jede Menge Gegenargumente sofort parat haben, warum es unmöglich ist, die Welt gerechter zu machen. Der Gedanke, dass eine gerechte Welt möglich wäre, ist für die meisten Menschen eine Utopie und viele wehren sich zu Beginn mit Händen und Füßen, um ja nicht von ihrer getroffenen Überzeugung Abstand nehmen zu müssen. Wesentlich ist, was ganz tief im Hinterkopf bei so gut wie jedem Individuum abgespeichert ist: »**Du wirst die Welt nicht verändern!**«, was letztendlich zu einem globalen kollektiven Bewusstsein führt: »**Die Welt lässt sich nicht zum Besseren hin verändern.**«

Ich verfolge in diesem Buch das Ziel, dass, wenn Sie es zu Ende gelesen haben, sich ihr Gefühl und Verstand hinsichtlich des Themas »Du wirst die Welt nicht verändern« umkehrt zu »**Du wirst die Welt verändern**« und Sie gestärkt in die Zukunft schreiten mit dem Wissen, es ist nicht wahr, die Welt kann ein Ort werden, wo möglichst viele Menschen ein menschenwürdiges Leben führen können.

Mein Anspruch ist es, so gut und einfach zu argumentieren, dass jeder Mensch, egal welchen Bildungsgrades, die wesentlichen Argumente verstehen wird und letztendlich mit dem Wissen bewaffnet ist, sich in seinem möglichen Rahmen für eine bessere Welt einzusetzen und die Möglichkeit erhält, dass faulige System unserer Zeit ohne Gewalt zu zerschlagen und ein neue gewinnbringende »**Globale ökosoziale Marktwirtschaft**« zu etablieren bzw. als eine Übergangslösung die »**Globale gemeinwohlorientierte kapitalistische Marktwirtschaft**«. (Mehr dazu später.)

Jeder Einzelne, der dieses Buch liest, die Website studiert oder die geplante Filmdoku schaut, muss aber am Ende des Tages selbst entscheiden, wie er oder sie dieses Buch deutet, welche Schlüsse man daraus zieht und ob man den alten Denkmustern verhaften bleibt oder den Mut gewinnt und sein Lebensmantra ändert: »**Du wirst die Welt verändern!**«

Das Ziel ist erreicht, wenn sich das Denken und Handeln möglichst vieler Menschen global gewandelt hat, sodass sich das globale kollektive Bewusstsein zu drehen beginnt und die Menschen zuversichtlich sagen können: »**Die Welt lässt sich zum Besseren hin verändern.**«

4.) Warum der Großteil der Weltbevölkerung aus heutiger Sicht nicht dazu befähigt ist, eine gerechtere Welt zu erschaffen?

Menschen, egal wo sie leben, bewegen sich in einem vorgegebenen System, finden Rahmenbedingungen vor und passen sich den Gegebenheiten an. Der Bevölkerung deshalb vorzuwerfen, sie sei für den globalen Ist-Zustand der Welt selbst verantwortlich, wäre überzogen. Aber wir alle sind Teil des globalen Systems und das Denken und Handeln jedes Einzelnen beeinflusst unser aller Zusammenleben. Letztendlich ist es vorprogrammiert, dass der Großteil der weltweiten Bevölkerung Mitläufer sind, die schwerstens damit beschäftigt sind, dem derzeitigen neoliberalen System standzuhalten, in dem sie schlimmstenfalls umzukommen drohen.

Warum ist es für das Individuum und in weiterer Folge für die Bevölkerung so schwer, wesentliche Änderungen herbeizuführen und eine gerechtere Welt zu erschaffen?

1) Wesentliche Teil der Weltbevölkerung hat andere Probleme: Wenn 3,7 Milliarden Menschen mit 1-2 Dollar am Tag auskommen müssen und bis hin zu Industriestaaten der Großteil der Bevölkerung ständig damit beschäftigt ist, im System überhaupt überlebensfähig zu sein, dann ist es nahezu unmöglich, dass sich global eine Vielzahl an Menschen erheben, aufbegehren und sich für eine gerechtere Welt einsetzen. Die globale wirtschaftliche Situation erlaubt es den Wenigsten, sich das aktuelle System überhaupt vor Augen zu führen und dieses aktiv zu kritisieren, geschweige denn gegen dieses aktiv vorzugehen. Das möglichst viele Menschen ihr Konsumverhalten hinsichtlich Produkten und Dienstleistungen hinterfragen, damit die Schädigung des globalen Gemeinwohls abnimmt, ist ebenfalls sehr schwierig aus heutiger Sicht zu verwirklichen, da die eigenen Probleme sehr oft im Vordergrund stehen und die meisten Menschen dadurch enorm gefordert bzw. überfordert sind und ganz einfach konsumieren, was man möglichst günstig und einfach bekommt.

2) Desinteresse an Politik und Wirtschaft: Wie in der Schule die meisten Schüler/innen sich nicht für Mathematik begeistern können, ist es wohl auch mit Politik und Wirtschaft. Die Masse spricht meines Erachtens maximal zu Wahlzeiten auf das Spektakel emotionalisierter Politik an, wenn sich z.B. zwei Politiker in einer Diskussion gegenseitig unschöne Dinge an den Kopf werfen. Dass sich in absehbarer Zeit im Alltag aber viele Menschen weltweit vertiefend mit Politik und Wirtschaft beschäftigen werden, ist meines Erachtens aus heutiger Sicht maximal Wunschdenken. Durch das Unwissen bzw. Halbwissen der breiten Masse haben Politiker mit einfachen Botschaften leichtes Spiel und es kommen meistens keine Parteien an die Macht, die tatsächlich für konstruktive zukunftsweisende Politik stehen, soweit es solche Parteien im jeweiligen Staat überhaupt gibt.

3) Kein Politik- und Wirtschaftsexperte / Gute oder schlechte Welt? Das Bewusstsein für eine gerechte oder ungerechte Welt fehlt meistens. Was ist an unserer Welt überhaupt ungerecht?

BürgerInnen aus Industriestaaten: Mir geht es doch gut! Geht es Menschen woanders wirklich so schlecht? Das kann nicht stimmen, dass alle 5 Sekunden ein Kind an Hunger stirbt. Das kann nicht stimmen, dass 3,7 Milliarden Menschen (Hälfte der Weltbevölkerung) mit 1–2 Dollar am Tag leben müssen und auf der anderen Seite es alle zwei Tage einen Milliardär mehr gab im Jahr 2017.

BürgerInnen aus Entwicklungsländer: Könnte es uns besser gehen? Uns geht es bereits so lange schlecht, wie soll sich das jemals ändern? Wie könnte ich mir und meiner Familie helfen?

Man kann nicht von jeder Bürgerin und jedem Bürger verlangen, ein Politik- und Wirtschaftsexperte zu sein und zum Beispiel eine allumfängliche fundierte Meinung und Lösungen für eine gerechte Welt parat zu haben, was im Umkehrschluss nicht heißen soll, dass nicht jede Bürgerin und jeder Bürger gut beraten ist, sich eine möglichst umfangreiche Meinung zu den verschiedenen Themenfeldern zu bilden. Da aber viele Menschen privat und beruflich massiv gefordert sind, ist es enorm wichtig für eine Gesellschaft, dass die Wähler/innen die Verantwortung nach einer Wahl zu einem gewissen Grad bei der Politik abgeben können und ihre Interessen entsprechend durch die gewählten Politiker/innen, Parteien, Institutionen vertreten werden (Arbeitsteilung). Deshalb wären wahrhaftige Volksvertreter/innen, die tatsächlich die Interessen des Souveräns vertreten, so enorm wichtig. Ihrer Profession entsprechend sollte es ihre Aufgabe sein, sich den nötigen Blick auf die aktuelle Politik, Wirtschaft, Globalisierung, etc. und deren aktuellen Gesetze zu verschaffen und letztendlich die nötigen neuen

Gesetze zu beschließen, die dem Gemeinwohl bestmöglich nützen und nicht einer kleinen Finanzelite.

4) Heile kapitalistische Welt: Menschen, die sich mit dem System identifizieren und den Kapitalismus bejahen, vielleicht Karriere im bestehenden System gemacht haben, einem gut bezahlten Job nachgehen oder erfolgreich ein Unternehmen führen, neigen oft dazu, das bestehende System in vielen Punkten zu idealisieren, die positiven Inhalte des momentanen Ist-Zustandes hervorzukehren und wesentliche negative Fakten auszusparen. Es ist für viele enorm wichtig, dass die eigene erarbeitete Existenz und die systemischen Rahmenbedingungen im Staat als faires Gesellschaftsprinzip anerkannt werden und der eigene Erfolg dem persönlichen Mehreinsatz zu verdanken ist, den die anderen erfolglosen Menschen nicht willens sind aufzubringen. Dass der persönliche Erfolg auf einer globalen Systemlüge beruhen könnte, ist für diese Personen meist denkunmöglich und verärgert sie oft zutiefst. Oft werden diese Menschen an diesem Punkt emotional, da sie nicht wahrhaben wollen, dass ihr persönlicher Vorteil, ihr persönliches Vorankommen meistens ein wesentlicher globaler Systemnachteil vieler anderer ist und diese anderen, angeblich erfolglosen Menschen systemisch oft so gut wie gar keine Chance haben, sozial aufzusteigen. Im Vordergrund steht, dass Sie sich diesen Wohlstand hart erarbeitet haben und jeder fleißige Mensch, der den Willen dazu hat, das auch schaffen kann, und die Menschen, die es nicht schaffen, selber schuld sind. Man ist nicht bereit über den eigenen Tellerrand hinauszuschauen und in Betracht zu ziehen, dass die globalen Systembedingungen nur wenigen Menschen dienen.

Global betrachtet: Viele Menschen glauben an den amerikanischen Traum und dass jeder den Aufstieg in der Gesellschaft schaffen kann, im besten Fall Millionär oder Milliardär zu werden. Es besitzen aber in etwa nur 0,25 % (18,1 Millionen Millionäre) der Weltbevölkerung mehr als eine Million Dollar, sprich es ist eher unwahrscheinlich, Millionär zu werden; viele Menschen sind systembedingt Verlierer und müssen sich dann von vielen Systemgewinnern, die nicht den nötigen globalen Weitblick haben, auch noch anhören: »Ihr strengt euch ganz einfach nicht genug an.«

5) Gleichgeschaltete Gottlosigkeit systemisch vorprogrammiert: »Das bestmögliche Ergebnis wird dann erzielt, wenn das Individuum das tut, was für es selbst am besten ist.« **(Adam Smith)**

In Familien, Freundschaften, Beziehungen sind Werte wie gegenseitiges Vertrauen, Geborgenheit, Meinungsfreiheit, Gleichberechtigung, Liebe etc. enorm wichtig. Erfährt man Ungerechtigkeit in seinem unmittelbaren Umfeld, ist die Bereitschaft sehr oft da, das zum Ausdruck zu bringen. Das Gerechtigkeitsbewusstsein von Kindern ist meistens auch sehr ausgeprägt und wird bei Zuwiderhandlung so gut wie immer bedingungslos zum Ausdruck gebracht. Wo beginnt nun unser gottloses Dasein, unsere Bereitschaft, die uns umgebende Ungerechtigkeit zuzulassen? Je älter man wird, umso mehr erschließt sich einem das gesamte Weltbild. Bei entsprechender Bildung hat man mit etwa 13 bis 18 Jahren ein ungefähres Bild von der globalen Welt und beginnt nach und nach zu differenzieren, wo man sich für Gerechtigkeit einsetzt und wo man stillhält: »Wo zahlt es sich persönlich oder im öffentlichen Bereich aus, sich für Gerechtigkeit einzusetzen, und wo habe ich sowieso keine Chance, etwas zu verändern?« Spätestens wenn man erwachsen wird, muss man Geld verdienen, vergisst nach und nach vielleicht dagewesene Ideale, passt sich dem ganz normalen täglichen Wahnsinn an und lässt den täglichen Ist-Zustand einfach geschehen, verstummt und kämpft um seine eigene Existenz, damit zumindest dort ein bisschen heile Welt stattfindet. Ich erhebe hier nicht den moralischen Zeigefinger, ich beschreibe lediglich die reale Geisteshaltung vieler Menschen: »Wie soll man schon der globalen Ungerechtigkeit begegnen, man hat als Individuum keinen Handlungsspielraum und man kann die Politik, die Wirtschaft, das System nicht verändern. Wenn man nicht verrückt werden will, akzeptiert man die Welt, wie sie ist, versucht zumindest aus seinem eigenen Leben etwas Vernünftiges zu machen. Ich habe die Welt nicht so erfunden und ich passe mich an, damit ich eine Chance habe zu überleben. Ich kann nichts dagegen tun, dass jeden Tag 100.000 Menschen verhungern, ich bin dafür nicht verantwortlich. Fast jeder passt sich an und erkennt die Spielregeln an, ich muss die Realität anerkennen und bei gewissen Dingen mitspielen, wenn ich nicht unter die Räder kommen will. Ich tue das, was für mich am besten ist, meine Familie, Freunde, die restliche Welt kann mir gestohlen bleiben.«

6) Zeitmangel: So gut wie alle Menschen haben nicht die nötige Zeit, sich Gedanken zu machen, was die Probleme unserer Zeit sind. Die eigenen Probleme stehen meistens im Vordergrund und lassen es nicht zu, sich mit externen Problemen zu beschäftigen, schon gar nicht, wie man die Welt retten könnte.

7) Erziehung: Man wird in dieses System hineingeboren und dazu erzogen, die aktuellen Regeln und Gesetze anzuerkennen. Es findet keine wirkliche Diskussion in den Schulen, im Elternhaus, in Medien etc. über unsere Regeln und Gesetze statt. Selbst wenn man die Ungerechtigkeiten sieht, haben viele Angst, gegen das bestehende System aufzubegehren. Man will Teil des Systems und kein Außenseiter sein.

8) Fehlende Bildung: Aufgrund der herrschenden Schulbildung wird die Menschheit so erzogen, dass sie dem System dient und nicht dazu, dass man es hinterfragt. Im Weiteren leidet der Großteil der Bevölkerung unter fehlender Bildung. Somit fehlt die Grundlage, gegen das System konstruktiv aufzubegehren. Das Thema globale Gerechtigkeit und Globalisierung, so wie ich es hier erkläre, ist doch sehr umfangreich und es ist schwer, den wesentlichen Rahmen zu erfassen. Wer sich damit zum ersten Mal auseinandersetzt, ist schnell überfordert.

Hinweis: Wenn Sie die Welt verändern möchten, lassen Sie sich nicht entmutigen, wenn Sie anfangs nicht alles verstehen. Das ist, als würde man eine neue Sprache lernen: Da versteht man zu Beginn auch nur wenig, aber mit der Zeit begreift man immer mehr. Wesentlich ist, dass Sie die Kernbotschaft dieses Buches verstehen und sich immer tiefer in die Materie einlesen. So eignen Sie sich Tag für Tag immer mehr Wissen zu diesem Thema an und werden immer mehr Sachverhalte einwandfrei verstehen.

9) Konsum von Produkten und Dienstleistungen: Denken Sie an eine Einkaufsstraße und wie viele Produkte und Dienstleistungen Sie zur Auswahl haben, die in einem globalen gemeinwohlschädlichen System produziert wurden. Selbst wenn Sie sich vornehmen, keine Produkte und Dienstleistungen mehr zu konsumieren, die auf globaler Ausbeutung beruhen, halten das die wenigsten aus. Der Mensch ist grundsätzlich bequem und nur die wenigsten nehmen den Kraftakt auf sich, bei jedem Einkauf darüber nachzudenken, ob sie sich als Konsument im globalen Kontext korrekt verhalten. Solange die Produkte und Dienstleistungen legal im Geschäft zu erwerben sind, werden diese auch von der breiten Bevölkerung gekauft werden. Selbst wenn abschreckende verpflichtende Kennzeichnungen wie bei Zigaretten auf Preisschildern vorzufinden wären, würden Konsumenten mit hoher Wahrscheinlichkeit weiterhin das T-Shirt für fünf Euro bei H&M kaufen. Solange die 206 Staaten global die Verantwortung nicht übernehmen und in Summe eine globale Gesetzgebung verankern, die es Konzernen und großen Firmen gar nicht mehr ermöglicht, Produkte und Dienstleistungen auf den Markt zu bringen, die den nötigen globalen Standards entsprechen, solange wird es auch Menschen geben, die bei H&M legal ihr T-Shirt kaufen, da die wenigsten es sich zur Aufgabe machen werden, einen Produkt- und Dienstleistungs-Slalom zu fahren, nur um ein besserer Mensch zu sein.

10) Konsument/in VS. Außenseiter/in: Die meisten Menschen wollen sich nicht aktiv an der Gestaltung eines neuen Systems beteiligen, sondern wollen primär konsumieren und Teil des bestehenden Systems sein. Außenseiter/in zu sein, das halten nur wenige aus.

11) Kein ersichtlicher Effekt: Wenn Sie einen Tag im Monat trainieren, werden Sie keinen positiven Effekt bemerken. Wenn Sie drei- bis viermal die Woche Ausdauer und Kraftsport betreiben, sich gesund ernähren, einen gesunden allgemeinen Lebensstil führen, werden Sie hinsichtlich Ihrer Ausdauer, Kraft, Gewicht, äußeren Erscheinung nach und nach eine positive Veränderung bemerken. Wenn Sie Fairtrade-Produkte ein Jahr lang konsumieren, werden Sie in Ihrer unmittelbaren Umgebung, bis hin zum globalen Kontext, keinen offensichtlichen Effekt erkennen. Die meisten Menschen wünschen sich einen spürbaren sichtbaren Erfolg für ihre Handlungen; bleibt dieser aus, fällt in den meisten Fällen die Motivation.

12) Der Irrglaube an eine positive Kettenreaktion: Es gibt Menschen, die glauben, wenn sie an ihrem Leben selbst etwas ändern, sprich ein korrekter Konsument werden und ihre Ideologie weitergeben, das eine Kettenreaktion zur Folge haben kann und die Welt sich so zum Besseren wendet. Hiergegen sprechen jede Menge Argumente:

- Wenn zwei, drei, vier, acht, hundert Menschen an einem Tisch sitzen und sich bei einem Thema einigen müssen, wird das ein sehr schwieriges Unterfangen, weil jeder individuelle Vorstellungen hat. Dass Sie jemanden von Ihrer Lebensphilosophie überzeugen und diese dann tatsächlich auch gelebt wird – ich denke nicht, dass das realistisch ist.

- Der Mensch ist ein Gewohnheits- und Bequemlichkeitstier und passt sich eher den Gegebenheiten, sprich einem System an, als dass er dagegen aufbegehrt und versucht, dieses selbst aktiv zu verändern. Außer er wird durch ein System in seiner unmittelbaren Lebensrealität stark beschnitten, dann wird er beginnen aufzubegehren. Doch solange vor allem in den Industriestaaten und Schwellenländern die Pizza in den Ofen geschoben werden kann, eine Cola auf den Tisch kommt und am Abend der Fernseher aufgedreht werden kann, werden sich nur wenige erheben.

- Die Forderung von Jean Ziegler mit dem Buchtitel »Ändere die Welt«[30] oder Stéphane Hessels »Empört euch«[31] empfinde ich als sehr wichtig und ich schätze die beiden Bücher auch sehr, aber darauf zu hoffen, dass große Teile der Bevölkerung sich aufgrund dessen erheben, ist meines Erachtens naiv. Natürlich wird man Einzelne bewegen können, sich dem Thema zu widmen, aber mit dem Informationsträger Buch alleine wird das niemals eine Dimension annehmen, die tatsächlich eine globale Welt wesentlich verändern wird, da Bücher aus heutiger Sicht nur eine Elite von wenigen Menschen erreichen. Am schwierigsten ist es, Menschen zu einer Veränderung zu bewegen, da jeder Mensch sich in denjenigen Bahnen am liebsten bewegt, die er gewöhnt ist. Globale Empathie in einem Buch zu fordern, ist zwar ein romantischer Gedanke, doch wird er meines Erachtens nicht ausreichen, um Menschen in Bewegung zu setzen. Menschen übernehmen maximal Verantwortung für sich selbst, ihre Familie und Freunde; für mehr ist in den meisten Fällen auch keine Zeit, kein Drang etc.

13) Scheindemokratie oder Autokratie → Keine ausreichende Mitsprache des Souveräns: Global betrachtet lebt man entweder in einem Staat, wo es keine Demokratie gibt, wo es als Normalbürger so gut wie gar nicht möglich ist, etwas im eigenen Staat oder in globaler Sicht zu ändern. Oder man lebt in einem Land mit einer Demokratie, die aber aus heutiger Sicht lediglich als Scheindemokratie betrachtet werden kann, da Politiker Inhalte vor Wahlen versprechen und oft nicht einhalten, viele mögliche Inhalte, die Ihnen in der Zukunft begegnen werden, gar nicht vorher wissen können und somit Handlungen setzen, ohne dass der Souverän darüber befinden kann, ob er dieser Meinung ist. In manchen Staaten gibt es die Möglichkeit einer Volksbefragung, die aber mit einem enormen Kraftakt verbunden ist, da man vorher meist sehr viele Stimmen aus der Bevölkerung benötigt, bis tatsächlich darüber abgestimmt wird. Die einzige nennenswerte Ausnahme ist die Schweiz, da es dort jedes Jahr eine Vielzahl an Volksabstimmungen zu den verschiedensten Gesetzen gibt. Die letzte nennenswerte Volksbefragung behandelte zu meiner positiven Überraschung das Thema: Vollgeldreform.

14) Zu wenige Akteure + keine globale Solidarität: Im Wesentlichen gibt es sehr viele Menschen, die mit dem aktuellen System nicht zufrieden sind, aber zu wenig Menschen begehren auf und werden tatsächlich aktiv, wodurch aktive Weltverbesserer derzeit eine Minderheit sind. Im Weiteren besteht das Problem, dass die Solidarität für eine gerechtere Welt in einzelnen Staaten ganz schwach vorhanden ist, geschweige denn global. Solange sich nicht vor allem in Industriestaaten und Schwellenländern möglichst viele Menschen für eine gerechtere Welt und neue Weltordnung einsetzen und den Versuch unternehmen, global sich möglichst stark zu solidarisieren, wird das obere 1 %, sprich die aktuellen Staatsführer und Konzerneliten, leichtes Spiel haben, ihre Vorstellungen von der bestehenden Weltordnung beizubehalten bzw. nach und nach auszubauen.

15) Kein globaler Masterplan vorhanden: Bis zum heutigen Tage hat meines Erachtens niemand eine globale Blaupause vorgelegt, die ganz klar in Summe aufzeigt, wie man das globale System in Summe verändern müsste, damit sich die Welt tatsächlich zum Besseren hin verändert und wie man es schafft, diese in die bestehende globale Matrix einzuspeisen. Menschen verharren dadurch im bestehenden System und arrangieren sich bestmöglich mit dem bestehenden neoliberalen Raubtierkapitalismus, solange sie keine wahrliche Alternative erkennen. Dieses Buch schafft die theoretische und praktische Grundlage, dass die Weltgemeinschaft sich aus Ihrer Opferrolle erheben kann und nicht mehr daran glauben muss, dass eine gerechtere Welt und neue Weltordnung nicht möglich wäre. Das später beschriebene Hebelregister soll als Aufschlag dienen und eine Spirale der Kreativität entfachen, damit sich möglichst viele Menschen, Politiker, Wirtschaftreibende, Wissenschaftler, NGOs, etc. an der Umsetzung und Weiterentwicklung dieser Theorie beteiligen. Ich bin jedenfalls davon überzeugt, dass eine gerechtere Welt und neue Weltordnung im Sinne des Gemeinwohls das Thema des 21. Jahrhunderts sein muss und die Menschheit gut beraten wäre, hier möglichst schnell eine globale Lösung zu erarbeiten.

Abschließend: Ich denke nicht, dass die breite Weltbevölkerung sich bislang darum sorgt und sich in naher Zukunft sorgen wird, wie man die Welt gerechter machen könnte. Aus <u>heutiger Sicht</u> wird es primär die Aufgabe von NGOs, Oppositionspolitikern und Oppositionsparteien sein, die wesentlichen Rahmenbedingungen für eine gerechtere Welt und neue Weltordnung zu erkämpfen. Natürlich wäre es wünschenswert, wenn diese Schritte durch demokratische Verhältnisse, im besten Fall durch direkte Demokratie vom Bürger durch Wahlen oder Volksbefragungen abgesegnet werden. Wesentlich ist auch eine global agierende NGO und neue politische Partei: »Du wirst die Welt verändern«, die in möglichst vielen Staaten demokratisch wählbar ist, um diese Ziele zu unterstützen. Nur wenn die Bevölkerung konstant mit Informationen bezüglich eines möglichen wählbaren gerechteren Systems konfrontiert wird und eine Partei tatsächlich wählen kann, die sich für solch eine Politik einsetzt, besteht die Möglichkeit, dass die hier vorgeschlagenen Systemänderungen tatsächlich in der Zukunft umgesetzt werden. Dass der Souverän sich in großen Scharen aber von heute auf morgen bildet und das Bedürfnis entwickelt, die Welt zu retten – das wird wohl so schnell nicht passieren, dazu bedarf es ziemlich wahrscheinlich noch einer weiteren globalen Wirtschaftskrise. Die direkte Demokratie wäre aber eine wesentliche Chance dafür, das Interesse der Bevölkerung an Politik zu heben, weil dann der Souverän die aktuellen Gesetze mitbeschließen würde. Natürlich möchte ich mit meinem Buch, meiner geplanten Filmdokumentation, Website, NGO und geplanten Partei dazu beitragen, dass Menschen ein Bewusstsein für das Thema entwickeln und die Möglichkeiten erkennen, wie sie selbst bzw. in Summe ein System durch die Politik und in weiterer Folge durch die Wirtschaft verändern können. Sollten sich wider Erwarten innerhalb kürzester Zeit breite Bevölkerungsschichten dazu entschließen, für eine gerechtere Welt zu kämpfen, täusche ich mich natürlich gerne! ☺ Eine erste realistische Ebene ist, dass man eine breite Bevölkerung dazu bekommt, sich an der Oberfläche an diesem Gedanken zu beteiligen und uns z.B. ein Like auf Facebook zu geben. Wenn nur 10 % aller Facebook-Nutzer (etwa 200 Millionen User) unserer Facebook Seite einen Like geben würden, würde das innerhalb kürzester Zeit ein mediales Echo auslösen und würde mit hoher Wahrscheinlichkeit zur Folge haben, dass darüber global in allen Staaten berichtet wird. Das würde ich der Weltgemeinschaft zutrauen – dass viele Menschen zu folgender Erkenntnis kommen: »Ich bin nicht bereit, meine Gewohnheiten aufzugeben, um die Welt selbst aktiv zu verändern, aber ich habe die Basisbotschaft von »Du wirst die Welt verändern« verstanden und ich investiere eine Minute, gehe auf das Facebook-Profil, gebe dieser Organisation ein Like und trage dazu bei, dass dieses Konzept für eine bessere Welt weltweit Gehör findet und umgesetzt wird.«

Facebook Profil: You will change the world Global

https://www.facebook.com/youwillchangetheworldglobal

5.) Individuum – Wie sich jeder Einzelne von uns für eine gerechte Welt stark machen kann

Eine mögliche Ebene, sich für eine gerechtere Welt einzusetzen, ist natürlich der persönliche Konsum von Produkten und Dienstleistungen. Instinktiv weiß man sehr oft, ob man mit den Produkten oder Dienstleistungen, die man tagtäglich konsumiert, dem Gemeinwohl schadet oder dient. Wenn man sich unsicher ist: Unternehmen ganz einfach googeln, um seine Entscheidung abzuwägen. Wenn man sich wirklich effektiv und global dem Thema Eigenverantwortung widmen möchte, berechnet man am besten seinen persönlichen ökologischen Fußabdruck. Damit sieht man ganz klar, wie man sein Potential als Individuum, möglichst ressourcenschonend zu leben, verbessern kann. Im Weiteren kann man sich bei NGOs wie z.B. Amnesty International, Greenpeace etc. engagieren. Es ist ratsam, wählen zu gehen und sein demokratisches Recht zu nützen. Hier eignen sich natürlich Parteien, die unsere Ideen unterstützen und die Ihren persönlichen Vorstellungen entsprechen. Es ist natürlich sehr nützlich, wenn Sie persönlich eine politische und wirtschaftliche Meinung haben und Ihre Mitmenschen von Ihren Positionen überzeugen können. Nehmen Sie Ihr Recht der Demonstrationsfreiheit wahr, falls es in Ihrem Staat möglich ist. Sollten Sie vermögend sein, gibt es jede Menge Möglichkeiten, Geld zu spenden, indem man sich z.B. ein Patenkind nimmt oder an hilfsbedürftige Institutionen, NGOs etc. spendet. Insgesamt bin ich der festen Überzeugung, dass die meisten Menschen ganz gut wissen, was alles möglich wäre zu tun, man aber in seinem Leben meistens so stark gefordert ist, dass man dafür keine Zeit hat, auch noch mal kurz die Welt zu retten. Ich möchte hier ganz klar festhalten, dass ich der festen Überzeugung bin, dass das Verhalten des Einzelnen im alltäglichen Leben kaum dazu führen wird, dass man in einer gerechteren Welt aufwachen wird. Es müssten Millionen, wenn nicht Milliarden von Menschen, vor allem in Industriestaaten und Schwellenländern, Ihre Lebensgewohnheiten und ihr Konsumverhalten massiv ändern, um Konzerne in die Knie zu zwingen und zu einem alternativen Wirtschaften zu bewegen. Mir ist es wichtig, realistisch darzustellen, welchen Stellenwert für das Gelingen einer gerechteren Welt das individuelle Verhalten im globalen Kontext hat, was nicht bedeuten soll, dass, wenn man die Möglichkeit hat, sich als Konsument korrekt zu verhalten, das nicht tun sollte. Um wirklich voranzukommen, bedarf es aber eines globalen Systemwechsels, damit das Individuum ganz anderen Rahmenbedingungen begegnet und nicht ständig darauf achten muss, dass er oder sie ein korrekter globaler Staatsbürger/in und Konsument/in ist. Letztendlich sollten die 206 Staaten ein System schaffen, in dem die Bürger/innen in aller Welt gar nicht die Möglichkeit haben, Produkte und Dienstleistungen zu kaufen, die auf Ausbeutung, wie z.B. schlechte Arbeitsbedingungen, Lohndumping, Steuerhinterziehung etc., beruhen, und entsprechende Rahmenbedingungen schaffen, damit möglichst alle Menschen mit den nötigen Lebensgrundlagen ausgestattet werden, um ein Leben in Würde und Freiheit zu leben.

Zusammenfassung dessen, was Sie als Individuum leisten können:

- Facebook-Like für unsere Organisation: Je mehr Sie ihr Potential auf Facebook ausschöpfen, umso mehr Menschen können Sie für unsere Organisation gewinnen und einen wesentlichen Beitrag dazu leisten, dass unser Anliegen global Gehör findet. Der erste einfache Schritt: ein Like auf Facebook.

- NGO: »Du wirst die Welt verändern«: Werden Sie Mitglied unserer Organisation oder einer etablierten NGO (Amnesty International, Greenpeace etc.), betätigen Sie sich ehrenamtlich und spenden Sie nach ihrem Ermessen einen für Sie verträglichen Betrag. Natürlich wären wir Ihnen auch dankbar, wenn Sie unsere Organisation »Du wirst die Welt verändern« finanziell unterstützen würden. Nähere Details finden Sie auf unserer Website: www.du-wirst-die-welt-veraendern.com

- In diesen Bereichen benötigen wir noch Unterstützung:

1. Übersetzung des Buches, der Website und Erklärvideos: »Du wirst die Welt verändern?« in folgende Sprachen: Englisch, Spanisch, Französisch, Portugiesisch, Russisch, Chinesisch usw.

2. Webdesigner

3. Marketing-Experten

4. Social-Media-Experten

5. Drehbuchautoren, Animationskünstler, Sprecher etc. für Erklärvideos

6. Werber für Spenden

7. Leute mit allgemeiner NGO-Erfahrung

8. Filmdoku: Es ist eine Filmdoku geplant, für die ich bereits ein Drehbuch geschrieben habe. Leider ist eine solche Filmproduktion mit hohen Kosten verbunden, weshalb wir auch hier noch Unterstützung benötigen: Filmproduktionsfirma, Finanzierung der Filmdoku usw.

9. Wovon wir träumen – Unterstützung eines Millionärs oder Milliardärs: In Summe hat unsere Organisation bereits ein globales Konzept, wie wir die Botschaft einmal um den gesamten Globus schicken würden. Es scheitert derzeit lediglich am Geld und dem nötigen Personal, damit wir uns entsprechend vergrößern können. Am einfachsten wäre es, wenn sich ein Großspender finden würde, sprich ein Millionär oder Milliardär, den die Lösungsvorschläge für eine gerechtere Welt und neue Weltordnung anspricht und diese gerne global umgesetzt sehen möchte.

- Partei: »Du wirst die Welt verändern«: Sobald Sie unsere Partei in Ihrem Staat auf Ihrem Wahlzettel vorfinden sollten, würden wir uns natürlich freuen, wenn Sie Parteimitglied werden, Sie uns mit Ihrem persönlichen Einsatz unterstützen und uns Ihre Stimme bei der Wahl geben würden. Im besten Fall landet unsere Partei in einer Vielzahl an Parlamenten. So wäre gewährleistet, dass wir am demokratischen Prozess teilnehmen, die Lösungsvorschläge dieses Buches öffentlich zur Diskussion gebracht werden und die Möglichkeit besteht, dass tatsächlich Gesetze im Parlament beschlossen werden, die dem Gemeinwohl dienen. Solange dem nicht so ist, wählen Sie am besten eine Partei, die unserem Konzept am nächsten ist. Sollten Sie selbst Ambitionen haben, eine Partei mit unserem Namen zu gründen, melden Sie sich einfach bei uns, dann können wir das gerne miteinander besprechen.

- Ökologischen Fußabdruck reduzieren: Gehen Sie online, berechnen Sie Ihren ökologischen Fußabdruck und verändern Sie ihr Konsumverhalten in dem ihnen verträglichen Maß hinsichtlich Produkten (z.B. Fairtrade statt Konzernprodukte) und Dienstleistungen (z.B. Öko-Strom, mehr Fahrradfahren statt mit dem Auto etc.).

- Patenkind nehmen: Investieren Sie in die Zukunft eines armen Kindes in einem Entwicklungsland und spenden Sie an eine entsprechende Organisation.

- Wählen gehen: Wenn es in Ihrem Staat demokratische Wahlen gibt, nehmen Sie ihr demokratisches Recht wahr und gehen Sie wählen. Unsere Empfehlung ist, sich etablierte Parteien und populistische Parteien ganz genau anzuschauen und eine Partei zu wählen, die konstruktive Zukunftsvisionen hat, die das Gemeinwohl langfristig stärken wollen und nicht Wähler mit den niedrigsten Instinkten versuchen zu ködern, indem sie lediglich Angst schüren.

- Demonstrieren: Wenn Demonstrationen angekündigt sind, die Sie befürworten, nehmen Sie an diesen teil.

- Bilden Sie sich und geben Sie ihr Wissen weiter: Je mehr Sie über das globale Weltgeschehen wissen, konstruktive Lösungsvorschläge für eine gerechtere Welt und neue Weltordnung haben, Ihren Mitmenschen davon berichten und sie argumentativ überzeugen können, tragen Sie dazu bei, dass sich das Denken und Handeln einzelner Personen ändert, und damit machen Sie die Welt ein Stück besser. Auf unserer Website finden Sie jede Menge weitere Bücher und Filme zum Thema globale Weltverbesserung, wo Sie sich entsprechend weiterbilden können.

Konkrete Tipps, wie Sie die Welt in ihrem Alltag verbessern können:

Ernährung:
- Fleischkonsum reduzieren
- Regional einkaufen
- Ausschau halten nach Gütesiegeln
- Wegwerfen von Lebensmitteln reduzieren

Wasser sparen:
- Waschmaschine voll beladen
- Wasserhahn nicht unnötig lang laufen lassen
- Duschen statt Baden

Reisen:
- Nicht alleine Auto fahren, wenn möglich
- Öffentliche Verkehrsmittel verwenden
- Radfahren im Stadtgebiet
- Fernreisen reduzieren

Stromverbrauch:

- Auf einen Ökostromtarif umsteigen
- Standby vermeiden
- Sparsam die Wäsche trocknen
- Energiesparlampen nutzen
- Energiesparkühlschrank (A++) kaufen
- Klimaanlage täglich auch mal ausschalten
- E-Herd gegen Gasherd austauschen

Beim Heizen sparen:

- Wand hinter den Heizkörpern isolieren
- Kellerdecke und Dach dämmen
- Türen und Fenster besser abdichten
- Thermostat für Heizanlage einbauen
- Neue Heizungsanlage einbauen

Büro:

- Papierberge im Büro vermeiden
- Plastikflaschen und Pappbecher vermeiden

Auto:

- Langsamer fahren
- Reifendruck kontrollieren
- Vorausschauend fahren, früh schalten

Shoppen:

- Produkte und Dienstleistungen von gemeinwohlschädigenden Unternehmen meiden
- Fairtrade-Produkte kaufen
- Second-Hand-Kleidung

Weitere 100 Tipps, wie Sie in ihrem Alltag ressourcenschonend leben können:

»1. Rechnen Sie doch mal ihren CO_2-Ausstoß aus und versuchen Sie diesen zu reduzieren.

2. Hände kann man auch kalt waschen. Ist besser für die Haut und spart Heizenergie.

3. Duschen ist viel sparsamer als baden. Also maximal ein Mal pro Woche baden.

4. Wenn Sie baden, dann zu zweit. Spart Wasser, Energie und macht mehr Spaß.

5. Essen Sie regionale Produkte. Transporte verursachen extrem viel CO_2.

6. Kaufen Sie auf dem Wochenmarkt ein. Ist ökologisch und stärkt Bauern der Umgebung.

7. Kaufen Sie mal bio ein. Öko-Landwirtschaft braucht weniger Energie und Pestizide.

8. Vegetarier sparen eine Tonne CO_2 im Jahr.

9. Verbannen Sie Elektronik. Zähne nicht elektrisch putzen spart sieben Kilo CO_2 im   Jahr.

10. Kochen Sie Eier, Gemüse und Kartoffeln mit wenig Wasser. Ein Zentimeter im Topf reicht.

11. Auch wenns auf der Verpackung steht: Vorheizen ist selten nötig, kostet Energie.

12. Ein Deckel auf dem Topf senkt den Energieverbrauch beim Kochen um ein Viertel!

13. Oder kaufen Sie sich einen Schnellkochtopf: Die sparen 50 Prozent Energie.

14. Effizienter als der Herd sind auch Schnellkocher und Tauchsieder.

15. Installieren Sie eine wassersparende Duschbrause. Die Kosten sparen Sie in einem Jahr.

16. Radeln macht die Waden stark - und schwächt den Klimawandel.

17. Wer trägt denn noch Plastiktüten? Stofftaschen schützen das Klima.

18. Kaufen Sie einen Neuwagen oder gebrauchtes Auto das nicht verschifft werden musste.

19. Füllen Sie nur so viel Wasser in den Wasserkocher, wie Sie brauchen. Das spart Geld.

20. Kaufen Sie in Ihrem Viertel ein. Sonst gibts da bald keine Läden mehr. Wollen Sie das?

21. Schalten Sie den Fernseher und andere Geräte richtig aus - Stand-by kostet Strom.

22. Drehen Sie die Heizung runter. Ein Grad spart sechs Prozent Energie und viel Geld.

23. Dieses Geld ist sehr gut bei einer der vielen Hilfsorganisationen angelegt.

24. Elektroschrott wie Handys gehören auf den Recyclinghof. Sie stecken voller Gift.

25. Geld regiert die Welt. Wechseln Sie also zu einer sozialen Bank.

26. Auch Anleger müssen keine miesen Kapitalisten sein, legen Sie Ihr Geld bei nachhaltigen Unternehmen an.

27. Alte Computer oder Fahrräder kann man spenden statt wegwerfen.

28. Unfassbar: Die meisten Menschen lassen beim Zähneputzen Wasser laufen. Sie auch?

29. 200 Millionen Menschen sind zu arm für eine Brille. Optiker sammeln alte und helfen so.

30. Müll gehört in die Tonne, nicht in die Natur. Auch keine Kippe, kein Kaugummi.

31. Kaufen Sie mal Fairtrade-Kleidung. Das rettet Leben!

32. Sie haben einen Garten? Sammeln Sie Regenwasser in einer Tonne. Pflanzen gefällts.

33. Fernreisen z.B. nach Thailand sind schön, aber auch ein Urlaub in der eigenen Region kann ganz schön sein.

34. Wer trotzdem fliegt, kann wenigstens fürs Klima spenden.

35. Sie haben ein Haus ohne Solarzellen? Das spart auf lange Sicht jede Menge Geld.

36. Die Bahn ist am umweltfreundlichsten und sichersten. Auto mal stehen lassen!

37. Oder nehmen Sie für eine Fahrt in der Woche den Bus. Der ersetzt locker 40 Autos.

38. Essen Sie mal wieder Hering. Davon schwimmt noch genug rum - im Gegensatz zu Scholle, Kabeljau oder Tunfisch.

39. Mitfahren ist ökologischer als selber fahren.

40. Alte Farben und Lacke gehören nicht in den Hausmüll - ab zum Recyclinghof.

41. Der Park um die Ecke ist ständig zugemüllt? Rufen Sie die Stadtreinigung an. Die räumt wieder auf.

42. Verschenken Sie doch mal was Selbstgemachtes. Das spart Geld und Ressourcen. Und ist viel persönlicher.

43. Benutzen Sie Recycling-Toilettenpapier. Spart Energie, Wasser und rettet in Ihrem Leben sechs Bäume.

44. Kaufen Sie fair gehandelten Kaffee. Die zwei Cent pro Tasse helfen den Bauern.

45. Demos sind Ihnen zu anstrengend? Dann protestieren Sie mit der Maus online.

46. Diese MOPO gehört nach dem Lesen nicht in die Mülltonne, sondern ins Altpapier. Und dort wird sie dann recycelt.

47. Putzen und waschen Sie mit Öko-Reinigern. Oder mit Seife gegen Fett und Essig gegen Kalk. Das ist auch viel billiger als die ganzen Helferlein aus dem Werbe-TV. Letztlich landet alles im Wasser.

48. 60- statt 90-Grad-Wäsche spart die Hälfte der Energie. Am besten sind natürlich 30 Grad. Sauber wird so auch alles.

49. Stellen Sie Ihren Kühlschrank kalt. Steht er neben Herd oder Heizung, verbraucht er viel mehr Energie.

50. Zehn Prozent der Energie verbraucht die Beleuchtung. Der Letzte macht das Licht aus!

51. Kaufen Sie ein vegetarisches Kochbuch. Denn Fleisch essen schadet dem Klima. Und kochen macht Spaß.

52.Wenn Fleisch, dann bio. Ist zwar teurer, dafür ohne Gift, Gene und Quälerei.

53. Der Frühling ist da: Holen Sie Ihr Rad aus'm Keller und reparieren Sie es am Wochenende.

54. Mischen Sie sich ein. Sagen Sie Umweltverschmutzern mal deutlich die Meinung.

55. Druckerpatronen wieder auffüllen lassen - oder wenigstens zum Recycling geben.

56. Es muss nicht immer jeder alles haben. Verleihen Sie doch mal Ihre Bohrmaschine.

57. Lassen Sie den Fahrstuhl stehen. Spart Strom, Kassenbeiträge und verbraucht Kalorien.

58. Boykottieren Sie Tiefkühlkost. Durch die Kühlkette ist sie extrem energiehungrig.

59. Sie haben einen Garten, aber keinen Kompost? Der spart doch Müll und Geld!

60. Man kann auch öko in die ewigen Jagdgründe eintreten, etwa in einem unlackierten Sarg.

61. Bringen Sie alte Schuhe zum Schuster. Das schont die Umwelt und schafft Arbeitsplätze.

62. Nicht immer wieder Einwegbatterien kaufen - Akkus und ein Ladegerät schützen die Umwelt.

63. Kaufen Sie Naturkosmetik. Oder sollen für Ihre Schönheit Labortiere leiden?

64. Heizen verbraucht ein Drittel der Energie. Dämmen Sie Ihr Haus - oder setzen Sie Ihren Vermieter unter Druck.

65. Eine Energiesparlampe spart im Schnitt 22 Kilo CO2 im Jahr. Drehen Sie noch in dieser Woche die erste ein!

66. Holen Sie Gefrorenes frühzeitig aus der Kühltruhe, statt es in der Mikrowelle aufzutauen.

67. Tauschen Sie Bücher mit Freunden. Spart Papier, Geld und sorgt für Gesprächsstoff.

68. Wechseln Sie zu einem Ökostromanbieter.

69. Recycling- statt weißes Papier benutzen. Das gilt auch für Druckerpapier und Schulhefte.

70. Dichten Sie Türen und Fenster ab. Spart Ihnen viel Geld und der Umwelt CO2.

71. Super-Ökos isolieren sogar die Wand hinter ihren Heizkörpern.

72. Zeltplätze sind ökologischer als Bettenburgen. Achten Sie also auch im Urlaub auf die Umwelt.

73. Wie öko ist Ihr Urlaub eigentlich? Achten Sie auf einen Ressourcen schonenden Urlaub.

74. Für Strecken unter 700 Kilometern nicht fliegen, sondern Bahn fahren.

75. Car-Sharing spart Geld und Ressourcen.

76. Bauen Sie (mit Ihren Kindern) einen Nistkasten für Vögel. So füllen Sie die Stadt mit Leben.

77. Boykottieren Sie Eier aus Käfighaltung. Für Tier und Umwelt sind nur Bioeier gut.

78. Auch in Fertigprodukten stecken Käfigeier - im Zweifelsfall im Regal lassen.

79. Lüften Sie kurz und kräftig. Fenster nicht bei laufender Heizung auf kipp stellen.

80. Jeder verbraucht 240 Kilo Papier im Jahr. Sparen Sie. Drucken Sie nur das Nötigste.

81. Sieben Grad reicht im Kühlschrank. Bei einem guten Standort reicht meist Stufe 1.

82. Bildet sich eine Eisschicht, steigt der Verbrauch. Kühl- und Gefrierschränke abtauen!

83. Eis bildet sich häufig durch undichte Türen. Erneuern Sie die Kühlschrankdichtungen.

84. Kaufen Sie Energiespargeräte! Vergleiche finden Sie unter www.spargeraete.de

85. Trockner sind extreme Energiefresser. Hängen Sie Ihre Wäsche auf eine Leine.

86. Machen Sie Ihre Waschmaschine voll. Und sparen Sie sich die Vorwäsche.

87. Kaufen Sie saisonale Produkte. Die werden nicht durch die Welt gekarrt.

88. Achten Sie bei Getränken auf die Herkunft. Wasser muss nicht aus Italien kommen.

89. Klospülung mit Wassersparer verwenden. Ein Ziegelstein im Spülkasten spart auch Wasser.

90. Kaufen Sie Produkte mit wenig Verpackung. Nicht alles muss eingeschweißt sein.

91. Recyceln Sie Papier und Glas. Und bringen Sie leere Batterien zu einem Elektromarkt.

92. Wer heutzutage noch Getränke in Dosen kauft, sollte sich schämen.

93. Spülmaschinen sind so öko wie Abspülen per Hand - wenn die Maschine voll ist.

94. Keine Lust auf Bio-Markt? Probieren Sie mal Öko-Produkte in Ihrem Supermarkt.

95. Klimaneutral Auto fahren? Kaufen Sie sich ein CO2-Zertifikat.

96. Kaufen Sie Fairtrade-Schokolade. Für die werden keine Kinder ausgebeutet.

97. Blumen aus der Region kaufen. Sind sie doch importiert, auf Fairtrade achten.

98. Achten Sie aufs FSC-Holzsiegel. Sonst wird der Regenwald für die Gartenbank gerodet.

99. Kaufen Sie möglichst viel gebraucht. Das ist der beste Umweltschutz.

100. Kopieren Sie diese Liste und geben Sie sie an Freunde und Bekannte weiter.«[29]

Jedes Individuum hat unterschiedliche realistische Handlungsspielräume:

Jeder einzelne Mensch bildet eine Einheit. Je nach individuellen Umständen hat jeder einzelne Mensch unterschiedliche Möglichkeiten, sich an einer gerechteren Welt zu beteiligen. Natürlich ist der Spielrahmen eines Milliardärs ein ganz anderer, als z.B. der einer Krankenschwester. Meines Erachtens wäre es am effektivsten, wenn die 206 Staatsführer und die weltweit über 2000 existierenden Milliardäre sich für das später von mir vorgeschlagene Hebelregister stark machen würden und dieses global in die Gesetzgebung möglichst aller 206 Staaten einarbeiten und dann konsequent umsetzen würden. Man muss sich aber im Klaren darüber sein, dass die Wahrscheinlichkeit sehr gering ist, dass die Eliten der Politik und Wirtschaft ihr Denken und Handeln ändern werden, solange nicht ein entsprechend starker Druck von außen, sprich dem globalen Souverän, von Politikern und Parteien zu spüren ist. Staatsoberhäupter und Milliardäre werden weiterhin keinen Zentimeter nachgeben, da sie an der Spitze des neoliberalen Spiels bleiben wollen. Aus heutiger Sicht hat man meines Erachtens nur eine Chance: Möglichst viele Menschen müssen sich für eine neue globale Marktwirtschaft mit entsprechenden Mindeststandards einsetzen und ganz klar Flagge zeigen, dass sie einen globalen Systemwechsel wünschen. Ein möglichst globaler Zusammenschluss ist die nötige Antwort. Wie bereits beschrieben, ist Facebook die Plattform, das mittels möglichst vieler Likes zum Ausdruck und den Stein ins Rollen zu bringen. Das wäre die einfachste Form, um globale Solidarität zum Ausdruck zu bringen.

Letztendlich muss das globale System verändert werden:

Stellen Sie sich ein Fußballspiel (aktuelles globales System) vor, wo es keine allgemeinen verbindlichen Regeln (globale Basis - Gesetze) gibt, die für alle Spieler/innen (206 Staaten + Konzerne) gleichermaßen gelten und es hinsichtlich Fouls und Abseits (Gesetzesbrüche) keinen Schiedsrichter (starke globale staatliche Kontrollinstitutionen) gibt, der diese Regelverstöße ahndet. Denken Sie, dass dann die einzelnen Spieler (Souverän + 206 Staaten + Konzerne) motiviert wären, möglichst fair zu spielen und die Mannschaft (Individuen + Staaten + Konzerne) die versuchen würde regelkonform zu spielen, eine Chance hätte zu gewinnen?

Ich denke, dass man anhand dieser Ausführungen ganz klar sieht, dass es natürlich löblich ist, wenn man als Individuum versucht, sich möglichst korrekt im globalen Kontext zu verhalten, es aber langfristig das Ziel sein muss, das globale System bzw. Regelwerk zu ändern, wenn man wesentliche Effekte erzielen will.

6.) System neu aufsetzen → Regulierende Dynamik: »Das bestmögliche Ergebnis wird dann erzielt, wenn das Individuum das tut, was für es selbst am besten ist, und das, was auch für die Gruppe bzw. das Gemeinwohl am besten ist.« (John Nash)

»Das bestmögliche Ergebnis wird dann erzielt, wenn das Individuum das tut, was für es selbst am besten ist« **(Adam Smith)**

Wirtschaft: »Das bestmögliche Ergebnis wird dann erzielt, wenn Unternehmer das tun, was für Sie selbst am besten ist.«

Politik: »Das bestmögliche Ergebnis wird dann erzielt, wenn Politiker das tun, was für den eigenen Staat am besten ist.«

Die Vergangenheit zeigt klar auf, dass Innovation, das Streben nach bestmöglichen Produkten und Dienstleistungen in einer Gesellschaft dann erfolgt, wenn Menschen von ihrem persönlichen Einsatz finanziell profitieren und gesetzliche Rahmenbedingungen vorfinden, die ihre Eigentumsrechte schützen.

Wirtschaftsbetriebe konkurrieren miteinander, was zur Folge hat, dass sich die besten Produkte und Dienstleistungen durchsetzen. Die Folge ist eine dauerhafte kreative Zerstörung nach Schumpeter und es wird immer die Kraft der Innovation vorhanden sein, da man sich untereinander misst, bestrebt ist konkurrenzfähig zu bleiben, um möglichst viel Geld zu verdienen und auch seine Macht am globalen Markt und im jeweiligen Staat auszuweiten. Das ist natürlich nur dann gewährleistet, wenn man den Mitbewerber immer im Auge behält und sein Produkt oder seine Dienstleistung immer weiterentwickelt und versucht am Puls der Zeit zu bleiben.

Durch diese Motivation und das Streben nach mehr Gewinn der Wirtschaftstreibenden werden aber oft jede Menge Mindeststandards nicht eingehalten, wie z.B. Mindestlöhne, Arbeitsbedingungen und Menschenrechte, es werden Steuern vermieden etc., was vor allem Konzerne sehr oft unter Beweis stellen.

Jeder Staat vertritt primär seine Interessen, ohne Rücksicht auf Verluste: Da alle 206 Staaten miteinander direkt oder indirekt konkurrieren und jeder Staat möglichst seinen Wirtschaftsstandort attraktiv halten will, damit vor allem Konzerne und Investoren ihren Standort nicht verlagern oder sich neu ansiedeln, billigen oder fördern viele Staaten die Abwärtsspirale im Bereich der Mindeststandards z.B. im Bereich Sozialabbau, Steuerspirale nach unten etc., damit sie global konkurrenzfähig bleiben.

Man ist somit in einem systemischen Dilemma – jeder gegen jeden:

1) Jedes Unternehmen konkurriert mit jedem anderen Unternehmen direkt oder indirekt.

2) Jeder Staat konkurriert mit jedem anderen Staat direkt oder indirekt.

Hier benötigt man nun die vollständige Formel: »Das bestmögliche Ergebnis wird dann erzielt, wenn das Individuum das tut, was für es selbst am besten ist, **und das, was auch für die Gruppe bzw. das Gemeinwohl am besten ist.**« **(John Nash)**

Das ist der wesentliche Anhaltspunkt, dass Unternehmen Mindeststandards einhalten müssen und auf ihre Mitbürger achten müssen, damit ihr wirtschaftlicher Erfolg nicht nur ihnen selbst, sondern auch dem Gemeinwohl langfristig dient.

Die Politik muss die nötigen globalen Gesetze und globalen Kontrollinstanzen schaffen, damit die Formelvervollständigung »**und das, was auch für die Gruppe bzw. das Gemeinwohl am besten ist**« Realität werden kann.

Yin und Yang gestört – Staaten und Wirtschaft ins Gleichgewicht bringen:

Politik: »Das bestmögliche Ergebnis wird dann erzielt, wenn Politier das tun, was für den eigenen Staat am besten ist, **und das, was auch für die restlichen 205 Staaten am besten ist.**«

Wirtschaft: »Das bestmögliche Ergebnis wird dann erzielt, wenn Unternehmer das tun, was für sie selbst am besten ist, **und das, was auch für die restlichen Unternehmen weltweit am besten ist.**«

Der Kapitalismus und Kommunismus muss durch den Staat bzw. die globale Staatengemeinschaft mit globalen Regeln gebändigt werden, da wir tagtäglich erleben, dass Konzerne global organisiert und Staaten für sie keine ernstzunehmenden Schiedsrichter sind und dadurch stetig Mindeststandards untergraben werden, was nachhaltig das Gemeinwohl schädigt. Internationale Institutionen – wie die Vereinten Nationen (UNO), Weltbank, Internationaler Währungsfonds (IWF), Welthandelsorganisation (WTO), Internationale Arbeitsorganisation (ILO), G8, G13, G20 – hatten lang genug Zeit, eine gerechtere Welt und neue Weltordnung umzusetzen, doch sie sind gescheitert und es ist höchste Zeit, neue Wege zu gehen. Die globale Politik, in Form einer wahrlich neu organisierten direkt demokratischen UNO an oberster Stelle muss die Plutokratie (Herrschaft des Geldes) zurückdrängen und die weltweite Demokratisierung ausbauen, um langfristig das globale Gemeinwohl zu stärken.

Staaten müssen in Form von Gesetzen die Rahmenbedingungen vorgeben, damit das Gemeinwohl durch das Streben der Unternehmer und vor allem Konzerne geschützt wird, die als oberstes Ziel verfolgen, möglichst effizient, kostengünstig und gewinnbringend zu wirtschaften. Wesentliche Aufgabe der 206 Staaten sollte es somit sein, globale Gesetze zu definieren, die es der Wirtschaft global ermöglichen, unter möglichst fairen Rahmenbedingungen untereinander zu konkurrieren, und die im selben Moment gewährleisten, dass das globale Gemeinwohl in möglichst allen 206 Staaten bestmöglich geschützt und gefördert wird und Mindeststandards nicht untergraben werden können, wie es vor allem in Entwicklungsländern tagtäglich stattfindet.

Unternehmen müssen durch globale Gesetze systematisch in die Pflicht genommen werden, das Gemeinwohl zu fördern, wie es in der bayrischen Verfassung steht:

»**Alle** wirtschaftliche Tätigkeit **dient dem Gemeinwohl**« (**Bayerische Verfassung**, Art. 151)

Das Gemeinwohl zu stärken darf nicht auf freiwilliger Basis stattfinden, es muss verpflichtend in jedem Staat dieser Welt verankert sein und alle starken Unternehmen und Konzerne müssen in dem Staat, in dem sie Gewinne erwirtschaften, ihren Beitrag leisten.

Wie wir in der Natur beobachten können, bedarf es immer eines Gleichgewichts, damit ein System nicht kippt: Die Wirtschaft ist vordergründig auf Konkurrenz aufgebaut, logischerweise müssen Staaten das ausgleichende Element sein. Wesentlich ist, dass ein Staat verschiedene Menschen mit verschiedenen

Talenten beherbergt und die Verpflichtung hat, das Gemeinwohl zu stärken, indem Gesetze formuliert werden, die die wesentlichen Lebensstandards gewährleisten, egal mit welchen Talenten jemand gesegnet ist. Wichtig ist, dass der Staat sich nicht primär das Konkurrenzprinzip verordnen soll, sondern die Rahmenbedingungen schafft, damit er alle seine Staatsbürger in jeder Lebenslage Grundbedingungen ermöglichen kann (z.B. eine Wohnung, Essen, Trinken), die Bevölkerung schützen kann (z.B. vor Krankheit, Arbeitslosigkeit, geistiger und / oder körperlicher Beeinträchtigung usw.). Wirtschaften ist ein wichtiger Teil einer Gesellschaft und ermöglicht im jeweiligen Staat den jeweiligen Lebensstandard. Aber die 206 Staaten bestehen aus so viel mehr wichtigen Inhalten und müssen das ausgleichende Element zur globalen Wirtschaften sein, damit das Yin-und-Yang-Prinzip gewährleistet ist. Natürlich sollen Staaten keine aufgeblähten, überbordend fressenden Apparate sein und es soll auch hier ein dauerhafter Optimierungsprozess stattfinden. Aber es sollte, wie gesagt, bei wesentlichen globalen Fragen (z.B. Menschenrechte, Mindestlöhne, Arbeitsrecht, globale Steuern etc.) die Gesetzgebung global beschlossen werden, damit Unternehmen nicht in die Position gelangen, Staaten im Eigeninteresse gegeneinander ausspielen zu können, was derzeit leider auf höchstem Niveau betrieben wird.

Systemisches Dilemma beheben – Jeder gegen jeden + Globale Mindeststandards für jeden:

1) Jedes Unternehmen konkurriert mit jedem anderen Unternehmen direkt oder indirekt + Globale Mindeststandards, die für alle Unternehmen weltweit verpflichtend sind (z.B. Menschenrechte, Mindestlöhne, Arbeitsrecht, globale Steuern etc.)

2) Jeder Staat konkurriert mit jedem anderen Staat direkt oder indirekt + Globale Gesetze und Kontrollinstanzen, die bezüglich der großen globalen Fragen Mindeststandards (z.B. Menschenrechte, Mindestlöhne, Arbeitsrecht, globale Steuern, etc.) definieren und für alle 206 Staaten Gültigkeit haben, wobei jeder Staat seine Souveränität beibehält. (Subsidiarität)

So würde man weltweit dem Kapitalismus und Kommunismus die Giftzähne ziehen und es würde langfristig das Gemeinwohl global möglichst effizient gestärkt werden.

7.) Soll-Zustand erreichen durch neue Politik- und Wirtschaftsordnung: »Globale gemeinwohlorientierte kapitalistische Marktwirtschaft« oder noch besser »Globale ökosoziale Marktwirtschaft«

»Du veränderst die Dinge nicht, indem du die bestehende Realität bekämpfst. Um etwas zu verändern, entwirf ein neues Modell, das das existierende überholt erscheinen lässt.«[32]

Nachdem man den problematischen globalen Ist-Zustand erkannt und den gewünschten globalen Soll-Zustand definiert hat, ist man aber der Lösung all dieser Probleme noch keinen Schritt näher.

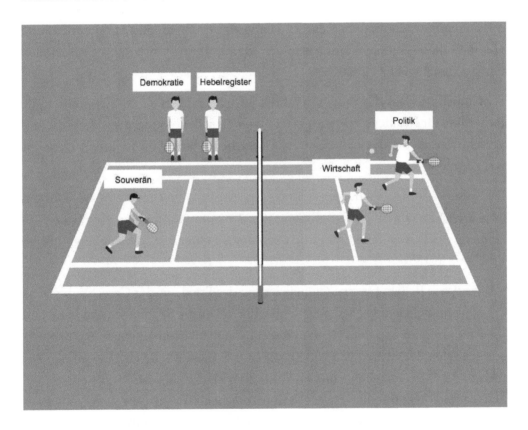

Quelle – Grafik: https://www.dreamstime.com/stock-illustration-two-tennis-players-having-game-tennis-court-cartoon-vector-illustration-side-elevation-view-isolated-vibrant-image86227469

Wie müsste man das System verändern, damit der Soll-Zustand bis 2030 tatsächlich Realität wird? Was wären die wesentlichen globalen Lösungen, damit diese Ziele global erreicht werden?

Wichtig ist, dass man versteht, dass die hier angeführten Parameter des problematischen Ist-Zustands und des gewünschten Soll-Zustands aus heutiger Sicht tatsächlich lösbar wären. Es sind die nötigen materiellen Ressourcen und vor allem die technischen Standards vorhanden und die rasante Weiterentwicklung der Technik könnte bei entsprechender Systemregulation diese Probleme bis 2030 lösen.

Möchte man diese globalen Missstände beheben, stellt sich die Frage, was getan werden müsste, damit man diese Probleme kurzfristig möglichst minimiert, und wie man dieses Problem langfristig löst, damit diese Symptome verschwinden und auch nicht mehr auftauchen.

Wesentlich ist, dass die Souveränität der jeweiligen Staaten, religiöse, kulturelle Individualität etc. nicht in Frage gestellt werden sollen, sondern systemische universelle Parameter, die jeder Staat, egal welche Ideologie dieser innehat, umsetzen könnte.

Die wesentliche Frage, die sich stellt, lautet: Wie erhalte ich mit einem Minimum an Aufwand einen möglichst großen Effekt? Was sind also die wesentlichen Lösungen, damit man einen möglichst großen Effekt erzielt, der die angeführten Probleme löst?

»Wir müssen Regeln für eine Globalisierung des Friedens, der Gerechtigkeit und der Nachhaltigkeit aufstellen. Die Regeln der WTO, die Regeln der Weltbank und die Kreditregulierung der IWF sind Regeln, die die wirtschaftlichen und ökologischen Lasten der Armen vergrößern. Es sind Regeln, die Reichtum von den Armen zu den Reichen leiten, von der Natur zum Markt. Dieses Globalisierungsmodell, das auf dereguliertem Handel basiert, macht alle Regeln, die die gesellschaftliche und ökologische Verantwortung der Wirtschaft sichern sollen, hinfällig. Dies führt in allen Gesellschaften zu Arbeitslosigkeit und wirtschaftlicher Unsicherheit. Abgesehen davon, dass Sie im Süden der Welt zu größerem Elend und im Norden zu verminderten Sozialleistungen führt, schafft die wirtschaftliche

Unsicherheit eine Angstkultur, die neue soziale Ausschließungen, neue Intoleranz und religiösen Fundamentalismus schürt. Diese Ausschließung förder[t] wiederum die Zunahme von Gewalt – in Form von Kriegen von Seiten der Mächtigen, in Form von Terrorismus und Extremismus von Seiten der Ohnmächtigen. Um Frieden, Gerechtigkeit und Nachhaltigkeit zu erreichen, müssen wir eine Veränderung in drei Bereichen wagen:

1) Das Gebot der Nachhaltigkeit erfordert einen Wandel, in der Beziehung zwischen Natur und Mensch, zwischen Ökologie und Ökonomie.

2) Das Gebot der Gerechtigkeit erfordert einen Wandel in der Beziehung zwischen Reichen und Armen, zwischen und innerhalb von Staaten.

3) Das Gebot des Friedens erfordert einen Wandel in der Beziehung zwischen den verschiedenen Kulturen.

Die Veränderung zur Nachhaltigkeit erfordert eine Verschärfung, und keine Abschwächung von Umweltgesetzen. Die Veränderung zur Gerechtigkeit erfordert eine Stärkung, und keine Verringerung von sozialen Regulierungen. Und die Veränderung zum Frieden erfordert ökologische und ökonomische Sicherheit, die durch den Wandel hin zur Nachhaltigkeit und Gerechtigkeit geschaffen wird. Ohne soziale, ökologische und ökonomische Sicherheit kann es keinen Frieden geben.«[33]

Oder in den Worten von Henry Kissinger: »Unter diesen Umständen wird Staatsführung an sich zur Herausforderung. Regierungen stehen unter Druck, den Prozess der Globalisierung mit Blick auf den nationalen Vorteil und mit entsprechenden Regulierungen zu steuern. Im Westen geraten die von der Globalisierung aufgeworfenen Fragen so in Konflikt mit denen einer demokratischen Außenpolitik. Die politische und die wirtschaftliche internationale Ordnung zu harmonisieren stellt althergebrachte Sichtweisen infrage: das Streben nach Ordnung in der Welt deshalb, weil dazu über den nationalen Rahmen hinausgedacht werden müsste. Zugleich erfordert die Regulierung der Globalisierung, dass für ein nachhaltiges Wirtschaften konventionelle Muster überwunden werden müssen. […]

Aber eine geordnete Welt kann durch das Handeln eines einzelnen Staates alleine nicht erreicht werden. Um zu einer echten Weltordnung zu gelangen, müssen deren Teilnehmer, während sie eigene Werte beibehalten, sich eine zweite Kultur aneignen, die globaler, struktureller und juristischer Art ist: ein Ordnungskonzept, das über die Perspektiven und Ideale der einzelnen Regionen oder Nationen hinausweist. Zum gegenwärtigen Zeitpunkt bedeutete dies, dass das westfälische System modernisiert und an neue Realitäten angepasst werden muss.«[34]

Wenn nur einzelne wenige Staaten sich zu Basisgesetzen bekennen würden, sprich Regeln einführen würden, die verstärkt dem Gemeinwohl dienen und sich gegen den Raubtierkapitalismus wenden, hätten sie einen massiven Wettbewerbsnachteil auf mehreren Ebenen und würden vor allem Gefahr laufen, dass Unternehmen und Kapital abwandern und ihr Wirtschaftsstandort sehr große Nachteile hätte. Daher bedarf es bezüglich der wesentlichen großen Probleme unserer Zeit globaler Antworten, die von möglichst vielen Staaten umgesetzt werden.

Es ist von Bedeutung, dass Staaten lernen sich auf wesentlicher Systemebene global zu solidarisieren und sie wie erfolgreiche Unternehmen dem Prinzip »**Schöpferische Zerstörung nach Schumpeter**« folgen. Staaten werden vom Regelwerk der gut organisierten Konzerne bereits zu lange dominiert und müssen beginnen, sich gegen den Zeitgeist zu behaupten, vor allem im Hinblick auf die Globalisierung. Konzerne haben kein Interesse an einzelnen Staaten, sondern agieren global und nützen entsprechend die verschiedenen Regelwerke der einzelnen Staaten bestmöglich für ihren Unternehmenserfolg, was zur Folge hat, dass sie sich wie keine andere Gruppierung enorm bereichern und einen wesentlichen Vorteil gegenüber kleinen und mittelständischen Betrieben genießen.

Der globale Lösungsvorschlag → Neue globale Marktwirtschaft: »Globale gemeinwohlorientierte kapitalistische Marktwirtschaft« oder noch besser »Globale ökosoziale Marktwirtschaft« + »Direkte Demokratie« + »Hebelregister«:

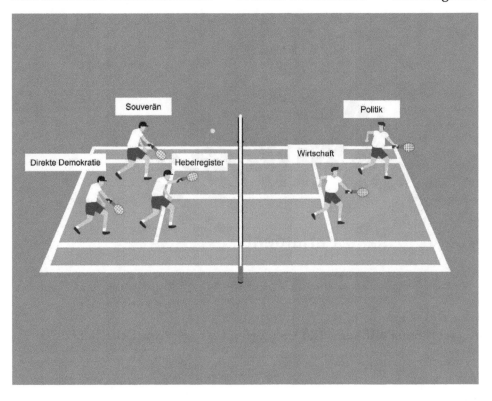

Quelle – Grafik: https://www.dreamstime.com/stock-illustration-two-tennis-players-having-game-tennis-court-cartoon-vector-illustration-side-elevation-view-isolated-vibrant-image86227469

1) Neue globale Marktwirtschaft: Statt »Neoliberale kapitalistischer Marktwirtschaft« eine »Globale gemeinwohlorientierte kapitalistische Marktwirtschaft« oder noch besser »Globale ökosoziale Marktwirtschaft«

2) Direkte Demokratie: Parlament (UNO, IWF, Weltbank, WTO, G7, G13, G20, einzelne Staaten) = Politiker + Kontrollinstanz durch den Souverän + Kontrollinstanz durch Wissenschaftler

Mögliche prozentuelle Aufteilung im Parlament:

Start: Politiker (80%) + Souverän (10%) + Wissenschaftler (10%)

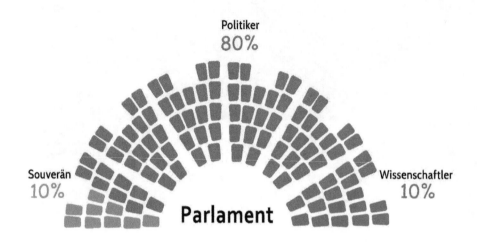

Fortgeschritten: Politiker (40%) + Souverän (40%) + Wissenschaftler (20%)

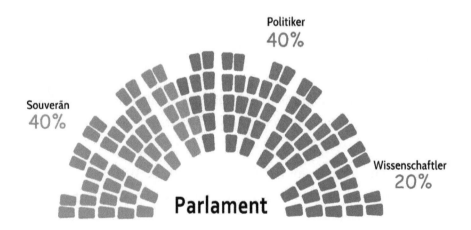

Man sollte mal im kleinen starten und kann dann nach entsprechenden Erfahrungswerten im direkt demokratischen Prozess prozentuelle Anpassungen und Steigerungen beim Souverän und Wissenschaftlern vornehmen. (mehr dazu später)

3) Hebelregister: 17 globale Hebel, die bei weltweiter Umsetzung in allen 206 Staaten langfristig eine Harmonisierung des Gemeinwohls zur Folge hätten und den Raubtierkapitalismus abschaffen würden. (mehr dazu später)

a) Globale neoliberale kapitalistische Marktwirtschaft

Was sind die systemischen Grundvoraussetzungen des globalen Ist-Zustands?

Globaler Ist-Zustand / Globale neoliberale kapitalistische Marktwirtschaft = Kapitalismus + Scheindemokratie od. Autokratie + Plutokratie → Allmächtige Politiker + Vermögende Unternehmer / Die da oben: 1 %, die alles dominieren → Egoismus ist die Gesellschaftsmaxime

Globaler Ist-Zustand / Globale neoliberale kapitalistische Marktwirtschaft:

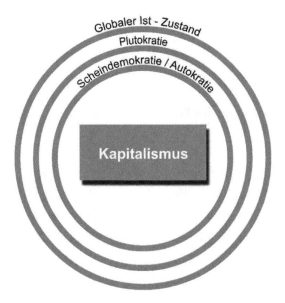

Globale Formel, die für den globalen Ist-Zustand verantwortlich ist:

Globaler Ist-Zustand / Globale neoliberale kapitalistische Marktwirtschaft = Kapitalismus + Scheindemokratie oder Autokratie + Plutokratie

These, aus der diese Formel resultiert: »Das bestmögliche Ergebnis wird dann erzielt, wenn das Individuum das tut, was für es selbst am besten ist. « **(Adam Smith)**

Problematisches globales System - Erklärung der Formel in einem Satz: Viele Unternehmer, an vorderster Front jede Menge Konzerne, sind angetrieben, innovative Produkte und Dienstleistungen zu schaffen, um möglichst viel Profit zu machen, schädigen aus Profitgier, Machtgier und Konkurrenzverhalten dabei meistens das Gemeinwohl, um den Aufstieg bzw. das Überleben des Unternehmens zu sichern, z.B. durch menschenunwürdige Arbeitsverhältnisse, Steuerflucht, Umweltverschmutzung, einen oder zwei Dollar Tageslohn etc. **(Kapitalismus)**, Staaten werden entweder scheindemokratisch regiert, wie z.B. in Amerika, Russland, Deutschland etc., wo das Volk alle vier bis fünf Jahre zur Wahl gebeten wird, aber die Gesetze, die beschlossen werden, letztendlich nicht beeinflussen kann, oder Staaten werden autoritär regiert, wobei das Volk kein demokratisches Mitspracherecht hat, wie z.B. in China, Nord-Korea, Kamerun etc. **(Scheindemokratie / Autokratie)** und viele Millionäre und Milliardäre, reiche Familien, Konzerne haben eine globale Lobby zur Verfügung bzw. kaufen die politische Elite, beeinflussen die Gesetze dadurch zu ihren Gunsten, wodurch keine Chance besteht, dass sich wesentliche Gesetze durchsetzen, die dem Gemeinwohl dienen. **(Plutokratie)**

Die einzelnen Bestandteile der Formel nochmals einzeln für sich:

1) Kapitalismus:

Der wesentliche Vorteil des Kapitalismus ist, dass die Motivation bei Unternehmern sehr hoch ist, bestmögliche Produkte oder Dienstleistungen zu produzieren und dauerhaft zu optimieren, um konkurrenzfähig zu sein und möglichst viel Profit zu machen. Das wesentliche Problem ist, dass global sehr oft das Gemeinwohl geschädigt wird (z.B. menschenunwürdige Arbeitsverhältnisse, Steuerflucht, billige Umweltverschmutzung, Billiglohnländer etc.), da bei Unternehmen und vor allem bei Konzernen das Profitstreben an erster Stelle steht.

2) Scheindemokratie / Autokratie:

Staaten werden entweder scheindemokratisch regiert, wie z.B. in Amerika, Russland, Deutschland etc., wo das Volk alle vier bis fünf Jahre zur Wahl gebeten wird, aber die Gesetze, die beschlossen werden, letztendlich nicht beeinflussen kann, oder Staaten werden autoritär regiert, wobei das Volk kein demokratisches Mitspracherecht hat, wie z.B. in China, Nord-Korea, Kamerun etc.

3) Plutokratie:

Millionäre und Milliardäre, reiche Familien, Konzerne haben eine globale Lobby zur Verfügung, die die Gesetze zu ihren Gunsten beeinflusst und auch immer öfter selbst schreibt. Die führenden Politiker kommen auch oft aus reichen Familien oder Konzernen, wodurch die Einflussnahme des oberen 1 % noch leichter wird. Die politische Elite, die ganz oben im System steht, spielt nach ihren Regeln, wodurch keine Chance besteht, dass sich wesentliche Gesetze durchsetzen, die dem Gemeinwohl dienen.

Welche Berufsgruppe und Systemparameter sind für den aktuellen globalen Ist-Zustand im Wesentlichen verantwortlich?

1) Globale Politik für das obere 1 %: Autokratien + Scheindemokratien, die überwiegend eine Gesetzgebung hervorbringen und fördern, die einer Minderheit von Staaten (vorwiegend Industriestaaten), deren Politiker und vermögenden Unternehmen, vor allem Konzernen dient, sprich dem oberen 1 %, und somit das globale Gemeinwohl nachhaltig schädigen.

Hat der Politiker des jeweiligen Staates eine andere Wahl? Da so gut wie alle Staaten bestrebt sind, vorne mitzuspielen, fördern Politiker der jeweiligen Staaten immer mehr Gesetze, die das obere 1 % der Bevölkerung begünstigt, damit diese Unternehmen ihr Kapital im eigenen Land investieren bzw. nicht abziehen. Da so gut wie alle Staaten sich diesem System beugen, kommen auch nicht vermehrt globale gemeinwohlfördernde Gesetze zustande.

206 Staatsführer – Gekaufte Demokratie: Betrachtet man die 206 Staaten, muss man erkennen, dass in vielen Staaten Menschen regieren, bei denen folgende Voraussetzungen meistens dafür gegeben sind, dass sie sich in dieser Position befinden.

1) Familienzugehörigkeit und Bekanntenkreis

2) Vermögen

3) Lobby, die sie finanziell im Wahlkampf unterstützt

4) Bildung + rhetorisches Können

5) Inszenierungsbegabung

6) etc.

»Der systemische Totalschaden an der Demokratie setzt sich aus zahllosen kleinen ›Unfällen‹ zusammen:

- **Parteienfinanzierung** und Spenden an PolitikerInnen haben einen mächtigen Einfluss auf die Ergebnisse (formal) demokratischer Prozesse. Die BefürworterInnen der Regulierung von Derivaten im US-Kongress erhielten Ende der 1990er Jahre eine Million US-Dollar, die GegnerInnen dreißigmal so viel.[19]

- **Lobbies** umlagern die legislativen Gremien und bringen ihre Interessen erfolgreicher ein als die – mittellosen – BürgerInnen. Oft sagen PolitikerInnen ganz unumwunden, dass ihnen die Gesetzesvorlagen aus der jeweiligen Industrie eine willkommene Arbeitserleichterung darstellen.[20] Die Finanzunternehmen der Wall Street zahlen zwischen 1998 und 2008 recherchierte 5,1 Milliarden US-Dollar an Lobbyisten.[21] CEO Jamie Dimon meinte einmal, seine JP Morgan Chase erzielte »eine gute Rendite mit dem ›siebenten Geschäftsfeld‹ der Bank – Beziehungen zu Politik und Behörden«.[22]

- Mitunter wird mit **Korruption** und **Bestechung** nachgeholfen. (...)

- **Drehtüreffekt:** Politische und wirtschaftliche Eliten bilden eine Einheit: Manager wechseln in die Politik, PolitikerInnen wechseln in den Lobby-Dienst der mächtigen Konzerne. Goldmann Sachs stellte gleich mehrere US-Finanzminister oder -Stellvertreter. In den USA wechselt jeder dritte Kongressabgeordnete nach Ablauf der Amtszeit direkt ins Lobby-Geschäft.[24] Die Türen drehen sich auch pausenlos zwischen Aufsichtsbehörden und Finanzunternehmen.«[34a]

Am Ende des Tages werden dann z.B. mächtige Staaten durch Milliardäre wie einen Donald Trump oder Vladimir Putin regiert, die Stellvertretergesichter ihrer eigenen Riege darstellen und das obere 1 % weiterbefördern. Geeignetes Personal für den Job des Bundeskanzlers wie z.B. ein/e Systemtheoretiker/in, Physiker/in, Philosoph/in, Politikwissenschaftler/in etc. oder andere Menschen, die tatsächlich die Interessen des Volkes und des Gemeinwohls repräsentieren, sind in diesen Positionen so gut wie nie zu finden.

2) Entfesselte globale Wirtschaft: Vor allem global agierende Konzerne haben ein leichtes Spiel, sie produzieren meistens ihre Produkte und Dienstleistungen in Entwicklungsländern, wo sie so gut wie keine Mindeststandards einhalten müssen und möglichst günstig und ausbeuterisch produzieren können (z.B. hinsichtlich Menschenrechte, Arbeitsstandards, Lohn, Steuern etc.), verkaufen Ihre Produkte möglichst gewinnbringend in der ganzen Welt, vor allem in Industriestaaten, schicken dann ihr Geld einmal um den gesamten Globus und zahlen unter Mithilfe von Steueroasen und Steuerkonstrukten am Ende eines Wirtschaftsjahres möglichst wenig Steuern.

Haben Konzerne eine andere Wahl? Sobald ein Unternehmen eine gewisse Größe erreicht hat bzw. die Größe eines Konzerns erreicht, wird es automatisch nach und nach damit konfrontiert, wie es noch billiger agieren kann. Da Konzerne bestrebt sind, konkurrenzfähig zu bleiben, würde der einzelne Konzern, der den Versuch unternehmen würde, Fairplay zu spielen, wie z.B. faire Löhne für alle Mitarbeiter, Arbeitsbedingungen mit hohen Standards für alle Mitarbeiter, keine Steueroasen und Steuerkonstruktionen etc., auf lange Sicht im Wettbewerb gegen die anderen Konzerne unterliegen. Am Ende des Tages ist es aber auch schlichtweg das Bestreben, möglichst viel Profit zu machen und seine Macht auszuweiten. Wer ganz vorne mitspielen will und dort bleiben will, muss global foulen.

Einzelne Staaten + Konzerne / Wenn wir das aktuelle globale System beibehalten, kann sich nichts ändern: Politiker und Konzerne, die weiterhin in der Oberliga mitspielen möchten, passen sich entweder den beschriebenen Rahmenbedingungen an oder sie werden durch andere Player ersetzt, die bereit sind, die perfiden globalen Regeln des neoliberalen kapitalistischen globalen Wettbewerbs anzuerkennen und weiter zu befördern. Nur die Politiker und Unternehmer, die am Weg nach oben bereit sind, ihre Ideale nach und nach beim Geld und der Macht abzugeben, werden den Aufstieg schaffen und nach und nach ausbauen. Am

Ende des Tages regieren Milliardäre wie z.B. Donald Trump oder Vladimir Putin und fördern die Weltwirtschaft zugunsten ihres eigenen Standes.

Welche Berufsgruppe muss man regulieren, damit das Gemeinwohl langfristig gestärkt wird?

Die Antwort ist ganz einfach:

1) Politiker, vor allem in gehobenen Positionen einer Regierung oder Institution.

2) Unternehmensbesitzer von Konzernen, reiche Familien, Personen, die ein Vermögen von mehreren Millionen oder Milliarden Dollar besitzen.

Diese beiden Akteure dominieren weltweit im Wesentlichen den Handlungsspielraum des Souveräns, bestimmen unser Weltgeschehen, die aktuelle Weltordnung und somit unser System und sind mit der Macht ausgestattet, über die Zukunft zu bestimmen.

Wichtig ist, dass man Unternehmensbesitzer und Politiker in ihrem Aktionsradius ganz klar neue Grenzen aufzeigt und entsprechend systemisch regulierend eingreift, damit eine gerechtere Welt und neue Weltordnung möglich wird.

Vor allem durch die direkte Demokratie könnte man hier vieles erreichen, damit die richtigen Leute im Parlament sitzen, die geeigneten Staatsoberhäupter weltweit gewählt werden und somit langfristig eine Gesetzgebung und Ausübung des Gesetzes zustande kommt, die in Summe tatsächlich dem Gemeinwohl dient.

Interessanter Vergleich:

Weltweit leben in etwa 7,6 Milliarden Menschen.

Weltweit gibt es in etwa 18,1 Millionen Menschen, die mehr als 1 Million Dollar besitzen und knapp über 2000 Milliardäre. Weltweit gibt es jede Menge Politiker, aber nur 206 Staatsführer.

Staatsoberhäupter + Millionäre + Milliardäre = 0,25 % der Weltbevölkerung

Man müsste somit einer Elite von maximal 1 % der Bevölkerung neue Regeln und Gesetze aufzeigen, damit das Gemeinwohl nachhaltig gestärkt wird.

b) Globale gemeinwohlorientierte kapitalistische Marktwirtschaft

Globaler Soll-Zustand / Globale gemeinwohlorientierte kapitalistische Markt-wirtschaft = Kapitalismus + Direkte Demokratie + Hebelregister → Ausgewoge-nes Machtverhältnis zw. Wirtschaft und Politik → Gemeinwohl ist die Gesell-schaftsmaxime

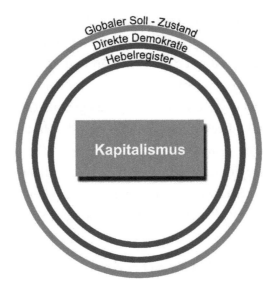

Globale Formel, um die neoliberale kapitalistische Marktwirtschaft (Raubtier-kapitalismus) weltweit zu bändigen: Globale gemeinwohlorientierte kapitalis-tische Marktwirtschaft

Globaler Soll-Zustand / Globale gemeinwohlorientierte kapitalistische Markt-wirtschaft = Kapitalismus + Globale direkte Demokratie + Globales Hebelregister

These, aus der diese zukunftsweisende Formel resultiert: »Das bestmögliche Er-gebnis wird dann erzielt, wenn das Individuum das tut, was für es selbst am bes-ten ist, **und das, was auch für die Gruppe bzw. Gemeinwohl am besten ist.**« **(John Nash)**

Globale direkte Demokratie: Schützt das globale Gemeinwohl vor Scheindemo-kratien und Autokratien und schafft langfristig Gesetze, die dem Willen des glo-balen Souveräns entsprechen.

Globales Hebelregister: Schützt das globale Gemeinwohl vor der Plutokratie und schafft globale Mindeststandards wie z.B. Mindestlohn, gerechte Steuerabgaben für alle Unternehmen, Menschenrechte etc.

Neues globales System - Erklärung der Formel in einem Satz: Die wesentliche Triebfeder des Kapitalismus behält man am besten bei, da es aus heutiger Sicht nicht realistisch wäre, das zu ändern, und damit vor allem Unternehmer angetrieben bleiben, innovative Produkte und Dienstleistungen weiterhin zu schaffen, um in weiterer Folge möglichst viel Profit zu machen **(Kapitalismus)**, Politiker würden in Zusammenarbeit mit dem Souverän und Wissenschaftlern im UNO-Parlament und in möglichst allen 206 Staaten unter dem Deckmantel der Subsidiarität Gesetze beschließen, die langfristig das globale Gemeinwohl befördern und schützen **(Globale direkte Demokratie)** und durch das Hebelregister würden globale universelle gemeinwohlfördernde Basis - Gesetze und somit klare globale Grenzen und Mindeststandards wie z.B. Menschenrechte, Mindestlöhne, Steuerabgaben etc. für Staaten, Unternehmen und vor allem für Konzerne entstehen, die eine gerechte Welt und neue Weltordnung zur Folge hätten **(Globales Hebelregister)**.

Die einzelnen Bestandteile der Formel nochmals einzeln für sich:

1) Kapitalismus → Treibende Kraft für Innovation bei Wirtschaftstreibenden

Durch das Beibehalten des Kapitalismus bleibt das Streben der Unternehmen, bestmögliche Produkte oder Dienstleistungen zu produzieren und dauerhaft zu optimieren, um konkurrenzfähig zu sein und möglichst viel Profit zu machen.

2) Globale direkte Demokratie (Neue Zusammensetzung im Parlament) → Schutzfunktion vor den aktuellen Politikern, vor allem die in Führungspositionen sind, die den Wirtschaftstreibenden, aber nicht dem Souverän und Gemeinwohlwohl dienen wollen

Parlament (UNO, IWF, Weltbank, WTO, G7, G13, G20, Einzelnen Staaten) = Politiker + Kontrollinstanz durch den Souverän + Kontrollinstanz durch Wissenschaftler

Prozentuelle Aufteilung müsste man demokratisch festlegen, sollte aber meines Erachtens mit folgendem Model starten: **Politiker (80%) + Souverän (10%) + Wissenschaftler (10%)**

3) Globales Hebelregister → Schutzfunktion vor der Profitgier der Wirtschaftstreibenden, vor allem Konzernen

17 globale Hebel, die bei weltweiter Umsetzung in allen 206 Staaten langfristig eine Harmonisierung des Gemeinwohls zur Folge hätten und den Raubtierkapitalismus abschaffen würden.

Neues globales System: Politik + Wirtschaft + Gesellschaft neu erdenken

Politiker können nicht mehr als Diktatoren fungieren oder sich alle vier bis fünf Jahre demokratisch wählen lassen und dann ohne wesentliche Einflussname des Souveräns regieren. So müssen Politiker eine ganze Legislaturperiode Überzeugungsarbeit auf hohem Niveau leisten, und durch die Zusammenarbeit mit dem Souverän und Wissenschaftler kommen langfristig die besten Lösungen und Gesetze zustande.

Es werden im globalen kapitalistischen System entsprechende Hebel gezogen (die später im Detail beschrieben werden), die dem freien Markt und dem Prinzip Angebot und Nachfrage Grenzen diktieren und dem Kapitalismus langfristig die Giftzähne ziehen würden, z.B. menschenunwürdige Arbeitsverhältnisse, Steuerflucht, billige Umweltverschmutzung, Billiglohnländer etc. Dies leitet über in ein System, das immer mehr globale Regeln aufbaut, das vorweg das weltweite Gemeinwohl stärkt, aber auch den wirtschaftlichen Erfolg der Unternehmen weiterhin gewährleistet, einen fairen globalen Wettbewerb befördert und es ermöglicht, dass einzelne Personen, Familien, Firmen weiterhin reich werden können bzw. bleiben.

Entscheidend ist, dass global die Mindeststandards angehoben werden, sodass möglichst viele Menschen in Würde leben können. Damit das gewährleistet wird, bedarf es einer Umverteilung, was aber nicht heißt, dass es in der Zukunft nicht weiterhin reiche Menschen geben wird. Das langfristige Ziel für alle soll sein, dass die Schere zwischen Arm und Reich global kleiner wird und eine möglichst starke Mittelschicht entsteht, aber gleichzeitig Individuen angetrieben bleiben, innovative Firmen zu betreiben bzw. zu gründen und die Chance haben, sich durch ihr Streben von der Mittelschicht abzuheben.

Das Wesentliche bei dieser Form der Marktwirtschaft ist, dass alle Kapitalismusanhänger den Kapitalismus behalten dürfen, mit der Änderung, dass man entsprechende Grenzen und Mindeststandards aufzeigt, die global Gültigkeit haben.

So wird auch die Frage beantwortet, wo Gerechtigkeit beginnt: Wenn ein System geschaffen wird, wo gewährleistet ist, dass jedem Menschen die nötigen Mindeststandards nicht verwehrt werden, wie z.B. finanziellen Mittel um den täglich benötigten Warenkorb bedienen zu können (Wohnen, Essen, Trinken,…), gesundheitliche Versorgung, Schulbildung etc. Sobald ein System global diese Mindeststandards garantiert, dann ist es auch im Umkehrschluss in Ordnung, wenn ein System Millionäre und Milliardäre hervorbringt.

Ist es zukunftsweisend, wenn man in einer globalen Formel erneut den Kapitalismusbegriff verwendet?

Realistische Systemoptimierung: Ich bin der festen Überzeugung, dass uns der Kapitalismus noch lange Zeit begleiten wird und es weltfremd ist, wenn man denkt, dass sich dieses System so schnell verabschieden wird. Daher versuche ich diesen Umstand anzuerkennen, den Kapitalismus als führende globale Gesellschafts- und Wirtschaftsform in meinen Überlegungen beizubehalten und die wesentlichen realistischen Transformationsmöglichkeiten der wesentlichen globalen systemimmanenten Parameter zu erörtern, damit man aus dem Kapitalismus global das Optimum herausholen kann.

c) Globale ökosoziale Marktwirtschaft:

Globaler Soll-Zustand / Globale ökosoziale Marktwirtschaft = Wirtschaft + Sozialer Friede + Ökologie → Gesunder Politik-, Wirtschafts- und Gesellschaftskreislauf → Gemeinwohl ist die Gesellschaftsmaxime

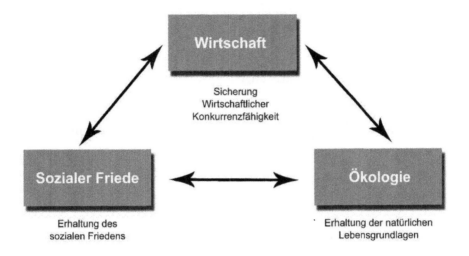

Quelle – Grafik: http://files.globalmarshallplan.org/nitra.pdf

»Wir brauchen – auch auf globaler Ebene – wieder p o l i t i s c h e Gestaltung! Die Politik muss zu I H R E R Verantwortung zurückfinden: Sie muss faire Spielregeln festlegen und dafür sorgen, dass diese Spielregeln auch eingehalten und durchgesetzt werden!

[...]

Heiner GEISSLER, langjähriger Generalsekretär der CDU, schrieb in einem aufrüttelnden Kommentar in der Zeitschrift ›DIE ZEIT‹: ›Nur Dummköpfe und Besserwisser können den Menschen weismachen wollen, man könne auf die Dauer Solidarität und Partnerschaft in einer Gesellschaft aufs Spiel setzen, ohne dafür irgendwann einen politischen Preis bezahlen zu müssen. Warum wird tabuisiert und totgeschwiegen, dass es eine Alternative gibt zum jetzigen Wirtschaftssystem: eine internationale sozial-ökologische Marktwirtschaft mit geordnetem Wettbewerb?‹

Was ist Ökosoziale Marktwirtschaft?

Ökosoziale Marktwirtschaft ist die logische Weiterentwicklung der Sozialen Marktwirtschaft für die Erfordernisse des 21. Jahrhunderts. Heute geht es um einen neuerlichen Qualitätssprung: Eine Synthese zwischen Ökonomie, Ökologie und Sozialem zur Erzielung einer friedensfähigen Überlebensstrategie für die Menschheit und als Voraussetzung für politischen und wirtschaftlichen Mehrwert! Die Konsequenz: Ökonomie, Soziales und Ökologie schaffen das neue ›strategische Dreieck‹ für das 21. Jahrhundert.

Entscheidend ist die richtige Balance zwischen diesen drei Eckpunkten. Diese Balance immer wieder neu anzustreben, ist vorrangige Aufgabe der Politik und der Sozialpartner.

Ökosoziale Marktwirtschaft bedeutet daher nicht idyllische Harmonie, sondern ein stetes Ringen zwischen den politischen Kräften und den Sozialpartnern um einen vernünftigen Ausgleich der verschiedenen Interessen im Sinne der angesprochenen Balance.

Ökosoziale Marktwirtschaft erfordert daher eine starke, entscheidungsfreudige und durchsetzungskräftige Politik! Gefragt ist nicht ein schwacher Staat, gefragt sind Institutionen auf nationalstaatlicher, europäischer und globaler Ebene zur Schaffung und Durchsetzung fairer Spielregeln im Sinne eines tragfähigen Ordnungsrahmens.

Ökosoziale Marktwirtschaft konkret

Was bedeutet Ökosoziale Marktwirtschaft im Konkreten?

1. Wirtschaft:

Es geht darum, Anreize zu schaffen für:

+ Innovation, unternehmerisches Handeln;

+ Werte schaffen statt Spekulation;

+ Förderung von Investitionen in die Zukunft.

In erster Linie geht es also darum, im Sinne einer wettbewerbsstarken und leistungsorientierten Wirtschaft unnötige gesetzliche und bürokratische Barrieren abzubauen, für fairen Wettbewerb innerhalb der Europäischen Union und auf globaler Ebene zu sorgen sowie das Steuer- und Abgabensystem zugunsten einer ›werteschaffenden Wirtschaft‹ weiterzuentwickeln.

2. Soziale Solidarität:

+ Vorrangig geht es um die Durchsetzung eines ›richtigen Mix‹ zwischen

- staatlicher Sozialpolitik und institutionellen Sozialeinrichtungen einerseits sowie

- mehr Förderung und Unterstützung für private Einrichtungen zur bestmöglichen Bewältigung neuer sozialer Herausforderungen (z.B. Betreuung pflegebedürftiger Personen!)

- und die Förderung der Familien, um wieder zu einer ›kinderbejahenden Gesellschaft‹ zu gelangen.

+ Die Finanzierungssysteme für Soziales und Gesundheit müssen ›neu gedacht‹ und grundlegend weiterentwickelt werden – das Ziel muss eine wesentlich breitere Bemessungsgrundlage sein!

+ Soziale Solidarität ist im 21. Jahrhundert nicht mehr denkbar ohne eine weltweit gelebte soziale Solidarität!

3. Ökologie, nachhaltige Entwicklung

Der Grundsatz muss lauten: Nachhaltigkeit muss wirtschaftlich belohnt und attraktiv gemacht werden! Derzeit ist nachhaltiges Handeln vielfach mit ökonomischen Nachteilen verbunden bzw. werden Umweltbelastung und Ressourcenzerstörung ökonomisch begünstigt!

Nachhaltig wirtschaftlich belohnen heißt z.B.: + Strikte Kostenwahrheit in Bezug auf Ressourcenverbrauch und Umweltbelastung;

+ striktes Verursacherprinzip: Wer die Umwelt belastet bzw. begrenzte Ressourcen verbraucht, muss dafür einen international akkordierten Preis bezahlen;

+ Steuern, Abgaben und Förderungssysteme müssen zugunsten der Nachhaltigkeit umgestellt werden;

dasselbe gilt für gesetzliche Regelungen und bürokratische Abläufe;

+ in Zeiten des globalen Handels brauchen wir Transparenz und Produktwahrheit: WO, WIE und unter welchen Bedingungen wurde ein Produkt erzeugt?

Von ganz entscheidender Bedeutung für die Durchsetzung Ökosozialer Markt-wirtschaft ist, dass man beginnen muss, immer in drei Ebenen zu denken und zu handeln:

- Auf der Ebene Nationalstaat, der noch immer die weitaus meisten Regelungen zu treffen hat;

- auf der Ebene EU, in der faire Spielregeln und Ordnungsrahmen für einen EU-Binnenmarkt zu schaffen sind; andererseits müssten zentralistische Detailrege-lungen im Sinne der Subsidiarität und der eigenständigen Lebensgestaltung vor Ort abgebaut werden;

- von immer größerer Bedeutung wird die globale Ebene. Dabei geht es vorrangig um die Schaffung und Durchsetzung von

o Sozialstandards,

o Umweltstandards,

o Transparenz in den Entscheidungsprozessen.«[35]

d) Globale ökosoziale Marktwirtschaft + Globale Gemeinwohlorientiere kapitalistische Marktwirtschaft

Meines Erachtens müsste man die Ökosoziale Marktwirtschaft mit der gemeinwohlorientierten kapitalistischen Marktwirtschaft verbinden, dann hätte man ein sehr gutes globales System:

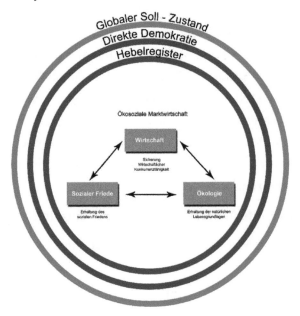

Globale Formel, um die neoliberale kapitalistische Marktwirtschaft (Raubtierkapitalismus) weltweit zu bändigen:

Globale Formel – Globale ökosoziale Marktwirtschaft + Direkte Demokratie + Hebelregister

Globale ökosoziale Marktwirtschaft + Globale gemeinwohlorientiere kapitalistische Marktwirtschaft = Globale ökosoziale Marktwirtschaft + Globale direkte Demokratie + Globales Hebelregister

Globale ökosoziale Marktwirtschaft = Wirtschaft + Sozialer Friede + Ökologie

Globale direkte Demokratie: Schützt das globale Gemeinwohl vor Scheindemokratien oder Autokratien und schafft langfristig Gesetze, die dem Willen des globalen Souveräns entsprechen

Globales Hebelregister: Schützt das globale Gemeinwohl zusätzlich vor der Plutokratie und schafft globale Mindeststandards wie z.B. Mindestlohn, gerechte Steuerabgaben für alle Unternehmen, Menschenrechte etc.

Erklärung der Formel in einem Satz: Die ökosoziale Marktwirtschaft fördert möglichst faire Regeln der Wirtschaft, soziale und ökologische Mindeststandards und beschränkt somit im nötigen Maße den Kapitalismus **(Globale ökosoziale Marktwirtschaft)**, Politiker würden in Zusammenarbeit mit dem Souverän und Wissenschaftlern im UNO-Parlament und in möglichst allen 206 Staaten unter dem Deckmantel der Subsidiarität Gesetze beschließen, die langfristig das globale Gemeinwohl schützen **(Globale direkte Demokratie)** und durch das Hebelregister würden globale universelle gemeinwohlfördernde Gesetze und somit klare globale Grenzen und Mindeststandards wie z.B. Menschenrechte, Mindestlöhne, Steuerabgaben etc. für Staaten, Unternehmen und vor allem für Konzerne entstehen. **(Globales Hebelregister)**

Die einzelnen Bestandteile der Formel nochmals einzeln für sich:

1) Globale ökosoziale Marktwirtschaft → Treibende Kraft für Innovation bei Wirtschaftstreibenden

Die ökosoziale Marktwirtschaft schützt durch möglichst faires Wirtschaften sowie soziale und ökologische Mindeststandards das Gemeinwohl und beschränkt somit im nötigen Maße den Kapitalismus.

2) Globales Hebelregister – Schutzfunktion vor der Profitgier der Wirtschaftstreibenden, vor allem Konzernen

17 globale Hebel, die bei weltweiter Umsetzung in allen 206 Staaten langfristig eine Harmonisierung des Gemeinwohls zur Folge hätten und den Raubtierkapitalismus abschaffen würden.

3) Globale direkte Demokratie (Neue Zusammensetzung im Parlament) – Schutzfunktion vor den aktuellen Politikern, vor allem die in Führungspositionen sind, die den Wirtschaftstreibenden, aber nicht dem Souverän und Gemeinwohl dienen wollen

Parlament (UNO, IWF, Weltbank, WTO, G7, G13, G20, Einzelnen Staaten) = Politiker + Kontrollinstanz durch den Souverän + Kontrollinstanz durch Wissenschaftler

Staaten, Staatsführer, politische Parteien, Politiker haben nur dann die Chance, tatsächlich wesentliche Schritte für eine gerechtere Welt vorzubereiten, wenn sie sich den modernen globalen Anforderungen unserer Zeit anpassen und akzeptieren, dass einzelstaatliche Lösungen nicht die nötige Wirkungskraft haben werden, um sich gegen die Interessen einer Konzernelite zu behaupten. Möglichst alle 206 Staaten müssen globale verbindliche Gesetze zu den großen wesentlichen Themen beschließen und diese dann geschlossen global ausführen, was sicherlich ein schwieriges – viele würden bestimmt sagen, aus heutiger Sicht unmögliches – Unterfangen ist, aber nur so hätte die Globalisierung die Chance, positiv fortzuschreiten und würde langfristig die wesentlichen Probleme unserer Zeit möglichst effektiv bekämpfen.

8.) Globales Hebelregister – 17 Hebel für eine möglichst global gerechte Welt und neue Weltordnung

»Es erscheint immer unmöglich, bis es getan wird.« Nelson Mandela

Nur wer eine umfängliche, in sich schlüssige Blaupause für ein neues globales System, eine gerechtere Welt und letztendlich neue Weltordnung ganz klar definiert und bereit ist, sie der globalen Bevölkerung marketingtechnisch nach allen Regeln des Mainstreams darzustellen, und zwar am besten, wie Konzerne ihre Produkte und Dienstleistungen bewerben, hat den Funken einer Chance, das aktuelle System abzulösen. Denn die Menschen haben sich an die globalen schlechten Verhältnisse bereits gewöhnt, angepasst und akzeptieren diese und sind auf Weltverbesserer nicht gut zu sprechen. Möchte man die Menschen global dazu ermuntern, die Welt neu zu strukturieren, müssen sie daran glauben können, dass das tatsächlich möglich ist. Und damit man an etwas glaubt und es nicht als weltfremd abstempelt, muss es grundschlüssig sein, ein möglichst hohes Gefühl der Sicherheit bieten und in der Vorstellung des Einzelnen theoretisch realisierbar sein, damit man die Chance hat, dass der Einzelne und in weiterer Folge eine Vielzahl an Menschen global aufstehen und sich für diese neue Blaupause stark machen. Derzeit ist die Macht bei den Industriestaaten konzentriert, wo es der Bevölkerung noch so gut geht, dass man nicht so schnell auf die Barrikaden geht. Solange die Bürger der vermögenden Staaten nicht mobilisiert werden können, wird es schwierig. Doch ändern wir nichts am System, kommt die nächste Wirtschaftskrise bestimmt und man kann dann nur hoffen, dass möglichst viele Menschen von dieser neuen Blaupause erfahren haben und sich für globale direkte Demokratie sowie das Hebelregister aussprechen und im besten Fall neue Politiker in hohe Ämter wählen, die diese Forderungen nach und nach umsetzen werden.

Leitsatz, um eine neue Blaupause zu realisieren: Das aktuelle globale neoliberale kapitalistische System kann global nur dann abgelöst werden, wenn man den globalen Ist-Zustand analysiert, einen klaren globalen Soll-Zustand definiert (Sustainable Development Goals – SDG), die neue globale politische Ideologie (direkte Demokratie) und wirtschaftliche Ideologie (gemeinwohlorientierte kapitalistische Marktwirtschaft oder ökosoziale Marktwirtschaft) möglichst global etabliert und ein klares globales Hebelregister definiert, dieses direkt demokratisch über die UNO zur Abstimmung bringt und ein Hebel nach dem anderen möglichst global gezogen wird, damit eine gerechtere Welt zustande kommt und man eine neue Weltordnung begründet.

Unter der politischen Ideologie »**Globale direkte Demokratie**« und unter der wirtschaftlichen Ideologie als Vorstufe »**Globale gemeinwohlorientierte kapitalistische Marktwirtschaft**« und in weiterer Folge anzustrebende »**Globale ökosoziale Marktwirtschaft**« wurde dieses Hebelregister erstellt.

Mit diesem Register von 17 Hebeln möchte ich klar darstellen, welche globalen Systemänderungen man vornehmen müsste, damit man global eine neue Weltordnung einleiten könnte und die tatsächliche Chance besteht, dass bis spätestens 2050 möglichst viele Menschen global in allen 206 Staaten von diesem neuen System möglichst umfangreich profitieren.

Einen ultimativen Hebel gibt es nicht, vielmehr ist es die Summe der Hebel, die den Effekt ausmachen würde, damit nach und nach eine gerechtere Welt entstehen kann. Je mehr Hebel gezogen werden, umso mehr verstärken sich die Hebel gegenseitig.

Nur wenn sich global viele Menschen für eine neue Weltordnung aussprechen, wird ein Systemwechsel möglich sein, vor allem beginnend in den Industriestaaten und Schwellenländern, da diese mit der nötigen Macht ausgestattet sind. Optimal ist es natürlich, wenn sich in allen 206 Staaten weltweit Menschen nach ihren individuellen Möglichkeiten für ein neues System aussprechen und einsetzen.

Dieses Hebelregister würde eine neue Weltordnung bedeuten und dem globalen System einen Neustart ermöglichen.

Abschließend: Das Ziehen aller Hebel würde zur Folge haben, dass der Lebensstandard möglichst vieler Menschen langfristig steigt.

Man sollte dieses Hebelregister unter folgenden Leitsätzen betrachten:

1) »Schöpferische Zerstörung nach Schumpeter«: Den Status quo hinterfragen und sich permanent verbessern.

2) Regulierende Dynamik: »Das bestmögliche Ergebnis wird dann erzielt, wenn das Individuum das tut, was für es selbst am besten ist, und das, was auch für die Gruppe bzw. das Gemeinwohl am besten ist.« (John Nash)

3) Jede Gesellschaft funktioniert auf der Basis einer Reihe wirtschaftlicher und politischer Regeln, die kollektiv durch den Staat und die Bürger zukünftig verändert werden können.

4) Globale Ordnungspolitik: Eine Welt ohne Regeln funktioniert nicht, nicht für den Einzelnen, aber auch nicht für eine globale Gesellschaft. Eine globale Welt mit möglichst vielen Basisregeln und Gesetzen, die durch die UNO durch globale direkte Demokratie beschlossen wurden, die für alle 206 Staaten und Unternehmen gleichermaßen Gültigkeit haben, unter Beibehaltung der Souveränität der einzelnen Staaten (Subsidiarität), würde langfristig eine gerechtere Welt hervorbringen, die es möglichst vielen Menschen ermöglicht, ein Leben in Würde und Freiheit zu leben.

5) Globale Regeln und Gesetze, die nicht kontrolliert werden und bei Nichteinhaltung keine Konsequenzen und Strafen nach sich ziehen, haben meist keine Wirkung beim Einzelnen und letztendlich auch nicht auf globaler Ebene. → Globaler Menschengerichtshof + Globaler Strafgerichtshof + Globale Finanzaufsicht + Globale Steuerbehörde + Globale Kartellbehörde

6) Es wird Zeit, dass wir aus den Fehlern der Vergangenheit lernen und unseren aktuellen globalen Wissensstand bestmöglich nützen, um die Welt zu einem besseren Ort zu führen.

7) Die Welt ist so, wie der Mensch sie tagtäglich lebt.

Hebelregister global einführen / Systemparameter, die man beginnend in der UNO und in weiterer Folge global in möglichst allen 206 Staaten direkt demokratisch zur Wahl stellen und bei positivem Stimmverhalten umsetzen sollte:

Wir benötigen Politiker, vor allem 206 Staatsführer, die verstehen, dass wir nicht in 206 einzelnen Booten sitzen, sondern in einem großen gemeinsamen Boot.

Derzeit gibt es 206 Staaten, die alle eine individuelle Gesetzgebung haben. Nur wenn man in allen 206 Staaten die im Hebelregister beschriebenen Parameter verbindlich durch Gesetze festlegt und globale Kontrollinstanzen einführt, hat man die Chance, dass der momentane Ist-Zustand sich nach und nach nachhaltig verbessert und man sich bestmöglich dem Soll-Zustand (Sustainable Development Goals) annähert. Unter der Schirmherrschaft der direkten Demokratie in der UNO könnte man dieses Hebelregister global zentralistisch nach und nach umsetzen. Die einzelnen Staaten würden natürlich ihre Souveränität hinsichtlich individueller Gesetzgebung beibehalten (Subsidiarität), müssten sich aber in den wesentlichen großen globalen Fragen und nötigen globalen Gesetzen, wie im Hebelregister beschrieben, zur Erreichung der Sustainable Development Goals (SDG) dem Abstimmungsverhalten der UNO einverstanden erklären und die Gesetzesbeschlüsse geschlossen in ihrer Gesetzgebung möglichst zeitglich einarbeiten, damit langfristig die wesentlichen politischen und wirtschaftlichen Fragen einer Lösung zugeführt werden, die das globale Gemeinwohl nachhaltig stärken. Hinsichtlich der Subsidiarität sollte man einmal jährlich in einem festgelegten Zeitrahmen darüber diskutieren und abstimmen, über welche Gesetze man zentralistisch in der UNO abstimmen möchte, wobei es hier eine 2/3 Mehrheit im Parlament benötigen sollte. Auch über das hier vorgeschlagene Hebelregister sollte vorher abgestimmt werden, ob man diese Gesetze global zentralistisch zur Wahl stellen möchte. Wesentlich ist, dass global bei der Gesetzesfindung eine bestmögliche Dynamik beibehalten wird und man folgende Hierarchie einführt: UNO, einzelne Staaten, Bundesländer / Kantone / Distrikte, Städte, Dörfer. (Subsidiarität) Natürlich kann jede Idee nach oben oder unten kommuniziert werden, solange die Hierarchie bezüglich der Gesetzgebung beibehalten wird. So würde man global systemisch möglichst effizient vorankommen und langfristig eine globale vernünftige Gesetzgebung, Gesellschafts- und Wirtschaftsordnung schaffen.

Hebelregister – Übersicht

Hebel 1 / Start für eine »Neue Weltordnung« effektiv einleiten: UNO – Versammlung mit allen 206 Staaten einberufen

Hebel 2 / Wahrhaftige globale direkte Demokratie + Neuorganisation: Vereinte Nationen (UNO), Internationaler Währungsfonds (IWF), Weltbank, Welthandelsorganisation (WTO) bis hin zu den 206 Staaten

Hebel 3 / Möglichst viele Kriege beenden + eine möglichst waffenfreie Gesellschaft anstreben

Hebel 4 / Vernünftige globale Asylpolitik + Resettlementprogramme

Hebel 5 / Regulierung des globalen Steuersystems

Hebel 6 / Globaler Sozialstaat: Soziales Auffangbecken laut Bedürfnispyramide nach Maslow + Zugang zu sauberem Wasser + Zugang zu ausreichend Essen + Zugang zu Wohnraum + Globales Arbeitslosengeld bzw. Bedingungsloses Grundeinkommen + Verpflichtendes globales Rentensystem + Globale Basisgesundheitsvorsorge + globale verpflichtende Schulbildung

Hebel 7 / Fairer globaler Welthandel

Hebel 8 / Patentrecht global neu organisieren

Hebel 9 / Globale Energiewende → Erneuerbare Energie

Hebel 10 / Ökologie weltweit durch strenge globale Gesetzgebung schützen

Hebel 11 / Neues Geldsystem – Vollgeldreform

Hebel 12 / Globale Währung, Abkehr vom Dollar als Leitwährung

Hebel 13 / Technischen Fortschritt bestmöglich global nützen / Digitalisierung + Robotisierung als Wohlstandsmotor für alle 206 Staaten weltweit

Hebel 14 / Globale Überbevölkerung reduzieren

Hebel 15 / Staat und Religion global trennen / Universelles Wissen anstatt religiösen Fanatismus

Hebel 16 / Verpflichtende globale Gemeinwohlbilanz für alle Unternehmen, Staaten, Banken und Institutionen

Hebel 17 / Globaler Menschengerichtshof + Globaler Strafgerichtshof + Globale Finanzaufsicht + Globale Steuerbehörde + Globale Kartellbehörde + Globales Arbeitsinspektorat

Dieses Hebelregister würde im System bewirken, dass man dem aktuellen Kapitalismus und Kommunismus weltweit die Giftzähne zieht und langfristig das globale Gemeinwohl stärkt, wovon die schwachen bis hin zu den starken Mitglieder in einer Gesellschaft profitieren und nachhaltig global eine neue Weltordnung zustande kommen würde, in der die »Ökosoziale Marktwirtschaft« oder »Gemeinwohlorientierte kapitalistische Marktwirtschaft« tonangebend wäre.

9.) Wege, um den globalen Soll-Zustand einzuleiten: Welche realistischen Möglichkeiten gibt es, damit dieses System für eine bessere Welt umgesetzt wird?

Nachdem man den Ist-Zustand erkannt und den gewünschten Soll-Zustand definiert, ein neues globales System erdacht hat, das dem globalen Gemeinwohl bestmöglich dienen würde, ist man aber der Lösung und Umsetzung zu einem tatsächlichen Systemwechsel in die Realität noch keinen Schritt näher. Denn mit welchen Aktionen kann man die Weltgemeinschaft auf die Lösungsvorschläge unserer Organisation »Du wirst die Welt verändern« möglichst global aufmerksam machen? Wie müsste man die Informationen in die bestehende Matrix einspielen, damit der Soll-Zustand bis 2030 Realität wird?

a) Sieben Elemente zum Erfolg: Buch + Filmdokumentation + Website + weltweite NGO + Partei in möglichst vielen Staaten + Werbung

b) Globale Solidarität durch Facebook – Setz dich effektiv für eine bessere Welt in 1 Minute ein!

c) Internationaler öffentlicher Brief an die regierenden Parteien und Oppositionsparteien, den Bundeskanzler und / oder Bundespräsidenten und andere Parteiführer per Mail, Post oder per Nachricht an den jeweiligen Social Media Account schicken

d) Individuum – Wie sich jeder Einzelne von uns für eine bessere Welt stark machen kann

e) Konvente - Klein bis ganz groß: Gemeinde / Region / Bundesland / Staat / Kontinent / Global

f) Im Zuge eines konstruktiven verbindlichen UNO-Treffens – 206 Staaten unterschreiben einen verbindlichen globalen Hebelregistervertrag

g) Jährlich ausgeschriebener globaler Wettbewerb der besten Ideen für ein bestmögliches globales System, wobei die besten Inhalte jährlich über die UNO im Parlament begutachtet und demokratisch abgestimmt werden

h) Ein Musikfestival wie Woodstock im Hier und Jetzt

i) Globales zuhause bleiben an einem Montag

j) Flyer verteilen bzw. aufhängen in den größten Städten dieser Welt

k) Dauerhafte globale Aufmerksamkeit für unser Anliegen durch das richtige Marketing für Buch, Website, Filmdokumentation, Facebook, NGO und Partei: »Du wirst die Welt verändern«

l) Start für die Organisation: »Du wirst die Welt verändern«, um auf globaler Ebene möglichst schnell bekannt zu werden und in möglichst vielen Staaten die Realpolitik mit zu gestalten?

Nähere Details zu diesen Kapiteln werden am Ende des Buches im Detail erläutert.

10.) Du wirst die Welt verändern: Start für eine neue Weltordnung durch das globale Netzwerk Facebook

Wenn Sie mein Buch überzeugen sollte und Sie sich wünschen, dass diese Lösungsvorschläge global umgesetzt werden, ist der erste effektivste Schritt, um sich für einen Systemwandel einzusetzen, unsere Facebook-Seite mit einem Like zu versorgen.

Fakten bezüglich Facebook 2018 (Jahresbeginn):

- »Facebook hat 2,1 Milliarden aktive Nutzer
- 1,4 Milliarden nutzen die Plattform jeden Tag
- 70 Millionen Unternehmen nutzen Facebook, 6 Millionen Werbeaccounts«[36]

Ranking der Fanseiten bei Facebook mit den meisten Fans weltweit im Februar 2018 (in Millionen):

Platz 0: Du wirst du Welt verändern - 208 Millionen Likes

»Platz 1: Facebook selbst - 207 Millionen Likes
Platz 2: Christiano Ronaldo: 122 Millionen Likes
Platz 3: Coca Cola: 107 Millionen Likes«[37]

Globale Solidarität durch Facebook – Setz dich effektiv für eine bessere Welt in 1 Minute ein!

Die Strukturen des bestehenden Systems sind massiv eingefahren und am schwierigsten ist es, dass man die globale Elite unter Zugzwang bringt. Einzelstaatliche Aktionen werden das System aus Wirtschaft und Politik nicht erschüttern. Nur wenn sich Menschen weltweit solidarisieren, so dass es für jeden dauerhaft ersichtlich ist, nur dann hat man eine Chance, die verkrusteten Strukturen aufzubrechen. Die einfachste Form, sich für eine bessere Welt einzusetzen, ist ein solidarisches Like auf Facebook. Es ist, als würde man global wählen gehen, von seinem demokratischen Recht weltweit Gebrauch machen und der gesamten Welt zu verstehen geben: »Ich gebe der globalen Organisation »Du wirst die Welt verändern« mehr Stimmen als Facebook, Christiano Ronaldo oder Coca Cola, ich spreche mich gegen das etablierte globale politische und wirtschaftliche System aus und befürworte eine neue Weltordnung.« Vor allem, wenn sich Prominente mit großer Reichweite mit einem Like und einem Post auf ihrem Facebook-

Account beteiligen würden, könnte das sehr schnell an Dynamik gewinnen. Wenn unsere Facebook-Seite zwischen 100 Millionen und 207 Millionen Likes erhalten würde, im besten Fall den ersten Platz besetzt, könnte die gesamte Welt nicht mehr wegschauen und müsste sich mit dem Anliegen dieses Buches auseinandersetzen. Es würde eine globale mediale Berichterstattung zur Folge haben und die Politiker müssten ziemlich sicher weltweit zu diesem Anliegen Stellung nehmen und es würde eine langfristige globale Diskussion zur Folge haben, die mit hoher Wahrscheinlichkeit nicht mehr totzukriegen wäre, letztendlich globale Änderungen mit sich bringen würde und die Initialzündung für eine neue Weltordnung sein könnte.

Facebook Profil: You will change the world Global

https://www.facebook.com/youwillchangetheworldglobal

Wesentlich: Facebook schafft die Möglichkeit, sich global zu solidarisieren, das nach außen hin für jeden sichtbar zu machen und das Thema unserer Organisation »Du wirst die Welt verändern« global in die Medien zu bringen. Nur so hat man die Chance, dieses Thema global publik zu machen und es keine einwöchige Aktion in ein paar wenigen Staaten bleibt.

Eine weitere Möglichkeit, sich für unsere Organisation einzusetzen: Indem Sie unseren Filmtrailer und den Link zu unserer Website auf Ihrem Facebook-Account oder anderen Social-Media-Portalen posten.

Und natürlich kann sich das Thema sehr schnell herumsprechen, wenn Sie es ihren Familienmitgliedern, Freunden, Bekannten, Arbeitskollegen, Nachbarn etc. erzählen und sie dazu einladen, unsere Website »www.du-wirst-die-welt-veraendern.com« und unseren Facebook-Account zu besuchen und zu liken. Das ist die einfachste und zu Beginn effektivste Methode, um auf das Thema global aufmerksam zu machen.

Denken Sie darüber nach, egal wie sehr Sie dieses Thema bewegt oder nicht, aber nur mit einem Like haben Sie die Möglichkeit, sich an dem Gelingen einer gerechteren Welt zu beteiligen.

Bildfilter verwenden: Als z.B. in Frankreich ein Terroranschlag im Jahr 2017 verübt wurde, haben jede Menge Menschen ihr Profilbild mit der französischen Flagge mittels Filter erweitert.

Auf unserer Website finden Sie den Bildfilter »Du wirst die Welt verändern«, den Sie bei Ihrem Facebook-Bild hochladen können. Das ist ein starker Ausdruck dafür, dass man sich für eine bessere Welt solidarisiert, und wenn das eine Dynamik annehmen würde, so dass Millionen von Menschen weltweit es Ihnen gleichtun würden, würde das Thema sehr schnell in den Medien landen.

Youtube-Szene: In der Youtube-Szene gibt es jede Menge erfolgreiche Videoproduzenten, die zum Teil eine enorme Reichweite haben. Wenn hier eine Vielzahl an Menschen sich in einem Videobeitrag zu dem Thema äußern würde, könnte unsere Organisation ebenfalls sehr schnell in die breite Öffentlichkeit gelangen und es würde das Potential entstehen, dass große Medien auf das Thema aufmerksam werden.

Prominente aus allen Bereichen aus möglichst vielen Staaten für die Idee gewinnen: Am besten geeignet sind internationale Stars, die eine möglichst große globale Reichweite haben. Es müssen nicht zwingend prominente Wissenschaftler, Politiker, Wirtschaftstreibende etc. sein, sondern es sollten vor allem auch Schauspieler, Comedians, Kabarettisten, Musiker etc. sein, die sich für unsere Organisation positiv aussprechen und sich zu ihr bekennen. So hat man die Chance, viele Menschen egal welcher Bildungsschicht zu erreichen und das ganze Thema hat die Chance, in den Köpfen möglichst vieler Menschen zu landen. Ein Like von Prominenten kann dem Ganzen einen Turbo verleihen, da sie viele Follower bei Facebook haben. Ein weiterer einfacher Weg z.B. ist, wenn Prominente sich über Social Media wie z.B. Facebook, Twitter, WhatsApp etc. bekennend zu Buch, Filmdokumentation und Website äußern. So hätte dieses Buch die Chance, global Gehör zu finden, da in weiterer Folge auch Medien jeglicher Art auf das Thema ziemlich wahrscheinlich aufspringen würden. Wichtig wäre ein globaler medialer Hype, den man so ganz einfach initialisieren könnte.

5 Weltreligionen: Wenn sich die fünf Weltreligionen und deren Führungspersonen, der amtierende Papst Franziskus, der Dalai Lama bzw. Führungspersonal der jeweiligen Religion für unsere Organisation aussprechen und den Inhalt unserer Bewegung befürworten würden, das über ein Facebook-Like kundtun und dazu einen Post auf Facebook machen würden, in dem Sie inhaltlich erklären, warum sie diesen Weg befürworten und vor der Weltpresse durch ein offizielles Interview bekräftigen würden, könnte das ebenfalls weltweit in kürzester Zeit eine enorme Dynamik annehmen.

Bsp.: Das Christentum hat in etwa 2,1 Milliarden Anhänger. Wenn der Papst sich in einem offiziellen Statement für unsere Organisation aussprechen würde, würde das ebenfalls eine globale Berichterstattung zur Folge haben.

Wirtschaft - Das oberste 1 %: Wenn sich Millionäre und Milliardäre wie z.B. Bill Gates, Warren Buffet, Mark Zuckerberg etc. sich für unsere Bewegung aussprechen würden, wäre das ein klares Signal an die Weltgemeinschaft und würde die Argumentation von Gegnern zusätzlich abschwächen. Ein Like auf Facebook von solchen Persönlichkeiten wäre Gold wert, da die Profiteure des Systems sich für einen Systemwandel aussprechen würden. Wenn z.B. ein Bill Gates sich für unsere Organisation offiziell aussprechen würde, hätte das jedenfalls ein breites mediales Echo.

Optimal wäre es natürlich, wenn sich möglichst viele Milliardäre und Millionäre unserer Organisation anschließen, uns auf Facebook ein Like geben und sich offiziell für unsere Organisation aussprechen würden.

Politik: Einen hohen Wert hätte ein Like von Staatsführern und Präsidenten. Umso höher die Position des jeweiligen Politikers ist, umso besser. Natürlich würde es uns helfen, wenn sich weltweit offizielle Vertreter von Staaten aus der Politik sich für unsere Organisation und Lösungsvorschläge aussprechen würden und auch in unserem Sinne Politik machen würden.

Social-Media-Agenturen: 100 bis 208 Millionen Facebook-Likes – jeder, der sich professionell mit der Materie auseinandersetzt, weiß, wie schwierig es ist, dieses Ziel zu erreichen ist, vor allem, wenn man bei null beginnt. Wir benötigen Unterstützung und laden Social-Media-Agenturen weltweit dazu ein, uns bei unserem Unterfangen zu unterstützen.

Es ist nicht realistisch, dass unsere Organisation zwischen 100 und 208 Millionen Facebook-Likes erhält: Es ist z.B. derzeit unrealistisch, in die Vergangenheit zu reisen, andere Galaxien zu besuchen oder den Sinn unseres Daseins zu erfassen. Viele haben mich gefragt, wie man die Welt verändern könnte, wie man global den Stein ins Rollen bringen könnte, damit die Forderungen dieses Buches weltweit diskutiert und eine Chance haben, umgesetzt zu werden. Facebook bietet die Möglichkeit, mittels Likes eine klare globale Botschaft bezüglich Solidarität zu senden. Dass die Menschen ein anderes System haben wollen, vor allem eine neue Wirtschaftsordnung, ist durch eine Umfrage der Bertelsmann Stiftung bewiesen und ich denke, dass diese Studie für die gesamte Weltbevölkerung repräsentativ ist:

»Acht von zehn Bundesbürgern wünschen sich angesichts der europaweiten Krise eine neue Wirtschaftsordnung. Dies ergab eine Umfrage des Meinungsforschungsinstitutes TNS Emnid, die im Auftrag der Bertelsmann Stiftung durchgeführt wurde und der ZEIT exklusiv vorliegt.

Zwei von drei Befragten misstrauen demnach bei der Lösung der Probleme den Selbstheilungskräften der Märkte. Der Kapitalismus sorge weder für einen »sozialen Ausgleich in der Gesellschaft« noch für den »Schutz der Umwelt« oder einen »sorgfältigen Umgang mit den Ressourcen«.

Das Volk sei demnach gar nicht so stark an kurzfristigen Zielen interessiert. »Nachhaltigkeit, Umwelt und Soziales liegt vielen Bürgern mehr am Herzen, als Politiker glauben«, sagte Aart De Geus, Leiter der Bertelsmann Stiftung.«[38]

Ich denke, dass die Menschen gerne eine global gerechtere Welt und neue Weltordnung haben möchten und das schon lange, aber bis heute keinen Weg gesehen haben, wie sie das zum Ausdruck bringen können. Das symbolische Bild: Nehmen wir uns alle bei den Händen und stehen wir gemeinsam auf für eine gerechtere Welt! Ein romantisches Bild, das durch einen Facebook-Like vielleicht an Romantik verliert, aber den gleichen Effekt haben würde, und zwar dauerhaft. Wenn über 200 Millionen Leute global den Facebook-Button klicken, dann ist das dauerhaft auf Facebook und im Internet zu sehen. Das wäre kein einmaliges Happening, Demonstration, Volksbegehren, Wahl eines Politikers, das wäre ein Ausdruck dafür, dass die Menschen weltweit eine gerechtere Welt und neue Weltordnung haben möchten, und keiner hätte die Macht, das einfach wegzuwischen, und es würde vor allem nicht so schnell in Vergessenheit geraten.

Abschließend: Unser Anliegen hat nur dann eine Chance, wenn wir global eine möglichst große Aufmerksamkeit erregen. Mittels Social Media kann sich das Thema wie ein Lauffeuer ausbreiten und in einem Minimum an Zeit an Bekanntheit gewinnen. Vor allem mittels Facebook und am besten 100 bis 208 Millionen Likes wäre unser Anliegen für eine gerechtere Welt und neue Weltordnung für immer in die Geschichtsbücher geschrieben und die wirtschaftliche und politische Elite würde man so massiv unter Zugzwang bringen.

11.) Sieben wesentliche Elemente zum globalen Erfolg: Buch + Filmdokumentation + Website + Facebook + weltweite NGO + Partei in möglichst vielen Staaten + Werbung

Um tatsächlich global gehört zu werden und das hier vorgeschlagene Hebelregister global zu integrieren, bedarf es sieben wesentlicher Elemente unter dem Namen »Du wirst die Welt verändern«:

1) Buch

2) Filmdokumentation

3) Website

4) Facebook

5) Weltweite NGO »Du wirst die Welt verändern«

6) Partei »Du wirst die Welt verändern« in möglichst vielen Staaten gründen

7) Werbung

Wichtiger Hinweis: In Summe kennt man alle sieben Einzelpositionen. Aber kennen Sie eine Person, Autor, Bewegung, Organisation, Institution, die alle sieben Punkte innehat? Wesentlich ist das Zusammenspiel aller sieben Positionen, wenn man tatsächlich daran Interesse hat, eine gerechtere Welt einzufordern und dass tatsächlich eine neue Weltordnung entstehen kann.

1) Buch + 2) Film Dokumentation + 3) Website: Über diese drei Elemente kann man global eine Vielzahl an Menschen erreichen und eine erste intensive Berührung mit der Thematik auslösen. In folgenden Sprachen sollten Buch + Filmdokumentation + Website mindestens erscheinen: Englisch, Spanisch, Portugiesisch, Französisch, Italienisch, Russisch und Chinesisch.

Diese drei Informationsträger werden aber nicht dafür ausreichen, damit sich langfristig das System tatsächlich ändert.

4) Facebook: Mit möglichst vielen Facebook-Likes könnte man global auf unsere Organisation und unser Anliegen aufmerksam machen. Zwischen 100 und 208 Millionen Facebook-Likes wäre das der Moment, wodurch die Organisation »Du

wirst die Welt verändern« globale Aufmerksamkeit erlangen und der Stein unaufhaltsam ins Rollen kommen würde.

5) Weltweite NGO »Du wirst die Welt verändern«: Die NGO wirbt global für
den Systemwechsel und vor allem für das Hebelregister. Im Weiteren könnte man
die NGO als Think Tank betrachten und die hier vorgeschlagenen Ideen weiter
ausbauen. Am besten orientiert man sich hier an bereits existierenden NGOs wie
Amnesty International, Greenpeace, Attac, Club of Rome etc.

6) Partei »Du wirst die Welt verändern« in möglichst vielen Staaten gründen:
Diese Partei sollte in allen Staaten gegründet werden, wo die notwendigen demokratischen Bedingungen gegeben sind, gewählt zu werden. Am wichtigsten sind
hier zu Beginn die Industriestaaten und Schwellenländer, so dass dort möglichst
flächendeckend in allen Staaten diese Partei zur Wahl gestellt wird. Nach außen
hin ist es enorm wichtig, dass es einen übergeordneten Präsidenten gibt, der als
globales Sprachrohr gilt und die wesentliche Koordination übernimmt, damit die
Partei möglichst einheitlich hinsichtlich ihrer globalen Forderungen auftritt. Seine
Aufgabe muss es auch sein, die Erfolge in den einzelnen Staaten bestmöglich nach
außen zusammenfassend zu kommunizieren. Wesentlich für diese Partei sollte
sein, dass sie sich von anderen Parteien soweit abhebt, dass diese feststellen, dass
Parteien und Politiker in ihrem Handeln im einzelnen Staat massiv eingeschränkt
sind, da sie den globalen Kapitalismus oder Kommunismus im Nacken haben
und somit niemals wesentliche Handlungsschritte setzen können, die das Gemeinwohl stärken, da Staaten derzeit in den wesentlichen globalen Fragen miteinander konkurrieren und somit die Rahmenbedingungen fehlen, dass sich Staaten zu einer globalen intelligenten Gesetzgebung bewegen. Eine wesentliche Position der Partei soll sein, dass, wenn eben nur das beschriebene Hebelregister in
möglichst großem Umfang global gezogen wird, dies eine wahrhafte globale systemische Veränderung herbeiführen kann, die das Gemeinwohl massiv stärkt,
wobei aber die Einschränkungen für Unternehmen so gestaltet sind, dass Sie gewinnbringend wirtschaften können. Der wesentliche Vorteil der Partei wäre, dass
sie zumindest am Beginn ein Alleinstellungsmerkmal hätte und jede Menge Wähler, die von der aktuellen Politik enttäuscht sind, anziehen würde. Bei Wahlerfolgen würden dann manche Parteien bestimmt die Argumentation mit ins Parteiprogramm reinnehmen und würde somit endlich in der Mitte der Gesellschaft

eine nachhaltige Diskussion auslösen. Heutzutage ist das ein Nebenschauplatz, wo Menschen wie z.B. Jean Ziegler, Franz Josef Radermacher, Christian Felber etc. ein paarmal im Jahr im öffentlichen Fernsehen erscheinen oder alle heiligen Zeiten in einer bekannten Zeitung zu diesem Thema etwas publiziert wird. Ohne eine entsprechende Partei, die in möglichst vielen Staaten weltweit aktiv ist, die diesen Schwerpunkt ganz klar setzt, wird sich dieses Thema nur schwer durchsetzen, da es wichtig ist, dass der Souverän die Möglichkeit hat, unsere Forderungen demokratisch zu wählen.

Inhaltliche Positionen → Kurzfristige und langfristige Positionen:

Im Wesentlichen sollte sich die Partei für die Umsetzung des Hebelregisters einsetzen. Wie im Buch beschrieben, kann diese Form der Politik aber nur überleben, wenn sich mindestens alle Industriestaaten und Schwellenländer möglichst zeitgleich auf diese Hebel einigen und zeitgleich umsetzen, damit kein wesentlicher langfristiger Wettbewerbsnachteil für einzelne Staaten entstehen kann.

Solange keine Hebelpolitik betrieben werden kann, sollte die Partei auch Positionen einnehmen, die eine Vorstufe für eine globale langfristige Lösung präsentieren.

Beispiel Steuerpolitik: In vielen Staaten wird propagiert, dass man die durchschnittliche Steuerquote unbedingt senken muss. Unser Vorschlag beruht darauf, dass man sich global auf eine durchschnittliche verbindliche Steuerquote zwischen 43 und 47 % einigen soll. Solange das global nicht beschlossen wird, sollte es die Position der Partei sein, dass die Steuerquote bei mindestens 43 % liegt.

Beispiel Flüchtlinge: Unsere Position ist eine globale Quote, damit auf alle Staaten dieser Welt die Flüchtlinge weltweit fair aufgeteilt werden. Solange es hier keine globale einheitliche Regelung gibt, sollte meines Erachtens ein gesunder Kompromiss eingegangen werden. Die wesentliche Frage, die sich jeder Staat stellen sollte, lautet: Wie viele Flüchtlinge möchten wir maximal aufnehmen, welche Kapazitäten haben wir im eigenen Land? Sobald diese Zahl festgelegt wurde, sollte man die Flüchtlinge wie bereits vorhin beschrieben bestmöglich integrieren, da man nur so langfristig Folgeproblemen aus dem Weg geht. Der Kompromiss ist somit klar, man definiert pro Jahr eine Obergrenze, solange es keine globale Quote gibt. Dafür werden die Flüchtlinge, die dann kommen, bestmöglich integriert und es wird entsprechend Geld in die Hand genommen.

Für jede große Frage zwei Antworten: Wichtig ist, dass die Partei immer zwei Antworten zu jedem Thema parat hat, um nicht abgehoben zu wirken. Sonst wird einem immer vorgeworfen, dass diese großen Lösungen nicht kommen werden und die Partei überflüssig ist. Daher ist es immer wichtig, eine in der momentanen Situation gängige Lösung parat zu haben, aber dass man auch eine optimale globale Lösung kommuniziert, wie im Heberegister beschrieben. Wesentlich ist, dass man eine Vision für die Zukunft verkörpert!

Gründung der Partei: Am besten geeignet als Präsident wäre ein Spitzenpolitiker, der, wenn möglich, auch international bekannt ist, der sich vor allem mit dieser Ideologie voll und ganz identifizieren kann und bei dem es auch glaubhaft ist, dass er dieser Partei angehört. Dieser Politiker sollte dann Persönlichkeiten finden, die mit ihm diese Partei mit Leben füllen wollen. Wesentlich ist, dass man in möglichst vielen Staaten weitere Politiker findet.

Zielsetzung: Es wäre ein riesen Erfolg, wenn diese Partei bei der Wahl im jeweiligen Staat antritt, 5 bis 10 % der Wähler bei der ersten Wahl gewinnen und tatsächlich ins Parlament einziehen würde. Bedenkt man, dass man heutzutage als Großpartei gilt, sobald man 30 % der Stimmen erhält, und wenn man sich überlegt, wie viele Nichtwähler es gibt und Bürger, die nicht mehr die etablierten Parteien wählen möchten, darf man daran glauben, dass es nicht unmöglich ist, mit einer wahrhaftigen alternativen Politik tatsächlich gewählt zu werden und die Chance hat Wahlen zu gewinnen. In je mehr Staaten die Parteigründung erfolgt, umso besser. Zu Beginn ist es vor allem wichtig, dass in möglichst vielen Industriestaaten und Schwellenländern die Partei etabliert wird, da dort die globale Macht beheimatet ist.

Dadurch hätten die Organisation und das Hebelregister erneut eine enorme Medienpräsenz und würden im jeweiligen Staat eine Vielzahl an Menschen erreichen. Wichtig ist, dass man versteht, dass »Du wirst die Welt verändern« dann im jeweiligen Staat für den Souverän demokratisch zur Wahl steht und man eine authentische Stimme gegen das neoliberale kapitalistische System bei der Wahlurne zur Auswahl hat und sich wahrhaftig demokratisch gegen das bestehende globale System aussprechen kann. Nur so kann auch langfristig ein geordneter und demokratischer Systemwechsel erfolgen, wenn sich die Menschen dazu im freien demokratischen Prozess mit ihrer Stimme entschließen können.

Wer wirklich konkret werden will: Bevor man mit unserem Branding und dem genauen Wortlaut die Parteigründung vollziehen kann, würden wir darum bitten, uns zu kontaktieren, damit man das im Detail besprechen kann. Bevor wir die Rechte aus der Hand geben für den jeweiligen Staat, möchten wir den Hauptverantwortlichen kennenlernen. Wie bereits geschrieben, wäre uns als Leitfigur am liebsten ein Politikprofi mit entsprechender langjähriger praktischer Erfahrung, der sich wahrlich mit unserer Organisation identifizieren kann.

Abschließend – NGO und / oder Partei: Der Vorteil einer NGO ist, dass man sie ohne Problem von Beginn an global starten kann und so jeder die Möglichkeit hat, sich an diesem Projekt zu beteiligen. Der wesentliche Nachteil ist, dass NGOs nur schwer langfristig in den Mainstream-Medien stattfinden und auch nicht Teil des demokratischen Prozesses im Parlament sind.

Deshalb sind möglichst viele Parteigründungen in möglichst vielen Staaten zwingend notwendig, damit das Anliegen dieses Buches in der Mitte der Gesellschaft als Information ankommt und möglichst langfristig ein Teil der real politischen Diskussion bleibt.

7) Werbung: Man sollte sich hier an Konzernen orientieren, um eine möglichst zielführende Werbung zu entwerfen, die eine möglichst breite Masse anspricht. Wesentlich ist, dass man die Kernbotschaft möglichst einfach verpackt und möglichst viele Menschen mit den Themen an der Oberfläche berührt und sie so zu der NGO und / oder Partei im jeweiligen Land führt, mit der weiterführenden Option in die Tiefe zu gehen.

Wir stehen ganz am Anfang: Dieses Buch ist aus heutiger Sicht eine theoretische Abhandlung. Wenn wir all diese sieben Punkte auf hohem Niveau umsetzen möchten, benötigen wir langfristig großzügige Sponsoren, die an den beschriebenen Weg glauben und in diese Idee investieren. Wie man diese Idee global umsetzt, ist hier bereits sehr deutlich skizziert, für die internationale Umsetzung benötigen wir aber jede Menge Geld. Und wir benötigen natürlich jede Menge talentierter Menschen aus den verschiedensten Bereichen, z.B. Wissenschaftler,

Politiker, Philosophen, Marketingstrategen, Webdesigner, Übersetzungsteams, Werber für die Organisation etc., die uns beim Aufbau dieser Organisation helfen. Möchte man dieses Projekt möglichst effizient umsetzen und das Problem Geld ausklammern, würde man lediglich einen einzigen Millionär oder Milliardär benötigen, der an diese Idee wirklich glaubt und uns mit einem entsprechenden Jahresbudget jährlich ausstattet.

III.) Einleitung: Wohin geht die globale Reise?

Ich bin kein Linker, kein Rechter, kein Vertreter jeglicher Institution wie z.B. einer etablierten politischen Partei, weder bin ich ein Lobbyist, ich bin Freidenker mit einem enorm ausgeprägten Gerechtigkeitssinn und würde mich in Summe als positiven lösungsorientierten Konstruktivisten (Zusammenspiel aus Idealismus und Realismus) bezeichnen, unter dem Banner möglichst großer Freiheit, auf der Suche nach möglichst universellen globalen Lösungen, von denen möglichst viele Menschen profitieren. Seit meinem 18. Lebensjahr beschäftigen mich die globalen ungerechten Strukturen, und in keiner Phase meines Lebens hat dieses Thema für mich an Interesse verloren. Ich habe jede Menge Bücher, Artikel, Filme, Dokumentationen und vor allem Politik Bla Bla konsumiert, aber nie die Antworten erhalten, die ich mir gewünscht habe. Man liest, was alles falsch läuft in dieser Welt, erkennt einen problematischen globalen Ist-Zustand + wünschenswerten globalen Soll-Zustand und am Ende eines Buches bekommt man, wenn es gut geht, ein paar Tipps für einen möglichen Systemwandel und fragmentierte Lösungsansätze für eine bessere Zukunft. Ich dachte mir jedes Mal: Warum entwirft niemand einen im Detail beschriebenen globalen, konstruktiven, allumfänglichen Weg für ein neues multiples funktionales System, eine Bedienungsanleitung mit möglichst vielen globalen realistischen Hebeln, die sich gegenseitig unterstützen und das möglichst vielen Menschen weltweit dient? Ich habe mich letztendlich dazu entschlossen, dieses Buch zu schreiben, eine Website zu entwerfen: www.du-wirst-die-welt-veraendern.com und möchte zusätzlich im Jahr 2019 einen Dokumentarfilm umzusetzen, was zusammen ganz klar aufzeigen soll, wie der Wandel zu einer möglichst gerechten Welt eingeleitet werden kann, so dass Menschen das Thema globale Gerechtigkeit möglichst einfach verstehen und realistische Lösungsansätze erkennen, damit die Welt sich zum Positiven hin verändern kann. Ich habe dieses Buch für alle Bürger dieser Welt geschrieben, da ich mir wünsche, dass möglichst jeder Mensch dieses Planeten eines Tages aufwacht und das Glück erfährt, in einer Gesellschaft zu leben, die daran Interesse hat, dass es möglichst allen Bürgern gut geht und jeder eine Perspektive für ein gelungenes Leben einnehmen kann und die Chance bekommt, sein Leben selbst möglichst konstruktiv zu gestalten. Ich wende mich auch vor allem an die junge Generation, an Menschen, die dabei sind, ein Weltbild für sich zu erkennen, gewisse Dinge nicht einordnen können und von der Gesamtsituation verunsichert sind. Ich war in meiner Jugend schwer irritiert und dachte mir: Was soll diese Welt wert sein, wenn die Menschen so miteinander leben? Welchen Platz soll ich hier einnehmen? Kein Ziel ist erstrebenswert, ist doch alles auf einer riesigen globalen Lüge aufgebaut. Das ist ein ehrloses Miteinander, wo das Gebot des Stärkeren gilt, als wären wir Tiere. Eine globale Elite wurde durch das korrupte System und Globalisierung immer gieriger und unverschämter, konditioniert zum neoliberalen Affen: »Ich will mehr Geld und Macht!«, aber ich hoffe vor allem auf die nächste oder hoffentlich spätestens übernächste Generation, die hoffentlich von vielen Oberflächlichkeiten in ihrer Erziehung verschont bleibt und sich um eine möglichst konstruktive und gerechte globale Gesellschaft bemüht. Jeder Mensch ist gleich viel wert und man würde sich für sich selbst und seine Familie, seine Verwandten und Freunde unter normalen Umständen niemals etwas Schlechtes wünschen. Wie kann man diese kannibalische Weltordnung zur Kenntnis nehmen, wo jeden Tag so viel Leid zu ertragen ist? Wir können uns im Westen nicht auf unserem Wohlstand ausruhen und lediglich anstreben, unseren Grenzbereich gewinnbringend zu verteidigen und die Regeln vor allem im Bereich der Globalisierung zu unseren Gunsten weiter zu verbessern. Nur eine globale Gesellschaft, die systemisch auf gerechten Wettbewerb und das Gemeinwohl achtet und als oberste Prämisse erkennt, dass der Mensch fehlerhaft ist, aber das globale System um den Menschen herum, diese Fehlerhaftigkeit nicht als Kennzahl akzeptieren darf und dass es einer dauerhaften globalen schöpferischen Zerstörung nach Schumpeter bedarf. Nur wenn wir ein System mit möglichst vielen sinnvollen globalen Regeln ausstatten, die dem gesamten Gemeinwohl, aber natürlich auch der Motivation des Einzelnen dient, können wir auf eine positive Zukunft hoffen, die für möglichst viele Menschen nützlich ist. Eine »Globale ökosoziale Marktwirtschaft« – oder für diejenigen, die den Kapitalismusbegriff beibehalten wollen und einen Zwischenschritt benötigen: »Globale gemeinwohlorientiere kapitalistische Marktwirtschaft« – würde eine möglichst breiten Wohlstand einleiten, und so hätte jeder die Möglichkeit, sich seinen individuellen Talenten nach gewinnbringend in der Gesellschaft einzubringen, ohne jemand in der Gemeinschaft wesentlich in seiner Freiheit zu beschränken. Ich lasse mir aber auf keinen Fall den

Vorwurf machen, dass ich hier auf Menschen einschlage, die an Karriere, Wohlstand und letztendlich an Profit Interesse haben. Ich bin selbst Unternehmer und weiß wie aufregend es ist, wenn man ein eigenes Unternehmen gründet, die eigenen Dienstleistungen von Kunden gekauft werden und jedes Jahr mehr einnimmt und man sich an dem gemachten Jahresgewinn erfreut. Menschen sollen natürlich weiterhin das Recht haben, reich zu werden und an dem Einbringen von entsprechendem Risiko, Mehrwert und Innovation in einer Gesellschaft profitieren, aber unter wesentlichen Voraussetzungen und Regeln, die vor allem das Gemeinwohl global schützen. Dass im gesamten globalen Kontext Mindeststandards gelten müssen, die ein menschenwürdiges Leben gewährleisten – wie die Grundversorgung laut der Bedürfnispyramide nach Maslow: Trinken, Essen, Wohnen, Schulbildung, Arbeit bzw. Arbeitslosengeld oder in der Zukunft ein bedingungsloses Einkommen, gesundheitliche Versorgung, Rente etc. – muss dem Unternehmertum ethisch vorausgehen und langfristig den ersten Platz aller weiteren Überlegungen einnehmen. Natürlich wird das seinen Preis haben und nur unter gewissen Mindestanforderungen, die Staaten den Unternehmen vorgeben, stattfinden können, aber nur so haben wir die Chance, uns von einer kannibalischen kapitalistischen Weltordnung zu lösen. Nur wenn die grenzenlose globale Ausbeutung beseitigt wird und globale Mindeststandards für alle Menschen eingeführt und vor allem finanziert werden, können sich Unternehmer wieder gerne um ihren Reichtum kümmern. Aber ich will nicht akzeptieren, dass Menschen, vor allem Konzerne, miteinander wie wild Wettbewerb betreiben und wie wahnsinnig ihre Produkte und Dienstleistungen verkaufen, solange die Grundbedingungen nicht gewährleistet sind, dass dabei nicht der Großteil der weltweiten Bevölkerung hochgradig leidet bzw. jede Menge Menschen jedes Jahr deshalb sterben, wenn unser aktuelles Wissen uns ganz klar aufzeigt, dass man diese Probleme im Hier und Jetzt bereits lösen könnte. Die Verteilungsfrage muss zuerst gelöst werden, damit möglichst niemand mehr vom System getötet wird; dann kann man sich gerne wieder dem Wettbewerb untereinander widmen. Doch solange wir in einer Welt und in einem System leben, das z.B. im Jahr 2017 alle zwei Tage einen weiteren Milliardär hervorbringt und in dem alle fünf Sekunden ein Kind verhungert, weil es eine Vielzahl an Entwicklungsstaaten ohne Anreize für das Finanzkapital gibt, dort hinzuwandern und Verantwortung zu übernehmen, solange leben wir in einer kranken Gesellschaft. Ich habe nichts dagegen, dass es reiche Leute gibt, solange am Ende des Tages die Staaten bzw. Staatengemein-schaft, der Souverän, gewählte Staatsoberhäupter, Parteien und Politiker die Oberhand haben, was die Gesetzgebung betrifft und nicht Einzelinteressen von Unternehmen, vor allem von Konzernen und einzelnen reichen Familien, sprich ihr Geld, die Gesetzeslage definiert und bestimmt. Ich möchte nicht in einer Ge-sellschaft leben, wo Google, Facebook, Amazon, Apple, Microsoft etc. die Regeln für unser Zusammenleben diktieren und im Wesentlichen vorgeben, in welche Zukunft wir uns bewegen werden. Ich sehe im Menschen ein riesiges Potential sich global neu auszurichten, vor allem durch den rasanten technischen Fort-schritt, die Digitalisierung und Robotisierung. Der Wirkungsgrad der Produktion und Logistik wird global nochmals enorm steigen und es besteht die Möglichkeit, ein Grundsystem zu entwerfen, das alle Bürger versorgt, schützt und im selben Moment ihre Talente fördert. Die wesentliche Bedingung dazu ist, dass sich die 206 Staaten weltweit auf möglichst viele globale Basisregeln und -gesetze verstän-digen, am besten unter der Schirmherrschaft der UNO (Subsidiarität), durch di-rekte Demokratie (Parlament: Souverän + Politiker + Wissenschaftler), und somit den wesentlichen Rahmen für ein bestmögliches globales Miteinander definieren, bezüglich der wesentlichen globalen Probleme des 21 Jahrhunderts. Eine Welt ohne Regeln funktioniert nicht, nicht für den Einzelnen, aber auch nicht für eine globale Gesellschaft. Eine globale Welt mit möglichst vielen Basisregeln und -ge-setzen, die für alle 206 Staaten gleichermaßen Gültigkeit haben und streng kon-trolliert werden, natürlich unter Beibehaltung der Souveränität der einzelnen Staaten, würde langfristig eine gerechtere Welt hervorbringen, die es möglichst vielen Menschen ermöglicht, ein Leben in Würde und Freiheit zu leben. Aber es ist wichtig, dass man möglichst bald global innehält und nicht einfach so weiter-wurschtelt und das System einem relaunch unterzieht, der eine gewinnbringende Zukunft für möglichst viele bewirkt. Jeden Tag, an dem wir uns nicht auf einen globalen Weg mit entsprechenden Mindeststandards besinnen, sterben viele Menschen in diesem System. Gehen wir weiter wie bisher, den Weg einer neoli-beralen versteinerten Gesellschaft, wird dieses Streben wenigen dienen, aber langfristig weiter viele Menschen in der puren Verzweiflung zurücklassen und auch viele Millionen Menschenleben jedes Jahr weiter fordern.

Schließen wir die Einleitung positiv mit folgenden Zielen, die meines Erachtens bis spätestens 2050 erreicht werden können: Eine möglichst gerechte globale Welt ohne Kriege, ökologische und soziale Katastrophen, in der zehn Milliarden Seelen Tag für Tag aufwachen und voller Freude in die Zukunft schreiten.

IV.) Du wirst die Welt ~~nicht~~ verändern? – Globale Anleitung für eine neue Weltordnung

»Worte und Gedanken können die Welt verändern.«[1] Doch viel wichtiger ist, dass die Menschheit ihr Handeln tatsächlich verändert!

Man wird geboren und weiß von der Welt und ihrem Dasein nichts. Wenn man Glück hat, wächst man in geborgenen und sicheren Familienverhältnissen auf, erfreut sich an einer sorglosen heiteren Kindheit, kann zur Schule gehen etc. Je älter man wird und je schärfer der Verstand sich bei entsprechender Bildung entwickeln konnte, umso schneller erschließt sich einem nach und nach ein globales Weltbild. Mit 18 Jahren wurde mir klar, dass diese gesamte Welt ein Platz der Ungerechtigkeit ist und das Fundament ein fauliges, stinkendes System ist, bei dem 1 % der gesamten Weltbevölkerung enorm profitiert, den meisten Menschen aber systematisch nur wenig zugestanden wird und ein Großteil der Bevölkerung keine Chance auf ein glückliches Leben hat, da man ihnen die Befriedigung ihrer Grundbedürfnisse einfach untersagt. Egal welchen Weg man einschlägt, man treibt dieses globale negative System an, wenngleich es einem als Individuum vor allem in Industriestaaten vielleicht bei entsprechendem Ehrgeiz nützt. Man dient diesem System, sobald man die falschen Produkte und Dienstleistungen konsumiert, Steuern zahlt, sich an einem Kreislauf beteiligt, in dem Menschen vorzeitig sterben müssen, für das aktuelle System geopfert werden, und man ist unfähig, irgendetwas konstruktiv im großen Stil zu entgegnen.

Selbst wenn ich bei Amnesty International arbeite, den Versuch unternehme keine Steuern zu zahlen, Fairtrade-Produkte kaufe und es schaffe mich komplett korrekt zu verhalten, bin ich Teil des gesamten globalen Systems. Ich kann niemals außerhalb des Systems stehen und bin für das tagtägliche Weltgeschehen zumindest indirekt mitverantwortlich, da ich nicht den Versuch unternommen habe, die Welt systemisch zum Besseren hin zu verändern.

Bis heute hat mich dieses Thema nicht losgelassen und ich möchte dazu beitragen, dass diese Welt ein Ort wird, wo jedes Individuum, egal welcher Herkunft, eine realistische Chance erhält, ein menschenwürdiges Leben zu führen. Es geht mir nicht um Ideologien, linke oder rechte Politik, es geht mir nicht darum, nur Recht zu haben. Ich werde hier nicht meinen Gefühlen Platz geben und mit populistischen Politiker- oder Wirtschaftsparolen um mich werfen; es sollen die Fakten und Argumente für sich sprechen und ich wünsche mir, dass jeder Mensch, der dieses Buch gelesen hat, sein globales Weltbild möglichst ordnet, die globalen systemischen Möglichkeiten erkennt und zu dem Schluss kommt, dass die Machtverhältnisse dieser Welt nicht in Stein gemeißelt sind, dass Leben in ständiger Bewegung ist und es sehr wohl möglich ist, dass das globale System zum Positiven hin verändert werden kann, so dass es der weltweiten Bevölkerung bestmöglich dient und die nötigen Mindeststandards für jederfrau / jedermann möglich sind.

a.) Das grundlegende Problem – Das kollektive globale Bewusstsein: »Die Welt lässt sich nicht zum Besseren hin verändern.«

Einige von Ihnen waren vielleicht schon einmal in der Situation, dass in einer Runde das Weltgeschehen diskutiert wurde und man versucht hat, sich die Weltordnung und die globale Ungerechtigkeit zu erklären, mögliche Lösungsansätze zu finden, aber am Ende des Gesprächs zu dem Schluss kam, dass die Welt schon immer ungerecht war, ist und auch immer sein wird und man sich damit abfinden muss.

Egal mit wem ich diskutiert habe, ich habe noch so gut wie keinen Menschen kennen gelernt, der voller Zuversicht gemeint hätte: »Ja, ich denke, dass die Welt besser wird, dass in der Welt, in der ich lebe, die meisten Menschen ein gutes Leben führen oder führen werden.« In Summe sind sich sehr viele Menschen darüber einig, dass hier vieles gewaltig falsch läuft, aber sie unternehmen nichts dagegen. Am Ende jeder Diskussion steht fest: »**Die Welt lässt sich nicht verändern.**« Man muss die gegebenen Rahmenbedingungen akzeptieren und anerkennen, dass die Wirtschaft die Regeln immer mehr diktiert, die Politik im Wesentlichen hilflos zuschaut bzw. der Wirtschaftselite mehr und mehr unter die Arme greift, mittels entsprechenden Gesetzesbeschlüssen deren Reichtum noch mehr befördert und selbst immer machtloser wird. Jeder begibt sich in seine Welt zurück, ist vielleicht maximal Mitglied einer NGO, nimmt sein Wahlrecht wahr, kauft hin und wieder ein Fairtrade-Produkt, ist Vegetarier und hofft, dass er damit einen guten Beitrag leistet, damit die Welt vielleicht ein Stück besser wird, und sein Gewissen etwas beruhigen kann. Ich beobachte auch bei vielen, dass, wenn man argumentiert, wie man die Welt global verbessern könnte, viele Menschen jede Menge Gegenargumente sofort parat haben, warum es unmöglich ist, die Welt gerechter zu machen. Der Gedanke, dass eine gerechte Welt möglich wäre, ist für die meisten Menschen eine Utopie und viele wehren sich zu Beginn mit Händen und Füßen, um ja nicht von ihrer getroffenen Überzeugung Abstand nehmen zu müssen. Wesentlich ist, was ganz tief im Hinterkopf bei so gut wie jedem Individuum abgespeichert ist: »**Du wirst die Welt nicht verändern!**«, was letztendlich zu einem globalen kollektiven Bewusstsein führt: »**Die Welt lässt sich nicht zum Besseren hin verändern.**«

Ich verfolge in diesem Buch das Ziel, dass, wenn Sie es zu Ende gelesen haben, sich ihr Gefühl und Verstand hinsichtlich des Themas »Du wirst die Welt nicht verändern« umkehrt zu »**Du wirst die Welt verändern**« und Sie gestärkt in die Zukunft schreiten mit dem Wissen, es ist nicht wahr, die Welt kann ein Ort werden, wo möglichst viele Menschen ein menschenwürdiges Leben führen können.

Mein Anspruch ist es, so gut und einfach zu argumentieren, dass jeder Mensch, egal welchen Bildungsgrades, die wesentlichen Argumente verstehen wird und letztendlich mit dem Wissen bewaffnet ist, sich in seinem möglichen Rahmen für eine bessere Welt einzusetzen und die Möglichkeit erhält, dass faulige System unserer Zeit ohne Gewalt zu zerschlagen und ein neue gewinnbringende »**Globale ökosoziale Marktwirtschaft**« zu etablieren bzw. als eine Übergangslösung die »**Globale gemeinwohlorientierte kapitalistische Marktwirtschaft**«. (Mehr dazu später.)

Jeder Einzelne, der dieses Buch liest, die Website studiert oder die geplante Filmdoku schaut, muss aber am Ende des Tages selbst entscheiden, wie er oder sie dieses Buch deutet, welche Schlüsse man daraus zieht und ob man den alten Denkmustern verhaftet bleibt oder den Mut gewinnt und sein Lebensmantra ändert: »**Du wirst die Welt verändern!**«

Das Ziel ist erreicht, wenn sich das Denken und Handeln möglichst vieler Menschen global gewandelt hat, sodass sich das globale kollektive Bewusstsein zu drehen beginnt und die Menschen zuversichtlich sagen können: »**Die Welt lässt sich zum Besseren hin verändern.**«

b.) Warum der Großteil der Weltbevölkerung aus heutiger Sicht nicht dazu befähigt ist, eine gerechtere Welt zu erschaffen?

Menschen, egal wo sie leben, bewegen sich in einem vorgegebenen System, finden Rahmenbedingungen vor und passen sich den Gegebenheiten an. Der Bevölkerung deshalb vorzuwerfen, sie sei für den globalen Ist-Zustand der Welt selbst verantwortlich, wäre überzogen. Aber wir alle sind Teil des globalen Systems und das Denken und Handeln jedes Einzelnen beeinflusst unser aller Zusammenleben. Letztendlich ist es vorprogrammiert, dass der Großteil der weltweiten Bevölkerung Mitläufer sind, die schwerstens damit beschäftigt sind, dem derzeitigen neoliberalen System standzuhalten, in dem sie schlimmstenfalls umzukommen drohen.

Warum ist es für das Individuum und in weiterer Folge für die Bevölkerung so schwer, wesentliche Änderungen herbeizuführen und eine gerechtere Welt zu erschaffen?

1) Wesentliche Teil der Weltbevölkerung hat andere Probleme: Wenn 3,7 Milliarden Menschen mit 1-2 Dollar am Tag auskommen müssen und bis hin zu Industriestaaten der Großteil der Bevölkerung ständig damit beschäftigt ist, im System überhaupt überlebensfähig zu sein, dann ist es nahezu unmöglich, dass sich global eine Vielzahl an Menschen erheben, aufbegehren und sich für eine gerechtere Welt einsetzen. Die globale wirtschaftliche Situation erlaubt es den Wenigsten, sich das aktuelle System überhaupt vor Augen zu führen und dieses aktiv zu kritisieren, geschweige denn gegen dieses aktiv vorzugehen. Das möglichst viele Menschen ihr Konsumverhalten hinsichtlich Produkten und Dienstleistungen hinterfragen, damit die Schädigung des globalen Gemeinwohls abnimmt, ist ebenfalls sehr schwierig aus heutiger Sicht zu verwirklichen, da die eigenen Probleme sehr oft im Vordergrund stehen und die meisten Menschen dadurch enorm gefordert bzw. überfordert sind und ganz einfach konsumieren, was man möglichst günstig und einfach bekommt.

2) Desinteresse an Politik und Wirtschaft: Wie in der Schule die meisten Schüler/innen sich nicht für Mathematik begeistern können, ist es wohl auch mit

Politik und Wirtschaft. Die Masse spricht meines Erachtens maximal zu Wahlzeiten auf das Spektakel emotionalisierter Politik an, wenn sich z.B. zwei Politiker in einer Diskussion gegenseitig unschöne Dinge an den Kopf werfen. Dass sich in absehbarer Zeit im Alltag aber viele Menschen weltweit vertiefend mit Politik und Wirtschaft beschäftigen werden, ist meines Erachtens aus heutiger Sicht maximal Wunschdenken. Durch das Unwissen bzw. Halbwissen der breiten Masse haben Politiker mit einfachen Botschaften leichtes Spiel und es kommen meistens keine Parteien an die Macht, die tatsächlich für konstruktive zukunftsweisende Politik stehen, soweit es solche Parteien im jeweiligen Staat überhaupt gibt.

3) Kein Politik- und Wirtschaftsexperte / Gute oder schlechte Welt? Das Bewusstsein für eine gerechte oder ungerechte Welt fehlt meistens. Was ist an unserer Welt überhaupt ungerecht?

BürgerInnen aus Industriestaaten: Mir geht es doch gut! Geht es Menschen woanders wirklich so schlecht? Das kann nicht stimmen, dass alle 5 Sekunden ein Kind an Hunger stirbt. Das kann nicht stimmen, dass 3,7 Milliarden Menschen (Hälfte der Weltbevölkerung) mit 1–2 Dollar am Tag leben müssen und auf der anderen Seite es alle zwei Tage einen Milliardär mehr gab im Jahr 2017.

BürgerInnen aus Entwicklungsländer: Könnte es uns besser gehen? Uns geht es bereits so lange schlecht, wie soll sich das jemals ändern? Wie könnte ich mir und meiner Familie helfen?

Man kann nicht von jeder Bürgerin und jedem Bürger verlangen, ein Politik- und Wirtschaftsexperte zu sein und zum Beispiel eine allumfängliche fundierte Meinung und Lösungen für eine gerechte Welt parat zu haben, was im Umkehrschluss nicht heißen soll, dass nicht jede Bürgerin und jeder Bürger gut beraten ist, sich eine möglichst umfangreiche Meinung zu den verschiedenen Themenfeldern zu bilden. Da aber viele Menschen privat und beruflich massiv gefordert sind, ist es enorm wichtig für eine Gesellschaft, dass die Wähler/innen die Verantwortung nach einer Wahl zu einem gewissen Grad bei der Politik abgeben können und ihre Interessen entsprechend durch die gewählten Politiker/innen, Parteien, Institutionen vertreten werden (Arbeitsteilung). Deshalb wären wahrhaftige Volksvertreter/innen, die tatsächlich die Interessen des Souveräns vertreten, so enorm wichtig. Ihrer Profession entsprechend sollte es ihre Aufgabe sein, sich den nötigen Blick auf die aktuelle Politik, Wirtschaft, Globalisierung, etc. und deren aktuellen Gesetze zu verschaffen und letztendlich die nötigen neuen Gesetze zu beschließen, die dem Gemeinwohl bestmöglich nützen und nicht einer kleinen Finanzelite.

4) Heile kapitalistische Welt: Menschen, die sich mit dem System identifizieren und den Kapitalismus bejahen, vielleicht Karriere im bestehenden System gemacht haben, einem gut bezahlten Job nachgehen oder erfolgreich ein Unternehmen führen, neigen oft dazu, das bestehende System in vielen Punkten zu idealisieren, die positiven Inhalte des momentanen Ist-Zustandes hervorzukehren und wesentliche negative Fakten auszusparen. Es ist für viele enorm wichtig, dass die eigene erarbeitete Existenz und die systemischen Rahmenbedingungen im Staat als faires Gesellschaftsprinzip anerkannt werden und der eigene Erfolg dem persönlichen Mehreinsatz zu verdanken ist, den die anderen erfolglosen Menschen nicht willens sind aufzubringen. Dass der persönliche Erfolg auf einer globalen Systemlüge beruhen könnte, ist für diese Personen meist denkunmöglich und verärgert sie oft zutiefst. Oft werden diese Menschen an diesem Punkt emotional, da sie nicht wahrhaben wollen, dass ihr persönlicher Vorteil, ihr persönliches Vorankommen meistens ein wesentlicher globaler Systemnachteil vieler anderer ist und diese anderen, angeblich erfolglosen Menschen systemisch oft so gut wie gar keine Chance haben, sozial aufzusteigen. Im Vordergrund steht, dass Sie sich diesen Wohlstand hart erarbeitet haben und jeder fleißige Mensch, der den Willen dazu hat, das auch schaffen kann, und die Menschen, die es nicht schaffen, selber schuld sind. Man ist nicht bereit über den eigenen Tellerrand hinauszuschauen und in Betracht zu ziehen, dass die globalen Systembedingungen nur wenigen Menschen dienen.

Global betrachtet: Viele Menschen glauben an den amerikanischen Traum und dass jeder den Aufstieg in der Gesellschaft schaffen kann, im besten Fall Millionär oder Milliardär zu werden. Es besitzen aber in etwa nur 0,25 % (18,1 Millionen Millionäre) der Weltbevölkerung mehr als eine Million Dollar, sprich es ist eher unwahrscheinlich, Millionär zu werden; viele Menschen sind systembedingt Verlierer und müssen sich dann von vielen Systemgewinnern, die nicht den nötigen globalen Weitblick haben, auch noch anhören: »Ihr strengt euch ganz einfach nicht genug an.«

5) Gleichgeschaltete Gottlosigkeit systemisch vorprogrammiert: »Das bestmögliche Ergebnis wird dann erzielt, wenn das Individuum das tut, was für es selbst am besten ist.« **(Adam Smith)**

In Familien, Freundschaften, Beziehungen sind Werte wie gegenseitiges Vertrauen, Geborgenheit, Meinungsfreiheit, Gleichberechtigung, Liebe etc. enorm wichtig. Erfährt man Ungerechtigkeit in seinem unmittelbaren Umfeld, ist die Bereitschaft sehr oft da, das zum Ausdruck zu bringen. Das Gerechtigkeitsbewusstsein von Kindern ist meistens auch sehr ausgeprägt und wird bei Zuwiderhandlung so gut wie immer bedingungslos zum Ausdruck gebracht. Wo beginnt nun unser gottloses Dasein, unsere Bereitschaft, die uns umgebende Ungerechtigkeit zuzulassen? Je älter man wird, umso mehr erschließt sich einem das gesamte Weltbild. Bei entsprechender Bildung hat man mit etwa 13 bis 18 Jahren ein ungefähres Bild von der globalen Welt und beginnt nach und nach zu differenzieren, wo man sich für Gerechtigkeit einsetzt und wo man stillhält: »Wo zahlt es sich persönlich oder im öffentlichen Bereich aus, sich für Gerechtigkeit einzusetzen, und wo habe ich sowieso keine Chance, etwas zu verändern?« Spätestens wenn man erwachsen wird, muss man Geld verdienen, vergisst nach und nach vielleicht dagewesene Ideale, passt sich dem ganz normalen täglichen Wahnsinn an und lässt den täglichen Ist-Zustand einfach geschehen, verstummt und kämpft um seine eigene Existenz, damit zumindest dort ein bisschen heile Welt stattfindet. Ich erhebe hier nicht den moralischen Zeigefinger, ich beschreibe lediglich die reale Geisteshaltung vieler Menschen: »Wie soll man schon der globalen Ungerechtigkeit begegnen, man hat als Individuum keinen Handlungsspielraum und man kann die Politik, die Wirtschaft, das System nicht verändern. Wenn man nicht verrückt werden will, akzeptiert man die Welt, wie sie ist, versucht zumindest aus seinem eigenen Leben etwas Vernünftiges zu machen. Ich habe die Welt nicht so erfunden und ich passe mich an, damit ich eine Chance habe zu überleben. Ich kann nichts dagegen tun, dass jeden Tag 100.000 Menschen verhungern, ich bin dafür nicht verantwortlich. Fast jeder passt sich an und erkennt die Spielregeln an, ich muss die Realität anerkennen und bei gewissen Dingen mitspielen, wenn ich nicht unter die Räder kommen will. Ich tue das, was für mich am besten ist, meine Familie, Freunde, die restliche Welt kann mir gestohlen bleiben.«

6) Zeitmangel: So gut wie alle Menschen haben nicht die nötige Zeit, sich Gedanken zu machen, was die Probleme unserer Zeit sind. Die eigenen Probleme stehen meistens im Vordergrund und lassen es nicht zu, sich mit externen Problemen zu beschäftigen, schon gar nicht, wie man die Welt retten könnte.

7) Erziehung: Man wird in dieses System hineingeboren und dazu erzogen, die aktuellen Regeln und Gesetze anzuerkennen. Es findet keine wirkliche Diskussion in den Schulen, im Elternhaus, in Medien etc. über unsere Regeln und Gesetze statt. Selbst wenn man die Ungerechtigkeiten sieht, haben viele Angst, gegen das bestehende System aufzubegehren. Man will Teil des Systems und kein Außenseiter sein.

8) Fehlende Bildung: Aufgrund der herrschenden Schulbildung wird die Menschheit so erzogen, dass sie dem System dient und nicht dazu, dass man es hinterfragt. Im Weiteren leidet der Großteil der Bevölkerung unter fehlender Bildung. Somit fehlt die Grundlage, gegen das System konstruktiv aufzubegehren. Das Thema globale Gerechtigkeit und Globalisierung, so wie ich es hier erkläre, ist doch sehr umfangreich und es ist schwer, den wesentlichen Rahmen zu erfassen. Wer sich damit zum ersten Mal auseinandersetzt, ist schnell überfordert.

Hinweis: Wenn Sie die Welt verändern möchten, lassen Sie sich nicht entmutigen, wenn Sie anfangs nicht alles verstehen. Das ist, als würde man eine neue Sprache lernen: Da versteht man zu Beginn auch nur wenig, aber mit der Zeit begreift man immer mehr. Wesentlich ist, dass Sie die Kernbotschaft dieses Buches verstehen und sich immer tiefer in die Materie einlesen. So eignen Sie sich Tag für Tag immer mehr Wissen zu diesem Thema an und werden immer mehr Sachverhalte einwandfrei verstehen.

9) Konsum von Produkten und Dienstleistungen: Denken Sie an eine Einkaufsstraße und wie viele Produkte und Dienstleistungen Sie zur Auswahl haben, die in einem globalen gemeinwohlschädlichen System produziert wurden. Selbst wenn Sie sich vornehmen, keine Produkte und Dienstleistungen mehr zu konsumieren, die auf globaler Ausbeutung beruhen, halten das die wenigsten aus. Der Mensch ist grundsätzlich bequem und nur die wenigsten nehmen den Kraftakt auf sich, bei jedem Einkauf darüber nachzudenken, ob sie sich als Konsument im globalen Kontext korrekt verhalten. Solange die Produkte und Dienstleistungen legal im Geschäft zu erwerben sind, werden diese auch von der breiten Bevölkerung gekauft werden. Selbst wenn abschreckende verpflichtende Kennzeichnungen wie bei Zigaretten auf Preisschildern vorzufinden wären, würden Konsumenten mit hoher Wahrscheinlichkeit weiterhin das T-Shirt für fünf Euro bei H&M kaufen. Solange die 206 Staaten global die Verantwortung nicht übernehmen und in Summe eine globale Gesetzgebung verankern, die es Konzernen und großen Firmen gar nicht mehr ermöglicht, Produkte und Dienstleistungen auf den Markt zu bringen, die den nötigen globalen Standards entsprechen, solange wird es auch Menschen geben, die bei H&M legal ihr T-Shirt kaufen, da die wenigsten es sich zur Aufgabe machen werden, einen Produkt- und Dienstleistungs-Slalom zu fahren, nur um ein besserer Mensch zu sein.

10) Konsument/in VS. Außenseiter/in: Die meisten Menschen wollen sich nicht aktiv an der Gestaltung eines neuen Systems beteiligen, sondern wollen primär konsumieren und Teil des bestehenden Systems sein. Außenseiter/in zu sein, das halten nur wenige aus.

11) Kein ersichtlicher Effekt: Wenn Sie einen Tag im Monat trainieren, werden Sie keinen positiven Effekt bemerken. Wenn Sie drei- bis viermal die Woche Ausdauer und Kraftsport betreiben, sich gesund ernähren, einen gesunden allgemeinen Lebensstil führen, werden Sie hinsichtlich Ihrer Ausdauer, Kraft, Gewicht, äußeren Erscheinung nach und nach eine positive Veränderung bemerken. Wenn Sie Fairtrade-Produkte ein Jahr lang konsumieren, werden Sie in Ihrer unmittelbaren Umgebung, bis hin zum globalen Kontext, keinen offensichtlichen Effekt erkennen. Die meisten Menschen wünschen sich einen spürbaren sichtbaren Erfolg für ihre Handlungen; bleibt dieser aus, fällt in den meisten Fällen die Motivation.

12) Der Irrglaube an eine positive Kettenreaktion: Es gibt Menschen, die glauben, wenn sie an ihrem Leben selbst etwas ändern, sprich ein korrekter Konsument werden und ihre Ideologie weitergeben, das eine Kettenreaktion zur Folge haben kann und die Welt sich so zum Besseren wendet. Hiergegen sprechen jede Menge Argumente:

- Wenn zwei, drei, vier, acht, hundert Menschen an einem Tisch sitzen und sich bei einem Thema einigen müssen, wird das ein sehr schwieriges Unterfangen, weil jeder individuelle Vorstellungen hat. Dass Sie jemanden von Ihrer Lebensphilosophie überzeugen und diese dann tatsächlich auch gelebt wird – ich denke nicht, dass das realistisch ist.

- Der Mensch ist ein Gewohnheits- und Bequemlichkeitstier und passt sich eher den Gegebenheiten, sprich einem System an, als dass er dagegen aufbegehrt und versucht, dieses selbst aktiv zu verändern. Außer er wird durch ein System in seiner unmittelbaren Lebensrealität stark beschnitten, dann wird er beginnen aufzubegehren. Doch solange vor allem in den Industriestaaten und Schwellenländern die Pizza in den Ofen geschoben werden kann, eine Cola auf den Tisch kommt und am Abend der Fernseher aufgedreht werden kann, werden sich nur wenige erheben.

- Die Forderung von Jean Ziegler mit dem Buchtitel »Ändere die Welt«[30] oder Stéphane Hessels »Empört euch«[31] empfinde ich als sehr wichtig und ich schätze die beiden Bücher auch sehr, aber darauf zu hoffen, dass große Teile der Bevölkerung sich aufgrund dessen erheben, ist meines Erachtens naiv. Natürlich wird man Einzelne bewegen können, sich dem Thema zu widmen, aber mit dem Informationsträger Buch alleine wird das niemals eine Dimension annehmen, die tatsächlich eine globale Welt wesentlich verändern wird, da Bücher aus heutiger Sicht nur eine Elite von wenigen Menschen erreichen. Am schwierigsten ist es, Menschen zu einer Veränderung zu bewegen, da jeder Mensch sich in denjenigen Bahnen am liebsten bewegt, die er gewöhnt ist. Globale Empathie in einem Buch zu fordern, ist zwar ein romantischer Gedanke, doch wird er meines Erachtens nicht ausreichen, um Menschen in Bewegung zu setzen. Menschen übernehmen maximal Verantwortung für sich selbst, ihre Familie und Freunde; für mehr ist in den meisten Fällen auch keine Zeit, kein Drang etc.

13) Scheindemokratie oder Autokratie → Keine ausreichende Mitsprache des Souveräns: Global betrachtet lebt man entweder in einem Staat, wo es keine Demokratie gibt, wo es als Normalbürger so gut wie gar nicht möglich ist, etwas im eigenen Staat oder in globaler Sicht zu ändern. Oder man lebt in einem Land mit einer Demokratie, die aber aus heutiger Sicht lediglich als Scheindemokratie betrachtet werden kann, da Politiker Inhalte vor Wahlen versprechen und oft nicht einhalten, viele mögliche Inhalte, die Ihnen in der Zukunft begegnen werden, gar nicht vorher wissen können und somit Handlungen setzen, ohne dass der Souverän darüber befinden kann, ob er dieser Meinung ist. In manchen Staaten gibt es die Möglichkeit einer Volksbefragung, die aber mit einem enormen Kraftakt verbunden ist, da man vorher meist sehr viele Stimmen aus der Bevölkerung benötigt, bis tatsächlich darüber abgestimmt wird. Die einzige nennenswerte Ausnahme ist die Schweiz, da es dort jedes Jahr eine Vielzahl an Volksabstimmungen zu den verschiedensten Gesetzen gibt. Die letzte nennenswerte Volksbefragung behandelte zu meiner positiven Überraschung das Thema: Vollgeldreform.

14) Zu wenige Akteure + keine globale Solidarität: Im Wesentlichen gibt es sehr viele Menschen, die mit dem aktuellen System nicht zufrieden sind, aber zu wenig Menschen begehren auf und werden tatsächlich aktiv, wodurch aktive Weltverbesserer derzeit eine Minderheit sind. Im Weiteren besteht das Problem, dass die Solidarität für eine gerechtere Welt in einzelnen Staaten ganz schwach vorhanden ist, geschweige denn global. Solange sich nicht vor allem in Industriestaaten und Schwellenländern möglichst viele Menschen für eine gerechtere Welt und neue Weltordnung einsetzen und den Versuch unternehmen, global sich möglichst stark zu solidarisieren, wird das obere 1 %, sprich die aktuellen Staatsführer und Konzerneliten, leichtes Spiel haben, ihre Vorstellungen von der bestehenden Weltordnung beizubehalten bzw. nach und nach auszubauen.

15) Kein globaler Masterplan vorhanden: Bis zum heutigen Tage hat meines Erachtens niemand eine globale Blaupause vorgelegt, die ganz klar in Summe aufzeigt, wie man das globale System in Summe verändern müsste, damit sich die Welt tatsächlich zum Besseren hin verändert und wie man es schafft, diese in die bestehende globale Matrix einzuspeisen. Menschen verharren dadurch im bestehenden System und arrangieren sich bestmöglich mit dem bestehenden neoliberalen Raubtierkapitalismus, solange sie keine wahrliche Alternative erkennen. Dieses Buch schafft die theoretische und praktische Grundlage, dass die Weltgemeinschaft sich aus Ihrer Opferrolle erheben kann und nicht mehr daran glauben muss, dass eine gerechtere Welt und neue Weltordnung nicht möglich wäre. Das später beschriebene Hebelregister soll als Aufschlag dienen und eine Spirale der Kreativität entfachen, damit sich möglichst viele Menschen, Politiker, Wirtschaftstreibende, Wissenschaftler, NGOs, etc. an der Umsetzung und Weiterentwicklung dieser Theorie beteiligen. Ich bin jedenfalls davon überzeugt, dass eine gerechtere Welt und neue Weltordnung im Sinne des Gemeinwohls das Thema des 21. Jahrhunderts sein muss und die Menschheit gut beraten wäre, hier möglichst schnell eine globale Lösung zu erarbeiten.

Abschließend: Ich denke nicht, dass die breite Weltbevölkerung sich bislang darum sorgt und sich in naher Zukunft sorgen wird, wie man die Welt gerechter machen könnte. Aus heutiger Sicht wird es primär die Aufgabe von NGOs, Oppositionspolitikern und Oppositionsparteien sein, die wesentlichen Rahmenbedingungen für eine gerechtere Welt und neue Weltordnung zu erkämpfen. Natürlich wäre es wünschenswert, wenn diese Schritte durch demokratische Verhältnisse, im besten Fall durch direkte Demokratie vom Bürger durch Wahlen oder Volksbefragungen abgesegnet werden. Wesentlich ist auch eine global agierende NGO und neue politische Partei: »Du wirst die Welt verändern«, die in möglichst vielen Staaten demokratisch wählbar ist, um diese Ziele zu unterstützen. Nur wenn die Bevölkerung konstant mit Informationen bezüglich eines möglichen wählbaren gerechteren Systems konfrontiert wird und eine Partei tatsächlich wählen kann, die sich für solch eine Politik einsetzt, besteht die Möglichkeit, dass die hier vorgeschlagenen Systemänderungen tatsächlich in der Zukunft umgesetzt werden. Dass der Souverän sich in großen Scharen aber von heute auf morgen bildet und das Bedürfnis entwickelt, die Welt zu retten – das wird wohl so schnell nicht passieren, dazu bedarf es ziemlich wahrscheinlich noch einer weiteren globalen Wirtschaftskrise. Die direkte Demokratie wäre aber eine wesentliche Chance dafür, das Interesse der Bevölkerung an Politik zu heben, weil dann der Souverän die aktuellen Gesetze mitbeschließen würde. Natürlich möchte ich mit meinem Buch, meiner geplanten Filmdokumentation, Website, NGO und geplanten Partei dazu beitragen, dass Menschen ein Bewusstsein für das Thema entwickeln und die Möglichkeiten erkennen, wie sie selbst bzw. in Summe ein System durch die Politik und in weiterer Folge durch die Wirtschaft verändern können. Sollten sich wider Erwarten innerhalb kürzester Zeit breite Bevölkerungsschichten dazu entschließen, für eine gerechtere Welt zu kämpfen, täusche ich mich natürlich gerne! ☺ Eine erste realistische Ebene ist, dass man eine breite Bevölkerung dazu bekommt, sich an der Oberfläche an diesem Gedanken zu beteiligen und uns z.B. ein Like auf Facebook zu geben. Wenn nur 10 % aller Facebook-Nutzer (etwa 200 Millionen User) unserer Facebook Seite einen Like geben würden, würde das innerhalb kürzester Zeit ein mediales Echo auslösen und würde mit hoher Wahrscheinlichkeit zur Folge haben, dass darüber global in allen Staaten berichtet wird. Das würde ich der Weltgemeinschaft zutrauen – dass viele Menschen zu folgender Erkenntnis kommen: »Ich bin nicht bereit, meine Gewohnheiten aufzugeben, um die Welt selbst aktiv zu verändern, aber ich habe die Basisbotschaft von »Du wirst die Welt verändern« verstanden und ich investiere eine Minute, gehe auf das Facebook-Profil, gebe dieser Organisation ein Like und trage dazu bei, dass dieses Konzept für eine bessere Welt weltweit Gehör findet und umgesetzt wird.«

Facebook Profil: You will change the world Global

https://www.facebook.com/youwillchangetheworldglobal

c.) Individuum – Wie sich jeder Einzelne von uns für eine gerechte Welt stark machen kann

Eine mögliche Ebene, sich für eine gerechtere Welt einzusetzen, ist natürlich der persönliche Konsum von Produkten und Dienstleistungen. Instinktiv weiß man sehr oft, ob man mit den Produkten oder Dienstleistungen, die man tagtäglich konsumiert, dem Gemeinwohl schadet oder dient. Wenn man sich unsicher ist: Unternehmen ganz einfach googeln, um seine Entscheidung abzuwägen. Wenn man sich wirklich effektiv und global dem Thema Eigenverantwortung widmen möchte, berechnet man am besten seinen persönlichen ökologischen Fußabdruck. Damit sieht man ganz klar, wie man sein Potential als Individuum, möglichst ressourcenschonend zu leben, verbessern kann. Im Weiteren kann man sich bei NGOs wie z.B. Amnesty International, Greenpeace etc. engagieren. Es ist ratsam, wählen zu gehen und sein demokratisches Recht zu nützen. Hier eignen sich natürlich Parteien, die unsere Ideen unterstützen und die Ihren persönlichen Vorstellungen entsprechen. Es ist natürlich sehr nützlich, wenn Sie persönlich eine politische und wirtschaftliche Meinung haben und Ihre Mitmenschen von Ihren Positionen überzeugen können. Nehmen Sie Ihr Recht der Demonstrationsfreiheit wahr, falls es in Ihrem Staat möglich ist. Sollten Sie vermögend sein, gibt es jede Menge Möglichkeiten, Geld zu spenden, indem man sich z.B. ein Patenkind nimmt oder an hilfsbedürftige Institutionen, NGOs etc. spendet. Insgesamt bin ich der festen Überzeugung, dass die meisten Menschen ganz gut wissen, was alles möglich wäre zu tun, man aber in seinem Leben meistens so stark gefordert ist, dass man dafür keine Zeit hat, auch noch mal kurz die Welt zu retten. Ich möchte hier ganz klar festhalten, dass ich der festen Überzeugung bin, dass das Verhalten des Einzelnen im alltäglichen Leben kaum dazu führen wird, dass man in einer gerechteren Welt aufwachen wird. Es müssten Millionen, wenn nicht Milliarden von Menschen, vor allem in Industriestaaten und Schwellenländern, Ihre Lebensgewohnheiten und ihr Konsumverhalten massiv ändern, um Konzerne in die Knie zu zwingen und zu einem alternativen Wirtschaften zu bewegen. Mir ist es wichtig, realistisch darzustellen, welchen Stellenwert für das Gelingen einer gerechteren Welt das individuelle Verhalten im globalen Kontext hat, was nicht bedeuten soll, dass, wenn man die Möglichkeit hat, sich als Konsument korrekt zu verhalten, das nicht tun sollte. Um wirklich voranzukommen, bedarf es aber eines globalen Systemwechsels, damit das Individuum ganz anderen Rahmenbedingungen begegnet und nicht ständig darauf achten muss, dass er oder sie ein korrekter globaler Staatsbürger/in und Konsument/in ist. Letztendlich sollten die 206 Staaten ein System schaffen, in dem Bürger in aller Welt gar nicht die Möglichkeit haben, Produkte und Dienstleistungen zu kaufen, die auf Ausbeutung, wie z.B. schlechte Arbeitsbedingungen, Lohndumping, Steuerhinterziehung etc., beruhen, und entsprechende Rahmenbedingungen schaffen, damit möglichst alle Menschen mit den nötigen Lebensgrundlagen ausgestattet werden, um ein Leben in Würde und Freiheit zu leben.

Zusammenfassung dessen, was Sie als Individuum leisten können:

- Facebook-Like für unsere Organisation: Je mehr Sie ihr Potential auf Facebook ausschöpfen, umso mehr Menschen können Sie für unsere Organisation gewinnen und einen wesentlichen Beitrag dazu leisten, dass unser Anliegen global Gehör findet. Der erste einfache Schritt: ein Like auf Facebook.

- NGO: »Du wirst die Welt verändern«: Werden Sie Mitglied unserer Organisation oder einer etablierten NGO (Amnesty International, Greenpeace etc.), betätigen Sie sich ehrenamtlich und spenden Sie nach ihrem Ermessen einen für Sie verträglichen Betrag. Natürlich wären wir Ihnen auch dankbar, wenn Sie unsere Organisation »Du wirst die Welt verändern« finanziell unterstützen würden.

Nähere Details finden Sie auf unserer Website: www.du-wirst-die-welt-vera-endern.com

- In diesen Bereichen benötigen wir noch Unterstützung:

1. Übersetzung des Buches, der Website und Erklärvideos: »Du wirst die Welt verändern?« in folgende Sprachen: Englisch, Spanisch, Französisch, Portugiesisch, Russisch, Chinesisch usw.

2. Webdesigner

3. Marketing-Experten

4. Social-Media-Experten

5. Drehbuchautoren, Animationskünstler, Sprecher etc. für Erklärvideos

6. Werber für Spenden

7. Leute mit allgemeiner NGO-Erfahrung

8. Filmdoku: Es ist eine Filmdoku geplant, für die ich bereits ein Drehbuch geschrieben habe. Leider ist eine solche Filmproduktion mit hohen Kosten verbunden, weshalb wir auch hier noch Unterstützung benötigen: Filmproduktionsfirma, Finanzierung der Filmdoku usw.

9. Wovon wir träumen – Unterstützung eines Millionärs oder Milliardärs: In Summe hat unsere Organisation bereits ein globales Konzept, wie wir die Botschaft einmal um den gesamten Globus schicken würden. Es scheitert derzeit lediglich am Geld und dem nötigen Personal, damit wir uns entsprechend vergrößern können. Am einfachsten wäre es, wenn sich ein Großspender finden würde, sprich ein Millionär oder Milliardär, den die Lösungsvorschläge für eine gerechtere Welt und neue Weltordnung anspricht und diese gerne global umgesetzt sehen möchte.

- Partei: »Du wirst die Welt verändern«: Sobald Sie unsere Partei in Ihrem Staat auf Ihrem Wahlzettel vorfinden sollten, würden wir uns natürlich freuen, wenn Sie Parteimitglied werden, Sie uns mit Ihrem persönlichen Einsatz unterstützen und uns Ihre Stimme bei der Wahl geben würden. Im besten Fall landet unsere Partei in einer Vielzahl an Parlamenten. So wäre gewährleistet, dass wir am demokratischen Prozess teilnehmen, die Lösungsvorschläge dieses Buches öffentlich zur Diskussion gebracht werden und die Möglichkeit besteht, dass tatsächlich Gesetze im Parlament beschlossen werden, die dem Gemeinwohl dienen. Solange dem nicht so ist, wählen Sie am besten eine Partei, die unserem Konzept am nächsten ist. Sollten Sie selbst Ambitionen haben, eine Partei mit unserem Namen zu gründen, melden Sie sich einfach bei uns, dann können wir das gerne miteinander besprechen.

- Ökologischen Fußabdruck reduzieren: Gehen Sie online, berechnen Sie Ihren ökologischen Fußabdruck und verändern Sie ihr Konsumverhalten in dem ihnen verträglichen Maß hinsichtlich Produkten (z.B. Fairtrade statt Konzernprodukte) und Dienstleistungen (z.B. Öko-Strom, mehr Fahrradfahren statt mit dem Auto etc.).

- NGOs: Werden Sie Mitglied bei einer NGO (Amnesty International, Greenpeace etc.), betätigen Sie sich ehrenamtlich und spenden Sie nach ihrem Ermessen einen für Sie verträglichen Betrag. Natürlich wären wir Ihnen auch dankbar, wenn Sie unsere Organisation »Du wirst die Welt verändern« finanziell unterstützen würden. Nähere Details finden Sie auf unserer Website: www.du-wirst-die-welt-veraendern.com

- Patenkind nehmen: Investieren Sie in die Zukunft eines armen Kindes in einem Entwicklungsland und spenden Sie an eine entsprechende Organisation.

- Wählen gehen: Wenn es in Ihrem Staat demokratische Wahlen gibt, nehmen Sie ihr demokratisches Recht wahr und gehen Sie wählen. Unsere Empfehlung ist, sich etablierte Parteien und populistische Parteien ganz genau anzuschauen und eine Partei zu wählen, die konstruktive Zukunftsvisionen hat, die das Gemeinwohl langfristig stärken wollen und nicht Wähler mit den niedrigsten Instinkten versuchen zu ködern, indem sie lediglich Angst schüren.

- Demonstrieren: Wenn Demonstrationen angekündigt sind, die Sie befürworten, nehmen Sie an diesen teil.

- Bilden Sie sich und geben Sie ihr Wissen weiter: Je mehr Sie über das globale Weltgeschehen wissen, konstruktive Lösungsvorschläge für eine gerechtere Welt und neue Weltordnung haben, Ihren Mitmenschen davon berichten und sie argumentativ überzeugen können, tragen Sie dazu bei, dass sich das Denken und

Handeln einzelner Personen ändert, und damit machen Sie die Welt ein Stück besser. Auf unserer Website finden Sie jede Menge weitere Bücher und Filme zum Thema globale Weltverbesserung, wo Sie sich entsprechend weiterbilden können.

Konkrete Tipps, wie Sie die Welt in ihrem Alltag verbessern können:

Ernährung:
- Fleischkonsum reduzieren
- Regional einkaufen
- Ausschau halten nach Gütesiegeln
- Wegwerfen von Lebensmitteln reduzieren

Wasser sparen:
- Waschmaschine voll beladen
- Wasserhahn nicht unnötig lang laufen lassen
- Duschen statt Baden

Reisen:
- Nicht alleine Auto fahren, wenn möglich
- Öffentliche Verkehrsmittel verwenden
- Radfahren im Stadtgebiet
- Fernreisen reduzieren

Stromverbrauch:
- Auf einen Ökostromtarif umsteigen
- Standby vermeiden
- Sparsam die Wäsche trocknen
- Energiesparlampen nutzen
- Energiesparkühlschrank (A++) kaufen
- Klimaanlage täglich auch mal ausschalten
- E-Herd gegen Gasherd austauschen

Beim Heizen sparen:
- Wand hinter den Heizkörpern isolieren
- Kellerdecke und Dach dämmen
- Türen und Fenster besser abdichten

- Thermostat für Heizanlage einbauen
- Neue Heizungsanlage einbauen

Büro:
- Papierberge im Büro vermeiden
- Plastikflaschen und Pappbecher vermeiden

Auto:
- Langsamer fahren
- Reifendruck kontrollieren
- Vorausschauend fahren, früh schalten

Shoppen:
- Produkte und Dienstleistungen von gemeinwohlschädigenden Unternehmen meiden
- Fairtrade-Produkte kaufen
- Second-Hand-Kleidung

Weitere 100 Tipps, wie Sie in ihrem Alltag ressourcenschonend leben können:

»1. Rechnen Sie doch mal ihren CO_2-Ausstoß aus und versuchen Sie diesen zu reduzieren.

2. Hände kann man auch kalt waschen. Ist besser für die Haut und spart Heizenergie.

3. Duschen ist viel sparsamer als baden. Also maximal ein Mal pro Woche baden.

4. Wenn Sie baden, dann zu zweit. Spart Wasser, Energie und macht mehr Spaß.

5. Essen Sie regionale Produkte. Transporte verursachen extrem viel CO_2.

6. Kaufen Sie auf dem Wochenmarkt ein. Ist ökologisch und stärkt Bauern der Umgebung.

7. Kaufen Sie mal bio ein. Öko-Landwirtschaft braucht weniger Energie und Pestizide.

8. Vegetarier sparen eine Tonne CO_2 im Jahr.

9. Verbannen Sie Elektronik. Zähne nicht elektrisch putzen spart sieben Kilo CO_2 im   Jahr.

10. Kochen Sie Eier, Gemüse und Kartoffeln mit wenig Wasser. Ein Zentimeter im Topf reicht.

11. Auch wenns auf der Verpackung steht: Vorheizen ist selten nötig, kostet Energie.

12. Ein Deckel auf dem Topf senkt den Energieverbrauch beim Kochen um ein Viertel!

13. Oder kaufen Sie sich einen Schnellkochtopf: Die sparen 50 Prozent Energie.

14. Effizienter als der Herd sind auch Schnellkocher und Tauchsieder.

15. Installieren Sie eine wassersparende Duschbrause. Die Kosten sparen Sie in einem Jahr.

16. Radeln macht die Waden stark - und schwächt den Klimawandel.

17. Wer trägt denn noch Plastiktüten? Stofftaschen schützen das Klima.

18. Kaufen Sie einen Neuwagen oder gebrauchtes Auto das nicht verschifft werden musste.

19. Füllen Sie nur so viel Wasser in den Wasserkocher, wie Sie brauchen. Das spart Geld.

20. Kaufen Sie in Ihrem Viertel ein. Sonst gibts da bald keine Läden mehr. Wollen Sie das?

21. Schalten Sie den Fernseher und andere Geräte richtig aus - Stand-by kostet Strom.

22. Drehen Sie die Heizung runter. Ein Grad spart sechs Prozent Energie und viel Geld.

23. Dieses Geld ist sehr gut bei einer der vielen Hilfsorganisationen angelegt.

24. Elektroschrott wie Handys gehören auf den Recyclinghof. Sie stecken voller Gift.

25. Geld regiert die Welt. Wechseln Sie also zu einer sozialen Bank.

26. Auch Anleger müssen keine miesen Kapitalisten sein, legen Sie Ihr Geld bei nachhaltigen Unternehmen an.

27. Alte Computer oder Fahrräder kann man spenden statt wegwerfen.

28. Unfassbar: Die meisten Menschen lassen beim Zähneputzen Wasser laufen. Sie auch?

29. 200 Millionen Menschen sind zu arm für eine Brille. Optiker sammeln alte und helfen so.

30. Müll gehört in die Tonne, nicht in die Natur. Auch keine Kippe, kein Kaugummi.

31. Kaufen Sie mal Fairtrade-Kleidung. Das rettet Leben!

32. Sie haben einen Garten? Sammeln Sie Regenwasser in einer Tonne. Pflanzen gefällts.

33. Fernreisen z.B. nach Thailand sind schön, aber auch ein Urlaub in der eigenen Region kann ganz schön sein.

34. Wer trotzdem fliegt, kann wenigstens fürs Klima spenden.

35. Sie haben ein Haus ohne Solarzellen? Das spart auf lange Sicht jede Menge Geld.

36. Die Bahn ist am umweltfreundlichsten und sichersten. Auto mal stehen lassen!

37. Oder nehmen Sie für eine Fahrt in der Woche den Bus. Der ersetzt locker 40 Autos.

38. Essen Sie mal wieder Hering. Davon schwimmt noch genug rum - im Gegensatz zu Scholle, Kabeljau oder Tunfisch.

39. Mitfahren ist ökologischer als selber fahren.

40. Alte Farben und Lacke gehören nicht in den Hausmüll - ab zum Recyclinghof.

41. Der Park um die Ecke ist ständig zugemüllt? Rufen Sie die Stadtreinigung an. Die räumt wieder auf.

42. Verschenken Sie doch mal was Selbstgemachtes. Das spart Geld und Ressourcen. Und ist viel persönlicher.

43. Benutzen Sie Recycling-Toilettenpapier. Spart Energie, Wasser und rettet in Ihrem Leben sechs Bäume.

44. Kaufen Sie fair gehandelten Kaffee. Die zwei Cent pro Tasse helfen den Bauern.

45. Demos sind Ihnen zu anstrengend? Dann protestieren Sie mit der Maus online.

46. Diese MOPO gehört nach dem Lesen nicht in die Mülltonne, sondern ins Altpapier. Und dort wird sie dann recycelt.

47. Putzen und waschen Sie mit Öko-Reinigern. Oder mit Seife gegen Fett und Essig gegen Kalk. Das ist auch viel billiger als die ganzen Helferlein aus dem Werbe-TV. Letztlich landet alles im Wasser.

48. 60- statt 90-Grad-Wäsche spart die Hälfte der Energie. Am besten sind natürlich 30 Grad. Sauber wird so auch alles.

49. Stellen Sie Ihren Kühlschrank kalt. Steht er neben Herd oder Heizung, verbraucht er viel mehr Energie.

50. Zehn Prozent der Energie verbraucht die Beleuchtung. Der Letzte macht das Licht aus!

51. Kaufen Sie ein vegetarisches Kochbuch. Denn Fleisch essen schadet dem Klima. Und kochen macht Spaß.

52. Wenn Fleisch, dann bio. Ist zwar teurer, dafür ohne Gift, Gene und Quälerei.

53. Der Frühling ist da: Holen Sie Ihr Rad aus'm Keller und reparieren Sie es am Wochenende.

54. Mischen Sie sich ein. Sagen Sie Umweltverschmutzern mal deutlich die Meinung.

55. Druckerpatronen wieder auffüllen lassen - oder wenigstens zum Recycling geben.

56. Es muss nicht immer jeder alles haben. Verleihen Sie doch mal Ihre Bohrmaschine.

57. Lassen Sie den Fahrstuhl stehen. Spart Strom, Kassenbeiträge und verbraucht Kalorien.

58. Boykottieren Sie Tiefkühlkost. Durch die Kühlkette ist sie extrem energiehungrig.

59. Sie haben einen Garten, aber keinen Kompost? Der spart doch Müll und Geld!

60. Man kann auch öko in die ewigen Jagdgründe eintreten, etwa in einem unlackierten Sarg.

61. Bringen Sie alte Schuhe zum Schuster. Das schont die Umwelt und schafft Arbeitsplätze.

62. Nicht immer wieder Einwegbatterien kaufen - Akkus und ein Ladegerät schützen die Umwelt.

63. Kaufen Sie Naturkosmetik. Oder sollen für Ihre Schönheit Labortiere leiden?

64. Heizen verbraucht ein Drittel der Energie. Dämmen Sie Ihr Haus - oder setzen Sie Ihren Vermieter unter Druck.

65. Eine Energiesparlampe spart im Schnitt 22 Kilo CO_2 im Jahr. Drehen Sie noch in dieser Woche die erste ein!

66. Holen Sie Gefrorenes frühzeitig aus der Kühltruhe, statt es in der Mikrowelle aufzutauen.

67. Tauschen Sie Bücher mit Freunden. Spart Papier, Geld und sorgt für Gesprächsstoff.

68. Wechseln Sie zu einem Ökostromanbieter.

69. Recycling- statt weißes Papier benutzen. Das gilt auch für Druckerpapier und Schulhefte.

70. Dichten Sie Türen und Fenster ab. Spart Ihnen viel Geld und der Umwelt CO_2.

71. Super-Ökos isolieren sogar die Wand hinter ihren Heizkörpern.

72. Zeltplätze sind ökologischer als Bettenburgen. Achten Sie also auch im Urlaub auf die Umwelt.

73. Wie öko ist Ihr Urlaub eigentlich? Achten Sie auf einen Ressourcen schonenden Urlaub.

74. Für Strecken unter 700 Kilometern nicht fliegen, sondern Bahn fahren.

75. Car-Sharing spart Geld und Ressourcen.

76. Bauen Sie (mit Ihren Kindern) einen Nistkasten für Vögel. So füllen Sie die Stadt mit Leben.

77. Boykottieren Sie Eier aus Käfighaltung. Für Tier und Umwelt sind nur Bioeier gut.

78. Auch in Fertigprodukten stecken Käfigeier - im Zweifelsfall im Regal lassen.

79. Lüften Sie kurz und kräftig. Fenster nicht bei laufender Heizung auf kipp stellen.

80. Jeder verbraucht 240 Kilo Papier im Jahr. Sparen Sie. Drucken Sie nur das Nötigste.

81. Sieben Grad reicht im Kühlschrank. Bei einem guten Standort reicht meist Stufe 1.

82. Bildet sich eine Eisschicht, steigt der Verbrauch. Kühl- und Gefrierschränke abtauen!

83. Eis bildet sich häufig durch undichte Türen. Erneuern Sie die Kühlschrankdichtungen.

84. Kaufen Sie Energiespargeräte! Vergleiche finden Sie unter www.spargeraete.de

85. Trockner sind extreme Energiefresser. Hängen Sie Ihre Wäsche auf eine Leine.

86. Machen Sie Ihre Waschmaschine voll. Und sparen Sie sich die Vorwäsche.

87. Kaufen Sie saisonale Produkte. Die werden nicht durch die Welt gekarrt.

88. Achten Sie bei Getränken auf die Herkunft. Wasser muss nicht aus Italien kommen.

89. Klospülung mit Wassersparer verwenden. Ein Ziegelstein im Spülkasten spart auch Wasser.

90. Kaufen Sie Produkte mit wenig Verpackung. Nicht alles muss eingeschweißt sein.

91. Recyceln Sie Papier und Glas. Und bringen Sie leere Batterien zu einem Elektromarkt.

92. Wer heutzutage noch Getränke in Dosen kauft, sollte sich schämen.

93. Spülmaschinen sind so öko wie Abspülen per Hand - wenn die Maschine voll ist.

94. Keine Lust auf Bio-Markt? Probieren Sie mal Öko-Produkte in Ihrem Supermarkt.

95. Klimaneutral Auto fahren? Kaufen Sie sich ein CO_2-Zertifikat.

96. Kaufen Sie Fairtrade-Schokolade. Für die werden keine Kinder ausgebeutet.

97. Blumen aus der Region kaufen. Sind sie doch importiert, auf Fairtrade achten.

98. Achten Sie aufs FSC-Holzsiegel. Sonst wird der Regenwald für die Gartenbank gerodet.

99. Kaufen Sie möglichst viel gebraucht. Das ist der beste Umweltschutz.

100. Kopieren Sie diese Liste und geben Sie sie an Freunde und Bekannte weiter.«[2]

Jedes Individuum hat unterschiedliche realistische Handlungsspielräume:

Jeder einzelne Mensch bildet eine Einheit. Je nach individuellen Umständen hat jeder einzelne Mensch unterschiedliche Möglichkeiten, sich an einer gerechteren Welt zu beteiligen. Natürlich ist der Spielrahmen eines Milliardärs ein ganz anderer, als z.B. der einer Krankenschwester. Meines Erachtens wäre es am effektivsten, wenn die 206 Staatsführer und die weltweit über 2000 existierenden Milliardäre sich für das später von mir vorgeschlagene Hebelregister stark machen würden und dieses global in die Gesetzgebung möglichst aller 206 Staaten einarbeiten und dann konsequent umsetzen würden. Man muss sich aber im Klaren darüber sein, dass die Wahrscheinlichkeit sehr gering ist, dass die Eliten der Politik und Wirtschaft ihr Denken und Handeln ändern werden, solange nicht ein entsprechend starker Druck von außen, sprich dem globalen Souverän, von Politikern und Parteien zu spüren ist. Staatsoberhäupter und Milliardäre werden weiterhin keinen Zentimeter nachgeben, da sie an der Spitze des neoliberalen Spiels bleiben wollen. Aus heutiger Sicht hat man meines Erachtens nur eine Chance: Möglichst viele Menschen müssen sich für eine neue globale Marktwirtschaft mit entsprechenden Mindeststandards einsetzen und ganz klar Flagge zeigen, dass sie einen globalen Systemwechsel wünschen. Ein möglichst globaler Zusammenschluss ist die nötige Antwort. Wie bereits beschrieben, ist Facebook die Plattform, das mittels möglichst vieler Likes zum Ausdruck und den Stein ins Rollen zu bringen. Das wäre die einfachste Form, um globale Solidarität zum Ausdruck zu bringen.

Letztendlich muss das globale System verändert werden:

Stellen Sie sich ein Fußballspiel (aktuelles globales System) vor, wo es keine allgemeinen verbindlichen Regeln (globale Basis - Gesetze) gibt, die für alle Spieler/innen (206 Staaten + Konzerne) gleichermaßen gelten und es hinsichtlich Fouls und Abseits (Gesetzesbrüche) keinen Schiedsrichter (starke globale staatliche Kontrollinstitutionen) gibt, der diese Regelverstöße ahndet. Denken Sie, dass dann die einzelnen Spieler (Souverän + 206 Staaten + Konzerne) motiviert wären, möglichst fair zu spielen und die Mannschaft (Individuen + Staaten + Konzerne) die versuchen würde regelkonform zu spielen, eine Chance hätte zu gewinnen?

Ich denke, dass man anhand dieser Ausführungen ganz klar sieht, dass es natürlich löblich ist, wenn man als Individuum versucht, sich möglichst korrekt im globalen Kontext zu verhalten, es aber langfristig das Ziel sein muss, das globale System bzw. Regelwerk zu ändern, wenn man wesentliche Effekte erzielen will.

d) System neu aufsetzen ---> Regulierende Dynamik: »Das bestmögliche Ergebnis wird dann erzielt, wenn das Individuum das tut, was für es selbst am besten ist und das, was auch für die Gruppe bzw. das Gemeinwohl am besten ist.« (John Nash)

»Das bestmögliche Ergebnis wird dann erzielt, wenn das Individuum das tut, was für es selbst am besten ist« **(Adam Smith)**

Wirtschaft: »Das bestmögliche Ergebnis wird dann erzielt, wenn Unternehmer das tun, was für Sie selbst am besten ist.«

Politik: »Das bestmögliche Ergebnis wird dann erzielt, wenn Politiker das tun, was für den eigenen Staat am besten ist.«

Die Vergangenheit zeigt klar auf, dass Innovation, das Streben nach bestmöglichen Produkten und Dienstleistungen in einer Gesellschaft dann erfolgt, wenn Menschen von ihrem persönlichen Einsatz finanziell profitieren und gesetzliche Rahmenbedingungen vorfinden, die ihre Eigentumsrechte schützen.

Wirtschaftsbetriebe konkurrieren miteinander, was zur Folge hat, dass sich die besten Produkte und Dienstleistungen durchsetzen. Die Folge ist eine dauerhafte kreative Zerstörung nach Schumpeter und es wird immer die Kraft der Innovation vorhanden sein, da man sich untereinander misst, bestrebt ist konkurrenzfähig zu bleiben, um möglichst viel Geld zu verdienen und auch seine Macht am globalen Markt und im jeweiligen Staat auszuweiten. Das ist natürlich nur dann gewährleistet, wenn man den Mitbewerber immer im Auge behält und sein Produkt oder seine Dienstleistung immer weiterentwickelt und versucht am Puls der Zeit zu bleiben.

Durch diese Motivation und das Streben nach mehr Gewinn der Wirtschaftstreibenden werden aber oft jede Menge Mindeststandards nicht eingehalten, wie z.B. Mindestlöhne, Arbeitsbedingungen und Menschenrechte, es werden Steuern vermieden etc., was vor allem Konzerne sehr oft unter Beweis stellen.

Jeder Staat vertritt primär seine Interessen, ohne Rücksicht auf Verluste: Da alle 206 Staaten miteinander direkt oder indirekt konkurrieren und jeder Staat möglichst seinen Wirtschaftsstandort attraktiv halten will, damit vor allem Konzerne und Investoren ihren Standort nicht verlagern oder sich neu ansiedeln, billigen oder fördern viele Staaten die Abwärtsspirale im Bereich der Mindeststandards z.B. im Bereich Sozialabbau, Steuerspirale nach unten etc., damit sie global konkurrenzfähig bleiben.

Man ist somit in einem systemischen Dilemma – jeder gegen jeden:

1) Jedes Unternehmen konkurriert mit jedem anderen Unternehmen direkt oder indirekt.

2) Jeder Staat konkurriert mit jedem anderen Staat direkt oder indirekt.

Hier benötigt man nun die vollständige Formel: »Das bestmögliche Ergebnis wird dann erzielt, wenn das Individuum das tut, was für es selbst am besten ist, **und das, was auch für die Gruppe bzw. das Gemeinwohl am besten ist.«** (John Nash)

Das ist der wesentliche Anhaltspunkt, dass Unternehmen Mindeststandards einhalten müssen und auf ihre Mitbürger achten müssen, damit ihr wirtschaftlicher Erfolg nicht nur ihnen selbst, sondern auch dem Gemeinwohl langfristig dient.

Die Politik muss die nötigen globalen Gesetze und globalen Kontrollinstanzen schaffen, damit die Formelvervollständigung »**und das, was auch für die Gruppe bzw. das Gemeinwohl am besten ist**« Realität werden kann.

Yin und Yang gestört – Staaten und Wirtschaft ins Gleichgewicht bringen:

Politik: »Das bestmögliche Ergebnis wird dann erzielt, wenn Politier das tun, was für den eigenen Staat am besten ist, **und das, was auch für die restlichen 205 Staaten am besten ist.**«

Wirtschaft: »Das bestmögliche Ergebnis wird dann erzielt, wenn Unternehmer das tun, was für sie selbst am besten ist, **und das, was auch für die restlichen Unternehmen weltweit am besten ist.**«

Der Kapitalismus und Kommunismus muss durch den Staat bzw. die globale Staatengemeinschaft mit globalen Regeln gebändigt werden, da wir tagtäglich erleben, dass Konzerne global organisiert und Staaten für sie keine ernstzunehmenden Schiedsrichter sind und dadurch stetig Mindeststandards untergraben werden, was nachhaltig das Gemeinwohl schädigt. Internationale Institutionen – wie die Vereinten Nationen (UNO), Weltbank, Internationaler Währungsfonds (IWF), Welthandelsorganisation (WTO), Internationale Arbeitsorganisation (ILO), G8, G13, G20 – hatten lang genug Zeit, eine gerechtere Welt und neue Weltordnung umzusetzen, doch sie sind gescheitert und es ist höchste Zeit, neue Wege zu gehen. Die globale Politik, in Form einer wahrlich neu organisierten direkt demokratischen UNO an oberster Stelle muss die Plutokratie (Herrschaft des Geldes) zurückdrängen und die weltweite Demokratisierung ausbauen, um langfristig das globale Gemeinwohl zu stärken.

Staaten müssen in Form von Gesetzen die Rahmenbedingungen vorgeben, damit das Gemeinwohl durch das Streben der Unternehmer und vor allem Konzerne geschützt wird, die als oberstes Ziel verfolgen, möglichst effizient, kostengünstig und gewinnbringend zu wirtschaften. Wesentliche Aufgabe der 206 Staaten sollte es somit sein, globale Gesetze zu definieren, die es der Wirtschaft global ermöglichen, unter möglichst fairen Rahmenbedingungen untereinander zu konkurrieren, und die im selben Moment gewährleisten, dass das globale Gemeinwohl in möglichst allen 206 Staaten bestmöglich geschützt und gefördert wird und Mindeststandards nicht untergraben werden können, wie es vor allem in Entwicklungsländern tagtäglich stattfindet.

Unternehmen müssen durch globale Gesetze systematisch in die Pflicht genommen werden, das Gemeinwohl zu fördern, wie es in der bayrischen Verfassung steht:

»**Alle** wirtschaftliche Tätigkeit **dient dem Gemeinwohl**« (**Bayerische Verfassung**, Art. 151)

Das Gemeinwohl zu stärken darf nicht auf freiwilliger Basis stattfinden, es muss verpflichtend in jedem Staat dieser Welt verankert sein und alle starken Unternehmen und Konzerne müssen in dem Staat, in dem sie Gewinne erwirtschaften, ihren Beitrag leisten.

Wie wir in der Natur beobachten können, bedarf es immer eines Gleichgewichts, damit ein System nicht kippt: Die Wirtschaft ist vordergründig auf Konkurrenz aufgebaut, logischerweise müssen Staaten das ausgleichende Element sein. Wesentlich ist, dass ein Staat verschiedene Menschen mit verschiedenen Talenten beherbergt und die Verpflichtung hat, das Gemeinwohl zu stärken, indem Gesetze formuliert werden, die die wesentlichen Lebensstandards gewährleisten, egal mit welchen Talenten jemand gesegnet ist. Wichtig ist, dass der Staat sich nicht primär das Konkurrenzprinzip verordnen soll, sondern die Rahmenbedingungen schafft, damit er alle seine Staatsbürger in jeder Lebenslage Grundbedingungen ermöglichen kann (z.B. eine Wohnung, Essen, Trinken), die Bevölkerung schützen kann (z.B. vor Krankheit, Arbeitslosigkeit, geistiger und / oder körperlicher Beeinträchtigung usw.). Wirtschaften ist ein wichtiger Teil einer Gesellschaft und ermöglicht im jeweiligen Staat den jeweiligen Lebensstandard. Aber die 206 Staaten bestehen aus so viel mehr wichtigen Inhalten und müssen das ausgleichende Element zur globalen Wirtschaften sein, damit das Yin-und-Yang-Prinzip gewährleistet ist. Natürlich sollen Staaten keine aufgeblähten, überbordend fressenden Apparate sein und es soll auch hier ein dauerhafter Optimierungsprozess stattfinden. Aber es sollte, wie gesagt, bei wesentlichen globalen Fragen (z.B. Menschenrechte, Mindestlöhne, Arbeitsrecht, globale Steuern etc.) die Gesetzgebung global beschlossen werden, damit Unternehmen nicht in die Position gelangen, Staaten im Eigeninteresse gegeneinander ausspielen zu können, was derzeit leider auf höchstem Niveau betrieben wird.

Systemisches Dilemma beheben – Jeder gegen jeden + Globale Mindeststandards für jeden:

1) Jedes Unternehmen konkurriert mit jedem anderen Unternehmen direkt oder indirekt + Globale Mindeststandards, die für alle Unternehmen weltweit verpflichtend sind (z.B. Menschenrechte, Mindestlöhne, Arbeitsrecht, globale Steuern etc.)

2) Jeder Staat konkurriert mit jedem anderen Staat direkt oder indirekt + Globale Gesetze und Kontrollinstanzen, die bezüglich der großen globalen Fragen Mindeststandards (z.B. Menschenrechte, Mindestlöhne, Arbeitsrecht, globale Steuern, etc.) definieren und für alle 206 Staaten Gültigkeit haben, wobei jeder Staat seine Souveränität beibehält. (Subsidiarität)

So würde man weltweit dem Kapitalismus und Kommunismus die Giftzähne ziehen und es würde langfristig das Gemeinwohl global möglichst effizient gestärkt werden.

e) Globales System effizient verändern → Wie würde man möglichst schnell ans Ziel kommen?

Am effektivsten würde man global vorankommen, wenn sich die 206 Staatsoberhäupter aller Staaten und die weltweit über 2000 existierenden Milliardäre dieser Erde für diesen hier vorgeschlagenen Weg entscheiden würden, denn sie haben die Macht und das Geld, um eine neue Weltordnung einzuleiten und würden sich auch leichter tun, einen globalen Solidaritätspakt zu beschließen, der das weltweite Gemeinwohl nachhaltig stärken würde. Daher spreche ich meine Bitte bewusst aus, da es der effizienteste Weg wäre, dem Sachverhalt zu begegnen. Ich bitte die 206 Staatsoberhäupter, eine UNO-Konferenz einzuberufen und den hier vorgeschlagenen Weg und das Hebelregister zu diskutieren, um einen wahren globalen Systemwechsel herbeizuführen und eine neue Weltordnung einzuleiten, die das globale Leiden so vieler Menschen langfristig beendet. Die über 2000 existierenden Milliardäre könnten ebenfalls eine Konferenz einberufen und den Sachverhalt diskutieren, sich auf globale Basisregeln einigen, die untereinander eingehalten werden, ohne dass sie gleich politisch verordnet werden müssten, was langfristig natürlich das Ziel sein sollte. Sie könnten entsprechende Maßnahmen vorweg freiwillig treffen oder diese bestenfalls untereinander vertraglich festhalten, wie zum Beispiel in Entwicklungsländern mindestens 1 Dollar Mindestlohn zu bezahlen, um das Leiden vieler Menschen global schnellstmöglich zu verringern. Sobald die vermögende Elite ihre Politiklobby zurückpfeift, die hier im Buch später vorgeschlagenen Änderungen in ihren Unternehmen ohne Aufforderung und staatliche Peitsche gemeinschaftlich vollziehen würde, wäre es weltweit um ein Vielfaches leichter, eine gerechtere Welt weiter zu befördern und letztendlich eine neue Weltordnung herbeizuführen. Ich wünsche mir nichts sehnlicher, als dass das in der nahen Zukunft geschieht, da dies die effizienteste Methode ist und gewährleisten würde, dass man möglichst zeitsparend globale Verhältnisse herstellt, die ein menschenwürdiges Dasein möglichst vieler Menschen sichern, vor allem in Entwicklungsstaaten. Wie ich Konzerne bis heute aber wahrnehme, werden Änderungen erst dann vollzogen, wenn sie gesetzlich festgehalten wurden und staatliche Strukturen vorhanden sind, die die Kraft und Macht haben, diese Gesetze tatsächlich zu vollziehen. Dann würden sie wahrscheinlich nach und nach aktiv werden, vor allem, wenn man ihnen sehr hohe Bußgelder bei Nichteinhaltung aufbürden würde, Strafzölle verordnen würde, etc.

Der zweite, weit schwierigere Weg ist, dass der globale Souverän aufbegehrt und sich gegen das bestehende System so lange zur Wehr setzt, bis von oben her eingelenkt wird. Aus heutiger Sicht bedarf es ganz sicher des Aufbegehrens und der Empörung der globalen Masse, aber vielleicht passiert ein Wunder, das obere 1 % lenkt ein und bekennt sich doch zu diesem vorgeschlagenen Weg. Solange keine Wunder passiert, widmen wir uns dem nächsten Kapitel.

V.) Mit dem nötigen Überblick das System verändern

Zu Beginn ist es nun am Wichtigsten, dass man sich einen Überblick verschafft, damit man möglichst effizient die Problemstellung des globalen Systems erkennt und wie man letztendlich eine Lösung erarbeitet, die für möglichst viele Menschen eine möglichst positive Auswirkung hat.

Die wesentlichen Fragen, die man sich stellen sollte, um dem Problem möglichst effizient zu begegnen:

1) System – globale Welt: Was sind die wesentlichen Systembestandteile einer globalen Welt und deren Grundmechanismen?

2) Globaler Ist-Zustand: Was sind die wesentlichen Probleme unserer Zeit im globalen Kontext?

3) Globaler Soll-Zustand: Was wäre ein realistischer globaler Soll-Zustand bis 2030, sprich Ziele, die man erreichen sollte, die für die Weltgemeinschaft wesentlich wären?

4) Globalen Soll-Zustand erreichen durch neue Politik- und Wirtschaftsordnung → »Globale gemeinwohlorientierte kapitalistische Marktwirtschaft« oder noch besser »Globale ökosoziale Marktwirtschaft« + »Direkte Demokratie« + »Hebelregister«

5) Hebelregister zum globalen Soll-Zustand: Welche Hebel müsste man global ziehen, damit das System sich zu dem definierten Soll-Zustand entwickeln kann?

6) Keiner der Hebel wird gezogen: Was sind die wesentlichen Hindernisse dafür, dass global eine gerechtere Welt nach und nach entsteht?

7) Wege, den globalen Soll-Zustand einzuleiten: Welche realistischen Möglichkeiten gibt es, damit dieses System für eine bessere Welt umgesetzt wird?

1) System – globale Welt: Was sind die wesentlichen Bestandteile einer globalen Welt und deren Grundmechanismen?

Stellt man sich die Frage, warum die angeführten Missstände entstanden sind und sich nicht wesentlich verbessern, ist es am einfachsten, die globale Welt als System zu betrachten.

Grundsätzlich leben die Menschen in einem abgeschlossenen System, der Erde. Um die Erde herum befindet sich, wie wir wissen, das Universum, was uns natürlich auch beeinflusst, aber da das Thema globale Gerechtigkeit ist, lassen wir das Universum außen vor.

a.) Welche Parameter sind für unsere Erde hinsichtlich eines globalen Systems zentral?

1) Ökologie, weil die Natur, die uns weltweit umgibt, die Basis unseres Daseins ist

2) Kapitalismus oder Kommunismus als herrschende Wirtschaftsideologien in 206 Staaten

3) Geldsystem

4) 206 Staaten und deren jeweilige Beschaffenheit wie z.B. politischen Ideologien, Staatsführer, Parteien und deren Politiker, die jeweiligen Gesetze, unterschiedliche Geschichte und kulturelle Beschaffenheit, BIP, Rohstoffreserven, militärische Mittel, etc.

5) Wichtige globale Institutionen: Vereinte Nationen (UNO), Internationaler Währungsfonds (IWF), Weltbank, Welthandelsorganisation (WTO), Internationale Arbeitsorganisation (ILO), G8, G13, G20, BIZ etc.

6) Alle Unternehmen (vor allem Konzerne, Banken, vermögende Familien) dieser Welt und deren innerstaatliches und globales Wirtschaften

7) Medienlandschaft (Internet, Zeitung, Fernsehen, Bücher, Filme etc.)

8) Alle Religionen dieser Welt, vor allem die fünf Weltreligionen

9) NGOs

10) Wissenschaft: Schulen jeglicher Art + Universitäten und deren Forschungsgebiete

11) Denken und Handeln aller Menschen

Durch diese elf Punkte entsteht in jedem einzelnen Staat wie auch in globaler Hinsicht eine Lebensrealität für jeden einzelnen Menschen. Es führt bei jedem Individuum zu einem individuellen Denken und Handeln.

Aus heutiger Sicht führen diese Eckpunkte zu der globalen Lebensrealität, die wir heute tagtäglich erleben. Grundsätzlich stellt sich nun die Frage: Welche Parameter müsste man global ändern, damit dieses System möglichst gut funktioniert?

Was wäre, wenn z.B. Außerirdische kommen und mitteilen: »Freunde, wir geben euch jetzt bis 2030 Zeit und dann muss hier mal aufgeräumt sein, das ist doch peinlich, wie ihr miteinander umgeht. Wenn nicht, löschen wir eure Spezies aus!« Man bekommt die Zielvorgaben der Sustainable Development Goals / Agenda 2030 mit klar formulierten 17 Zielen und 169 Unterzielen, die ganz klar einen wünschenswerten globalen Soll-Zustand für die Zukunft der gesamten Menschheit beschreiben, ohne Wenn und Aber.

Wäre dies eine unlösbare Aufgabe für die Menschheit? Der Menschheit ist es aus heutiger Sicht verwehrt, den Grund ihrer Existenz zu kennen, wie tatsächlich das Universum entstanden ist, in die Vergangenheit zu reisen oder andere Galaxien zu bereisen, etc. Diese Aufgabe aber ist schaffbar, da man »lediglich« ein menschengemachtes System neu konfigurieren muss.

Wichtig ist, dass man das ganz klar festhält; die Menschheit wurde mit keiner Anleitung ausgestattet, wie Sie mit ihrer Existenz umgehen soll und wie Sie die Welt gestalten soll. Die menschliche Spezies wurde in eine Welt geboren und hat sich diese im Laufe der Jahrtausende mehr und mehr untertan gemacht. Die Menschheit hat im Laufe der Geschichte auf verschiedensten Ebenen ausprobiert, Erfahrungen gemacht und aufgrund dessen ein System nach und nach entwickelt.

Was fehlt: »Bis heute gab es keine wahrhafte globale »Weltordnung«. Was unsere Zeit als Ordnung versteht, wurde vor fast vier Jahrhunderten in Westeuropa entworfen, auf einer Friedenskonferenz in Westfalen.«[1] Die große Frage, die sich natürlich jetzt stellt, lautet: Wie schafft man es, im 21. Jh. ein globales System zu entwickeln, Staaten global in möglichst vielen wichtigen globalen Fragen zu einigen, so dass möglichst vielen Menschen ein menschenwürdiges Leben ermöglicht wird und in allen Staaten entsprechende Mindeststandards flächendeckend umgesetzt werden können?

b) Grundmechanismen des globalen Systems und deren Entstehung

Man wird geboren und folgt als Baby zuerst seinen Instinkten. Danach wird man ständig mit Systemen konfrontiert. »Luhmann hat sich für die Systemtheorie entschieden, weil für ihn feststeht, dass Systeme real in der Wirklichkeit existieren.«[2]

Zuhause lernt man das System der Eltern kennen, die Erziehung. Dem Kind werden die Vorstellungen der Eltern vorgelebt, nach denen es sich richten sollte, wenn es keinen Ärger bekommen möchte. Hier gibt es bereits unterschiedlichste Systeme, z.B. autoritäre vs. antiautoritäre Erziehung. Eltern haben die Möglichkeit, sich Erziehungsratgeber zu kaufen und erhalten von einem Autor Erziehungsratschläge (Systemvorschläge), wie sie Ihre Kinder erziehen könnten.

In der Schule erfährt man das nächste Erziehungssystem, wo der jeweilige Staat Rahmenbedingungen vorgibt, wie die Erziehung durch Lehrer zu erfolgen hat. Hier kommen die Vorgaben des Staates und die individuellen Ansichten des jeweiligen Lehrers zueinander. Schüler mögen dann unkonventionelle Lehrer meistens mehr, die die Vorgaben des Staates nicht so ernst nehmen und mehr mit ihrer eigenen Persönlichkeit punkten, da oft junge Menschen dafür zu haben sind, sich gegen bestehende Systeme aufzulehnen, vor allem, wenn sie ihnen nicht richtig und sinnvoll erscheinen.

Wichtiger Hinweis: »98 % aller Kinder kommen hochbegabt zur Welt. Nach der Schule sind es nur noch 2 %.«[2a]

Im Berufsleben erfährt man das nächste System, meistens eine entfremdete Arbeit, die nicht den individuellen Vorstellungen entspricht, aber gemacht werden muss, um das eigene Überleben bzw. der Familie zu sichern.

Somit umgeben uns in unserer Realität in den verschiedenen Lebensphasen ständig Systeme, mit denen das Individuum lernt zu interagieren. Aber auch alltägliche Handlungen beinhalten System wie z.B.:

- Bankautomat: Man schiebt die Bankomatkarte in den Schlitz. Man gibt seinen Code ein, den Betrag, den man abheben möchte, und erhält sodann den geforderten Betrag ausbezahlt.

- Bäcker: Man grüßt die Verkäuferin, sucht sich ein Gebäck aus, zahlt den verlangten Betrag, verabschiedet sich und verlässt das Geschäft.

Das Individuum lernt jede Menge Systeme im Laufe seines Daseins kennen und es fällt uns z.B. markant auf, wenn jemand Systeme nicht entsprechend bedient. Würde ich z.B. zu einem Bankomaten sagen: »Hallo Bankomat, ich würde gerne 100 Euro abheben.«, würden Mitmenschen meinen, ich sei verrückt, da ich mich nicht dem System entsprechend verhalte.

Wichtig ist auch die Feststellung von Luhmann: »Menschen sind keine Systeme. Auch mehrere Menschen bilden kein System.«[3]

Menschen können Systeme nützen, sind aber selbst niemals ein System.

Das wesentliche System Problem –» Geld regiert die Welt

Nicht die besten globalen Lösungen setzen sich in den Vereinte Nationen (UNO), Internationaler Währungsfonds (IWF), Weltbank, Welthandelsorganisation (WTO), Internationale Arbeitsorganisation (ILO), G8, G13, G20, 206 Staaten, BIZ, Zentralbanken durch, sondern vordergründig die der über 2000 existierenden Milliardäre und deren bezahlten Lobby und Politiker/innen, die primär ihren eigenen Interessen nützen und auch immer mehr zu ihren Gunsten ausgebaut werden und nicht Lösungen die das weltweite Gemeinwohl der 7,6 Milliarden Menschen bestmöglich befördern. Konzerne agieren global und wissen genau, wie sie die 206 Staaten global bedienen müssen, damit sie das Maximum für sich selbst herausholen. Sie machen sich die globale Uneinigkeit in vielen wichtigen globalen Fragen und den Wettbewerb der Staaten untereinander zum Vorteil und werden dadurch immer mächtiger. In der Politik gibt es bis heute vordergründig einzelstaatliche Lösungen, aber keine nennenswerte globalen Lösungen die das bestmögliche Fortkommen aller Staaten auf möglichst vielen Ebenen garantiert. Die mächtigsten Industriestaaten, allen voran die USA, dominieren die restlichen Staaten, vor allem Entwicklungsländer und beuten diese aufgrund ihrer wirtschaftlichen und militärischen Unterlegenheit aus. Wer sich nicht an die Spielregeln halten will, wird wirtschaftlich sanktioniert oder bekommt militärischen Besuch. Letztendlich setzen sich dadurch bis heute nicht die intelligentesten Lösungen durch, die bestmöglich die Interessen des Einzelnen und der globalen Gemeinschaft befördern (Gemeinwohl), sondern primär die der mächtigsten und reichsten Staatsbürger, Familien und Konzerne. Damit dieser Kreislauf nicht gestört wird, haben wir weltweit eine Vielzahl an Staatsführer und Politikern, die sich nicht darum bemühen, die bestmöglichen globalen Lösungen zu erarbeiten, sondern Profis darin sind, den Drahtseilakt zu vollziehen, vordergründig die Finanzelite im eigenen Staat bestmöglich zu bedienen und wenn nötig, der eigenen Bevölkerung bestmöglich diese Lösungen zu verkaufen, ganz nach dem Motto: »Wir handeln in ihrem Interesse.« Solange wir uns nicht von diesem Prinzip verabschieden, wird der weltweite Unfrieden und Ungerechtigkeit nicht beseitigt werden können und das Fortkommen der Menschheit hinsichtlich des Gemeinwohls wird weiter stagnieren.

Der Ursprung des Systems – Stämme bis hin zum Staat:

Der Ursprung des Zusammenlebens von Menschen beruhte auf kleinen Stämmen, wo es wichtig war, das Gesicht zu bewahren und es auch klar nachvollziehbar für alle Stammesmitglieder war, woher z.B. der Reichtum des Einzelnen herrührte.

Es gab auch entsprechende Rituale, bei denen einmal im Jahr die Reichen im Stamm die Armen beschenkten; oder wenn ein Paar heiraten wollte und die Mitgift nicht aufgebracht werden konnte, wurde diese von der Gemeinschaft über Nacht klammheimlich beigesteuert, indem man die Güter vor ihrem Zelt ablegte. Wenn zwei Stämme Krieg führten, wurde oft der Krieg erst dann beendet, wenn auf beiden Seiten gleiche bzw. ähnliche Verluste zu beklagen waren.

Wesentlich ist, dass die Systeme damals so klein und übersichtlich waren, dass sich diese gut selbst regulierten, so dass in der Regel kein Teilnehmer verarmte oder bedingungslos reich wurde. Wesentlichen Anteil daran, dass sich diese Systeme von selbst regulierten, hatten gegenseitiger Respekt und Empathie. Man war bemüht, ein ehrwürdiges Mitglied seines Stammes zu sein, da einen jeder kannte. Natürlich gab es auch damals Probleme, wenn sich etwa einzelne Mitglieder bereichern wollten, aber nicht auf der Ebene, wie wir das heute vom Kapitalismus kennen.

Im Laufe der Entwicklung wurden die Formen des Zusammenlebens immer größer und unpersönlicher, wie z.B. Fürstentümer bis zu der heutigen Form von 206

Staaten. Man lebt in einem Land als Staatsbürger, kennt aber die meisten Landsleute gar nicht, spricht aber eine gemeinsame Zugehörigkeit aus.

Meines Erachtens ist wesentlich, dass eine unpersönliche Gesellschaft es befördert, dass Menschen egoistisch handeln und maximal daran Interesse haben, sich für ihre Familienmitglieder, Verwandten, Freunde und eventuell Arbeitskollegen einzusetzen, aber systemisch dazu aufgefordert werden müssen, dem unpersönlichen Gemeinwohl ebenfalls zu dienen, da das eine unpersönliche Masse ist, die man nicht kennt.

Das System wird nicht genügend hinterfragt

Unser globales System, Gesetze und Regeln – sie bestimmen unser globales Leben. Manche Gesetze und Regeln sind sinnvoll, doch insgesamt werden global von allen Menschen das bestehende System, Gesetze und Regeln einfach so übernommen, ohne dass man sich die eine oder andere Frage dazu gestellt hat.

Kinder sind zu Beginn ihrer Entwicklung anders, denn sie hinterfragen vieles. Nach dem Essen Zähne putzen? Wieso? Oder: Vor dem Essen die Hände waschen? Wieso? Warum? So sollte jeder von uns fragen, ob die Regeln und Gesetze in den jeweiligen Staaten von uns tatsächlich mitbestimmt wurden oder ob sie einfach nur stillschweigend, ohne diese jemals hinterfragt zu haben, übernommen wurden. Inwieweit würde man selbst das bestehende System nach heutigen Maßstäben festlegen und was würde man ändern?

Wie könnte man das Systemproblem lösen? Adam Smith vs. John Nash

Wollen wir die Welt verändern, müssen wir wissen, wie man ein globales System ändert, damit es jedem Individuum global bestmöglich dient. Gibt es eine zentrale These, die unser menschliches Zusammenleben so definiert, dass jeder davon bestmöglich profitiert und dass verhindert wird, dass nur wenige davon profitieren und die meisten Menschen nur wenig bis nichts davon abbekommen, wie es derzeit der Fall ist?

Da wir in einem kapitalistischen System leben und das derzeit in globaler Hinsicht unser Denken und Handeln dominiert, ist die Theorie von Adam Smith von enormer Bedeutung: »Im Wettbewerb kommt der individuelle Ehrgeiz dem

Gemeinwohl zugute.«[4] Wenn man also tut, was für einem am besten ist, profitiert auch das Gemeinwohl bestmöglich davon.

John Nash hat, wie vorhin bereits erwähnt, diese Theorie widerlegt bzw. erkannt, dass die Theorie unvollständig ist, und folgendes ergänzt. »Das bestmögliche Ergebnis wird dann erzielt, wenn das Individuum das tut, was für es selbst am besten ist, **und das, was auch für die Gruppe bzw. das Gemeinwohl am besten ist.«** (John Nash)

Die Voraussetzung für ein bestmögliches System ist somit, dass man ein System schafft, wo das Individuum den Antrieb verspürt, bestmöglich in seinem Eigeninteresse zu handeln, aber auch berücksichtigt, so zu handeln, dass es das Gemeinwohl stärkt bzw. nicht schädigt.

Doch geht man davon aus, dass wir jede unserer Handlung darauf überprüfen müssen, ob sie uns gefällt und ob sie im schlimmsten Fall das Gemeinwohl schädigt, bringt uns immer in eine persönliche Misere, vor allem dann, wenn der Entscheidungsrahmen im alltäglichen Leben eine Vielzahl an Optionen bietet und wir uns falsch entscheiden können.

Das Problem in einem Satz: Ich will etwas, muss aber gleichzeitig abgleichen, ob ich mit meiner Handlung jemand anderem schade.

c) Das grundlegende Systemproblem in der Wirtschaft – legales Einkaufen bei H&M:

1) Systemtheoretisches Beispiel H&M anhand dieser These: »Das bestmögliche Ergebnis wird dann erzielt, wenn das Individuum das tut, was für es selbst am besten ist.«

Da wir in einem kapitalistischen System leben, steht bei Unternehmen an erster Stelle, den Profit zu vermehren. H&M hat Interesse daran, möglichst viel Kleidung gewinnbringend zu verkaufen. Da es ein global agierendes Unternehmen ist, werden die Kleidungsstücke in Entwicklungsländern möglichst günstig produziert, in Industriestaaten möglichst gewinnbringend verkauft und in Steueroasen bzw. Steuer-Konstrukten wird der Gewinn möglichst gewinnbringend versteuert.

Für das Unternehmen H&M steht an erster Stelle der Gewinn. Erst danach stellen sich weitere Fragen wie z.B. Qualität, Arbeitsbedingungen, Entlohnung, Menschenrechte etc.

Das Individuum hat die legale Möglichkeit, bei H&M schöne, günstige Kleidung zu kaufen, im globalen Kontext wird dabei aber das Gemeinwohl geschädigt. Die Schädigung des Gemeinwohls ist aber durch diese individuelle Handlung enorm: Niedriglöhne, schlechte Arbeitsbedingungen, Steuervermeidung, ungleicher Wettbewerb mit anderen Unternehmen in der Textilbranche etc.

Nur wenn in allen Staaten dieser Welt Gesetze gelten, die das Individuum bzw. Konsumenten vor dieser ausbeuterischen Struktur schützen, indem eine globale Basisgesetzgebung grundsätzlich verhindert, dass man Produkte und Dienstleistungen dieser Art kaufen kann, wird man langfristig gewähren können, dass das Gemeinwohl gestärkt wird.

Das derzeitige wachsende System der freien Marktwirtschaft hat aber zur Folge, dass Unternehmen immer mehr Freiheiten erhalten, was ihrem individuellen Vorteil nützt, ohne dabei zu beachten, was dem Gemeinwohl dient. Der Zusatz von John Nash »**... und das, was auch für die Gruppe am besten ist.**« wird somit von Unternehmen nur dann Beachtung finden, wenn Staaten und deren Politiker Gesetze beschließen, die sein wirtschaftliches Fortkommen sichern, aber – und das ist zentral – priorisieren, dass die Gesetze, die beschlossen werden, das Gemeinwohl nicht schädigen.

Nur wenn auf Basis von möglichst globalen, allgemein gültigen, strengen Gesetzen das Gemeinwohl geschützt wird, gibt es die Chance auf ein System, das dem Gemeinwohl dient. Der Staat muss die Rahmenbedingungen und Gesetze schaffen, damit das Individuum bis hin zum Konzern bestmögliche Bedingungen vorfindet, sich selbst zu entfalten, aber ihm Grenzen mittels Gesetzen aufzeigen, die das Gemeinwohl schützen.

Die Strafen für die Überschreitung dieser Gesetze muss so hoch sein, dass jedes Individuum / Unternehmen es sich dreimal überlegt, ob diese Grenzüberschreitung sich lohnt.

2) Das grundlegende Systemproblem der Wirtschaft beheben:

Systemtheoretisches Beispiel H&M anhand dieser These: »Das bestmögliche Ergebnis wird dann erzielt, wenn das Individuum das tut, was für es selbst am besten ist, **und das, was auch für die Gruppe bzw. das Gemeinwohl am besten ist.**«

Wenn wir von einer Systemänderung ausgehen, einem gemeinwohlorientierten kapitalistischen System, dann stellen wir den Anspruch, aus beiden System das Beste hervorzukehren und somit ein System zu etablieren, das jedem Individuum und Unternehmen bestmöglich dient.

Die Gesetzgebung in Entwicklungsländern schafft Unternehmen wie H&M die Möglichkeit möglichst günstig zu produzieren. Welche Maßnahmen wären hier z.B. hilfreich, damit das Gemeinwohl in globaler Hinsicht geschützt wird?

Mindestlöhne: Über 3,7 Milliarden Menschen leben am Tag von ein bis zwei Dollar. »Würde man einen Mindestlohn pro Stunde von 1 Dollar gesetzlich global in allen Entwicklungsländern einführen, würde man hier entsprechend gegensteuern und wird das Einkommen von mehr als einer Milliarde Menschen über Nacht mehr als verdoppeln. Ein ganzes Bündel weiterer Menschheitsprobleme würde mit verschwinden: Flucht, Unterernährung, kriegerische Konflikte und Umweltzerstörung.«[5]

Arbeitsbedingungen – Standards anheben: 2,3 Millionen Menschen sterben jährlich an den Folgen ihrer Arbeit. Egal in welchem Staat man lebt, sollte man sich an Industriestaaten orientieren. Stundemaximum an Arbeit pro Tag minimieren mit verpflichtenden Pausen, Sicherheitsvorschriften etc.

Menschenrechte in jedem Staat als Bedingung stellen: Ein sehr ambitioniertes Ziel aus heutiger Sicht. Würden Staaten diese Regeln hochhalten und gesetzlich entsprechende Maßnahmen vollziehen, würde sich das System in globaler Hinsicht sehr schnell verbessern.

Industriestaaten beim Import in die Pflicht nehmen: Industriestaaten dürfen Produkte von Unternehmen, die gewisse Standards nicht erfüllen, wie z.B. Mindestlöhne, Arbeitsbedingungen, Menschenrechte etc., nicht importieren. Dadurch würden H&M und andere Unternehmen wie auch Staaten unter enormen Druck kommen, da sie bei Nichteinhaltung der gesetzlichen Rahmenbedingungen ihren Verkaufsstandort gefährden würden. Eine Vorstufe könnte eine Ampelkennzeichnung hinsichtlich des Gemeinwohls für Produkte und Dienstleistungen sein, damit der Konsument ganz klar sieht, ob er beim Kauf das Gemeinwohl schädigt.

Steueroasen global schließen: Nur wenn Steuerschlupflöcher geschlossen werden, wird das Gemeinwohl langfristig geschützt. Aus staatlicher Sicht wäre es am besten, wenn man global einheitliche Steuerstufen mit dem gleichen Prozentsatz definiert, was einen Steuerwettbewerb der einzelnen Staaten verhindern würde. Eine Steuerquote zwischen 43 und 47 % und einem Spitzensteuersatz von 50 bis 55 % wären angebracht. In weiterer Folge wäre eine Reichensteuer + Erbschaftssteuer der Garant, dass enorme Ungleichheiten abgebaut werden würden und das Gemeinwohl langfristig enorm gestärkt werden würde, ohne dabei die Option zu verlieren, dass Individuen weiterhin die Möglichkeit haben, Millionäre oder Milliardäre zu werden.

d) Das grundlegende Systemproblem in der Politik – Nationalstaatliche egozentrische Staatsführung:

Wir benötigen Politiker, vor allem 206 Staatsführer, die verstehen, dass wir nicht in 206 einzelnen Booten sitzen, sondern in einem großen gemeinsamen Boot.

1) »Das bestmögliche Ergebnis wird dann erzielt, wenn der Staatsführer, der einzelne Staat, das tut, was für ihn selbst am besten ist.«

Mein humanistisches Weltbild ist folgendes: Egal welchen Staat ich vor mir habe, ich möchte, dass jedes Individuum, jede Familie unter möglichst menschenwürdigen Bedingungen leben kann, sprich dass die nötigsten Dinge da sind, wie z.B. eine Wohnung, ausreichend Trinken und Essen, eine Arbeit bzw. Arbeitslosengeld, gute Schulen, ausreichend Krankenhäuser, Freizeitaktivitäten etc. (Bedürfnispyramide nach Maslow), Mitspracherecht in der Politik (Demokratie), Gewaltenteilung zwischen Legislative (gesetzgebende Gewalt), Judikative (richterliche Gewalt) und Exekutive (vollziehende Gewalt) und strenge Waffengesetze, damit möglichst wenig Menschen Gefahr laufen, durch Waffengewalt sinnlos getötet zu werden. Das ist meines Erachtens die wesentliche Grundlage, damit man zumindest ein halbwegs normales Leben führen kann, egal wo man geboren wird.

Problemstellung: Staatsführer vertreten primär die Interessen ihres Staates

Doch in der globalen Politik waren schon meistens und kommen auch heute großteils Menschen an die Macht, die der Bevölkerung erklären: »Das sind wir und das sind die da, die anderen 205 Staaten, das sind die Anderen. Und die Anderen, die gehören nicht zu uns und deshalb sind die Anderen nicht so wichtig. Als wäre jeder Staat primär eine Fußballmannschaft und als würde man immer eine Weltmeisterschaft führen, kein Ende in Aussicht. Hinzu kommt, dass sich manche Staaten aufgrund von Geschichte, Religion, Kulturkreis, Wirtschaftssanktionen, vergangenen Kriegen etc. gegenseitig misstrauen. Schlussfolgernd sind in fast allen Staaten dieser Welt Politiker an der Macht, die ihren Wähler versprechen: »Wenn ihr mich wählt, dann geht es dir und deiner Familie, aber vor allem unserem Staat besser. Ich habe noch keinen Politiker Wahlkampf führen sehen, der bei den Wahlen weggegangen ist vom innerstaatlichen Thema und sich darauf primär bezogen hat, dass all sein Handeln, wenn er denn an die Macht kommt, innerstaatliche, aber vor allem auch globale Konsequenzen hat und dass es in seinem Interesse ist, dass seine Politik z.B. zur Folge haben soll, dass nicht mehr alle fünf Sekunden ein Kind verhungert, sprich dass er seine Politik dafür verwenden möchte, primär Gesetze zu beschließen, die seinem Staat, aber auch allen anderen 205 Staaten helfen.

Und das ist das wesentliche Problem in unserer globalen Welt. Wir haben vermehrt Politiker, die bewusst Feindbilder schaffen und damit punkten, dass sie sagen: »Uns muss es gut gehen, unserem einzelnen Staat und unserer Wirtschaft muss es möglichst gut gehen«, bis ein zynischer Populist, der tatsächlich als Milliardär behauptet, er sei nicht Teil des Establishments, im öffentlichen Fernsehen vor laufenden Kameras offensichtlich und nachprüfbar lügt, dann tatsächlich Präsident der Vereinigten Staaten wird und alle seine Mitbürger weiter blendet: »America first«.

Laut unserem verkürzten Leitsatz hat Präsident Trump scheinbar recht: »**Das bestmögliche Ergebnis wird dann erzielt, wenn der Staatsführer, der einzelne Staat das tut, was für ihn selbst am besten ist, …**«

Und hier ist der Ursprung des Übels: »Wir müssen gewinnen, unseren Familien muss es gut gehen, unser Staat hat absoluten Vorrang! Nein, lieber Politiker, allen

Familien muss es weltweit gut gehen oder du hast dein Jobbriefing kein bisschen verstanden!«

Doch weiten wir unseren Leitsatz nun aus, zu einer Formel, die alle 206 Staaten nötig haben:

2) Das grundlegende Systemproblem der Politik beheben:

Systemtheoretisches Beispiel Politiker anhand dieser These: »Das bestmögliche Ergebnis wird dann erzielt, wenn der Staatsführer, der einzelne Staat, das tut, was für ihn selbst am besten ist, **und das, was auch für die anderen 205 Staaten am besten ist.**«

Global systemisch denkende Politiker, Parteien, Staatsführer, die sich für eine globale gerechte Welt einsetzen, indem sie die innerstaatlichen Fragen mit den globalen Fragen der anderen 205 Staaten verknüpfen und daraus resultierend möglichst gute globale gerechtigkeitsfördernde Gesetze beschließen: »Das bestmögliche Ergebnis wird dann erzielt, wenn der Staatsführer, der einzelne Staat, das tut, was für ihn selbst am besten ist, **und das, was auch für die anderen 205 Staaten am besten ist.**«

Politiker, die die nationalstaatliche Keule hervorholen und primär daran interessiert sind, dass es nur ihrem Staat möglichst gut geht, dass sie möglichst viele Gesetze befördern, die z.B. die Steuerspirale nach unten befeuern, was im schlimmsten Fall zu weiteren Steueroasen führt, um globales Kapital von Konzernen anzuziehen, schäbige Flüchtlingspolitik machen, indem sie Flüchtlinge als Feindbild präsentieren, Waffenexporte befördern etc., diese Politiker müssen demaskiert und abgewählt werden – das wäre ein wesentlicher Schritt nach vorne. Und es müssen Politiker, Parteien, Staatsoberhäupter zur Wahl stehen, die die nötige Überzeugung, globales systemisches Weltverständnis, Empathie und Feingespür haben, damit eine gerechtere globale Welt entstehen kann.

Politiker, die Feindbilder schüren, bedienen die niedrigsten Instinkte der Menschen. Bürgerinnen und Bürger des 21. Jahrhunderts sollten solch eine Politik nicht würdigen, sondern sie ablehnen und etwas Besseres fordern; keine Politik, die Emotionen weckt, sondern eine konstruktive, globale, verbindende Politik, die auf möglichst vielen Fakten basiert und die im besten Fall alle 206 Staaten zum Aufstieg verhilft. Sie sollten nach globalen Politikern fragen, Politikern, die Probleme unserer Zeit aus zwei wesentlichen Blickwinkeln betrachten: dem innerstaatlichen, aber auch vor allem dem außerstaatlichen. Weltweit gibt es 7,6 Milliarden Menschen, aber nur 206 Staatsführer. Diese 206 Staatsführer sollten sich dadurch auszeichnen, dass sie diese beiden Blickwinkel einnehmen, möglichst stark verinnerlicht haben und bemüht sind, diese beiden Ebenen zu vereinen: die Bedürfnisse ihres eigenen Staates vertreten, aber auch ganz klar sehen, welche Folgen ihre innerstaatlichen Gesetze auf alle anderen 205 Staaten haben, vor allem aus wirtschaftlicher Sicht.

Eine schöne Utopie für 206 Staatsoberhäupter: Würde man weltweit alle Staatsoberhäupter abwählen und weltweit z.B. 206 anerkannte Systemtheoretiker, Physiker, Philosophen etc., des jeweiligen Staates ins höchste Amt wählen, würde sich die Welt sehr schnell zum Besseren wenden.

e) Systemtheoretisches Bsp. »Flüchtlinge«

1) »Das bestmögliche Ergebnis wird dann erzielt, wenn der Staat das tut, was für ihn selbst am besten ist.«

Die Flüchtlingswelle hat 2015 Europa erreicht und etwa eine Million Flüchtlinge sind vor allem nach Deutschland, Österreich und Schweden geflüchtet. Daraufhin wurde es in den Staaten laut, da man sich durch die Flüchtlinge bedroht fühlte und sich die berechtige Frage stellte, wie viele noch kommen werden und wie wir diese vielen Menschen im Lande integrieren. Im Weiteren sind viele Flüchtlinge in die einzelnen Staaten gekommen, ohne registriert worden zu sein, in Summe ist ihre Aufnahme in den meisten Staaten chaotisch vonstattengegangen.

Aus Sicht eines protektionistischen, nationalistischen Politikers ist das natürlich ein gefundenes Fressen. Wie baut er seine Argumentation auf? »Die jetzige Regierung hat versagt, den eigenen Staat vor diesen Flüchtlingen zu schützen, die Flüchtlinge haben bei uns nichts zu suchen und man sollte möglichst alle wieder nach Hause schicken.« Aufgrund dieser Argumentation gab es z.B. in Österreich einen massiven Rechtsruck, wo eine Partei namens FPÖ nun mitregiert, die etliche Personen in ihren Reihen hat, die z.B. der Wiederbetätigung verurteilt wurden. Ein wesentlicher Grund, warum diese Partei gewählt wurde, ist, dass sie dem österreichischen Volk versprochen hat, sie vor den Flüchtlingen zu schützen, ihnen mit der vollen Härte des Gesetzes zu begegnen und finanzielle Mittel zu kürzen, da sie noch keinen Tag ins System einbezahlt haben und daher nicht die gleichen Ansprüche geltend machen können wie Inländer.

Im Wesentlichen werden Gesetze gegen Flüchtlinge beschlossen, damit das jeweilige Land möglichst unattraktiv wird, um ihr Leben möglichst unwürdig zu gestalten und ihnen damit zu verstehen zu geben: »Ihr seid hier nicht willkommen.«

Solche Politik folgt dem verkürzten Leitspruch: »**Das bestmögliche Ergebnis wird dann erzielt, wenn der einzelne Staat das tut, was für ihn selbst am besten ist, ...**«

Kann man diesen Politikern, die diese Politik betreiben, und Menschen, die diese Politiker wählen, einen Vorwurf machen?

Aus heutiger Sicht hat man in sehr vielen Staaten, vor allem in Industriestaaten und Schwellenländern, enorm schlechte Karten, gewählt zu werden, wenn man sich nicht dezidiert gegen Flüchtlinge ausspricht. Menschen verstehen im ersten Moment einen global denkenden Politiker gar nicht, weil das Prinzip »Wir gegen den Rest der Welt« verinnerlicht ist. »Die kommen ja nur, weil sie uns was wegnehmen möchten.« Das wesentliche Problem ist, dass sich die Staaten global nicht geeinigt haben, wie sie dem Problem global am besten begegnen könnten; sie ziehen hierbei nicht an einem Strang und haben dadurch populistischen Parteien die Türen geöffnet. Im Wesentlichen haben wir 206 Staaten, die ihre Einzelinteressen vertreten und möglichst wenig mit den Problemen dieser Welt zu tun haben wollen.

Somit ist ein Politiker in dem System, das er global vorfindet, ein Einzelkämpfer und am Puls der Zeit, wenn er sagt: »Globale Welt, bleib mir bloß vom Leib, ich will damit nichts zu tun haben.« Doch langfristig werden dadurch die Probleme global nur noch verschärft, und wenn es dabei bleibt, werden uns in naher Zukunft Flüchtlinge aus aller Welt überlaufen, und das ist nur ein globales Problem von vielen. Somit ist diese Politik langfristig nicht zielführend, und die wesentlichen Gewinner sind populistische Parteien, die mehr und mehr Staaten in die Vergangenheit führen, weg von einer globalen Welt, die sich so oder so aber nicht mehr aufhalten lässt.

2) Das grundlegende Systemproblem der Asylpolitik beheben:

Systemtheoretisches Beispiel Asylpolitik anhand dieser These: »Das bestmögliche Ergebnis wird dann erzielt, wenn der Staatsführer, der einzelne Staat, das tut, was für ihn selbst am besten ist, **und das, was auch für die anderen 205 Staaten am besten ist.**«

Vernünftige globale Asylpolitik + Resettlementprogramme

»**Globale Fakten:**

- Ende 2017 waren 68,5 Millionen Menschen auf der Flucht. Dies ist die höchste Zahl, die jemals von UNHCR verzeichnet wurde.
- Im Schnitt wird alle zwei Sekunden jemand auf der Welt zur Flucht gezwungen.
- 52 Prozent der Flüchtlinge weltweit sind Kinder (unter 18 Jahren).
- 9 von 10 Flüchtlingen (85%) leben in Entwicklungsländern.

Die fünf größten Herkunftsländer von Flüchtlingen

Syrien - 6,3 Millionen

Afghanistan - 2,6 Millionen

Südsudan - 2,4 Millionen

Myanmar - 1,2 Millionen

Somalia - 986.400

Die sieben größten Aufnahmeländer von Flüchtlingen

Türkei - 3,5 Millionen

Pakistan - 1,4 Millionen

Uganda - 1,4 Millionen

Libanon - 998.900

Iran - 979.400

Deutschland - 970.400

Bangladesch - 932.200«[6]

Was sind die wesentlichen Schritte, um der Situation Herr zu werden, und was ist ein langfristiger Lösungsweg?

1) Aufteilung der Flüchtlinge weltweit – solidarisch durch globale Quotenregelung: Anhand dieser Zahlen bzw. jährlichen Prognosen errechnet man für alle Staaten dieser Welt anhand verschiedener Richtwerte wie z.B. bereits aufgenommene Flüchtlinge im jeweiligen Land, BIP, Bevölkerungszahl, Unterbringungsmöglichkeiten, vorhandene Sozialeinrichtungen und Sozialarbeiter etc. einen Quotienten und legt dann ganz klar fest, wie viele der prognostizierten Flüchtlinge weltweit jedes Land pro Jahr aufnehmen muss. Es sollte hier jedes Jahr für jeden Staat eine Obergrenze berechnet werden, damit sich das in einem vernünftigen Rahmen bewegt. Wesentlich ist, dass man nach außen ganz klar kommuniziert, dass die Aufnahme von Flüchtlingen mit globalen Obergrenzen pro Jahr verbunden sein muss, damit man dem Problem langfristig bestmöglich begegnen kann. So würde man bestmögliche Transparenz schaffen und der Rahmen wie viele Flüchtlinge jedes Land aufnehmen muss, ganz klar definiert. Keiner der Staaten könnte sich aus seiner globalen Verantwortung stehlen und die Flüchtlinge würden global möglichst gerecht und möglichst ohne Emotionen aufgeteilt. So würde auch die Motivation fallen, Gesetze zu erlassen, die das eigene Land möglichst abschreckend für Flüchtlinge machen. Um zu verhindern das Flüchtlinge die Zuteilung nicht anerkennen und in anliegende Staaten nach der Anerkennung ihres Flüchtlingsstatus weiterreisen, sollte man ein Gesetz beschließen, dass Flüchtlinge z.B. mindestens 5 Jahre in dem zugewiesenen Staat wohnhaft bleiben müssen oder natürlich die Möglichkeit haben, in ihr Heimatland zurück zu kehren. Ansonsten wird die globale Quotenregelung zur Farce. Die heutige Herangehensweise einiger Staaten, gar keine Flüchtlinge aufzunehmen, darf aber auf keinen Fall akzeptiert, sondern ausnahmslos mit Sanktionen belegt werden, wie z.B. Strafzöllen, Strafzahlungen, Fördergelder streichen etc. Wesentlich ist, dass es sich hier um ein globales Problem handelt und daher auch einer globalen solidarischen Lösung bedarf.

2) Wer darf bleiben, wer nicht: Ob der Asylstatus gewährt wird oder nicht, sollte möglichst schnell geklärt werden. Das soll von der jeweiligen Aufnahmestelle oder dem jeweiligen Staat beurteilt werden. Sobald die Entscheidung getroffen ist, der Flüchtlingsstatus anerkannt wurde, entschieden wurde welches Aufenthaltsland laut Quotenregelung zuständig ist, sollte es im Interesse des jeweiligen Staates sein, das eine bestmögliche Integration dann möglichst schnell erfolgen kann, damit eine Parallelgesellschaft möglichst verhindert werden kann und man möglichst viele neue Staatsbürger hat, die vollwertige Mitglieder des jeweiligen Staates werden können. Sollte der Flüchtlingsstatus nicht anerkannt werden, sollte man diese Menschen möglichst schnell abschieben. Ob jemand einen Flüchtlingsstatus tatsächlich hat, sollte nicht leichtfertig entschieden werden, denn egal ob jemand z.B. vor Krieg oder aus wirtschaftlichen Gründen flieht, sollten die Behörden genauestens prüfen, ob die jeweilige Person bzw. Familie in ihrem Herkunftsland tatsächlich überlebensfähig wäre und mit gutem Gewissen zurückgeschickt werden kann.

3) Bestmögliche Rahmenbedingungen schaffen:

a) Massenquartiere nur als Aufnahmelösung nützen / Wohnung langfristig als wesentliche Lebensgrundlage bieten: Wenn Flüchtlinge ins Land kommen, bedürfen sie einer Erstversorgung und eines sicheren Schlafplatzes. Von Beginn an eigene Wohnungen bereitzustellen, ist bestimmt ein unrealistisches Unterfangen, und man wird anfangs mit Massenquartieren zu Rande kommen müssen. Spätestens nach ein paar Monaten sollte man Flüchtlingen aber zu einer eigenen Wohnung verhelfen, und sie sollten möglichst flächendeckend zu Beginn durch Sozialarbeiter betreut werden. Nur so schafft man die wesentliche Grundlage, dass man den Status quo zu normalisieren beginnt, indem man die nötige Privatsphäre für Einzelne oder Familien schafft.

b) Weitere Grundversorgung: Solange die Flüchtlinge nicht arbeiten können, müssen sie mit genügend Geld und Sachgütern ausgestattet werden. Punkt a) und b) sind enorm wichtig, damit man diese Grundlast von den Personen nimmt, damit sie sich von den Strapazen erholen und sich allmählich neu ausrichten können. Denken Sie mal darüber nach, wenn bei Ihnen selbst diese Grundbedürfnisse nicht abgedeckt wären! Denken Sie, dass Sie dann wirklich handlungsfähig wären und ein neues Leben beginnen könnten?

c) Zugang schaffen zu modernen Medien – Handy + Laptop + Internet: Eine sicherlich sinnvolle Investition für Flüchtlinge sind Handy + Laptop + Internet. So haben sie das Grundwerkzeug, um sich um wesentliche Dinge des Alltags zu kümmern, wie z.B. wichtige Telefonate führen zu können, Jobsuche im Internet, weitere Sprachkurse online zu finden, eigene Wohnung zu finden, einen Online-kurs zu machen, etc.

d) Sprachkurse und andere Aktivitäten wie z.B. Gemeinschaftsdienst: Damit Flüchtlinge von Beginn am allgemeinen Leben teilnehmen, eignen sich zu Beginn ihres Aufenthalts bestens Sprachkurse und Gemeinschaftsdienste. Wichtig ist, dass man ihnen zu Beginn nützliche Aktivitäten vorgibt. Vor allem Menschen mit geringem Bildungsstandard ist es wichtig, klare Rahmenbedingungen vorzufin-den, eine Struktur, an der sie sich zu Beginn festhalten können.

e) Langfristiges Ziel: Es soll natürlich das Ziel sein, dass Flüchtlinge aus dem Flüchtlingsstatus herauskommen, vollwertige Mitglieder unserer Gesellschaft werden und ein möglichst selbstbestimmtes Leben führen können. Damit aus die-sen Menschen starke Menschen werden können, werden sie zu Beginn ganz be-stimmt Hilfe benötigen, so viel ist sicher. Nur wenn man von Beginn an in diese Menschen genug Kraft, Zeit und Geld investiert, wird man langfristig Erfolge er-zielen.

Abschließend zu Punkt 3) Bestmögliche Rahmenbedingungen schaffen: Nur wenn wir uns als Gesellschaft dieser Problematik so widmen, dass man jedem Staat vorgibt, wie viele Flüchtlinge er in etwa pro Jahr aufnehmen muss, und eine Obergrenze pro Staat versucht zu definieren, ist die Grundlage geschaffen, dass man sich auf das Problem einstellen kann. Wesentlich ist im nächsten Schritt, dass man die wesentlichen Mittel zur Verfügung stellt, damit diese Menschen sich möglichst schnell erholen, in einen normalen Alltag geführt und langfristig voll-wertige Mitglieder des jeweiligen Staates werden. Solange man aber Flüchtlinge als Feindbilder sieht und sie ausgrenzt, läuft man Gefahr, dass man Staatsfeinde in den jeweiligen Staaten systematisch züchtet, damit wird eine Parallelgesell-schaft befördert, das Aggressionspotenzial steigt und mehr Gewalttaten werden verübt werden, was im schlimmsten Fall mit einem Terroranschlag endet. Es liegt in der Hand aller Staaten, wie man dem Problem in der Zukunft begegnen wird, damit Integration tatsächlich funktioniert.

4) Fluchtursachen bekämpfen: Die Fluchtursachen beruhen auf einem globalen multiplen dysfunktionalen System und nur wenn man dieses System global nachhaltig ändert, wie später im Hebelregister im Detail beschrieben wird, wird die Flüchtlingsproblematik langfristig gelöst werden können.

Wesentliche Parameter um Fluchtursachen zu bekämpfen: Weltweit sollten in allen 206 Staaten Budgets beschlossen werden, damit man den Krisenherden vor Ort begegnen kann und langfristig Verhältnisse herstellt, in denen Menschen aus diesen Staaten nicht mehr flüchten müssen.

Wenn man demokratische Verhältnisse + Gewaltenteilung in möglichst vielen Staaten herstellt und versucht Kriege effektiv global zu beenden, ein globales Basissteuersystem in allen Staaten etabliert wird, das jedes Land mit Geld versorgt + 0,7 % Entwicklungshilfe von wirklich allen Industriestaaten (Geberländern) geleistet wird (dieser Hebel wird noch beschrieben), Mindestlohn: 1 Dollar pro Stunde (Entwicklungsländer) und die wesentlichen Grundbedürfnisse nach der Bedürfnispyramide nach Maslow wie Essen, Trinken, Wohnung, Bildung, Gesundheitsversorgung etc. abdeckt (dieser Hebel wird noch beschrieben), dann ist das wesentliche Fundament geschaffen, damit Menschen nicht ums nackte Überleben kämpfen müssen und vor Ort die Chance haben, ihre Lebensumstände zu verbessern. Wichtig sind auch gut ausgestattete Aufnahmezentren. Vor allem in Afrika sollten Aufnahmezentren entstehen, von denen aus über eine Quotenregelung die Flüchtlinge global aufgeteilt werden. Man sollte auch darauf achten, dass Flüchtlinge nicht durch eine Vielzahl von Staaten ziehen und sich geschlossen zu Wunschdestinationen wie z.B. USA, Australien, Deutschland, Schweden etc. bewegen. Wesentlich ist, dass möglichst bald Flüchtlinge gestoppt, versorgt und ihre Daten aufgenommen werden und möglichst schnell beurteilt wird, ob die jeweilige Person einen Asylstatus hat und dann durch eine globale Quote aufgeteilt werden.

5) Resettlementprogramme – der gewissen Flucht vorauseilen:

»Neben Asyl, das nur einem Bruchteil von Flüchtlingen gewährt wird, bietet die dauerhafte Neuansiedlung in einem zur Aufnahme bereiten Drittland (Resettlement), eine Chance sich ein neues Leben in Frieden und Sicherheit aufzubauen.

Den Flüchtlingen werden dabei voller Schutz und Integrationsmöglichkeiten gewährt. Zudem werden die Erstaufnahmeländer entlastet, was wiederum der Entspannung in diesen Regionen dient und weiteren Konflikten vorbeugt.

Die Idee zum Resettlement ist nicht neu. Bereits seit vielen Jahren gibt es in einigen Ländern, allen voran den USA, Kanada und Australien – aber auch einigen nordeuropäischen Staaten – jährliche Quoten, nach denen eine bestimmte Anzahl an besonders schutzbedürftigen Flüchtlingen wie Frauen, Kinder, alte und kranke Menschen, aufgenommen wird. Derzeit liegt diese Zahl bei etwa 80.000 Flüchtlingen weltweit. In absehbarer Zeit wird der Bedarf aber auf das Zehnfache ansteigen.«[7]

Ein ambitioniertes Ziel wäre es, eine Million Flüchtlinge global über Resettlementprogramme aufzunehmen, so der gefährlichen Flucht vorzugreifen und dem ganzen möglichst geordnet zu begegnen.

6) System langfristig ändern: Diese fünf Maßnahmen sind aus heutiger Sicht im bestehenden System bei entsprechender Solidarität aller Staaten theoretisch und praktisch möglich. Möchte man aber dieses Problem und die vielen anderen globalen Probleme langfristig lösen, wird man entsprechende Grundstrukturen des globalen Systems verändern müssen.

Abschließend: Wir benötigen Politiker, Parteien und Staatsführer, die mutig sind und für eine globale Gesetzgebung kämpfen, die ihrem eigenen Staat und möglichst allen anderen Staaten hilft.

f) Systemtheoretisches Bsp. – »Goldman Sachs« + »Deutsche Bank«

1) Systemtheoretisches Beispiel »Goldman Sachs« + »Deutsche Bank« anhand dieser These: »Das bestmögliche Ergebnis wird dann erzielt, wenn die Bank und der einzelne Staat das tut, was für sie selbst am besten ist.«

»Goldman Sachs ist ein Investmentbanking- und Wertpapierhandelsunternehmen und nimmt im internationalen Finanzsektor eine herausragende Stellung ein. Es gilt als eines der mächtigsten und am besten vernetzten Unternehmen der Branche. Goldman Sachs ist hauptsächlich als Finanzdienstleister für Großunternehmen und institutionelle Investoren tätig.

[…]

Ausgaben für Lobbying

Laut EU-Transparenzregister lagen die Ausgaben für die von 2 Vollzeitäquivalenten erbrachte EU-Lobbyarbeit im Jahr 2016 zwischen 1-1,3 Mio. Euro.[1]

2018: Deutschland-Chef soll Staatssekretär im Bundesfinanzministerium werden

Jörg Kukies, Co-Deutschland-Chef von Goldman Sachs, soll Staatssekretär im Bundesfinanzministerium werden und sich u.a. um Fragen der Finanzmarktregulierung kümmern.[2] Kukies ist weiterhin Mitglied des »Strategic Board« des Deutschen Derivate Verbands, der sich nach eigenen Angaben »in regulatorischen Grundsatzfragen bei den politischen Entscheidern für die Zertifikatbranche einsetzt«.[3] Gerhard Schick, Finanzexperte der Grünen warnte: ›Das Finanzministerium darf nicht zum House of Banks verkommen.‹[4]

Beste Verbindungen zu Kanzlerin Merkel

Der frühere Deutschland-Chef von Goldman Sachs Alexander Dibelius nahm »schon früh Kontakt zu CDU-Parteichefin Angela Merkel auf, lange vor ihrer Nominierung als Kanzlerkandidatin. Für sie arrangierte er mehrere Dinner mit Unternehmenschefs ... Immer wieder steht er der Kanzlerin bei Fragen zur Verfügung«, berichtet das Wirtschaftsmagazin capital.[5]

Im Krisenjahr 2008 machte Angela Merkel den Goldman-Berater Otmar Issing zum Vorsitzenden der Kommission Expertengruppe Neue Finanzmarktarchitektur.[6]

Phänomen Drehtür - Das Goldman Sachs Netzwerk

Goldman Sachs gilt als Paradebeispiel für das Seitenwechsler-Phänomen. Das Unternehmen hat zahlreiche ehemalige Entscheidungsträger als Berater angeworben, zugleich wechseln immer wieder Mitarbeiter in Regierungs- oder Aufsichtsposten. Der SPIEGEL beschrieb das Netzwerk als »Gemeinschaft, die zusammenhält, auch wenn der eine geht, der andere kommt. Über Jahrzehnte trifft man sich irgendwann irgendwo immer wieder. Man verdient gutes Geld, hat beste Karrierechancen [...]« und gab einen Überblick über das System.[7]:

- EUROPA

- José Manuel Barroso: Nach zehn Jahren als EU-Kommissionspräsident schied Barroso zum 31. Oktober 2014 aus der EU-Kommission aus. Im Juli 2016 kündigte er seinen Wechsel zu Goldman Sachs International in London an.[8] Das Ethik-Komitee der EU-Kommission gab grünes Licht für den Seitenwechsel, nachdem Barroso zugesagt hatte, keine Lobbyarbeit für Goldman Sachs zu betreiben.[9] Im Oktober 2017 gab es dann doch ein Lobbytreffen zwischen Barroso und EU-Kommissar Jyrki Katainen.

- Mario Draghi ist seit dem 1. November 2011 Präsident der Europäischen Zentralbank. Draghi war davor, seit Januar 2006, Gouverneur der italienischen Zentralbank Banca d'Italia. Von 2002-2005 war Mario Draghi stellvertretender Vorsitzender und Managing Director von Goldman Sachs International.

- Mario Monti, Regierungschef Italiens von 2011 bis 2013, EU-Kommissar von 1995-2004, wird als Berater von Goldman Sachs (»Board of International Advisors«) in dessen Jahresbericht 2010 geführt[10]

- Romano Prodi, ehem. italienischer Ministerpräsident und EU-Kommissionspräsident, war von 03/1990-05/1993 bei Goldman. Wenn Prodi kein öffentliches Amt bekleidet, arbeitet er als Berater für Goldman Sachs.[11]

- Otmar Issing, seit 2007 »International Advisor« von Goldman Sachs, ist ehem. Direktoriumsmitglied der EZB und ehem. Chefvolkswirt der Deutschen Bundesbank.

- Peter Sutherland, bis 1989 EU-Kommissar (u. a. für Wettbewerb) und bis 1995 GATT-Generaldirektor, ist seit 1995 Vorstandsmitglied von Goldman Sachs International.[12]

- USA

- Gary Cohn, Präsident & Chief Operating Officer bei Goldman Sachs, war von 2017-03/2018 Direktor des Nationalen Wirtschaftsrats[13]

- Stephen Mnuchin war für Goldman Sachs tätig und wurde unter Präsident Donald Trump Finanzminister der USA.

- Philip D. Murphy, ehemalige Goldman Sachs Senior Director, wurde 2009 zum Botschafter der USA in Deutschland ernannt.

- Henry Paulson, US-Finanzminister unter George W. Bush. In Paulsons Amtszeit fielen einige [der] wichtigsten Banken-Rettungsmaßnahmen der USA, ehemaliger Aufsichtsratschef (CEO) von Goldman Sachs.

- Robert Rubin, US-Finanzminister unter Bill Clinton, langjähriges Aufsichtsratsmitglied von Goldman Sachs.

- Robert Zoellick ist seit 2013 Vorsitzender des International Advisory Board von Goldman Sachs. Zuvor war er Präsident der Weltbank, United States Trade Representative (2001-2005), Deputy Secretary of State (2005-2006). Zoellick war in den 1990ern erst Goldman Sachs-Berater, später leitender Angestellter.[14][15]

Beziehungen zu Organisationen der Finanzwirtschaft

- European Parliamentary Financial Services Forum, Mitglied

- Group of Thirty, Mitarbeiter und Berater von Goldman Sachs sind Mitglieder

Vorgehensweise gegen striktere Regulierung des Derivatemarktes

Im Rahmen seiner Mitgliedschaft im Derivateverband ISDA setzte sich Goldman Sachs aggressiv und mit Erfolg gegen geplante Regulierungen des risikoreichen Derivatemarktes ein. Regulierungen waren notwendig geworden, da Derivate bereits in der Finanzkrise 2008 weltweite wirtschaftliche Instabilität und Arbeitsplatzverluste verursachten sowie 2008 Mitverursacher der Lebensmittelkrise und der Eurokrise 2010 waren.

Als erfolgreichste Investmentbank im ISDA warnte Goldman Sachs davor, dass striktere Regulierungen die Bank dazu bringen würden, sich aus Europa zurückzuziehen.[16] Weiterhin setzte der ISDA die EU massiv unter Druck, um die Bildung einer Expertengruppe für Derivate zu bilden. Diese bestand dann fast ausschließlich aus Mitgliedern des ISDA - darunter auch Goldman Sachs.[17]. Die Bank platzierte sich außerdem in nahezu allen Beratergruppen der Kommission, die sich mit der Finanzmarktregulierung nach der Weltwirtschaftskrise befassten.[18]

2010: Negativ-Preis für Lobbying

Goldman Sachs wurde am 2. Dezember 2010 mit dem Negativ-Preis **Worst EU Lobby Award** von einem Zusammenschluss lobbykritischer Organisationen ausgezeichnet.[19]

Brisante Geschäfte vor und in der Finanzkrise

Goldman Sachs-Chef Lloyd C. Blankfein soll in einer internen E-Mail an Mitarbeiter laut Kölner Stadt-Anzeiger geäußert haben, in der Welt-Finanzkrise »haben wir mehr verdient, als wir verloren haben«. [20]

Verkauf von Depfa und Conti

Nach Informationen von Werner Rügemer hat Goldman Sachs folgende Geschäfte vermittelt und über Provisionen davon profitiert:

- Verkauf der Depfa an die Hypo Real Estate - woraus mit zeitlicher Verzögerung der (angebliche) Beinahe-Zusammenbruch des deutschen Bankensystem erfolgt sein soll

- Der Reifen-Hersteller Schäffler übernimmt den Konkurrenten Conti (Provision: 15 Mio. Euro) - Schäffler geht an dem Deal beinahe bankrott.[5]

Davis Square VI - LBBW klagt wegen Betrug oder Fahrlässigkeit

Im Oktober 2010 musste sich Goldman Sachs gegen Anschuldigungen der Landesbank Baden-Württemberg wehren, die sich durch die Verbriefung Davis Square VI.[21] geschädigt sah. Goldman Sachs hatte diese Papiere strukturiert, verkauft und verwaltet. Sie waren mit einem Triple-A-Rating bewertet worden[22] und von der Landesbank-Tochter LBBW Luxemburg im März 2006 erworben worden. Die Landesbank forderte von Goldman Sachs 37 Millionen US-Dollar für erlittene Verluste. »*Goldman wusste auf höchster Organisationsebene, dass die Darstellung, die Papiere wären mit Triple-A bewertet und hochklassig, offensichtlich falsch waren. Goldman hat Betrug begangen, und, oder, handelte fahrlässig, indem es die Papiere an die LBBW Luxemburg vermarktete und verkaufte.*«

Darüberhinaus verklagte die LBBW den Investment-Ratgeber TCW Group. Bei deren Besitzer Societe Generale hatte Goldman Sachs, so der Vorwurf, sich mit Kreditausfallwetten gegen den Ausfall von Davis Square VI und anderen CDOs eingedeckt. TCW und Goldman Sachs wiesen diese Vorwürfe umgehend zurück[23] [24]

Die Fall Landesbank Baden-Württemberg vs. Goldman Sachs hat das Aktenzeichen 10-7549 und wird am U.S. District Court, Southern District of New York (Manhattan) verhandelt.[23]

2010: Finanzprodukt ›Abacus 2007-AC1‹ Goldman Sachs zahlt Rekordsumme um Verfahren zu stoppen

Am 16.04.2010 reichte die US-Bankenaufsicht SEC eine Beschwerde gegen Goldman Sachs wegen Betrugs ein. Die Bank soll verschwiegen haben, dass ein Hedge-Fonds an der Konstruktion eines ›modernen Finanzprodukts‹ namens Abacus 2007-ACI beteiligt war, der zudem auf den Wertverfall des Derivats wettete. Die Abacus-Papiere, die ein komplexes Derivat aus US-Hypotheken waren, stellten sich als mutmaßliche Schrott-Produkte heraus.[25] Als eine der leidtragenden Banken galt die Düsseldorfer IKB. Mitte Juli 2010 kamen die SEC und Goldman Sachs zu einem Vergleich: Die Ermittlungen wurden gegen die Zahlung von 550 Millionen Dollar eingestellt, einen Teil davon erhielt die Düsseldorfer IKB.[26]

John Paulsons Hedge-Fonds und Abacus

Das Abacus-Papier wurde von einem Hedge-Fonds zusammengestellt, den einer der bestverdienenden Männer der Wall-Street leitete: John Paulson. Die Zeit schrieb über das Geschäftsgeba[.]ren von Paulson & Co.:

»Der Logik der SEC-Anklage folgend hat Paulson das ganze Paket so zusammenge-schnürt, dass es von Anfang besonders viele faule Hypotheken enthielt. Schließlich wettete er auf einen Wertverlust. Das ist ungefähr so, als würde bei der Nationalmannschaft der Trainer der gegnerischen Mannschaft die Aufstellung festlegen. Paulson hat Goldman Sachs 15 Millionen Dollar dafür gezahlt, dass sein Hedgefonds dieses Produkt konstruieren durfte.«

»Paulsons Wetten gegen Abacus funktionierte so: Paulson kaufte eine Art Ausfallversicherung für Kredite, die für den Kauf von Häusern aufgenommen waren. Platzte ein Kredit, kassierte Paulson die Prämie, ohne etwas mit dem eigentlichen Kredit zu tun zu haben. Ähnlich jemandem, der eine Brandschutzversicherung für das Haus seines Nachbarn aufnimmt – brennt es, kassiert er.«[27]

Strafen wegen Falschberatung in USA

Goldman Sachs soll auf Druck der New Yorker Staatsanwaltschaft seit 2003 mindestens 22,5 Millionen Dollar an Strafzahlungen geleistet haben, weil sie Kunden beim Verkauf von Finanzprodukten wie »Auktionsanleihen« falsch beraten haben soll.[28]

Goldman profitiert von Lehman-Pleite und AIG-Rettung

In den USA gab es vermehrte Skepsis, warum die US-Regierung den Goldman-Konkurrenten Lehman Brothers kollabieren ließ, während die American International Group (AIG) mit einer in der Geschichte des Kapitalismus einmaligen Summe gerettet wurde. Goldman Sachs war einer der größten Gläubiger des Versicherungskonzerns.

Von den $182.5 Milliarden an Steuergeldern zur Rettung der AIG[29], flossen $12.9 Milliarden direkt an Goldman Sachs, bei denen AIG Verbindlichkeiten hatte. Insgesamt gingen $90 Milliarden der AIG-Rettungsgelder direkt an andere Banken, darunter neben Goldman auch die französische Societe Generale mit $11.9 Milliarden, die Deutsche Bank mit $11.8 Milliarden und die britische Barclays PLC mit $8.5 Mrd.. Die us-amerikanische Merrill Lynch erhielt $6.8 Mrd.[30]

Informationen der New York Times zufolge war der US-Finanzminister und ehemalige Goldman Sachs Aufsichtsratsvorsitzende Hank Paulson während des

Höhepunktes der Welt-Finanzkrise ›in sehr häufigem Kontakt‹ mit Lloyd C. Blankfein, Goldmans damaligem Aufsichtsratsvorsitzenden. In der Woche als der Versicherer AIG durch Regierungsgelder gerettet wurde, sprach Paulson laut seiner Kalender-Einträge zwei Dutzend Male mit Blankfein, weitaus öfter als mit anderen Wall Street Managern.[31]

Am 18. Oktober 2008 erhielt Goldman Sachs $10 Milliarden Rettungsgelder von der US-Regierung[32] [33] [34] und gehörte somit zu den sechs großen US-Banken, die staatliche Stützungen aus dem TARP-Programm erhielten, das eine Kreditklemme verhindern sollte.

Goldman zahlte die $10 Milliarden TARP-Gelder im Juni 2009 zurück.[35] Rechnet man allein die AIG-Gelder dagegen, hätte Goldman netto $2,9 Milliarden an Staatsgeldern eingestrichen. [...]

Zitat über Goldman Sachs

Der Wirtschaftsjournalist Wolfgang Münchau schrieb 2010 in der Financial Times:

»*Goldman ist zunächst sehr groß und mächtig. Wo auch immer größere Geldsummen von einem Ort zum anderen geschoben werden, ist die amerikanische Investmentbank dabei. Als Griechenland sein Defizit mittels schwer zu durchschauender Währungs-Swap-Kontrakte reduzierte, spielte Goldman Sachs die Rolle des Animateurs. Die Bank ist omnipräsent. Sie verfügt über dermaßen viel legales Insiderwissen, dass sie als Investor einen natürlichen Vorteil hat, ohne irgendein Gesetz brechen zu müssen.*‹[53]«[8]

»Zocken ist noch immer das Geschäftsmodell vieler Großbanken

Die Deutsche Bank zeigt exemplarisch, dass das Zocken mit Aktien, Derivaten und anderen Wertpapieren immer noch das vorherrschende Geschäftsmodell vieler Großbanken ist. 52 Billionen Euro (2014) beträgt allein das Volumen der ausstehenden Derivate der Deutschen Bank - das 18fache des deutschen Bruttoinlandsproduktes. Laut Bilanz ist der Handel mit Wertpapieren in ihrem Geschäftsmodell doppelt so wichtig wie das Kreditgeschäft. ›Die Investmentsparten der Banken agieren riskant und gefährden damit sowohl das Kreditgeschäft als auch die Stabilität des gesamten Bankensektor[s]‹, kritisiert Mittendrein. Um die riskante Geschäftspolitik der Banken in den Griff zu bekommen, fordert Attac seit jeher ein strenges Verbot des Banken-Eigenhandels und ein Verbot bestimmter spekulativer Wertpapiere.

Eigenkapital-Anforderungen viel zu niedrig

Wie viele internationale Großbanken ist die auch die Deutsche Bank massiv unterkapitalisiert. Ihre Verschuldungsquote (Anteil des Eigenkapitals an der gesamten Bilanzsumme) beträgt lediglich 3,5 Prozent. Dies bedeutet, dass die Deutsche Bank zu 96,5 Prozent fremdfinanziert ist. Damit ist Bank aber kein Sonderfall. Die mit Basel III angestrebte maximale Verschuldungsgrenze von nur drei Prozent ist völlig unzureichend. Attac fordert, sie mittelfristig auf 20 bis 30 Prozent anzuheben.

»Too big to fail«: Auch bei Bail-in droht Systemcrash

Eine Bedrohung für das globale Finanzsystem ist die Deutsche Bank vor allem aufgrund ihrer enormen Bilanzsumme von rund 1,6 Billionen Euro. Mit einer Rettung wären der europäische Banken-Rettungsschirm (55 Milliarden Euro im Endausbau 2023) und selbst die deutsche Regierung völlig überfordert.

Das mit der Bankenunion vorgesehene »Bail-in« der GläubigerInnen könnte aufgrund der engen Verflechtungen des Sektors das gesamte europäische Bankensystem ins Wanken bringen. »Die Regelungen, die uns angeblich vor weiteren Bankenrettungen schützen sollen, sind bei derart systemrelevanten Banken völlig nutzlos. Als letzter Rettungsanker müsste wieder die Allgemeinheit einspringen. Die Folgen wären weitere Kürzungsprogramme auf dem Rücken der Schwächsten der Gesellschaft«, kritisiert Mittendrein. Attac fordert daher große Banken (»too big to fail«) endlich zu zerteilen, das Investmentbanking vom Kundengeschäft zu trennen und die Verflechtung der Banken zu reduzieren.«[9]

2) Das grundlegende Systemproblem »Goldman Sachs« + »Deutsche Bank« beheben:

Systemtheoretisches Beispiel »Goldman Sachs« + »Deutsche Bank« anhand dieser These: »Das bestmögliche Ergebnis wird dann erzielt, wenn die Bank und die Politik, das tut, was für die jeweilige Bank und den jeweiligen einzelnen Staat am besten ist, **und das, was auch für die anderen Banken + 205 Staaten am besten ist.**«

»Goldman Sachs« und die »Deutsche Bank« funktionieren wie beschrieben, weil Staaten weltweit Gesetze beschlossen haben, die es zulassen, dass diese Banken so agieren und auf dem Rücken des Gemeinwohls Milliarden Geschäfte machen.

a) Stand der Dinge / Basel III Reform tritt am 1. Januar 2022 in Kraft

»Bis die neuen Regeln tatsächlich gelten, werden noch einige Jahre vergehen. Erst im Jahr 2022 müssen sämtliche Neuerungen in nationales Recht umgesetzt sein und auf Finanzinstitutionen Anwendung finden.

Die Änderungen betreffen:

1. Veränderungen beim Standardansatz für die Berechnung des Kreditrisikos

2. Der Einsatz interner Ratings (IRB oder internal ratings based approach) bei Kreditrisiko

3. Berechnung der CVAs (Credit Valuation Adjustments), ebenfalls Kreditrisiko

4. Berechnung des operationellen Risikos

5. Leverage Ratio Regeln (Hebel) für global systemrelevante Banken werden verschärft (neu: Gewinnausschüttungsverbote bei Unterschreitung von Grenzen).

6. Einführung eines Output Floors für interne Modelle (schrittweise bis 2027)

5 Jahre Übergangsfrist beim «Output Floor‹

Die Basel III Reform tritt grundsätzlich am 1. Januar 2022 in Kraft. Für den sogenannten »Output Floor« (eine neu gezogene Untergrenze für interne Modelle im Vergleich zum Standardansatz) beträgt die Übergangsfrist fünf Jahre und es erfolgt eine schrittweise Anhebung auf die angestrebten 72,5%. Gestartet wird 2022 zunächst mit 50%.

Wie bereits bisher gilt hier übrigens, dass der Baseler Akkord als Mindeststandard gilt, und Länder durchaus auch strengere Regelungen in ihre jeweilige Gesetzgebung schreiben dürfen (das sogenannte »Gold-Plating«).

Berechnung des Kreditrisikos und der operationellen Risiken strenger

Kernthema der Erneuerungen ist die verbesserte Berechnung des Risikokapitals für das Kreditrisiko (also das Risiko, dass Schuldner ausfallen oder sich deren

Qualität verschlechtert) und für das operationelle Risiko (alle Risiken die mit dem Betrieb des Instituts einher gehen wie Cyberangriffe, Betrug, Fehler durch Menschen oder Software, etc.). Denn in der Anwendungspraxis von Basel III hat sich gezeigt, dass die aktuell geltenden Regelungen zu viel Spielraum zulassen. So kommt es, dass Finanzinstitute die Berechnung ihrer risikogewichteten Aktiva und andere Risikoberechnungen sehr unterschiedlich durchführen, und es deshalb zu großen Ungleichgewichten und Unterschieden kommt. Das soll nach der Basel III Reform anders werden.

Keine höheren Eigenkapitalanforderungen

Die Basel III Reform zielt auf eine fairere und konsistentere Berechnung von Risiko ab. Die Quoten für die Eigenkapitalunterlegung bleiben unverändert. Finanzinstitute sollen also durch die Basel III Reform nicht anders belastet werden als bisher vorgesehen. Praktisch kann es bei manchen Instituten zu höheren Ergebnissen bei den risikogewichteten Aktiva kommen und dadurch die Eigenkapitalquote im ersten Schritt sinken. Zudem erhöht sich der Berechnungsaufwand und der Kontrollaufwand an mehreren Stellen, was wiederum höhere Kosten verursachen dürfte.

Weg von internen Modellen

Unter Basel II gab es einen regelrechten Boom der internen (also bankinterner) Modelle. Damit ließ sich sehr viel Eigenkapital sparen, was so auch vorgesehen war. Unter Basel III wurden die internen Modelle bereits deutlich beschnitten und der Vorteil der geringeren Eigenkapitalunterlegung stark reduziert. Die Basel III Reform geht nun einen großen Schritt weiter und vermindert die Attraktivität interner Modelle weiter. Es wird den einzelnen Staaten sogar freigestellt, in der nationalen Umsetzung komplett auf interne Modelle zu verzichten. Damit müssten alle Finanzinstitute dieses Landes ihre Risiken ausschließlich nach dem Standardansatz berechnen. Für Aufsichtsbehörden vor allem kleinerer Länder könnte das die Aufsichtspraxis erleichtern, da die Validierung und Kontrolle interner Modelle komplex, zeit- und kostenintensiv ist.«[10]

Wesentlich ist, dass diese Regulierungen tatsächlich weltweit umgesetzt werden, und dann wird sich erweisen, ob diese auch tatsächlich halten, was sie versprechen.

b) Wesentliche Regulierung der Banken weltweit – 20 bis 30 % Eigenkapital:

»Seit der Finanzkrise entstanden viele neue Vorschriften. Sie sind überwiegend Valium fürs Volk, weil sie kaum zur Verhütung künftiger Probleme beitragen, dafür aber durch ihre Komplexität den Blick auf das große Ganze verstellen und sich kaum noch demokratisch legitimieren lassen. Beispiele sind die deutsche *Bankenabgabe* (die neue Rettungspakete über viele Jahrzehnte nicht wird finanzieren können) sowie partielle *Leerverkaufsverbote* oder *Boni-Begrenzungen* für Bank-Manager (die sich bequem umgehen lassen). Erforderlich sind einfache Regeln, die das Weltfinanzsystem widerstandsfähig machen. Dieses Ziel erfüllt einzig eine hinreichende Eigenkapitalvorsorge für sämtliche Finanzdienstleister.

Basel III verfehlt das marktwirtschaftliche Haftungsziel

Systemrelevante Großbanken sorgen immer noch viel zu wenig vor. Sie erreichen derzeit eine echte Eigenkapitalquote, d.h. eigene Mittel bezogen auf die *komplette Bilanzsumme*, von 1-3%[3]. Zum Vergleich: DAX-Unternehmen erreichten 2012 durchschnittlich 35%[4], ihr Konkurs bedroht aber die Weltwirtschaft in keiner Weise. Die Baseler Eigenkapitalvorschriften für Banken entschärfen das Problem nur wenig, da sie nicht an allen Vermögensrisiken ansetzen, sondern nur an den »*risikogewichteten Aktiva*«. Bankkredite an Griechenland sind z.B. per Definition risikofrei, müssen also nicht mit eigenen Mitteln unterlegt werden. Übrigens ein Grund, warum sich Banken mit Staatsanleihen aus europäischen Krisenländern vollsogen, anstatt mittelständische Kredite zu vergeben. Immerhin wird sich eine »*leverage ratio*« von 3% bis 2017 voraussichtlich in der Testphase befinden[5]. 3% Eigenkapital auf sämtliche bilanzierte Vermögenswerte sind aber nur ein Bruchteil der von Volkswirten geforderten 20-30%. Wenig zielführend sind daneben *interne Risikomodelle* von Banken. Sie definieren Ausfallrisiken möglichst weit nach unten und versagten bei der Vorhersage negativer Extremereignisse[6].

Reformvorschläge

Bilanzielle Eigenkapitalquoten von 20-30% verhindern negative Externalitäten [...]. Die gegenwärtige Praxis dient nur einzelwirtschaftlichen Zwecken, schadet aber im Krisenfall der Gesamtwirtschaft erheblich. Neben Banken mit entsprechender Lizenz müssten v.a. *Schattenbanken* einbezogen werden, also z.B. Geldmarkt-, Hedge-, Private-Equity- oder Pensionsfonds. Sie arbeiten weiterhin überwiegend unreguliert und repräsentieren laut konservativer Schätzung rund die Hälfte aller offiziellen Bankenaktiva bzw. ein Viertel sämtlicher Finanzdienstleistungen der weltweit wichtigsten Wirtschaftsnationen G 20[7]. Daneben sollten die wichtigen internationalen Rechnungslegungsvorschriften *IFRS und US-GAAP* möglichst wenig verrechnen, also sämtliche Vermögensrisiken in der Bilanz aktivieren. Es gäbe nicht nur weniger Streit um Verrechnungsunterschiede, sondern auch mehr Sicherheit im Weltfinanzsystem.

Befürchtungen der Finanzindustrie sind unbegründet

Die Finanzbranche wehrt sich bisher erfolgreich gegen deutlich höhere Eigenkapitalquoten. Es seien *weltweit einheitlichen Regulierungen* erforderlich, da alles andere zu Wettbewerbsverzerrungen führe. [...] Für die zweite Begründung, dass höhere Eigenkapitalanforderungen eine gesamtwirtschaftliche *Kreditklemme* auslösen würden, fanden renommierte Ökonomen keine empirischen Belege[8]. Ganz im Gegenteil bescherte die stillschweigende *Staatsgarantie* den systemrelevanten Banken erhebliche Vorteile: Zwischen 2007 und 2009 durchschnittlich 169 Mrd. US-Dollar Subventionen jährlich bzw. einen Zinsvorteil von 60 Basispunkten bis Ende 2007 und 80 Basispunkten Ende 2009[9]. Der dritte Einwand, eine echte Eigenkapitalquote von 20-30% sei politisch *utopisch*, erscheint zumindest in lebendigen Demokratien und im historischen Vergleich als zu pessimistisch.

Fazit: Finanzmarktregulierung sollte der Volkswirtschaft dienen

Die G 20-Nationen versprachen im November 2008, dass kein Finanzmarkt, kein Finanzprodukt und kein Akteur unreguliert oder unbeaufsichtigt bleiben werde[10]. Denn die volkswirtschaftlichen Kosten gesteigerter Systemrisiken liegen langfristig weit über den möglichen Effizienzvorteilen großer Banken[11]. Fünf Jahre später stellen Admati/Hellwig fest: »Today's banking system, even with proposed reforms, is as dangerous and fragile as the system that brought us the recent crisis.«[12] Gleichzeitig macht die dramatisch gestiegene öffentliche Verschuldung der G 20-Staaten Rettungsaktionen und Konjunkturpakete wie 2008 völlig unrealistisch. Die Regulierungspolitik muss daher endlich *gesamtwirtschaftlichen Interessen* dienen, statt den Einflüssen der Finanzindustrie zu erliegen. Je einfacher die Vorschriften, desto transparenter und damit demokratischer wären sie. 2012 beschloss der bedeutende Finanzplatz Schweiz, für Großbanken bis 2018

Eigenkapitalanforderungen einzuführen, die weit über Basel III hinausgehen[13].«[11]

c) Langfristige Lösung für Banken – Vollgeldreform:

»Das grundlegende Ziel einer Vollgeldreform besteht darin, eine staatliche Kontrolle über die Geldschöpfung und Geldmenge zurück zu erlangen. Dies würde idealerweise durch eine Stichtagreform geschehen, bei der das Bankengeld (Giralgeld) über Nacht durch Zentralbankgeld (Vollgeld) ersetzt wird. Man kann sich jedoch auch eine graduelle Reform vorstellen, bei der unbares Zentralbankgeld parallel zu Giralgeld nach und nach in den öffentlichen Umlauf kommt und der Anteil des Giralgeldes mit der Zeit zurückgeht. Die Giralgeldschöpfung der Banken wird also beendet, sei es per Stichtagreform oder nach und nach in einem schrittweisen Übergang.«[12]

Hinweis: Das Hebelregister, »Hebel 13 / Neues Geldsystem – Vollgeldreform« wird diesen Punkt im Detail erläutern.

d) Lösung - Personalbesetzung:

Wesentlich ist, dass man die Personalbesetzung wichtiger Ämter im Staat oder in globalen Institutionen durch direkte Demokratie zukünftig bestimmen sollte, damit das Volk global in möglichst vielen Staaten von Menschen regiert wird, deren primäres Motiv es ist, das Gemeinwohl zu fördern und nicht einer wirtschaftlichen Elite. Mit dem heutigen Führungspersonal der Staaten weltweit sowie wichtiger Institutionen, z.B. des Internationalen Währungsfonds (IWF), der Weltbank, Welthandelsorganisation (WTO) etc., ist es vorprogrammiert, dass die Welt nicht gerechter und das oberste 1 % weiter in den Himmel getragen wird. Solange aus der Privatwirtschaft wie Goldman Sachs oder Milliardäre wie z.B. Donald Trump oder Vladimir Putin einzelne Staaten und letztendlich die Welt regieren, solange wird das globale Gemeinwohl niemals auf die Füße kommen. Die Kandidaten, die zur Wahl gestellt werden, sollten nach wesentlichen Kriterien ausgewählt werden, wie z.B. Qualifikation, Lebenslauf, bisheriger Dienst am Gemeinwohl etc. und direkt demokratisch in den zuständigen Institutionen (UNO, Parlament des jeweiligen Staates, IWF Weltbank, etc.) vorher durch eine Abstimmung vorausgewählt werden (Politiker + Souverän + Wissenschaftler), bevor Sie dann tatsächlich gewählt werden können, wie z.B. Wahl zum Bundeskanzler,

Präsidenten, Vorsitzender des IWF, Vorsitzender der Weltbank, etc. So würde man im Vorhinein bereits ungeeignete Kandidaten für alle wesentlichen Institutionen systemisch verhindern und das Gemeinwohl global entsprechend schützen.

Man könnte hier noch eine Vielzahl an Beispielen anführen. Zu Ihrer Beruhigung: Im weiteren Verlauf des Buches werden Sie ein klares, umfängliches Hebelregister vorfinden, wobei ganz klar alle Möglichkeiten festgehalten werden, wie man das System ändern müsste.

2.) Globaler Ist-Zustand: Was sind die derzeitigen wesentlichen globalen Probleme des 21. Jahrhunderts?

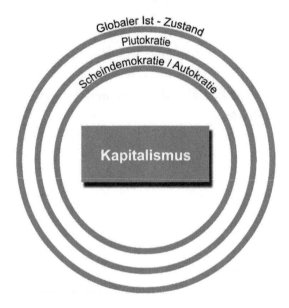

Globaler Ist-Zustand = Kapitalismus + Scheindemokratie oder Autokratie + Plutokratie (mehr dazu später)

a) Was bedeutet globale Ungerechtigkeit? → Die schrecklichen Kennzahlen eines globalen Ist-Zustands:

- »Jeden Tag sterben 100.000 Menschen an Hunger oder an den unmittelbaren Folgen«[1]

- »Alle 3,6 Sekunden verhungert ein Mensch; die große Mehrzahl sind Kinder unter 5 Jahren.«[2] »Alle 5 Sekunden verhungert ein Kind.«[3] »30.000 Kinder sterben täglich an Hunger, den Folgen schmutzigen Wassers und vermeidbaren Krankheiten.«[4]

- »Letztes Jahr waren 842 Millionen Menschen schwerstens, permanent unterernährt gewesen.«[5]

- »Weltweit sterben 2,6 Millionen Babys innerhalb ihres ersten Lebensmonats. Eine Million von ihnen sind schon am ersten Tag tot. Das hat das UN-Kinderhilfswerk Unicef gezählt. Besonders tragisch: Die meisten Tode wären vermeidbar.«[6]

- »Jedes Jahr sterben 6,6 Millionen Kinder unter 5 Jahren an vermeidbaren Krankheiten.«[7]

- »Alle 4 Minuten verliert jemand das Augenlicht, wegen Vitamin A Mangel.«[8]

- »Jede Minute stirbt ein Kind durch verunreinigtes Wasser.«[9] »Von den 2,1 Milliarden Menschen, die kein sicheres Trinkwasser haben, haben 844 Millionen nicht einmal Zugang zu elementarer Wasserversorgung.«[10] »8 Millionen Menschen sterben jährlich an den Folgen von Wassermangel und -verschmutzung, darunter 1,6 Millionen Kinder.«[11] »Um 300% wird der globale Süßwasserverbrauch in den nächsten 30 Jahren steigen.«[12]

- »Laut UN-Programm Habitat verfügen 1,1 Mrd. Menschen in städtischen Gebieten über keine angemessene Unterkunft; die Zahl der Betroffenen dürfte bis 2025 auf 1,6 Mrd. steigen. Mindestens 100 Mio. Menschen sind praktisch obdachlos. In Europa sind jedes Jahr vier Millionen vorübergehend von Obdachlosigkeit betroffen, in den USA 3,5 Millionen.«[13]

- »Im Jahr 2016 starben 1,34 Millionen Menschen weltweit an den Folgen einer viralen Leberentzündung, darunter Leberkrebs, Leberzirrhose, Hepatitis A, E, B, C und D. Tuberkulose verursachten 1,2 Millionen Todesfälle, 1 Millionen gingen auf das Konto der Immunschwächekrankheit AIDS und 719.000 Todesfälle wurden durch Malaria verursacht.«[14]

- »Mehr als 1 Milliarde Menschen müssen am Tag mit weniger als 1 Dollar haushalten. Weitere 2,7 Milliarden leben mit weniger als 2 Dollar am Tag.«[15]

- »Das reichste Prozent der Weltbevölkerung besitzt weiterhin mehr Vermögen als der gesamte Rest.«[16] »2017 gab es weltweit alle 2 Tage einen neuen Milliardär.« Vor 30 Jahren gab es 140 Milliardäre mit einem Gesamtvermögen von 295 Milliarden Dollar, 2017 gab es bereits 2043 Milliardäre mit insgesamt 7,7 Billionen Dollar Gesamtvermögen.«[17] »Bill Gates, Amancio Ortega, Warren Buffett, Carlos Slim Helu, Jeff Bezos, Mark Zuckerberg, Larry Ellison und Michael Bloomberg: Sie besaßen im Jahr 2016 426 Milliarden Dollar – 3,6 Milliarden Menschen kamen dagegen zusammen auf lediglich 409 Milliarden Dollar.«[18]

- »40 Millionen Menschen leben weltweit unter Verhältnissen moderner Sklaverei, 25 Millionen in Form von Zwangsarbeit, 15 Millionen lebten in einer Zwangsehe, die häufig auch Zwangsarbeit miteinschließe.«[19#]

- »Von 2008 bis 2017 hat sich der Schuldenstand des Globalen Südens fast verdoppelt und beträgt aktuell 6,877 Billionen US-Dollar.«[20]

- »Weltweit 20 Kriege und 385 Konflikte hat das Heidelberger Institut für Internationale Konfliktforschung im Jahr 2017 gezählt.«[21] »1572 Mrd. Euro betragen die jährlichen Rüstungsausgaben, steigende Tendenz. Gemessen am weltweiten Bruttosozialprodukt (BIP) betrugen die Rüstungsausgaben weltweit 2,2 Prozent.«[22]

- »264 Millionen Kinder und Jugendliche zwischen 6 und 17 Jahren haben weltweit keinen Zugang zu Bildung.«[23] »750 Millionen Analphabeten weltweit.«[24]

- »Ende 2017 waren 68,5 Millionen Menschen auf der Flucht. Dies ist die höchste Zahl, die jemals von UNHCR verzeichnet wurde.«[25]

- »Demokratiefeindliche Staaten: mindestens ein Viertel aller Nationalstaaten und damit rund ein Drittel der Weltbevölkerung werden autoritär regiert.«[26]

- »Täglich sterben, je nach Schätzung, zwischen 70 und 200 größtenteils unerforschte Pflanzen- und Tierarten aus. Die Hauptgründe für das Artensterben bestehen fort oder haben sich sogar verschärft.«[27]

- »Drohende Überbevölkerung: Im Jahr 2050 werden wir laut Prognosen der Vereinten Nationen 9,8 Milliarden / Im Jahr 2100 11,2 Milliarden.«[28]

b) Verbessert sich der globale Ist-Zustand?

1) Vermögensverteilung – Schere zwischen Arm und Reich / Oxfam Deutschland / Nachricht / 22.01.2018:

»Jedes Jahr analysiert Oxfam die Statistiken zur weltweiten Vermögensverteilung. […] Der Bericht illustriert, wie sich die Lücke zwischen Arm und Reich weiter vergrößert und wie Konzerne und Superreiche ihre Gewinne erhöhen, indem sie Löhne drücken und Steuern vermeiden – auf Kosten von Arbeiter/innen und Angestellten sowie des Allgemeinwohls: 82 Prozent des globalen Vermögenswachstums gingen im letzten Jahr an das reichste Prozent der Weltbevölkerung, während das Vermögen der ärmeren Hälfte der Weltbevölkerung stagnierte. Das reichste Prozent besitzt damit weiterhin mehr Vermögen als der gesamte Rest der Weltbevölkerung.

Vorteile auf Kosten des Gemeinwohls

Ein wichtiger Grund für diese extreme soziale Ungleichheit ist die Steuervermeidung von Konzernen und Superreichen: Das reichste Prozent der Bevölkerung drückt sich durch Steuertricks um Steuerzahlungen von etwa 200 Milliarden US-Dollar pro Jahr. Indem sich Konzerne und Superreiche ihrer gesellschaftlichen Verantwortung entziehen, verursachen sie immense Kosten. Entwicklungsländern entgehen durch die Steuervermeidung mindestens 170 Milliarden US-Dollar an Steuereinnahmen pro Jahr – mehr als die gesamte weltweite Entwicklungshilfe (145 Milliarden US-Dollar jährlich). Geld, das dringend gebraucht wird, um Maßnahmen gegen soziale Ungleichheit und Armut zu finanzieren.

»Den Preis der Profite zahlen Milliarden von Menschen weltweit, die zu Löhnen, die nicht zum Leben reichen, schuften müssen und keinen Zugang zum öffentlichen Bildungs- und Gesundheitssystem erhalten.« *Jörn Kalinski, Oxfams Kampagnenleiter*

Deutlich wird die soziale Ungleichheit auch am extremen Lohngefälle: **In nur vier Tagen verdient der Vorstandsvorsitzende von einem der fünf größten Modekonzerne so viel wie eine Näherin in Bangladesch in ihrem ganzen Leben.**«[29]

»Nach Angaben der Weltbank verringerte sich die Zahl der Personen, die in Haushalten mit einem Einkommen von unter 1,90 US-Dollar (Kaufkraft) pro Tag und Kopf leben, zwischen 1981 und 2012 weltweit um mehr als eine Milliarde – sie sank von 1,98 Milliarden auf 897 Millionen Personen (minus 54,7 Prozent). Der Anteil der Menschen, die in extremer Armut leben, an der Gesamtbevölkerung reduzierte sich zwischen 1981 und 2012 von 44,0 auf 12,7 Prozent. Ende 2015 lag der Anteil der Menschen in extremer Armut nach Berechnungen der Weltbank das erste Mal bei weniger als zehn Prozent.

Die Zahl der Personen, die in Haushalten mit einem Einkommen von unter 3,10 US-Dollar (Kaufkraft) pro Tag und Kopf leben, verringerte sich zwischen 1990 und 2012 von 2,9 auf gut 2,1 Milliarden. Aufgrund des weltweiten

Bevölkerungswachstums in diesem Zeitraum hat sich der entsprechende Anteil an der Gesamtbevölkerung nahezu halbiert – er fiel von 66 Prozent 1990 auf 35 Prozent 2012.

Allerdings waren die Entwicklungen in den einzelnen Regionen sehr unterschiedlich. In der Region Ostasien und Pazifik sank die Zahl der Personen, die in Haushalten mit einem Einkommen von unter 1,90 US-Dollar pro Tag und Kopf leben, von 1,14 Milliarden 1981 auf 147 Millionen im Jahr 2012. Allein in China reduzierte sich die Zahl der Menschen in extremer Armut zwischen 1981 und 2011 um 753 Millionen. Der Anteil der Menschen in extremer Armut an der Gesamtbevölkerung sank in der Region Ostasien und Pazifik zwischen 1981 und 2012 von 80,6 auf 7,2 Prozent. In Südasien fiel der Anteil von 58,1 auf 18,8 Prozent, in Lateinamerika und Karibik von 19,7 auf 5,6 Prozent. Im subsaharischen Afrika lebten 2012 mehr Menschen in extremer Armut als 1990 (389 gegenüber 288 Mio.). Aufgrund des hohen Bevölkerungswachstums in dieser Region reduzierte sich der Anteil der Menschen in extremer Armut an der Gesamtbevölkerung jedoch von 56,8 Prozent 1990 auf 42,7 Prozent 2012.

Von den weltweit 897 Millionen Menschen in extremer Armut im Jahr 2012 lebten gut zwei Fünftel im subsaharischen Afrika (43,4 Prozent). Ein Drittel lebte in Südasien (34,4 Prozent) und ein Sechstel in der Region Ostasien und Pazifik (16,4 Prozent). Die Anteile der Regionen Lateinamerika und Karibik sowie Europa und Zentralasien lagen bei lediglich 3,8 bzw. 1,1 Prozent.«[30]

2) Hunger – Kleine Fortschritte wurden gemacht, diese reichen aber nicht aus

»**815 Millionen Menschen** auf der Welt haben nicht genug zu essen. Die Zahl der Hungernden ist seit 1990 um 216 Millionen zurückgegangen, doch 2017 wieder erstmals angestiegen. Das Nachhaltigkeitsziel der Vereinten Nationen, den weltweiten Hunger bis zum Jahr 2030 zu beenden, kann jedoch nur mit größten internationalen Anstrengungen erreicht werden.

Vor allem Krisen und Konflikte, Naturkatastrophen und die Folgen des Klimawandels stellen große Herausforderungen im Kampf gegen den Hunger dar. (Quelle: State of Food Insecurity in the World, FAO 2015)«[31]

3) Wasser – globale Wassernot in weniger als 20 Jahren

»Der vierte Umweltbericht der Vereinten Nationen entwirft ein düsteres Szenario: Im Jahr 2025 könnten bereits mehr als 1,8 Milliarden Menschen in Gegenden mit großer Wasserknappheit leben. […]

Die Erkenntnisse der Wissenschaftler zum Thema Wasser entsprechen den Untersuchungsergebnissen des Weltklimarates, wonach weltweit bis zu 40 Prozent aller Menschen von Veränderungen in der Eis- und Schneespeicherung, Verschiebungen beziehungsweise Verknappungen im Wasserkreislauf sowie durch Trockenheit betroffen sind. Laut GEO-4 könnten im Jahr 2050 bereits mehr als 5,1 Milliarden Menschen in Gegenden mit großer Wasserknappheit leben. […]

Die Ergebnisse des Berichts belegten ›eindringlich die Notwendigkeit, dass effektive multilaterale Institutionen geschaffen werden müssen, die in der Lage sind, diese großen Probleme zielstrebig und umfassend anzugehen‹, sagte Müller. Die Bundesregierung trete mit mehr als 50 Staaten weltweit dafür ein, die UNEP zu einer »schlagkräftigen« UN-Umweltorganisation zu machen. Bei Fragen des Klimaschutzes, der Knappheit von Rohstoffen und beim Natur- und Artenschutz müssten dringend Fortschritte erzielt werden.«[32]

4) Wohnen – Die Lage verschlechtert sich

»Laut UN-Programm Habitat verfügen 1,1 Mrd. Menschen in städtischen Gebieten über keine angemessene Unterkunft; die Zahl der Betroffenen dürfte bis 2025 auf 1,6 Mrd. steigen. Mindestens 100 Mio. Menschen sind praktisch obdachlos. In Europa sind jedes Jahr vier Millionen vorübergehend von Obdachlosigkeit betroffen, in den SA 3,5 Millionen.«[33]

5) Arbeitsverhältnisse – weltweit leben 40 Millionen Menschen in moderner Sklaverei

»Neue Forschungsergebnisse der Internationalen Arbeitsorganisation (ILO); der Walk Free Stiftung und der Internationalen Organisation für Migration (IOM) haben das wahre Ausmaß von moderner Sklaverei weltweit aufgezeigt.

Die neuen Daten wurden zur Generalversammlung der Vereinten Nationen in New York präsentiert. Demnach waren im Jahr 2016 mehr als 40 Millionen Menschen Opfer von modernen Formen der Sklaverei.

Die ILO hat zudem Schätzungen zur Kinderarbeit veröffentlicht, die bestätigen, dass 152 Millionen Kinder im Alter zwischen fünf und siebzehn Jahren Kinderarbeit leisten.

Die Zahlen zeigen, dass Frauen und Mädchen mit 29 Millionen oder 71 Prozent überproportional häufig von moderner Sklaverei betroffen sind. Frauen sind zudem zu 99 Prozent Opfer von Zwangsarbeit in der kommerziellen Sexindustrie. 84 Prozent erleiden Zwangsheiraten.

Die Forschungen belegen, dass unter den 40 Millionen Opfern der modernen Sklaverei, 25 Millionen in Zwangsarbeit leben. 15 Millionen wurden zwangsverheiratet.

Kinderarbeit konzentriert sich hauptsächlich in der Landwirtschaft (70,9 Prozent). Fast eines von fünf Kinderarbeitern arbeitet für Dienstleister (17,1 Prozent) und 11,9 Prozent sind in der Industrie zu finden.

ILO-Generaldirektor Guy Ryder sagte zur Veröffentlichung der Studien: »Die Botschaft, die die ILO heute zusammen mit ihren Partnern – der Alliance 8.7 – verkündet ist eindeutig: Wenn wir unsere Bemühungen im Kampf gegen diese Geißel der Menschheit nicht grundlegend verstärken, wird die Weltgemeinschaft nicht in der Lage sein, die nachhaltigen Entwicklungsziele zu erreichen. Die globalen Schätzungen tragen dazu bei, neue Lösungsvorschläge auf den Weg zu bringen, damit Zwangsarbeit und Menschenhandel der Vergangenheit angehören.«

Andrew Forrest, Vorsitzender und Gründer der Walk Free Stiftung kommentierte: »Die Tatsache, dass sich immer noch 40 Millionen Menschen jeden Tag in moderner Sklaverei befinden, sollte uns die Schamesröte ins Gesicht treiben. Moderne Sklaverei betrifft Kinder, Frauen und Männer weltweit. Dies dokumentiert die tiefgreifende Diskriminierung und Ungleichheit in der Welt, gepaart mit einer schockierenden Toleranz für Ausbeutung. Wir müssen das stoppen. Wir alle können dazu beitragen diese Realität zu ändern – in der Geschäftswelt, Regierung, Zivilgesellschaft und als Einzelner.« […]

Moderne Sklaverei:

Geschätzt sind 40 Millionen Menschen in moderner Sklaverei gefangen. Frauen und Mädchen sind überproportional betroffen, mit fast 29 Millionen oder 71 Prozent. Eines von vier Opfern der modernen Sklaverei ist ein Kind, insgesamt sind geschätzte 10 Millionen Kinder betroffen. 37 Prozent von den zur Heirat gezwungenen, sind Kinder.

Zwangsarbeit:

2016 befanden sich geschätzte 25 Millionen Menschen in Zwangsarbeit. Von diesen finden sich 16 Millionen Menschen in ausbeuterischer Zwangsarbeit im Privatsektor, beispielsweise als Hausangestellte, auf dem Bau oder in der Landwirtschaft. Geschätzte fünf Millionen Menschen arbeiten in Zwangsverhältnissen der sexuellen Ausbeutung. Mehr als vier Millionen Menschen, oder 16 Prozent, befinden sich in Zwangsarbeitsverhältnissen, die ihnen von staatlichen Strukturen aufgenötigt werden.

Zwangsheirat:

2016 lebten geschätzte 15,4 Millionen Menschen in einer Zwangsheirat. Von diesen fallen 6,5 Millionen Fälle in die letzten fünf Jahre (2012-1016), die verbleibenden Menschen wurden vor dieser Zeit zwangsverheiratet und sind es bis heute. Mehr als ein Drittel aller Opfer von Zwangsheiraten sind Kinder und fast alle Opfer sind Mädchen.

Kinderarbeit:

152 Millionen – 64 Millionen Mädchen und 88 Millionen Jungen – unterliegen der Kinderarbeit. Das entspricht fast eines von zehn Kindern weltweit. Die höchste Zahl von Kinderarbeitern zwischen fünf und 17 Jahren findet sich in Afrika (72,1 Millionen Kinder), gefolgt von Asien und dem Pazifik (62 Millionen Kinder), dem amerikanischen Kontinent (10,7 Millionen Kinder), Europa und Zentralasien (5,5 Millionen Kinder) und den arabischen Staaten (1,2 Millionen Kinder). Geschätzt ein Drittel der Kinder im Alter zwischen fünf und 14 Jahren, die Kinderarbeit verrichten, gehen nicht zur Schule. 38 Prozent der Kinder in diesem Alter befinden sich in gefährlicher Arbeit und fast zwei Drittel von ihnen im Alter von 15-17 Jahre arbeiten mehr als 43 Stunden in der Woche.«[34]

6) Schulbildung – von Chancengerechtigkeit weit entfernt

»Laut Weltbildungsbericht erhalten 264 Millionen Kinder zwischen sechs und 17 Jahren weltweit überhaupt keine Schulbildung. Auch die Abschlussraten derjenigen, die eine Schule besuchen, bleiben demnach gering. Im Grundschulbereich beendeten 83 Prozent der Schüler im Zeitraum 2010 bis 2015 ihre Schule, im unteren Sekundarschulbereich waren es laut UNESCO nur 69 Prozent.

Am schlechtesten steht es dem Bericht unter dem Titel ›Verantwortung für Bildung‹ zufolge um die höhere Schulbildung: Nur 45 Prozent der 15- bis 17-Jährigen schließen demzufolge ihre obere Sekundarschulbildung ab. Insgesamt habe der Anteil derjenigen, die nicht zur Schule gehen, nach einem Rückgang Anfang der 2000er-Jahre zuletzt stagniert, schreiben die Autoren.«[35]

7) Krankheiten – weltweit steigt die Lebenserwartung, aber:

»Die weltweite Lebenserwartung ist seit dem Jahr 2000 um fünf Jahre auf 71,4 Jahre gestiegen (Frauen: 73,8 Jahre, Männer: 69,1 Jahre). Wenngleich Afrika bei der Lebenserwartung aufgeholt hat, bleiben erhebliche regionale Unterschiede bestehen: Während eine europäische Frau im Durchschnitt 81 Jahre alt wird (Mann: 75), stirbt eine afrikanische Frau durchschnittlich mit nur 63 Jahren (Mann: 59 Jahre). Das geht aus den World Health Statistics 2016 der Weltgesundheitsorganisation (WHO) hervor.

In Afrika nur zwei Ärzte pro 10.000 Einwohner

»Die gestiegene Lebenserwartung zeigt, dass sich Investitionen in die Gesundheitsversorgung und in medizinische Forschung und Entwicklung auszahlen‹, sagt Renate Bähr, Geschäftsführerin der Stiftung Weltbevölkerung. ›Doch Afrika hinkt bei der Gesundheits-versorgung und der Lebenserwartung weiter hinterher. Obwohl der Kontinent am stärksten durch vermeidbare Krankheiten wie Aids und Malaria betroffen ist, gibt es beispielsweise nur zwei Ärzte pro 10.000 Einwohner! In Europa sind es 16-mal so viele.«

Der WHO-Bericht zeigt eine Vielzahl an Mängeln bezüglich der Gesundheitsversorgung in Entwicklungsländern auf. Besondere Herausforderungen bestehen in den Bereichen Mütter- und Kindergesundheit, vernachlässigte Armutskrankheiten sowie bei Infektions-krankheiten wie Aids, Malaria und Tuberkulose. »Es wird höchste Zeit, dass auch die Menschen in Entwicklungsländern ihr Recht auf Gesundheit wahrnehmen können. Dazu müssen die Gesundheitssysteme verbessert werden - unter anderem durch qualifiziertes Gesundheitspersonal und durch bezahlbare Gesundheitsdienste.«« [36]

8) Flucht – Noch nie waren so viele Menschen auf der Flucht:

»Die Zahl der Menschen, die vor Krieg, Konflikten und Verfolgung fliehen, war noch nie so hoch wie heute. Ende 2017 waren 68,5 Millionen Menschen weltweit auf der Flucht. Im Vergleich dazu waren es ein Jahr zuvor 65,6 Millionen Menschen, vor zehn Jahren 37,5 Millionen Menschen. Im vergangenen Jahr hat sich der Anstieg von Flucht und Vertreibung demnach verlangsamt. In jedem der letzten fünf Jahre stieg die globale Gesamtzahl jeweils in Millionenhöhe.« [37]

9) Kriege – Konfliktbarometer 2017 / Mehr Kriege, aber weniger Konflikte:

»Es gibt zwei Kriege mehr auf der Welt, aber weniger Konflikte. Das ist ein zentrales Ergebnis des Heidelberger Konfliktbarometers. So sei die Zahl der Kriege weltweit von 18 im Jahr 2016 auf 20 im vergangenen Jahr gestiegen. Zugleich hätten sich die Konflikte von 402 auf 385 verringert, teilte das Heidelberger Institut für Internationale Konfliktforschung (HIIK) mit, dass dieses Barometer seit mehr als 25 Jahren veröffentlicht. Mehr als die Hälfte der Konflikte werde allerdings gewaltsam ausgetragen.

Zum Vergleich: Für das Jahr 2013 hatte das Institut einen Höchststand gemeldet und die Zahl der Kriege auf 20 und die der Konflikte auf 414 beziffert. Im Jahr 1998 nannten die Forscher neun Kriege und mit 119 vergleichsweise wenige Konflikte.« [38]

10) Demokratie – In immer mehr Staaten findet diese Staatsform statt

»Die Idee der demokratischen Staatsform hat sich weltweit verbreitet und die Zahl der Staaten, die demokratisch regiert werden, erhöhte sich in den letzten Jahrzehnten insgesamt deutlich. Im Jahr 2016 gab es nach Angaben der Nicht-Regierungsorganisation Freedom House 123 Demokratien. Das entsprach rund 63 Prozent aller Staaten weltweit. Die Demokratie ist die dominierende Staatsform in West- und Zentraleuropa (2016: 40 von 42 Staaten), in Nord- und Südamerika (30 von 35 Staaten) sowie in der Region Asien-Pazifik (27 von 39 Staaten).

Im subsaharischen Afrika waren lediglich 21 von 49 Staaten demokratisch und von den zwölf Staaten Eurasiens waren im Jahr 2016 lediglich drei Demokratien. Am geringsten ist der Anteil jedoch in der Region Mittlerer Osten und Nordafrika, wo im selben Jahr lediglich zwei der 18 Staaten demokratisch waren.

Verbreitung demokratischer Staaten

In absoluten Zahlen und Anteil an allen Staaten in Prozent, 1989 bis 2016:

Demokratische Staaten		
	Anzahl	Anteil an allen Staaten, in Prozent
2016	123	63
2015	125	64
2014	125	64
2013	122	63
2012	118	61
2011	117	60
2010	115	59
2009	116	60
2008	119	62
2007	121	63
2006	123	64
2005	123	64
2004	119	62
2003	117	61
2002	121	63
2001	121	63

2000	120	63
1999	120	63
1998	117	61
1997	117	61
1996	118	62
1995	115	60
1994	113	59
1993	108	57
1992	99	53
1991	89	49
1990	76	46
1989	69	41

Quelle: Freedom House: www.freedomhouse.org«[39]

»Wachsende Verunsicherung in vielen etablierten Demokratien angesichts wirtschaftlicher Probleme und blutiger Konflikte vor Europas Haustür; eine russische Führung, die immer selbstbewusster ihr autoritäres Gegenmodell zur westlich-liberalen Demokratie propagiert; und ein Naher Osten, der wieder stärker Richtung Konflikt und Diktatur kippt. Das ist das politische Umfeld des jüngsten »Democracy Rankings«, das jährlich von Wissenschaftlern rund um Christa Pölzlbauer, David Campbell und Sándor Hasenöhrl erstellt wird.

Die wichtigsten Erkenntnisse der Studie, die der »Presse« vor der offiziellen Veröffentlichung bereits vorliegt: Nach kurzem Aufblühen sind die Knospen des Arabischen Frühlings weitgehend verwelkt – mit der rühmlichen Ausnahme Tunesien. In Staaten wie der Türkei und Russland hat sich ein autoritäres System nachhaltig festgesetzt. Und auch in EU-Ländern oder den USA ist eine positive Demokratieentwicklung keineswegs selbstverständlich. Dafür gibt es etwa in

Teilen Afrikas einen Trend zu mehr Demokratie – wenn auch von einem niedrigen Niveau aus.

In die Wertung des »Democracy Rankings« fließen mehrere Faktoren ein: Die Daten der Organisation Freedom House zu Bürgerrechten, Pressefreiheit, politischen Rechten und Korruptionsempfinden werden mit Wirtschaftsentwicklung, Wissen, Gesundheit, Geschlechtergleichstellung und Umweltschutz kombiniert. Um festzustellen, ob sich die Lage in den jeweiligen Ländern verbessert oder verschlechtert hat, wurden die Daten der Doppeljahre 2011/2012 mit 2014/2015 verglichen. Bewertet wurden Staaten, die Freedom House als ›frei‹ und ›teilweise frei‹ eingestuft hat, sowie ausgewählte »unfreie Staaten«.

• **Europäische Staaten.** Ganz oben in der weltweiten Rangliste, der am besten funktionierenden Demokratien stehen wie jedes Jahr die skandinavischen Länder und die Schweiz. Norwegen verteidigt erneut Platz eins. Die Schweiz hat sich um einen Rang auf Platz zwei verbessert. Über Zuwächse können sich auch die baltischen Staaten Estland und Lettland freuen.

In Ungarn setzt sich der negative Trend fort. Das Land verschlechterte sich weiter von Platz 37 auf 42 – wegen gesunkener Werte bei politischen Rechten, bürgerlichen Freiheiten und Pressefreiheit. Auch Teile Südosteuropas würden ›sich wieder eintrüben‹, sagt Campbell, der an der Universität Klagenfurt und der Universität für angewandte Kunst Wien tätig ist und die wissenschaftliche Leitung des Projekts innehat. Problemfälle seien dabei Mazedonien sowie Bosnien und Herzegowina, die sich bei den politischen Kriterien verschlechtert haben.

• **Österreich.** Vor einigen Jahren schaffte es Österreich im »Democracy Ranking« noch auf Platz neun. Mittlerweile reicht es nur noch für Platz 13. »Die Entwicklung in anderen Ländern ist dynamischer. Österreich ist überholt worden«, erklärt Campbell. Im Bereich politische Rechte fuhr Österreich ein leichtes Minus ein. Das liegt laut Campbell auch daran, dass Österreich und alle anderen etablierten Demokratien mittlerweile von Freedom House zunehmend kritischer geprüft werden.

• **USA.** Zwar sind die jüngsten innenpolitischen Turbulenzen noch nicht in der Studie abgebildet, die mit weiter zurückliegenden Daten arbeitet. Trotzdem ist eine Stagnation in der demokratischen Entwicklung zu erkennen. Rückschritte gab es bei politischen Rechten und bürgerlichen Freiheiten.

• **Russland und China.** In beiden Staaten hat die Demokratiequalität weiter abgenommen. Gleichzeitig hat sich in China aber der wirtschaftliche Aufschwung fortgesetzt. Hongkong, das zu China gehört, wurde auch dieses Mal wieder extra gewertet und nimmt mit Rang 29 einen deutlich besseren Platz ein als Gesamtchina (Rang 107). Trotzdem hat sich Hongkong im politischen Bereich verschlechtert – ein Zeichen dafür, dass der politische Druck der chinesischen Zentralregierung auf die Sonderverwaltungszone steigt.

• **Arabische Staaten.** »Vor allem Libyen, Ägypten, der Jemen, Bahrain aber auch der Libanon haben Rückschritte gemacht«, sagt Campbell. In Libyen kämpfen verschiedenste bewaffnete Gruppen um die Macht. In Ägypten zieht das Regime immer weiter die Schrauben an. Positive Ausnahme bleibt aber Tunesien. Es hat sich weiter deutlich verbessert und zählt zu den Topaufsteigern.

• **Positiver Trend in Westafrika.** Die größten Fortschritte wurden von westafrikanischen Staaten gemacht. »Dort gibt es Zuwächse im politischen, wirtschaftlichen und gesellschaftlichen Bereich«, berichtet Campbell. Am meisten konnte sich Côte d'Ivoire (Elfenbeinküste) verbessern – auch wenn das Land insgesamt nach wie vor nur auf Platz 108 liegt. Fortschritte machten auch der Senegal, Togo und Burkina Faso.«[40]

11) Überbevölkerung - Prognose bis 2100

»Doch bis es soweit ist, wächst die Weltbevölkerung erst einmal noch deutlich an: Im Jahr 2055 leben voraussichtlich schon zehn Milliarden Menschen auf der Welt, bis 2100 werden es 11,2 Milliarden sein. Bei einer halbwegs günstigen Entwicklung der Geburtenrate. Bleibt diese jedoch bei den heutigen 2,5 Kindern pro Frau, müssen 16,6 Milliarden Menschen Platz finden.

Rasantes Bevölkerungswachstum

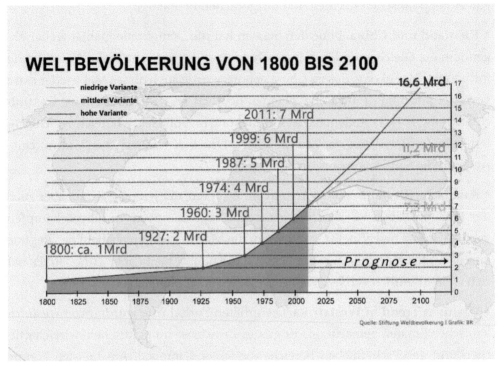

WELTBEVÖLKERUNG VON 1800 BIS 2100

niedrige Variante
mittlere Variante
hohe Variante

16,6 Mrd

2011: 7 Mrd

1999: 6 Mrd

1987: 5 Mrd

11,2 Mrd

1974: 4 Mrd

1960: 3 Mrd

1927: 2 Mrd

1800: ca. 1Mrd

Prognose

1800 1825 1850 1875 1900 1925 1950 1975 2000 2025 2050 2075 2100

Quelle: Stiftung Weltbevölkerung | Grafik: BR

Verlauf der Bevölkerungszahlen seit 1800

Quelle der Grafik: https://www.br.de/themen/wissen/weltbevoelkerung-bevoelkerungswachs-tum-menschen-erde-welt-100.html

Der explosionsartige Anstieg der Weltbevölkerung ist erst ein Phänomen der jüngeren Zeit. Denn vor 8.000 Jahren, zum Ende der letzten Eiszeit, lebten nach Schätzungen des unabhängigen Population Reference Bureaus auf unserem Planeten nur rund fünf Millionen Menschen. Vor 2.000 Jahren waren es rund 300 Millionen. Rasant wurde der Anstieg aber erst ab Mitte des 18. Jahrhunderts, nachdem die erste Milliarde erreicht war. Zwei Milliarden waren es erst 1927, drei erst 1960 – nach 33 Jahren. Bis zur vierten Milliarden vergingen dann nur noch 14 Jahre (1974). 1987, nur 13 weitere Jahre später, wurde die fünfte, 1999 die sechste Milliardengrenze überschritten. Am 31. Oktober 2011 wurde der siebenmilliardste Mensch geboren, nach nur zwölf weiteren Jahren.

Geburtenrate in Entwicklungsländern deutlich höher

In vielen Ländern ist schon heute die Geburtenrate weitaus niedriger: Eine europäische Frau bekommt im Durchschnitt nur 1,6 Kinder in ihrem Leben, in Deutschland stieg die Geburtenrate 2015 auf 1,5. In den ärmsten Regionen der Welt, etwa in den südlich der Sahara gelegenen Ländern Afrikas, bekommen Frauen im Schnitt fünf Kinder. Nicht nur, weil Kinderreichtum vermeintlich eine Absicherung fürs Alter darstellen könnte, sondern auch, weil Frauen sehr jung zur Ehefrau und Mutter werden.

Junge Mütter

- Jedes dritte Mädchen in einem Entwicklungsland ist im Alter von 18 Jahren schon verheiratet.

- Jedes fünfte Mädchen in einem Entwicklungsland ist im Alter von 18 Jahren bereits Mutter.

- Jeden Tag bekommen 20.000 Mädchen unter 18 ein Kind.

- Zudem kann jede vierte Frau in einem Entwicklungsland nicht verhüten, obwohl sie will, warnt die Deutsche Stiftung Weltbevölkerung (DSW). Unterdrückung, fehlende Verhütungsmittel oder mangelndes Wissen seien die Ursache für etwa 74 Millionen ungewollte Schwangerschaften pro Jahr.

Jahr 2100: Zehn Milliarden Menschen in den Entwicklungsländern

Dennoch sinkt auch in Afrika die Geburtenrate, aber viel zögerlicher als bei uns: 1960 lag die Geburtenrate in den Sub-Sahara-Staaten noch bei 6,6 Kindern pro Frau, heute sind es ›nur‹ noch fünf – so viele, wie bei uns Ende des 19. Jahrhunderts. Das führt dazu, dass sich die dortige Bevölkerung bis zum Jahr 2050 von heute rund einer Milliarden Menschen auf voraussichtlich 2,2 Milliarden Menschen mehr als verdoppeln wird – mit einem hohen Anteil junger Menschen.

Das bedeutet: Vor allem in den Entwicklungsländern wird die Bevölkerung weiter wachsen. Von den 11,2 Milliarden Menschen, die die Vereinten Nationen für das Jahr 2100 annehmen, werden fast zehn Milliarden in Entwicklungsländern leben.«[41]

c) Ursachen für den globalen Ist-Zustand

1) Vermögensverteilung – Schere zwischen Arm und Reich vergrößert sich systematisch

Die Ursachen sind vielfältig, wesentlich ist aber, dass das globale System einer kleinen Elite in die Hände spielt und so z.B. alle zwei Tage im Jahr 2017 einen neuen Milliardär hervorbrachte und somit sich die finanziellen Mittel immer mehr bei wenigen Begünstigten konzentrieren.

Gründe, warum die Schere zwischen Arm und Reich nicht kleiner wird:

a) Globales Steuersystem begünstigt Milliardäre und Millionäre: Steuerflucht, Steueroasen, Steuervermeidung, keine relevante Erbschaftssteuer, keine Reichensteuer, um den Reichtum zu begrenzen etc.

b) Großteil der Bevölkerung kann keinen Reichtum anhäufen: Die meisten Menschen können kaum die monatlichen Ausgaben decken. Mehr als 1 Milliarde Menschen müssen am Tag mit weniger als einem Dollar haushalten. Weitere 2,7 Milliarden leben mit weniger als zwei Dollar am Tag. Solange man global keine vernünftigen Stundenlöhne zahlt, wird sich an den Reichtumsverhältnissen bestimmt nichts ändern.

c) Normalbürger profitieren nicht vom Geldsystem: Die erste Million ist schwer, ab dann geht es leichter. Das Zinseszins-System, Aktien, Immobilien etc. arbeiten erst für das Individuum ab 500.00 Euro Privatvermögen.

Beispiel: 1 Million € Privatvermögen / 5% Rendite durch verschiedene Anlagen

Profit pro Jahr: 50.000 Euro minus 25% Kapitalertragssteuern (12.500 €)

Ertrag: 37.500 € dividiert durch 12 Monate = 3.125 Euro pro Monat zu leben, ohne dass das Vermögen schrumpft.

Legt man sein Geld etwas risikofreudiger an, ist eine Rendite pro Jahr von 10 % nicht unrealistisch, wodurch man 6.250 Euro im Monat zur Verfügung hat.

Hat jemand 10 Millionen Euro Privatvermögen und eine jährliche Rendite zwischen 5 und 10 % erhält man im Monat zwischen 31.250 und 62.500 Euro, ohne dass das Vermögen schrumpft.

»Zusammengenommen gibt es weltweit ca. 30 Millionen Menschen, die über ein Vermögen von mehr als 1 Million US-Dollar verfügen.«[41a]

Im Jahr 2018 leben in etwa 7,6 Milliarden Menschen auf der Welt, was umgerechnet bedeutet, dass vom aktuellen Geldsystem, ohne in einem Hamsterrad auf immer gefangen zu sein, in etwa nur 0,4 % der gesamten Weltbevölkerung profitieren, was logischerweise bedeutet, dass 99,6 % der weltweiten Bevölkerung dieses System am Leben halten.

Der Zins – ein Fehler im Geldsystem?

»Um die Unzulänglichkeiten des herrschenden Geldsystems durchschauen zu können, muss man verstehen, dass es einen essentiellen Konstruktionsfehler enthält. Ersorgt dafür, dass die Rückzahlung von Schulden im Gesamtsystem – schon rein technisch-mathematisch – gar nicht funktionieren kann! Genauer gesagt stimmt etwas bei der Kreditvergabe (das beginnt bereits bei der Kreditaufnahme der Geschäftsbanken bei der Zentralbank) nicht.

Der Zins wird nicht mitgeschaffen!

Am einfachsten kann dies anhand des Beispiels eines einzigen Kunden und einer einzigen Bank beschrieben werden. Leiht sich Kunde A von der Bank B beispielsweise 1000 Euro, muss er bei 5 % Zinsen am Ende 1050 Euro zurückzahlen. Hierin liegt allerdings die Crux, denn woher nimmt Kunde A die fehlenden 50 Euro? Er muss sie sich – existierten wirklich nur diese beiden Teilnehmer – erneut bei der Bank leihen! Gehen wir aber noch einen Schritt weiter. Das Geldmengenwachstum durch Zins ist zunächst stetig und linear, wenn sich der Zins im Folgejahr nicht wieder mit verzinst:

Der Zinseffekt

[…] Wenn man 100 Euro eingelegt hat und den Zins immer wieder abhebt, dann hat man nach einer Periode 105 Euro, nach 2 Perioden 105 Euro (+ 5 Euro die man abgehoben hat), 105 Euro (+ 10 Euro die man abgehoben hat) nach 3 Perioden usw. […]

Der Zinseszins-Effekt

Der Zins hat aber eine ganz besondere Eigenschaft. Er akkumuliert sich über den Zinseszins-Mechanismus immer schneller zu enormen Summen. Das Grundprinzip ist schnell erklärt. Es beschreibt die Verzinsung einer bereits durch Zins gewachsenen Geldgröße. Nehmen wir erneut das Beispiel eines Kredits der nicht getilgt wird – und zwar auch nicht der Zins! In diesem Fall schuldet man der Bank wie im ersten Beispiel nach einer Periode 105 Euro. In der zweiten Periode werden jetzt jedoch 5 % Zinsen auf den neuen Schuldenstand kalkuliert, also 5 % von 105 Euro = 5,25 Euro. Es sind also nicht nur 5 % auf das geliehene Geld dazu gekommen, sondern auch 5 % auf die Zinsen. Das macht für die zweite Periode 110,25. Für die dritte Periode 115,7625, usw. […]

Der Zinseszins in Zahlen

Starte am besten damit, in der Zinseszinstabelle den Zinssatz zu variieren. Du wirst schnell bemerken, dass sogar die zweite Stelle nach dem Komma noch eine immens wichtige Rolle spielt! Zu Beginn scheint es sich tatsächlich nur um sehr kleine Beträge zu handeln, die sich erneut verzinst haben. Im Zeitverlauf wird die Differenz zu einem linear verlaufenden Graphen aber immer deutlicher: So steigt der Zins nach 10 Perioden bereits auf 62,8895 Euro und nach 20 Perioden auf 265,3298 Euro. Du hättest also insgesamt einen Zusatzgewinn von mehr als dem doppelten deines ursprünglichen Einsatzes generiert. Nimmst du nun 1 Million Euro als zu verzinsende Summe an, dann hätte sich der Schulden- oder Guthabenszins nach 10 Perioden auf bereits 620 886 Euro akkumuliert.

Der Zinseszins-Mechanismus bedeutet einfach ausgedrückt, dass sich ein Betrag in bestimmten zeitlichen Perioden verdoppelt. Am Ende ist der absolute Anstieg so stark, dass er den ursprünglichen Nominalbetrag übersteigt.

Kombiniert man nun das normale Wachstum einer Volkswirtschaft und das exponentielle Wachstum der Guthaben und Schulden, dann lässt sich leicht erkennen, dass ein Land seine Zinsschulden nur bis zu einem bestimmten Punkt ohne größere Verluste begleichen kann.

Das bedeutet im selben Atemzug, dass das Wirtschaftswachstum (das eben nicht exponentiell verläuft) auf lange Sicht nicht mit dem exponentiellen Wachstum der Schulden und Kredite mithalten kann.

Vergleich: Zins und Zinseszins-Effekt

In diesem Zusammenhang wird auch die Bedeutung des Zinses im Hinblick auf die Vermögensverteilung innerhalb einer Volkswirtschaft deutlich. Während der Zins nämlich des einen finanzieller Fluch, ist er des anderen finanzieller Segen. Wer ihn zu seinem Vorteil nutzt und damit seinen Vermögensaufbau betreibt, steht auf der finanziellen Sonnenseite des Lebens. Wer sich jedoch verschuldet, kann schnell in die Schuldenfalle gesogen werden. Das exponentielle Wachstum der Vermögen auf der einen Seite muss also auf der Gegenseite exponentiell wachsende Schulden (und damit auch die Zinslasten) hervortreiben. Diese müssen immer zusätzlich – von uns als Hamstern – erarbeitet werden.

Es wird also deutlich, dass in der Akkumulation des Zinses zum Zinseszins die Hauptursache, der sich beschleunigenden, auseinanderklaffenden Schere zwischen Arm und Reich liegt! […]

Versteckte Zinsen in Produkten und Dienstleistungen

Interessant sind in diesem Zusammenhang auf auch die eingepreisten Zinsabgaben in Produkten und Dienstleistungen. Diejenigen die sich über Ihre Zinserträge (auf dem Sparbuch, Tagesgeldkonto, Aktien etc.) freuen, übersehen die in den Preisen versteckten Zinsabgaben völlig. Diese Abgaben liegen aber im Durchschnitt bei 35 Prozent!

Das wusstest du bestimmt nicht!

Etwa ein Drittel des Produktpreises besteht also aus diesen sogenannten Kapitalansprüchen! Das heißt, dass jeder dritte Euro den du beim Einkaufen ausgibst, direkt oder indirekt in Zinsen fließt! Damit gehört die Mehrheit der Menschen ganz eindeutig zu den Verlierern des Systems! Sogar jene, die vermeintlich glauben zu den Gewinnern zu gehören!

Erst ab einem Anlagevermögen von ca. 500.000 Euro beginnt sich das Blatt zu wenden. Dann übersteigen die jährlichen Zinseinnahmen langsam die direkten als auch indirekten (versteckten) Zinsausgaben! Zu diesen Glücklichen zählt jedoch weniger als 1 Prozent der Bevölkerung. Der große Rest muss diese Zinsabgaben, direkt oder indirekt, ebenso leisten – ohne Zinseinnahmen auf der anderen Seite. Jährlich findet so allein in Deutschland eine zinsbedingte Umverteilung von ›Arm auf Reich‹ von mehr als 400 Milliarden Euro statt. Leider gibt es hierzu keine globalen Zahlen.

Zinsen und Staatsschulden

Interessant ist auch der Zusammenhang von Zinsen und Staatsschulden. Denn was du immer bedenken solltest ist, dass der Staat du bist! Je höher also die Staatsschulden, umso mehr ist jeder einzelne direkt bzw. indirekt verschuldet.

Da es für Regierungen keinen Sinn macht Schulden zurückzuzahlen, werden froh und fröhlich immer weiter neue Schulden aufgenommen. Somit fließen auch immer mehr Steuereinnahmen in die Bedienung dieser Staatsschulden. An dieser Stelle aber aufgepasst! Es geht um die Bedienung, nicht um die Tilgung! Einen Kredit bedienen bedeutet lediglich den Zins regelmäßig zu bezahlen. Das ist im Wesentlichen das, worauf die Bank wert legt. Schließlich ist der Tilgungsbetrag in der Regel durch Sicherheiten abgedeckt und somit abgesichert.

Für Staaten heißt das, dass schon lange nichts mehr getilgt wird! Jeder zehnte bis jeder fünfte Euro an Steuereinnahmen wird hierzulande für Zinsen der Schulden des Staates (das sind wir *Hamster*) ausgegeben. Diese Entwicklung ist schlicht unaufhaltbar. Würde man nämlich aufhören die Zinsen zu bedienen käme es zum Staatsbankrott.

Fazit

Zins und Zinseszins sind Mechanismen, die unmittelbar aneinander gekoppelt sind. Sie führen zum einen zu großen finanziellem Wohlstand und zwingen auf der anderen Seite Menschen in die Schuldenfalle. Dies sind Aspekte, die kaum jemand weiß und noch weniger Menschen wahrhaben wollen!«[42]

Lösungsvorschlag: Natürlich sollen reiche Menschen weiterhin die Möglichkeit haben, ihr Geld gewinnbringend zu investieren und somit ihr Vermögen zu mehren, solange entsprechende Abgaben an das Gemeinwohl stattfinden. Nähere Details S. …, Hebel 5 / Regulierung des globalen Steuersystems.

d) Nike hat Millionen von Kunden, der einzelne Mitarbeiter aber nicht: Demjenigen, dem die Firma Nike gehört bzw. wesentliche Aktienanteile daran hält, profitiert von jedem Kunden, der bei Nike einkauft. Der einzelne Mitarbeiter, der z.B. die Schuhe herstellt, vermarktet oder verkauft, bekommt ein möglichst geringes Gehalt und profitiert mit null Euro bei jedem verkauften Schuh.

Um hier langfristig die Schere zwischen Arm und Reich zu schließen, wären erstens anständige Gehälter nötig und langfristig wäre es angebracht, Mitarbeiter, die viele Jahre im Unternehmen sind, jährlich mit Aktienanteilen des Unternehmens zusätzlich zu bezahlen.

Abschließend: Man könnte hier noch eine Vielzahl an Beispielen anführen. Wesentlich ist, dass es systemisch vorprogrammiert ist, dass es eine kleine globale

Elite von reichen Menschen gibt und die meisten Menschen von diesem System nie profitieren werden.

2) Hunger – Es gibt in der Welt viele Gründe für Hunger und häufig hängen sie eng miteinander zusammen.

»- **Armut:** Wenn Menschen in Armut leben, können sie sich oft kein nahrhaftes Essen für ihre Familien leisten. Darum sind sie häufig körperlich schwächer und weniger gut in der Lage, ausreichend Geld zu verdienen, um wiederum Armut und Hunger zu entfliehen. Wenn Kinder chronisch mangelernährt sind, kann das ihr zukünftiges Einkommen beeinflussen und sie zu einem Leben in Armut und Hunger verdammen. In Entwicklungsländern fehlt Kleinbauern häufig das Geld für Saatgut, sodass sie die Nahrungsmittel, die ihre Familie ernähren würden, nicht anbauen können. Auch haben sie nicht immer ausreichend Werkzeuge und Dünger, die sie zum Anbau brauchen. Andere haben kein Land, Wasser oder Bildung. Kurzum: Viele arme Menschen hungern und ihr Hunger hält sie in der Armutsfalle gefangen.

- **Klima und Wetter:** Naturkatastrophen wie Überschwemmungen, Tropenstürme und lange Dürreperioden nehmen immer mehr zu – mit verheerenden Folgen für die arme und hungernde Bevölkerung in Entwicklungsländern. So führten wiederkehrende Dürren 2011 zu Missernten in Teilen von Äthiopien, Somalia und Kenia und 2012 in der Sahelregion in Westafrika. Viele Bauern verloren ihre Herden, Millionen waren von Hunger bedroht. In vielen Ländern verschlimmert der Klimawandel die ohnehin bereits ungünstigen klimatischen Verhältnisse. Immer mehr fruchtbares Ackerland ist durch Erosion, Versalzung und Wüstenbildung bedroht. Waldrodungen von Menschenhand beschleunigen den Verlust von Ackerflächen, die für den Anbau von Nahrungsmitteln genutzt werden könnten.

- **Krieg und Verreibung:** Auf der ganzen Welt beeinträchtigen gewaltsame Konflikte dauerhaft die Landwirtschaft und die Nahrungsmittelproduktion, da Handelswege gestört werden und es für Bauern ist oft zu gefährlich ist, ihre Felder zu bestellen. Kämpfe zwingen darüber hinaus Millionen von Menschen, ihre Heimat zu verlassen, was zu Hungerkrisen führt, weil die nicht die Möglichkeit haben, sich selbst zu ernähren. Der Konflikt in und um Syrien ist ein aktuelles Beispiel.

- Instabile Märkte: In den vergangenen Jahren waren die Nahrungsmittelpreise überaus instabil. Schwankende Preise machen es für die ärmsten Teile der Bevölkerung sehr schwer, dauerhaft Zugang zu nahrhaftem Essen zu haben. Preisspitzen können dazu führen, dass eine ausgewogene Ernährung zeitweise unbezahlbar ist, wodurch vor allem kleine Kinder davontragen. Wenn die Preise steigen, kaufen Verbraucher häufig günstigere aber auch weniger nahrhafte Nahrungsmittel, was das Risiko von Mikronährstoffmangel und anderen Formen von Mangelernährung erhöht.

- Fehlende Investitionen in die Landwirtschaft: In zu vielen Entwicklungsländern ist die landwirtschaftliche Infrastruktur wie Straßen, Lagerhäuser und Bewässerungssysteme nur unzureichend. Die Folge sind hohe Transportkosten, unzuverlässige Wasserversorgung und fehlende Lagermöglichkeiten für die Ernten. Dadurch werden die Erträge knapper und der Zugang zu Nahrungsmitteln schlechter. Investitionen in bessere Bodenbewirtschaftung, effizienteren Umgang mit Wasser und resistenteres Saatgut können eine große Wirkung erzielen: Untersuchungen der UN-Welternährungsorganisation FAO zeigen, dass Investitionen in die Landwirtschaft für die Reduzierung von Armut und Hunger fünfmal effizienter sind als Maßnahmen in jedem anderen Sektor.

- Nahrungsmittelverschwendung: Ein Drittel aller weltweit produzierten Nahrungsmittel (1,3 Milliarden Tonnen) wird nicht verzehrt. Diese Verschwendung ist eine vertane Chance, die Ernährungssicherheit in einer Welt zu verbessern, in der jeder Neunte hungert. Um diese Nahrungsmittel zu produzieren, werden kostbare natürliche Ressourcen verbraucht: Jedes Jahr schlucken Nahrungsmittel, die produziert aber nicht gegessen werden, so viel Wasser, wie jährlich den russischen Fluss Wolga herunterfließt. Darüber hinaus werden durch die Produktion 3,3 Milliarden Tonnen Treibhausgase in die Atmosphäre ausgestoßen – mit verheerenden Folgen für das Klima und somit letzten Endes auch die Nahrungsmittelproduktion.«[43]

3) Wasser – Die Süßwasserressourcen reichen bei anhaltender Nutzung nicht aus.

»**- Übernutzung der Wasserressourcen:** Wasser füllt Ozeane, Seen, Flüsse aber auch Swimmingpools, Bewässerungsanlagen für Golfplätze; Wasser wird für die Bewässerung von Erdbeeren in Südspanien verwendet. Die Übernutzung der

Wasserressourcen ist mit Abstand die größte Gefahr für die weltweite Wasserversorgung und die treibende Kraft der globalen Wasserkrise. Ähnlich wie beim Peak-Öl haben wir nach Meinung von Peter Gleick, dem Präsidenten des renommierten Pacific Institute in den USA, die Situation des Peak-Wassers erreicht. Der Natur wird also mehr Wasser entnommen, als sie wieder bereitstellen kann und das natürliche Wiederaufbereitungssystem an seine Grenzen gebracht (mehr dazu in dem kürzlich erschienen Report ›The World's Water‹ des Pacific Insitute. [...]

- **Bevölkerungswachstum:** Faktoren wie das stetig steigende Bevölkerungswachstum sind Trends, die den Wasserkonsum nach oben treiben. Um rund 80 Millionen Menschen wächst die Weltbevölkerung laut Schätzungen der Vereinten Nationen jährlich und mit diesen Menschen der Durst (die UNESCO geht von einer zusätzlichen Wassernachfrage von 64 Milliarden m³ pro Jahr aus). Laut UNEP wird alleine Indien aufgrund seines Bevölkerungswachstums im Jahr 2050 rund 30 % mehr Wasser benötigen als heute. Insgesamt ist der Wasserverbrauch nach Berechnungen der FAO zweimal so stark gestiegen, wie die Bevölkerung gewachsen ist. Mit dem Bevölkerungswachstum steigen aber vor allem der Bedarf an Nahrungsmitteln und damit auch der Bedarf an Wasser. Die Landwirtschaft ist nach Angaben des World Water Assessment Programme (WWAP) mit einem Verbrauch von bis zu 75 % der Wasservorräte mit Abstand weltweiter Spitzenreiter im Wasserverbrauch. Die ›Produktion‹ von Fleisch gehört mit 16.000 Litern pro Kilo zu den wasserintensivsten Produkten. (20%t des Wasserverbrauchs entfällt auf den gewerblichen und den industriellen Bereich. Der Rest von ca. 5 % des Wasserverbrauchs entfällt auf die privaten Haushalte.)

- **Die globale Erwärmung:** Die globale Erwärmung wirkt sich auf den Wasserkreislauf aus. Sie lässt nicht nur die Regenzeit in manchen Regionen ungewöhnlich stark ausfallen, sondern auch die Trockenzeiten in vielen Regionen länger werden. Experten rechnen mit bis zu 30 % weniger Regen in ohnehin schon trockenen Regionen wie Südafrika oder Teilen von Brasilien. Zunehmende Ernteausfälle sind die Folge. 24 bis 700 Millionen Menschen werden in Zukunft zu Flüchtlingen aufgrund von Wasserarmut (umgekehrt werden 47 % der Weltbevölkerung in Regionen mit Hochwasserproblemen leben). Laut dem

Intergovernmental Panel on Climate Change hat sich der Anteil der Regionen, der als ›sehr trocken‹ klassifiziert wird, seit den 70er Jahren mehr als verdoppelt.

- Wasserverschmutzung: Die globale Wasserkrise ist nach Meinung von Experten vor allem eine Abwasserkrise. Eines der größten Probleme ergebe sich danach aus der Verschmutzung von Wasser in Folge von Verstädterung, industriellen Abwässern und Abfällen. Das führe zu Umweltschäden, die irreversibel sind und die ohnehin schon knapper werdenden Trinkwasservorräte dezimieren. Im Norden Chinas wurden durch jahrzehntelanges unkontrolliertes industrielles Wachstum die Flüssen und Seen derart verschmutzt, dass heute über 200 Millionen Chinesen ohne Zugang zu sauberem Trinkwasser leben. Laut Angaben der chinesischen Regierung und der Weltbank sind mehr als 54 % des Wassers in den großen chinesischen Flüssen kontaminiert. Über 90 % des Abwassers und 70 % des Industrieabfalls in Entwicklungsländern werden direkt in Gewässer geleitet und kontaminieren die Trinkwasserreservoirs. Aber auch ins Mittelmeer, eines der am stärksten belasteten Meere weltweit, fließen jährlich zwei Millionen Tonnen Öl, 800.000 Tonnen Nitrate und 60.000 Tonnen Waschmittel (mehr dazu beim Institut für Verfahrenstechnik, Universität Bremen)«[44]

4) Wohnen – Wohnen wird immer teurer

»**- Unerschwingliche Wohnungen:** In vielen Ländern steigen die Preise von Eigenheimen rascher als die Einkommen – in Neuseeland seit 2010 um 35 Prozent, in Österreich um rund 28 Prozent, in Großbritannien um 15 und in Australien um fast 10 Prozent.

Für die Mehrheit der weltweiten Stadtbevölkerung (in Städten mit mehr als 100.000 EinwohnerInnen) beträgt der Median der Eigenheimpreise das Fünffache ihres jährlichen Brutto-Haushaltseinkommens. (Der Median oder Zentralwert teilt eine Liste von Werten in zwei gleich große Hälften, deren Werte jeweils über bzw. unter dem Median liegen; Anm. d. Red.)

- Als erschwinglich gilt Wohnungseigentum jedoch nur, wenn der Median das Einkommen um höchstens das Dreifache übersteigt. Nur in **13 Prozent der Städte** gibt es Wohnungen, die als **erschwinglich** gelten.

- Zwischen 2002 und 2012 kostete ein typisches Eigenheim in **London** das Siebenfache eines durchschnittlichen Jahresgehalts. Heute liegt der Preis beim Zwölffachen.
- In **Kanada** müssen 20 Prozent aller MieterInnen mehr als 50 Prozent ihres Einkommens für ihre Wohnung bezahlen.
- In den **USA** muss jede vierte Familie mehr als 70 Prozent ihres Einkommens allein für die Wohnung ausgeben (Miete, Strom, Heizung etc.).
- Im australischen Bundesstaat **Victoria** warten 33.000 Personen auf die Zuteilung einer Sozialwohnung. Nur jede hundertste private Mietwohnung in **Melbourne** und Umgebung wird zu einem Preis angeboten, den sich Alleinerziehende mit geringem Einkommen leisten können.«[45]5) Gewalt, Katastrophen & Entwicklung

»2015 wurden 27,8 Millionen Menschen in 127 Ländern aufgrund von Konflikten, Gewalt und Katastrophen zu Vertriebenen.

75 Prozent der Binnenvertriebenen weltweit – 30 Millionen Menschen – leben in nur zehn Ländern, darunter Kolumbien, die Demokratische Republik Kongo, Irak, Sudan und Südsudan.

2015 wurden 19,2 Millionen Menschen in 113 Ländern von **Naturkatastrophen** zur Flucht gezwungen. In den vergangenen acht Jahren waren es 203,4 Millionen.

Seit Mitte der 2000er Jahre wurden 15 Millionen Menschen durch **Entwicklungsvorhaben** wie Staudämme, Sanierungsprojekte in Städten und internationale Sportveranstaltungen gezwungen, ihre Häuser bzw. Unterkünfte aufzugeben.«[46]

6) Schulbildung – Die finanziellen Mittel fehlen noch immer:

»Die Grundlagen für eine erfolgreiche Bildungsbiographie werden bereits in der frühen Kindheit gelegt. Doch bisher haben nur 17 Prozent der Länder weltweit ein Jahr verpflichtende und kostenfreie frühkindliche Bildung eingeführt. Erhebungen in Entwicklungs- und Schwellenländern zeigen, dass zwischen 2010 und 2015 die Chancen, eine frühkindliche Bildungseinrichtung zu besuchen, von drei- bis vierjährigen Kindern der Reichsten fünfmal so hoch waren wie die der Ärmsten.

In nur 66 Prozent der Länder weltweit wurde Geschlechtergerechtigkeit in der Grundschulbildung erreicht. Noch geringer sind die Erfolge in der Sekundarschulbildung: Geschlechtergerechtigkeit wurde im Bereich der unteren Sekundarschulbildung in lediglich 45 Prozent der Länder und in der oberen Sekundarschulbildung in 25 Prozent der Länder weltweit durchgesetzt.

39 Milliarden US-Dollar fehlen in der Bildung weltweit

Jährlich fehlen 39 Milliarden US-Dollar für eine hochwertige und chancengerechte Bildung weltweit. Im Durchschnitt gaben Länder 4,7 Prozent ihres Bruttoinlandproduktes oder 14,1 Prozent der öffentlichen Mittel für die Bildung aus. Der Bildungsanteil der weltweiten Gelder für die Entwicklungszusammenarbeit fiel über sechs Jahre in Folge von 10 Prozent im Jahr 2009 auf 6,9 Prozent im Jahr 2015.«[47]

7) Krankheiten – Grundbedürfnisse sind nicht gedeckt:

Das Thema Krankheiten ist ein riesiger Themenbereich, im Wesentlichen werden Menschen aber krank, wenn ihre Grundbedürfnisse nicht abgedeckt sind: Zugang zu sauberem Wasser + Zugang zu ausreichend Essen + Zugang zu Wohnraum + Globales Arbeitslosengeld + Verpflichtendes globales Rentensystem + Globale Basisgesundheitsvorsorge + Globale verpflichtende Schulbildung, etc.

Oder wenn Menschen im Überfluss leben und der jeweilige Staat die Bevölkerung nicht entsprechend über eine gesunde Lebensweise aufklärt und diese entsprechend befördert.

Bsp. Übergewicht: »Die Welt wird immer dicker. 2,2 Milliarden Menschen, so schätzt das Institute for Health Metrics and Evaluation aus Seattle (IHME), waren 2015 übergewichtig oder sogar fettleibig. Damit habe sich der Prozentsatz adipöser Menschen von 1980 bis 2015 in mehr als 70 Ländern verdoppelt, berichten Forscher im *New England Journal of Medicine* (The GBD 2015 Obesity Collaborators, 2017).«[48]

8) Flucht – Krieg, Armut, Diskriminierung etc.:

»Geflüchtete Menschen verlassen ihr Zuhause meist nicht freiwillig. Flucht hat etwas mit äußeren Zwängen zu tun. Es gibt viele Gründe, die Menschen zu dieser Entscheidung nötigen: Krieg, Diskriminierung, Verfolgung, Armut und

Umweltkatastrophen. In vielen Fällen ist es eine Mischung aus mehreren Gründen, die Menschen dazu bringt, ihr Herkunftsland zu verlassen.[7]«[49]

9) Kriege – wesentliche Ursachen

»Ursachen für Kriege **zwischen Staaten**:

1) Territorialansprüche
Konkurrenz um Grenzen und Gebiete

2) Herrschaftsinteressen
Durchsetzung politischer und ökonomischer Interessen durch Eliten

3) Fehlerwahrnehmung
Falsche Beurteilung der Stärke und Absichten anderer Staaten

4) Herrschaftssicherung
Furcht vor einer Bedrohung von außen

5) Ablenkung
Ablenkung von Konflikten innerhalb eines Staates

6) Machtkonkurrenz
Kampf um Vormachtstellungen in der Region

7) Rohstoffbedarf
Konkurrenz um Ressourcen

Ursachen für Kriege **innerhalb** von Staaten:

1) Interner Kolonialismus
Ökonomische Ausbeutung und politische Unterdrückung von Bevölkerungsgruppen und Regionen

2) Sozio-ökonomische Heterogenität
Auf krasser sozialer Ungerechtigkeit beruhende Gesellschaftssysteme

3) Ethnisch-kulturelle Heterogenität
Kein Interessensausgleich angesichts unterschiedlicher Bevölkerungsgruppen, die keine ›einheitliche Nation‹ bilden«[50]

Wesentlich: Ein Kind ist ein ungeformter Geist. Die Rahmenbedingungen des jeweiligen Staates und die individuelle Erziehung durch die Eltern, Familie und die Schule schaffen den Grundstein dafür, ob jemand als Erwachsener bereit ist, andere zu töten.

9) Demokratie – Ursprung der heutigen Demokratiekrise?:

»Sinkende Wahlbeteiligung, Vertrauensverlust in die politischen Institutionen und ihre EntscheidungsträgerInnen sowie Politikmüdigkeit beschreiben den derzeitigen Zustand der repräsentativen Demokratie. Stattdessen wird immer häufiger ein Ausbau direkter Demokratie als Antwort auf den krisenhaften Zustand westlicher Demokratie diskutiert. […]

Krisendiagnosen westlicher Demokratien

Es wird in der öffentlichen Debatte immer häufiger von einer »Krise der Demokratie« gesprochen. Colin Crouchs polemischer Begriff der »Postdemokratie« entspricht dieser Krisenrhetorik. Laut dem britischen Politikwissenschafter existieren die repräsentativen Institutionen nur noch als eine Art »leere Hülle«. Politik wird stattdessen von einer kleinen privilegierten Elite gelenkt, während die Mehrheit der BürgerInnen lediglich eine »passive, schweigende ja sogar apathische Rolle« spielt (Crouch 2008: 10).

Die von Crouch zugespitzten Krisendiagnosen der westlichen Demokratien sind auch Gegenstand anderer wissenschaftlicher Arbeiten (Vgl. Linden 2011). Da wäre zum einen das Problem der abnehmenden politischen Relevanz und Legitimität von Demokratie. Im Kontext von Globalisierung und Europäisierung werden politische Entscheidungen zunehmend von wirtschaftlichen AkteurInnen oder supranationalen Organisationen beeinflusst. Gleichzeitig werden Demokratien mit den mächtiger werdenden Massenmedien konfrontiert, die mehr und mehr die Politik bestimmen (Siehe: Medien und Demokratie). Auch die europäische Integration hat die Komplexität politischer Entscheidungskompetenzen verstärkt. Politische Entscheidungen werden nicht mehr von den im nationalstaatlichen Rahmen gewählten und kontrollierten RepräsentantInnen getroffen, sondern von externen AkteurInnen, über die die WählerInnen keine Kontrolle mehr haben. Dadurch ist die Legitimation der RepräsentantInnen gegenüber den Repräsentierten nicht mehr gegeben. Dieser Souveränitäts- und

Legit[i]mationsverlust führt folglich zu einem schwindenden Vertrauen in die politischen Institutionen und Politikverdrossenheit in der Bevölkerung. Dies zeigt sich nicht nur im Rückgang der Wahlbeteiligung, sondern in einem allgemeinen Mangel an konventioneller politischer Partizipation, die sich auch am Desinteresse der BürgerInnen für eine Karriere am öffentlichen Dienst oder Mitgliedschaft in den Parteien ausdrückt.

Colin Crouchs Begriff der Postdemokratie unterschätzt nach dem Politikwissenschaft[l]er Wolfgang Merkel allerdings die Reform- und Anpassungsfähigkeit der Demokratie, die sich als offener Prozess versteht und daher ständig neuen Herausforderungen unterworfen ist (Merkel 2011: 19). Die repräsentative Demokratie hat eben nicht ihr Ende erreicht, sondern befindet sich stattdessen in einem Formwandel, der sich unter anderem durch geänderte Rahmenbedingungen wie der Verflechtung nationaler und europäischen Ebenen, der Ökonomisierung aller gesellschaftlichen Teilbereiche und den rasanten Entwicklungen im IT-Sektor (z.B. Web 2.0) ausdrückt. Insbesondere durch die Zunahme von Onlineplattformen und Social Media (z.B. Facebook, Twitter) hat sich der Charakter sozialer Bewegungen verändert und es wurden neue Möglichkeiten politischer Partizipation geschaffen (Liebhart 2011: 91f.). Insgesamt haben unkonventionelle Beteiligungsformen von BürgerInnen wie Bürgerinitiativen und Proteste durchaus zugenommen. Doch sind diese Formen gesellschaftlicher Aktivität oft hochgradig selektiv und werden von den besser Ausgebildeten dominiert (Jörke 2011: 15f.). Es sind vor allem die niedrigeren sozialen Schichten, die sich zunehmend aus der demokratischen Beteiligung zurückziehen und von der repräsentativen Demokratie enttäuscht fühlen.«[51]

10) Überbevölkerung – viele Milliarden Menschen führen jetzt schon kein gutes Leben

»Die Ursachen des Bevölkerungswachstums in Entwicklungsländern sind vielfältig und in den einzelnen Gesellschaften von unterschiedlicher Relevanz. Bevölkerungswachstum basiert auf einem Ungleichgewicht zwischen Sterblichkeits- und Fruchtbarkeitsrate.[38] Im Folgenden sollen durch die Einteilung in gewollte (Wunschkinder) und ungewollte Schwangerschaften die Ursachen des Bevölkerungswachstums genauer untersucht werden.[39]

a) Gewollte Schwangerschaften (Wunschkinder)

Funktion der Kinder im Sozialsystem: Kinder als Arbeitskräfte, Miternährer der Familie und als ›Versorger‹ der Eltern bei Krankheit und im Alter. In den meisten Entwicklungsländern gibt es für die armen Familien keine Möglichkeit der privaten Kapitalbildung, um für Krankheitsfälle und andere Notsituationen vorzusorgen. Ein Sozial- und Krankenversicherungssystem ist, wenn überhaupt, nur für ›Besserverdienende‹ zugänglich.

Kindersterblichkeit führt dazu, dass Eltern versuchen, möglichst viele Nachkommen zu haben, um damit das Überleben einer Mindestzahl zu sichern. So ist es nicht verwunderlich, dass in Regionen mit den höchsten Fruchtbarkeitsraten auch die Kindersterblichkeit am höchsten ist. In Afrika beträgt die Kindersterblichkeit bei Mädchen unter fünf Jahren 138, bei den Jungen 152,[40] wobei es auch hier sehr unterschiedliche landesspezifische Werte gibt. Trauriger Spitzenreiter ist hier Liberia, wo jedes dritte Kind seinen fünften Geburtstag nicht mehr erlebt. In diesem Land beträgt die Kindersterblichkeit 334 für Jungen und 330 für Mädchen pro 1000 Lebendgeburten. In Asien ist die Kindersterblichkeit im Vergleich zu Afrika um fast die Hälfte geringer: 75 für Jungen und 80 für Mädchen. In Lateinamerika und der Karibik beträgt die Kindersterblichkeit weniger als ein Drittel (51 für Jungen und 41 für Mädchen) der Kindersterblichkeit auf dem afrikanischen Kontinent. In den Industrieländern sterben von 1000 Lebendgeburten durchschnittlich noch 15 Jungen bzw. 11 Mädchen vor dem Erreichen ihres fünften Geburtstags.

Unterschiedliche religiöse und kulturelle Normen in verschiedenen Gesellschaftsformen: So wird z.B. in Gesellschaften, in denen der Glaube an die Wiedergeburt einen wichtigen Teil ihrer Religion ausmacht, durch die Geburt eines Kindes die Verbindung zwischen Verstorbenen und Gegenwart hergestellt.[41] Die individuelle Entscheidung junger Männer und Frauen in Entwicklungsländern über den Heiratszeitpunkt muss sich oft kulturellen Normen und Rollenbildern unterordnen. Das Heiratsalter hat wesentlichen Einfluss auf das Alter der Frau bei ihrer ersten Geburt und somit auf die Gesamtanzahl der Geburten.[42]

b) Ungewollte Schwangerschaften

Der Zeitpunkt von Schwangerschaften kann von Frauen oft nicht frei und eigenverantwortlich entschieden werden. In dem Weltbevölkerungsbericht von 1997 werden Ergebnisse von Befragungen angeführt, die besagen, dass über 40 % der jährlichen Gesamtzahl von Schwangerschaften ungewollt sind.[43] Das Ergebnis sind u.a. 45 Millionen Schwangerschaftsabbrüche pro Jahr.

Traditionelle Methoden der Familienplanung gehen zurück, und moderne Methoden sind zum Teil noch nicht vorhanden bzw. nicht für alle zugänglich. Trotz zunehmender Verfügbarkeit von Verhütungsmitteln in Entwicklungsländern[44] verfügen zwischen 120 und 150 Millionen Frauen immer noch nicht über wirksame Mittel, um die Anzahl ihrer Schwangerschaften zu verringern bzw. die zeitlichen Abstände vergrößern zu können.

Der Zugang zu Bildungseinrichtungen ist für die arme Bevölkerung – insbesondere für Frauen – unzureichend. Die Benachteiligung von Mädchen bei der Bildung wird insbesondere in der hohen Rate von Analphabetinnen deutlich. So können ca. 600 Millionen Frauen auf der Welt weder schreiben noch lesen. Bei den Männern hingegen sind es 320 Millionen.[45] Der Zusammenhang zwischen Bildung der Frauen, reproduktivem Verhalten und selbstbestimmtem Leben ist mittlerweile gut dokumentiert.[46]

Informationsdefizit: Informationen über moderne Verhütungsmethoden sind nur teilweise zugänglich bzw. beruhen auf Gerüchten und Falschmeldungen. Neben der hier vorgenommenen Einteilung in gewollte und ungewollte Schwangerschaften gibt es noch weitere Faktoren, die als Ursachen für ein hohes Bevölkerungswachstum genannt werden können. Dies ist zum einem der hohe Anteil von Jugendlichen an der Bevölkerung, der eine zukünftige hohe Geburtenrate erwarten lässt. Trotz rückgehender Fertilitätsraten leben laut Weltbevölkerungsbericht von 1998 mehr als 1,05 Milliarden junge Menschen zwischen 15 und 24 Jahren auf der Erde. Diese Zahl, die noch nie so hoch war, wird dafür sorgen, dass die Bevölkerungszahl weiter steigen wird. Hinzu kommt, dass auch die Generation der über 60jährigen in den Entwicklungsländern anwachsen wird. Dies stellt die Regierungen in diesen Ländern vor immense Herausforderungen, die sie ohne Hilfe von außen nicht werden bewältigen können.

Ein weiterer wesentlicher Faktor sind die in den einzelnen Ländern vorherrschenden institutionellen Rahmenbedingungen. So können das Verbot von Kinderarbeit und die Einführung der allgemeinen Schulpflicht für Kinder den ökonomischen Nutzen einer hohen Kinderzahl für eine Familie erheblich reduzieren. Weiterhin wird in gleichem Maße, wie eine gesicherte Altersversicherung in einem Land existiert, die Funktion der Kinder als Alterssicherung an Bedeutung verlieren.[47]

Die Ursachenanalyse zeigt, dass eine Wechselwirkung zwischen den einzelnen Faktoren besteht und somit Familienplanung wesentlich effektiver ist, wenn gleichzeitig eine Verbesserung der Lebensverhältnisse eintritt.[48] Aus diesem Grunde wird in dem Förderkonzept des Bundesministeriums für wirtschaftliche Zusammenarbeit die Bedeutung der Doppelstrategie im Rahmen der Bevölkerungspolitik betont.

Die Ursachenanalyse macht deutlich wie sehr Armut mit Bevölkerungswachstum verbunden ist: Fehlender Zugang zu Kontrazeptiva, Funktion der Kinder im Sozialsystem, hohe Kindersterblichkeit, mangelnder Zugang zu Bildungseinrichtungen, Informationsdefizite und Rückgang traditioneller Familienplanungsmethoden sind Ursachen, die am stärksten in der armen Bevölkerungsschicht zum Tragen kommen. Der Einfluss sozio-ökonomischer Bedingungen auf die Fruchtbarkeitsrate einer Gesellschaft ist keine neue Erkenntnis.[49] Da die Ursachen schon länger bekannt sind und trotzdem ein starkes Bevölkerungswachstum zu verzeichnen ist, stellt sich die Frage, ob gegen die Ursachen nicht zielgerichtet gehandelt wurde bzw. mit inadäquaten Mitteln oder ob vielleicht nicht alle Ursachen in Erwägung gezogen wurden. Durch die folgende Wirkungsanalyse werden Selbstverständnis und Machtverhältnisse ersichtlich, die sich hinter internationalen Bevölkerungspolitiken verbergen.«[52]

d) System falsch gepolt – Globler Ist-Zustand

Natürlich sind die Gegebenheiten der elf Punkte, wie vorhin angeführt, das wesentliche Problem und wie diese systemisch derzeit ausgelegt sind:

1) Natur, die uns weltweit umgibt, ist die Basis unseres Daseins
2) Kapitalismus oder Kommunismus als herrschende Wirtschaftsideologien in 206 Staaten

3) Geldsystem

4) 206 Staaten und deren jeweilige Beschaffenheit wie z.B. politischen Ideologien, Staatsführer, Parteien und deren Politiker, die jeweiligen Gesetze, unterschiedliche Geschichte und kulturelle Beschaffenheit, BIP, Rohstoffreserven, militärische Mittel, etc.

5) wichtige globale Institutionen: Vereinte Nationen (UNO), Internationaler Währungsfonds (IWF), Weltbank, Welthandelsorganisation (WTO), Internationale Arbeitsorganisation (ILO), G8, G13, G20, BIZ, Zentralbanken etc.

6) alle Unternehmen (vor allem Konzerne, Banken, vermögende Familien) dieser Welt und deren innerstaatliches und globales Wirtschaften

7) Medienlandschaft (Internet, Zeitung, Fernsehen, Bücher, Filme, etc.)

8) alle Religionen dieser Welt, vor allem die fünf Weltreligionen

9) NGOs

10) Wissenschaft: Schulen jeglicher Art + Universitäten und deren Forschungsgebiete

11) Denken und handeln aller Menschen

Ich erkläre hier die wesentlichen Probleme der einzelnen Punkte und weshalb der Ist-Zustand sich nach dem Motto »Weiter so« nicht beheben lässt.

1) Natur, die uns weltweit umgibt, ist die Basis unseres Daseins

Ein paar Fakten:

- »Macht die Menschheit so weiter, so jedenfalls seriöse Umweltwissenschaftler unisono, benötigen wir bis zum Jahr 2030 zwei Planeten, um unseren Bedarf an Nahrung, Wasser und Energie decken zu können, bis zum Jahr 2050 wären es knapp drei.«[53]

- »Täglich sterben bis zu 200, größtenteils unerforschte Pflanzen- und Tierarten aus.«[54] Von über 8300 entdeckten Tierarten sind 22 Prozent vom Aussterben bedroht.[55]

- »Pro Minute schwinden Regenwaldflächen in Lateinamerika, Afrika und Asien um die Größe von 35 Fußballfeldern.«[56]

- »Die Konzentration von Kohlendioxid in der Atmosphäre ist von 280 ppm im Jahr 1860 auf inzwischen rund 400 ppm angestiegen. Ein Wert von 450 ppm gilt weithin als Obergrenze, ab die globale Erwärmung nur noch sehr schwer unter der kritischen Grenze von 2 Grad Celsius gehalten werden kann.«[57] »Von 1880 bis 2012 hat sich die globale Temperatur um 0,85 Grad Celsius erhöht. Es wird weltweit 50 Prozent mehr Kohlendioxid ausgestoßen als noch 1990.«[58]

- »Von 1901 bis 2010 ist der Meeresspiegel durchschnittlich um 19 Zentimeter gestiegen. Das Eis in der Arktis ist seit 1979 um 1,07 Millionen Quadratkilometer zurückgegangen – pro Jahrzehnt.«[59]

In dem am Montag in Berlin vorgestellten »Living Planet Report 2012« zeigt der WWF, wie der Mensch Tiere und Pflanzen immer stärker verdrängt. Die Studie zum Zustand der Erde wird alle zwei Jahre vom WWF weltweit veröffentlicht. Eberhard Brandes: »Umweltkatastrophen, Lebensraumzerstörung, Artenschwund und Wasserknappheit sind die dramatischen Folgen dieser Entwicklung.«

Der WWF misst in seiner Studie die Veränderungen der weltweiten Biodiversität und des menschlichen Konsums: Der »Living Planet Index« zeigt den Zustand der Ökosysteme durch Erfassung der Bestände von 9.000 Populationen und knapp 2.700 Säugetieren, Vögeln, Reptilien, Amphibien und Fischen in aller Welt. Der »Ökologische Fußabdruck« gibt den Umfang der Beanspruchung der Ökosysteme durch den Menschen an.

Der Living Planet Index beschreibt den Rückgang bei der Bestandsgröße ausgewählter Arten um 30 Prozent seit 1970, in tropischen Regionen durchschnittlich sogar 60 Prozent. Besonders dramatisch ist der Verlust in den tropischen Flüssen und Seen – hier hat sich der Index um 70 Prozent verschlechtert. »Die Ursachen für den Artenverlust sind die Zerstörung der Lebensräume vieler Tiere und Pflanzen, die Umweltverschmutzung, der Klimawandel und invasive Arten, die durch den weltweiten Verkehr in neue Regionen gelangen und andere heimische Arten verdrängen«, erklärt Eberhard Brandes. »Dass Umkehr möglich ist, zeigt der weitgehend stabile Index für die gemäßigten Zonen – Umweltschutzbemühungen zeigen hier Wirkung«, so Brandes.

Der Ökologische Fußabdruck hat sich seit 1966 verdoppelt und wächst weiter. Er beträgt heute 18 Milliarden globale Hektar oder 2,7 Globale Hektar (Gha) pro

Person. Die Kapazität des Planeten beträgt aber gerade mal 12 Milliarden Gha oder 1,8 Gha pro Person. Damit verbraucht die Menschheit 1,5-mal so viel natürliche Ressourcen wie sich jährlich erneuern. Wer die Verantwortung für diese Übernutzung trägt, ist klar: ›Das Wachstum wohlhabender Staaten findet auf Kosten der ärmsten Länder statt, die am meisten natürliche Ressourcen beisteuern und selbst am wenigsten verbrauchen. Natur muss endlich einen Preis haben und die natürlichen Ressourcen im internationalen Finanzsystem berücksichtigt werden. Wenn wir jetzt nicht handeln, wird das 21. Jahrhundert zu einem Jahrhundert der Umweltkatastrophen‹, warnt Eberhard Brandes.

Der große Ökologische Fußabdruck der reicheren Länder ist vor allem ihrem Kohlenstoff-Fußabdruck geschuldet. Er ist global die größte Einzelkomponente mit 55 %. Dabei gilt: Je stärker entwickelt ein Land ist, desto höher sein Kohlenstoff-Fußabdruck. 20 % der aktuellen CO_2-Emissionen entstehen durch Abholzung und Zustandsverschlechterung von Wäldern. Nach Kohle und Öl ist Waldverlust damit der drittgrößte Treiber des Klimawandels. Der Erhalt von Wäldern ist somit aktiver Klimaschutz. Weltweit gingen ca. 13 Millionen Hektar Wald zwischen 2000 und 2010 verloren – das entspricht der 1,5[-]fachen Fläche Österreichs.

Hätte die Weltbevölkerung den gleichen ökologischen Fußabdruck wie die US-Amerikaner bräuchte man vier Planeten; für den hochgerechneten deutschen Umweltverbrauch wären 2,5 Planeten nötig; der indonesische Lebensstil würde ›nur‹ 70 Prozent der weltweiten Ressourcen erfordern. Oder anders ausgedrückt: Die wohlhabendsten Länder konsumieren im Schnitt dreimal so viel wie Länder mit mittlerem Wohlstandsniveau und fünfmal so viel wie Länder mit niedrigem Wohlstandsniveau. Der Ökologische Fußabdruck der Länder mit mittlerem Wohlstandsniveau inklusive der BRIICS Staaten hat sich seit 1961 pro Kopf um 65 % vergrößert. Grund dafür ist auch das anhaltende Bevölkerungswachstum.

2011 überstieg die Weltbevölkerung die 7 Milliarden-Marke, bis 2050 soll es 9 Milliarden Menschen geben. Zugleich nimmt die Verstädterung weiter zu, derzeit leben mehr als 50 % der Weltbevölkerung in Städten. Im Jahr 2050 sollen es zwei von drei Menschen sein. Damit steigt in der Regel der Konsum an – der durchschnittliche Fußabdruck eines Bewohners von Beijing ist zum Beispiel beinahe dreimal höher als der des Durchschnittschinesen.

Die steigenden Bevölkerungszahlen wirken sich auch auf den Wasser-Fußabdruck aus. Derzeit leben mindestens 2,7 Milliarden Menschen in der Nähe von Flüssen mit mindestens einem Monat Wasserknappheit im Jahr. Dabei setzt die Landwirtschaft weltweit immer mehr auf künstliche Bewässerung. 92 % unseres Brauchwassers werden dafür verwendet. Auch auf dem Meer ist die Situation kritisch: Seit 1950 hat sich das durch Fischflotten befischte Gebiet weltweit verzehnfacht. Drei von vier Fischbeständen in den europäischen Meeren gelten als überfischt und das gefährdet auf Dauer die gesamte Lebensgemeinschaft der Meere.

»Wir sägen am Ast, auf dem wir sitzen. Wenn wir im Jahr 2050 neun Milliarden Menschen versorgen wollen, ist es dringend Zeit zu handeln«, sagte Eberhard Brandes. »Die Investitionen in erneuerbare Energiequellen wie Wind- und Sonnenenergie haben sich seit 2004 weltweit mehr als verfünffacht. Das ist ein Beispiel, auf dem wir aufbauen müssen.« So fordert der WWF im Living Planet Report, den Anteil nachhaltiger erneuerbarer Energien im globalen Energiemix auf mindestens 40 Prozent bis 2030 zu steigern.

Weitere Forderungen sind ein besserer Schutz der Ökosysteme, ein Stopp der Waldvernichtung, eine effizientere, umweltfreundlichere Produktionsweise und veränderte Konsumgewohnheiten. Die Treibhausgasemissionen müssen bis 2050 um mindestens 80 Prozent reduziert werden, um ein weltweites Artensterben zu verhindern. Auch der Schutz der Meere und Flüsse braucht absolute Priorität.«[60]

Da der Kapitalismus das Maß unserer Zeit ist, wird unser natürlicher Lebensraum weltweit massiv in Mitleidenschaft gezogen. Solange man der Natur nicht ein sehr teures Preisschild umhängen kann, wird sie weiter gerodet werden von Firmen, die Kapital daraus schlagen. Vor allem Entwicklungsländer und Schwellenländer betreiben massiven Raubbau an ihren natürlichen Ressourcen, um Einnahmen zu erwirtschaften und zu Industriestaaten aufzuschließen.

Wesentlich ist, dass man einen globalen, möglichst nachhaltigen Weg einschlagen müsste, um die Ressourcen dieser Erde bestmöglich nachhaltig zu nützen und dass jeder Staat auch langfristig die wesentlichen Grundbedürfnisse seiner Bevölkerung bedienen kann.

Nur wenn man das global ganz klar koordiniert und die 206 Staaten gemeinsam einen nachhaltigen und verbindlichen Vertrag schließen, wird man langfristig gewährleisten können, dass man unseren Planeten nicht zerstört. Doch die Realität ist eine andere.

Beispiel – Pariser Abkommen: »Größter Haken des Pariser Abkommens ist, dass es nicht rechtlich bindend ist, sondern auf freiwillige Umsetzung in den einzelnen Staaten setzt. Nur so konnte erreicht werden, dass möglichst viele Länder weltweit den Klimavertrag anerkennen. Jedes Land soll daher selbst über seinen Beitrag entscheiden. Doch die bisherigen nationalen Klimaschutzpläne reichen bei Weitem nicht aus, um die Erderwärmung auf 1,5 Grad zu begrenzen.

Nur »moralische Appelle und Lippenbekenntnisse«

»Das Abkommen enthält vor allem moralische Appelle und Lippenbekenntnisse«, kritisiert Hans-Werner Sinn, Präsident des ifo-Instituts. »Es sieht jedoch keinerlei Instrumente vor, mithilfe derer die unwilligen Länder zum Mitmachen bewegt werden können.« Auch Hubert Weiger, der Vorsitzende des Bundes für Umwelt und Naturschutz Deutschland (BUND), beklagte: »Die Diskrepanz zwischen dem in Paris vereinbarten Temperaturziel und der tatsächlichen Klimapolitik der Staaten ist riesig.«« [61]

2) Kapitalismus oder Kommunismus als herrschende Wirtschaftsideologien in 206 Staaten

Weder Kapitalismus noch Kommunismus haben das Potential, den aktuellen Ist-Zustand global zu beheben, was die Geschichtsschreibung und die Statistik auch eindeutig beweist. Im Kapitalismus und Kommunismus wird letztendlich in viel zu hohem Maße Einzelinteressen Platz gemacht, ohne dass man genügend ausgleichend das Gemeinwohl im Sinne hat. Da wir in einer Welt leben, wo jeder Staat mit allen anderen Staaten auf dem herrschenden globalen Markt konkurriert und es keine verpflichtenden globalen Basisgesetze gibt, die für alle Staaten gelten, ist auch aus heutiger Sicht nicht anzunehmen, dass das Gemeinwohl erstarken wird, da die Wirtschaft derzeit immer mehr die globalen Gesetze durch Lobbyarbeit diktiert und somit keine sinnträchtige Gesetzgebung zustande kommt, die vor allem dem globalen Souverän dient. Somit wird sich die Weltgemeinschaft mit diesen beiden herrschenden Ideologien nicht sehr gut weiterentwickeln können. Nur wenn sich global möglichst viele Staaten als Zwischenschritt zu einer »Gemeinwohlorientierten kapitalistischen Marktwirtschaft« und auf lange Sicht einer »Ökosozialen Marktwirtschaft« verpflichten, hat die Weltgemeinschaft ein System, auf dem man nachhaltig weiter die Gesellschaft ausbauen kann.

3) Geldsystem

»Würden die Menschen das Geldsystem verstehen, hätten wir eine Revolution noch vor morgen früh.« (Henry Ford)

»Es lässt sich schwerlich behaupten, dass das heutige Geldsystem von einem Genie entworfen oder nach einem Masterplan erschaffen worden wäre. Vielmehr hat sich das Geldsystem über die Jahrhunderte oder sogar Jahrtausende schrittweise entwickelt und zu eine sehr komplexen »Monster«[2] ausgewachsen. Das Endergebnis ist weder schön noch gut, es gibt keine demokratische Struktur, kein verfasstes Ethos und keine Gründungsversion des »Ganzen«. Das Geldsystem wurde nie bewusst erschaffen und als Werkzeug für die Menschheit angelegt. Jeder einzelne Schritt und jede Zu-Tat mag für bestimmte Gruppen Sinn ergeben und ihnen einen Vorteil verschafft haben, doch das Ganze dient nicht allen gleich und schon gar nicht dem Gemeinwohl. So definiert sich aber kein öffentliches Gut, keine demokratische Infrastruktur, die alle gleichbehandelt und dem Ganzen dient.

Selbstverständlich ist bei weitem nicht alles schlecht am gegenwärtigen Geldsystem: Mit Geld wird sehr viel Gutes gestiftet und es erleichtert uns den Alltag; eine Reihe von Grundfunktionen bringt allgemeine öffentliche Vorteile, vom gesetzlichen Zahlungsmittel über individuelle Bankkonten bis hin zur Möglichkeit, einen Kredit aufzunehmen. Doch genau diese Vorteile gilt es zu orten, zu destillieren, sinnvoll auszugestalten und demokratisch zu beschließen. Was wirklich gut ist, wird auf reichliche Zustimmung stoßen.

Doch in zu vielen Aspekten ist das heutige Geldsystem eine Bereicherungsquelle für wenige, ein Casino und Selbstbedienungsladen für Insider, SpekulantInnen und SpielerInnen, mitunter eine gefährliche Waffe. Auch diese Waffe hat niemand vorsätzlich designt und geplant, sie entstand durch sukzessives

Aneinanderfügen immer neuer Funktionen, Gesetzgebungsakte und technischer Innovationen. Die Evolution des Geldsystems lässt sich in Etappen zusammenraffen:

- Vor Geld als Tausch- oder Zahlungsmittel waren **Kredit und Schuld**, wie wir heute aus anthropologischen und historischen Forschungen wissen.[3]

- Danach erst entstanden **Tauschmittel mit Nutzwert**: zum Beispiel Holz, besonders oft Rind. Das doppelt ›durchgestrichene‹ Dollar-, Pfund- oder Yen- Zeichen geht noch auf Viehhörner zurück.[4]

- Es folgen Tauschmittel mit Symbolwert: Muscheln, Knochen, oder bestimmte Steine. Damit etwas als Geld fungieren konnte und innerhalb einer Gemeinschaft als solches anerkannt wurde, musste es selten sein.

- Nach und nach setzen sich die Edelmetalle durch: Kupfer, Silber, Gold.

- Diese wurden alsbald zu den **Goldschmieden** getragen zur sicheren Aufbewahrung. Die Goldschmiede inspirierten die ersten **Depositenbanken**, die ausschließlich das Aufbewahrungsgeschäft, nicht aber das Kreditgeschäft wahrnahmen.

- Die Depositenbanken haben das Hinterlegen von Gold durch **Banknoten** oder auch Wechsel quittiert: die ersten Vorläufer von **Papiergeld** als Zahlungsmittel.

- Goldschmiede und **Depositenbanken** begannen, ein und dasselbe Goldstück mehrfach zu verleihen: der Beginn des Banksystems mit fraktionaler Reserve.

- Aus dem »spontanen« fraktionalen Banking wurde legales fraktionales Banking: **Geschäftsbanken** entstehen (in Mitteleuropa im 14. Jahrhundert).

- Private Geschäftsbanken gründeten ab dem 17. Jahrhundert **Zentalbanken.**

- Zentralbanken deckten die nationalen Währungen vorerst noch mit Gold: **Gold-Standard.**

- Die Golddeckung geht verloren (1971). Zentralbanken drucken Papiergeld ohne Deckung: **Fiat-Geld**

- Die Computerisierung bringt die bisher größte aller Revolutionen: **elektronisches Buchgeld.** Geld kann erschaffen werden, ohne dass es gedruckt wird. Mit dem Buchgeld ist jede Gelddeckung aufgeboben. In Europa besteht die Basisgeldmenge M1 (Bargeld plus Girokontoguthaben) heute je nach Land zwischen 5 und 20 Prozent aus Zentralbanknoten und Münzen und zu 80 bis 95 Prozent aus Buchgeld.[5]

- Infolge der doppelten Buchführung können Banken selbst Buchgeld schöpfen. Diese sogenannten **Giralgeldschöpfung** erweitert die Geldmenge und führt zu Inflation – entweder auf den Gütermärkten oder auf den Finanzmärkten: asset price inflation (lat. inflare = aufblähen)

- An den Börsen und Finanzmärkten werden nicht nur Wertpapiere gehandelt (Aktien, Anleihen, Kredite …) sowie Rohstoffe und Währungen, sondern auch Wetten auf deren zukünftige Preisentwicklung abgeschlossen: **Derivate.**

- Neben den einfachen Wetten (Put-/Call-Optionen, Futures) entsteht mit dem Investmentbanking ein ganzes Universum neuer **Finanzinnovationen**, von der Verbriefung von Krediten unterschiedlicher Qualität (Collateralized Debt Obligations) über Versicherungen gegen den Ausfall von Krediten oder Staatsanleihen (Credit Default Swaps) bis hin zu Partial-Return-Swaps, Partial-Return-Reverse-Swaps und Total-Return-Swaps. Das globalisierte Finanzcasino wird kontinuierlich komplexer und undurchschaubarer. In den USA bewegte sich der Wert der Aktiva des Finanzsektors bis in die 1980er Jahre auf einem Niveau um 450 Prozent der Wirtschaftsleistung. 2007 stieg dieser Wert auf 1000 Prozent.[6]

- Die Banken weisen nur einen Teil ihrer Kreditgeschäfte in den Bilanzen aus. Ein relevanter Teil wird außerbilanziell über sogenannte **Schattenbanken** durchgeführt. Dabei spielen besondere Rechtskonstruktionen und Steueroasen eine zentrale Rolle. In den USA wird nur noch die Hälfte des Bankgeschäfts im Licht der Bilanzen dokumentiert, 23 Billionen US-Dollar verharren im Schatten und brüten dort neue finanzielle Zeitbomben aus.[7]

- Der computerisierte Wertpapierhandel (**Hochfrequenzhandel**) treibt die Umsatzvolumina an den Börsen ins Astronomische. Aktien und andere Wertpapiere werden in Millisekunden gekauft und wieder verkauft. Laut Insidern macht der Hochfrequenzhandel bereits über fünfzig Prozent des Aktienhandelsvolumens in New York und Frankfurt aus.[8]

- Der Derivate-Umsatz muss in Millionen Milliarden – in Billiarden – gemessen werden. Solche Zahlen sprengen jede Vorstellungskraft, sie sind losgelöst von den realwirtschaftlichen Kennzahlen: Der globale Waren- und Dienstleistungshandel belief sich 2011 auf 22 Billionen US-Dollar[9], das Welt-BIP auf 70 Billionen US-Dollar[10]: zwischen einem und zwei Prozent des statisch erfassten Derivate-Umsatzes.

Im Zuge dieser »Evolution« hat das Geld mehr und mehr Funktionen aufgeladen. Geld ist nicht mehr nur ein *Wertmaß* (für Preise von Produkten und Dienstleistungen) und ein Tauschmittel oder besser: *Zahlungsmittel* zur Vereinfachung von Täuschen und Abwicklung von Käufen. Geld hat zudem die Funktion des Kredites, des Wertspeichers (Sparen, Altersvorsorge), des *Produktionsmittels* (Unternehmen), der *Versicherung* (gegen Ernteausfall, Wechselkursschwankung oder Zinsänderung), des *Statussymbols* (Anerkennung, Selbstwert, Zugehörigkeit) oder des *Machtmittels* (Einschüchterung, Korruption Bestechung, Erpressung). Geld ist auch ein *Steuermittel* für die Finanzierung der Staatsausgaben. Es gibt bei weitem keinen Konsens darüber, was Geld alles ist und welche Funktionen es hat. Dieser Aufgabe könnte eine systematische Geldwissenschaft nachgehen, doch ist die Existenz einer solchen nicht bekannt. Zwar tragen einzelne Lehrstühle und Lehrveranstaltungen diesen Namen, aber es gibt schon alleine für Bankwissenschaften mehr Lehrstühle als für Geldwissenschaften. Die Geringachtung des Geldes betrifft prominente Ökonomen: »In der politischen Ökonomie kann es kein für sich genommen unbedeutenderes Thema geben als Geld«, meinte beispielsweise John Stuart Mill.[11] Auch Paul A. Samuelson warnt in seinem Standard-Lehrbuch die

Studierenden vor der Befassung mit dem Thema Geld: »Nur das Währungsproblem hat mehr Menschen um den Verstand gebracht als die Liebe.«[12]

Helmut Creutz schreibt: »Selbst in der zuständigen Wissenschaft wird das Thema Geld noch als Rätsel behandelt oder weitschweifig umgangen.«[13] Ist es Zufall, dass es nur ein schwaches wissenschaftliches Interesse an der Funktionsweise des Geldsystems gibt, obwohl dieses zu hundert Prozent menschengemacht ist und so weitreichende Auswirkungen auf alle Lebensbereiche hat? Ist der »Nebel um das Geld«[14] und seine Spielregeln Teil der Herrschaft des Geldes? Es leuchtet wohl ein, dass Geld nur dann zur Zufriedenheit der Menschen funktionieren und der Wirtschaft dienen kann, wenn wir es a) gründlich durchschauen und b) bewusst gestalten – oder nicht?

Multiple Dysfunktionalität des aktuellen Geldsystems

Ergebnis der »bewusstlosen« und »lichtlosen« Geldordnung ist eine multiple Dysfunktionalität des gegenwärtigen Geldsystems aus ökonomischer, ökologischer, ethischer und demokratischer Perspektive. Das aktuelle Geldsystem ist:

- **Unverständlich.** Versuchen Sie, eine »ExpertIn« in zwei Minuten verständlich zu erklären zu lassen, wie Geld von privaten Banken geschöpft wird. Sie werden in mindestens neun von zehn Fällen scheitern. Einer bekannteren Geld-Publizisten, Helmut Creutz, glaubt gar nicht an Geldschöpfung durch private Banken: »Würden die Banken tatsächlich ohne Kredite schöpfen, wäre das Betrug und eine Sache für den Staatsanwalt.«[15] Auch »Mr. Dax« Dirk Müller ist eine konkrete Darstellung in seinem Bestseller »Crashkurs« nicht ganz gelungen.[16] Michael Moore hat sich in seinem Dokumentarfilm »Capitalism: A Love Story« den Scherz erlaubt, Investment- und NationalbankerInnen nach der Definition eines Derivates zu fragen. Das Ergebnis war Entertainment ohne Education. Joseph Huber schreibt: »Manchmal hat man den Eindruck, dass die heutigen Statistiken und Begriffe über Geld speziell dazu erfunden wurden, um die tatsächlichen Funktionsweise des Geldsystems zu verschleiern.«[17]

- **Ineffizient.** Die günstigsten Kredite erhalten nicht jene, die Gutes tun und reale Investitionen mit sozialem und ökologischen Mehrwert tätigen, sondern diejenigen, welche die höchste Finanzrendite versprechen. Geld fließt in Finanzblasen und Steueroasen, anstatt in Arbeitsplätze und Staatskassen. (…)«[61a]

- **Ungerecht.** Es gibt immer mehr Millionäre und Milliardäre, auf der anderen Seite gibt es 3,7 Milliarden Menschen, sprich in etwa die Hälfte der Weltbevölkerung, die mit ein bis zwei Dollar am Tag auskommen müssen. **Wo beginnt Gerechtigkeit:** Wenn ein System geschaffen wird, wo gewährleistet ist, dass jedem Menschen die nötigen Mindeststandards nicht verwehrt werden, wie z.B. finanziellen Mittel um den täglich benötigten Warenkorb bedienen zu können (Wohnen, Essen, Trinken,…), gesundheitliche Versorgung, Schulbildung etc. Sobald ein System global diese Mindeststandards gewährleistet, dann ist es auch im Umkehrschluss in Ordnung, wenn ein System Millionäre und Milliardäre hervorbringt. → Stichwort: 1 Dollar Revolution - Globaler Mindestlohn in Entwicklungsländern - 1 Dollar in der Stunde.

- »**Intransparent.** »Über Geld spricht man nicht«, heißt es. Obwohl es doch gleichzeitig das Wichtigste zu sein scheint. Zum ›monetären Okkultismus‹ passen das Bankgeheimnis, anonyme Trusts, Steueroasen und das mauernde Schweigen der Verfassungen zur Frage der Buchgeldschöpfung.

- **Instabil.** Es tendiert systemisch zur Instabilität und Krise, weil private Profitinteressen Vorrang genießen vor Gemeinwohl und Systemstabilität. Erlaubt sind Leerverkäufe, spekulative Attacken und Währungen, Wetten und Staatspleiten und steigende Lebensmittelpreise, computergesteuerter Hochfrequenzhandel, hebelverstärkte Spekulation (»leveraging«) und Geldschöpfung durch Geschäftsbanken.

- **Nicht nachhaltig.** Weil Geld als Schuld in Umlauf kommt, muss es stets Wachstum geben, um die verzinsten Kredite tilgen zu können. (…)

- **Unethisch.** Bei der Kreditvergabe spielen ethische Kriterien keine Rolle. Basel I, II, III sind ökologisch, sozial und human gleichermaßen blind.

- **Skrupellos.** Die gegenwärtige Geldordnung ist geradezu eine Einladung, sich auf Kosten anderer zu bereichern, zum Betrug durch das Ausnützen von Informationsasymmetrien (Insidergeschäften) und zur Bereicherung zum Schaden anderer (Wetten auf Verluste). »Geld verdirbt den Charakter« hat einen wahren Kern.

- **Kriminell.** Vom Goldman-Sachs-Griechenland-Deal bis zum Subprime-Betrug, vom Libor-Skandal bis zur Rohstoffpreismanipulation reiht sich Kriminalfall an Kriminalfall. J.P. Morgan zahlte für einen Vergleich dreizehn Milliarden US-Dollar. In derselben Woche entschädigte die Bank über den Tisch gezogene KundInnen mit weiteren vier Milliarden US-Dollar. UBS, Royal Bank of Scotland, Barclays und Rabobank zahlten zusammen 2,5 Milliarden Euro Strafe für die Libor-Manipulation. Die Deutsche Bank machte bei Drecklegung dieses Buches Milliarden-Rückstellungen gegen den einsetzenden Klagen-Hagel.

- **Undemokratisch.** Allerorts – von der Geldschöpfung bis zur Produktinnovation – haben sich Partikularinteressen durchgesetzt. Geld und das gesamte Finanzsystem sind heute viel zu sehr ein privates und viel zu wenig ein öffentliches Gut. Das, was klar verboten sein müsste, zum Beispiel »finanzielle Massenvernichtungswaffen«, Schattenbanken oder der freie Kapitalverkehr in Steueroasen, ist erlaubt, weil die Plutokraten die Politik korrumpieren.

- **Regulierungsresistent.** Der vielleicht größte Defekt der gegenwärtigen Geld- und Finanzordnung ist, dass sie zu einer so großen Machtkonzentration geführt hat, dass eine effektive Regulierung nicht mehr gelingt. Manche, wie der ehemalige Chef der Deutschen Bank Rolf-E. Breuer, heißen das öffentlich gut. Er bezeichnet die Finanzmärkte als »fünfte Gewalt«, die das Verdienst auszeichnet, den Staat zu »kontrollieren«.[18]«[61b]

- **Wesentlicher Teil der Fehlkonstruktion des Geldsystems – Währungssystem.** »Das gegenwärtige internationale Währungssystem ist

»übereinstimmend« mit dem gesamten Geldsystem eine Quelle massiver Spekulationen, systemischer Instabilität und Ineffizienz. (…) Das fehlkonstruierte Modell, das US-Außenminister Henry Dexter White durchboxte, bestand darin, dass der US-Dollar neben seiner Rolle als nationale Währung der USA gleichzeitig zur Weltleitwährung bestimmt wurde, in der alle wichtigen Rohstoffe und globalen Schulden notieren (bis heute). Das bringt einen doppelten Riesenvorteil für die USA, weil sie a) das einzige Land der Welt sind, das in der eigenen Währung Rohstoffe einkaufen kann – alle anderen Staaten müssen zuerst US-Dollar kaufen, bevor sie Öl und andere Rohstoffe einkaufen können; und b) kein Land sich so sehr wie die USA in der eigenen Währung im Ausland verschulden kann. Diese Vorrechte genießen die USA immer noch, denn zerbrochen ist nur das Bretton-Woods-System; der US-Dollar als globale Leitwährung existiert auch siebzig Jahre nach der historischen Konferenz weiter, er ist die unangefochtene globale Reservewährung Nummer eins.«[61c]

- **Alternative:** Hebel 13 / Neues Geldsystem – Vollgeldreform + Hebel 15 / Globale Währung, Abkehr vom Dollar als Leitwährung

4) 206 Staaten und deren jeweilige Beschaffenheit wie z.B. politischen Ideologien, Staatsführer, Parteien und deren Politiker, die jeweiligen Gesetze, unterschiedliche Geschichte und kulturelle Beschaffenheit, BIP, Rohstoffreserven, militärische Mittel, etc.

Die 206 Staaten sollten entsprechend Verantwortung übernehmen, dass entsprechende Rahmenbedingungen und Gesetzgebung geschaffen werden, dass ein gutes Zusammenleben gewährleistet wird und gewisse Mindeststandards global gewährleistet werden, wie z.B. Arbeit, Arbeitslosengeld, Pension, Gesundheitssystem, Ausbau der Infrastruktur, Verteilung der globalen Rohstoffreserven, dass Gesetze entsprechend eingehalten werden etc., egal welche aktuellen Gesetze, Geschichte, Religion oder kulturelle Beschaffenheit der jeweilige Staat hat.

Diese Mindeststandards, die besonders den armen Teil der Bevölkerung schützen sollten, sind aber global entweder so gut wie gar nicht vorhanden (Entwicklungsländer, Schwellenländer) oder nehmen in vielen Staaten im Zuge der Globalisierung stetig ab. (Industriestaaten, Sozialabbau)

Staaten betreiben wie Unternehmen gegenseitigen Wettbewerb, wie z.B. Steuerwettbewerb, Unterwanderung von Arbeitsmindeststandards wie z.B. Mindestlöhne, Arbeitsschutz, Arbeitszeiten oder führen schlimmsten Falls sogar Ressourcenkriege (ÖL, Erdgas, etc.) und destabilisieren gezielt Staaten, um Sie bestmöglich hinsichtlich ihrer Bodenschätze zu berauben. Teil des Wettbewerbs ist die strategische Kriegsführung, wie die Geschichte immer wieder beweist.

Durch die Globalisierung wird der internationale Wettbewerb immer stärker geführt, die neoliberalen Strukturen werden forciert und Staaten müssen sich der Spirale der Standards nach unten immer mehr anpassen, um möglichst wettbewerbsfähig zu bleiben und damit Unternehmen sich weiterhin ansiedeln bzw. nicht abwandern in Billiglohnländer.

Nur wenige Staaten haben die finanziellen Mittel und eine Gesetzgebung, die ausgleichend agiert, sprich einen Sozialstaat zu finanzieren und sich um die ärmsten in der Gesellschaft zu kümmern und so versucht das Gemeinwohl möglichst hoch zu halten.

Staaten sollten weltweit natürlich möglichst kostengünstig agieren, z.B. durch einen schlanken Verwaltungsapparat.

Aber es darf nicht Ziel eines Landes sein, wie ein neoliberales Unternehmen zu denken, überall einzusparen und alle Standards nach unten zu schrauben, um möglichst viel Profit zu machen.

Die Staaten müssen der Gegenpol zu Unternehmen sein und dafür sorgen, dass das Gleichgewicht in der Gesellschaft global wächst, innerhalb der Staaten, aber auch im gegenseitigen Wettbewerb der jeweiligen Staaten und daraus eine möglichst starke globale Mittelschicht entsteht.

5) Wichtige Institutionen: UNO, Weltbank, Internationaler Währungsfond (IWF), Welthandelsorganisation (WTO), Internationale Arbeitsorganisation (ILO), G8, G13, G20 usw.

»Wer derzeit nach den dringendsten politischen Problemen unserer Zeit fragt, wird eine Liste erhalten, auf welcher Klimawandel, Finanzkrise, Verbreitung von Massenvernichtungswaffen oder Bekämpfung des Terrorismus weit oben stehen. Ihre Lösung wird allerdings nicht von Nationalstaaten, sondern von internationalen Organisationen erwartet: 54,9 Prozent der deutschen Bevölkerung äußerten im Jahr 2005 die Ansicht, dass Probleme infolge der Globalisierung am besten auf der internationalen Ebene bewältigt werden könnten.[1] Die Mehrheit der Bevölkerung schreibt internationalen Organisationen wie der Weltbank, dem Internationalen Währungsfonds (IWF), der Welthandelsorganisation (WTO), der G8 bzw. G20 oder den Vereinten Nationen (VN) sogar realpolitisch bereits einen größeren Einfluss in der Weltpolitik als der Bundesregierung zu.«[62]

a) UNO (Vereinte Nationen):

Die UNO hätte das Potential, die benötigte globale Basis weltweit einzuführen, hat aber folgende Schwäche. »Zugleich ist die UNO aber auch und vor allem eine Gemeinschaft von Staaten, die auf ihre Souveränitätsrechte großen Wert legen und allzu großen Eingriffen in ihre inneren Angelegenheiten ablehnend gegenüberstehen. So waren und sind sie nicht bereit, der UNO eigene Instrumente und Machtmittel an die Hand zu geben. Alle Entscheidungen und damit alle Handlungsmöglichkeiten der Organisation liegen fast vollständig in den Händen der Mitgliedstaaten, insbesondere der großen Mächte. Deren Eigeninteressen kollidieren immer wieder mit den kollektiven Normen und Mechanismen der UNO. Die auf Konsens- bzw. Kompromisssuche zwischen (formal) gleichberechtigten Staaten ausgerichtete politische Praxis der Vereinten Nationen gestaltet sich somit oft schwierig und langsam. Kritische Stimmen werfen der Organisation daher mitunter Hilflosigkeit und Versagen angesichts der Weltprobleme vor.«[63]

Natürlich soll die Souveränität der einzelnen Staaten nicht in Frage gestellt werden, aber solange sich weltweit nicht über eine UNO globale Basisgesetze einführen lassen, die für alle 206 Staaten gelten, unter Schirmherrschaft der Subsidiarität, wird man keine wesentlichen Schritte vorwärts machen.

b) IWF (Internationaler Währungsfonds) + Weltbank + WTO (Welthandelsorganisation):

»Weltbank, IWF und WTO haben es im Laufe der letzten 15 Jahre jeweils geschafft, zu einem zentralen und mächtigen Bestandteil des Geflechts der Globalen Governance Architektur zu werden. Die Organisation agieren dabei nicht »isoliert« voneinander, sondern nutzen ihre spezifischen Funktionen, Kompetenzen und Einflussbereiche zur weltweiten Durchsetzung von Handelsliberalisierung und Investitutionsfreiheit. Dabei gibt es eine klare und politisch gewollte »Arbeitsteilung«. Während die WTO Liberalisierungsverpflichtungen zwischen den Mitgliedsstaaten völkerrechtlich festschreibt, treiben IWF und Weltbank die Handelsliberalisierung in Entwicklungsländern voran und sorgen dort für die notwendigen komplementären Reformen zur Liberalisierungsagenda. Zwei Drittel aller zwischen 1983 bis 2003 von Entwicklungs- und Schwellenländern durchgeführten Zollreduktionen gehen auf unilaterale Maßnahmen der Länder zurück – meist unter dem Druck der Strukturanpassungsprogramme von IWF und Weltbank. Damit haben IWF und Weltbank auch die Verhandlungsposition der Entwicklungsländer in der WTO entscheidend geschwächt. […]

Folgen des neoliberalen Wahns:

Immenser Reichtum und immense Armut

Trotz ihrer unterschiedlichen Mandate und Governance-Strukturen agieren IWF, Weltbank und WTO weitestgehend nach den Interessen der Industrieländer, auch wenn sich die Verschiebung der globalen Machtverhältnisse in den letzten Jahren auf die drei internationalen Organisationen ausgewirkt hat. Ihr hegemonialer Multilateralismus beruht nicht auf partnerschaftlicher Kooperation und einem wirksamen internationalen Interessensausgleich zwischen schwächeren und stärkeren Akteuren, sondern verhilft insbesondere den starken Akteuren, ihre Interessen global durchzusetzen. Kontrolliert werden die drei mächtigen Organisationen vor allem von Finanz- und Wirtschaftsministern und hohen und mittleren Beamten in Ministerien oder den internationalen Organisationen. WTO, IWF und Weltbank funktionieren nach den Vorstellungen von Bankern, Konzernchefs und neoliberalen Think Tanks. Sie haben zwar auf die Kämpfe und Proteste sozialer Bewegungen und Nichtregierungsorganisationen (NRO) weltweit reagiert. Es gehört inzwischen zum »guten Ton«, dass sich die Chefs der drei Organisationen für eine »gerechtere Globalisierung« aussprechen. Doch dahinter verbirgt sich nicht viel mehr als der Versuch, das Image der Organisationen mit schönen Floskeln aufzupolieren. Ein Blick auf die Entwicklungen der letzten Jahrzehnte zeigt deutlich auf, wer von der Agenda der Internationalen Wirtschaftsorganisationen profitiert – und wem sie schadet. Trotz immensen Wachstums hält die Tendenz zu Massenarbeitslosigkeit und Verarmung unvermindert an. Die Kosten und

Nutzen der neoliberalen getriebenen Globalisierung sind zutiefst ungleich verteilt.«[64]

Zusammengefasst: Das Dreiecksgespann IWF (Internationaler Währungsfonds) + Weltbank + WTO (Welthandelsorganisation) sind global agierende Institutionen, die die Globalisierung angeblich positiv vorantreiben und bewirken wollen, dass möglichst viele Staaten vom jährlichen Wirtschaftswachstum profitieren. Der vorhin angeführte globale Ist-Zustand zeigt ganz klar auf, dass die Schere zwischen Arm und Reich global immer weiter aufgeht. Das lässt nur den Schluss zu, dass diese Institutionen einen verdammt schlechten Job machen und nur im Interesse weniger Industriestaaten handeln.

c) Weltbank: »Die Zahl der Mitgliedsstaaten der einzelnen Organisationen der Weltbankgruppe wird erst dann richtig aussagekräftig, wenn man ihr die Zahl der Staaten dieser Welt gegenüberstellt. Es sind derzeit 194 Staaten von den Vereinten Nationen als solche anerkannt, das sind alle UNO-Mitglieder und der Vatikan.

Somit gibt es nur wenige Nationen, die nicht der Internationalen Bank für Wiederaufbau und Entwicklung angehören. Dies zeigt, wie wichtig und weltweit aktiv diese Organisation ist. Dabei ist die Weltbank nicht nur ein wichtiger Kreditgeber und Entwicklungshelfer für Entwicklungs- und Schwellenländer.

Auch in den entwickelten Industrienationen der Welt spielt sie immer wieder eine gewichtige Rolle […].

Die Zielanpassungen der Weltbank

Heute gehört die Weltbank zu den größten internationalen Entwicklungsorganisationen der Welt und hat ihren Fokus primär auf Armutsbekämpfung, Umweltschutz und Wirtschaftsentwicklung gelegt. Beispielsweise werden Investitionen in bedürftigen Regionen getätigt, es werden Kredite vergeben oder mit Knowhow unterstützt. Ein weiteres Ziel: Die Kluft zwischen armen und reichen Ländern soll verkleinert werden. Vorrangige Empfänger der Hilfen sind somit Entwicklungs- und Schwellen-länder sowie Kriegs- und Krisenregionen weltweit. […]

Großes Stimmgewicht bei Industrienationen

Ein erster Kritikpunkt ergibt sich aus der Struktur der Weltbank: Ihre Kapitaleigner sind ihre Mitgliedstaaten. Der jeweilige Kapitalanteil eines Landes hängt wiederum von der wirtschaftlichen Leistungsfähigkeit ab. Starke Industrienationen wie die USA oder Deutschland haben somit einen größeren Kapitalanteil an der Weltbank als ein Entwicklungsland.

Von dem jeweiligen Kapitalanteil hängt jedoch auch das Stimmrecht der einzelnen Nationen ab. Damit verfügen die starken Industrienationen auch über das höchste Stimmgewicht. Dies mag zunächst fair klingen, da diese Länder auch den größten finanziellen Beitrag leisten. Es wird jedoch vielfach kritisiert, dass die Industrienationen bei ihren Entscheidungen vor allem eigene Interessen verfolgen.

Gerade im Hinblick auf Liberalisierung und Privatisierung der Wirtschaft würde das Ziel der Armutsbekämpfung klar verfehlt werden, was man daran erkenne, dass die Arbeitslosigkeit steigen und Bildung oder medizinische Versorgung für die Betroffenen nicht mehr bezahlbar wäre.«[65]

Betrachtet man den Aufgabenbereich der Weltbank, den herrschenden globalen Ist-Zustand und wie sich derzeit die Themengebiete der Weltbank entwickeln, kann man nur feststellen, dass die Bemühungen schlichtweg nicht greifen. Ein erster wesentlicher Schritt wäre die wahrliche Demokratisierung der Weltbank: ein Staat, eine Stimme.

d) Internationale Währungsfond (IWF):

»*Wo immer er einschreitet, greift er tief in die Souveränität von Staaten ein (…) und hinter-lässt eine breite Spur wirtschaftlicher und sozialer Zerstörung.*«[66]

»Der IWF ist eine Sonderorganisation der Vereinten Nationen und hat offiziell die hauptsächliche Aufgabe, das globale Finanzsystem zu stabilisieren und Ländern, die in Schwierigkeiten geraten sind, aus der Krise zu helfen. Er vermittelt so der Weltöffentlichkeit den Eindruck einer ehrenwerten, Gerechtigkeit und Hilfsbereitschaft verpflichteten internationalen Organisation unter dem Dache der vielfach mit dem Friedensnobelpreis ausgezeichneten Welt-Staaten-Gemeinschaft UNO. Doch wie so oft, sieht es hinter dieser noblen Fassade ganz anders aus, wie Ernst Wolff in seinem kürzlich erschienen Buch: Weltmacht IWF. Chronik eines Raubzugs, in besonders kompakter Form aufgezeigt hat.(1)

Entstehung

Schon die Entstehung des IWF zeigt, woher der Wind weht und welche Kräfte hier das Sagen haben. Beschlossen wurde seine Einrichtung auf einer internationalen Konferenz, zu der die USA, die praktischen Sieger des Zweiten Weltkrieges, im Juli 1944 nach Bretton Woods geladen hatten, um die Grundzüge einer Welt-Wirtschafts- und -Währungsordnung für die Nachkriegszeit festzulegen.

Die USA, zur international größten Gläubigerin aufgestiegen, die über die Hälfte der globalen Industrieproduktion verfügten, hatten die Absicht, die Vergabe der überall benötigten Kredite »auf viele Schultern zu verteilen, sich aber gleichzeitig selbst die Kontrolle über alle internationalen Finanzströme zu sichern. Schließlich musste Washington sich auf Grund seiner Größe und seines rasanten Wirtschaftswachstums Zugang zu Rohstoffen und darüber hinaus Absatzmärkte in aller Welt für die eigene Überproduktion erschließen.«(2)

Dazu war nötig, das britische Pfund als verbreitetste Währung durch den Dollar, und die Vormachtstellung der City of London durch die Wall Street abzulösen. Unter dem Diktat der USA wurde ein internationales Währungssystem festgelegt, mit dem die USA alle Währungen durch feste Wechselkurse an den US-Dollar als Weltleitwährung banden und damit den anderen Ländern weitgehend die Möglichkeit nahmen, die eigene Geldpolitik zum Schutz der heimischen Industrie steuern zu können.

Dieses System zu überwachen und durch Vergabe von Krediten an Länder mit Zahlungsproblemen zu stabilisieren, wurde Aufgabe des IWF, der am 27.12.1945 mit Sitz in Washington, nur wenige Minuten Fußweg vom Weißen Haus entfernt, gegründet wurde. Ihm gehören heute 188 Staaten als einzahlende Mitglieder und damit berechtigte Kreditnehmer an. Das Stimmrecht richtet sich nicht demokratisch nach der Bevölkerungszahl, sondern nach der Höhe des eingezahlten Kapitalanteils. Dadurch sicherten sich die USA von vorneherein mit dem bis heute zwei- bis dreifachen Stimmanteil gegenüber den anderen Industrienationen wie Japan, Frankreich und Deutschland die absolute Kontrolle über alle Entscheidungen, sowie Sperrminorität und Vetorecht.

Die Dominanz der USA zu verschleiern, dient die gleich zu Anfang eingeführte Tradition, den Chefposten stets mit einem Nicht-Amerikaner zu besetzen. Vom 1.5.2000 an hatte ihn der Deutsche Horst Köhler inne, bis er ihn am 4.4.2004 abgab, als er zum Bundespräsidenten nominiert wurde. Seit 5.7.2011 waltet die Französin Chri[s]tine Lagarde medienwirksam dieses Amtes, bestens vorbereitet durch die Tätigkeit in einer US-Anwaltskanzlei, führende Mitarbeit im Global Strategy Committee von Baker & McKenzie in Chicago, Mitgliedschaft in der Denkfabrik Center for Strategic and International Studies (CSIS), wo sie gemeinsam mit Zbigniew Brzezinski das Aktionskomitee USA-EU-Polen anführte und sich speziell in der Arbeitsgruppe Rüstungs-industrie USA-Polen (1995-2002) engagierte, sowie durch die Mitgliedschaft in der Euro-Atlantic Action Commission in Washington (Wikipedia).

Bewusst wird von Politikern, Wissenschaftlern und internationalen Medien der Welt-öffentlichkeit das Bild eines neutralen, über den Nationen stehenden und von politischen Einflüssen unabhängigen IWF vermittelt, dessen Hauptziel die Sorge einer geordneten Weltwirtschaft sei, in der er Störungen so schnell wie möglich behebe. In Wahrheit handelt es sich um eine von den USA initiierte, beherrschte und auf ihre kapitalistischen Interessen zugeschnittene Einrichtung.

Bedingungen der Kreditvergabe

Schon früh knüpfte der IWF die Gewährung von Krediten an Bedingungen, die weit über die Festlegung von Laufzeiten und Zinssätzen hinausgingen. So wurden ab 1958 die Regierungen von Schuldnerstaaten verpflichtet, sich in einer Absichtserklärung zu »angemessenen Bemühungen« bereitzuerklären, ihre Zahlungsbilanzprobleme in den Griff zu bekommen. Die Auszahlung der Kredite erfolgte nur noch in Etappen und war jeweils von den »angemessenen Bemühungen« abhängig. »Außerdem bestand (und besteht) der IWF darauf, dass Abkommen zwischen ihm und seinen Schuldnern nicht als internationale Verträge gelten und deshalb nicht parlamentarisch abgesegnet werden müssen«, ja, »dass sie darüber hinaus nicht für die Augen der Öffentlichkeit bestimmt, sondern als Geheimsache zu behandeln sind.«(3) Dieses schier unglaubliche totalitäre Diktat, dem die Regierungsvertreter – bei eigener finanzieller Sicherheit – ihr Land in seiner finanziellen Not unterwerfen, gilt heute noch und zeigt, wie sehr der IWF das Licht der Öffentlichkeit zu scheuen hat.

Mit der Abschaffung der festen Wechselkurse 1971 waren die Kernaufgaben des IWF eigentlich erledigt. Übrig blieb nur die Rolle als Kreditgeber letzter Instanz, wenn ein Land auf dem Kapitalmarkt keine Kredite mehr erhält. Die Macht des IWF wirkt aber auch auf den Kapitalmarkt zurück, denn dort werden Kredite in der Regel nur solchen Ländern gewährt, denen der IWF nach Maßgabe seiner Bedingungen für die Kreditvergabe sein »Gütesiegel‹ verpasst hat. Diese Bedingungen wurden im Laufe der Jahre ständig gesteigert und verschärft und erwiesen sich als entscheidende Mechanismen, die betroffenen Länder unter eine immer größer werdende Fremdbestimmung zu bringen. Mit der besonderen Einstellung auf die Zielgruppe der Entwicklungsländer in den Jahren ab 1978 ergänzte der IWF seine Statuten durch die Positionen »technischer Beistand« und »Überwachung«.

Mit dem »technischen Beistand« räumte er sich in den Verträgen das Recht ein, »beim Ausbau der Regierungskapazität und beim Aufbau der jeweiligen Zentralbank ein gewichtiges Wort mitzureden«, also dafür zu sorgen, dass die entscheidenden Positionen in den Wirtschaftsministerien und Zentralbanken »mit Leuten besetzt wurden, die dem IWF nahestanden oder zumindest seine neoliberalen (kapitalistischen) An-sichten teilten.«(4) »Überwachung« bedeutete die Einmischung in die innere Regierungstätigkeit der Länder, um das zu erreichen, was Good Governance, eine gute Regierungsführung, genannt wurde, die sich konkret in entsprechenden neoliberalen Gesetzesänderungen und Finanzreformen auswirken.

»Strukturanpassungsprogramme«

Ab 1979 wurden sogenannte »Strukturanpassungsprogramme« in die Vertragsbedingungen aufgenommen, die unter den Schlagwörtern »Liberalisierung, Deregulierung, Stabilisierung und Privatisierung« die neoliberalen Reformen im Sinne des US-Finanzkapitals vorantreiben und sichern sollen. Dazu zählen:

-   Ausgleich des Staatshaushaltes durch Einsparungen und Ausgabenstreichungen. Die Gehälter der öffentlichen Bediensteten werden eingefroren oder gesenkt, viele entlassen. Vor allem die sowieso unterfinanzierten Erziehungs- und Gesundheitssysteme sowie die Subventionen für Treibstoff und Grundnahrungsmittel werden stark reduziert. Unterernährung und Tod durch Verhungern nehmen zu. Das Ziel ist, dass dadurch mehr Geld zur Bedienung der ausländischen Kredite zur Verfügung steht.

- Begrenzung des inländischen Kreditvolumens durch Zinserhöhungen, was viele von billigen Krediten abhängige Kleinbetriebe in den Bankrott und ihre Beschäftigten in die Arbeitslosigkeit und Armut treibt.

- Abbau von Import- und Devisenverkehrsbeschränkungen, der dazu führt, dass Kapital und billige Waren aus dem Ausland ungehindert ins Land fließen, was vor allem im Agrarsektor dramatische Folgen hat: Die Kleinbauern können mit den vielfach durch Subventionen des Auslandes (USA u. EU!) niedrigen Preisen nicht konkurrieren, verlieren ihre Lebensgrundlage und verarmen. Vor allem afrikanische Länder, die zuvor Nahrungsmittel exportiert hatten, wurden zu Nahrungsmittelimporteuren und sind es bis heute geblieben.

- Ausrichtung der Wirtschaft auf einzelne, gut zu vermarktende Exportgüter, die ins-besondere bei Rohstoffen zu einer einseitigen Abhängigkeit des jeweiligen Landes von den Weltmarktpreisen führt und bei sinkenden Preisen die Exporteinnahmen zum Teil einbrechen lässt, wobei man sich klar sein muss, dass die Weltmarktpreise von den US-Finanzkräften weitgehend gesteuert werden. Für die Landwirtschaft bedeutet die Konzentration auf weltweit gefragte Produkte wie Kaffee, Kakao, Tee und Baum-wolle, dass der Anbau jahrhundertelang bewährter Grundnahrungsmittel wie Mani-ok, Süßkartoffeln und Hirse stark reduziert wurde oder verschwunden ist, was wieder die Importabhängigkeit von Lebensmitteln erhöht. In beiden Bereichen steigern sich dadurch die Profite der internationalen Konzerne.

- Beseitigung von Restriktionen für ausländische Investitionen, was viele heimische Betriebe in den Ruin treibt, da sie sich mit Unternehmen nicht messen können, die ihnen finanziell, technisch und logistisch haushoch überlegen sind.

- Privatisierung von Staatsbetrieben und Staatseigentum, wodurch elementare Versorgungsbereiche wie Strom, Wasser oder öffentliche

Verkehrsbetriebe privaten Investoren und Spekulanten in die profitorientierten Hände fallen, die in der Regel die Prei-se, ungeachtet aller gesellschaftlichen Folgen, sofort drastisch in die Höhe schrauben.

Allen Einzelbedingungen des IWF sind drei gravierende Folgen gemein: Sie bringen Not und Elend über die Bevölkerung, dagegen hohe Profite den internationalen Investoren, und sie tragen dazu bei, das Land in noch größere Abhängigkeit von den welt-weiten Finanzmärkten – und vom IWF zu bringen. Den Ländern bleibt nichts anderes übrig, als sich letztlich doch auch an den IWF zu wenden, da bei kommerziellen Banken in globaler kapitalistischer Eintracht nur solche Länder als kreditwürdig gelten, die sich dessen rigorosen Strukturanpassungsprogrammen unterwerfen. »Bis Mitte der achtziger Jahre wurden auf diese Weise drei Viertel aller lateinamerikanischen Länder und zwei Drittel aller afrikanischen Länder zu Mitgliedern des IWF.«(5)

Wenn afrikanische Länder, die jahrzehntelang durch den europäischen Kolonialismus ausgeplündert wurden, sich so in einem neuen Netz postkolonialer Abhängigkeit und Ausbeutung wiederfinden, durch das immer mehr Menschen entwurzelt werden und verarmen, ist es kein Wunder, dass sie Nährboden für Terrorismus bilden oder in Massen dem Land entfliehen und Zukunft suchend die Länder Europas überfluten. Europa wird durch die Folgen seiner eigenen Taten heimgesucht.

Beispiele der »Rettungspolitik« des IWF

Als in der lateinamerikanischen Schuldenkrise der 1970er und 1980er Jahre die inter-nationalen Banken fürchteten, dass die hochverschuldeten Länder ihre Zins- und Tilgungszahlungen einstellen mussten, griff in allen Fällen der IWF als global operierende Finanzfeuerwehr ein. Er vermittelte, um den jährlichen Schuldendienst aufrecht zu erhalten, zusätzliche Kredite der Banken und steuerte selbst Kredite bei – unter den Bedingungen seiner Strukturanpassungsprogramme. Sechzehn Länder wurden zu Umschuldungen gezwungen, die aber nur das Ziel hatten, »ihre Zahlungsfähigkeit wiederherzustellen und die Krise zu nutzen, um Investitionsbedingungen und Verdienstmöglichkeiten für ausländische Konzerne und Banken zu verbessern. (…) So strichen internationale Banken in den ersten zwei Jahren der lateinamerikanischen Schuldenkrise allein in Mexiko und Brasilien 1,5 Mrd. Dollar an Profiten ein.« Die Abschaffung der Subventionen auf Grundnahrungsmittel und die Senkung der Reallöhne um 38 % in Mexiko z. B. führte im Verein mit den anderen Maßnahmen und der anhaltend hohen Inflation von 60 bis 90 % dazu, dass ein Großteil der Bevölkerung in bittere bzw. noch schlimmere Armut getrieben wurde.(6)

»Zu seiner Unterstützung brauchte der IWF aber nicht nur die Regierungen, sondern auch deren Unterdrückungsapparate, denn mit jeder Verschärfung der Konditionalität wuchs auch der Widerstand in der Bevölkerung gegen die angeordneten Sparmaßnahmen.«(7) Nach dem von der CIA unterstützten Militärputsch von 1973 in Chile unter Pinochet verfünffachten sich binnen drei Jahren die IWF-Kredite und der Diktator sorgte mit einer ›Schocktherapie‹ gnadenlos für die Durchsetzung der ein-schneidenden Maßnahmen und schlug jeden Widerstand brutal nieder. Zigtausende wurden inhaftiert und gefoltert, Tausende umgebracht. In Argentinien kam es 1976 zu Massenprotesten gegen das vom IWF geforderte Einfrieren der Löhne. Auch hier kam eine Militärdiktatur an die Macht, der dreißigtausend Menschen zum Opfer fie-len. Bei Massenprotesten gegen die vom IWF geforderten Maßnahmen in Ägypten 1977 kamen 79 Menschen ums Leben, in Marokko 1981 mehr als 600, in der Domini-kanischen Republik 1984 mehr als 50, in Venezuela 1989 mehrere hundert Demonst-ranten. »Insgesamt kam es zwischen 1976 und 1992 in 39 Ländern zu etwa 150 Pro-testen gegen die Sparpolitik von Regierungen und IWF, bei denen insgesamt mehrere zehntausend Menschen getötet wurden.«(8)

Fazit

Hinter der ehrenwerten Fassade einer international hilfreichen Finanzorganisation arbeitet der IWF als ein Interessen-Instrument des internationalen Finanzkapitals zur Ausbeutung der Menschheit. Seine Mittel sind die Mechanismen des Kapitalismus, speziell der Kreditwirtschaft. Gerät ein Land in finanzielle Schwierigkeiten, ist er als »Kreditgeber letzter Instanz« zur Stelle und erzwingt für die internationalen Banken die Aufrechterhaltung des Schuldendienstes, durch den die Bevölkerung in eine noch größere wirtschaftliche Not gestoßen wird als zuvor.

Die IWF-Bedingungen, die nicht »Strukturanpassungsprogramme«, sondern Bank-profit-Anpassungsprogramme heißen müssten, haben »Millionen von Menschen den Arbeitsplatz genommen, ihnen den Zugang zu ausreichender Gesundheitsversorgung, einem funktionierenden Bildungswesen und menschenwürdigen Unterkünften verwehrt. Sie haben ihre Nahrungsmittel bis zur Unbezahlbarkeit verteuert, die Obdachlosigkeit gefördert, alte Menschen um die Früchte lebenslanger Arbeit gebracht, die Ausbreitung von Krankheiten begünstigt, die Lebenserwartung verringert und die Säuglingssterblichkeit erhöht. – Am anderen Ende der gesellschaftlichen Leiter dagegen hat die Politik des IWF einer winzigen Schicht von Ultrareichen dazu verholfen, ihre riesigen Vermögen sogar in Krisenzeiten zu vermehren. Die von ihm geforderten Maßnahmen haben entscheidend dazu beigetragen, dass die weltweite soziale Ungleichheit ein in der Geschichte der Menschheit nie dagewesenes Ausmaß angenommen hat.«(9) Die Verantwortlichen des IWF und die sie mittragenden Regierungen der kapitalistischen Industriestaaten wie Deutschland machen sich fortlaufender Verbrechen wider die Menschlichkeit schuldig.«[67]

e) Welthandelsorganisation (WTO):

»Auf den ersten Blick scheint die Entscheidungsstruktur innerhalb der WTO ein Fort-schritt. Im Gegensatz zu Weltbank und Währungsfonds, wo die Stimmverteilung von den Kapitaleinlagen abhängt (»ein Dollar – eine Stimme«) und die (Kredit-) Geber-länder daher die Stimmenmehrheit halten, gilt in der Welthandelsorganisation das Prinzip »ein Land – eine Stimme«. Jede neue Handelsrunde wird im Konsens beschlossen. Theoretisch. In der Praxis wirken die gewohnten Machtverhältnisse: Die »Quads« – USA, Japan, die EU und Kanada – geben die Themen vor. Am Sitz der WTO in Genf werden mehrmals wöchentlich offizielle und inoffizielle (nur im »ausgewählten« Kreis) Meetings abgehalten, in denen die Abkommen vorbereitet werden. Hochkomplexe Verhandlungsgegenstände verlangen entsprechende ExpertInnen-pools. Doch zahlreiche Entwicklungsländer können sich eine permanente Vertretung in Genf schlicht nicht leisten. Bei Ministerkonferenzen spitzt sich dieses Missverhältnis zu. Während die Delegationen der EU und USA mehrere hundert Personen um-fassen, haben die ärmsten Länder oft nicht genügend VerhandlerInnen vor Ort, um alle parallel – und in der Schlussphase der Konferenzen oft rund um die Uhr – tagenden

Verhandlungsgruppen zu besetzen. Wer aber abwesend ist, stimmt zu. Falls anwesende Entwicklungsländer dennoch ihre Zustimmung verweigern wollen, haben die Industrieländer ausreichend Druckmittel in der Hand: Streichung der Entwicklungshilfe, Stopp einer Kredittranche, Aufnahme auf eine »schwarze Liste« ... Auch der Einflussnahme oder gar Kontrolle durch die nationalen Parlamente ist die WTO faktisch entzogen. Die jeweils ausverhandelten Ergebnisse können nur im Nachhinein ratifiziert werden, oder sie müssten – politisch kaum denkbar – vom Nationalrat zur Gänze (»single un[d]ertaking«) abgelehnt werden. Die Verhandlungen werden auf einer supranationalen, bürokratischen Ebene geführt, auf der der Einfluss transnationaler Konzerne überproportional ist und demokratische bzw. zivilgesellschaftliche Interessen auf der Strecke bleiben.

Freihandel – ein neoliberales Rezept

Das theoretische Grundgerüst der WTO zimmerte vor rund zweihundert Jahren der britische Ökonom David Ricardo. Ihm zufolge sollten sich alle Länder auf die Herstellung jener Güter spezialisieren, für die sie jeweils die besten Voraussetzungen (»komparative Kostenvorteile«) mitbringen. Vom freien Handel würden dann alle Beteiligten profitieren. Doch in der Praxis des Weltmarkts führt diese Strategie zu Abhängigkeiten und steigendem Ungleichgewicht: Der Norden spezialisiert sich auf Hi-Tech-Produkte und Dienstleistungen, der Süden auf Exporte mit geringer Wertschöpfung und Rohstoffe, deren Preise verfallen. Trotz solcher »Konstruktionsfehler« geben sich die Liberalisierungs-BefürworterInnen überzeugt, dass die Industrieländer ihren heutigen Reichtum dem freien Handel verdanken. Ein Blick auf die historische Faktenlage zeigt das Gegenteil: Tatsächlich befolgten die Industrieländer selbst keine jener politischen Strategien, die sie den Entwicklungsländern heute alternativlos verordnen, schon gar nicht den viel gepriesenen Freihandel. So verfolgte Großbritannien bis zur Mitte des 19. Jahrhunderts eine ausgesprochen protektionistische Politik, mit hohen Schutzzöllen und Exportsubventionen bei gleichzeitig zollbegünstigter Einfuhr von Rohstoffen, die zur Weiterverarbeitung benötigt wurden. Erst mit der Suche nach neuen Absatzmärkten wurde das britische Empire zum glühenden Verfechter des Freihandels. Wohlbehütet von zwei Ozeanen und zusätzlich geschützt durch Einfuhrzölle von bis zu 50 Prozent auf Fertigwaren vollzog sich das Wachstum der US-Industrie.

Erst nach dem Zweiten Weltkrieg, bereits zur Wirtschaftssupermacht aufgestiegen, begannen sich die USA für den Freihandel stark zu machen. Sehr treffend verglich der deutsche Ökonom Friedrich List solcherart Eintreten für Handelsliberalisierungen mit dem Verhalten eines Mannes, der dem anderen die Leiter umstößt, ohne die er selbst nie über eine hohe Mauer gekommen wäre. Die VerfechterInnen des freien Warentauschs haben stets versprochen, die Öffnung immer weiterer Bereiche für den Weltmarkt würde den wirtschaftlichen Erfolg garantieren und die Armut bekämpfen. Die tatsächlichen Auswirkungen der neoliberalen Rezeptur zeigen ein anderes Bild: 1980 – 2000 hat sich das Wachstum der Weltwirtschaft gegenüber der Periode 1960 – 1980 von 3 auf 2,3 Prozent verlangsamt. Im Durchschnitt der Entwicklungsländer halbierte sich die Wachstumsrate, in Teilen Afrikas sowie in den ehemals kommunistischen Ländern schrumpfte das Pro-Kopf-Einkommen dramatisch. Gebremst wurde der Rückgang lediglich durch das starke Wachstum der chinesischen und indischen Wirtschaft – in beiden Fällen ohne die Anwendung neoliberaler Empfehlungen.«[68]

Die wichtigsten Abkommen der WTO

»Durch sämtliche Teilabkommen der WTO ziehen sich einige zentrale Grundprinzipien. Meistbegünstigung: Unternehmen aller Mitgliedsländer müssen gleichbehandelt werden, z. B. aus Ghana und den USA, was zur Gleichbehandlung von Ungleichen führt. Inländerbehandlung: Ausländische Unternehmen dürfen nicht schlechter behandelt werden als inländische: die Förderung lokaler oder regionaler Märkte (Nahversorgung) ist den Mitgliedsstaaten der WTO verboten. Fortschreitende Liberalisierung: Die WTO-Mitglieder verpflichten sich zu einer immer weiteren Liberalisierung in allen Bereichen bis zum total ›freien‹ Weltmarkt. GATT und GATS Während das GATT für den grenzüberschreitenden Warenhandel zuständig ist, regelt das GATS (General Agreement on Trade in Services) den globalen Handel mit Dienstleistungen. Dabei bleibt es nicht nur bei »harmlosen« Dienstleistungen wie Reiseführung oder Unternehmensberatung, betroffen ist auch die gesamte Palette der öffentlichen Dienstleistungen: Bildung, Gesundheit, Energie- und Wasserversorgung, Pensionen, Post und Telekom, öffentlicher Verkehr, soziale Dienstleistungen u. a. Sie alle sollen nicht mehr von lokalen Unternehmen oder der öffentlichen Hand erbracht werden, sondern von den Global Players. Diese haben das GATS überhaupt erst durchgesetzt und geben auch aktuell die Richtung vor: So fordert zum Beispiel die EU – in Vertretung ihrer Bevölkerung – von 72 Ländern die totale Öffnung der Trinkwasserversorgung für transnationale Konzerne. Profitstreben in diesen Bereichen geht aber – wie zahlreiche internationale Beispiele zeigen – zulasten der umfassenden Versorgung der Bevölkerung, der Qualität der Dienstleistungen und der in diesen Betrieben Beschäftigten. (s. Attac-Positionspapier zum GATS) Schutz geistiger Eigentumsrechte - TRIPS Das Abkommen über den handelsbezogenen Schutz geistiger Eigentumsrechte TRIPS (Agreement on Trade Related Intellectual Property Rights) schützt Marken, Patente und geografische Bezeichnungen. Kurz, es verwandelt Wissen in Eigentum. Das ist der wichtigste Grund, warum es speziell den Entwicklungsländern schadet: Die Know How-Kluft zwischen Nord und Süd wird durch das TRIPS nicht kleiner, sondern größer. Darüber hinaus steckt der TRIPS-Teufel in zahlreichen Details: 1. Durch überlangen Patentschutz wird Innovation verhindert. 2. Die Patentierung von Lebewesen bildet die Geschäftsgrundlage für Gentechnik. 3. Pflanzenpatente ermöglichen Biopiraterie durch westliche Pharmakonzerne – die Aneignung genetischer Ressourcen des Südens (z. B. pflanzlicher Wirkstoffe). 4. Das TRIPS ›schützt‹ die Eigentumsrechte der Pharmakonzerne so massiv, dass sich arme Länder die Medikamente gegen Seuchen wie AIDS oder Malaria nicht mehr leisten können – weil billiger selbst erzeugen dürfen sie sie nicht oder nur im absoluten Notfall. Das TRIPS kam auf den Druck westlicher Pharmakonzerne zustande, es kann als Globalisierung von US-Patentrecht gelesen werden. Vor dem TRIPS kannten zahlreiche Kulturen gar kein »geistiges Eigentum«, zum Beispiel wurde medizinisches Wissen als Allgemein-gut und nicht als Privateigentum betrachtet. Das Landwirtschaftsabkommen AoA (Agreement on Agriculture) regelt den Handel mit Agrargütern. Derzeit verkauft der Norden seine Produkte dank massiver Subventionen weit unterhalb der Produktions-kosten auf dem Weltmarkt, wodurch BäuerInnen in Asien, Afrika und Lateinamerika wirtschaftlich ruiniert werden und hungern oder das Land verlassen müssen. Viele arme Länder fordern daher den Abbau aller Exportsubventionen und den Schutz ihrer hochsensiblen Agrarmärkte durch Zölle. Im Gegensatz zum »Protektion[i]smus«-Ansatz der Ärmsten fordern die großen Agrarexporteure wie Argentinien und Brasilien ihrerseits Marktzugang zu den reichen Ländern. Das wiederum würde die besten Böden in den Händen weniger konzentrieren, die vorrangig für den Export produzieren und nicht für die hungernde Bevölkerung. Die Lösung der komplexen [Ag-rar]problematik innerhalb der WTO ist aussichtslos: So sinnvoll die heiß diskutierte Abschaffung der Exportsubventionen wäre, sie würde unmittelbar den Druck auf Abbau aller Agrarzölle und somit auf totalen Freihandel erhöhen, was wiederum die Spirale aus Exportorientierung, Bodenkonzentration, Landflucht und Verarmung beschleunigen würde. Die Alternative liegt in der Stärkung kleinbäuerlicher, ökologisch und kulturell angepasster Strukturen weltweit, mit den vorrangigen Zielen Ernährungssouveränität, Hungervermeidung, Vielfalt und Nachhaltigkeit. Die vier so genannten Singapur-Themen würden eine immense Ausweitung der Zuständigkeit der WTO auf die Bereiche Investitionen, Wettbewerbspolitik, öffentliche Beschaffung und Handelserleichterungen bedeuten. Speziell das Investitionsthema ist ein brand-heißes Eisen. Hier geht es – nach dem Wunsch u. a. der österreichischen Wirtschaftskammer – darum, Konzerne vor jeder Art staatlichen Zugriffs zu »schützen«, selbst Umweltgesetze als »Enteignung« zu definieren und den Konzernen eine direkte Klagemöglichkeit gegen Staaten zu schaffen – nicht vor nationalen Gerichten, sondern vor den Tribunalen der WTO, die nationale Gesetze zu Fall bringen können. Die extrem einseitige Ausrichtung des Abkommenentwurfs ließ es schon auf der Konferenz von Singapur (1996) scheitern, auch ein zweiter Anlauf in der OECD, das berüchtigte MAI, blieb nach massiven Protesten erfolglos. Und sogar am Scheitern der 5. Ministerkonferenz in Cancún 2003 waren die Singapur[-]Themen maßgeblich beteiligt.«69

f) Internationale Arbeitsorganisation (ILO):

»Die 1919 gegründete und damit älteste Sonderorganisation der UNO, die Internationale Arbeitsorganisation ILO, hat bislang 185 Konventionen zu Arbeitsrechten verschiedet. Die vier wichtigsten Normen – Gewerkschaftsfreiheit, keine Kinderarbeit, keine Zwangsarbeit und keine Diskriminierung, etwa wegen Geschlecht, Religion und Herkunft – wurden 1998 zu den Kernarbeitsnormen zusammengefasst. Für viele Instrumente dienen die ILO-Standards als Referenzdokumente.

In Deutschland gibt es ein Betriebsverfassungsgesetz und die Gewerkschaften verhandeln Tarifverträge. Es gibt Umweltgesetze, deren Einhaltung kontrolliert wird. Bei Nichtbefolgung drohen Strafen. In vielen Teilen der Welt, insbesondere in den Ländern des Südens, gibt es jedoch entweder keine so weitgehende Gesetzgebung oder deren Einhaltung wird nicht ausreichend kontrolliert. In Sonderproduktionszonen können transnationale Konzerne auch Extrabedingungen aushandeln: meist geringere Standards als national üblich.«[70]

Wesentlich ist: »Arbeitnehmerrechte dürfen nicht an Grenzen enden. Die von der Internationalen Arbeitsorganisation (ILO) gesetzten Standards für einen Mindestlohn, für Arbeits- und Gesundheitsschutz, aber vor allem für kollektive Rechte, wie sie Betriebsräten, aber auch Gewerkschaften zukommen, müssen überall gelten. Bei grenzüberschreitenden Arbeiten (z.B. Entsendung von Arbeitskräften) dürfen keine rechts-freien Räume entstehen.«[71]

G8 + G13 + G20: Diese Treffen führten zu keinen nennenswerten Verträgen, die die Welt hinsichtlich der Globalisierung nennenswert besser gemacht hätten, sprich Entwicklungsländer, vor allem in Afrika, nachhaltig zu stärken.

»Drittens fehlen den Großmächten funktionierende Mechanismen, um sich zu Aufgaben von besonderer Tragweite abzustimmen und nach Möglichkeit zu kooperieren. Diese Kritik mag verblüffen angesichts der Fülle bestehender multilateraler Foren, von denen es derzeit mehr gibt als je zuvor in der Geschichte. Neben dem UN-Sicherheitsrat – der zwar bindende förmliche Beschlüsse fällen kann, aber in wichtigsten Streitfragen blockiert wird – finden regelmäßig Gipfelreffen der Staats- und Regierungschefs der NATO sowie der Europäischen Union, der asiatisch-pazifischen Führer der APEC und der Ostasiengipfel (EAS), der Führer de[r] entwickelten Länder der G7 oder G8 sowie die der großen Volkswirtschafen der G20 statt. […] Dennoch wird die Ausarbeitung einer langfristigen Strategie durch die Natur dieser Foren behindert, und sie finden nur selten statt. Diskussionen über deren Ablauf und Verhandlungen über die offizielle Agenda beanspruchen den Großteil der Vorbereitungszeit. Manche Foren drehen sich vor allem um Terminkalender wegen der Schwierigkeiten, die Staats- und Regierungschefs regelmäßig an einem Ort zu versammeln. Zudem liegt es in der Natur der Sache, dass diese Politiker sich bei den Treffen auf die öffentliche Wirkung ihrer Auftritte in ihrem Land konzentrieren und dazu neigen, Taktik und PR in den Vordergrund zu stellen. Angesichts solcher Abläufe kommt bei diesen Foren oft kaum mehr heraus als ein offizielles Kommuniqu[é] – im besten Fall eine

Diskussion über anstehende taktische Fragen und im schlechtesten eine neue Form der Gipfeldiplomatie als Event der ›Sozialen Medien‹. Um ein zeitgemäßes internationales Regelwerk mit Normen zu schaffen, die sich als relevant erweisen, reichen gemeinsame Erklärungen nicht aus. Ein solches Unternehmen muss als eine Sache gemeinsamer Überzeugungen gepflegt werden.«[72]

6) Alle Unternehmen (vor allem Konzerne, Banken, vermögende Familien) dieser Welt und deren innerstaatliches und globales Wirtschaften:

Angebot und Nachfrage in einer möglichst freien Marktwirtschaft: Geld regiert die Welt! Konzerne agieren meistens weltweit und finden perfekte Rahmenbedingungen vor, um ihre Produkte, Dienstleistungen billig in Dritte-Welt-Ländern / Schwellenländern zu produzieren und im reichen Westen, aber auch in Schwellenländern und Dritte-Welt-Ländern, gewinnbringend zu verkaufen.

Da alle Staaten dieser Welt unterschiedliche Gesetze, Regeln, Standards vorweisen, können sich Konzerne ganz gezielt die Rosinen global herauspicken und zahlen am Ende auch noch so gut wie keine Steuern – siehe Google, Facebook, Ikea, Apple, Starbucks etc.

Wenn Regierungen wechseln, werden diese sofort von Konzernen und reichen Staaten geschmiert (»Economic Hit Man«), damit sich die herrschenden Rahmenbedingungen auf keinen Fall ändern.

Unternehmen, vor allem Konzerne, versuchen durch eine enorme Lobby, Politiker weltweit beim Finden von zukünftigen Gesetzen zu beeinflussen und ein System auszubauen, das auf Angebot und Nachfrage basiert und das in einem möglichst freien Markt mit möglichst wenig Regulierung funktioniert, sprich Gesetzen, die die Hand-habe von Unternehmen einschränkt. Dieses System hat Vorteile, aber auch Grenzen.

»Vorteil der freien Marktwirtschaft

1) Höchstleistungen durch freien Wettbewerb und Gewinnanreiz

2) Vielfältiges Güterangebot

3) Käufer entscheiden letztlich über das Güterangebot

4) Freie Entfaltung der Persönlichkeit und Individualität

5) Freie Berufs- und Arbeitsplatzwahl

6) Freie Verfügbarkeit über das Privateigentum, auch bei Produktionsmitteln

Der Hauptvorteil der freien Marktwirtschaft liegt in den Ergebnissen, die eine alleinige Stützung auf das Leistungsprinzip erzielt. Freie Entfaltung in der Persönlichkeit und im Wirtschaftsleben kombiniert mit Wettbewerb führen zu effizienter Produktion und hohem wirtschaftlichem Wohlstand (im Durchschnitt!).

Nachteile der freien Marktwirtschaft

1) Auftreten von Konjunkturschwankungen

2) Gefahr der Machkonzentration (Monopolisierung) und

   Wettbewerbsbeschränkung

3) Zu geringes Angebot an »öffentlichen Gütern«

4) Fehlende soziale und arbeitsrechtliche Absicherung

5) Arbeitslosigkeit kann zur Verelendung führen

Noch einmal zur Erinnerung: Das Kernelement der freien Marktwirtschaft ist der freie Preis- und Marktmechanismus. Die Preise regeln als »unsichtbare Hand« das Marktgeschehen. Die Hauptkritikpunkte an der freien Marktwirtschaft bilden deshalb die Hautkritikpunkte an einem freien Preismechanismus.

1. Öffentliche Güter: Unternehmer produzieren nur diejenigen Güter, mit denen sie Gewinn machen können. Güter, die nicht so einfach am Markt verkauft werden können, werden deshalb nicht in optimaler Menge produziert. Hierzu zählen öffentliche Güter, wie Straßennutzung, Bildung oder Schutzimpfungen.

2. Wettbewerbsverzerrungen: In einer Marktwirtschaft besteht bei Unternehmen die Tendenz über Unternehmenszusammenschlüsse den Wettbewerb einzuschränken. Zudem kann die (kurzfristige) Gewinnorientierung der Unternehmen in Konflikt mit sozialpolitischen Zielen stehen. Ein weiteres Problem stellen externe Effekte dar: Sie liegen z.B. vor, wenn ein Unternehmen Giftstoffe an die Umwelt abgibt, ohne für die Schäden zu bezahlen.

3. Instabilität: Die Wirtschaft schwankt. In Krisen kann es zu Deflation oder Arbeitslosigkeit kommen. Andererseits besteht die Gefahr von Inflation. Den

Vorteilen des Wirtschaftssystems stehen dadurch existenzielle Risiken gegenüber. Insbesondere die Finanzmärkte sind instabil.

4. Ungleichheit: Typisch ist in der freien Marktwirtschaft eine ungleiche Einkommens- und Vermögensverteilung. Sie ist die Folge des dominierenden Leistungsprinzips. Und der Wert einer Leistung ergibt sich aus dem Preis, den die Konsumenten zu zahlen bereit sind. In der Realität zeigt sich, dass diejenigen Gesellschaften, die sehr effizient wirtschaften auch große soziale Unterschiede aufweisen.«[73]

7) Medienlandschaft (Internet, Zeitung, Fernsehen, Bücher, Filme etc.)

»Die Massenmedien sind ein[e] Art Sprachrohr zum Bewusstsein der Bevölkerung, liegt dieses mächtige Instrument in den falschen Händen, kann es mehr Schaden anrichten als alle verfügbaren Atomwaffen zusammen.« (Zitat: Christian Faltermeier)

»Um dieses Rezept unter die Leute zu bringen, wurden Massenmedien erfunden. Sie alle haben vor allem Kontrollfunktion und sollen das, was erlaubt ist zu denken, dadurch alternativlos machen, indem sie das nicht Erlaubte entweder vollkommen unsichtbar machen, sprich verschweigen, oder aber bei Zuwiderhandlung mit allen Mitteln bekämpfen.

Jeder, der es in der Vergangenheit gewagt hat, der Staatsmeinung zu widersprechen, wurde erst verwarnt und bei fehlender Bereitschaft zur Einsicht gejagt, bekämpft oder eliminiert.

Dass das über Jahrhunderte funktionierte, hatte mit dem Informationsmonopol der Spitze der Machtpyramide zu tun. Nicht erlaubte Gedanken hatten schlicht nicht die Möglichkeit, die Massen durch massive Vervielfältigung zu erreichen.«[73a]

Wesentlich ist, wem die Medien-Riesen im jeweiligen Staat gehören, die die Bevölkerung mit Informationen zum Tagesgeschehen versorgen und Meinungsbildung betreiben. Die großen Medienbetriebe wie z.B. Zeitungen, Fernsehstationen etc., die mit großen Budgets ausgestattet sind, geben uns zu hören, was wir hören sollen, aber nicht sehr oft das, was wir hören könnten. Vor allem Private, aber auch öffentlich-rechtliche Medienbetriebe jeglicher Art unterliegen genau wie die

Wirtschaft sehr oft dem Profitgedanken und es wird selten über systemkritische Äußerungen, alternative Lösungsansätze etc. berichtet. Viele Medienträger haben kein Interesse daran, auf wirklich hohem Niveau systemkritisch zu denken, und pumpen all ihre Publikationen so gut es geht mit leichter Kost und Werbung voll, um möglichst viel Profit zu machen. Die Medienlandschaft, die entsprechende Informationen liefern könnte, wird bewusst kleingehalten und hat so gut wie keine Chance, den Ottonormalverbraucher zu erreichen.

Die Mediengesellschaft tut das Übrige, damit wir vollständig den Überblick verlieren

Noch mehr Nachrichten ohne relevanten Informationswert, noch mehr Horrormeldungen. Noch mehr Stars, Sternchen und Skandale. Noch mehr neue Produkte und Dienstleistungen. Das führt dazu, dass sich heutzutage Menschen mehr damit beschäftigen, unwichtige von für sie wichtigen Informationen zu trennen, als mit den Inhalten der Botschaften selbst.

Medien stürzen sich auf das Thema der Woche, auf globaler Ebene, staatenbezogen und eventuell regional. Man sucht nach Informationen mit möglichst großen Überschriften. Die wirklich wichtigen Informationen sind meistens keine Überschrift wert, wenn es z.B. um das alltägliche Leiden großer Bevölkerungsschichten geht. Nur wenn das Leiden des Ärmsten und Lösungsansätze Teil der Dauerbeschallung wären, bestünde die Chance, dass immer mehr Menschen aufwachen und sich für eine gerechte Welt einsetzen würden. Das ist aber natürlich nicht gewollt, schon gar nicht in Industriestaaten; damit lässt sich zusätzlich auch noch nur schwer Geld verdienen.

Wer aber wirklich auf der Suche nach der Wahrheit ist und sich über das wahre große Weltgesehen informieren möchte, hat durch entsprechende Literatur, Fachzeitschriften und Zeitungen, Internet etc. die Möglichkeit, sich zu informieren.

Wir sehen alles. Wir wissen alles. Aber verstehen wir auch alles?

Da liegt letztendlich das Problem. Wir erkennen durch Medien maximal einen fatalen Ist-Zustand, eventuell wird ein möglicher Soll-Zustand definiert. Aber bekommt man medial die wirklich wichtigen alternativen Blaupausen für eine bessere Welt präsentiert, sprich wesentliche Lösungsansätze für eine bessere Welt?

Leider nein. Denken Sie mal darüber nach: Wann haben Sie in Ihrer Zeitung oder im Fernsehen jemanden über einen der beschriebenen Hebel schreiben und sprechen gehört?

Die gute Nachricht ist: »Über soziale Netzwerke haben es Menschen geschafft, die bis dato erfolgreich totgeschwiegen wurden, ein Millionenpublikum zu erreichen. Der ihn dadurch zufallende Einfluss auf die Massen passt den Eliten nicht, denn er stört immer stärker beim Durchregieren.«[73b]

Darin sehe ich auch die wesentliche Chance, da das Internet es den Menschen ermöglicht, sich global zu vernetzen und sich zum Bsp. über Facebook, Youtube etc. zu solidarisieren, einen Widerstand zu kommunizieren und vor allem, wie hier im Buch klar dargestellt, eine wahrliche Alternative für die zukünftige neue globale Politik-, Wirtschafts-, Gesellschafts- und Weltordnung zu präsentieren. Werden diese sozialen Medien in der Zukunft weiterhin mehr und mehr von möglichst vielen Menschen entsprechend genützt, wird es für die derzeitige Elite immer schwieriger, das Volk für dumm zu verkaufen.

8) Alle Religionen dieser Welt, vor allem die fünf Weltreligionen:

Religionen sind bezüglich ihres Einflusses in verschiedenen Staaten unterschiedlich stark vertreten und beeinflussen entsprechend unterschiedlich eine Gesellschaft. So wird der Zustand der Welt manchmal auch z.B. von den Kirchen, etwa von Papst Franziskus kritisiert: »»Solange die Probleme der Armen nicht von der Wurzel her gelöst werden, indem man auf die absolute Autonomie der Märkte und der Finanzspekulation verzichtet und die strukturellen Ursachen der Ungleichverteilung der Einkünfte in Angriff nimmt, werden sich die Probleme der Welt nicht lösen«, schreibt der Papst. Sozialkritik hatten auch schon seine Vorgänger Benedikt XVI. und Johannes Paul II. geäußert. Aber Franziskus ist sehr viel deutlicher, direkter und schärfer. An anderer Stelle befindet er: »Diese Wirtschaft tötet.« Alles drehe sich heute um Konkurrenzfähigkeit und das Gesetz des Stärkeren. »Der Mensch an sich wird wie ein Konsumgut betrachtet, das man gebrauchen und dann wegwerfen kann.««[74] Die Weltgemeinschaft bleibt jedoch unbeeindruckt und nimmt diese Aussagen zur Kenntnis, ändern tut das im Großen und Ganzen gar nichts.

9) NGOs:

Sie zeigen verstärkt Missstände in der Gesellschaft auf, helfen Staaten bei vielen Dingen und haben auch oft starke alternative Konzepte vorzuweisen. Wesentlich ist, dass NGOs aber nicht demokratisch gewählt sind und daher die Gesetzgebung nicht direkt beeinflussen können. Sie erhalten in den Medien nur wenig Gehör und sind oft in ihren finanziellen Strukturen eingeschränkt. Zu hoffen, dass NGOs den Wandel einer Gesellschaft herbeiführen, ist meines Erachtens aus heutiger Sicht unrealistisch, da die allgemeine Bevölkerung davon nur wenig mitbekommt. Ich würde NGOs, wie z.B. Attac, Club of Rome etc., empfehlen, zusätzlich eine Partei zu gründen und das dann ganz klar von der eigenen NGO zu trennen. So könnten sie ihre Gesellschaftskonzepte in den jeweiligen Staaten demokratisch zur Wahl stellen, bei entsprechendem Wahlerfolg Gesetze direkt mitbeschließen und wahre Alternativen im Parlament aufzeigen.

10) Wissenschaft:

Schulen jeglicher Art + Universitäten und deren Forschungsgebiete: Die Wissenschaft eruiert wesentliche Fakten und beeinflusst damit das Handeln der gesamten Gesellschaft. Leider werden viele wissenschaftliche Fakten von der Wirtschaft und Politik oft ignoriert. Oder es werden Studien präsentiert, die Dinge aussparen, um Wirtschaft und Politik genehme Meinungen zu propagieren.

11) Denken und Handeln aller Menschen

Jeder Mensch, ein Individuum für sich, erwacht jeden Tag aufs Neue in dieser Welt. Jeder Mensch ist ausgestattet mit eigenen Gedanken und dadurch entstehen Tag für Tag unterschiedliche Handlungen.

Das Denken und Handeln wird durch unterschiedliche Faktoren wesentlich beeinflusst:
- In welcher Familie wurde die Person geboren
- Unter welchen materiellen Bedingungen ist die Person aufgewachsen
- Erziehung
- Bildungsgrad
- Gene
- Physische Beschaffenheit

- Weltanschauung
- IQ
- Soziale Lebensbedingungen
- Selbstbewusstsein
- Gab es dramatische Erlebnisse wie z.B. Kindesmissbrauch, Vergewaltigung, Drogenmissbrauch
- Etc.

Jeder Mensch hat eine Vergangenheit, wodurch sein Denken und Handeln und letztendlich ein eigener, individueller Blick auf die Welt entsteht.

Denken und Handeln des Einzelnen führt zum großen Ganzen:

7,6 Milliarden Menschen erwachen täglich, was letztendlich unsere globale menschliche Lebensrealität beschreibt. Was bedeuten diese Rahmenbedingungen des Individuums für unsere zentrale Frage: »Du wirst die Welt verändern?«

Wir alle kennen Sprüche wie »Wenn du bereit bist dich zu verändern, dann wird auch die Welt ein Stück besser.« oder »Man muss bei sich selbst ansetzen, wenn sich was ändern soll.«

Sprich, wenn man möchte, dass sich die Welt zum Besseren hin verändert, muss ich mein Denken und Handeln positiv verändern und weitere Menschen von diesem positiven Lebensweg überzeugen. Letztendlich gibt es eine Kettenreaktion und die Welt wird ein besserer Ort.

Ich denke, dass das ein wünschenswerter Gedanke ist und bei wenigen funktioniert, aber so im Großen nicht stattfinden wird, da die allermeisten Menschen Opfer ihrer Umgebung sind und sich den Rahmenbedingungen, die sie umgeben, anpassen:

Beispiele:
- Wenn es warm ist, werden Sie jede Menge Menschen am See vorfinden.
- Wenn Sie legal ohne großen Aufwand Waffen kaufen können, werden viele Waffen verkauft.
- Wenn es Coca-Cola und Wasser zur Auswahl gibt, werden die meisten Kinder eine Coca Cola trinken.

Der Mensch ist dem System und sich selbst in den meisten Fällen ausgeliefert

Der Mensch hat im Gegensatz zum Tier einen freien Willen. Aber der Mensch ist nicht perfekt und egal welche Vorsätze getroffen werden, der Mensch ist dazu verdammt, viele gute Vorsätze wieder zu brechen.

Beispiele: Ernährung, Fitness, Konsum etc.

Ernährung: Ich sollte nicht so viel Fleisch, Süßigkeiten etc. essen. In Industriestaaten, wo Nahrungsmittel im Überfluss vorhanden sind, ist auch statisch erwiesen, dass ein großer Prozentteil z.B. an Fettleibigkeit leidet.

Fitness: Ich habe mir vorgenommen, dreimal die Woche Sport zu treiben. Der Großteil der Menschen kommt dem aber nicht nach, obwohl man weiß, dass es gut für die Gesundheit wäre.

Konsum: Ich sollte nicht bei H&M einkaufen, da ich weiß, dass ich damit einen Konzern fördere, der unter schlechten Arbeitsbedingungen und Niedriglöhnen unter anderem in Entwicklungsstaaten seine Kleider produzieren lässt. Natürlich gibt es Menschen, die tatsächlich nie bei H&M einkaufen, doch die breite Masse gibt der Versuchung nach, da das Angebot vorhanden ist und man beim Kauf des T-Shirts nicht den gesamten Produktionsablauf und dessen globale Konsequenzen für das Gemeinwohl vor Augen hat.

Die breite Masse wird niemals so an Stärke gewinnen, dass sich ein System verändert, da jedes Individuum auf seine Umwelt individuell reagiert und man feststellen kann, dass der Mensch die Möglichkeiten, die vor allem legal vorhanden sind, auch nützt, vor allem im Bereich Konsum. Dem Konsumenten ist es meistens egal, ob jemand im schlimmsten Fall daran stirbt, wenn er bestimmte Produkte oder Dienstleistungen konsumiert, da wir in einer unpersönlichen globalen Gesellschaft leben und die Folgen unseres Handelns nicht unmittelbar erkennen. Außerdem ist eine globale Empathie mit allen Menschen nicht realistisch. Man wird Empathie für sein unmittelbares Umfeld wie Familie und Freunde empfinden, aber nicht mit Kindern dieser Welt, die alle fünf Sekunden an Hunger sterben.

In Summe wird man es nicht schaffen, Individuen dazu zu bewegen, asketisch zu leben, um die Welt zu retten. Nur wenn das System, global geschlossen, ein möglichst korrektes ist, kommen Konsumenten gar nicht mehr in die Situation, Produkte und Dienstleistungen zu konsumieren, die auf Ausbeutung beharren. Nur wenn das System neu aufgesetzt wird, besteht die Möglichkeit, dass man langfristig in einer gerechteren globalen Welt aufwacht.

Abschließend: Wichtig ist es, diese Erklärung aus Sicht eines Individuums zu sehen. Wenn unsere Organisation »Du wirst die Welt verändern« es schafft, möglichst viele Menschen zu solidarisieren, wobei die Stimme jedes Einzelnen natürlich enorm wichtig ist, und eine entsprechende Bewegung entsteht, dann kann der Souverän die bestehende Elite zum Umdenken bewegen und so einen Systemwandel von oben nach unten langfristig bewirken. **Erneut das Beispiel Facebook:** Wenn der Souverän 208 Millionen Facebook Likes unserem Facebook-Account gibt, kommt der Stein zwingend ins Rollen.

Wer ist für diesen Ist-Zustand an vorderster Front verantwortlich? Neoliberale kapitalistische Marktwirtschaft

»Es ist offensichtlich, dass die gegenwärtigen globalen Strategien und Systeme der Mehrheit der Bürger dieser Welt keinen Nutzen bringen: Der weltweite Wandel vollzieht sich in einem halsbrecherischen Tempo und zum Vorteil einiger weniger »Globalisierer«. Die gegenwärtige Form der Globalisierung basiert auf einer *Wirtschaft* des freien Marktes und nicht auf einer *Gesellschaft* des freien Marktes, die integriert und ethisch gerechtfertigt ist. Das Ergebnis ist, dass europäische Länder sich weitgehend gezwungen sehen, ihre Bemühungen zur Erhaltung des sozialen Ausgleichs zu verringern, und Umweltfragen allzu oft nur Nebensache werden.«[75]

»Es gibt in der Welt von heute unendlich viel Hunger, Armut und Not. Schuld daran trägt nicht nur der Einzelne. Schuld daran sind oft auch ungerechte gesellschaftliche Strukturen: Millionen von Menschen sind ohne Arbeit, Millionen werden durch schlecht bezahlte Arbeit ausgebeutet, an den Rand der Gesellschaft gedrängt und um Ihre Lebenschancen gebracht. Ungeheuer groß sind in vielen Ländern die Unterschiede zwischen Armen und Reichen, zwischen Mächtigen und Ohnmächtigen. In einer Welt, in welcher sowohl ein ungezügelter Kapitalismus als auch ein totalitärer Staatssozialismus viele ethische und spirituelle Wege ausgehöhlt und zerstört hat, konnten sich Profitgier ohne Grenzen und Raffgier ohne Hemmungen ausbreiten [...]«[76]

»Laut der Entwicklungsorganisation Oxfam erreichte die Anzahl an Milliardären im vergangenen Jahr einen neuen Höchststand

Davos/Berlin – »82 Prozent des im vergangenen Jahr erwirtschafteten Vermögens ist in die Taschen des reichsten Prozents der Weltbevölkerung geflossen« – das geht aus einem am Montag veröffentlichten Bericht der Entwicklungshilfeorganisation Oxfam mit dem Titel »Reward Work, not Wealth« hervor. Die Zahl der Milliardäre erreichte im vergangenen Jahr unterdessen ein Rekordhoch. Zwischen 2016 und 2017 kam »alle zwei Tage ein neuer Milliardär hinzu«, wie Oxfam mit Verweis auf die erstmals 1987 veröffentlichte Milliardärsliste des US-Magazins »Forbes« feststellt. Seien es vor 30 Jahren noch 140 Milliardäre mit einem Gesamtvermögen von 295 Milliarden Dollar (241,11 Milliarden Euro) gewesen, so seien 2017 2.043 Milliardäre mit insgesamt 7,7 Billionen Dollar auf der Liste vertreten – laut Oxfam ein Rekordhoch. »Das reichste Prozent der Weltbevölkerung besitzt weiterhin mehr Vermögen als der gesamte Rest«, prangert die Hilfsorganisation an. Die »3,7 Milliarden Menschen, die die ärmere Hälfte der Weltbevölkerung ausmachen«, würden hingegen nicht vom Vermögenswachstum profitieren.

Kritik an Steuervermeidung

Einen Grund für dieses Ungleichgewicht sieht Oxfam in der »Steuervermeidung von Konzernen und Superreichen«. Demnach drückt sich das »reichste Prozent der Bevölkerung« durch »Steuertricks um Steuerzahlungen von etwa 200 Milliarden US-Dollar pro Jahr«. Den Entwicklungsländern hingegen, kritisiert die Hilfsorganisation weiter, entgingen durch diese Tricks mindestens 170 Milliarden US-Dollar an Steuereinnahmen pro Jahr – »mehr als die gesamte weltweite Entwicklungshilfe (145 Milliarden US-Dollar/Jahr)«. Jörn Kalinski, Kampagnenleiter von Oxfam Deutschland, prangert in der Aussendung zudem an, dass das derzeitige Wirtschaftssystem ›auf der konsequenten Ausbeutung von Frauen‹ basiere. Sie würden »geringer bezahlt« als Männer und seien »überproportional häufig in schlecht bezahlten Berufen und in unsicheren Arbeitsverhältnissen vertreten«. Schätzungen zufolge leisten Frauen jährlich »unbezahlte Pflege- und Sorgearbeit«

im Umfang von zehn Billionen US-Dollar, zeigt Kalinski auf. Aufforderung an die Politik Oxfam fordert deshalb von den politisch Verantwortlichen »Steuervermeidung von Konzernen und Superreichen« zu stoppen, »faire Einkommen und gleiche Chancen für Frauen und Männer« durchzusetzen und ›in Bildung und Gesundheit für alle‹ zu investieren. Der Bericht wurde im Vorfeld des Weltwirtschaftsforums in Davos veröffentlicht. Dort werden neben US-Präsident Donald Trump auch mehrere Regierungschefs Europas erwartet. (APA, 22.1.2018)«[77]

e) Was wurde politisch getan, um diesem unerträglichen globalen Ist-Zustand zu begegnen? Millenniums-Entwicklungsziele – Abschlussbericht 2015:

In der Vergangenheit gab es bereits viele Gipfel, die diese globalen Probleme erkannten und bei denen der Versuch unternommen wurde, diese massiven menschunwürdigen Missstände klar zu definieren und zu reduzieren. Die wesentlichen Zielsetzungen im 21. Jh. wurden mittels der Millenniumsziele (MDG) und den Sustainable Development Goals (SDG) definiert.

a) Millenniumsziele

»Am 9. September 2000 haben sich daher 189 Mitgliedsstaaten der Vereinten Nationen zu den Millen[n]iumszielen bekannt um wesentliche globale Probleme wesentlich zu reduzieren. »Die Millenniums-Entwicklungsziele der Vereinten Nationen sind acht Entwicklungsziele für das Jahr 2015, die von einer Arbeitsgruppe aus Vertretern der Vereinten Nationen, der Weltbank, des IWF und des Entwicklungsausschusses *Development Assistance Committee* der OECD formuliert worden sind. Sie wurden aus der Millenniumserklärung abgeleitet, die im Rahmen des so genannten Millennium-Gipfels von den Vereinten Nationen verabschiedet wurde.

Ende September 2015 wurden die MDG durch die 17 auf dem Weltgipfel für nachhaltige Entwicklung 2015 in New York von den 193 aktuellen Mitgliedsstaaten der UNO einstimmig verabschiedeten weltweiten *Sustainable Development Goals* (SDG, engl., »nachhaltige Entwicklungsziele«) ergänzt:[1][2][3] Nach ihnen sollen unter [a]nderem bis 2030 weltweit Armut und Hunger verschwunden sein.

Millennium – Gipfel

Als Millennium-Gipfel (englisch *Millennium Assembly*) wird die 55. Generalversammlung der Vereinten Nationen bezeichnet, die vom 6. bis 8. September 2000 in New York stattfand. Auf der bis dahin größten Zusammenkunft von Staats- und Regierungschefs einigten sich die Teilnehmer auf einen Maßnahmenkatalog mit konkreten Ziel- und Zeitvorgaben und dem übergeordneten Ziel, die Armut in der Welt bis zum Jahr 2015 zu halbieren: den Millenniums-Entwicklungszielen. Dabei listete eine politische Bestandsaufnahme der Vereinten Nationen folgende Fakten auf:

- Zum Zeitpunkt der Bestandsaufnahme lebten über eine Milliarde Menschen in extremer Armut – das heißt, jeder fünfte Mensch hatte weniger als den Gegenwert eines US-Dollars (Kaufkraftparität) pro Tag für seinen Lebensunterhalt zur Verfügung.
- Mehr als 700 Millionen Menschen hungerten und waren unterernährt.
- Mehr als 115 Millionen Kinder im Volksschulalter hatten keine Möglichkeit zur Bildung, d. h., sie konnten weder lesen noch schreiben.
- Über einer Milliarde Menschen war der Zugang zu sauberem Trinkwasser verwehrt, mehr als zwei Milliarden hatten keine Möglichkeit, sanitäre Anlagen zu nutzen. Diese Menschen hatten kaum Chancen, sich an gesellschaftlichen, ökonomischen und politischen Prozessen zu beteiligen.

Millenniumserklärung

Am 9. September 2000 beschlossen 189 Mitgliedsstaaten der Vereinten Nationen mit der *Millenniumserklärung* einen Katalog grundsätzlicher, verpflichtender Zielsetzungen für alle Mitgliedstaaten.[4] Armutsbekämpfung, Friedenserhaltung und Umweltschutz wurden als die wichtigsten Ziele der internationalen Gemeinschaft bestätigt. Das Hauptaugenmerk lag hierbei auf dem Kampf gegen die extreme Armut: Armut wurde nicht mehr nur allein als Einkommensarmut verstanden, sondern umfassender als Mangel an Chancen und Möglichkeiten.

Reiche wie auch arme Länder verpflichteten sich, die Armut drastisch zu reduzieren und Ziele wie die Achtung der menschlichen Würde, Gleichberechtigung, Demokratie, ökologische Nachhaltigkeit und Frieden zu verwirklichen.

Im Vergleich zu früheren Entwicklungsdekaden sind die Ziele umfassender, konkreter und mehrheitlich mit eindeutigem Zeithorizont versehen. Außerdem ist zu erwähnen, dass sich nie zuvor neben Regierungen auch Unternehmen, internationale Organisationen, aber auch die Zivilgesellschaft so einstimmig zu einem Ziel bekannt haben und sich einig sind, dass der Ausbreitung der Armut Einhalt geboten werden muss.

Oberstes Ziel war die globale Zukunftssicherung, für die vier programmatische Handlungsfelder festgelegt wurden:

- Frieden, Sicherheit und Abrüstung
- Entwicklung und Armutsbekämpfung
- Schutz der gemeinsamen Umwelt
- Menschenrechte, Demokratie und gute Regierungsführung

Die Millenniumsziele im Überblick

- Millenniumsziel 1: Beseitigung der extremen Armut und des Hungers

- Millenniumsziel 2: Verwirklichung der allgemeinen Grundschulbildung

- Millenniumsziel 3: Förderung der Gleichstellung der Geschlechter und Ermächtigung der Frauen

- Millenniumsziel 4: Senkung der Kindersterblichkeit

- Millenniumsziel 5: Verbesserung der Gesundheit von Müttern

- Millenniumsziel 6: Bekämpfung von HIV/Aids, Malaria und anderen Krankheiten

- Millenniumsziel 7: Sicherung der ökologischen Nachhaltigkeit

- Millenniumsziel 8: Aufbau einer weltweiten Entwicklungspartnerschaft

Was wurde bis zum Jahr 2015 erfolgreich umgesetzt?

ZIEL 1: Beseitigung der extremen Armut und des Hungers

• Die extreme Armut ist in den letzten 20 Jahren deutlich zurückgegangen. 1990 lebte fast die Hälfte der Bevölkerung der Entwicklungsländer von weniger als 1,25 US-Dollar pro Tag. Dieser Anteil ist 2015 auf 14 Prozent gesunken.

• Weltweit fiel die Zahl der in extremer Armut lebenden Menschen zwischen 1990 und 2015 um mehr als die Hälfte, von 1,9 Milliarden auf 836 Millionen. Die größten Fortschritte stellten sich seit 2000 ein.

• Die Zahl der Erwerbstätigen, die der Mittelschicht angehören – d. h. die von mehr als 4 Dollar pro Tag leben –, hat sich von 1991 bis 2015 fast verdreifacht. Diese Gruppe macht heute in den Entwicklungsregionen fast die Hälfte der Erwerbsbevölkerung aus, gegenüber 18 Prozent im Jahr 1991.

• Der Anteil unterernährter Menschen in den Entwicklungsregionen ist seit 1990 um beinahe die Hälfte zurückgegangen, von 23,3 Prozent in den Jahren 1990–1992 auf 12,9 Prozent in den Jahren 2014–2016.

ZIEL 2: Verwirklichung der allgemeinen Grundschulbildung

• In den Entwicklungsregionen stieg die Netto-Bildungsbeteiligungsquote im Grundschulbereich zwischen 2000 und 2015 von 83 auf 91 Prozent.

• Im selben Zeitraum sank die Zahl der Kinder im Grundschulalter, die keine Schule besuchen, weltweit fast um die Hälfte, von 100 auf schätzungsweise 57 Millionen.

• Seit der Einführung der Millenniumsziele erzielte Afrika südlich der Sahara unter allen Regionen die größten Fortschritte bei der Grundschulbildung. Der Anstieg der Netto-Bildungsbeteiligungsquote in der Region lag zwischen 1990 und 2000 bei 8 Prozentpunkten, im Zeitraum 2000–2015 hingegen bei 20 Prozentpunkten.

• Der Alphabetisierungsgrad bei 15- bis 24-Jährigen stieg zwischen 1990 und 2015 weltweit von 83 auf 91 Prozent, und das Gefälle zwischen Männern und Frauen ist geringer geworden.

ZIEL 3: Förderung der Gleichstellung der Geschlechter und Ermächtigung der Frauen

• Heute besuchen viel mehr Mädchen eine Schule als vor 15 Jahren. Die Entwicklungsregionen als Ganzes haben die Zielvorgabe erreicht, die Geschlechterdisparitäten in der Grund- und Sekundarstufe und im tertiären Bildungsbereich zu beseitigen.

• In Südasien kamen 1990 auf 100 Jungen, die die Grundschule besuchten, nur 74 Mädchen. Heute sind es 103 Mädchen je 100 Jungen.

• Frauen machen heute 41 Prozent der unselbständig Erwerbstätigen außerhalb der Landwirtschaft aus. 1990 waren es 35 Prozent.

• Zwischen 1991 und 2015 fiel der Anteil der in unsicheren Beschäftigungsverhältnissen tätigen Frauen an allen weiblichen Erwerbstätigen um 13 Prozentpunkte. Bei Männern hingegen sank dieser Anteil um 9 Prozentpunkte.

• Frauen haben in den Parlamenten in beinahe 90 Prozent der 174 Länder, aus denen Daten für die letzten 20 Jahre vorliegen, an Boden gewonnen. Der durchschnittliche Frauenanteil in den Parlamenten hat sich im selben Zeitraum nahezu verdoppelt. Dennoch sind nur ein Fünftel der Parlamentarier Frauen.

ZIEL 4: Senkung der Kindersterblichkeit

• Zwischen 1990 und 2015 sank die Sterblichkeitsrate von Kindern unter fünf Jahren weltweit um mehr als die Hälfte, von 90 auf 43 Sterbefälle je 1.000 Lebendgeburten.

• Trotz Bevölkerungswachstums in den Entwicklungsregionen gingen die Sterbefälle von Kindern unter fünf Jahren weltweit von 12,7 Millionen im Jahr 1990 auf knapp 6 Millionen im Jahr 2015 zurück.

• Seit Beginn der 1990er Jahre hat sich die Rate des Rückgangs der Sterblichkeit von Kindern unter fünf Jahren weltweit mehr als verdreifacht.

• In Afrika südlich der Sahara war die jährliche Senkungsrate der Sterblichkeit von Kindern unter fünf Jahren im Zeitraum 2005–2013 mehr als fünfmal höher als im Zeitraum 1990–1995.

• Mithilfe von Masernimpfungen wurden zwischen 2000 und 2013 fast 15,6 Millionen Sterbefälle vermieden. Die Zahl der weltweit gemeldeten Masernfälle sank im selben Zeitraum um 67 Prozent.

• Etwa 84 Prozent der Kinder weltweit erhielten 2013 mindestens eine Dosis Masern-Lebendimpfstoff, gegenüber 73 Prozent im Jahr 2000.

ZIEL 5: Verbesserung der Gesundheit von Müttern

• Die Müttersterblichkeitsrate sank seit 1990 weltweit um 45 Prozent, und der stärkste Rückgang war seit 2000 zu verzeichnen.

• In Südasien sank die Müttersterblichkeitsrate zwischen 1990 und 2013 um 64 Prozent, in Afrika südlich der Sahara um 49 Prozent.

• 2014 wurden über 71 Prozent der Geburten weltweit von medizinischem Fachpersonal betreut, 1990 waren es 59 Prozent.

• In Nordafrika stieg der Anteil der Schwangeren, die vier oder mehr Vorsorgetermine wahrnahmen, zwischen 1990 und 2014 von 50 auf 89 Prozent. • Zwischen 1990 und 2015 stieg der Anteil der verheirateten oder in einer Partnerschaft lebenden 15–49-jährigen Frauen, die verhüten, weltweit von 55 auf 64 Prozent.

ZIEL 6: Bekämpfung von HIV/Aids, Malaria und anderen Krankheiten

• Die Zahl der HIV-Neuinfektionen fiel zwischen 2000 und 2013 um rund 40 Prozent, von schätzungsweise 3,5 auf 2,1 Millionen Fälle.

• Im Juni 2014 waren weltweit 13,6 Millionen HIV-Infizierte in antiretroviraler Behandlung (ART), gegenüber nur 800.000 im Jahr 2003. ART wendete zwischen 1995 und 2013 7,6 Millionen Aids-Todesfälle ab.

• Zwischen 2000 und 2015 wurden über 6,2 Millionen Malariatodesfälle abgewendet, hauptsächlich bei Kindern unter fünf Jahren in Afrika südlich der Sahara. Die weltweite Malaria-Inzidenzrate sank um schätzungsweise 37 Prozent, die Sterblichkeitsrate um 58 Prozent.

• Zwischen 2004 und 2014 wurden mehr als 900 Millionen imprägnierte Moskitonetze in malariaendemische Länder in Afrika südlich der Sahara geliefert.

• Zwischen 2000 und 2013 wurden durch Tuberkuloseprävention, -diagnose und -behandlung etwa 37 Millionen Menschenleben gerettet. Die Tuberkulose-Sterblichkeitsrate fiel zwischen 1990 und 2013 um 45 Prozent, die Prävalenzrate um 41 Prozent.

ZIEL 7: Sicherung der ökologischen Nachhaltigkeit

• Ozonabbauende Stoffe wurden seit 1990 praktisch abgeschafft, und die Ozonschicht wird sich voraussichtlich bis Mitte dieses Jahrhunderts erholt haben.

• Land- und Meeresschutzgebiete haben seit 1990 in vielen Regionen erheblich zugenommen. In Lateinamerika und der Karibik stieg der Anteil der geschützten Landgebiete zwischen 1990 und 2014 von 8,8 auf 23,4 Prozent der Landfläche.

• 2015 haben 91 Prozent der Weltbevölkerung Zugang zu verbesserter Trinkwasserversorgung, gegenüber 76 Prozent im Jahr 1990.

• 1,9 Milliarden der 2,6 Milliarden Menschen, die seit 1990 Zugang zu verbessertem Trinkwasser erhielten, bekamen einen eigenen Trinkwasserleitungsanschluss. Damit hat mehr als die Hälfte (58 Prozent) der Weltbevölkerung diese höhere Versorgungsstufe erreicht.

• Weltweit haben 147 Länder das Trinkwasserziel, 95 das Sanitärversorgungsziel und 77 Länder beide Ziele erreicht.

• Weltweit erhielten 2,1 Milliarden Menschen Zugang zu verbesserter Sanitärversorgung. Der Anteil der Menschen, die ihre Notdurft im Freien verrichten, sank seit 1990 um beinahe die Hälfte.

• Der Anteil der in Slums lebenden städtischen Bevölkerung in den Entwicklungsregionen sank zwischen 2000 und 2014 von etwa 39,4 auf 29,7 Prozent.

ZIEL 8: Aufbau einer weltweiten Entwicklungspartnerschaft

• Die öffentliche Entwicklungshilfe der entwickelten Länder stieg zwischen 2000 und 2014 real um 66 Prozent auf 135,2 Milliarden Dollar.

• Dänemark, Luxemburg, Norwegen, Schweden und das Vereinigte Königreich lagen 2014 weiter über dem Zielwert der Vereinten Nationen für die öffentliche Entwicklungshilfe von 0,7 Prozent des Bruttonationaleinkommens.

• 2014 waren 79 Prozent der Importe der entwickelten Länder aus den Entwicklungsländern zollfrei, gegenüber 65 Prozent im Jahr 2000.

• Das Verhältnis Auslandsschuldendienst zu Exporterlösen fiel in den Entwicklungsländern von 12 Prozent im Jahr 2000 auf 3 Prozent im Jahr 2013.

• 2015 können 95 Prozent der Weltbevölkerung ein Mobilfunksignal empfangen.

• Die Zahl der Mobilfunkteilnehmer hat sich in den letzten 15 Jahren fast verzehnfacht, von 738 Millionen im Jahr 2000 auf mehr als 7 Milliarden im Jahr 2015.

• 2000 nutzten knapp über 6 Prozent der Weltbevölkerung das Internet, 2015 schon 43 Prozent. Damit sind 3,2 Milliarden Menschen mit einem globalen Netz von Inhalten und Anwendungen verbunden.

Bei vielen Millenniums-Zielvorgaben waren die Fortschritte weltweit gesehen erheblich, für einzelne Regionen und Länder jedoch ungleichmäßig, und es bestehen noch immer große Lücken. Millionen Menschen bleiben zurück – insbesondere die ärmsten und diejenigen, die aufgrund ihres Geschlechts, ihres Alters, einer Behinderung, ihrer ethnischen Zugehörigkeit oder ihres Wohnorts benachteiligt sind. Um diese Menschen zu erreichen, bedarf es gezielter Maßnahmen.

[...] Die Erfolge der Millenniums-Agenda beweisen die Wirksamkeit globalen Handelns. Nur globales Handeln kann gewährleisten, dass die neue Entwicklungsagenda niemanden zurücklässt.

Die Weltgemeinschaft steht 2015 an einem historischen Scheideweg. Der Ablauf der Frist für die Erreichung der Millenniumsziele bietet der Welt Gelegenheit, auf den Erfolgen und der Dynamik aufzubauen, die durch sie entstanden sind, und gleichzeitig neuen Ambitionen für die Zukunft, die wir wollen, nachzugehen. Eine kühne neue Agenda ist im Entstehen begriffen, um die Welt so zu transformieren, dass sie den Bedürfnissen der Menschen und den Erfordernissen der Wirtschaftstransformation besser gerecht wird, und dabei gleichzeitig die Umwelt zu schützen, den Frieden zu wahren und die Menschenrechte zu verwirklichen. Im Kern dieser Agenda liegt die nachhaltige Entwicklung, die für jeden Menschen auf der Welt Lebenswirklichkeit werden muss.«[78]

Den gesamten Millenniumsbericht 2015 finden Sie hier:

http://www.un.org/depts/german/millennium/MDG%20Report%202015%20German.pdf

Zusammengefasst: Das aktuelle globale System führt zu dieser globalen Realität, woraus man logischerweise schließen muss, dass am System Änderungen vorgenommen werden müssen, auch wenn bis dato bereits Verbesserungen erzielt wurden. Die Systemänderungen können erst dann als erfolgreich eingestuft werden, wenn sich auf allen wesentlichen Ebenen Erfolge eingestellt haben und das globale Leiden auf ein Minimum reduziert wurde.

3.) Globaler Soll-Zustand: Was wäre ein globaler wünschenswerter realistischer Soll-Zustand bis 2030? → Sustainable Development Goals (SDG)

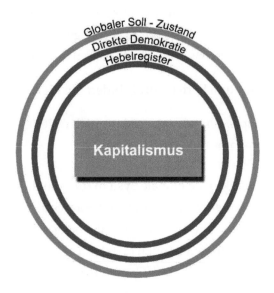

Globale Formel, um den Raubtierkapitalismus weltweit zu bändigen:

Globale gemeinwohlorientierte kapitalistische Marktwirtschaft = Kapitalismus + Globale direkte Demokratie (Schützt das globale Gemeinwohl vor Scheindemokratien oder Autokratien) + Globales Hebelregister (Schützt das globale Gemeinwohl vor der Plutokratie) – mehr dazu später

Die Vereinten Nationen (UNO) legen die Sustainable Development Goals fest und setzen auf die Agenda 2030. Die Agenda 2030 soll die Welt verändern.

Was ist die Agenda 2030 für nachhaltige Entwicklung?

»Mit der Agenda 2030 für nachhaltige Entwicklung gehen die 193 UN-Mitgliedsstaaten für die kommenden 15 Jahre eine Partnerschaft für Frieden und Wohlstand für alle Menschen und für den Schutz der Umwelt und des Klimas auf dem Planeten Erde ein. Die Agenda wurde am 25. September 2015 von der Vollversammlung der Vereinten Nationen in New York beschlossen. Sie trat am 1. Jänner 2016 in Kraft und enthält 17 globale Nachhaltigkeitsziele, die so genannten SDG

(Sustainable Development Goals). Diese Ziele gliedern sich in insgesamt 169 Sub-Ziele. Die SDG geben Leitlinien für nachhaltige Entwicklung auf wirtschaftlicher, ökologischer und sozialer Ebene vor und bauen auf dem Prinzip auf, alle Menschen miteinzubeziehen.

Die 17 globalen Nachhaltigkeitsziele (Sustainable Development Goals - SDG)

1. Armut in jeder Form und überall beenden.

2. Den Hunger beenden, Ernährungssicherheit und eine bessere Ernährung erreichen und eine nachhaltige Landwirtschaft fördern.

3. Ein gesundes Leben für alle Menschen jeden Alters gewährleisten und ihr Wohlergehen fördern.

4. Inklusive, gerechte und hochwertige Bildung gewährleisten und Möglichkeiten des lebenslangen Lernens für alle fördern.

5. Geschlechtergerechtigkeit und Selbstbestimmung für alle Frauen und Mädchen erreichen.

6. Verfügbarkeit und nachhaltige Bewirtschaftung von Wasser und Sanitärversorgung für alle gewährleisten.

7. Zugang zu bezahlbarer, verlässlicher, nachhaltiger und zeitgemäßer Energie für alle sichern.

8. Dauerhaftes, inklusives und nachhaltiges Wirtschaftswachstum, produktive Vollbeschäftigung und menschenwürdige Arbeit für alle fördern.

9. Eine belastbare Infrastruktur aufbauen, inklusive und nachhaltige Industrialisierung fördern und Innovationen unterstützen.

10. Ungleichheit innerhalb von und zwischen Staaten verringern.

11. Städte und Siedlungen inklusiv, sicher, widerstandsfähig und nachhaltig machen.

12. Für nachhaltige Konsum- und Produktionsmuster sorgen.

13. Umgehend Maßnahmen zur Bekämpfung des Klimawandels und seiner Auswirkungen ergreifen (in Anerkennung der Tatsache, dass die UNFCCC (United Nations Framework Convention on Climate Change – *Klimarahmenkonvention der Vereinten Nationen*) das zentrale internationale, zwischenstaatliche Forum zur Verhandlung der globalen Reaktion auf den Klimawandel ist).

14. Ozeane, Meere und Meeresressourcen im Sinne einer nachhaltigen Entwicklung erhalten und nachhaltig nutzen.

15. Landökosysteme schützen, wiederherstellen und ihre nachhaltige Nutzung fördern, Wälder nachhaltig bewirtschaften, Wüstenbildung bekämpfen, Bodenverschlechterung stoppen und umkehren und den Biodiversitätsverlust stoppen.

16. Friedliche und inklusive Gesellschaften im Sinne einer nachhaltigen Entwicklung fördern, allen Menschen Zugang zur Justiz ermöglichen und effektive, rechenschaftspflichtige und inklusive Institutionen auf allen Ebenen aufbauen.

17. Umsetzungsmittel stärken und die globale Partnerschaft für nachhaltige Entwicklung wiederbeleben.«[1]

Eine Weiterentwicklung der neuen Ziele ist, dass sie für alle Staaten der Welt Gültigkeit haben. Die Global Goals bilden einen Rahmen für nachhaltige Entwicklung auf wirtschaftlicher, ökologischer und sozialer Ebene. Ein schonender Umgang mit Ressourcen, verantwortungsvolle Sozialstandards und die Reduktion von klimaschädlichen Gasen werden von allen Staaten eingefordert.

Wesentliches Problem dieses Plans bis 2030 ist: Die Umsetzung ist freiwillig und jeder Staat entscheidet selbst über die Maßnahmen zur Erreichung der Ziele.

»Bei den SDGs steht nun der Mensch stärker im Mittelpunkt. Menschenrechte werden daher als Querschnittsthema etabliert. Anders als die Millenniumsentwicklungsziele, streben die neuen Ziele umfassende Veränderungen an, die auch die Industriestaaten in die Pflicht nimmt. Das gilt für den schonenden Umgang mit Ressourcen, die Verantwortung für Sozialstandards oder den Ausstoß klimaschädlicher Gase. Der Schwerpunkt liegt auf Nachhaltigkeit. Zusätzlich kommen auch gesellschaftspolitische Ziele wie Gleichheit der Geschlechter, eine gerechte Steuerpolitik, die Verringerung der Ungleichheit zwischen und innerhalb Staaten oder der Zugang zu Rechtshilfe und inklusiven Institutionen hinzu.

Das oberste Anliegen der SDGs ist die Beendigung der extremen Armut »in allen Formen und überall in der Welt«. Sie betrifft derzeit rund eine Milliarde Menschen, die mit weniger als 1,11 Euro pro Tag auskommen müssen. »Niemanden zurücklassen« lautet das Motto für UN-Generalsekretär Ban Ki-moon.

Entscheidend für ein Gelingen der SDGs ist auch die Finanzierung. Die Ergebnisse der UN-Konferenz zur Entwicklungsfinanzierung in Addis Abeba im Juli: Schwellen- und Entwicklungsländern sollen durch den Aufbau funktionierender Steuersysteme und den Kampf gegen Korruption mehr Mittel erhalten und die Geberländer bekräftigen ihre Verpflichtung, 0,7 Prozent des Bruttonationaleinkommens für Entwicklungszusammenarbeit auszugeben. Den Rest soll die Privatwirtschaft beisteuern. Die UN gehen von einem Jahresbedarf von drei Billionen US-Dollar aus.«[2]

a) »Die neuen 17 Nachhaltigkeitsziele in Kurzfassung:
1. Armut:

Die aktuelle Lage: Seit 1990 wurde die Armut weltweit um die Hälfte reduziert, allerdings leben immer noch 836 Millionen Menschen in extremer Armut. Einer von fünf Menschen in den Entwicklungsländern muss mit weniger als 1,12 Euro am Tag auskommen. Eins von sieben Kindern ist stark untergewichtig. Im Jahr 2014 haben sich täglich 42.000 Menschen auf die Flucht begeben.

Wichtigstes der insgesamt sieben Ziele gegen Armut: Bis 2030 soll sichergestellt werden, dass allen Männern und Frauen, darunter besonders den Armen und Bedürftigen, die gleichen ökonomischen Ressourcen zur Verfügung stehen. Darunter die zur Erfüllung der Grundbedürfnisse, Besitz und Kontrolle über eigenes Land sowie der Zugriff auf natürliche Ressourcen, neue Technologien, Finanzsysteme und Mikrofinanzierungen.

2. Hunger

Die aktuelle Lage: Klimawandel, Verschmutzung der Meere, Flucht aus der Heimat und Verlust der eigenen Ländereien – weltweit ist einer von neun Menschen der insgesamt 7,95 Milliarden umfassenden Bevölkerung unterernährt. Der asiatische Kontinent ist am stärksten betroffen. Knapp die Hälfte (45 Prozent) aller

Kinder unter fünf Jahren stirbt jährlich aufgrund von Mangelernährung – das sind 3,1 Millionen.

Wichtigstes der insgesamt acht Ziele gegen Hunger: Bis ins Jahr 2030 soll kein Mensch auf der Erde mehr an Hunger leiden.

3. Lebensqualität

Die aktuelle Lage: Es gibt Fortschritte bei der Trinkwasserversorgung, der Reduzierung von Malaria, Tuberkulose, Polio und bei der Eindämmung von HIV/Aids. Seit 1990 sterben 17.000 Kinder weniger pro Tag, aber jährlich sterben immer noch mehr als sechs Millionen Kinder vor dem fünften Lebensjahr.

Wichtigstes der insgesamt zwölf Ziele für bessere Lebensbedingungen: Bis 2020 insgesamt die Zahl der Toten durch Verkehrsunfälle halbieren. Bis 2030 sicherstellen, dass weltweit Zugriff auf Verhütungsmethoden, Aufklärung und Gesundheitsvorsorge besteht. Familienplanung soll ein fester Bestandteil der nationalen Strategien und Programme sein.

4. Bildung

Die aktuelle Lage: Zwar haben sich weltweit die Bildungschancen für Jungen und Mädchen verbessert, aber in vielen Ländern herrscht immer noch Nachholbedarf. 57 Millionen Kinder und Jugendliche besuchen keine Schule. 103 Millionen Jugendliche können nicht lesen und schreiben – 60 Prozent davon sind Mädchen.

Wichtigstes der insgesamt zehn Ziele für bessere Bildung: Bis 2030 sollen geschlechtsbedingte Unterschiede in der Bildung beseitigt werden, damit alle gleiche Bildungschancen bekommen – inklusive Menschen mit Behinderungen, Ureinwohner und Kinder in Krisengebieten.

5. Gleichberechtigung

Die aktuelle Lage: Gleichberechtigung ist nicht nur ein fundamentales Menschenrecht, sondern auch eine notwendige Grundlage für ein friedliches, fruchtbares und nachhaltiges Zusammenleben. Immerhin sind global in 46 Ländern nun mehr als 30 Prozent der Sitze in nationalen Regierungen von Frauen besetzt.

Wichtigstes der insgesamt neun Ziele für Gleichberechtigung: Jede Art von Gewalt gegen Frauen und Mädchen in der Öffentlichkeit und im privaten Bereich soll abgeschafft werden, darunter sexuelle Belästigung und Ausbeutung.

6. Wasser

Die aktuelle Lage: Bis 2050 wird einer von vier Menschen in einem Land leben, welches von chronischer Wasserverschmutzung oder Wassermangel betroffen sein wird. Sechs Milliarden Menschen haben seit 1990 Zugang zu Trinkwasser bekommen, aber 663 Millionen Menschen fehlt er noch immer. Über 1,8 Milliarden Menschen weltweit haben lediglich Zugriff auf Wasser, das mit Fäkalien belastet ist.

Wichtigstes der insgesamt acht Ziele für bessere Wasserversorgung: Bis 2030 soll ein universeller und gerechter Zugang zu sauberem Wasser und Trinkwasser für alle Menschen ermöglicht werden.

7. Energie

Die aktuelle Lage: UN-Generalsekretär Ban Ki-moon leitet die Kommission für nachhaltige Energie für alle, um sicherzustellen, dass Menschen weltweit von nachhaltiger, zuverlässiger und erneuerbarer Energie profitieren. Einer von fünf Menschen weltweit hat keinen Zugang zu Elektrizität. Drei Milliarden Menschen nutzen Holz, Kohle oder Tierkadaver zum Heizen und Kochen.

Wichtigstes der insgesamt fünf Ziele für Energieversorgung: Bis 2030 soll der Anteil der erneuerbaren Energien im weltweiten Energiemix deutlich erhöht werden.

8. Beschäftigung

Die aktuelle Lage: Weltweit waren im Jahr 2007 rund 170 Millionen Menschen arbeitslos; 2012 waren es 202 Millionen – darunter 75 Millionen junge Menschen. Fast 2,2 Milliarden Menschen müssen mit knapp zwei Euro am Tag auskommen. 470 Millionen Jobs müssen bis 2030 geschaffen werden.

Wichtigstes der insgesamt zwölf Ziele für mehr Wachstum: Bis 2030 soll eine vollständige Beschäftigung mit anständiger Arbeit und fairer Bezahlung für

Frauen und Männer sichergestellt sein, inklusive für Jugendliche und Menschen mit Behinderungen.

9. Infrastruktur

Die aktuelle Lage: Über 2,6 Milliarden Menschen in den Entwicklungsländern haben keinen Zugang zu Elektrizität und Sanitäranlagen. 800 Millionen Menschen, besonders in der Sahara und in Südasien, haben keine gesicherte Trinkwasserversorgung. Anderthalb Millionen Menschen haben keinen Zugriff auf funktionierende Telefonleitungen.

Wichtigstes der insgesamt acht Ziele für bessere Infrastruktur: Es muss eine maßgebliche Verbesserung des Zugangs zu Informations- und Kommunikationstechnologien ermöglicht werden sowie ein weltweiter und erschwinglicher Zugang zum Internet in den am wenigsten entwickelten Ländern bis 2020.

10. Einkommensunterschiede

Die aktuelle Lage: Die Einkommensunterschiede in den Entwicklungsländern haben sich seit 1990 um elf Prozent verringert. Ein maßgeblicher Teil der Haushalte dort – 75 Prozent – lebt aber immer noch in Gesellschaften, wo das Einkommen ungerechter verteilt ist als noch 1990.

Wichtigstes der insgesamt zehn Ziele zur Einkommensgerechtigkeit: Bis 2030 soll das Grundeinkommen für die untersten 40 Prozent der Bevölkerung auf den nationalen Durchschnitt angehoben werden.

11. Stadtentwicklung

Die aktuelle Lage: Die Hälfte der Weltbevölkerung – 3,5 Milliarden Menschen – lebt in Städten. Bis 2030 werden 60 Prozent mehr in Städten und Vororten leben, davon entfallen 95 Prozent auf die Entwicklungsländer. 828 Millionen Menschen leben heute in Slums – mit drastischem Anstieg wird gerechnet.

Die wichtigsten zwei der insgesamt zehn Ziele für Stadtentwicklung: Bis 2030 soll es für alle Menschen Zugang zu angemessenen Wohnungen oder verbesserten Elendsvierteln geben sowie Zugang zu Grün- und Parkanlagen für alle, insbesondere für Kinder und Frauen.

12. Konsumverhalten

Die aktuelle Lage bei Wasser, Energie und Ernährung: Jedes Jahr wird ein Drittel der weltweit hergestellten Lebensmittel weggeworfen oder vergammelt auf dem Transport oder beim Konsumenten zu Hause. Wenn die Menschen weltweit ihre Glühbirnen auf Energiesparlampen umstellen würden, könnten Energiekosten von über 107 Milliarden Euro eingespart werden. Sobald die Bevölkerung auf 9,6 Milliarden Menschen wächst, müssten weltweit drei Bäume pro Person gepflanzt werden, um die benötigten Ressourcen zu garantieren.

Wichtigstes der insgesamt elf Ziele für Konsumbedingungen: Bis 2030 soll sich die Wegwerfmentalität durch Prävention, Recycling, Reduzierung und Erneuerung maßgeblich verändert haben.

13. Klimawandel

Die aktuelle Lage: Von 1880 bis 2012 hat sich die globale Temperatur um 0,85 Grad Celsius erhöht. Von 1901 bis 2010 ist der Meeresspiegel durchschnittlich um 19 Zentimeter gestiegen. Das Eis in der Arktis ist seit 1979 um 1,07 Millionen Quadratkilometer zurückgegangen – pro Jahrzehnt. Es wird weltweit 50 Prozent mehr Kohlendioxid ausgestoßen als noch 1990.

Wichtigstes der insgesamt fünf Ziele gegen den Klimawandel: Klimaziele sollen in nationale Politik und Gesetze als fester und verbindlicher Bestandteil integriert werden.

14. Artenvielfalt der Ozeane

Die aktuelle Lage: Drei Viertel der Erde sind von den Weltmeeren bedeckt, die 97 Prozent des Wassers ausmachen. Über drei Milliarden Menschen verdienen ihren Lebensunterhalt dank der Artenvielfalt der Meere und der Küsten. 200 Millionen Menschen leben weltweit von der Fischerei. Bisher wurden 200.000 Tierarten entdeckt, es wird jedoch vermutet, dass es bis zu einer Million Arten sein könnten.

Wichtigstes der insgesamt zehn Ziele für die Meeresrettung: Bis 2020 die Jagd und die Überfischung regulieren, illegale und zerstörerische Fischerei stoppen und wissenschaftliche Pläne ausarbeiten, die den Erhalt der Arten sowie die maximale Nachhaltigkeit garantieren.

15. Artenvielfalt an Land

Die aktuelle Lage der Wälder, Wüsten und Artenvielfalt: 80 Prozent aller Tiere, Pflanzen und Insekten leben in Wäldern. Über 2,6 Milliarden Menschen sind von Landwirtschaft abhängig, aber nur 52 Prozent der Ländereien können dafür genutzt werden, der Rest mangels Bodenverschmutzungen nicht. Von über 8300 entdeckten Tierarten sind 22 Prozent vom Aussterben bedroht.

Wichtigstes der insgesamt zwölf Ziele für den Artenerhalt: Bis 2020 den Umweltschutz, die Sanierung und den Erhalt der Ökosysteme sicherstellen sowie insbesondere Wälder, Wüsten, Dschungel und Berge mit internationalen Abkommen schützen.

16. Gesellschaftlicher Frieden

Die aktuelle Lage: Justiz- und Polizeibehörden sind die am meisten von Korruption betroffenen Einrichtungen. Durch Steuerhinterziehung und Betrug gehen weltweit rund eine Billiarde Euro verloren – exakt die Summe, von der die Menschen leben könnten, die nun mit rund einem Euro pro Tag auskommen müssen.

Die wichtigsten drei der insgesamt zwölf Ziele für die Gesellschaft: Eine maßgebliche Reduzierung aller Arten von Gewalt und der damit zusammenhängenden Toten weltweit. Ein Ende von Missbrauch, Ausbeutung, sexuellem Missbrauch, Gewalt gegen und an Kindern. Bis 2030 ein Ende der Korruption und Bestechung weltweit.

17. Zusammenhalt

Die aktuelle Lage in Finanzsektor, Datentechnologie, Handel und Wirtschaftspartnerschaften: Die globale Entwicklungshilfe lag 2014 bei 120,7 Milliarden Euro – ein Rekordbudget bisher. 79 Prozent der Exporte aus Entwicklungsländern werden zollfrei in anderen Entwicklungsländern eingeführt. Die Anzahl der Internetnutzer hat sich in Afrika innerhalb der vergangenen vier Jahre beinahe verdoppelt. 30 Prozent der Jugendlichen weltweit sind Digital Natives und mindestens seit fünf Jahren online. Aber mehr als vier Milliarden Menschen nutzen das Internet noch nicht – 90 Prozent davon leben in Entwicklungsländern.

Die wichtigsten drei von insgesamt 19 Zielen für Zusammenhalt: Mehr Austausch zwischen den Ländern über Wissenschaft, Technologien und Neuerungen durch die bestehenden Mechanismen – besonders via Vereinte Nationen – und durch globale, technische Mechanismen. Respekt unter den Nationen und ein gemeinsames Vorgehen gegen Armut und für nachhaltige Entwicklung. Ermutigung und Förderung öffentlicher, öffentlich-privater und zivilrechtlicher Partnerschaften, die auf der Erfahrung und auf einer strategischen und nachhaltigen Basis aufbauen.

Die 17 Ziele wurden am 1. Januar 2016 geltend gemacht. Ihre Umsetzung ist freiwillig, und jeder Staat entscheidet selbst, mit welchen Maßnahmen er die Ziele erreichen will.«[3]

Solange global keine verbindlichen Verträge hinsichtlich der »Sustainable Development Goals (SDG)« unterschrieben werden und lediglich ein Lippenbekenntnis bleiben, solange werden diese ambitionierten Ziele auch nicht erreicht werden, da alle 206 Staaten am derzeit herrschenden System, dem Kapitalismus, scheitern werden. Es bedarf hier einer globalen Kooperation in den wesentlichen Themenfeldern, damit man tatsächlich eine Chance hat, die beschriebenen Ziele zu erreichen. Wie die globale Kooperation von Staaten gehen müsste, wird später im Hebelregister beschrieben.

b) Messwerte für einen wünschenswerten Soll-Zustand:

1) Ökologischer Fußabdruck

»Unter dem Ökologischen Fußabdruck wird die Fläche auf der Erde verstanden, die notwendig ist, um den Lebensstil und Lebensstandard eines Menschen (unter Fortführung heutiger Produktionsbedingungen) dauerhaft zu ermöglichen. Das schließt Flächen ein, die zur Produktion seiner Kleidung und Nahrung oder zur Bereitstellung von Energie, aber z. B. auch zum Abbau des von ihm erzeugten Mülls oder zum Binden des durch seine Aktivitäten freigesetzten Kohlendioxids benötigt werden. [...]

Die weltweit verfügbare Fläche zur Erfüllung der menschlichen Bedürfnisse wird nach Daten des Global Footprint Network und der European Environment Agency insgesamt um 23 % überschritten. Danach werden bei gegenwärtigem Verbrauch pro Person 2,2 ha beansprucht, es stehen allerdings lediglich 1,8 ha zur Verfügung. Dabei verteilt sich die Inanspruchnahme der Fläche sehr unterschiedlich auf die verschiedenen Regionen. Europa (EU25 und Schweiz) beispielsweise benötigt 4,7 ha pro Person, kann aber nur 2,3 ha selber zur Verfügung stellen. Dies bedeutet eine Überbeanspruchung der europäischen Biokapazität um über 100 %. Frankreich beansprucht demnach annähernd das Doppelte, Deutschland etwa das Zweieinhalbfache und Großbritannien das Dreifache der verfügbaren Biokapazität.«[4]

2) Der Index der menschlichen Entwicklung (HDI)

Der Index der menschlichen Entwicklung[1] (englisch Human Development Index, abgekürzt HDI) der Vereinten Nationen ist ein Wohlstandsindikator für Staaten. Der HDI wird seit 1990 im jährlich erscheinenden Bericht über die menschliche Entwicklung (englisch Human Development Report) des Entwicklungsprogramms der Vereinten Nationen (UNDP) veröffentlicht.

Der HDI berücksichtigt nicht nur das Bruttonationaleinkommen pro Kopf, sondern ebenso die Lebenserwartung und die Dauer der Ausbildung anhand der Anzahl an Schuljahren, die ein 25-Jähriger absolviert hat, sowie der voraussichtlichen Dauer der Ausbildung eines Kindes im Einschulungsalter. Der HDI wurde im Wesentlichen von dem pakistanischen Ökonomen Mahbub ul Haq entwickelt, der eng mit dem indischen Ökonomen Amartya Sen sowie dem britischen Wirtschaftswissenschaftler und Politiker Meghnad Desai zusammenarbeitete.[4a]

3) Gini-Index / Einkommensverteilung

»Die Liste der Länder nach Vermögensverteilung weist für eine Auswahl von Ländern anhand des Gini-Koeffizienten ein Maß für die Ungleichverteilung des Vermögens aus. Je höher der Gini-Index, desto ungleicher ist die Vermögensverteilung.«[5]

4) World Happiness Report – Wo leben die glücklichsten Menschen?

»Seit 2012 veröffentlicht das Sustainable Development Solutions Network (Netzwerk für nachhaltige Entwicklung) der UNO jährlich den World Happiness Report. Anhand von sechs Faktoren, die jeweils verschiedene Aspekte des Lebens abdecken sollen, wird dieser Bericht in über 150 Ländern erhoben.

Die sechs Faktoren sind das Bruttoinlandsprodukt, die Lebenserwartung der Menschen, das soziale Angebot für Bedürftige, das gemessene Vertrauen der Befragten in die Regierung und Wirtschaft, ihre gefühlte Entscheidungsfreiheit und ihre Spendenbereitschaft. Der Bericht verbindet dazu unter anderem Daten von Sozialsystemen und Arbeitsmarkt mit Befragungen über die Selbstwahrnehmung der Menschen. Ziel des Rankings ist es, Regierungen weltweit zu einer besseren Politik zu bewegen.

Der erste World Happiness Report, welcher statt ökonomischem Wachstum erstmals die Zufriedenheit der Befragten ins Zentrum stellte, wurde 2012 Jahr erstellt. Der bisher letzte wurde 2017 veröffentlicht. Die Spitzenränge werden kontinuierlich von den nordischen Ländern Dänemark, Island oder Norwegen besetzt. Lediglich die Schweiz schaffte es einmal als nicht nordisches Land auf den ersten Rang.

Die Relevanz der Untersuchung ist umstritten. Ob die gewählten Faktoren nun wirklich den Glückszustand der Menschen ergeben, bleibt fraglich. Grundsätzlich stellt sich die Frage, ob ein solch individueller und komplexer Zustand wie Glück quantitativ überhaupt messbar ist.«[6]

5) Stiglitz Kommission – Neuer Wohlstandsindikator

»Frankreichs Staatspräsident Nicolas Sarkozy will die internationale Staatenge-meinschaft davon überzeugen, einen neuen Wohlstandsindikator einzuführen. Der neue Gradmesser soll künftige Weltwirtschaftskrisen verhindern helfen. ›Das Bruttoinlandsprodukt spiegelt die Realität nicht wider‹, erklärte Sarkozy am Montag in der Pariser Universität Sorbonne. Das BIP messe weder den sozialen Fortschritt noch das Wohlergehen Einzelner oder die Nachhaltigkeit, sondern nur Quantität und Produktion.

Laut Definition ist das Bruttoinlandsprodukt die Summe aller produzierten Güter und Dienstleistungen einer Volkswirtschaft. Der amerikanische Nobelpreisträger Joseph Stiglitz, der Sarkozy einen entsprechenden Bericht überreichte, sagte: ›Das Bruttoinlandsprodukt ist nicht an sich falsch, aber es kann falsch angewandt wer-den.‹ Vor der Krise, so erläuterte Stiglitz, sei das Wachstum in den USA höher gewesen als in Europa. Dabei hätten viele übersehen, dass die USA so schnell wuchsen, weil sich viele Amerikaner überschuldeten. Das Wachstum stand also auf wackeligen Beinen, was das BIP nicht berücksichtigte.

Kennzahl mit Defiziten

Andere Teilnehmer der 22-köpfigen, von Sarkozy vor 18 Monaten ins Leben ge-rufenen Kommission, darunter fünf Nobelpreisträger, nannten weitere (zuge-spitzte) Beispiele für die Defizite des BIP: Stehen Autofahrer im Stau, steige das BIP, weil sie mehr Sprit verbrauchten. Oder: Läuft ein Öltanker aus, gehen die Reinigungsarbeiten in das BIP ein. Und schließlich: Bricht eine Epidemie aus, hebt die Entwicklung eines Impfstoffs das BIP. Das Wohlergehen der Menschen stei-gere sich aber nicht.

Sarkozy seinerseits fragte in seiner marktkritischen Rede rhetorisch: ›Wo ist der soziale Wert, wenn Aktienhändler viel Geld machen, aber die Arbeitsgrundlage anderer zerstören und die Grundfesten des Kapitalismus ruinieren?‹

Die Kommission unter Stiglitz machte zwölf Vorschläge zur Reform. Sie zielen darauf ab, das Wohlbefinden Einzelner (Einkommen, Konsum, Lebensqualität und -erwartung, Gesundheit und Freizeit) sowie die Umweltverträglichkeit des Wachstums einzubeziehen. Sarkozy ergänzte, es müssten auch ehrenamtliche

Arbeit und haushaltsnahe Dienstleistungen sowie das Funktionieren des öffentlichen Dienstes berücksichtigt werden.«[7]

Stiglitz-Kommission – 12 Empfehlungen

»In der Zusammenfassung des Abschlussberichts wird betont, dass die Bedeutung statistischer Indikatoren für die Beurteilung von Maßnahmen zur Fortentwicklung der Gesellschaft immer mehr zunimmt. Denn was gemessen wird, beeinflusst das Handeln. Falsche Messungen führen somit zu einer falschen Politik. Bisherige Statistiken über Wachstum, Arbeitslosigkeit oder Inflation entsprechen dabei oft nicht den Wahrnehmungen der Bürger. Die häufige Fokussierung auf das Bruttoinlandsprodukt als alleinige Kennzahl für die wirtschaftliche Entwicklung wird kritisiert.

So ist zum Beispiel das Wachstum des BIP kein ausreichender Indikator, wenn zugleich die Ungleichheit zunimmt und ein wesentlicher Teil der Bevölkerung vom Wachstum nicht profitiert. Mehr Staus auf den Autobahnen führen beispielsweise zu einem erhöhten Benzinverbrauch, der sich in einem höheren BIP niederschlägt, obwohl das Wohlbefinden der Betroffenen gesunken ist und sie weniger Geld für den übrigen Konsum zur Verfügung haben. Das BIP als Indikator gibt keine Informationen über Luftverschmutzung oder den Klimawandel. Aufgabe ist es also, nach einem sinnvollen Verfahren der Messung der Wohlfahrt zu suchen, das auch die ökologischen und sozialen Aspekte und die Frage der Nachhaltigkeit berücksichtigt.

Die Bedeutung der Aufgabe zeigt sich auch darin, dass die Finanzkrise 2007 und die dann folgende Wirtschaftskrise von den bisherigen Berichten nicht vorhergesagt und alle politischen Entscheider von der Entwicklung überrascht wurden. Allerdings darf man auch die Prognosemöglichkeiten für derartige Zusammenhänge nicht überschätzen. Dennoch zeigt der Bericht auf, dass man durch teilweise andere Daten und neue Indikatoren Hinweise auf Veränderungsbedarfe geben kann.

Zur Aufbereitung der Themen hat die Kommission drei Arbeitsgruppen gebildet. Mit den oben genannten Schwerpunkten:

- Fragen der klassischen Messung des Sozialprodukts

- Lebensqualität
- Nachhaltigkeit

Als Ergebnis ihrer Arbeit spricht die Kommission zwölf grundsätzliche Empfehlungen aus:

Empfehlung 1: Beim Messen des Wohlbefindens (well-being) sollten das Einkommen und der Konsum erfasst werden anstelle der bisherigen Messung der Produktion.

Das BIP drückt den Wert der Produktion für den Markt in Geldeinheiten aus. Dieser Wert kann aber nicht den Wohlstand einer Gesellschaft ausdrücken. Der tatsächliche Lebensstandard ergibt sich aus dem Einkommen. Der Produktionswert kann zum Beispiel durch Preisveränderungen oder Exporte von Einkommen und Konsum deutlich abweichen.

Empfehlung 2: Stärkere Beachtung der Perspektive der Haushalte

Untersuchungen haben gezeigt, dass reale Haushaltseinkommen sich zum Teil langsamer entwickelt haben als das BIP. Eine wesentliche Ursache ist die Staatsquote und die Tatsache, dass der Staat zunehmend Leistungen, insbesondere im Bereich Bildung und Gesundheit, erbringt, die zuvor im privaten Sektor und ohne Entgelt erbracht wurden. Aus diesem Grund wird eine getrennte Darstellung des Haushaltssektors für sinnvoll erachtet. Zusätzlich wird empfohlen Preisindizes nach Haushaltsgruppen zu differenzieren.

Empfehlung 3: Berücksichtigung des Zusammenhangs von Einkommen und Konsum mit dem vorhandenen Vermögen

Einkommen und Konsum sind zwar grundlegend zur Beurteilung des Lebensstandards, aber Sparvorgänge oder der Verbrauch von Vermögen können das Bild verzerren. Dies gilt auch auf der Ebene von Volkswirtschaften. Zur Beurteilung bedarf es Bilanzen, in denen das Vermögen erfasst wird. Die Beurteilungen des Vermögens sollten mit Kennzahlen zur Nachhaltigkeit und zum Risiko gestützt werden. Dazu können auch nicht monetäre Kennziffern sinnvoll sein.

Empfehlung 4: Mehr Aufmerksamkeit auf die Einkommensverteilung, die Vermögensverteilung und den Verteilung von Konsum

Durchschnitts- oder Gesamtgrößen sind nicht ausreichend, die bestehenden Verhältnisse zu beurteilen. So kann ein durchschnittliches Wachstum des Einkommens für einen Teil der Bevölkerung wirkungslos sein. Hierzu sind mehr Informationen über die Verhältnisse in den unteren und oberen Bereichen der Bevölkerung nötig. Die Kommission empfiehlt die Darstellung des Medianeinkommens anstelle eines arithmetischen Durchschnittswertes. Zusätzlich sollten auch Angaben zur Verteilung des Wirtschaftswachstums nach unterschiedlichen sozioökonomischen Gruppen gemacht werden, um die Entwicklung der Einkommensschere aufzeigen zu können. Für sinnvoll erachtet wird hier die Berechnung des Gini-Koeffizienten.

Empfehlung 5: Erweiterung der Einkommensmaße auf informelle Tätigkeiten

Im Laufe der Zeit ist es zu wesentlichen Verschiebungen gekommen. So werden heute immer mehr Leistungen am Markt angeboten, die früher im privaten Bereich und ohne Entgelt stattgefunden haben wie zum Beispiel die Pflege von Alten und Kranken. Indem nun diese Tätigkeiten in der Einkommensstatistik erfasst werden, erhöht sich der ausgewiesene Wohlstand, obwohl sachlich keine Änderung erfolgt ist. Davon ist auch der Vergleich zwischen Ländern betroffen, wobei in den weniger entwickelten Ländern der Anteil der in Haushalten unmittelbar erzeugten Güter noch wesentlich höher ist. Als Maß des Wohlbefindens ist zudem auch auf die verfügbare Freizeit zu achten.

Die Kommission betont, dass das Wohlbefinden (well being) mehrdimensional zu bestimmen ist. Als Dimensionen, die nicht allein durch das Einkommen ausgedrückt werden können, nennt sie:

1. materieller Lebensstandard (Einkommen, Konsum, Vermögen)
2. Gesundheit
3. Bildung
4. persönliche Tätigkeiten einschließlich Arbeit
5. Politische Stimme und Governance
6. Soziale Verbindungen und Beziehungen
7. Umwelt (gegenwärtige und künftige Bedingungen)
8. Unsicherheit (sowohl ökonomisch als auch physisch)

Empfehlung 6: Die Lebensqualität hängt von den objektiven Bedingungen und den Verwirklichungschancen (capabilities) der Menschen ab. Es sollten Schritte gemacht werden, um die Kennziffern über Gesundheit, Erziehung, persönliche Aktivitäten und Umweltbedingungen der Menschen zu verbessern. Vor allem sollten sich nennenswerte Bemühungen darauf richten, robuste und zuverlässige Kennziffern für soziale Verbindungen, politische Stimmrechte und Unsicherheit, die Aussagen über die Lebenszufriedenheit ermöglichen, zu entwickeln und einzuführen.

Die für die Lebensqualität relevanten Informationen reichen über die Selbsteinschätzung und Wahrnehmung der Betroffenen einschließlich der Handlungsmöglichkeiten (functionings) und Freiheiten hinaus. Tatsächlich bedeutsam sind die Verwirklichungschancen der Menschen, das heißt der Umfang ihrer Möglichkeiten und die Freiheiten, innerhalb dieses Umfangs wählen zu können. Nur die Güterverfügbarkeit ist keine ausreichende Messgröße für die Lebensqualität. Zur Erfassung der Dimensionen des Wohlbefindens bedarf es nicht nur objektiver, sondern auch subjektiver Messungen. Die bestehenden Lücken in den Informationen hierüber müssen erfasst und die statistische Basis muss erweitert und angepasst werden.

Empfehlung 7: Die Indikatoren zur Lebensqualität in allen angesprochenen Dimensionen sollen Ungleichheiten in einer verständlichen Weise bewerten.

Die Indikatoren sollten nicht nur über die Zeit, sondern auch zum interpersonellen Vergleich für sozio-ökonomische Gruppen, Gender und Generationen eingesetzt werden, wobei ein besonderes Augenmerk auf aktuelle Entwicklungen wie Immigration sowie auf das Fortbestehen von Mustern über Generationsfolgen gelegt werden sollte.

Empfehlung 8: Die Studien sollten so ausgelegt werden, dass die Verbindungen der verschiedenen Bereiche der Lebensqualität für die einzelne Person bewertet werden kann, und diese Informationen sollten Eingang in die Gestaltung der Maßnahmen in den verschiedenen Feldern finden.

Durch die Herstellung von Querverbindungen können die Auswirkungen einzelner Maßnahmen auf die Lebensqualität in anderen Bereichen erfasst werden.

Daher sollten in den Untersuchungen verschiedener Felder Daten erhoben werden, die die Herstellung der Querverbindungen zulassen.

Empfehlung 9: Statistische Ämter sollten die benötigten Informationen so zur Verfügung stellen, dass die Querverbindung zwischen den verschiedenen Dimensionen der Lebensqualität zusammengefasst und die Bildung verschiedener Indizes ermöglicht wird.

Statistiker bedürfen nicht nur vielfältiger Indikatoren, sondern sie müssen auch die ausgewählten Indikatoren so zusammenzuführen, dass die Wirkung einzelner Effekte in einem Gesamtindikator analysiert werden kann.

Empfehlung 10: Sowohl objektive als auch subjektive Maße liefern Schlüsselinformationen über die Lebensqualität. Statistische Behörden sollten Erhebungen einrichten, die sich mit der Bewertung des Lebens, mit freudvollen (hedonistic) Erfahrungen und Vorlieben der Menschen befassen.

Die Forschung hat gezeigt, dass es auch Möglichkeiten gibt, aussagekräftige und vertrauenswürdige Maße für die subjektive Bewertung der Lebensqualität zu definieren. Das subjektive Wohlbefinden ist durch verschiedene Aspekte wie die kognitive Bewertung des eigenen Lebens, Glücklichkeit, Zufriedenheit bestimmt, ebenso durch positive Gefühle wie Spaß und Stolz oder durch negative Emotionen wie Leid und Sorge, die alle in messbaren Größen erfasst werden können. Die bisherigen erfolgreichen Ergebnisse in kleineren Untersuchungen sollten auf eine breitere Basis gestellt werden.

Empfehlung 11: Die Bewertung der Nachhaltigkeit bedarf eines wohl-identifizierten Armaturenbretts an Indikatoren. Das unterscheidende Merkmal der Komponenten dieses Armaturenbretts sollte darin bestehen, dass sie als Abweichungen von einem bestehenden ›Vorrat‹ (›stock‹ = vorhandene Vermögenswerte) interpretiert werden können. Ein monetärer Index der Nachhaltigkeit hat seinen Platz in einem solchen Armaturenbrett, aber nach dem derzeitigen Stand der Aussagefähigkeit (state of the art) sollte er im Wesentlichen auf die monetären Aspekte der Nachhaltigkeit konzentriert bleiben.

Das Messen und Bewerten der Nachhaltigkeit ist für die Kommission ein Aspekt mit herausragender Bedeutung. Dies ist aber aufgrund der Komplexität des

Themas schwierig und wird noch weiter erschwert, weil zwischen den verschiedenen Ländern noch keine Einheitlichkeit zur Bestimmung der Nachhaltigkeit vorliegt. Nachhaltigkeit muss neben der aktuellen Untersuchung des Wohlbefindens gesondert untersucht werden. Eine Vermischung der Themen kann zu falschen Rückschlüssen führen. In den Indikatoren für die Nachhaltigkeit müssen die verschiedenen Vorräte an natürlichen Ressourcen, menschlichen, sozialen und physischen Kapitalien zum Ausdruck kommen. Die Reduktion von Nachhaltigkeitsindikatoren auf monetäre Größen scheitert daran, dass es für verschiedene Aspekte keine mit einem Marktwert bewertbaren Grundlagen gibt. Selbst wenn es solche Werte gäbe, wäre zudem nicht sichergestellt, dass die aktuelle Bewertung der Sichtweise in der Zukunft entspricht.

Empfehlung 12: Der Umweltgesichtspunkt der Nachhaltigkeit benötigt eine gesonderte Folgeuntersuchung, basierend auf einer wohl ausgewählten Anzahl physikalischer Indikatoren. Vor allem besteht Bedarf für einen klaren Indikator, der die Nähe zu gefährlichen Graden der Umweltbelastung (zum Beispiel Klimawandel oder Überfischung) beschreibt.

Zur Auswahl adäquater Indikatoren bedarf es einerseits der Kompetenz von Naturwissenschaftlern, andererseits sind die Anforderungen global, so dass das Vorgehen einzelner nationaler Statistikbehörden unzureichend bleiben muss.

Zum weiteren Vorgehen betont die Kommission, dass sie ihren Bericht als einen Anfang betrachtet, der zu weiteren Forschungen führen und durch Diskussionen in der Fachwelt weiterentwickelt werden sollte.«[8]

4.) Soll-Zustand erreichen durch neue Politik- und Wirtschaftsordnung: »Globale gemeinwohlorientierte kapitalistische Marktwirtschaft« oder noch besser »Globale ökosoziale Marktwirtschaft«

»Du veränderst die Dinge nicht, indem du die bestehende Realität bekämpfst. Um etwas zu verändern, entwirf ein neues Modell, dass das existierende überholt erscheinen lässt.«[1]

Nachdem man den problematischen globalen Ist-Zustand erkannt und den gewünschten globalen Soll-Zustand definiert hat, ist man der Lösung all dieser Probleme noch keinen Schritt näher.

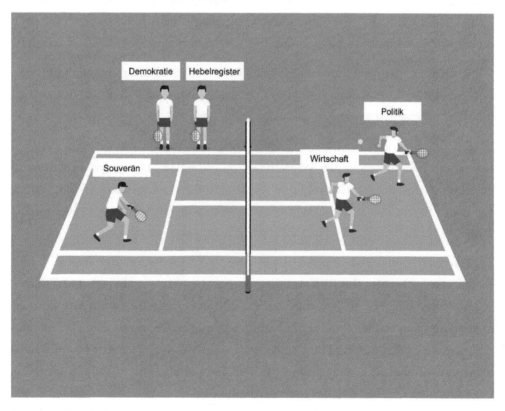

Quelle – Grafik: https://www.dreamstime.com/stock-illustration-two-tennis-players-having-game-tennis-court-cartoon-vector-illustration-side-elevation-view-isolated-vibrant-image86227469

267

Wie müsste man das System verändern, damit der Soll-Zustand 2030 Realität wird? Was sind die wesentlichen globalen Lösungen, damit diese Ziele global erreicht werden?

Wichtig ist, dass man versteht, dass die hier angeführten Parameter des problematischen Ist-Zustands + gewünschten Soll-Zustands aus heutiger Sicht tatsächlich veränderbar sind. Es sind die nötigen materiellen Ressourcen vorhanden und vor allem die technischen Standards unserer Zeit und die rasante Weiterentwicklung der Technik könnten bei entsprechender Systemregulation diese Probleme tatsächlich bis 2030 lösen.

Möchte man diese globalen Missstände beheben, fragt sich, was getan werden muss, damit man diese Probleme kurzfristig möglichst minimiert, und wie man dieses Problem langfristig löst, damit diese Symptome dauerhaft verschwinden.

Wesentlich ist, dass die Souveränität der jeweiligen Staaten, religiöse, kulturelle Individualität etc. natürlich nicht in Frage gestellt werden sollen, sondern systemische universelle Parameter, die jeder Staat, egal welche Ideologie dieser innehat, umsetzen könnte.

Die wesentliche Frage lautet: Wie erhalte ich mit einem Minimum an Aufwand einen möglichst großen Effekt? Sprich, was sind die wesentlichen Lösungen, damit man einen möglichst großen Effekt erzielt, der die angeführten Probleme löst?

»Wir müssen Regeln für eine Globalisierung des Friedens, der Gerechtigkeit und der Nachhaltigkeit aufstellen. Die Regeln der WTO, die Regeln der Weltbank und die Kreditregulierung der IWF sind Regeln, die die wirtschaftlichen und ökologischen Lasten der Armen vergrößern. Es sind Regeln, die Reichtum von den Armen zu den Reichen leiten, von der Natur zum Markt. Dieses Globalisierungsmodell, das auf dereguliertem Handel basiert, macht alle Regeln, die die gesellschaftliche und ökologische Verantwortung der Wirtschaft sichern sollen, hinfällig. Dies führt in allen Gesellschaften zu Arbeitslosigkeit und wirtschaftlicher Unsicherheit. Abgesehen davon, dass Sie im Süden der Welt zu größerem Elend und im Norden zu verminderten Sozialleistungen führt, schafft die wirtschaftliche Unsicherheit eine Angstkultur, die neue soziale Ausschließungen, neue Intoleranz und religiösen Fundamentalismus schürt. Diese Ausschließung fördern wiederum die Zunahme von Gewalt – in Form von Kriegen von Seiten der

Mächtigen, in Form von Terrorismus und Extremismus von Seiten der Ohnmächtigen. Um Frieden, Gerechtigkeit und Nachhaltigkeit zu erreichen, müssen wir eine Veränderung in drei Bereichen wagen:

1) Das Gebot der Nachhaltigkeit erfordert einen Wandel, in der Beziehung zwischen Natur und Mensch, zwischen Ökologie und Ökonomie.

2) Das Gebot der Gerechtigkeit erfordert einen Wandel in der Beziehung zwischen Reichen und Armen, zwischen und innerhalb von Staaten.

3) Das Gebot des Friedens erfordert einen Wandel in der Beziehung zwischen den verschiedenen Kulturen.

Die Veränderung zur Nachhaltigkeit erfordert eine Verschärfung, und keine Abschwächung von Umweltgesetzen. Die Veränderung zur Gerechtigkeit erfordert eine Stärkung, und keine Verringerung von sozialen Regulierungen. Und die Veränderung zum Frieden erfordert ökologische und ökonomische Sicherheit, die durch den Wandel hin zur Nachhaltigkeit und Gerechtigkeit geschaffen wird. Ohne soziale, ökologische und ökonomische Sicherheit kann es keinen Frieden geben.«[2]

Oder in den Worten von Henry Kissinger: »Unter diesen Umständen wird Staatsführung an sich zur Herausforderung. Regierungen stehen unter Druck, den Prozess der Globalisierung mit Blick auf den nationalen Vorteil und mit entsprechenden Regulierungen zu steuern. Im Westen geraten die von der Globalisierung aufgeworfenen Fragen so in Konflikt mit denen einer demokratischen Außenpolitik. Die politische und die wirtschaftliche internationale Ordnung zu harmonisieren stellt althergebrachte Sichtweisen infrage: das Streben nach Ordnung in der Welt deshalb, weil dazu über den nationalen Rahmen hinausgedacht werden müsste. Zugleich erfordert die Regulierung der Globalisierung, dass für ein nachhaltiges Wirtschaften konventionelle Muster überwunden werden müssen. […]

Aber eine geordnete Welt kann durch das Handeln eines einzelnen Staates alleine nicht erreicht werden. Um zu einer echten Weltordnung zu gelangen, müssen deren Teilnehmer, während sie eigene Werte beibehalten, sich eine zweite Kultur aneignen, die globaler, struktureller und juristischer Art ist: ein

Ordnungskonzept, das über die Perspektiven und Ideale der einzelnen Regionen oder Nationen hinausweist. Zum gegenwärtigen Zeitpunkt bedeutete dies, dass das westfälische System modernisiert und an neue Realitäten angepasst werden muss.«[3]

Wenn nur einzelne wenige Staaten sich zu Basisgesetzen bekennen würden, sprich Regeln einführen würden, die verstärkt dem Gemeinwohl dienen und sich gegen den Raubtierkapitalismus wenden, hätten sie einen massiven Wettbewerbsnachteil auf mehreren Ebenen und würden vor allem Gefahr laufen, dass Unternehmen und Kapital abwandern und ihr Wirtschaftsstandort sehr große Nachteile hätte. Daher bedarf es bezüglich der wesentlichen großen Probleme unserer Zeit globaler Antworten, die von möglichst vielen Staaten umgesetzt werden.

Es ist von Bedeutung, dass Staaten lernen, sich auf wesentlicher Systemebene global zu solidarisieren und wie bei erfolgreichen Unternehmen das Prinzip »**Schöpferische Zerstörung nach Schumpeter**« stattfindet. Nur Unternehmen die sich fortwährend in Frage stellen, bleiben stabil und letztendlich konkurrenzfähig. Staaten werden vom Regelwerk der gut organisierten Konzerne bereits zu lange dominiert und müssen beginnen, sich dem Zeitgeist entsprechend zu behaupten, vor allem im Hinblick auf die Globalisierung. Konzerne haben kein Interesse an einzelnen Staaten, sondern agieren global und nützen entsprechend die verschiedenen Regelwerke der einzelnen Staaten bestmöglich für ihren Unternehmenserfolg, was zur Folge hat, dass sie sich wie keine andere Gruppierung enorm bereichern und einen wesentlichen Vorteil gegenüber kleinen und mittelständischen Betrieben genießen.

Der globale Lösungsvorschlag → Neue globale Marktwirtschaft: »Globale gemeinwohlorientierte kapitalistische Marktwirtschaft« oder noch besser »Globale ökosoziale Marktwirtschaft« + »Direkte Demokratie« + »Hebelregister«

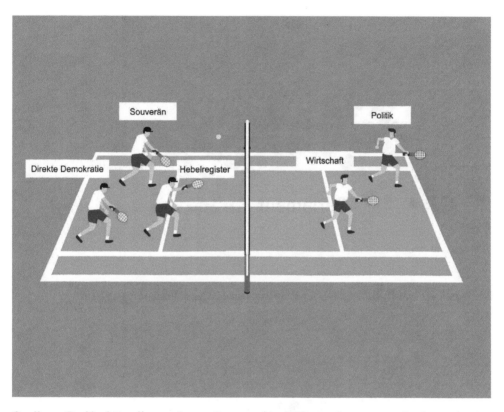

Quelle – Grafik: https://www.dreamstime.com/stock-illustration-two-tennis-players-having-game-tennis-court-cartoon-vector-illustration-side-elevation-view-isolated-vibrant-image86227469

1) Neue globale Marktwirtschaft: Statt »Neoliberale kapitalistischer Marktwirtschaft« eine »Globale gemeinwohlorientierte kapitalistische Marktwirtschaft« oder noch besser »Globale ökosoziale Marktwirtschaft«

2) Direkte Demokratie: Parlament (UNO, IWF, Weltbank, WTO, G7, G13, G20, einzelne Staaten) = Politiker + Kontrollinstanz durch den Souverän + Kontrollinstanz durch Wissenschaftler

Mögliche prozentuelle Aufteilung im Parlament:

Start: Politiker (80%) + Souverän (10%) + Wissenschaftler (10%)

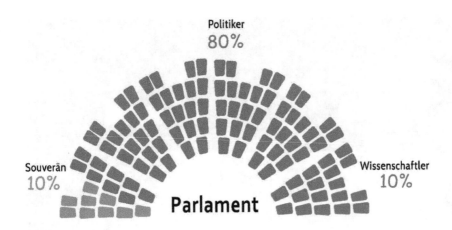

Fortgeschritten: Politiker (40%) + Souverän (40%) + Wissenschaftler (20%)

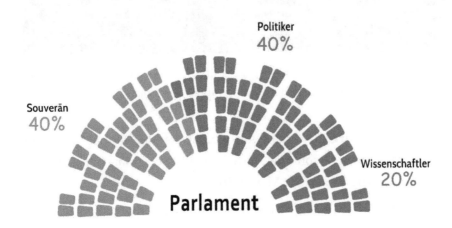

Man sollte mal im kleinen starten und kann dann nach entsprechenden Erfahrungswerten im direkt demokratischen Prozess prozentuelle Anpassungen und Steigerungen beim Souverän und Wissenschaftlern vornehmen. (mehr dazu später)

3) Hebelregister: 17 globale Hebel, die bei weltweiter Umsetzung in allen 206 Staaten langfristig eine Harmonisierung des Gemeinwohls zur Folge hätten und den Raubtierkapitalismus abschaffen würden. (mehr dazu später)

a) Globale neoliberale kapitalistische Marktwirtschaft

Was sind die systemischen Grundvoraussetzungen des globalen Ist-Zustands?

Globaler Ist-Zustand / Globale neoliberale kapitalistische Marktwirtschaft = Kapitalismus + Scheindemokratie od. Autokratie + Plutokratie → Allmächtige Politiker + Vermögende Unternehmer / Die da oben: 1 %, die alles dominieren → Egoismus ist die Gesellschaftsmaxime

Globaler Ist-Zustand / Globale neoliberale kapitalistische Marktwirtschaft:

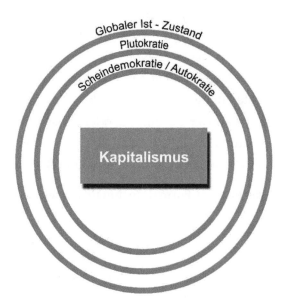

Globale Formel des globalen Ist-Zustands:

Globaler Ist-Zustand / Globale neoliberale kapitalistische Marktwirtschaft = Kapitalismus + Scheindemokratie oder Autokratie + Plutokratie

These, aus der diese problematische Formel resultiert: »Das bestmögliche Ergebnis wird dann erzielt, wenn das Individuum das tut, was für es selbst am besten ist.« **(Adam Smith)**

Problematisches globales System – Erklärung der Formel in einem Satz: Viele Unternehmer, an vorderster Front jede Menge Konzerne, sind angetrieben, innovative Produkte und Dienstleistungen zu schaffen, um möglichst viel Profit zu machen, schädigen aus Profitgier, Machtgier und Konkurrenzverhalten dabei meistens das Gemeinwohl, um den Aufstieg bzw. das Überleben des Unternehmens zu sichern, wie z.B. durch menschenunwürdige Arbeitsverhältnisse, Steuerflucht, Umweltverschmutzung, ein oder zwei Dollar Tageslohn etc. **(Kapitalismus)**, Staaten werden entweder scheindemokratisch regiert, wie z.B. in Amerika, Russland, Deutschland, etc., wo das Volk alle vier bis fünf Jahre zu Wahl gebeten wird, aber die Gesetze, die beschlossen werden, letztendlich nicht beeinflussen kann, oder Staaten werden autoritär regiert, wo das Volk kein demokratisches Mitspracherecht hat, wie z.B. in China, Nord-Korea, Kamerun etc. **(Scheindemokratie / Autokratie)** und viele Millionäre und Milliardäre, reiche Familien, Konzerne haben eine globale Lobby zur Verfügung bzw. kaufen die politische Elite, die die Gesetze zu ihren Gunsten beeinflusst, oder sie schreiben die Gesetze und immer mehr selbst, wodurch keine Chance besteht, dass sich wesentliche Gesetze durchsetzen, die dem Gemeinwohl dienen. **(Plutokratie)**

Die einzelnen Bestandteile der Formel nochmals einzeln für sich:

1) Kapitalismus:

Der wesentliche Vorteil des Kapitalismus ist, dass die Motivation bei Unternehmern sehr hoch ist, die bestmöglichen Produkte oder Dienstleistungen zu produzieren und in weiterer Folge dauerhaft zu optimieren, um konkurrenzfähig zu sein und möglichst viel Profit zu machen. Das wesentliche Problem ist, dass global sehr oft das Gemeinwohl geschädigt wird (z.B. menschenunwürdige Arbeitsverhältnisse, Steuerflucht, billige Umweltverschmutzung, Billiglohnländer etc.), da bei Unternehmen und vor allem bei Konzernen das Profitstreben an erster Stelle steht.

2) Scheindemokratie / Autokratie:

Staaten werden entweder scheindemokratisch regiert, wie z.B. in Amerika, Russland, Deutschland etc., wo das Volk alle vier bis fünf Jahre zur Wahl gebeten wird, aber die Gesetze, die beschlossen werden, letztendlich nicht beeinflussen kann, oder Staaten werden autoritär regiert, wo das Volk kein demokratisches Mitspracherecht hat, wie z.B. in China, Nord-Korea, Kamerun etc.

3) Plutokratie:

Viele Millionäre und Milliardäre, reiche Familien, Konzerne haben eine globale Lobby zur Verfügung, die die Gesetze zu ihren Gunsten beeinflusst und immer mehr auch selbst schreibt. Die führenden Politiker kommen auch oft aus reichen Familien oder Konzernen, wodurch die Einflussnahme des oberen 1 % weit leichter wird. Die politische Elite, die ganz oben im System steht, spielt nach ihren Regeln, wodurch keine Chance besteht, dass sich wesentliche Gesetze durchsetzen, die dem Gemeinwohl dienen.

Welche Berufsgruppe und Systemparameter sind für den aktuellen globalen Ist-Zustand im Wesentlichen verantwortlich?

1) Globale Politik für das obere 1 %: Autokratien + Scheindemokratien, die letztendlich überwiegend eine Gesetzgebung hervorbringen und befördern, die einer Minderheit von Staaten (vorwiegend Industriestaaten), deren Politikern und vermögenden Unternehmen, vor allem Konzernen, dient, sprich dem oberen 1 %, und somit das globale Gemeinwohl nachhaltig schädigen.

Hat der Politiker des jeweiligen Staates eine andere Wahl: Da so gut wie alle Staaten bestrebt sind vorne mitzuspielen, befördern Politiker der jeweiligen Staaten immer mehr Gesetze, die das obere 1 % der Bevölkerung begünstigen, damit diese Unternehmen ihr Kapital im eigenen Land investieren bzw. nicht abziehen. Da so gut wie alle Staaten sich diesem System beugen, kommen auch nicht vermehrt globale gemeinwohlfördernde Gesetze zustande.

206 Staatsführer – gekaufte Demokratie: Betrachtet man die 206 Staaten, muss man erkennen, dass in einer Vielzahl an Staaten Menschen regieren, die mit folgenden Voraussetzungen ihre Position erlangt haben.

1) Familienzugehörigkeit und Bekanntenkreis

2) Vermögen

3) Lobby, die sie finanziell im Wahlkampf unterstützt

4) Bildung + rhetorisches Können

5) Inszenierungsbegabung

6) etc.

»Der systemische Totalschaden an der Demokratie setzt sich aus zahllosen kleinen »U[n]fällen« zusammen:

- **Parteienfinanzierung** und Spenden an PolitikerInnen haben einen mächtigen Einfluss auf die Ergebnisse (formal) demokratischer Prozesse. Die BefürworterInnen der Regulierung von Derivaten im US-Kongress erhielten Ende der 1990er Jahre eine Million US-Dollar, die GegnerInnen dreißigmal so viel.[19]

- **Lobb[y]s** umlagern die legislativen Gremien und bringen ihre Interessen erfolgreicher ein als die – mittellosen – BürgerInnen. Oft sagen PolitikerInnen ganz unumwunden, dass ihnen die Gesetzesvorlagen aus der jeweiligen Industrie eine willkommene Arbeitserleichterung darstellen.[20] Die Finanzunternehmen der Wall Street zahl[t]en zwischen 1998 und 2008 recherchierte 5,1 Milliarden US-Dollar an Lobbyisten.[21] CEO Jamie Dimon meinte einmal, seine JP Morgan Chase erzielte »eine gute Rendite mit dem »siebenten Geschäftsfeld« der Bank – Beziehungen zu Politik und Behörden«.[22]

- Mitunter wird mit **Korruption** und **Bestechung** nachgeholfen. (…)

- **Drehtüreffekt:** Politische und wirtschaftliche Eliten bilden eine Einheit: Manager wechseln in die Politik, PolitikerInnen wechseln in den Lobby-

Dienst der mächtigen Konzerne. Goldmann Sachs stellte gleich mehrere US-Finanzminister oder -Stellvertreter. In den USA wechselt jeder dritte Kongressabgeordnete nach Ablauf der Amtszeit direkt ins Lobby-Geschäft.[24] Die Türen drehen sich auch pausenlos zwischen Aufsichtsbehörden und Finanzunternehmen.«[4]

Am Ende des Tages werden dann z.B. mächtige Staaten durch Milliardäre wie einen Donald Trump oder Vladimir Putin regiert, die Stellvertretergesichter ihrer eigenen Riege sind und weiter das obere 1 % fördern. Geeignetes Personal für den Job des Bundeskanzlers wie z.B. ein/e Systemtheoretiker/in, Physiker/in, Philosoph/in, Politikwissenschaftler/in etc. oder einem Mann oder Frau die tatsächlich die Interessen des Volkes und des Gemeinwohls repräsentiert, sind in diesen Positionen so gut wie nie zu finden.

2) Entfesselte globale Wirtschaft: Vor allem global agierende Konzerne haben ein leichtes Spiel, Sie produzieren meistens ihre Produkte und Dienstleistungen in Entwicklungsländern, wo sie so gut wie keine Mindeststandards einhalten müssen und möglichst günstig und ausbeuterisch produzieren können (z.B. hinsichtlich Menschenrechte, Arbeitsstandards, Lohn, Steuern etc.), verkaufen ihre Produkte möglichst gewinnbringend in der ganzen Welt, vor allem in Industriestaaten, schicken dann ihr Geld einmal um den gesamten Globus und zahlen unter Mithilfe von Steueroasen und Steuerkonstrukten am Ende eines Wirtschaftsjahres somit möglichst wenig Steuern.

Haben Konzerne eine andere Wahl? Sobald ein Unternehmen eine gewisse Größe erreicht hat bzw. die Größe eines Konzerns einnimmt, wird es automatisch nach und nach damit konfrontiert, wie es noch kostenschonender agieren kann. Da Konzerne bestrebt sind konkurrenzfähig zu bleiben, würde der einzelne Konzern, der den Versuch unternehmen würde, Fairplay zu spielen, wie z.B. faire Löhne für alle Mitarbeiter, Arbeitsbedingungen mit hohen Standards für alle Mitarbeiter, keine Steueroasen und Steuerkonstruktionen etc. auf lange Sicht im Wettbewerb gegen die anderen Konzerne nicht standhalten. Konzerne sind aber auch schlichtweg bestrebt, möglichst viel Profit zu machen und ihre Macht auszuweiten. Wer ganz vorne mitspielen will und dort bleiben will, muss global foulen.

Einzelne Staaten + Konzerne / Wenn wir das aktuelle globale System beibehalten, kann sich nichts ändern: Politiker und Konzerne, die weiterhin in der Oberliga mitspielen möchten, passen sich entweder den beschriebenen Rahmenbedingungen an oder sie werden durch andere Player ersetzt, die bereit sind die perfiden globalen Regeln des neoliberalen kapitalistischen globalen Wettbewerbs anzuerkennen und weiter zu befördern. Nur die Politiker und Unternehmer, die am Weg nach oben bereit sind, ihre Ideale nach und nach beim Geld und der Macht abzugeben, werden den Aufstieg schaffen. Am Ende des Tages regieren Milliardäre wie z.B. Donald Trump oder Vladimir Putin und befördern die Weltwirtschaft in die Richtung ihres eigenen Standes.

Welche Berufsgruppe muss man regulieren, damit das Gemeinwohl langfristig gestärkt wird?

Die Antwort ist ganz einfach:

1) Politiker, vor allem in gehobenen Positionen in einer Regierung oder Institution

2) Unternehmensbesitzer von Konzernen, reiche Familien, Personen, die ein Vermögen von mehreren Millionen oder Milliarden Dollar besitzen

Diese beiden Akteure dominieren weltweit im Wesentlichen den Handlungsspielraum des Souveräns, bestimmen unser Weltgeschehen, die aktuelle Weltordnung und somit letztendlich unser System und sind mit der Macht ausgestattet, darüber zu bestimmen, wie sich die Zukunft weiter entwickeln wird.

Wichtig ist, dass man Unternehmensbesitzer und Politiker in ihrem Aktionsradius ganz klar neue Grenzen aufzeigt und entsprechend systemisch regulierend eingreift, damit eine gerechtere Welt und neue Weltordnung möglich wird.

Vor allem durch die direkte Demokratie könnte man hier vieles erreichen, damit die richtigen Leute im Parlament sitzen, die geeigneten Staatsoberhäupter weltweit gewählt werden und somit langfristig eine Gesetzgebung und Ausübung des Gesetzes zustande kommt, die in Summe tatsächlich dem Gemeinwohl dient.

Interessanter Vergleich:

Weltweit leben in etwa 7,6 Milliarden Menschen.

Weltweit gibt es in etwa 18,1 Millionen Menschen, die mehr als 1 Million Dollar besitzen und knapp über 2000 Milliardäre. Weltweit gibt es jede Menge Politiker, aber nur 206 Staatsführer.

Staatsoberhäupter + Millionäre + Milliardäre = 0,25 % der Weltbevölkerung

Man müsste somit einer Elite von maximal 1 % der Bevölkerung neue Regeln und Gesetze aufzeigen, damit das Gemeinwohl nachhaltig gestärkt wird.

b) Globale gemeinwohlorientierte kapitalistische Marktwirtschaft

Globaler Soll-Zustand / Globale gemeinwohlorientierte kapitalistische Marktwirtschaft = Kapitalismus + Direkte Demokratie + Hebelregister → Ausgewogenes Machtverhältnis zw. Wirtschaft und Politik → Gemeinwohl ist die Gesellschaftsmaxime

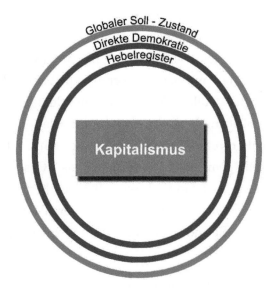

Globale Formel, um die neoliberale kapitalistische Marktwirtschaft (Raubtierkapitalismus) weltweit zu bändigen: Globale gemeinwohlorientierte kapitalistische Marktwirtschaft

Globaler Soll-Zustand / Globale gemeinwohlorientierte kapitalistische Marktwirtschaft = Kapitalismus + Globale direkte Demokratie + Globales Hebelregister

These, aus der diese zukunftsweisende Formel resultiert: »Das bestmögliche Ergebnis wird dann erzielt, wenn das Individuum das tut, was für es selbst am besten ist, **und das, was auch für die Gruppe bzw. das Gemeinwohl am besten ist.**« (John Nash)

Globale direkte Demokratie: Schützt das globale Gemeinwohl vor Scheindemokratien oder Autokratien und schafft langfristig Gesetze, die dem Willen des globalen Souveräns entsprechen.

Globales Hebelregister: Schützt das globale Gemeinwohl vor der Plutokratie und schafft globale Mindeststandards wie z.B. Mindestlohn, gerechte Steuerabgaben für alle Unternehmen, Menschenrechte etc.

Neues globales System - Erklärung der Formel in einem Satz: Die wesentliche Triebfeder des Kapitalismus behält man am besten bei, da es aus heutiger Sicht nicht realistisch wäre, das zu ändern, und damit vor allem Unternehmer angetrieben bleiben, innovative Produkte und Dienstleistungen weiterhin zu schaffen, um in weiterer Folge möglichst viel Profit zu machen **(Kapitalismus)**, Politiker würden in Zusammenarbeit mit dem Souverän und Wissenschaftlern im UNO-Parlament und in möglichst allen 206 Staaten unter dem Deckmantel der Subsidiarität Gesetze beschließen, die langfristig das globale Gemeinwohl befördern und schützen **(Globale direkte Demokratie)** und durch das Hebelregister würden globale universelle gemeinwohlfördernde Basis - Gesetze und somit klare globale Grenzen und Mindeststandards wie z.B. Menschenrechte, Mindestlöhne, Steuerabgaben etc. für Staaten, Unternehmen und vor allem für Konzerne entstehen, die eine gerechte Welt und neue Weltordnung zur Folge hätten **(Globales Hebelregister)**.

Die einzelnen Bestandteile der Formel einzeln für sich:

1) Kapitalismus: Treibende Kraft für Innovation bei Wirtschaftstreibenden

Durch das Beibehalten des Kapitalismus bleibt das Streben der Unternehmen, bestmögliche Produkte oder Dienstleistungen zu produzieren und dauerhaft zu optimieren, bestehen, um konkurrenzfähig zu sein und möglichst viel Profit zu machen.

2) Globale direkte Demokratie (Neue Zusammensetzung im Parlament): Schutz vor aktuellen Politikern, vor allem denjenigen in Führungspositionen, die den Wirtschaftstreibenden, aber nicht dem Souverän und Gemeinwohlwohl dienen wollen

Parlament (UNO, IWF, Weltbank, WTO, G7, G13, G20, einzelne Staaten) = Politiker + Kontrollinstanz durch den Souverän + Kontrollinstanz durch Wissenschaftler

Prozentuelle Aufteilung müsste man demokratisch festlegen, sollte aber meines Erachtens mit folgendem Model starten: **Politiker (80%) + Souverän (10%) + Wissenschaftler (10%)**

3) Globales Hebelregister: Schutzfunktion vor der Profitgier der Wirtschaftstreibenden, vor allem Konzernen

17 globale Hebel, die bei weltweiter Umsetzung in allen 206 Staaten langfristig eine Harmonisierung des Gemeinwohls zur Folge hätten und den Raubtierkapitalismus abschaffen würden.

Neues globales System: Politik + Wirtschaft neu denken

Politiker können nicht mehr als Diktatoren fungieren oder sich alle vier bis fünf Jahre demokratisch wählen lassen und dann ohne wesentliche Einflussname des Souveräns regieren. So müssen Politiker eine ganze Legislaturperiode Überzeugungsarbeit auf hohem Niveau leisten, und durch die Zusammenarbeit mit dem Souverän und Wissenschaftler kommen langfristig die besten Lösungen und Gesetze zustande.

Es werden im globalen kapitalistischen System entsprechende Hebel gezogen (die später im Detail beschrieben werden), die dem freien Markt und dem Prinzip Angebot und Nachfrage Grenzen diktieren und dem Kapitalismus langfristig die Giftzähne ziehen würden, z.B. menschenunwürdige Arbeitsverhältnisse, Steuerflucht, billige Umweltverschmutzung, Billiglohnländer etc. Dies leitet über in ein System, das immer mehr globale Regeln aufbaut, das vorweg das weltweite Gemeinwohl stärkt, aber auch den wirtschaftlichen Erfolg der Unternehmen weiterhin gewährleistet, einen fairen globalen Wettbewerb befördert und es ermöglicht, dass einzelne Personen, Familien, Firmen weiterhin reich werden können bzw. bleiben.

Entscheidend ist, dass global die Mindeststandards angehoben werden, sodass möglichst viele Menschen in Würde leben können. Damit das gewährleistet wird, bedarf es einer Umverteilung, was aber nicht heißt, dass es in der Zukunft nicht weiterhin reiche Menschen geben wird. Das langfristige Ziel für alle soll sein, dass die Schere zwischen Arm und Reich global kleiner wird und eine möglichst starke Mittelschicht entsteht, aber gleichzeitig Individuen angetrieben bleiben, innovative Firmen zu betreiben bzw. zu gründen und die Chance haben, sich durch ihr Streben von der Mittelschicht abzuheben.

Das Wesentliche bei dieser Form der Marktwirtschaft ist, dass alle Kapitalismusanhänger den Kapitalismus behalten dürfen, mit der Änderung, dass man entsprechende Grenzen und Mindeststandards aufzeigt, die global Gültigkeit haben.

So wird auch die Frage beantwortet, wo Gerechtigkeit beginnt: Wenn ein System geschaffen wird, wo gewährleistet ist, dass jedem Menschen die nötigen Mindeststandards nicht verwehrt werden, wie z.B. finanziellen Mittel um den täglich benötigten Warenkorb bedienen zu können (Wohnen, Essen, Trinken,…), gesundheitliche Versorgung, Schulbildung etc. Sobald ein System global diese Mindeststandards garantiert, dann ist es auch im Umkehrschluss in Ordnung, wenn ein System Millionäre und Milliardäre hervorbringt.

Ist es zukunftsweisend, wenn man in einer globalen Formel erneut den Kapitalismus Begriff verwendet?

Realistische Systemoptimierung: Ich bin der festen Überzeugung, dass uns der Kapitalismus noch lange Zeit begleiten wird und es weltfremd ist, wenn man denkt, dass sich dieses System so schnell verabschieden wird. Daher versuche ich diesen Umstand anzuerkennen, den Kapitalismus als führende globale Gesellschafts- und Wirtschaftsform in meinen Überlegungen beizubehalten und die wesentlichen realistischen Transformationsmöglichkeiten der wesentlichen globalen systemimmanenten Parameter zu erörtern, damit man letztendlich aus dem Kapitalismus global das Optimum herausholen kann.

c) Globale ökosoziale Marktwirtschaft:

Globalen Soll-Zustand / Globale ökosoziale Marktwirtschaft = Wirtschaft + Sozialer Friede + Ökologie → Gesunder Politik-, Wirtschafts-, und Gesellschaftskreislauf → Gemeinwohl ist die Gesellschaftsmaxime

Ökosozialle Marktwirtschaft

Quelle – Grafik: http://files.globalmarshallplan.org/nitra.pdf

»Wir brauchen – auch auf globaler Ebene – wieder p o l i t i s c h e Gestaltung! Die Politik muss zu I H R E R Verantwortung zurückfinden: Sie muss faire Spielregeln festlegen und dafür sorgen, dass diese Spielregeln auch eingehalten und durchgesetzt werden!

[...]

Heiner GEISSLER, langjähriger Generalsekretär der CDU, schrieb in einem aufrüttelnden Kommentar in der Zeitschrift »DIE ZEIT«: »Nur Dummköpfe und Besserwisser können den Menschen weismachen wollen, man könne auf die Dauer Solidarität und Partnerschaft in einer Gesellschaft aufs Spiel setzen, ohne dafür irgendwann einen politischen Preis bezahlen zu müssen. Warum wird tabuisiert und totgeschwiegen, dass es eine Alternative gibt zum jetzigen

Wirtschaftssystem: eine internationale sozial-ökologische Marktwirtschaft mit geordnetem Wettbewerb?«

Was ist Ökosoziale Marktwirtschaft?

Ökosoziale Marktwirtschaft ist die logische Weiterentwicklung der Sozialen Marktwirtschaft für die Erfordernisse des 21. Jahrhunderts. Heute geht es um einen neuerlichen Qualitätssprung: Eine Synthese zwischen Ökonomie, Ökologie und Sozialem zur Erzielung einer friedensfähigen Überlebensstrategie für die Menschheit und als Voraussetzung für politischen und wirtschaftlichen Mehrwert! Die Konsequenz: Ökonomie, Soziales und Ökologie schaffen das neue ›strategische Dreieck‹ für das 21. Jahrhundert.

Entscheidend ist die richtige Balance zwischen diesen drei Eckpunkten. Diese Balance immer wieder neu anzustreben, ist vorrangige Aufgabe der Politik und der Sozialpartner.

Ökosoziale Marktwirtschaft bedeutet daher nicht idyllische Harmonie, sondern ein stetes Ringen zwischen den politischen Kräften und den Sozialpartnern um einen vernünftigen Ausgleich der verschiedenen Interessen im Sinne der angesprochenen Balance.

Ökosoziale Marktwirtschaft erfordert daher eine starke, entscheidungsfreudige und durchsetzungskräftige Politik! Gefragt ist nicht ein schwacher Staat, gefragt sind Institutionen auf nationalstaatlicher, europäischer und globaler Ebene zur Schaffung und Durchsetzung fairer Spielregeln im Sinne eines tragfähigen Ordnungsrahmens.

Ökosoziale Marktwirtschaft konkret

Was bedeutet Ökosoziale Marktwirtschaft im Konkreten?

1. Wirtschaft:

Es geht darum, Anreize zu schaffen für:

+ Innovation, unternehmerisches Handeln;

+ Werte schaffen statt Spekulation;

+ Förderung von Investitionen in die Zukunft.

In erster Linie geht es also darum, im Sinne einer wettbewerbsstarken und leistungsorientierten Wirtschaft unnötige gesetzliche und bürokratische Barrieren abzubauen, für fairen Wettbewerb innerhalb der Europäischen Union und auf globaler Ebene zu sorgen sowie das Steuer- und Abgabensystem zugunsten einer ›werteschaffenden Wirtschaft‹ weiterzuentwickeln.

2. Soziale Solidarität:

+ Vorrangig geht es um die Durchsetzung eines ›richtigen Mix‹ zwischen

- staatlicher Sozialpolitik und institutionellen Sozialeinrichtungen einerseits sowie

- mehr Förderung und Unterstützung für private Einrichtung zur bestmöglichen Bewältigung neuer sozialer Herausforderungen (zB Betreuung pflegebedürftiger Personen!)

- und die Förderung der Familien, um wieder zu einer ›kinderbejahenden Gesellschaft‹ zu gelangen.

+ Die Finanzierungssysteme für Soziales und Gesundheit müssen ›neu gedacht‹ und grundlegend weiterentwickelt werden – das Ziel muss eine wesentlich breitere Bemessungsgrundlage sein!

+ Soziale Solidarität ist im 21. Jahrhundert nicht mehr denkbar ohne eine weltweit gelebte soziale Solidarität!

3. Ökologie, nachhaltige Entwicklung

Der Grundsatz muss lauten: Nachhaltigkeit muss wirtschaftlich belohnt und attraktiv gemacht werden! Derzeit ist nachhaltiges Handeln vielfach mit ökonomischen Nachteilen verbunden bzw. werden Umweltbelastung und Ressourcenzerstörung ökonomisch begünstigt!

Nachhaltig wirtschaftlich belohnen heißt z.B.:

+ Strikte Kostenwahrheit in Bezug auf Ressourcenverbrauch und Umweltbelastung;

+ striktes Verursacherprinzip: Wer die Umwelt belastet bzw. begrenzte Ressourcen verbraucht, muss dafür einen international akkordierten Preis bezahlen;

+ Steuern, Abgaben und Förderungssysteme müssen zugunsten der Nachhaltigkeit umgestellt werden;

dasselbe gilt für gesetzliche Regelungen und bürokratische Abläufe;

+ in Zeiten des globalen Handels brauchen wir Transparenz und Produktwahrheit: WO, WIE und unter welchen Bedingungen wurde ein Produkt erzeugt?

Von ganz entscheidender Bedeutung für die Durchsetzung Ökosozialer Marktwirtschaft ist, dass man beginnen muss, immer in drei Ebenen zu denken und zu handeln:

- Auf der Ebene Nationalstaat, der noch immer die weitaus meisten Regelungen zu treffen hat;

- auf der Ebene EU, in der faire Spielregeln und Ordnungsrahmen für einen EU-Binnenmarkt zu schaffen sind; andererseits müssten zentralistische Detailregelungen im Sinne der Subsidiarität und der eigenständigen Lebensgestaltung vor Ort abgebaut werden;

- von immer größerer Bedeutung wird die globale Ebene. Dabei geht es vorrangig um die Schaffung und Durchsetzung von

    o Sozialstandards,

    o Umweltstandards,

    o Transparenz in den Entscheidungsprozessen.«[5]

d) Globale ökosoziale Marktwirtschaft + Globale Gemeinwohlorientiere kapitalistische Marktwirtschaft

Meines Erachtens müsste man die Ökosoziale Marktwirtschaft mit der gemeinwohlorientierten kapitalistischen Marktwirtschaft verbinden, dann hätte man ein sehr gutes globales System:

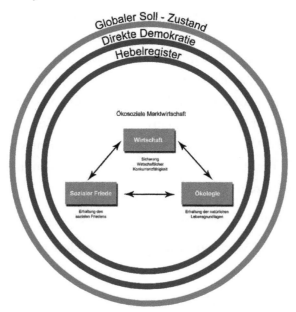

Globale Formel, um die neoliberale kapitalistische Marktwirtschaft (Raubtierkapitalismus) weltweit zu bändigen:

Globale Formel – Globale ökosoziale Marktwirtschaft + Direkte Demokratie + Hebelregister

Globale ökosoziale Marktwirtschaft + Globale gemeinwohlorientiere kapitalistische Marktwirtschaft = Globale ökosoziale Marktwirtschaft + Globale direkte Demokratie + Globales Hebelregister

Globale ökosoziale Marktwirtschaft = Wirtschaft + Sozialer Friede + Ökologie

Globale direkte Demokratie: Schützt das globale Gemeinwohl vor Scheindemokratien oder Autokratien und schafft langfristig Gesetze, die dem Willen des globalen Souveräns entsprechen

Globales Hebelregister: Schützt das globale Gemeinwohl zusätzlich vor der Plutokratie und schafft globale Mindeststandards wie z.B. Mindestlohn, gerechte Steuerabgaben für alle Unternehmen, Menschenrechte etc.

Erklärung der Formel in einem Satz: Die ökosoziale Marktwirtschaft fördert möglichst faire Regeln der Wirtschaft, soziale und ökologische Mindeststandards und beschränkt somit im nötigen Maße den Kapitalismus **(Globale ökosoziale Marktwirtschaft)**, Politiker würden in Zusammenarbeit mit dem Souverän und Wissenschaftlern im UNO-Parlament und in möglichst allen 206 Staaten unter dem Deckmantel der Subsidiarität Gesetze beschließen, die langfristig das globale Gemeinwohl schützen **(Globale direkte Demokratie)** und durch das Hebelregister würden globale universelle gemeinwohlfördernde Gesetze und somit klare globale Grenzen und Mindeststandards wie z.B. Menschenrechte, Mindestlöhne, Steuerabgaben etc. für Staaten, Unternehmen und vor allem für Konzerne entstehen. **(Globales Hebelregister)**

Die einzelnen Bestandteile der Formel nochmals einzeln für sich:

1) Globale ökosoziale Marktwirtschaft → Treibende Kraft für Innovation bei Wirtschaftstreibenden

Die ökosoziale Marktwirtschaft schützt durch möglichst faires Wirtschaften sowie soziale und ökologische Mindeststandards das Gemeinwohl und beschränkt somit im nötigen Maße den Kapitalismus.

2) Globale direkte Demokratie (Neue Zusammensetzung im Parlament) – Schutzfunktion vor den aktuellen Politikern, vor allem die in Führungspositionen sind, die den Wirtschaftstreibenden, aber nicht dem Souverän und Gemeinwohl dienen wollen

Parlament (UNO, IWF, Weltbank, WTO, G7, G13, G20, Einzelnen Staaten) = Politiker + Kontrollinstanz durch den Souverän + Kontrollinstanz durch Wissenschaftler

3) Globales Hebelregister – Schutzfunktion vor der Profitgier der Wirtschafts-treibenden, vor allem Konzernen

17 globale Hebel, die bei weltweiter Umsetzung in allen 206 Staaten langfristig eine Harmonisierung des Gemeinwohls zur Folge hätten und den Raubtierkapitalismus abschaffen würden.

Staaten, Staatsführer, politische Parteien, Politiker haben nur dann die Chance, tatsächlich wesentliche Schritte für eine gerechtere Welt vorzubereiten, wenn sie sich den modernen globalen Anforderungen unserer Zeit anpassen und akzeptieren, dass einzelstaatliche Lösungen nicht die nötige Wirkungskraft haben werden, um sich gegen die Interessen einer Konzernelite zu behaupten. Möglichst alle 206 Staaten müssen globale verbindliche Gesetze zu den großen wesentlichen Themen beschließen und diese dann geschlossen global ausführen, was sicherlich ein schwieriges – viele würden bestimmt sagen, aus heutiger Sicht unmögliches – Unterfangen ist, aber nur so hätte die Globalisierung die Chance, positiv fortzuschreiten und würde langfristig die wesentlichen Probleme unserer Zeit möglichst effektiv bekämpfen.

5.) Globales Hebelregister für eine möglichst globale gerechte Welt und neue Weltordnung

»Es erscheint immer unmöglich, bis es getan wird.« Nelson Mandela

Nur wer eine umfängliche, in sich schlüssige Blaupause für ein neues globales System, eine gerechtere Welt und letztendlich neue Weltordnung ganz klar definiert und bereit ist, sie der globalen Bevölkerung marketingtechnisch nach allen Regeln des Mainstreams darzustellen, und zwar am besten, wie Konzerne ihre Produkte und Dienstleistungen bewerben, hat den Funken einer Chance, das aktuelle System abzulösen. Denn die Menschen haben sich an die globalen schlechten Verhältnisse bereits gewöhnt, angepasst und akzeptieren diese und sind auf Weltverbesserer nicht gut zu sprechen. Möchte man die Menschen global dazu ermuntern, die Welt neu zu strukturieren, müssen sie daran glauben können, dass das tatsächlich möglich ist. Und damit man an etwas glaubt und es nicht als weltfremd abstempelt, muss es grundschlüssig sein, ein möglichst hohes Gefühl der Sicherheit bieten und in der Vorstellung des Einzelnen theoretisch realisierbar sein, damit man die Chance hat, dass der Einzelne und in weiterer Folge eine Vielzahl an Menschen global aufstehen und sich für diese neue Blaupause stark machen. Derzeit ist die Macht bei den Industriestaaten konzentriert, wo es der Bevölkerung noch so gut geht, dass man nicht so schnell auf die Barrikaden geht. Solange die Bürger der vermögenden Staaten nicht mobilisiert werden können, wird es schwierig. Doch ändern wir nichts am System, kommt die nächste Wirtschaftskrise bestimmt und man kann dann nur hoffen, dass möglichst viele Menschen von dieser neuen Blaupause erfahren haben und sich für globale direkte Demokratie sowie das Hebelregister aussprechen und im besten Fall neue Politiker in hohe Ämter wählen, die diese Forderungen nach und nach umsetzen werden.

Leitsatz, um eine neue Blaupause zu realisieren: Das aktuelle globale neoliberale kapitalistische System kann global nur dann abgelöst werden, wenn man den globalen Ist-Zustand analysiert, einen klaren globalen Soll-Zustand definiert (Sustainable Development Goals – SDG), die neue globale politische Ideologie (direkte Demokratie) und wirtschaftliche Ideologie (gemeinwohlorientierte kapitalistische Marktwirtschaft oder ökosoziale Marktwirtschaft) möglichst global etabliert und ein klares globales Hebelregister definiert, dieses direkt demokratisch über die UNO zur Abstimmung bringt und ein Hebel nach dem anderen möglichst global gezogen wird, damit eine gerechtere Welt zustande kommt und man eine neue Weltordnung begründet.

Unter der politischen Ideologie »**Globale direkte Demokratie**« und unter der wirtschaftlichen Ideologie als Vorstufe »**Globale gemeinwohlorientierte kapitalistische Marktwirtschaft**« und in weiterer Folge anzustrebende »**Globale ökosoziale Marktwirtschaft**« wurde dieses Hebelregister erstellt.

Mit diesem Register von 17 Hebeln möchte ich klar darstellen, welche globalen Systemänderungen man vornehmen müsste, damit man global eine neue Weltordnung einleiten könnte und die tatsächliche Chance besteht, dass bis spätestens 2050 möglichst viele Menschen global in allen 206 Staaten von diesem neuen System möglichst umfangreich profitieren.

Einen ultimativen Hebel gibt es nicht, vielmehr ist es die Summe der Hebel, die den Effekt ausmachen würde, damit nach und nach eine gerechtere Welt entstehen kann. Je mehr Hebel gezogen werden, umso mehr verstärken sich die Hebel gegenseitig.

Nur wenn sich global viele Menschen für eine neue Weltordnung aussprechen, wird ein Systemwechsel möglich sein, vor allem beginnend in den Industriestaaten und Schwellenländern, da diese mit der nötigen Macht ausgestattet sind. Optimal ist es natürlich, wenn sich in allen 206 Staaten weltweit Menschen nach ihren individuellen Möglichkeiten für ein neues System aussprechen und einsetzen.

Dieses Hebelregister würde eine neue Weltordnung bedeuten und dem globalen System einen Neustart ermöglichen.

Abschließend: Das Ziehen aller Hebel würde zur Folge haben, dass der Lebensstandard möglichst vieler Menschen langfristig steigt.

Man sollte dieses Hebelregister unter folgenden Leitsätzen betrachten:

1) »Schöpferische Zerstörung nach Schumpeter«: Den Status quo hinterfragen und sich permanent verbessern.

2) Regulierende Dynamik: »Das bestmögliche Ergebnis wird dann erzielt, wenn das Individuum das tut, was für es selbst am besten ist, und das, was auch für die Gruppe bzw. das Gemeinwohl am besten ist.« (John Nash)

3) Jede Gesellschaft funktioniert auf der Basis einer Reihe wirtschaftlicher und politischer Regeln, die kollektiv durch den Staat und die Bürger zukünftig verändert werden können.

4) Globale Ordnungspolitik: Eine Welt ohne Regeln funktioniert nicht, nicht für den Einzelnen, aber auch nicht für eine globale Gesellschaft. Eine globale Welt mit möglichst vielen Basisregeln und Gesetzen, die durch die UNO durch globale direkte Demokratie beschlossen wurden, die für alle 206 Staaten und Unternehmen gleichermaßen Gültigkeit haben, unter Beibehaltung der Souveränität der einzelnen Staaten (Subsidiarität), würde langfristig eine gerechtere Welt hervorbringen, die es möglichst vielen Menschen ermöglicht, ein Leben in Würde und Freiheit zu leben.

5) Globale Regeln und Gesetze, die nicht kontrolliert werden und bei Nichteinhaltung keine Konsequenzen und Strafen nach sich ziehen, haben meist keine Wirkung beim Einzelnen und letztendlich auch nicht auf globaler Ebene. → Globaler Menschengerichtshof + Globaler Strafgerichtshof + Globale Finanzaufsicht + Globale Steuerbehörde + Globale Kartellbehörde

6) Es wird Zeit, dass wir aus den Fehlern der Vergangenheit lernen und unseren aktuellen globalen Wissensstand bestmöglich nützen, um die Welt zu einem besseren Ort zu führen.

7) Die Welt ist so, wie der Mensch sie tagtäglich lebt.

Hebelregister global einführen / Systemparameter, die man beginnend in der UNO und in weiterer Folge global in möglichst allen 206 Staaten direkt demokratisch zur Wahl stellen und bei positivem Stimmverhalten umsetzen sollte:

Wir benötigen Politiker, vor allem 206 Staatsführer, die verstehen, dass wir nicht in 206 einzelnen Booten sitzen, sondern in einem großen gemeinsamen Boot.

Derzeit gibt es 206 Staaten, die alle eine individuelle Gesetzgebung haben. Nur wenn man in allen 206 Staaten die im Hebelregister beschriebenen Parameter verbindlich durch Gesetze festlegt und globale Kontrollinstanzen einführt, hat man die Chance, dass der momentane Ist-Zustand sich nach und nach nachhaltig verbessert und man sich bestmöglich dem Soll-Zustand (Sustainable Development Goals) annähert. Unter der Schirmherrschaft der direkten Demokratie in der UNO könnte man dieses Hebelregister global zentralistisch nach und nach umsetzen. Die einzelnen Staaten würden natürlich ihre Souveränität hinsichtlich individueller Gesetzgebung beibehalten, müssten sich aber in den wesentlichen großen globalen Fragen und nötigen globalen Gesetzen, wie im Hebelregister beschrieben, zur Erreichung der Sustainable Development Goals (SDG) dem Abstimmungsverhalten der UNO einverstanden erklären (Subsidiarität) und die Gesetzesbeschlüsse geschlossen in ihrer Gesetzgebung möglichst zeitglich einarbeiten, damit langfristig die wesentlichen politischen und wirtschaftlichen Fragen einer Lösung zugeführt werden, die das globale Gemeinwohl nachhaltig stärken. Hinsichtlich der Subsidiarität sollte man einmal jährlich in einem festgelegten Zeitrahmen darüber diskutieren und abstimmen, über welche Gesetze man zentralistisch in der UNO abstimmen möchte, wobei es hier eine 2/3 Mehrheit im Parlament benötigen sollte. Auch über das hier vorgeschlagene Hebelregister sollte vorher abgestimmt werden, ob man diese Gesetze global zentralistisch zur Wahl stellen möchte. Wesentlich ist, dass global bei der Gesetzesfindung eine bestmögliche Dynamik beibehalten wird und man folgende Hierarchie einführt: UNO, einzelne Staaten, Bundesländer / Kantone / Distrikte, Städte, Dörfer. (Subsidiarität) Natürlich kann jede Idee nach oben oder unten kommuniziert werden, solange die Hierarchie bezüglich der Gesetzgebung beibehalten wird. So würde man global systemisch möglichst effizient vorankommen und langfristig eine globale vernünftige Gesetzgebung, Gesellschafts- und Wirtschaftsordnung schaffen.

Hebelregister – Übersicht

Hebel 1 / Start für eine »Neue Weltordnung« effektiv einleiten: UNO – Versammlung mit allen 206 Staaten einberufen

Hebel 2 / Wahrhaftige globale direkte Demokratie + Neuorganisation: Vereinte Nationen (UNO), Internationaler Währungsfonds (IWF), Weltbank, Welthandelsorganisation (WTO) bis hin zu den 206 Staaten

Hebel 3 / Möglichst viele Kriege beenden + eine möglichst waffenfreie Gesellschaft anstreben

Hebel 4 / Vernünftige globale Asylpolitik + Resettlementprogramme

Hebel 5 / Regulierung des globalen Steuersystems

Hebel 6 / Globaler Sozialstaat: Soziales Auffangbecken laut Bedürfnispyramide nach Maslow + Zugang zu sauberem Wasser + Zugang zu ausreichend Essen + Zugang zu Wohnraum + Globales Arbeitslosengeld bzw. Bedingungsloses Grundeinkommen + Verpflichtendes globales Rentensystem + Globale Basisgesundheitsvorsorge + globale verpflichtende Schulbildung

Hebel 7 / Fairer globaler Welthandel

Hebel 8 / Patentrecht global neu organisieren

Hebel 9 / Globale Energiewende → Erneuerbare Energie

Hebel 10 / Ökologie weltweit durch strenge globale Gesetzgebung schützen

Hebel 11 / Neues Geldsystem – Vollgeldreform

Hebel 12 / Globale Währung, Abkehr vom Dollar als Leitwährung

Hebel 13 / Technischen Fortschritt bestmöglich global nützen / Digitalisierung + Robotisierung als Wohlstandsmotor für alle 206 Staaten weltweit

Hebel 14 / Globale Überbevölkerung reduzieren

Hebel 15 / Staat und Religion global trennen / Universelles Wissen anstatt religiösen Fanatismus

Hebel 16 / Verpflichtende globale Gemeinwohlbilanz für alle Unternehmen, Staaten, Banken und Institutionen

Hebel 17 / Globaler Menschengerichtshof + Globaler Strafgerichtshof + Globale Finanzaufsicht + Globale Steuerbehörde + Globale Kartellbehörde + Globales Arbeitsinspektorat

Dieses Hebelregister würde im System bewirken, dass man dem aktuellen Kapitalismus und Kommunismus weltweit die Giftzähne zieht und langfristig das globale Gemeinwohl stärkt, wovon die schwachen bis hin zu den starken Mitglieder in einer Gesellschaft profitieren und nachhaltig global eine neue Weltordnung zustande kommen würde, in der die »Ökosoziale Marktwirtschaft« oder »Gemeinwohlorientierte kapitalistische Marktwirtschaft« tonangebend wäre.

Hebel 1 / Den Start für eine »Neue Weltordnung« effektiv einleiten: UNO Versammlung mit allen 206 Staaten einberufen

Nehmen wir an, dass dieses Buch, die Filmdokumentation, Website, NGO und Partei in möglichst vielen Staaten gehört wird, die globale Bevölkerung mit über 200 Millionen Facebook-Likes den globalen Stein ins Rollen bringt, global im besten Fall in 206 Staaten kommerzielle Medien jeglicher Art das Thema dadurch zur Diskussion stellen müssen, Politiker und Wirtschaft weltweit unter Zugzwang kommen,… und die politische globale Elite tatsächlich den Versuch unternimmt, auf möglichst breiter Ebene das vorgeschlagene Hebelregister umzusetzen. Dann wäre man am Beginn, tatsächlich eine neue Weltordnung zu etablieren! Alleine der Gedanke ist aus heutiger Sicht Wahnsinn, aber nehmen wir an, es würde tatsächlich passieren und die mächtigsten Staatsführer und Politiker der Welt geben über eine Pressekonferenz bekannt, dass sie sich um eine globale tiefgreifende gesellschaftliche Veränderung bemühen und auf Grundlage dieses Buches eine UNO-Versammlung einberufen werden, wo man über die Umsetzung dieses globalen Hebelregisters beraten und in weiterer Folge versuchen wird, einen möglichst breiten Konsens zu erzielen. Initiator und Sprachführer sollten im besten Fall die Industriestaaten und in weiterer Folge die Schwellenländer und Entwicklungsländer sein. Wesentlich ist, dass möglichst alle 206 Staaten am Verhandlungstisch sitzen und sich auf Augenhöhe begegnen. Wichtig wäre auch eine wissenschaftliche Expertengruppe, die dem Ganzen beiwohnt, bei der Umsetzung beratend zur Seite steht und dann auch bei der konkreten Umsetzung Mitverantwortung trägt. Vor allem, wenn sich Amerika, Europa, Russland und China bzw. (G20) zu diesem Hebelregister bekennen, für diesen Systemwandel werben und in geschlossener Einigkeit eine UNO-Versammlung einberufen würden, würden die Mächtigen der Wirtschaft natürlich alles versuchen, das zu verhindern. Wenn die Politik den Mut hätte, die wesentlichen Verhandlungsschritte ohne jeglichen Einfluss der oberen 1 % und deren Lobbyisten zu unternehmen, dann hätte dieses Hebelregister tatsächlich eine Chance. Aber es wäre nicht unrealistisch, dass Staatsführer so eine neue Ära begründen könnten und das Zeitalter einer »Globalen gemeinwohlorientierten kapitalistischen Marktwirtschaft« und in weiterer Folge »Globalen ökosozialen Marktwirtschaft« eröffnen könnten. Grundsätzlich wäre es schön, wenn das gesamte Hebelregister umgesetzt wird, aber jeder Hebel der umgelegt wird, ist ein Teilerfolg und darum geht es letztendlich. Je mehr Hebel gezogen werden, umso wahrscheinlicher wird es, dass sich das Blatt global zu wenden beginnt. Man wird um jeden Hebel kämpfen müssen, aber nur durch eine globale, starke, verpflichtende Basisgesetzgebung ist eine bessere Welt möglich.

Milliardärs Konferenz → Globale Verträge schließen (unrealistisch?)

Die über 2000 existierenden Milliardäre könnten ebenfalls eine Konferenz einberufen und den Sachverhalt diskutieren, sich auf globale Basisregeln einigen, die untereinander eingehalten werden, ohne dass sie gleich politisch verordnet werden müssten, was langfristig natürlich das Ziel sein sollte. Sie könnten entsprechende Maßnahmen vorweg freiwillig treffen oder diese bestenfalls untereinander vertraglich festhalten, wie zum Beispiel in Entwicklungsländern mindestens 1 Dollar Mindestlohn zu bezahlen, um das Leiden vieler Menschen global schnellstmöglich zu verringern. Sobald die vermögende Elite ihre Politiklobby zurückpfeift, die hier im Buch vorgeschlagenen Änderungen in ihren Unternehmen ohne Aufforderung und staatliche Peitsche gemeinschaftlich vollziehen würde, wäre es weltweit um ein Vielfaches leichter, eine gerechtere Welt weiter zu befördern und letztendlich eine neue Weltordnung herbeizuführen. Ich wünsche mir nichts mehr, als dass das in der nahen Zukunft geschieht, da dies die effizienteste Methode ist und gewährleisten würde, dass man möglichst zeitsparend globale Verhältnisse herstellt, die ein menschenwürdiges Dasein möglichst vieler Menschen sichern, vor allem in Entwicklungsstaaten. Wie ich Konzerne bis heute aber wahrnehme, werden Änderungen erst dann vollzogen, wenn sie gesetzlich festgehalten wurden und staatliche Strukturen vorhanden sind, die die Kraft und Macht haben, diese Gesetze tatsächlich zu vollziehen. Dann würden sie wahrscheinlich nach und nach aktiv werden, vor allem, wenn man ihnen sehr hohe Bußgelder bei Nichteinhaltung aufbürden würde, Strafzölle verordnen würde, etc.

Hebel 2 / Wahrhaftige globale direkte Demokratie + Neuorganisation: Vereinte Nationen (UNO), Internationaler Währungsfonds (IWF), Weltbank, Welthandelsorganisation (WTO) bis hin zu den 206 Staaten

Das wichtigste gleich zu Beginn:

1) »Ein Weltvertrag muss auf Weltdemokratie basieren. Innerhalb dieser Weltdemokratie haben alle Menschen und alle Lebewesen ein Anrecht auf die Gaben der Erde, und kein Mensch, kein Land, keine Spezies hat das Recht, anderen ihren ökologischen Lebensraum zu rauben. Weltdemokratie bedeutet, dass alles Leben intelligent und alle Lebewesen schöpferisch sind. Armut ist die Folge der Verleugnung einer angeborenen produktiven und schöpferischen Fähigkeit, die allen Menschen gegeben ist. Ein Weltvertrag muss allen Völkern ihre ökologischen und kulturellen Räume zurückgeben, sodass Artenvielfalt und kulturelle Vielfalt sich entwickeln können [...]«[1]

2) Je mehr Staaten wahrlich demokratisiert werden, je mehr Staaten sich solidarisieren, über die UNO, und je mehr globale Basisgesetze beschlossen werden, die für jeden Staat gleich gelten und fest verankert sind im Grundgesetz, dann ist die Basis gelegt für eine neue Weltordnung mit einer komplett neuen Ausgangssituation für alle Staaten dieser Welt.

3) Globale direkte Demokratie als wesentliche Antwort für eine gerechtere Welt und neue Weltordnung: »Die repräsentative Demokratie bedarf folglich Reformansätze, die auf die neuen Herausforderungen reagieren. Direktdemokratische Instrumente, mit denen BürgerInnen direkte politische Entscheidungen treffen können, erscheinen folglich in vielen europäischen Ländern als ein von der breiten Bevölkerung gewünschtes und ernstzunehmendes Korrektiv. Direkte Demokratie mache laut den Experten Gross und Kaufmann Politik kommunikativer, zwinge zur öffentlichen Auseinandersetzung mit Argumenten, verschaffe Minderheiten im Parlament das Recht, sich öffentlich Gehör zu schaffen und ermögliche eine feinere Verteilung von politischer Macht (IRI Europe Länderindex 2002: 4). Darüber hinaus erhofft man sich von mehr direkten Mitspracherechten insbesondere ein wieder gesteigertes Interesse an Politik und politischer Teilhabe.«[2]

a) Definition: Demokratie?

»De·mo·kra·tie_

Substantiv [die]

POLITIK

1. die Regierungsform, bei der eine gewählte Volksvertretung die politische Macht ausübt.

›eine parlamentarische Demokratie‹

2. Land mit einer Demokratie[1] als Staatsform.

›die jungen Demokratien in Afrika‹

3. das Prinzip, Entscheidungen durch die Mehrheit treffen zu lassen.

»innerbetriebliche Demokratie««[3]

»**Demokratie** (von altgriechisch δημοκρατία, deutsch »Herrschaft des Staatsvolkes«; von δῆμος *dēmos* »Staatsvolk« und altgriechisch κρατός *kratós* »Gewalt«, »Macht«, »Herrschaft«) bezeichnet heute Herrschaftsformen, politische Ordnungen oder politische Systeme, in denen Macht und Regierung vom Volk ausgehen. Dieses wird, entweder unmittelbar oder durch Auswahl entscheidungstragender Repräsentanten, an allen Entscheidungen, die die Allgemeinheit verbindlich betreffen, beteiligt.[1] In demokratischen Staaten und politischen Systemen geht die Regierung durch politische Wahlen aus dem Volk hervor. Typische Merkmale einer modernen Demokratie sind freie Wahlen, das Mehrheits- oder Konsensprinzip, Minderheitenschutz, die Akzeptanz einer politischen Opposition, Gewaltenteilung, Verfassungsmäßigkeit, Schutz der Grundrechte, Schutz der Bürgerrechte und Achtung der Menschenrechte. Da die Herrschaft durch die Allgemeinheit ausgeübt wird, sind Meinungs- und Pressefreiheit zur politischen Willensbildung unerlässlich. Viele der existierenden Demokratien sind außerdem Republiken.«[4]

Mein Demokratieverständnis ist, dass ein möglichst breiter Wettbewerb um die besten Ideen zu einem Gesetz oder gesamtheitlichen Gesetzesentwurf stattfinden soll, der dann demokratisch zur Wahl gestellt werden soll. Wichtig ist, dass die Politik in Zusammenarbeit mit verschiedenen Experten und dem Souverän durch direkte Demokratie authentische Gesetze beschließt, die mehrheitsfähig sind und an denen man klar erkennt, dass sie nicht von eine Elite im Kämmerchen ausge-dacht wurden und dass die breite globale Gesetzeslage aus Sicht des Souveräns nicht unlogisch erscheint. Wenn man sich die aktuelle Gesetzschreibung und Ver-fassungen global anschaut, würde der Souverän sehr oft feststellen, dass er viele Gesetze nicht so beschlossen hätte. Wesentlich ist für mich, dass, wenn nur we-nige Menschen über einen Sachverhalt nachdenken und nur wenige Menschen die Verfügungsgewalt haben, es meines Erachtens automatisch dazu führt, dass ein solcher Staat auf lange Sicht nicht am Puls der Zeit sein kann und auch Macht-haber entstehen können, die langfristig borniert agieren bzw. in die eigene Tasche wirtschaften. Staaten müssen sich der kreativen Zerstörung von Schumpeter stel-len, so wie es auch innovative Unternehmen tagtäglich tun müssen.

Hier kann man den Vergleich zu erfolgreichen Unternehmen ziehen, denn nur das Unternehmen, das sich ständig hinterfragt und sich mit den besten Ideen am Markt misst, ist konkurrenzfähig. In der Demokratie sollte das ebenfalls der Maß-stab für alle 206 Staaten sein, damit eine möglichst breite Diskussion stattfindet und die besten Ideen sich durch mehrheitsfähige Beschlüsse durchsetzen, die man im Bereich der großen Fragen über die UNO beschließt und dann im Sinne der Subsidiarität für weitere Gesetzesbeschlüsse im jeweiligen Staat nach dem-selben Prinzip verfährt. Nur so wird man in Staaten weltweit gewährleisten, dass sich langfristig die besten Ideen durchsetzen.

b) Wieviel Demokratie findet weltweit statt?

»Die Idee der demokratischen Staatsform hat sich weltweit verbreitet und die Zahl der Staaten, die demokratisch regiert werden, erhöhte sich in den letzten Jahrzehnten insgesamt deutlich. Im Jahr 2016 gab es nach Angaben der Nicht-Regierungsorganisation Freedom House 123 Demokratien. Das entsprach rund 63 Prozent aller Staaten weltweit. Die Demokratie ist die dominierende Staats-form in West- und Zentraleuropa (2016: 40 von 42 Staaten), in Nord- und Süd-amerika (30 von 35 Staaten) sowie in der Region Asien-Pazifik (27 von 39 Staaten). Im subsaharischen Afrika waren lediglich 21 von 49 Staaten demokratisch und von den zwölf Staaten Eurasiens waren im Jahr 2016 lediglich drei Demokratien. Am geringsten ist der Anteil jedoch in der Region Mittlerer Osten und Nordaf-rika, wo im selben Jahr lediglich zwei der 18 Staaten demokratisch waren.«[5]

c) Warum sollte man die Demokratisierung global ausbauen?

1) Folgen des Ausbaus der globalen Demokratisierung mittels inklusiver politischer Institutionen (demokratische Staaten) → globaler Fortschritt inklusiver wirtschaftlicher Institutionen (Gemeinwohlorientierte kapitalistische Marktwirtschaft oder Ökosoziale Marktwirtschaft):

Statistiken zeigen ganz klar, dass der Wohlstand von Staaten ansteigt, wenn sie sich einem Demokratisierungsprozess unterzogen haben.

Grundsätzlich schaffen demokratische Strukturen eine gute Grundlage für innovatives Handeln von Individuen und es entsteht nach und nach ein wünschenswerter Wirtschaftskreislauf im jeweiligen Staat.

Die Demokratisierung (im besten Fall »Direkte Demokratie«) möglichst aller Staaten würde auch zur Folge haben, dass man in all diesen Staaten die »Gemeinwohlorientierte kapitalistische Marktwirtschaft« oder »Ökosoziale Marktwirtschaft« erfolgreich etablieren könnte, da sich mit hoher Wahrscheinlichkeit viele Bürger im direkten demokratischen Prozess für eine der beiden Marktwirtschaften entscheiden würden.

»Unserer Meinung nach sind es die von den Staaten gewählten Regeln – oder Institutionen –, die darüber bestimmen, ob sie wirtschaftlich erfolgreich sind oder nicht. Das Wirtschaftswachstum wir von Innovationen sowie vom technologischem und organisatorischen Wandel angetrieben, die sich den Ideen, den Begabungen, der Kreativität und der Energie von Individuen verdanken. Aber dazu bedarf es entsprechender Anreize. Zudem sind Fähigkeiten und Ideen breit über die Gesellschaft verstreut, weshalb ein Staat, der große Teile der Bevölkerung benachteiligt, kaum das Innovationspotential nutzen und vom wirtschaftlichen Wandel profitieren dürfte. All das legt eine einfache Schlussfolgerung nahe: Den Schlüssel zu dem nachhaltigem wirtschaftlichen Erfolg findet man im Aufbau einer Reihe von Wirtschaftsinstitutionen – *inklusiver Wirtschaftsinstitutionen* –, welche die Talente und Ideen der Bürger eines Staates nutzbar machen können, indem sie geeignete Anreize und Gelegenheiten bieten, dazu gesicherte Eigentums- und Vertragsrechte, eine funktionierende Justiz sowie einen freien Wettbewerb, so dass sich die Bevölkerungsmehrheit produktiv am Wirtschaftsleben beteiligen kann.

Inklusive Wirtschaftsinstitutionen sind in der Geschichte jedoch durchweg die Ausnahme und nicht die Regel. Viele heutige und frühere Staaten nützen sich auf von uns als *extraktiv* bezeichnete Wirtschaftsinstitutionen, die keine Eigentumsrechte bieten, nicht für Gesetz und Ordnung und die Einhaltung von Verträgen sorgen und Innovation nicht belohnen. Auf keinen Fall sorgen Sie für faire Wettbewerbsbedingungen, sondern sie werden von den Herrschenden gestaltet, die auf Kosten der übrigen Gesellschaft aus den von ihnen geschaffenen Verhältnissen Gewinn ziehen.

Inklusive oder extraktive Wirtschaftsinstitutionen entstehen nicht als vorherbestimmte Resultate spezifischer geographischer Umstände. Sie sind auch nicht das Produkt spezifischer Kulturen oder kluger Ökonomen, auch wenn intellektuelle Innovationen genauso wichtig sind wie technologische. Vielmehr sind Institutionen das kollektive Ergebnis politischer Prozesse. Mithin ist die Schaffung inklusiver Wirtschaftsinstitutionen ein politischer Akt, und auch ihr Überleben hängt ausschließlich von der Politik ab.

Zum Beispiel müssen inklusive Wirtschaftsinstitutionen von inklusiven politischen Institutionen unterstützt werden, die politische Gleichheit und eine breite Beteiligung der Bevölkerung am politischen Geschehen sowie die Macht von zentralisierten Staaten zur Regulierung der wirtschaftlichen und gesellschaftlichen Aktivitäten erfordern. Ein freier wirtschaftlicher Wettbewerb kann ohne diese breite Beteiligung am politischen Geschehen nicht überleben, und ein Mangel an politischer Zentralisierung macht die Entstehung sicherer Eigentumsrechte, einer verlässlichen Justiz sowie die Wahrung von Recht und Ordnung schwierig und unmöglich.

Extraktive Wirtschaftsinstitutionen hingegen werden zumeist ihrerseits von extraktiven politischen Institutionen unterstützt, unter denen sich die politische Macht auf eine kleine Elite konzentriert, deren Machtausübung kaum Kontrollen unterliegt (manchmal wird auch nicht einmal ein Mindestmaß an Recht und Ordnung garantiert). Schließlich würde sich eine unter inklusiven politischen Institutionen gestärkte Bevölkerungsmehrheit nicht für das Überleben von Wirtschaftsinstitutionen, von denen sie ausgebeutet wird, einsetzen.«[6]

»Die Wurzeln der Unzufriedenheit in diesen Ländern liegen in der Armut. Der Durchschnittsägypter hat ein Einkommensniveau von rund 12 Prozent des Durchschnittsbürgers der Vereinten Staaten und eine Lebenserwartung von zehn Jahren weniger. Zwanzig Prozent der dortigen Bevölkerung leben in tiefster Not. Obwohl diese Unterschiede erheblich sind, erscheinen Sie gering im Vergleich mit denen, die zwischen den Vereinigten Staaten und den ärmsten Ländern der Welt wie Nordkorea, Sierra Leone oder Simbabwe bestehen, wo weit über die Hälfte der Bevölkerung arm ist.

Warum ist Ägypten so viel ärmer als die Vereinigten Staaten? Was hindert die Ägypter daran, wohlhabender zu werden? Ist die Armut Ägyptens unveränderbar, oder ließe sie sich beseitigen? Es ist nur natürlich, mit den Aussagen der Ägypter selbst über ihre Probleme und über ihren Aufstand gegen das Mubarak-Regime zu beginnen.

Noha Hamed, vierundzwanzig, Angestellte einer Werbeagentur in Kairo, meinte während ihrer Demonstration auf dem Tahrir-Platz: »Wir leiden unter Korruption, Unterdrückung und schlechter Ausbildung. Wir leben in einem bestechlichen System, das sich ändern muss.« Ein zwanzigjähriger Mitdemonstrant, der Pharmaziestudent Mossab el-Shami, stimmte ihr zu: »Ich hoffe, dass wir bis Jahresende eine gewählte Regierung haben, dass die Grundfreiheiten gelten und wir der Korruption, die von diesem Land Besitz ergriffen hat, ein Ende setzen können.«[7]

Rückschluss: Globale Demokratie + »Globale gemeinwohlorientierte kapitalistische Marktwirtschaft« oder »Globale ökosoziale Marktwirtschaft« → Globales Gemeinwohl steigt

d) Scheindemokratie → Warum werden global keine Gesetze erlassen, die das Gemeinwohl langfristig möglichst breitenwirksam stärken?

Egal ob in einem Staat Demokratie herrscht oder nicht, weltweit werden die Gesetze und Regeln in jedem Staat von der Politik, Wirtschaft und deren Lobby (bezahlt von Großkonzernen, reichen Familien, Banken) gemacht.

Das Mitbestimmungsrecht des Einzelnen und in Summe des Souveräns in einzelnen Staaten bzw. des gesamten globalen Souveräns ist so gut wie nicht existent.

Keiner glaubt mehr an die Politik und deren Politiker, da jeder spürt, dass die Fäden woanders gezogen werden, und zwar dort, wo das meiste Geld konzentriert ist. Im Parlament findet ein Spektakel, ein Schauspiel der einzelnen Politiker und Parteien statt, in den meisten Fällen weit davon entfernt, Gesetze zu beschließen, die tatsächlich dem Willen des Volkes entspricht. Die Ausgeburt einer Scheindemokratie ist z.B. ein Milliardär namens Donald Trump oder Vladimir Putin, Spiegel und gleichzeitig Ausgeburt eines zynischen neoliberalen Systems.

Selbst in angeblichen demokratischen Vorbildstaaten wie z.B. Deutschland findet letztendlich nur eine Scheindemokratie statt, da der Souverän alle vier Jahre zur Wahl gebeten wird und dann nicht mehr weiter im politischen Arbeitsprozess und in der Entscheidungsfindung mit eingebunden ist.

e) Wie könnte man die derzeitig existierende Demokratie stärken?

1) Ein mehr an Demokratie durch eine breite Parteienlandschaft: Parlamente mit einer möglichst breiten Auswahl an Parteien wie z.B. in Deutschland wäre meines Erachtens ein wünschenswertes Ziel für alle Staaten dieser Welt. So findet ein breiter Diskurs statt und es werden jede Menge innovative Ideen zustande kommen, ohne dass die Gefahr besteht, dass eine kleine Elite die breite Masse beherrscht und dem Souverän ihren Willen aufzwingt. Auch das Prinzip, dass die regierenden Parteien durch eine starke Opposition kontrolliert werden, ist für eine wahre Demokratie von großem Nutzen. Die breite Parteienlandschaft, kombiniert mit der Einführung einer möglichst globalen Rechtsstaatlichkeit, die eine klare Gewaltenteilung innehat: Gesetzgebung (Legislative) / Vollziehung (Exekutive) / Rechtsprechung (Judikative). Nur so kann langfristig global gewährleistet werden, dass ein wahrer demokratischer Prozess stattfindet und Korruption weitmöglichst eingedämmt wird.

2) Partei »Du wirst die Welt verändern«: Wenn in möglichst vielen Staaten eine Partei mit dem Namen unserer Organisation gegründet werden und der Einzug ins Parlament gelingen würde, würde die breite Öffentlichkeit in den einzelnen Staaten mit unserem konkreten Anliegen konfrontiert werden und hätte vor allem die Möglichkeit, sich bei Wahlen für unsere Lösungsvorschläge auszusprechen. Durch solch eine Partei hätte der Souverän im jeweiligen Staat endlich die

Möglichkeit eine wahre Stimme für einen tatsächlichen Systemwandel hinsichtlich globaler Politik und Wirtschaft abzugeben.

3) Verpflichtende politische Bildung: Das wesentliche Problem ist, dass viele Menschen wählen gehen, ohne wirklich ein Basis - Wissen über Politik, wählbare Politiker und Parteien haben und dann z.B. ganz knapp eine Brexit Entscheidung zustande kommt, wo anhand einer Google Analyse ersichtlich wurde, dass viele Wähler/innen sich erst im nach hinein erkundigt haben, was das Brexit Volksbegehren tatsächlich in Summe zur Folge hat.

Währet den Anfängen: Man sollte möglichst bald in der Schule damit beginnen, politische Bildung als verpflichtendes Unterrichtsfach zu führen und Schüler/innen ganz klar aufzeigen, wie wichtig es ist, allgemeines politisches Wissen zu erlangen, um möglichst verantwortlich mit seinem demokratischen Wahlrecht umzugehen.

Politischer Führerschein ohne Prüfung: Man könnte z.B. vor dem Erreichen des Wahlalters ein verpflichtendes Schulseminar oder öffentlich zugänglichen Kurs anbieten, den man besuchen muss, sowie es z.B. die Schulpflicht gibt, damit man ein Grundverständnis für die Demokratie und allgemeine Politik sich aneignet.

Bei Wahlen: Wenn Sie einen Vertrag abschließen, müssen Sie vorher enthaltenen Bedingungen zustimmen. Daher sollte es bei einer Wahl in der Wahlkabine verpflichtend sein, dass nicht nur die Partei angekreuzt wird, sondern dass auf ein oder zwei DIN A4 Seiten die wesentlichen Inhalte der Partei für die man sich entscheidet, nochmals zusammengefasst aufgelistet sind und man ankreuzen muss, dass man diese gelesen hat. Das ankreuzen der Inhalte soll nicht bedeuten, dass man mit allem einverstanden sein muss, sondern soll nur belegen, dass man diese gelesen hat und weiß für welche wesentlichen Positionen die Partei steht, für die man sich entschieden hat. Das gleiche Aufklärung sollte auch bei Volksbegehren erfolgen.

Abschließend: Wesentlich ist, dass man in einem demokratisch geführten Staat, als Staatsbürger/in fortlaufend zu Wahlen gebeten wird und es daher sehr wichtig ist, dass man sich ein entsprechendes Basis – Wissen bezüglich Demokratie, Politik, Parteien, Politiker möglichst bald aneignet, um sein demokratisches Recht möglichst verantwortlich ausüben zu können.

f) Wie könnte man global die Demokratie weiterentwickeln? Direkte Demokratie

1) Verbindliche Volksbegehren:

Volksbegehren: Wenn sich 5 % der Wahlberechtigten für ein Volksbegehren aussprechen, wird es zur Abstimmung gebracht. Sobald sich mindestens 60 % der wahlberechtigten Bevölkerung zur Urne begeben und mehr als 50% der Wähler/innen sich für ein Volksbegehren aussprechen, ist es für das Parlament bindend und muss im Gesetzestext verankert werden.

Ausnahmen: Menschenrechte oder z.B. das Thema Todesstrafe können nicht über ein Volksbegehren abgestimmt werden. Hier sollte man einen Katalog von Themen ganz klar im Vorhinein festlegen, über die nur durch einen UNO-Beschluss z.B. abgestimmt werden kann, der dann z.B. eine Mehrheit von 85 % in der UNO benötigt. Wesentlich ist, dass man nicht Gesetzesbeschlüsse provoziert und zur Wahl stellt, die eine Gesellschaft offensichtlich wieder ins Mittelalter führen würden.

Globales Volksbegehren: Gesetze, die den globalen Überbau (z.B. Globales Steuersystem, Globaler Mindestlohn etc.) betreffen, können nur über ein globales Volksbegehren zur Abstimmung gebracht werden, sprich 5 % der wahlberechtigten Weltbevölkerung verteilt auf alle Staaten müssen sich für eine Abstimmung aussprechen und es muss dann in allen Staaten eine entsprechende Umfrage gestellt werden. Sobald sich mindestens 60 % der wahlberechtigten Bevölkerung zur Urne begeben und mehr als 50 % der Wähler/innen sich für ein Volksbegehren aussprechen, ist es für das Parlament bindend und muss im Gesetzestext verankert werden.

Hinweis: Ein Volksbegehren ist immer ein enormer Kraftakt der Bevölkerung. Es ist ein gutes erstes Instrument für die direkte Demokratie, man sollte sich aber nicht darauf ausruhen.

2) Schattenparlament (Vorstufe zur direkten Demokratie): Grundsätzlich finden wir das Problem der Scheindemokratie oder des Fehlens von Demokratie weltweit. Ein wichtiger Schritt wäre, dass sich ein Schattenparlament in jedem Staat weltweit durch die Unterstützung der UNO formiert, da man so ein klares

Sprachrohr nach außen hätte, wie sich der Souverän in verschiedenen Fragen im eigenen Land entscheiden »**würde**«. Schattenparlamente könnte man systemisch einheitlich global organisieren, bis auf die Anzahl der Personen, die dann tatsächlich in einem Schattenparlament sitzen. Je größer ein Land ist, umso mehr Repräsentanten sollten vertreten sein. So könnte man auch konträre Vorgehensweisen der einzelnen Regierungen aufzeigen und würde ohne einen vorzeitigen eklatanten Systemwechsel ein erstes Messinstrumentarium für direkte Demokratie global installieren, ohne dass dieses die tatsächlichen politischen Entscheidungen vorerst real beeinflusst. Jeder Staat, der gewissenhafte Politik macht, dürfte eine solche demokratische Kontrollinstanz, ausgehend vom Souverän, nicht fürchten, wenn die Gesetze tatsächlich dem Willen des Volkes entsprechen. Wenn dann im weiteren Schritt sich demokratische Wahlen möglichst breitflächig etablieren, wo das Parlament durch ein ausgeglichenes Stimmrecht der Parlamentarier/innen + Souverän Gesetze beschließen, wäre das ein beachtlicher globaler Modernisierungsschritt der einzelnen Staaten hin zu einer wahren direkten Demokratie. Der wesentliche Effekt wäre auch, dass man so das Interesse der Zivilbevölkerung für Politik und Wirtschaft steigern würde.

Schattenparlament technisch umsetzen:

- Wenn man es wirklich richtig machen will, spiegelt man das existierende Parlament des jeweiligen Staates mit einem möglichst breiten Querschnitt (Alter, Bildung, Beruf etc.) der Bevölkerung in einem Schattenparlament. Die Bürger werden im Quartal ausgewechselt, werden in dieser Zeit von ihrer Arbeit freigestellt und erhalten einen angemessenen Lohn für diese Tätigkeit, am besten den gleichen Lohn wie der jeweilige Politiker. In diesem Schattenparlament wird genauso diskutiert und abgestimmt wie in einem wahren Parlament. Wesentlich ist, solange ein Schattenparlament in der Testphase ist, soll es nicht die realen Gesetzesbeschlüsse im Parlament beeinflussen und würde nur ein theoretisches Bild aufzeigen, inwieweit das Abstimmungsverhalten der Bürger von den Parlamentariern abweicht.
- Man könnte eine globale App entwickeln, wo pro Staat die wichtigsten Verfassungsgesetze und aktuellen Gesetzesbeschlüsse mit einer Gruppe (Querschnitt: Alter, Bildung, Beruf etc.) von Menschen pro Staat wie bei

anerkannten Umfragen auswählt, diese Abstimmungen und Entscheidungen pro Staat auswertet und den tatsächlich gefällten Gesetzesbeschlüssen des jeweiligen Staates gegenüberstellt.

- Oder man könnte eine internationale soziologische Studie beauftragen, wo man zu wesentlichen Gesetzesbeschlüssen, die in einem Jahr pro Staat erfolgt sind, abfragt, wie sich letztendlich der Souverän bei diesen Gesetzesbeschlüssen entschieden hätte. So hätte man vorerst ein aussagekräftiges Messinstrumentarium.

3) Direkte Demokratie im Parlament bestehend aus Souverän + Politiker + Wissenschaftler in jedem Staat:

Start: Politiker (80%) + Souverän (10%) + Wissenschaftler (10%)

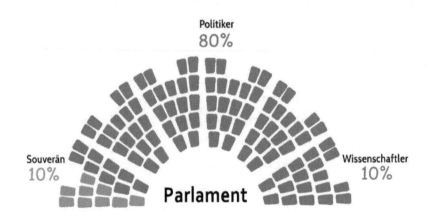

Fortgeschritten: Politiker (40%) + Souverän (40%) + Wissenschaftler (20%)

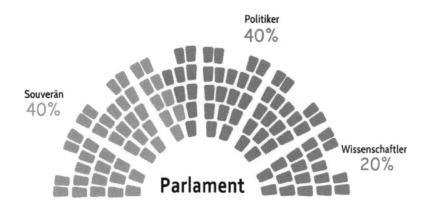

Eine wahre Demokratie würde nur dann zustande kommen, wenn ein repräsentativer Querschnitt der Gesamtbevölkerung, sprich der Souverän, im Parlament über die gesamte Regierungsperiode existent und bei der Entscheidungsfindung von Gesetzen vertreten wäre. Wenn in einem Parlament z.B. 200 Parlamentarier sitzen, müssten jedem Politiker ein Mann oder eine Frau gegenübersitzen, sprich 200 Menschen aus dem Souverän. Das Parlament würde dann aus 400 Personen bestehen, von denen jeder eine gültige Stimme hat. Ein sinnvoller Zusatz im jeweiligen Staat wäre ein Stimmrecht von Wissenschaftlern im Parlament, die sich aus 100 Personen aus verschiedensten Fachbereichen zusammensetzen und ebenfalls abstimmungsberechtigt wären. Vor allem Professoren aus den Bereichen Philosophie, Soziologie, Wirtschaft, Politik, Physik etc. sollten in den politischen Diskurs miteingebunden werden. So hätte man drei wesentliche unterschiedliche stimmberechtigte Institutionen in einem demokratischen Prozess.

Starke direkte Demokratie - Eine mögliche Zusammensetzung im Parlament: 500 Personen

Souverän (40 %): 200 Personen

Politiker (40 %): 200 Personen

Wissenschaftler (20 %): 100 Personen

Abgeschwächte Form der direkten Demokratie für einen Start:

Souverän (10%): 25 Personen

Politiker (80 %): 200 Personen

Wissenschaftler (10%): 25 Personen

Hinweis: Die Anzahl der Personen kann man natürlich je nach Größe des Staates frei wählen.

Man hätte einen Messwert, wie sich die einzelne Institution pro Gesetz jeweils entscheiden würde, und ein Gesamtergebnis. Politiker sollten wie bisher alle vier bis fünf Jahre bundesweit gewählt werden, die Periode für den Souverän sollte sich zwischen drei Monaten bis maximal ein Jahr belaufen, ebenso für die Wissenschaftler. Für eine möglichst kurze Laufzeit spricht, dass Souverän und Wissenschaftler schwer zu korrumpieren wären; eine lange Laufzeit würde gewährleisten, dass die einzelnen Personen ein tieferes Verständnis für den demokratischen Prozess erhalten würden. Die Anzahl der Personen im Parlament sollte sich je nach Größe des jeweiligen Staates richten.

Wichtiger Vergleich: Bei Gericht gibt es z.B. zwei Schöffen oder eine Jury, die das Urteil mitbestimmen. Warum sollte das für das Finden der Gesetzgebung nicht ebenfalls gelten?

g) Wie könnte man konkret vorgehen, um die direkte Demokratie global zu stärken?

1) Neue UNO: Der erste wesentliche Schritt wäre, die UNO zu erneuern und mit entsprechender Macht zu versehen, damit Staaten sich global abgleichen und möglichst viele allgemeingültige Gesetze laut dem Hebelregister (Menschenrechte, Globale Steuerregelung, Globale Arbeitsstandards, Globale Transaktionssteuer etc.) formulieren, die für alle Staaten gelten.

Nur durch eine starke UNO, durch eine starke globale Staatengemeinschaft, die sich für eine starke Demokratisierung und das Gemeinwohl einsetzt, besteht die Chance, sich dem globalen, ethisch blinden, freien Markt zu wiedersetzen, ein

Gleichgewicht herzustellen und eine möglichst globale gesetzliche Basis zu schaffen.

Die wesentliche langfristige Frage, die sich hier stellt, lautet: Wie schafft man eine übergeordnete Instanz für möglichst alle Staaten, die ein Basisregelwerk bzw. eine Basisgesetzgebung ermöglicht, damit man die derzeitigen perfiden Gesetze, die global jeden Tag das Gemeinwohl schädigen, aufhebt, aber im selben Moment die Souveränität der einzelnen Staaten nicht abschafft?

Subsidiarität: Sobald diese globalen Basisgesetze laut unserem Hebelregister in jedem Staat und der jeweiligen Verfassung demokratisch verankert wurden, können natürlich weiterhin individuelle Gesetze im innerstaatlichen Bereich vollzogen werden, da man bestimmt nicht global einzelstaatliche, regionale Standards gleichermaßen verpflichtend verankern kann und es sehr wichtig ist, dass für die jeweiligen Staaten, Bundesländer, Regionen, Städte, Dörfer weiterhin sinnvolle individuelle Gesetze beschlossen werden. So bleibt die politische Entscheidungsfindung auf allen Ebenen (global, national, regional) in Bewegung und ist hinsichtlich ihrer Hierarchie und Zuständigkeit klar definiert.

Direkte Demokratie – UNO-Parlament

In Summe wären das z.B. 412 Politiker (zwei Politiker pro Staat) + 412 Menschen aus dem globalen Souverän (zwei Personen pro Staat, alle Personen werden im Quartal ausgetauscht) + 206 Wissenschaftler (ein Wissenschaftler pro Staat, alle Wissenschaftler werden im Quartal ausgetauscht). Das UNO Parlament würde dann aus 1030 Personen bestehen, von denen jede Person genau eine gültige Stimme hat.

Eine mögliche Zusammensetzung im Parlament: 1030 Personen

Politiker (40 %): 412 Personen (zwei Politiker pro Staat)

Souverän (40 %): 412 Personen (zwei Personen pro Staat, alle Personen werden im Quartal ausgetauscht)

Wissenschaftler (20 %): 100 Personen ein Wissenschaftler pro Staat, alle Wissenschaftler werden im Quartal ausgetauscht)

Hinweis: Die Anzahl der vertretenen Personen kann man natürlich individuell bestimmen.

Die Triebfeder bei solch einer epochalen Umstrukturierung der UNO müssen zu Beginn natürlich die Industriestaaten sein bzw. die G8 +5. Nur wenn die wichtigsten acht Industriestaaten (Amerika, Russland, Deutschland, Vereinigtes Königreich, Japan, Frankreich, Italien, Kanada) und die fünf wichtigsten Schwellenländer (China, Brasilien, Indien, Mexiko, Südafrika) diesen Weg befürworten bzw. die Bevölkerung sich für eine Umstrukturierung und Stärkung der UNO ausspricht, hat man eine Chance, diesen wesentlichen Hebel für globale direkte Demokratie umzulegen. Wenn sich somit der Souverän in diesen Staaten klar für eine neue Weltordnung ausspricht und die Politik dieser 13 Staaten unter Zugzwang gebracht wird, hätte man die Basis, dass alle Staaten weltweit mit dieser neuen Weltordnung langfristig konfrontiert werden.

So könnte man die UNO neu organisieren:

»Die Vereinten Nationen sind – trotz aller Schwächen – eine Keimzelle für eine friedliche, gerechte, freie, würdevolle und liebevolle Welt in Vielfalt. Gäbe es die UNO nicht, müsste Sie heute gegründet werden. Allerdings mit mehr Eigenmacht, mehr eigenen Mitteln, mehr Transparenz, mehr Beteiligung zivilgesellschaftlicher Gruppen und mit zeitgemäßen Entscheidungsstrukturen. Eine Reform ist nun überfällig geworden. Was wäre zu wünschen?

[...]

Eine weiter entwickelte, erneuerte UNO achtet, befolgt und schützt globale Werte:

- Die Goldene Regel ›*Was du nicht willst, dass man dir tu, das füg auch keinem anderen zu*‹.

- Qualitatives ganzheitliches (holistisches) Weltwachstum – statt rein quantitatives / materielles.

- Förderung von Gemeinschaft – bei gleichzeitiger Achtung von Vielfalt und Individualität.

- Undogmatische Spiritualität, die Liebe und Solidarität (bzw. »compassion«) ermöglicht.

Dieses neue UNO folgt klaren Leitlinien und Prinzipien:

- **Das** *Subsidiaritätsprinzip*: Geregelt und gehandelt wird nur dann und dort, wenn etwas nicht besser oder gleich gut auf niedrigerer Ebene geregelt oder getan werden kann. Das heißt, alles, was in den Regionen (wie z.B. der Europäischen Gemeinschaft) besser oder gleich gut geregelt oder getan werden kann, wird dort geregelt / getan – oder auf Länderebene – oder örtlich – oder in den Familien – oder von den Individuen.

Mehr Demokratie, insbesondere durch eine weitere Kammer neben den schon bestehenden Vertretungen der Mitgliedsländer. Diese zweite Kammer, ein direkt gewähltes Welt-Parlament, sollte aus direkt von den Menschen ihrer Länder gewählten Vertretern bestehen; aus den kleineren und mittleren Ländern jeweils ein Vertreter / eine Vertreterin, aus größeren Ländern je zehn Millionen Einwohner pro Vertretung; zusätzlich einige repräsentative Vertreter/innen indigener Völker. So würde die Größe des Parlaments im dreistelligen Bereich bleiben. In undemokratisch regierten Staaten wäre eine derartige, dort neue Direktwahl ein Signal für zukünftige, auch nationale Demokratisierung. Staaten, die eine solche Direktwahl nicht zulassen, wären dann im UN-Parlament, der zweiten Kammer, vorerst nicht vertreten.

- Wesentlich mehr Mitwirkung aller Gruppen der Zivilgesellschaft, der Nichtregierungsorganisationen, der Wissenschaft, der Weltwirtschaft (ohne dabei dominieren zu wollen) und der Weltregionen.
- Globales, durchsetzbares Recht für alle Belange, die nicht gemäß Subsidiaritätsprinzip auf niedrigerer Ebene zu regeln sind.
- Als Teil des globalen Rechtssystem: Ein von allen Ländern anerkannter Internationaler Gerichtshof mit Durchsetzungsmacht zur Wahrung und zum Schutz aller Menschenrechte (Grundrechte, soziale, wirtschaftliche und kulturelle Menschenrechte) sowie zum Schutz vergleichbarer gutes Lebensstartchancen für alle Menschen.
- Transparenz aller UN-Verfahren, -Ziele, -Pläne und Strukturen.

- Frieden sichernde (notfalls auch Frieden »machende«) starke globale Interventionstruppen.
- Reformierter, zeitgemäß zusammengesetzter Sicherheitsrat sowie gestärkter Wirtschafts- und Sozialrat (»ECOSOC«) mit verbesserten Entscheidungsmöglichkeiten.
- Eigene Finanzquelle, z.B. durch Besteuerung insbesondere spekulativer Finanztransaktionen.
- In die UNO integrierte, inhaltlich reformierte und demokratisch kontrollierte transparente Finanzorganisationen (insbesondere derzeitige Weltbank und Internationaler Währungsfond) – sowie die Welthandelsorganisation (WTO).

Überlappungsfrei neu gestraffte, transparente UN-Unterorganisationen – getrennt in konzeptionelle und implementierende Strukturen – mit Bewertungskriterien nach Realitätsgehalt und Zielerreichung. Auch alle UN-Unterorganisationen müssten natürlich den obigen »Subsidiarität und Mitwirkung der Zivilgesellschaft« folgen.

Solch eine reformierte UNO wäre dann keine autoritäre Weltregierung, sondern eine »good global governance« praktizierende, transparente, demokratische, unbürokratisch ständig ihre Funktionsqualität partizipativ entwickelnde, Dialog fördernde Weltproblemlösungs- und Koordinierungsagentur.

Ein derartiges, vom Kooperationskultur getragenes, transnationales Netzwerk aus staatlichen und nicht-staatlichen Akteuren und Akteurinnen könnte die Chance der Globalisierung für alle Menschen und unsere Mitwelt optimieren, ihre Risiken minimieren und existierende Fehlentwicklungen korrigieren. Mit der Beseitigung der strukturellen Gewaltursache – und mit Heilung von Konflikten statt Krieg – wird Frieden, wird eine Welt in Balance möglich.«[8]

h) Globale direkte Demokratie / Machtgefälle neu organisieren → UNO + Internationaler Währungsfonds (IWF) + Weltbank + Welthandelsorganisation (WTO) + 206 Staaten:

Neue Strukturen der Macht

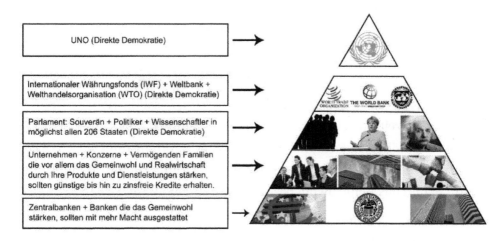

1) UNO: Beginnen sollte man mit der UNO und die wesentlichen Beschlüsse laut Hebelregister umsetzen. Die UNO wäre die stärkste globale Institution.

2) Internationaler Währungsfonds (IWF) + Weltbank + Welthandelsorganisation (WTO): Als nächsten Schritt sollte man diese drei Institutionen der UNO unterordnen und diese ebenfalls direkt demokratisch organisieren.

3) G8, G13 oder G20: Dann sollte man zeitgleich in den G8, G13 oder G20 die direkte Demokratie ausweiten.

4) Möglichst alle 206 Staaten: Im nächsten Schritt sollte man möglichst in allen 206 Staaten die direkte Demokratie einführen.

5) Unternehmen + Konzerne + vermögende Familien: Je mehr diese Firmen dem Gemeinwohl dienen, umso mehr Mitspracherecht und umso günstigere Kredite erhalten diese Unternehmen.

6) Zentralbanken + Geschäftsbanken: Je mehr die jeweilige Bank dem Gemeinwohl dient, umso mehr Mitspracherecht hat die Bank im jeweiligen Staat.

Möchte man global einen möglichst sinnträchtigen Neustart machen, wäre die UNO die richtige Institution, um das gesamte Hebelregister in möglichst allen Staaten zu verankern. Eine UNO bestehend aus Souverän + Politik + Wissenschaftler aus 206 Staaten, die eine globale Neuorientierung auf Basis des hier vorgestellten Hebelregisters zur Diskussion stellen und dann demokratisch darüber abstimmen, das wäre die Möglichkeit, einen Start für eine neue gesunde Weltordnung einzuleiten.

Diese neue UNO würde somit auch Institutionen wie die Weltbank, den Internationalen Währungsfond (IWF), die Welthandelsorganisation (WTO), G8, G13, G20 in ihrer derzeitigen Machtstellung ablösen. Natürlich sollen diese Institutionen bestehen bleiben, mit der Korrektur, dass auch dort die direkte Demokratie (Souverän + Politiker + Wissenschaftler) zur Anwendung kommt, wodurch auch dort in Zukunft das Gemeinwohl bestmöglich gefördert wird.

Die globale direkte Demokratie in der UNO + Internationaler Währungsfonds (IWF) + Weltbank + Welthandelsorganisation (WTO) + 206 Staaten wäre sozusagen ein optimaler Zustand, wo Souverän + Politiker + Wissenschaftler die wesentlichen Gesetze für die Zukunft schreiben.

Beispiele:

1) Die Transaktionssteuer sollte in der UNO direkt demokratisch abgehandelt werden und dann für möglichst alle Staaten global verbindlich gelten.

2) Der Mindestlohn von einem Dollar pro Stunde, den man global zahlen muss, sollte im UNO-Parlament beschlossen werden und für alle Staaten verbindlich sein. So wäre gewährleistet, dass in keinem Staat dieser Wert unterschritten werden darf und Zuwiderhandlungen in Zukunft strafbar wären.

Natürlich ist die Wirtschaftsleistung global unterschiedlich und jeder Staat muss die Möglichkeit haben, individuelle Mindestlöhne festzulegen. Hier wäre es sinnvoll, über die UNO ein Gesetz zu beschließen, dass jeder Staat verpflichtet ist, einen Mindestlohn im eigenen Staat zu definieren. Daraufhin wird dann über den direkt demokratischen Weg in jedem Staat ein vernünftiger Mindestlohn festgelegt und im Gesetzbuch verankert.

i) Direkte Demokratie → Warum fürchtet die aktuelle Politik direkte Demokratie und warum ist sie so gut wie nirgends existent?

Würde nur ein Staat z.B. der G13 die direkte Demokratie einführen, würde durch diesen neuen demokratischen Prozess ziemlich sicher jede Menge sinnvolle Gesetze zustande kommen, da der Souverän nicht vereinnahmt ist von den Interessen der Parteien, Funktionäre, Lobbys etc. Würde man zusätzlich über die Verfassung neu abstimmen, würden auch hier ziemlich sicher ganz neue Verfassungen zustande kommen.

Ausnahme – Schweiz, aber warum? Die Schweiz ist eines der reichsten Länder der Welt und kann sich dieses Experiment leisten.

Die Gesetze wurden in den laufenden Jahrzenten mehr und mehr für die Wirtschaft geschrieben, für ein neoliberales System. Da Staaten miteinander konkurrieren und ihren Standort möglichst attraktiv gestalten müssen, etablieren Staaten zunehmend eine perfide Gesetzgebung, die mehr und mehr gegen das Volk bzw. Gemeinwohl gerichtet ist, damit im eigenen Staat Profit gemacht wird und sich vor allem Konzerne und Investoren ansiedeln. Diese Politik begegnet einer globalen Realität und schützt vor allem den Machterhalt und den wirtschaftlichen Erfolg des jeweiligen Staates.

Würde nun in einem Industriestaat, wie z.B. Amerika, Deutschland, Japan oder in einem Schwellenland wie z.B. Russland, China, Brasilien, sprich nur in einem Staat eine direkte Demokratie eingeführt werden, würde dieser Staat durch eine sich sehr wahrscheinlich entwickelnde sinnvolle Gesetzgebung seinen Wirtschaftsstandort nach und nach schwächen.

j) Reformvorschläge – Internationaler Währungsfond (IWF) + Weltbank + Welthandelsorganisation (WTO)

1) Internationaler Währungsfonds (IWF) + Weltbank:

»Dass Weltbank und IWF nicht nur eines Richtungswechsels bedürfen, sondern von Grund auf reformiert werden sollten, dies ist inzwischen nicht nur die Meinung von Kritikern, sondern zunehmend auch die Auffassung von Insidern. Auf die Amtszeit Wolfowitz' verweisend, gibt Eckhard Deutscher, Exekutiv-Direktor der Weltbank für Deutschland, ein recht vernichtendes Urteil ab: »Die letzten zwei Jahre waren für die Weltbank verlorene Jahre, die durch mangelhaftes Management der Institution und inhaltliche Orientierungslosigkeit geprägt waren. In wichtigen strategischen Fragen, die die Zukunftsfähigkeit der Institution betreffen, hat es wenig Bewegung gegeben.«

Es gibt zwei Bereiche, in denen die Bretton-Woods-Institute einen Neuanfang anstreben sollten: Zum einen in Bezug auf eine wirksamere Armutsbekämpfung und zum andern in Bezug auf einen Umbau hin zu einer größeren Demokratisierung.

Im Hinblick auf eine wirksamere Armutsbekämpfung müssen sich beide Einrichtungen auf eine Stärkung der Programme für die ärmsten Länder einstellen. Eckhard Deutscher stellt die richtigen Fragen:

1. Welche Rolle soll die Weltbank in Ländern mit mittleren Einkommen spielen?

2. Wie können Länder mit niedrigen Einkommen trotz schwacher Governance und geringen Abso[r]ptionskapazitäten besser unterstützt werden?

3. Was kann und soll die Weltbank für die Bereitstellung von globalen und regionalen öffentlichen Gütern tun?

4. Welche Strukturen und Instrumente braucht die Bank, um angesichts des schnellen Wandels in vielen Entwicklungsländern relevant und effektiv zu bleiben?

Dass die neu zu entwickelnden Strukturen sich vor allem an den Bedürfnissen der ärmsten Länder orientieren müssen, ist eine Forderung, die nicht übersehen und übergangen werden darf. »Die Bank muss dazu gebracht werden, endlich im Interesse der armen Menschen weltweit zu agieren«, heißt es in einem im Juli 2007 veröffentlichten Aufruf von 70 europäischen Nichtregierungsorganisationen zur Weltbankreform. »Die Zeit ist gekommen, die Rolle der Weltbank und ihre Politik ernsthaft in Frage zu stellen. Eine Veränderung kann nicht warten. Die NROs weisen der Weltbank eine »erhebliche Mitverantwortung« an der voraussichtlichen Nicht-Erreichung der Millenniumsziele zu.

Aber auch der IWF bedarf eines Umbaus. Europäische Nichtregierungsorganisationen haben in einer Stellungnahme vom Juli 2006 die Forderung erhoben, die Verwaltung und die Machtstrukturen des Internationalen Währungsfonds zu reformieren. Die NROs verweisen darauf, dass im IWF die Stimmrechte immer noch auf der Grundlage von one dollar one vote verteilt werden und dass damit der ökonomischen Stärke Vorrang gegeben werde vor demokratischen Prinzipien. Sie fordern deshalb das Prinzip one country one vote. Ferner verlangen die NROs, dass die Entscheidungsprozesse und die Besetzung der Ämter transparenter gemacht werden. »Wir fordern die Einführung eines transparenten und demokratischen Prozesses für die Auswahl der höchsten Führungspositionen von multilateralen Organisationen.«

Prioritäten der Weltbank

Bei aller Kritik an IWF und Weltbank muss auch zugestanden werden, dass etwa die Weltbank wichtige Prinzipien und Prioritäten formuliert hat, an denen sich eine wirksame Armutsbekämpfung ausrichten sollte. In diesem Zusammenhang sind die von der Weltbank in ihrem Weltentwicklungsbericht von 2000 formulierten Prioritäten zu erwähnen, die zwar nicht unbedingt deckungsgleich sind mit den Prioritäten der Nichtregierungsorganisationen, die es aber gleichwohl verdienen, beachtet zu werden. Diese Weltbank-Prioritäten beziehen sich auf drei Bereiche: Verbesserung der wirtschaftlichen Möglichkeiten für die Armen (*opportunity*), Stärkung ihrer politischen Teilnahme (*empowerment*)und Schaffung sozialer Sicherheit (*security*).

Gelegenheiten schaffen (opportunity):
- zu Privatinvestitionen ermutigen
- auf internationale Märkte expandieren
- Besitz der Armen mehren
- Besitzungleichheiten angehen
- Infrastruktur und Wissenstransfer für die Armen

Politische Partizipation (empowerment):
- Gesetzliche Basis für inklusive Entwicklung schaffen
- Öffentliche Behörden schaffen, die Wachstum und Gleichberechtigung fördern

- Dezentralisation und Gemeindeentwicklung fördern
- Geschlechtergerechtigkeit fördern
- Soziale Ungleichheiten angehen
- Sozialkapital der Armen unterstützen

Schaffung sozialer Sicherheit (security):
- Armen beim Risk-Management helfen
- Nationale Programme gegen finanzielle u. natürliche Katastrophen ins Leben rufen
- Sozialhilfe u. Versicherungssystem, die auch Wachstums ankurbeln
- Bürgerkriege lösen
- Die HIV/AIDS-Epidemie bekämpfen«[9]

2) Welthandelsorganisation (WTO):

»Auf dem Papier sind alle Staaten in der WTO gleichberechtigt, tatsächlich aber entscheiden die Industrieländer. Entwicklungsländer nehmen nur mit kleinen Delegationen an Verhandlungen teil, oft sind sie gar nicht vertreten; so können sie mit dem Arbeitspensum der WTO nicht Schritt halten. Zu informellen Beratungen, den sogenannten ›green room‹-Gesprächen, sind sie nur im Einzelfall eingeladen; hier werden jedoch grundlegende Entscheidungen getroffen.

Um Entwicklungsländer zu Zugeständnissen zu bewegen, bauen Industrieländer eine enorme Drohkulisse auf: Sie reicht von der Streichung der Entwicklungshilfe bis zum Vorwurf, den Terrorismus zu unterstützen. Ein »Nein« zur Agenda der mächtigsten Handelsnationen wird so fast unmöglich.«[10]

Langfristig ist es wichtig, dass in der WTO ein wahrer, direkt demokratischer Prozess zustande kommt, wo Einschüchterungstaktiken dieser Art nicht mehr greifen und Abkommen geschlossen werden, die das globale Gemeinwohl nachhaltig stärken.

k) Wie schafft man es nun, diese globale Demokratisierung einzuleiten, damit möglichst viele Staaten sich für eine wahre nachhaltige Demokratie entscheiden?

1) Mögliche Ansätze – Aber: Leider gibt es kein Patentrezept für die Demokratisierung

»Was kann unternommen werden, um den Prozess des Empowerments und damit die Entwicklung inklusiver politischer Institutionen in Gang zu bringen oder wenigstens ermöglichen? Die ehrliche Antwort lautet natürlich, dass es kein Rezept für den Aufbau solcher Institutionen gibt. Gewiss, einige offensichtliche Faktoren können das Empowerment begünstigen. Dazu gehören eine mehr oder weniger zentralisierte Ordnung, damit Gesellschaftsbewegungen, die bestehende Regime herausfordern, nicht sofort in Rechtlosigkeit abgleiten; einige bereits bestehende politische Institutionen, die ein Minimum an Pluralismus unterstützen, so wie die traditionellen politischen Organe in Botswana, damit sich breite Koalitionen bilden und fortdauern können; und die Existenz zivilgesellschaftlicher Institutionen, welche die Forderungen der Bevölkerung koordinieren, damit Oppositionsbewegungen nicht von der herrschenden Eliten mühelos zerschlagen oder zu einem Instrument gemacht werden, durch das eine andere Gruppe die Kontrolle über die bestehenden extraktiven Institutionen übernimmt. Aber viele dieser Faktoren sind historisch bedingt und ändern sich nur langsam. Das brasilianische Beispiel macht deutlich, dass zivilgesellschaftliche Institutionen und mit ihnen verbundene Parteien von unten aufgebaut werden können, doch wie ein derart langwieriges Verfahren unter anderen Bedingungen erfolgreich sein kann, ist schwer zu ermessen. Ein weiteres Element kann eine zentrale Rolle für das Empowerment spielen: die Medien. Das Empowerment der gesamten Gesellschaft ist schwer zu koordinieren und aufrechtzuerhalten, wenn keine umfassende Information darüber vorliegen, ob die Machthaber wirtschaftliche und politische Missbräuche begehen. […]

Broschüren und Bücher, welche die Menschen informieren und aufrütteln, spielten eine entscheidende Rolle während der glorreichen Revolution in England, während der Französischen Revolution und auf dem Marsch zur Demokratie in Großbritannien des 19. Jahrhunderts. Eine ähnliche Aufgabe erfüllten die Medien

– besonders ihre neuen, auf Fortschritten der Informations- und Kommunikationstechnologie basierende Erscheinungsformen wie Blogs, anonyme Chats, Facebook, Twitter – für die iranische Opposition gegen Ahmadinedschads Wahlbetrug von 2009 und gegen die sich anschließenden Repressionen sowie, in jüngerer Zeit, für die Protestbewegung des Arabischen Frühlings. Autoritäre Regime sind sich der Bedeutung freier Medien häufig bewusst und bekämpfen sie nach Kräften. [...]

Auch die extraktiven Institutionen in China sind darauf angewiesen, dass die Behörden eine Medienkontrolle ausüben, die, wie wir geschildert haben, erschreckend raffiniert geworden ist. Dazu ein chinesischer Kommentator: »Um die Führerschaft der Partei bei politischen Reformen aufrechtzuerhalten, müssen drei Prinzipien befolgt werden: dass die Partei die Streitkräfte, die Kader und die Nachrichten kontrolliert.«

Doch freie Medien und neue Kommunikationstechniken können natürlich nur eine begrenzte Hilfe leisten, indem sie Informationen liefern sowie die Forderungen und Aktionen derjenigen koordinieren, die nach inklusiveren Institutionen streben. Ihre Arbeit wird erst dann zu wirklichen Veränderung führen, wenn breite Gesellschaftsschichten mobilisiert werden, um einen politischen Wandel zu bewirken – und zwar nicht aus sektiererischen Gründen oder um die extraktiven Institutionen an sich zu reißen, sondern um das extraktive System zu einem inklusiveren zu machen. Ob ein solcher Prozess in Gang gerät und ein weiteres Empowerment sowie letztlich nachhaltige politische Reformen ermöglicht, hängt, wie wir an vielen unterschiedlichen Bespielen dargelegt haben, von der Geschichte der wirtschaftlichen und politischen Institutionen, von vielen kleinen, doch wesentlichen Unterschieden und von dem sehr unberechenbaren historischen Pfad ab.«[11]

2) UNO-Programm – Betreuung durch Experten: Wesentlich ist, dass es gelungene Beispiele weltweit gibt, wo Staaten erfolgreich demokratisiert wurden und welcher wesentlichen Bausteine es dafür bedarf. Z.B. das Max-Planck-Institut hat eine Vielzahl an Staaten in Afrika bereits unterstützt, Demokratien aufzubauen. Die UNO sollte diese Institutionen stärken und in möglichst allen nicht demokratisierten Staaten für die Demokratisierung werben. Insbesondere muss jeder Staat sich aufgrund seiner einzigartigen geschichtlich-kulturellen Herkunft individuell dem demokratischen Prozess widmen; es gibt hier kein Patentrezept, das für jeden Staat Gültigkeit hat. Aber es gibt, wie bei allgemeinen Naturgesetzen, gewisse Basishebel für eine erfolgreiche Demokratisierung von Staaten. Diese Unterstützung sollte global über ein Expertenteam stattfinden, dann wäre eine gute Grundlage vorhanden, dass in den nächsten Jahren sich möglichst viele Staaten zu diesem Strukturwandel bekennen.

3) Finanzielle Anreizstrukturen für Staaten schaffen, sich für die Demokratisierung zu entscheiden:

Mehr Entwicklungshilfezahlungen bei erfolgreichen Demokratisierungsschritten: Vor allem für Entwicklungsstaaten könnte man finanzielle Anreize schaffen, indem man höhere Entwicklungshilfezahlungen in Aussicht stellt, wenn messbare Verbesserungsschritte vollzogen wurden. Hier könnten ganz klare Entwicklungsstufen vorgegeben und entsprechende Mehrzahlungsleistungen definiert werden. Das Geld ist in solchen Staaten dann wesentlich besser angelegt, wenn Korruption abgebaut wird und der demokratische Prozess voranschreitet, da diese Investitionen dann nachhaltig sind und nicht Geld in ein Fass ohne Boden fließt.

4) China und Russland wirtschaftlich erfolgreich? Ist es unmöglich, diese Staaten zu demokratisieren?

Natürlich haben China und Russland eine lange Tradition starker, kleiner Führungseliten, die es bis heute tunlichst vermieden haben, sich einem umfangreichen wahren demokratischen Prozess zu unterziehen. Doch wird sich auf lange Sicht kein Staat dem globalen Fortschritt erfolgreich entziehen können und den Souverän davon abhalten können, sich an diesem globalen Weg zu beteiligen. Vor allem durch die umfangreiche Medienlandschaft und die rasante Technologisierung wird sich das Fortschreiten eines modernen mündigen Menschen nicht aufhalten lassen. Derzeit ist aber der wirtschaftliche Erfolg in China und Russland so groß, dass man meinen könnte, dass sich diese Staaten gut entwickeln und es gar keinen Demokratisierungsprozess benötigt.

»Daraus sollte nicht geschlossen werden, dass extraktive wirtschaftliche und politische Institutionen unvereinbar mit ökonomischem Wachstum sind. Im

Gegenteil, jede Elite würde, ceteris paribus, gern so viel Wachstum wie möglich herbeiführen, um ihre Gewinne zu erhöhen. Extraktive Institutionen, die wenigstens ein Minimum an politischer Zentralisierung erreicht haben, sind häufig in der Lage, ein gewisses Wachstum zu erzeugen. Allerdings kann Wachstum unter extraktiven Institutionen nicht dauerhaft durchgehalten werden. Dafür gibt es zwei Gründe: Erstens erfordert Wirtschaftswachstum immer wieder Innovationen, die nicht von schöpferischer Zerstörung abzukoppeln sind. Diese wiederum ersetzt im Wirtschaftsbereich Altes durch Neues und destabilisiert überkommene Machtbeziehungen in der Politik. Eliten, die extraktive Institutionen dominieren, haben Angst vor der schöpferischen Zerstörung und widersetzen sich ihr, weshalb jeglicher Wachstum unter solchen Bedingungen nur kurzlebig sein kann. Zweitens ist, da die Herrschenden unter extraktiven Institutionen ihre Profite in hohem Maße auf Kosten der übrigen Gesellschaft einfahren, die politische Macht in solchen Systemen sehr begehrt, und viele Gruppen und Einzelpersonen versuchen, sie an sich zu reißen. Folglich gibt es mächtige Kräfte, die Gesellschaften mit extraktiven Institutionen in die politische Instabilität treiben.«[12]

»All das verhilft uns zu mehreren wichtigen Einsichten. Erstens wird das Wachstum in China unter autoritären, extraktiven politischen Institutionen, auch wenn es sich noch eine Zeitlang fortsetzt, keine Nachhaltigkeit erreichen, die auf Unterstützung durch wahrhafte inklusive Wir[t]schaftsinstitutionen und schöpferische Zerstörung basiert. Zweitens sollten wir, entgegen der Modernisierungstheorie, nicht damit rechnen, das[s] autoritäres Wachstum zu Demokratie oder zu inklusiven politischen Institutionen führen wird. China, Russland und mehrere andere autoritäre Regime erleben gegenwärtig ein gewisses Wachstum, das jedoch an seine Grenzen stoßen dürfte, bevor sie ihre politischen Institutionen inklusiver gestalten. Wahrscheinlich ist die Elite kaum an einem derartigen Wandel interessiert, und es gibt auch keine starke Opposition, die solche Veränderungen durchsetzen könnte. Drittens ist autoritäres Wachstum auf lange Sicht weder wünschenswert noch lebensfähig und sollte deshalb nicht von der internationalen Gemeinschaft als akzeptables Leitbild für Staaten in Lateinamerika, Asien und im subsaharischen Afrika betrachtet werden, auch wenn viele diesen Weg genau deshalb einschlagen werden, weil er den Interessen ihrer wirtschaftlichen und politischen Eliten entspricht.«[13]

Grundsätzlich sind aber in China und Russland wirtschaftliche Ressourcen, die nötige Grundstruktur und Institutionen vorhanden. Würde man möglichst bald eine Demokratisierung vornehmen, hätten die beiden Staaten enormes Potential sehr schnell zu Industriestaaten aufzusteigen.

In Russland gibt es bereits eine Vielzahl an Parteien die man wählen kann. Würde man das Parlament mit mehr Macht ausstatten, wäre man der Demokratisierung des Landes einen Schritt näher.

a) China – Die Demokratie wird eines Tages kommen

»Hu Jintao, der scheidende Präsident der VR China, hat wenig Überraschendes zum Abschied gesagt. Die Kernbotschaft lautete: weiterhin schnelles Wirtschaftswachstum und Einparteienherrschaft. Bis 2020 soll sich das durchschnittliche Einkommen verdoppeln.

Wird es der Kommunistischen Partei Chinas gelingen, den bestehenden Kurs in den nächsten zehn Jahren weiterzuführen? Seit langem gibt es dazu zwei konträre Meinungen. Die eine Seite glaubt, dass die VR China einen anderen Weg als der Westen gehen und sich eher in ein großes Singapur verwandeln wird. Das heißt: Das Pro-Kopf-Einkommen wird das westliche Niveau erreichen, ohne dass die Staatsform wesentlich geändert werden muss. Vielleicht wird die Partei nicht mehr so repressiv gegen Oppositionelle vorgehen, aber im Grunde kann sie weiterhin autoritär regieren und durchgreifen, wenn die Bürgerinnen und Bürger zu frech werden.

Die andere Seite glaubt, dass eine Demokratisierung unvermeidlich ist. Der Vergleichsmaßstab ist nicht der Westen, sondern Südkorea und Taiwan. Beides sind Länder, die lange Zeit diktatorisch regiert wurden, aber ab einem gewissen Wohlstandsniveau unter dem Druck der Straße zum demokratischen System übergegangen sind. In Südkorea fanden 1987 freie und direkte Präsidentschaftswahlen statt, in Taiwan 1996.

Die folgende Grafik zeigt den Zusammenhang zwischen Wohlstand und Demokratie. Man kann daraus ablesen, dass in Südkorea die Demokratiebewegung an Schwung gewann, als das durchschnittliche Einkommen pro Person die Schwelle von 5000 US-Dollar überschritt (um genau zu sein: 1990 International Geary-

Khamis Dollar, eine internationale Vergleichsgrösse). In Taiwan setzte dieser Prozess etwas später ein, d. h. erst etwa ab 10'000 US-Dollar Jahreseinkommen pro Person.

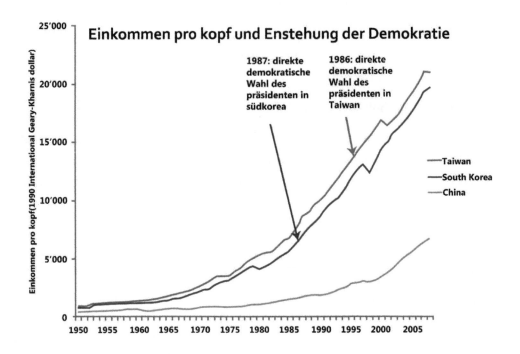

Grafik – Quelle: https://blog.tagesanzeiger.ch/nevermindthemarkets/index.php/10544/wird-china-bald-demokratisch/

Die Grafik zeigt auch, dass die VR China die Schwelle von 5000 US-Dollar längst überschritten hat. Es existiert also bereits eine Mittelschicht, die mehr Freiheit und Mitbestimmung fordern und die Einparteienherrschaft bekämpfen wird. Gemäss dieser These müsste es in den nächsten zehn Jahren zu einer schlagkräftigen Demokratiebewegung in der VR China kommen.

Wer hat recht? Das ist schwer zu sagen, denn die VR China ist viel grösser als Südkorea und Taiwan. Der Vergleich ist heikel. Außerdem stehen Südkorea und Taiwan seit langem unter dem Einfluss der USA, die am Ende des Kalten Krieges politische Reformen guthießen oder sogar forcierten. Die VR China ist eine Welt für sich.

Anderseits ist es schwer nachvollziehbar, warum in der VR China andere historische Gesetze gelten sollen. Gerade weil das Land so groß ist, besteht eine hohe Wahrscheinlichkeit, dass das Regieren für die KP China irgendeinmal zu schwierig wird. Und wenn es einen schrägen Vergleich gibt, dann ist es derjenige mit Singapur: Die VR China hat rund 1,3 Milliarden Einwohner, Singapur etwas mehr als 5 Millionen Einwohner.

Und dann gibt es noch die berühmte Regel, dass es bisher keine Partei geschafft hat, länger als 74 Jahre die Politik zu regieren. Der Rekord stammt von der KPdSU, der Kommunistischen Partei der Sowjetunion, die von 1917 bis 1991 ununterbrochen allein regierte. Wenn die KP China diesen Rekord egalisieren will, muss sich mindestens bis 2023 halten.«[14]

b) Russland demokratisieren – aber wie?

»Die Situation Russlands heute ist unnatürlich, die Russen brauchen eine demokratische und europäische Perspektive.

Viele Europäer sind überzeugt: Es gibt keine Alternative zu Putin und seinem Regime, genau dieses System, genau dieser Präsident passen zu Russland. Paradoxerweise stimmen hier Russophobe sowie Putin- und Russophile überein.

Doch so einfach ist es nicht. Zwar ist das Putin-Regime eine natürliche Fortführung der russischen Geschichte, aber nur von einer ihrer strategischen Linien. Im Laufe der letzten Jahrhunderte gab es in Russland zwei entgegengesetzte historische Traditionen, die imperial-autoritäre und die demokratische. Das imperiale Projekt, das sich auf eine mächtige Staatsbürokratie stützt – die zaristische der Autokratie, die sowjetische des Stalinismus oder die Putinsche des heutigen Russland –, stößt auf den zum Teil passiven Widerstand der liberalen Intelligenz einerseits und der spontan anarchistisch gesinnten unteren Schichten andererseits. Die demokratische Tradition ist ebenfalls historisch tief verwurzelt in Russland, wo die Intelligenzia traditionell Widerstand leistet gegen Diktatur und Rechtlosigkeit und die breite Masse (die Bauern, die Arbeiter) jegliche Macht und Obrigkeit hasst.

Das Bündnis, das Demokratie bringt

Das Scheitern der jeweiligen Versuche imperialer Expansion endet für gewöhnlich mit der Aktivierung demokratischer, antiautoritärer Stimmungen in der Gesellschaft – so etwa nach den Niederlagen im Krimkrieg und im Russisch-Japanischen Krieg oder nach den Misserfolgen im Ersten Weltkrieg und im Kalten Krieg. Als Resultat formiert sich ein Bündnis aus liberaler intellektueller Elite und den anarchistisch gesinnten unteren Schichten, welches in der Geschichte Russlands bereits zweimal – im Februar 1917 und im August 1991 – zum Sturz einer Diktatur geführt hat. Der Zerfall dieses Bündnisses hingegen führt zur Renaissance des autoritären Regimes.

Die kurzen demokratischen Perioden enden mit der Demütigung der liberalen Intelligenz, welche die Unterstützung der Bevölkerung verliert, und der Wiederherstellung der Herrschaft der Bürokratie. So war es nach 1917, als die Bolschewiken die demokratischen Traditionen der russischen Freiheitsbewegung verwarfen und zu autoritären, bürokratischen Imperialisten wurden. So war es auch nach Gorbatschows Perestroika, als unter Jelzin die Herrschaft der Oligarchen Einzug hielt, die dann von Putins Diktatur abgelöst wurde. […]

Wie groß ist die Unterstützung im Volk?

Zum Glück für die Welt ist ihre Macht nicht so stabil, wie sie scheint. Die von Kreml-nahen Soziologen deklarierte Zustimmung einer erdrückenden Mehrheit der Bevölkerung ist illusorisch. In autoritären Ländern haben die Menschen schlicht Angst, Soziologen die Wahrheit zu sagen. Ich selbst war einer der Direktoren des größten russischen Meinungsforschungsinstituts und kenne die Situation gut. Die erdrückende Mehrheit der russischen Durchschnittsbürger interessiert sich kaum für Politik. Zudem fürchten die Russen den FSB heutzutage nicht weniger als den KGB zu Sowjetzeiten. Sicherheitshalber – man weiss ja nie – wollen die Menschen bei den Umfragen ihre Loyalität unter Beweis stellen. Natürlich ist der Einfluss der totalen Staatspropaganda verhängnisvoll, doch ist er nicht allumfassend, wie viele annehmen.

Immerhin lassen viele selbst bei Umfragen indirekt eine tiefe Ablehnung der Situation im Lande erkennen. In den Regionen gibt es sehr starke Anti-Moskau-Stimmungen, es gibt einen regionalen »Patriotismus« und eine Abneigung gegen die föderale Bürokratie Moskaus. Noch deutlicher machen sich das Streben nach sozialer Gerechtigkeit und der Hass auf Beamte und Oligarchen bemerkbar.

Ein großer Teil der Bevölkerung orientiert sich an linken, sozialen Werten, die die Behörden ganz offen missachten. Es missfällt den Menschen, dass ihre Arbeitsrechte nicht geschützt, dass die Renten niedrig und die Sozialhilfen verschwindend gering sind, dass es eine enorme Diskrepanz zwischen dem Lebensstandard der Superreichen und dem der breiten Masse der Bevölkerung gibt.

Es gibt starke Stimmungen gegen die Polizei. Vor einigen Jahren wurden junge Leute, die im Fernen Osten einen Milizionär getötet hatten und sich im Internet als ›Küstenpartisanen‹ bezeichneten, zu Helden der sozialen Netzwerke. Neben der steigenden Unzufriedenheit der Bevölkerung kam es in den letzten Jahren auch zur Konsolidierung einer liberalen Gegenelite und zur Entwicklung einer demokratischen Oppositionsbewegung, die von der städtischen Mittelklasse unterstützt wurde. Im Internet formierte sich eine oppositionelle Community. In Moskau gab es 2012 eine Serie von Protestdemonstrationen mit bis zu 100 000 Teilnehmern. In dieser Situation beschloss die erschrockene Obrigkeit, den gefährlichen politischen Trend mithilfe der Annexion der Krim und einer siegreichen kriegerischen Intervention in der Ostukraine zu brechen. Vorübergehend wurden die oppositionellen Stimmungen durch patriotische Hysterie gedämpft. Das hat es in der Geschichte Russlands mehrmals gegeben. Jedes Mal aber ist nach den ersten militärischen Misserfolgen der Hass der Bevölkerung gegen die Obrigkeit wieder neu aufgeflammt.

Was es für einen Wandel in Russland braucht

Im gegenwärtigen System ist ein Rücktritt Putins nicht nur wenig realistisch, sondern auch nicht ausreichend. Die Bürokratenoligarchie würde das Land auch ohne Putin in den Krieg treiben, weil sie sich nicht anders halten kann. Selbst maßvolle konstruktive Reformen sind unmöglich. Echte Veränderungen könnten nur durch eine tiefgreifende Wirtschaftskrise und daraus resultierende Massenproteste gegen die Regierung entstehen. Nur dann könnte das System der totalen Korruption zerschlagen werden, dass der chauvinistischen Hysterie und der permanenten Konfrontation mit dem Westen bedarf, um die Menschen in Zaum zu halten.

Putins System besitzt eine Achillesferse – den Widerspruch zwischen einer aggressiven revanchistischen Außenpolitik und der in den Weltmarkt integrierten Wirtschaft. Es ist mittlerweile zum Gemeinplatz geworden, Putins Kurs mit Hitlers Expansionspolitik vor 1939 zu vergleichen, die russische Aggression gegen die Ukraine mit der Aufteilung und der Annexion der Tschechoslowakei, die Annexion der Krim mit dem Anschluss Österreichs. Die Ähnlichkeiten sind in der Tat verblüffend.

Doch es gibt einen wesentlichen Unterschied. Hitler hatte zuvor eine verhältnismäßig autarke Mobilisierungswirtschaft begründet. Diese war zwar abhängig von der Lieferung strategischer Güter aus verbündeten Ländern, insgesamt aber wenig anfällig gegenüber Druck von außen. Erst nachdem er eine ökonomische Basis für seine aggressiven Pläne geschaffen hatte, machte Hitler sich daran, diese umzusetzen.

Putin kann nicht weiter expandieren

Putins Wirtschaftsmodell dagegen ist im Wesentlichen das Werk liberaler Ökonomen unter Federführung von Alexei Kudrin. Es ist absolut ungeeignet für eine Konfrontation mit westlichen Partnern und anfällig gegenüber dem Druck von außen. Noch sind die Sanktionen schwach, doch bereits das hat die ökonomische Stabilität des Regimes ins Wanken gebracht. Eine Verschärfung könnte zu einem Kollaps des Rubels und der russischen Börse sowie zu Kapitalabfluss, Investitionsklemmen, letzten Endes zu einer gewaltigen Krise führen.

So ist eine Fortsetzung von Putins Expansionspolitik zum Scheitern verurteilt. Aber auch ein Innehalten ist verhängnisvoll für ihn, weil es einen Popularitätsverlust des Regimes nach sich ziehen würde. Mehr noch, man könnte ihm Verrat an der russischen Sache vorwerfen. Putin könnte sich zu neuen riskanten Unternehmungen gedrängt sehen. Entscheidend wäre, dass der ökonomische Zusammenbruch einer möglichen tragischen militärischen Eskalation zuvorkommt. Es schlüge dann die Stunde der Demokraten. Ihr Sieg aber wäre nur dann von Dauer, wenn die liberale Elite ein Programm formulieren könnte, das ihr die Unterstützung der Mehrheit der Bevölkerung sichert. Dafür müsste das Bild des künftigen Post-Putin-Russland nicht nur den Erwartungen der liberalen Intelligenzia entsprechen, sondern auch denen der ›einfachen‹ Russen, die soziale

Gerechtigkeit möchten und die die brutale, korrumpierte Polizei, die käuflichen Bürokraten und die dekadenten Oligarchen hassen.

Wie es kommen könnte

Versuchen wir also, ein optimistisches Szenario der Entwicklung in Russland nach Putin zu skizzieren. Stellen wir uns vor, wir hielten ein Geschichtsbuch in Händen, verfasst in fünfzig Jahren in einem demokratischen, friedliebenden Russland. Lesen wir aufmerksam, wie sich in Russland eine stabile, auf Dezentralisierung und Selbstverwaltung beruhende demokratische Gesellschaft etabliert hat.

Die 2014 begonnene Aggression Putins gegen die Ukraine hatte Russland in eine tiefe ökonomische Krise gestürzt. Nach Bekanntwerden des für das Putin-Regime vernichtenden Berichts über die Ursachen des Absturzes von Malaysia-Flug MH17 führte eine neue Welle von Sanktionen Anfang 2016 zu einem Kurssturz des Rubels am Fondsmarkt, was als »schwarzer Putin-Day« in die Geschichte einging. Gleichzeitig wurden umfassende internationale Sanktionen gegen die korrupte Elite ergriffen.

Die Unzufriedenheit mit dem Regime nahm in allen sozialen Schichten rasant zu: Die Eliten verloren ihr ausländisches Vermögen, die städtische Bevölkerung protestierte gegen den sinkenden Lebensstandard, die Geschäftswelt litt unter der Krise, und die Gehälter von Geheimdiensten, Militärs und Beamten verloren dramatisch an Kaufkraft. Aufgrund der ökonomischen Schwierigkeiten fehlten Ressourcen für die Kriegsführung, und Putin musste sich aus dem Donbass zurückziehen. Tausende ehemaliger russischer Kämpfer kehrten zurück, füllten die Reihen extremistischer, nationalistischer Organisationen und forderten den Rücktritt Putins, der ›den Donbass aufgegeben hatte‹.

Wahlfälschung, Proteste, Exil

Unter dem Einfluss seiner verängstigten Umgebung liess Putin vorgezogene Präsidentenwahlen durchführen. Zum ersten Mal in der Geschichte konnte er sich im ersten Wahlgang nicht durchsetzen – für einen Wahlsieg fehlten mehrere Dutzend Stimmenprozente. Die Resultate des zweiten Wahlgangs wurden dann ganz offensichtlich gefälscht, was zu einer neuen Protestwelle führte. Auch viele

Vertreter der herrschenden Elite und des Big Business schlugen sich auf die Seite der Protestierenden. Das Land wurde unregierbar. Geheimdienste und Militärs, die von der Obrigkeit widersprüchliche Signale erhielten, weigerten sich, mit Gewalt gegen die Protestierenden vorzugehen.

Die Wahlresultate wurden annulliert, Putin floh nach China. Die Macht vor Ort ging nun de facto an eine sich selbst organisierende demokratische Bewegung und an Bürgerräte über. Sie bildeten temporäre Machtorgane und führten Wahlen durch. Das Programm der neuen demokratischen Bewegung bestand aus liberalen, libertären und sozialdemokratischen Vorlagen, die für alle sozialen Gruppen mit Ausnahme der herrschenden Bürokratie und des mit ihr verbundenen Big Business Vorteile brachten. Es kombinierte verschiedene Elemente: direkte Demokratie, Dezentralisierung und Konföderation nach dem Muster der Schweiz; grösstmögliche Unabhängigkeit der Wirtschaft vom Staat; ein Sozialsystem nach europäischem Vorbild; Mechanismen zur gerechten Verteilung der Gewinne aus Öl und natürlichen Ressourcen.

Russland als parlamentarische Republik

Die demokratische Koalition gewann die Wahlen zur Staatsduma. Als Erstes wurde eine Verfassungsreform durchgeführt und Russland in eine parlamentarische Republik umgewandelt. Damit war ausgeschlossen, dass ein neuer diktatorischer Präsident an die Macht gelangt. Die Regionen erhielten eine wesentlich grössere Unabhängigkeit vom Zentrum in allen Belangen, ausser, was die Einhaltung der Bürgerrechte betraf.

Das Parlament verabschiedete ein Gesetz zur Überprüfung von Mitarbeitern des öffentlichen Dienstes. Darin wurden die oberste Ebene der Bürokratie sowie Geheimdienste und Militärs vom Staatsdienst ausgeschlossen – wer früher hohe Positionen innehatte, musste ausscheiden. Die Selbstverwaltung wurde stark erweitert und ihre Arbeit mithilfe des Internets nach den Prinzipien der direkten Demokratie organisiert. Wahlbeiräte wurden gebildet, welche die Arbeit der Rechtsschutzorgane und der Beamten auf allen Ebenen kontrollierten. Im Zuge einer Justizreform wurde das Justizpersonal komplett ausgewechselt.

Die neue Macht garantierte volle Freiheit für Unternehmertum und Handel. Sämtliche bürokratischen Entscheidungsprozesse sind maximal vereinfacht.

Aufgrund eines Restitutionsgesetzes wurden die illegalen Vermögen, die sich das Big Business angeeignet hatte, beschlagnahmt. Der neugeschaffene Staatsfonds »Rossija« verteilt nach dem Vorbild des »Alaska-Permanent-Fund« und des norwegischen »Staatlichen Pensionsfonds« die Gewinne aus der Förderung natürlicher Ressourcen an die Bevölkerung.

Die demokratische Macht versuchte, in Zusammenarbeit mit ausländischen Regierungen das abgeflossene Korruptionskapital aufzuspüren und zu repatriieren. Es wurde Kurs genommen auf eine friedliche Aussenpolitik und eine Annäherung an die Europäische Union. Russland hat seine Ansprüche auf die Krim fallengelassen. Freiheit und Menschenrechte sind ebenso garantiert wie die Unabhängigkeit der Massenmedien vom Staat. Die Ressourcen des Landes werden vom militärischen und bürokratischen Bereich umgeleitet in die Entwicklung von Infrastruktur, Gesundheitsvorsorge, Bildung, Wissenschaft und Technologie.

Alles nur ein Traum?

Keineswegs. In Wirklichkeit ist gerade die heutige Situation unnatürlich, und die Perspektiven für eine europäische, demokratische Entwicklung in Russland liegen auf der Hand. Russland ist ein Land der europäischen Kultur und hat einen bedeutenden Beitrag zu deren Entwicklung geleistet. Es hat reiche demokratische und libertäre Traditionen. Das Bildungsniveau ist hinreichend hoch und vergleichbar mit dem anderer europäischer Staaten. Nicht von ungefähr leben zahlreiche russische Spezialisten für neue Technologien und Wissenschaftler über die ganze Welt zerstreut. Ihre Sympathien liegen deutlich aufseiten der Demokratiebewegung.

Sämtliche Bedingungen zur Formierung einer zivilisierten europäischen Gesellschaft in Russland sind gegeben. Es muss ein demokratischer Wandel erreicht werden. Der Fortbestand des jetzigen Regimes ist gefährlich – nicht nur für Russland, sondern für die ganze Welt.«[15]

Die wirtschaftliche Situation ist in Russland vorerst halbwegs stabil, aber ein Grund für Putin aufzuatmen ist meines Erachtens nicht gegeben, da in Staaten wie China und Russland keine nachhaltige kreative Zerstörung nach Schumpeter stattfindet und so der Aufstieg zu einem nachhaltigen Industriestaat nicht gegeben ist.

5) Afrika – Ist es unmöglich, diese Staaten zu demokratisieren?

»Während weltweit 46 Prozent der Staaten als frei (free), 32 Prozent als teilweise frei (partly free) und 22 Prozent als nicht frei (not free) eingestuft werden, sind es im subsaharischen Afrika nur 21 Prozent, die als frei bezeichnet werden, 48 Prozent als teilweise frei und 31 Prozent als nicht frei. Nur 18 der 53 kontinentalafrikanischen Länder haben demokratisch gewählte Regierungen (electoral democracies). Von weltweit 17 Ländern, die als am repressivsten eingestuft wurden (worst of the worst), befinden sich acht auf dem afrikanischen Kontinent. [...]

Was sind also die demokratischen Perspektiven Afrikas? Ist Demokratie in Afrika gescheitert? Oder befindet sie sich vielmehr langsam auf dem Vormarsch? Die Frage lässt sich nicht leicht beantworten. Natürlich gibt es unbestreitbare Erfolge wie in Ghana, Mali oder Senegal, wo zugkräftige Oppositionsparteien und -koalitionen Mehrparteienwahlen zu ihren Gunsten entscheiden konnten. Doch es existieren auch weiterhin genügend Beispiele von misslungenen Demokratisierungsbemühungen: der blutige Konflikt in der Demokratischen Republik Kongo, das Scheitern des Staatsaufbaus in Somalia, die tyrannische Herrschaft Mugabes in Simbabwe oder der Konflikt in Darfur, der immer wieder auch die Nachbarstaaten einzubeziehen droht. Es geht vornehmlich darum, zu differenzieren und das ganze Spektrum möglicher Entwicklungen zu erfassen – von der langjährigen Mehrparteiendemokratie Senegals über die Schaffung funktionierender rechtsstaatlicher Institutionen in Mali und Benin und Fassadendemokratien in Äthiopien und Guinea bis zu den von Krieg bedrohten Staaten wie Elfenbeinküste und DR Kongo. Eine gründliche Analyse der sehr unterschiedlichen Prozesse in den Ländern ist vonnöten. [...]

Im Allgemeinen bestehen grundlegende Probleme der politischen Systeme, die zu einer mangelnden Rechtsstaatlichkeit führen. Die staatlichen Institutionen sind von einer Dominanz der Exekutive gekennzeichnet. Politische Macht wird vielerorts als persönlicher Besitz angesehen, der in Dauer und Ausmaß nicht begrenzt ist. Rechtsstaatliche Institutionen, vor allem Parlamente, bleiben weitgehend machtlos und scheitern in ihren politischen Kontrollfunktionen oft einfach nur an unzureichender materieller und personeller Ausstattung. Teilweise wird die fehlende Kontrolle über die Exekutive durch die umfangreiche Kompetenz der Verfassungsgerichtsbarkeit wettgemacht. Doch dies führt zum Problem der demokratischen Legitimation. Eine maßgebliche Steigerung der demokratischen Kontrollrechte ist notwendig. Dabei ist die Stärkung der Parlamente gefragt. Das Max-Planck-Institut unterstützt etwa in Somalia die Schaffung eines parlamentarischen Systems. Im Sudan führt es vor den anstehenden Wahlen derzeit Wahlrechtstrainings durch und ist sowohl im Norden als auch im Süden des Landes in der Gesetzgebungsberatung aktiv. Dabei kann das Team des Instituts auf bestehende Strukturen aufbauen. Die Traditionen und brauchtümlichen Strukturen sollte man nicht außer Acht lassen. […]

Zum einen muss eine Stärkung der staatlichen Strukturen erfolgen – und unbedingt mit einer intensiven Förderung der Rechtsstaatlichkeit einhergehen. Der deutschen und europäischen Entwicklungspolitik fehlen diesbezüglich oft konkrete Zielvorgaben. Fragen der guten Regierungsführung (good governance) werden gegenüber der Stärkung demokratischer Institutionen und Akteure bevorzugt. Dabei sind Rechtsstaatlichkeit und Rechtssicherheit Voraussetzungen, um die Achtung der Menschenrechte und Partizipationsmöglichkeiten der Bevölkerung erst zu ermöglichen. […]

Hier ist nachhaltiges Handeln angesagt: Die Achtung der Menschenrechte und der Erfolg von Entwicklungszusammenarbeit hängen eng zusammen. Das Engagement in Afrika braucht Durchsetzungskraft und vor allem langen Atem. In den meisten Ländern Afrikas fehlt es dabei kaum an Initiative und Innovationskraft. Was fehlt, sind die notwendigen rechtlichen, politischen und wirtschaftlichen Rahmenbedingungen, damit sich diese individuelle Innovationskraft entfalten kann.«[16]

6) Vergleich: Nord-Korea – Süd-Korea

»Die Bürger von Südkorea haben einen Lebensstandard, der dem von Portugal und Spanien gleicht. Im Norden, in der Demokratischen Volksrepublik Korea, ist der Lebensstandard dagegen zehnmal niedriger und mit dem eines subsaharischen afrikanischen Landes zu vergleichen. […]

Diese erstaunlichen Gegensätze sind nicht alt. Vor dem Ende des Zweiten Weltkriegs existierten sie noch nicht. Aber nach 1945 organisierten die Regierungen im Norden und im Süden ihre Wirtschaft auf ganz unterschiedliche Art.

Südkorea wurde, mit beträchtlicher Unterstützung der Vereinigten Staaten, von dem überzeugten Kommunismusgegner Syngman Rhee geführt, der in Harvard und Princeton ausgebildet worden war und die frühen wirtschaftlichen und politischen Institutionen gestaltete. 1948 wählte man ihn zum Präsidenten. Durch den Koreakrieg bedingt und mit der Gefahr konfrontiert, dass sich der Kommunismus über den 38. Breitengrad verschob, war Südkorea keine Demokratie. Rhee und sein gleichermaßen berühmter Nachfolger, General Park Chung-Hee, sicherten sich ihren Platz in der Geschichte als autoritäre[.] Präsidenten. Aber beide richteten eine Marktwirtschaft ein, in der Privatbesitz anerkannt wurde, und nach 1961 nutzte [P]ark Chung-Hee die Macht des Staates für die Förderung eines raschen Wirtschaftswachstum[s], indem er erfolgreichen Firmen Kredite und Subventionen zukommen ließ.

Die Situation nördlich des 38. Breitengrads sah anders aus. Kim Il-Sung, der im Zweiten Weltkrieg kommunistische Partisanen gegen die Japaner angeführt hatte, machte sich 1947 zum Diktator und etablierte im Rahmen des Juche-Systems mit Hilfe der Sowjetunion eine starre Form der zentralen Planwirtschaft. Privatbesitz und freier Handel wurde verboten. Man beschnitt die Freiheiten [nicht] nur auf dem Markt, sondern auch in jedem anderen Bereich des nordkoreanischen Lebens. Davon ausgenommen waren nur jene, die [d]er sehr kleinen herrschenden Elite um Kim Il-Sung und später um seinen Sohn und Nachfolger Kim Jong-Il angehörten. […]

In den späten 1990er Jahren, nach gerade mal einem halben Jahrhundert, wiesen das südkoreanische Wachstum und die nordkoreanische Stagnation ein zehnfaches Gefälle zwischen den beiden Hälften des früher vereinigten Landes auf (man bedenke, wie die Situation in ein, zwei Jahrhunderten aussehen könnte). Das wirtschaftliche Desaster Nordkoreas, das Millionen in den Hunger trieb, ist umso auffälliger, wenn man es mit dem wirtschaftlichen Erfolg Südkoreas vergleicht: Weder Kultur noch Geographie noch Ignoranz können die abweichende Entwicklung erklären. Um eine Antwort zu finden, müssen wir die Institutionen ins Auge fassen.

Extraktive und inklusive Wirtschaftsinstitutionen

Länder erzielen wegen ihrer uneinheitlichen Institutionen, wegen der Regeln, welche die Funktionsweise der Wirtschaft beeinflussen, und wegen der Anreize zur Motivierung der Menschen unterschiedliche wirtschaftliche Erfolge. Man vergleiche die Teenager in Nord- und Südkorea und ihre Hoffnungen. Im Norden wachsen sie in Armut auf, ohne unternehmerische[.] Initiative, Kreativität und eine adäquate Ausbildung für eine qualifizierte Arbeit. Ein großer Teil ihrer Schulzeit ist der reinen Propaganda gewidmet, welche die Legitimität des Regimes vorgaukeln soll. Es gibt kaum Bücher, geschweige denn Computer. Nach der Schule muss jeder einen zehnjährigen Wehrdienst ableisten. Diese Teenager wissen, dass sie nie über Privateigentum verfügen werden, eine Firma gründen oder ein wenig mehr Wohlstand erwerben können, auch wenn viele illegal privaten Geschäften nachgehen, um ein Auskommen zu haben. Sie wissen auch, dass ihnen ein legaler Zugang zu den Märkten verwehrt ist, auf denen sie ihre Fähigkeiten nutzen oder ihre Einnahmen verwenden können, um sich die Güter zu erwerben, die sie benötigen und begehren. Sie können nicht einmal sicher sein, welche Menschenrechte ihnen zugestanden werden.

Die Teenager im Süden erhalten eine gute Ausbildung und werden ermutigt, sich anzustrengen und sich später in dem Beruf ihrer Wahl auszuzeichnen. Südkorea hat ein[e] auf Privateigentum beruhende Marktwirtschaft. Die südkoreanischen Teenager wissen, dass sie, wenn sie als Unternehmer oder Angestellte Erfolg haben, eines Tages die Früchte ihrer Investitionen und Anstrengungen werden ernten können. Sie haben die Möglichkeit, ihren Lebensstandard zu erhöhen und sich Autos und Häuser zu kaufen und in ihre Gesundheitsvorsorge zu investieren.

Im Süden unterstützt der Staat wirtschaftliche Aktivitäten. Unternehmer können Kredite bei Banken und auf den Finanzmärkten aufnehmen, ausländische Firmen können Partnerschaften mit südkoreanischen Unternehmen eingehen und Einzelpersonen können Hypothekendarlehen beantragen, um sich ein Haus zu kaufen. Im Süden hat man im Großen und Ganzen die Freiheit, einen beliebigen Betrieb zu eröffnen. Davon ist im Norden keine Rede. Im Süden kann man Arbeitskräfte einstellen, seine Produkte und Dienstleistungen verkaufen und auf einem freien Markt mit seinem Geld machen, was immer man will. Im Norden gibt es lediglich Schwarzmärkte. Diese unterschiedlichen Regeln werden von den Institutionen bestimmt, unter denen Nord- und Südkoreaner leben.

Inklusive Wirtschaftsinstitutionen, wie es sie in Südkorea oder in den Vereinigten Staaten gibt, schaffen attraktive Bedingungen für die große Mehrheit, sich ins Wirtschaftsleben einzubringen und ihre Begabungen und Fähigkeiten optimal einzusetzen, und sie gestatten dem Einzelnen, freie Entscheidungen zu treffen. Um inklusiv zu sein, müssen Wirtschaftsinstitutionen Sicherheit für das private Eigentum, ein neutrales Rechtssystem und öffentliche Dienstleistungen zur Schaffung fairer Bedingungen bieten, die dem Menschen ermöglichen, frei zu handeln und Verträge abzuschießen. Sie müssen ferner die Gründung neuer Unternehmen erlauben und ihren Bürgern gestatten, selbst über die eigene berufliche Laufbahn zu bestimmen.

Der Kontrast zwischen Süd- und Nordkorea veranschaulicht ebenso wie der zwischen den Vereinigten Staaten und Lateinamerika ein allgemeines Prinzip. Inklusive Institutionen fördern die Wirtschaftsaktivität, die Produktionssteigerung und den allgemeinen wirtschaftlichen Wohlstand. Die Rechtssicherheit von Privateigentum spielt dabei eine zentrale Rolle, da nur Menschen, die solch eine Sicherheit haben, bereit sind, zu investieren und die Produktivität zu erhöhen. Ein Geschäftsmann, der damit rechnen muss, dass sein Gewinn gestohlen, enteignet oder weggesteuert wird, verspürt wenig Motivation zu arbeiten, geschweige denn Investitionen zu tätigen und Neuerungen durchzuführen. Doch solche Rechte müssen für die Mehrheit der Gesellschaft gelten.«[17]

Man könnte hier noch eine Vielzahl an Staaten als Beispiele vor Augen führen. Ich denke, dass man anhand der genannten Beispiele klar sehen kann, welche wesentlichen Probleme nicht demokratisch organisierte Staaten mit sich bringen und welche wesentlichen Vorteile demokratisch organisierte Staaten mit sich bringen.

7) Bill Gates

»Da Institutionen das Verhalten und die Anreize im realen Leben beeinflussen, sind sie für den Erfolg oder das Scheitern von Staaten verantwortlich. Individuelle Begabung spielt auf jede[r] Gesellschaftsebene eine Rolle, doch auch sie benötigt einen institutionellen Rahmen, um zu einer positiven Kraft werden zu können. Bill Gates hatte, wie andere legendäre Persönlichkeiten der IT-Branche (etwa Paul Allen, Steve Belmer, Steve Jobs, Larry Page, Sergey Brin oder Jeff Bezos), ein außerordentliches Talent und einen ebensolchen Ehrgeiz. Aber letzten Endes reagierte er auf Anreize. Das Ausbildungssystem in den Vereinigten Staaten versetz[t]e Gates und andere Personen wie ihn in die Lage, einzigartige Kompetenzen als Ergänzung ihrer Talente zu erwerben. Die Wirtschaftsinstitutionen der Vereinigten Staaten ermöglichten es diesen Männern problemlos, Unternehmen zu gründen, ohne mit unüberwindlichen Schranken[.] konfrontiert zu werden. Die Institutionen bewirkten auch, dass sie die erforderlichen Geldmittel zur Finanzierung ihre Projekte auftreiben konnten. Der US-Arbeitsmarkt bot ihnen qualifiziertes Personal, das [sie] einstellen konnten, und der relativ freie Wettbewerb auf den Märkten erlaubte ihnen, ihre Unternehmen zu expandieren und ihre Produkte zu vermarkten. Die Männer waren von Beginn an zuversichtlich, dass ihre Traumprojekte realisiert werden konnten. Sie vertrauten den Institutionen und der von ihnen geschaffenen Rechtsstaatlichkeit, und sie machten sich keine Sorgen um die Sicherheit ihrer Eigentumsrechte. Außerdem sorgten die politischen Institutionen für Stabilität und Kontinuität. Zum einen stellten [s]ie sicher, dass kein Diktator die Macht übernehmen und die Spielregeln ändern konnte, indem er ihren Besitz enteignet, sie inhaftierte oder ihr Leben und ihren Unterhalt bedrohte. Zum anderen garantierten sie, dass keine Interessengruppe die Regierung in eine wirtschaftlich katastrophale Richtung zu zwingen vermochte, denn die politische Macht war sowohl begrenzt als auch hinreichend großflächig verteilt, so dass eine Reihe von Wirtschaftsinstitutionen, die den Anreiz für die Bildung von Wohlstand schufen, entstehen konnten.«[18]

Abschließend: Die Politik in jedem Staat gibt die Regeln für die Wirtschaft vor. Wie die Ausführung zeigt, ist ein demokratischer Prozess, wo möglichst viele Teilnehmer um die beste Lösung ringen, die beste Voraussetzung, um Gesetze zu schaffen, die möglichst allen Akteuren in einer Gesellschaft, sprich dem Gemeinwohl zu Gute kommen und somit die schwächsten und stärksten Mitglieder in einer Gesellschaft bestmöglich fördern. Nur wenn globale Basisregeln und -gesetze definiert werden, die für alle 206 Staaten gelten, können globale Mindeststandards ermöglicht werden, damit die Voraussetzungen geschaffen werden, dass bis 2030 jeder Mensch, egal welcher Herkunft, mit welchen Stärken und Schwächen er / sie auch ausgestattet sein mag, ein menschenwürdiges Leben führen kann. Das muss für alle 206 Staaten das oberste Ziel sein. Die Demokratisierung möglichst aller Staaten ist ein wesentlicher Hebel, damit man die Zukunft gemeinschaftlich planen und miteinander das restliche Hebelregister umsetzen kann. Die wesentliche Grundlage dafür ist die direkte Demokratie in möglichst vielen Staaten, da vor allem Politiker sich in dieser Konstellation verstärkt darum bemühen müssen, dass im Parlament der Souverän und die Wissenschaftler ihren Vorschlägen zustimmen. Die Machthierarchie im jeweiligen Staat hätte dadurch eine gute Balance und es könnten sich nicht mehr nur Interessen einer kleinen Elite durchsetzen.

Hebel 3 / Möglichst viele Kriege beenden + eine möglichst waffenfreie Gesellschaft anstreben

Die Menschheit muss dem Krieg ein Ende setzen, oder der Krieg setzt der Menschheit ein Ende. (John F. Kennedy)

»Weltweit 20 Kriege und 385 Konflikte hat das Heidelberger Institut für Internationale Konfliktforschung im Jahr 2017 gezählt.«[19a]

»Nach der Studie (Stand 2012) verlieren auf der Welt jährlich fast eine halbe Million Menschen (437.000) durch vorsätzliche Tötung ihr Leben. Die weltweite Tötungsrate beträgt 6,2 pro 100.000 Einwohner. Von den Todesfällen entfallen 36 % auf Nord-, Mittel- und Südamerika (Rate 16,3), 31 % auf Afrika (Rate 12,5), 28 % auf Asien (Rate 2,9) und 5 % auf Europa (Rate 3,0) sowie 0,3 % auf Ozeanien (Rate 3,0).«[19b]

»Nun, natürlich, das Volk will keinen Krieg. Warum sollte auch irgendein armer Landarbeiter im Krieg sein Leben aufs Spiel setzen wollen, wenn das Beste ist, was er dabei herausholen kann, dass er mit heilen Knochen zurückkommt? Natürlich, das einfache Volk will keinen Krieg; weder in Russland, noch in England, noch in Amerika, und ebenso wenig in Deutschland. Das ist klar. Aber schließlich sind es die Führer eines Landes, die die Politik bestimmen, und es ist immer leicht, das Volk zum Mitmachen zu bringen, ob es sich nun um eine Demokratie, eine faschistische Diktatur, um ein Parlament oder eine kommunistische Diktatur handelt. (…) Das Volk kann mit oder ohne Stimmrecht immer dazu gebracht werden, den Befehlen der Führer zu folgen. Das ist ganz einfach. Man braucht nichts zu tun, als dem Volk zu sagen, es würde angegriffen, und den Pazifisten ihren Mangel an Patriotismus vorzuwerfen und zu behaupten, sie brächten das Land in Gefahr. Diese Methode funktioniert in jedem Land.«[19c]

»Es existiert ein breiter Konsens in der christlichen europäischen Zivilbevölkerung, dass wir keinen Krieg, keinen Terror und keine Gewalt auf unseren Straßen und in unseren Schulen wünschen. Denselben Wunsch haben auch die Muslime und die Juden. Es ist jeweils nur eine Minderheit von Fanatikern, die Spaltung predigen und Gewalt schüren … Trotzdem ist es eine Utopie zu erwarten, dass die zwei Milliarden Christen, die 1,5 Milliarden Muslime und die 15 Millionen Juden ihre Gewalt gegeneinander und untereinander in Gedanke, Wort und Tat völlig einstellen werden, weil sich noch zu wenige Menschen dafür einsetzen. Viel einfacher ist es doch, Feindbilder zu pflegen. Denn das Ziel der Kriegspropaganda besteht immer darin, zwei Gruppen zu schaffen, und danach bei der einen die Erinnerung auszulöschen, dass die andere Gruppe auch aus Menschen besteht.«[19d]

TAT – Teilen, Abwerten, Töten

»Ich versuche in meiner Forschung zu zeigen, dass das Morden immer gleich verläuft: Teilen, Abwerten, Töten, kurz TAT, es ist immer diese Abfolge. Teilen heißt zwei Gruppen schaffen: Arier und Juden oder Kapitalisten und Kommunisten. Danach kommt das Abwerten, die eine Gruppe bezeichnet die andere Gruppe als Unmenschen, Barbaren oder Tiere. Erst danach kommt das Töten. Ich setze mich als Friedensforscher gegen das Teilen ein, indem ich Kriegspropaganda dekodiere und die Feindbilder rekonstruiere. Ich setze mich gegen das Abwerten ein, indem ich Achtsamkeit für das Fremde, für das Andere kultiviere. Ich setze mich gegen das Töten ein, indem ich die Empathie fördere und sage: Alles Leben ist heilig.«[19e]

»Die Geschehnisse in der Welt lassen sich scheinbar nur wenig beeinflussen, noch dazu, wenn eine Machtelite, die nur 1% der Gesamtbevölkerung der Welt ausmacht, die Geschicke der anderen 99% lenkt. Wie könnte man verhindern, dass einer kleinen Elite die Manipulation so gut gelingt? Vielleicht ist es möglich, wenn sich die anderen 99% der Gesamtbevölkerung der Welt darüber klar würden, dass sie tagtäglich in ihrem Innern den Einstieg in die Gewaltspirale ebenso ablaufen lassen wie ›die da oben‹.«[19f]

VAV – Verbinden, Aufwerten, Verwandeln

»»Dem Bösen genügt es zum Erfolg, wenn das Gute nicht handelt.« Der Umstand sich in Kriegs- oder Friedenszeiten zu befinden ist ein Ergebnis eines vorweggehenden Gedanken-Prozesses, an dem der Mensch aktiv schaffend oder passiv zulassend beteiligt war oder ist. Es ist also der Mensch selbst, der den Manipulationsmechanismen von TAT entgegenwirken kann, indem er VAV anstrebt. In allen Begegnungen, im kleinen Tagesgeschehen wie im großen Weltengeschehen können wir unsere Wahrnehmung im Bewusstsein schärfen wie trennende oder verbindende, abwertende oder aufwertende, tötende oder verwandelnde Kräfte entstehen und wirken. VAV beginnt wohl auch mit der Einsicht, dass die Probleme der Gegenwart und der Zukunft nicht mit einem Denken von Gestern gelöst werden können, welches ja die Probleme hervorgebracht hat. Der Mensch muss sich mit seinem Ich in tragfähigen, zukunftsweisenden und inspirierenden Gedanken gründen lernen. VAV benötigt freie Gedanken, damit ein freier Begegnungsraum entstehen kann. Dies kann in eine günstige Entwicklung geführt werden, wenn der Soziale Prozess eine gegenseitige Willensbekundung erlaubt und von einer soliden gegenseitigen Begriffsklärung begleitet wird. Diese vorbereitenden Schritte können dann eine gegenseitige Förderung von hohen Idealen einleiten.«[198]

Kriege und Waffengewalt systemisch ausbluten

Der erste wesentliche Schritt sollte sein, dass man global versucht, Kriege jeglicher Art möglichst global in allen Staaten zu beenden bzw. bestmöglich einzudämmen und nach und nach die Zivilbevölkerung in allen Staaten weltweit entwaffnet. Ein bestmöglicher globaler Neuanfang kann nur dann stattfinden, wenn die Menschen bereit sind ihre Waffen niederzulegen und das Vertrauen haben, dass sich nun tatsächlich etwas zum Positiven hin verändern wird.

Kriegen global möglichst konstruktiv begegnen:

1) Friedenstruppen der UNO oder NATO: Wenn in einzelnen Staaten Krieg herrscht, muss der Sicherheitsrat der Vereinten Nationen das von außen beobachten und im Notfall, wenn z.B. die Zivilbevölkerung durch ein Regime abgeschlachtet wird und innerstaatlich keine Gegenmaßnahmen vollzogen werden, schützend eingreifen. Man muss fanatischen Strukturen den Kampf ansagen und Menschen vor solchem Wahnsinn schützen. Wesentlich ist auch, dass man die Zivilbevölkerung aus diesen Gebieten evakuiert, Maßnahmen für Flüchtlinge im internationalen Kontext entwickelt und vor allem Hilfe vor Ort anbietet. Ob etwa mit UNO-Blauhelmen oder mit der NATO eingegriffen wird, sollte man immer von Fall zu Fall individuell beurteilen. Wesentlich ist, dass man die Zivilbevölkerung langfristig vor Kriegen schützt, bei Eskalation evakuiert, in Flüchtlingslagern erstversorgt und dann nach einer globalen Quote global aufteilt. Nähere

Details später: »Hebel 4 / Vernünftige globale Asylpolitik + Resettlementprogramme«

2) Waffenexport möglichst beschränken:

»Weltgrößter Waffenexporteur bleiben die USA mit einem Marktanteil von 34 Prozent. Die Vereinigten Staaten steigerten ihren Export im Vergleichszeitraum um ein Viertel und verkauften Rüstungsgüter an 98 Staaten.

Die USA nutzen Waffenhandel nach Ansicht der Friedensforscher als außenpolitisches Instrument, um strategische Partnerschaften zu schmieden. Rund jede zweite US-Waffe ging in den Nahen Osten.

Durch die Verträge, die unter Ex-Präsident Barack Obama geschlossen wurden, hätten die USA den höchsten Waffenexport-Stand seit den späten 1990er-Jahren erreicht, sagte Sipri-Expertin Aude Fleurant.« Diese Deals und weitere im Jahr 2017 unterschriebene Verträge werden dafür sorgen, dass die USA in den kommenden Jahren der größte Waffenexporteur bleiben.

Aufrüstung wegen Russland

Das zweitgrößte Exportland, Russland, verkaufte 7,1 Prozent weniger Waffen. Deutschland, der weltweit viertgrößte Rüstungsexporteur, fuhr seine Verkäufe um 14 Prozent zurück. In den Nahen Osten aber verkaufte Deutschland laut Sipri trotz heftiger politischer Debatten doppelt so viele Waffen wie im Vergleichszeitraum.

Die größten fünf Exporteure, zu denen auch Frankreich und China gehören, waren zwischen 2013 und 2017 für 74 Prozent aller Waffenausfuhren zuständig. Die Importe der europäischen Staaten sanken um 22 Prozent. Nach Ansicht der Friedensforscher werden sie in den kommenden Jahren durch zunehmende Spannungen mit Russland aber wieder steigen.«[19h]

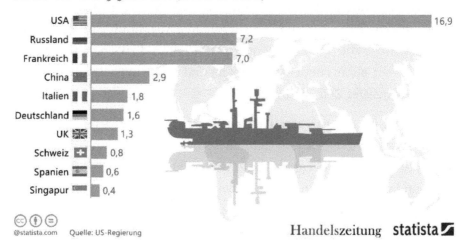

Die grössten Waffenlieferanten
Ausfuhr von Rüstungsgütern 2015 (in Mrd. US-Dollar)

USA	16,9
Russland	7,2
Frankreich	7,0
China	2,9
Italien	1,8
Deutschland	1,6
UK	1,3
Schweiz	0,8
Spanien	0,6
Singapur	0,4

@statista.com   Quelle: US-Regierung

Handelszeitung **statista**

Bild Quelle: https://cdn.handelszeitung.ch/sites/default/files/hz-files/files/imce/20170110_waffen.jpeg

Der erste wesentliche Schritt der UNO sollte eine globale Vereinbarung sein, dass Waffenexporte für alle Staaten auf ein Minimum reduziert werden und langfristig nur für den eigenen innerstaatlichen Gebrauch primär Waffen produziert werden dürfen. Vor allem in Kriegsgebiete sollte man ganz klar den Waffenexport massiv begrenzen.

Man darf hier natürlich nicht naiv sein und glauben, dass es jemals eine Gesellschaft geben wird, die komplett ohne Waffen auskommt. Denn solange es Menschen gibt, die andere bedrohen, Terrorismus betreiben, Kriege führen, solange muss man allen Staaten die Grundausrüstung zur Verfügung stellen, sich gegen solche Menschen zu wehren und ihre Zivilbevölkerung schützen zu können. Aber man sollte hier so vorgehen, dass man Waffen weltweit möglichst auf den staatlichen Bereich begrenzt, vor allem auf Streit- und Sicherheitskräfte, die entsprechend verantwortungsbewusst damit umgehen und sich möglichst nur im Notfall gegen Angreifer bzw. Mitmenschen, die angegriffen werden, schützen.

In Staaten hat das im Falle eines Krieges logischerweise die Konsequenz, dass der Waffennachschub nur für begrenzte Zeit aufrechterhalten werden kann und man Kriege systemisch materiell ausblutet. Auch Stellvertreterkriege wie z.B. durch Amerika oder Russland sollten so auf lange Sicht der Vergangenheit angehören. Dann können Menschen zwar immer noch mit dem Messer ihr Gegenüber töten, was die ganze Sache aber um einiges unappetitlicher und zu einem weit persönlicheren Akt macht, als aus der Ferne zu töten, und man kann bei weitem nicht so viele Leute in kürzester Zeit abschlachten.

3) Waffengesetze für den privaten Gebrauch weltweit verschärfen: Die Gesetze bezüglich Waffen für den privaten Gebrauch sollte man global massiv verschärfen, so dass es enorm schwierig für die Zivilbevölkerung wird, Waffen besitzen zu können und nicht weiterhin so viel Unheil angerichtet wird.

Wo Menschen getötet werden, ist die Grenze erreicht, wo die freie Marktwirtschaft keine Berechtigung mehr hat zu existieren und wo Staaten global strenge allgemeingültige Gesetze beschließen müssen, die es verhindern, dass weiterhin so viele Menschen durch Waffen sterben. Betrachtet man z.B. die privaten Tragödien in Amerika, die durch Waffengewalt jedes Jahr stattfinden, ist es höchste Zeit, dass man die Waffenlobby in die Schranken weist und global verschärfte Gesetze formuliert, die den Souverän schützen.

Beispiel – Vereinigte Staaten:

»2016 starben in den Vereinigten Staaten 37.000 Menschen durch Schusswaffen, wenn man die Suizide mitzählt. Und das muss man, denn eine Waffe im Haus erhöht das Risiko, dass sich jemand selbst tötet, um das bis zu [F]ünffache. 30 Prozent der erwachsenen US-Bürger besitzen persönlich eine Waffe, 42 Prozent leben in einem Haushalt, in dem es eine gibt.

Im Schnitt einmal pro Woche wird ein US-Amerikaner von einem Kleinkind angeschossen oder erschossen.

Und fast jedes Mal, wenn wieder jemand besonders viele auf einmal umbringt, steigen die Aktien der Waffenhersteller.«[19i]

Beispiel – Brasilien:

»Das neue Jahr begann in Brasiliens nordöstlichem Bundesstaat Rio Grande do Norte so, wie das alte geendet hat: mit Gewaltexzessen und steigenden Mordraten. Seit Mitte Dezember streikt die Polizei wegen ausbleibender Lohnzahlungen. Chaos auf den Straßen, geplünderte Geschäfte und ein Hochschnellen der Gewalt sind die Folge. Die Mordrate stieg in den letzten beiden Dezemberwochen im Vergleich zum Vorjahreszeitraum um 51 Prozent: Mehr als 100 Menschen wurden umgebracht. Die Regionalregierung musste den Ausnahmezustand ausrufen und das Militär zu Hilfe holen. Jetzt patrouillieren zwar schwer bewaffnete Soldaten durch die Hauptstadt Natal, doch Sicherheit herrscht keine. Die einst bei Touristen beliebte Metropole ist zur gefährlichsten Stadt Brasiliens geworden.

Die Stimmung ist im ganzen Land explosiv. Seit einigen Jahren steigen die Mordraten kontinuierlich an. Mehr als 61.000 Menschen wurden im vergangenen Jahr umgebracht, so eine Schätzung des auf öffentliche Sicherheit spezialisierten Forschungsinstitutes Fórum Brasileiro de Segurança Pública (FBSP). Damit stellt das Land einen neuen Negativrekord auf. Rein rechnerisch werden sieben Menschen pro Stunde umgebracht. Brasilien repräsentiere 2,8 Prozent der Weltbevölkerung, gleichzeitig geschehen hier aber 13 Prozent aller Morde, erklärt der Präsident des FBSP, Renato érgio de Lima.«[19j]

Eines ist klar: Wenn man zulässt, wie z.B. in Amerika oder Brasilien, dass man an jeder Ecke eine Waffe kaufen kann, befördert man damit Tragödien enorm. Wesentlich ist, ein Mensch erlebt in einem Leben eine Vielzahl an Gefühlszuständen, wie z.B. Liebe, Freude etc., aber natürlich auch negative Gefühle, wie z.B. Hass, Rachegelüste, Liebeskummer, psychische Krankheit etc. Wenn man nun schlecht drauf ist und eine Waffe zuhause hat, wird es natürlich immer Menschen geben, die dann ihre Emotionen gegen sich selbst oder ihre Mitmenschen richten.

An diesem Punkt ist der Spaß vorbei und alle Politiker, die bis heute diese Waffengesetze gestaltet oder gebilligt haben, sollten sich in Grund und Boden schämen, da sie ihre Bürger bewusst einer Gefahr aussetzen und sie wissen müssten: Wenn ich die Option des leichten Waffenbesitzes so stehen lasse, muss ich jeden Tag Menschenopfer mitverantworten, da ich keine Gesetze geschaffen habe, die die Bürger bestmöglich in ihrem Zusammenleben schützen.

4) Rüstungspolitik weltweit in allen Staaten zurückfahren – 150 Milliarden weltweit pro Jahr einsparen:

»1572 Mrd. Euro betragen die jährlichen Rüstungsausgaben, steigende Tendenz. Gemessen am weltweiten Bruttosozialprodukt (BIP) betrugen die Rüstungsausgaben weltweit 2,2 Prozent.«[19k]

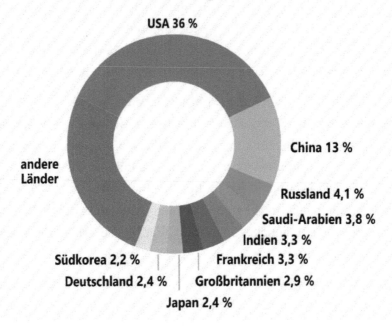

Quelle: http://orf.at/stories/2390714/2390740/

Das wesentliche Ziel sollte sein, dass weltweit Atomwaffen und die Rüstungsausgaben der einzelnen Staaten reduziert werden, da man mit diesen Geldern weit nützlichere Dinge finanzieren könnte. Da sich aber Staaten weltweit gegenseitig misstrauen, vor allem die Big Player, wird man Sie nur schwer dazu bewegen können. Ein konstruktiver Vorschlag wäre, dass man über die UNO sich darauf einigt, dass jeder Staat 10 % seiner Rüstungsausgaben reduziert und das auch kontrolliert wird, damit sich jeder daran hält. Wesentlich ist: Sollten sich nicht alle daran halten, hätte keiner der Akteure dadurch einen wesentlichen Vorteil und man wäre im Verteidigungswesen weiterhin bestens handlungsfähig. So würde man global 150 Milliarden einsparen und könnte das Geld z.B. für die Entwicklungsländer zusätzlich verwenden oder für wichtige Projekte im eigenen Staat.

5) Frieden im jeweiligen Staat gesamtheitlich systemisch befördern:

- »Verwirklichung sozialer Gerechtigkeit

- Demokratie und egalitäre politische Partizipation

- Rechtsstaatlichkeit

- Garantie menschlicher und sozialer Sicherheit

- Verwirklichung des gesellschaftlich Möglichen [...]

Friedensbedingungen:

- Mikro / Individuelle Bedingungen: Friedfertiges, gewaltfreies Austragen von Konflikten

- Meso / Gesellschaftliche Bedingungen: Gesellschaftliche Zivilisierung und Demokratisierung

- Makro / Systemische Bedingungen: Transformation des internationalen Sytems, Verrechtlichung, Stärkung internationaler Organisationen, Angleichung der Lebensbedingungen, egalitäre Staatlichkeit im internationalen Kontext«[191]

Zivilisatorisches Hexagon:

»Der Friedensforscher Dieter Senghaas versteht Frieden als einen Zivilisierungsprozess. Ziel dieser Entwicklung ist das friedliche Zusammenleben von Staaten durch konstruktive, also aufbauende, Konfliktbearbeitung. Es herrscht dann Frieden, wenn bestimmte, sich gegenseitig stützende[.] Bedingungen vorhanden sind.

Die Elemente des zivilisatorischen Hexagons bedingen sich gegenseitig. Die zivilisierte, nachhaltig gewaltfreie Bearbeitung von unvermeidlichen Konflikten setzt sechs Bedingungen voraus, die in der folgenden Graphik dargestellt werden:

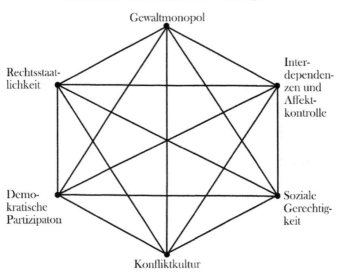

Schaubild: Das zivilisatorische Hexagon

Quelle: https://buergerdiplomaten.wordpress.com/2014/07/02/frieden-als-zivilisierungsprozess-das-zivilisatorische-hexagon/

1. **Entprivatisierung von Gewalt (Gewaltmonopol)**: Die Herausbildung eines legitimen staatlichen Gewaltmonopols ist für den Zivilisierungsprozess im Sinne Senghaas unerlässlich. Gewalt darf – außer in Fällen von Notwehr und Nothilfe – ausschließlich von den dafür zuständigen staatlichen Organen ausgeübt werden. Die BürgerInnen sollen zur Verhinderung eines Wiederausbruchs von Gewalt entwaffnet werden.

»Wesentlich für jeden Zivilisierungsprozess ist die Entprivatisierung der Gewalt bzw. die Herausbildung eines legitimen, in aller Regel staatlichen Gewaltmonopols, dem die einzelnen untergeordnet sind (»Entwaffnung der Bürger«). Wo das Gewaltmonopol zusammenbricht, also die Wiederaufrüstung und

Wiederbewaffnung der einzelnen Bürger eine Chance bekommen, kann es zu einer »Renaissance von Bürgerkriegssituationen‹ kommen.«

2. **Herausbildung von Rechtsstaatlichkeit**: Jede/r BürgerIn hat das Recht, die Institutionen des Rechtsstaates für die legitime Durchsetzung eigener Interessen und die Lösung von Konflikten zu nutzen. Institutionalisierte Formen des Konfliktmanagements bilden sich heraus.

»Ein Gewaltmonopol, das nicht durch Rechtsstaatlichkeit eingehegt wird, wäre im Grenzfall nichts mehr als eine beschönigende Umschreibung von Diktatur … Soll demgegenüber das Gewaltmonopol als legitim akzeptiert werden, bedarf es der Institutionalisierung rechtsstaatlicher Prinzipien und öffentlicher demokratischer Kontrolle, auf deren Grundlage sich Konflikte in einem institutionellen Rahmen fair austragen lassen.«

3. **Interdependenzen**: Alle Mitglieder einer Gemeinschaft stehen in gegenseitiger Abhängigkeit zueinander. Nachhaltiger Friede ist nur möglich durch die Anerkennung von Unterschieden bei gleichzeitigem Gewaltverzicht. Der Einzelne lernt, seine Affekte zu kontrollieren und auf Gewalt zu verzichten.

»Die Entprivatisierung von Gewalt und die Sozialisation in eine Fülle von institutionalisierten Konfliktregelungen implizieren eine Kontrolle von Affekten. Solche Selbstkontrolle wird maßgeblich durch die Herausbildung von großflächig angelegten Verflechtungen und gegenseitigen Abhängigkeiten unterstützt … Affektkontrolle ist Grundlage nicht nur von Aggressionshemmung und Gewaltverzicht, sondern darauf aufbauend von Toleranz und Kompromissfähigkeit.«

4. **Demokratische Partizipation**: Demokratisierung bedeutet die gleichberechtigte Einbeziehung möglichst aller Beteiligten in Prozesse der Entscheidungsfindung.

»In aller Regel werden in fortgeschrittenen sozial mobilen Gesellschaften Unterordnungsverhältnisse aufgrund von Geschlecht, Rasse, Klasse oder anderen Merkmalen von den Betroffenen nicht mehr hingenommen. In demokratisierten Rechtsstaaten mit einem hohen Politisierungspotential untergräbt solche Diskriminierung die politische Stabilität.«

5. **Soziale Gerechtigkeit**: Die Gesellschaft schützt ihre Mitglieder ausnahmslos vor Armut und Diskriminierung jeglicher Art und beschäftigt sich mit Fragen der Gerechtigkeit.

»In Gesellschaften mit einem erheblichen Politisierungspotential ist eine aktive Politik der Chancen- und Verteilungsgerechtigkeit, letztlich ergänzt um Maßnahmen der Bedürfnisgerechtigkeit (Sicherung der Grundbedürfnisse), unerlässlich, weil nur dann sich die Mehrzahl der Menschen in einem solchen politischen Rahmen fair behandelt fühlt.«

6. **Konfliktkultur**: Die Mitglieder einer Gesellschaft sind fähig, Konflikte produktiv und kompromissorientiert auszutragen.

»Gibt es in einer aufgegliederten, aber deshalb auch zerklüfteten Gesellschaft faire Chancen für die Artikulation und den Ausgleich von unterschiedlichen Interessen, kann unterstellt werden, dass ein solches Arrangement verlässlich verinnerlicht wird, eine Bereitschaft zur produktiven Auseinandersetzung mit Konflikten vorliegt und kompromissorientierte Konfliktfähigkeit einschließlich der hierfür erforderlichen Toleranz zu einer selbstverständlichen Orientierung politischen Handelns wird.«

Das Zivilisierungsprojekt von Senghaas strebt nach einer gerechten Ordnung. Ein so verstandener Friede ist kein gegebener Naturzustand, sondern ein Prozess, der immer wieder neu gestaltet, überprüft und auf den Idealzustand ausgerichtet werden muss. [...]«[19m]

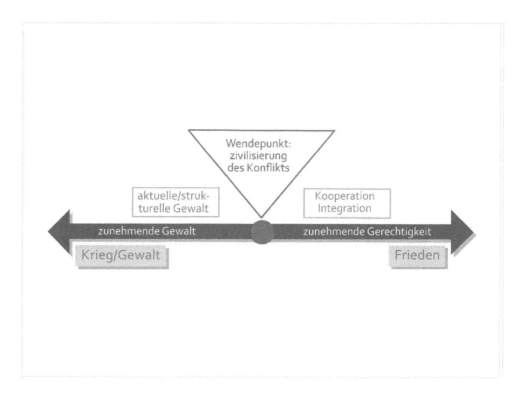

Quelle: https://buergerdiplomaten.wordpress.com/2014/07/02/frieden-als-zivilisierungspro-zess-das-zivilisatorische-hexagon/

Abschließend: Mittels eines starken UNO-Militärs sollte man bei Krieg die Zivilbevölkerung bestmöglich schützen und aus Krisenherden evakuieren. Der nächste wesentliche Schritt ist die nachhaltige systematische Entwaffnung der Kriegstreiber und Zivilbevölkerung, durch strenge Exportbestimmung von Waffen und sehr strenge Waffengesetzverbote, die es der Zivilgesellschaft möglichst schwer machen, eine Waffe zu erwerben und legal zu besitzen. Systemisch sollte man nach dem »Zivilisatorischen Hexagon« vorgehen, um langfristig friedliche Strukturen in den jeweiligen Staaten herzustellen.

Hebel 4 / Vernünftige globale Asylpolitik + Resettlementprogramme

Wenn man wirklich daran interessiert ist, dass die Fluchtursachen weltweit behoben werden, wird man das nur dann schaffen, wenn man global möglichst viele der hier beschriebenen 17 Hebel in der Zukunft umlegen wird.

»Globale Fakten:

- Ende 2017 waren 68,5 Millionen Menschen auf der Flucht. Dies ist die höchste Zahl, die jemals von UNHCR verzeichnet wurde.
- Im Schnitt wird alle zwei Sekunden jemand auf der Welt zur Flucht gezwungen.
- 52 Prozent der Flüchtlinge weltweit sind Kinder (unter 18 Jahren).
- 9 von 10 Flüchtlingen (85%) leben in Entwicklungsländern.

Die fünf größten Herkunftsländer von Flüchtlingen

Syrien - 6,3 Millionen

Afghanistan - 2,6 Millionen

Südsudan - 2,4 Millionen

Myanmar - 1,2 Millionen

Somalia - 986.400

Die sieben größten Aufnahmeländer von Flüchtlingen

Türkei - 3,5 Millionen

Pakistan - 1,4 Millionen

Uganda - 1,4 Millionen

Libanon - 998.900

Iran - 979.400

Deutschland - 970.400

Bangladesch - 932.200«[20]

Was sind die wesentlichen Schritte, die man vollziehen muss, damit man der Situation Herr wird und was ist ein langfristiger Lösungsweg?

1) Aufteilung der Flüchtlinge weltweit – solidarisch durch globale Quotenregelung: Anhand dieser Zahlen bzw. jährlichen Prognosen errechnet man für alle Staaten dieser Welt anhand verschiedener Richtwerte wie z.B. bereits aufgenommene Flüchtlinge im jeweiligen Land, BIP, Bevölkerungszahl, Unterbringungsmöglichkeiten, vorhandene Sozialeinrichtungen und Sozialarbeiter etc. einen Quotienten und legt dann ganz klar fest, wie viele der prognostizierten Flüchtlinge weltweit jedes Land pro Jahr aufnehmen muss. Es sollte hier jedes Jahr für jeden Staat eine Obergrenze berechnet werden, damit sich das in einem vernünftigen Rahmen bewegt. Wesentlich ist, dass man nach außen ganz klar kommuniziert, dass die Aufnahme von Flüchtlingen mit globalen Obergrenzen pro Jahr verbunden sein muss, damit man dem Problem langfristig bestmöglich begegnen kann. So würde man bestmögliche Transparenz schaffen und der Rahmen wie viele Flüchtlinge jedes Land aufnehmen muss, ganz klar definiert. Keiner der Staaten könnte sich aus seiner globalen Verantwortung stehlen und die Flüchtlinge würden global möglichst gerecht und möglichst ohne Emotionen aufgeteilt. So würde auch die Motivation fallen, Gesetze zu erlassen, die das eigene Land möglichst abschreckend für Flüchtlinge machen. Um zu verhindern das Flüchtlinge die Zuteilung nicht anerkennen und in anliegende Staaten nach der Anerkennung ihres Flüchtlingsstatus weiterreisen, sollte man ein Gesetz beschließen, dass Flüchtlinge z.B. mindestens 5 Jahre in dem zugewiesenen Staat wohnhaft bleiben müssen oder natürlich die Möglichkeit haben, in ihr Heimatland zurück zu kehren. Ansonsten wird die globale Quotenregelung zur Farce. Die heutige Herangehensweise einiger Staaten, gar keine Flüchtlinge aufzunehmen, darf aber auf keinen Fall akzeptiert, sondern ausnahmslos mit Sanktionen belegt werden, wie z.B. Strafzöllen, Strafzahlungen, Fördergelder streichen etc. Wesentlich ist, dass es sich hier um ein globales Problem handelt und daher auch einer globalen solidarischen Lösung bedarf.

2) Wer darf bleiben, wer nicht: Ob der Asylstatus gewährt wird oder nicht, sollte möglichst schnell geklärt werden. Das soll von der jeweiligen Aufnahmestelle oder dem jeweiligen Staat beurteilt werden. Sobald die Entscheidung getroffen ist, der Flüchtlingsstatus anerkannt wurde, entschieden wurde welches Aufenthaltsland laut Quotenregelung zuständig ist, sollte es im Interesse des jeweiligen Staates sein, das eine bestmögliche Integration dann möglichst schnell erfolgen kann, damit eine Parallelgesellschaft möglichst verhindert werden kann und man möglichst viele neue Staatsbürger hat, die vollwertige Mitglieder des jeweiligen Staates werden können. Sollte der Flüchtlingsstatus nicht anerkannt werden, sollte man diese Menschen möglichst schnell abschieben. Ob jemand einen Flüchtlingsstatus tatsächlich hat, sollte nicht leichtfertig entschieden werden, denn egal ob jemand z.B. vor Krieg oder aus wirtschaftlichen Gründen flieht, sollten die Behörden genauestens prüfen, ob die jeweilige Person bzw. Familie in ihrem Herkunftsland tatsächlich überlebensfähig wäre und mit gutem Gewissen zurückgeschickt werden kann.

3) Bestmögliche Rahmenbedingungen schaffen:

a) Massenquartiere nur als Aufnahmelösung nützen / Wohnung langfristig als wesentliche Lebensgrundlage bieten: Wenn Flüchtlinge ins Land kommen, bedürfen sie einer Erstversorgung und eines sicheren Schlafplatzes. Von Beginn an eigene Wohnungen bereitzustellen, ist bestimmt ein unrealistisches Unterfangen, und man wird anfangs mit Massenquartieren zu Rande kommen müssen. Spätestens nach ein paar Monaten sollte man Flüchtlingen aber zu einer eigenen Wohnung verhelfen, und sie sollten möglichst flächendeckend zu Beginn durch Sozialarbeiter betreut werden. Nur so schafft man die wesentliche Grundlage, dass man den Status quo zu normalisieren beginnt, indem man die nötige Privatsphäre für Einzelne oder Familien schafft.

b) Weitere Grundversorgung: Solange die Flüchtlinge nicht arbeiten können, müssen sie mit genügend Geld und Sachgütern ausgestattet werden. Punkt a) und b) sind enorm wichtig, damit man diese Grundlast von den Personen nimmt, damit sie sich von den Strapazen erholen und sich allmählich neu ausrichten können. Denken Sie mal darüber nach, wenn bei Ihnen selbst diese Grundbedürfnisse nicht abgedeckt wären! Denken Sie, dass Sie dann wirklich handlungsfähig wären und ein neues Leben beginnen könnten?

c) Zugang schaffen zu modernen Medien – Handy + Laptop + Internet: Eine sicherlich sinnvolle Investition für Flüchtlinge sind Handy + Laptop + Internet. So haben sie das Grundwerkzeug, um sich um wesentliche Dinge des Alltags zu kümmern, wie z.B. wichtige Telefonate führen zu können, Jobsuche im Internet, weitere Sprachkurse online zu finden, eigene Wohnung zu finden, einen Online-kurs zu machen, etc.

d) Sprachkurse und andere Aktivitäten wie z.B. Gemeinschaftsdienst: Damit Flüchtlinge von Beginn am allgemeinen Leben teilnehmen, eignen sich zu Beginn ihres Aufenthalts bestens Sprachkurse und Gemeinschaftsdienste. Wichtig ist, dass man ihnen zu Beginn nützliche Aktivitäten vorgibt. Vor allem Menschen mit geringem Bildungsstandard ist es wichtig, klare Rahmenbedingungen vorzufinden, eine Struktur, an der sie sich zu Beginn festhalten können.

e) Langfristiges Ziel: Es soll natürlich das Ziel sein, dass Flüchtlinge aus dem Flüchtlingsstatus herauskommen, vollwertige Mitglieder unserer Gesellschaft werden und ein möglichst selbstbestimmtes Leben führen können. Damit aus diesen Menschen starke Menschen werden können, werden sie zu Beginn ganz bestimmt Hilfe benötigen, so viel ist sicher. Nur wenn man von Beginn an in diese Menschen genug Kraft, Zeit und Geld investiert, wird man langfristig Erfolge erzielen.

Abschließend zu Punkt 3) Bestmögliche Rahmenbedingungen schaffen: Nur wenn wir uns als Gesellschaft dieser Problematik so widmen, dass man jedem Staat vorgibt, wie viele Flüchtlinge er in etwa pro Jahr aufnehmen muss, und eine Obergrenze pro Staat versucht zu definieren, ist die Grundlage geschaffen, dass man sich auf das Problem einstellen kann. Wesentlich ist im nächsten Schritt, dass man die wesentlichen Mittel zur Verfügung stellt, damit diese Menschen sich möglichst schnell erholen, in einen normalen Alltag geführt und langfristig vollwertige Mitglieder des jeweiligen Staates werden. Solange man aber Flüchtlinge als Feindbilder sieht und sie ausgrenzt, läuft man Gefahr, dass man Staatsfeinde in den jeweiligen Staaten systematisch züchtet, damit wird eine Parallelgesellschaft befördert, das Aggressionspotenzial steigt und mehr Gewalttaten werden verübt werden, was im schlimmsten Fall mit einem Terroranschlag endet. Es liegt in der Hand aller Staaten, wie man dem Problem in der Zukunft begegnen wird, damit Integration tatsächlich funktioniert.

4) Fluchtursachen bekämpfen: Die Fluchtursachen beruhen auf einem globalen multiplen dysfunktionalen System und nur wenn man dieses System global nachhaltig ändert, wird die Flüchtlingsproblematik langfristig gelöst werden können.

Wesentliche Parameter um Fluchtursachen zu bekämpfen: Weltweit sollten in allen 206 Staaten Budgets beschlossen werden, damit man den Krisenherden vor Ort begegnen kann und langfristig Verhältnisse herstellt, in denen Menschen aus diesen Staaten nicht mehr flüchten müssen. Wenn man demokratische Verhältnisse + Gewaltenteilung in möglichst vielen Staaten herstellt und versucht Kriege effektiv global zu beenden, ein globales Basissteuersystem in allen Staaten etabliert wird, das jedes Land mit Geld versorgt + 0,7 % Entwicklungshilfe von wirklich allen Industriestaaten (Geberländern) geleistet wird (dieser Hebel wird noch beschrieben), Mindestlohn: 1 Dollar pro Stunde (Entwicklungsländer) und die wesentlichen Grundbedürfnisse nach der Bedürfnispyramide nach Maslow wie Essen, Trinken, Wohnung, Bildung, Gesundheitsversorgung etc. abdeckt (dieser Hebel wird noch beschrieben), dann ist das wesentliche Fundament geschaffen, damit Menschen nicht ums nackte Überleben kämpfen müssen und vor Ort die Chance haben, ihre Lebensumstände zu verbessern. Wichtig sind auch gut ausgestattete Aufnahmezentren. Vor allem in Afrika sollten Aufnahmezentren entstehen, von denen aus über eine Quotenregelung die Flüchtlinge global aufgeteilt werden. Man sollte auch darauf achten, dass Flüchtlinge nicht durch eine Vielzahl von Staaten ziehen und sich geschlossen zu Wunschdestinationen wie z.B. Amerika, Australien, Deutschland, Schweden etc. bewegen. Wesentlich ist, dass möglichst bald Flüchtlinge gestoppt, versorgt und ihre Daten aufgenommen werden und möglichst schnell beurteilt wird, ob die jeweilige Person einen Asylstatus hat und dann durch eine globale Quote aufgeteilt werden.

5) Resettlementprogramme – der gewissen Flucht vorauseilen:

»Neben Asyl, das nur einem Bruchteil von Flüchtlingen gewährt wird, bietet die dauerhafte Neuansiedlung in einem zur Aufnahme bereiten Drittland (Resettlement), eine Chance sich ein neues Leben in Frieden und Sicherheit aufzubauen.

Den Flüchtlingen werden dabei voller Schutz und Integrationsmöglichkeiten gewährt. Zudem werden die Erstaufnahmeländer entlastet, was wiederum der Entspannung in diesen Regionen dient und weiteren Konflikten vorbeugt.

Die Idee zum Resettlement ist nicht neu. Bereits seit vielen Jahren gibt es in einigen Ländern, allen voran den USA, Kanada und Australien – aber auch einigen nordeuropäischen Staaten – jährliche Quoten, nach denen eine bestimmte

Anzahl an besonders schutzbedürftigen Flüchtlingen wie Frauen, Kinder, alte und kranke Menschen, aufgenommen wird. Derzeit liegt diese Zahl bei etwa 80.000 Flüchtlingen weltweit. In absehbarer Zeit wird der Bedarf aber auf das Zehnfache ansteigen.«[21]

Ein ambioniertes Ziel wäre es, eine Million Flüchtlinge global über Resettlementprogramme aufzunehmen, so der gefährlichen Flucht vorzugreifen und dem ganzen möglichst geordnet zu begegnen.

6) System langfristig ändern: Diese fünf Maßnahmen sind aus heutiger Sicht im bestehenden System bei entsprechender Solidarität aller Staaten theoretisch und praktisch möglich. Möchte man aber dieses Problem und die vielen anderen globalen Probleme langfristig lösen, wird man entsprechende Grundstrukturen des globalen Systems verändern müssen.

Wirkung dieser drei Hebel: Mit diesen drei Hebeln (Hebel 2, 3, 4) würde man eine wesentliche Basis und Grundordnung schaffen, die man dann mit friedlichen Lösungen weiter ausbauen kann. Wichtig ist, dass so die Grundlage geschaffen wäre, dass die weiteren Hebel auf einer solidarischen Basis gezogen werden könnten und keine Gelder und Strukturen in ein Fass ohne Boden investiert werden würden. Die Basis eines solidarischen Miteinanders aller Staaten durch eine neue Auslegung der UNO, das Eindämmen von Kriegen und die richtige Handhabe von Flüchtlingsströmen würden die nächsten Hebel, die beschrieben werden, entsprechend effektiv machen. Der nächste wesentliche Hebel ist eine globale Finanzierungsstruktur mittels globaler Umstellung von Steuern, wo es in erster Linie um eine globale Gleichschaltung geht und darum, möglichst viele Gesetze global zu erlassen, damit das Wirtschaften das globale Gemeinwohl stärkt und alle Staaten dieser Welt die nötigen finanziellen Strukturen vorfinden, damit sie sich um die gesamte Bevölkerung kümmern können, aber vor allem um die armen Menschen. Gerade diesen muss schnell und ausreichend geholfen werden. Dazu gehört es, die Schere zwischen Arm und Reich zu verkleinern und eine möglichst große Mittelschicht hervorzubringen. Wesentlich ist, dass Staaten nur dann wirklich handlungsfähig sind und dem Gemeinwohl dienen können, wenn Sie genug finanzielle Mittel zur Verfügung haben und die nötigen Steuereinnahmen lukrieren.

Hebel 5 / Regulierung des globalen Steuersystems

Geld und die globale Vermögensverteilung legen fest, inwieweit jeder einzelne Mensch den täglichen benötigten Warenkorb bedienen kann und wer am Ende des Tages leben wird oder mit dem Tod bezahlen wird. Solange wir die globalen Ressourcen nicht einigermaßen gerecht verteilen, wird sich eine Vielzahl an globalen Problemen, wie im Ist-Zustand (z.B. alle fünf Sekunden verhungert ein Kind) beschrieben, langfristig nicht lösen. Durch ein gerechteres globales Steuersystem würden die Reichtumszuwächse und die Globalisierungsgewinne allen zugutekommen, die Staaten könnten weltweit Budgetüberschüsse erzielen. Statt weiterer Sparpakete könnten die sozialen Sicherungsnetze ausgebaut werden und ein besseres Angebot an öffentlichen Leistungen könnte finanziert werden.

»Weltweit beteiligen sich Regierungen seit vielen Jahren an einer neuen Sportart: Dem Steuerwettlauf nach unten. Um die Wette senken sie Unternehmenssteuern und Spitzensteuersätze. Angefeuert werden sie dabei von großen Unternehmen und vermögenden Personen. Diese müssen sich so immer weniger an der Gemeinwesenfinanzierung beteiligen, obwohl ihre Gewinne und Vermögen stark zunehmen. Die Körperschaftsteuer (= Steuer auf die Gewinne von Aktiengesellschaften und GmbHs) ist EU-weit zwischen 1985 und 2010 von 51 auf 23% gefallen. Trotz stark steigender Gewinne zahlen große Unternehmen durch diverse Steuervermeidungstechniken oft so gut wie gar keine Steuern mehr.«[22]

Beispiele für Steuerhinterziehung von Konzernen:

»Eine im Oktober 2015 veröffentlichte Studie aus den USA ergab beispielsweise, dass der Computer- und Handyhersteller *Apple* 181,1 Mrd. Dollar in Steuerparadiesen bunkert – und sich damit bis zu diesem Zeitpunkt Steuerleistungen in der Höhe von 59,2 Mrd. Dollar ersparte. Im Durchschnitt zahlten in den USA ansässige multinationale Konzerne nur sechs Prozent Steuern auf den Gewinn – statt der gesetzlich fälligen 35 Prozent. »Die multinationalen US-Konzerne nutzen die Vorzüge unserer Straßen, sie profitieren von unserem Ausbildungssystem und Binnenmarkt und erfreuen sich an der Sicherheit, die wir haben – aber letztlich geht das auf Kosten unserer Steuerzahler«, erklärte Studienautorin Michelle Surka von der Konsumentenschutzorganisation *US Public Interest Research Group Education Fund* (USPIRG).

Lobbyisten schreiben Gesetze

Ein weiterer Steuerverhinderer ersten Ranges ist die Such- und Geldmaschine *Google*: Allein im Jahr 2014 schleuste der Konzern, der seine Europa-Zentrale in den Niederlanden hat, über legale Steuerschlupflöcher 12 Mrd. Dollar (10,7 Mrd. Euro) aus Europa. Dank eines komplexen Firmengeflechts landete das Geld mit allen möglichen juristischen Winkelzügen schließlich im Steuerparadies auf den *Bermuda-Inseln* im Atlantik – die zu Großbritannien gehören. Aus dem Unternehmen hieß es dazu, man halte sich in allen Ländern, in denen man tätig ist, an die Steuergesetze. Politiker meinen es gut mit multinationalen Unternehmen, erklärte der ehemalige Google-Chef Eric Schmidt: »Washington ist eine amtierende Protektionsmaschinerie ... Die Gesetze werden von Lobbyisten geschrieben.« Dass das US-Protektorat namens EU ganz gleich agiert, bewies der Film *The Brussels Business* aus dem Jahr 2012: Hier ist dokumentiert, dass Bosse von Konzernen wie *Siemens*, *Volvo* oder *Nestlé* Gesetzesvorlagen schrieben, die von der EU teilweise 1:1 umgesetzt wurden – zum Beispiel bei der Schaffung eines europäischen Binnenmarktes oder auch bei der Einführung des Euro.

Multinationale, globale Strukturen dienen eben den multinationalen, global agierenden Unternehmen. Die US-amerikanische Kaffeehauskette Starbucks zahlte zwischen 2002 und 2012 in Deutschland gar keine Gewinnsteuern. In Österreich waren es 2013 mit 18 Filialen ganze 1'311 Euro – während die in der ganzen Welt bekannten traditionsreichen (Wiener) Kaffeehäuser unter der Steuerlast und gesetzlichen Daumenschrauben ächzen. Dabei könnte der nationale Gesetzgeber ganz einfach sagen: Wer in Österreich, Deutschland etc. Geschäfte machen will, der muss die im Land erwirtschafteten Gewinne auch versteuern. Was wäre der Nachteil, würde der US-Getränkeverkäufer das Land verlassen? Noch weniger Gewinnsteuern sahen die österreichischen Behörden vom weltgrößten Internet-Versandhändler *Amazon* – nämlich gar keine. Und das bei einem Umsatz von 477 Millionen Euro im Land im Jahr 2014.«[23]

Die Konsequenz aus dem zunehmenden Einnahmenausfall aus Gewinnen und Vermögen ist, dass das Steueraufkommen immer mehr von Lohnsteuerzahlenden und KonsumentInnen (über Mehrwertsteuern) aufgebracht werden muss.

Sinkende Steuereinnahmen bedeuten aber auch sinkende Ausgaben für Sozialleistungen, Infrastruktur etc.

»ABC der Steuertrickserei

»Steueroptimierung« - ein netter Begriff für eine schlimme Sache. Unternehmen nennen so ihre hinterhältigen Tricks, mit denen sie Gewinne klein und Verluste groß rechnen, um am Ende kaum noch Steuern zahlen zu müssen. Die Steuervermeidung basiert dabei auf legalen Regeln, und das böse Wort Steuerhinterziehung möchten die Trickser gar nicht hören.

So rechnen Konzerne ihre Steuern klein:

- **Verrechnungspreise (transfer pricing):** 60 Prozent des Welthandels findet innerhalb der Konzerne zwischen den Töchterunternehmen statt. Es werden von den Töchterfirmen in Ländern mit höheren Steuern gern überhöhte Preise verlangt. So landet der überzogene Profit beim Mutterkonzern in einem Niedrigsteuerland.
- **Lizenzgebühren:** Eine Konzerngesellschaft in einem Niedrigsteuerland bekommt Lizenzgebühren für die Nutzung des Markennamens usw. In Deutschland werden diese Ausgaben vom Gewinn abgezogen – auf jeden weggerechneten Euro spart das Unternehmen ca. 30 Cent Unternehmenssteuer
- **Zinsen:** Es lohnt sich für internationale Konzerne, ihr Kapital in Ländern zu platzieren, die Zinsen nicht oder kaum besteuern. Dieses Geld wird dann an Töchter in Ländern mit höheren Steuern verliehen und dafür jährlich Zinsen in Rechnung gestellt. Die Zinsen für das »Fremdkapital« werden vom Gewinn abgezogen und fließen an den Mutterkonzern in der Steueroase im Ausland.
- **Komplexe Finanzierungsmodelle:** Die Unterschiedlichkeit der Steuersysteme verschiedener Länder führt dazu, dass beispielsweise Genussscheine in einigen Staaten als Eigenkapital und in anderen als Fremdkapital gewertet werden. Clevere Konzerne nutzen das, um Steuern zu sparen, da Zinseinnahmen meist anders besteuert werden als Dividenden.
- **Stiftungen:** Gemeinnützige Stiftungen sind steuerbegünstigt und deshalb eine attraktive Anlageform für Konzerne und Superreiche. Sie

können oft selbst bestimmen, für welche sozialen, kulturellen oder sonstigen Zwecke das Geld eingesetzt wird.

- **Versicherungen und Derivate:** Viele Konzerne unterhalten an einem geeigneten Standort eine eigene Versicherungsgesellschaft, die die Konzerntöchter zu hohen Gebühren versichert und auch so hilft, am Ende weniger Gewinne ausweisen zu müssen.

- **Treaty-shopping – sich in Abkommen einkaufen:** Steuerabkommen zwischen Staaten können ausgenutzt werden. So kommt es sogar zur »doppelten Nicht-Besteuerung«, weil beispielsweise Verluste doppelt berücksichtigt werden oder bestimmte Vermögenswerte in zwei Ländern so unterschiedlich bewertet werden, dass am Ende keine oder fast keine Steuern zu entrichten sind.

- **Gruppenbesteuerung:** In Österreich können seit 2005 global agierende Konzerne durch eine besonders großzügige Regelung ihre Gewinne mit Verlusten ihrer Tochterunternehmen gegen- und kleinrechnen. Dies gilt auch bereits ab einer 50-prozentige[n] Beteiligung an einem ausländischen Unternehmen. Der Rechnungshof kritisierte 2013, dass dadurch dem österreichischen Staat jährlich 450 Millionen Euro entgehen.

- **Veräußerungsgewinne:** Seit 2002 können in Deutschland Kapitalgesellschaften ihre Beteiligungen an anderen Unternehmen verkaufen und den Erlös zu 95 Prozent steuerfrei verbuchen.

- **Internethandel:** Damit ein Unternehmen in einem Land besteuert werden kann, braucht es dort eine »Betriebsstätte«. Diese Herangehensweise ist nicht mehr zeitgemäß, denn virtuelle Märkte wie Online-Shops oder immaterielle Güter werden nicht berücksichtigt.«[24]

»Die sinkende Steuerleistung von großen Unternehmen und reichen Individuen untergräbt auch zusehends die Zahlungswilligkeit jener, die sich dem Zugriff des Finanzamtes nicht entziehen können und die mit Recht das Gefühl haben, für ihre steigenden Abgaben immer weniger soziale Sicherheit und öffentliche Infrastruktur zu erhalten.«[25]

»Der Wirtschaftssoziologe Richard Wilkinson hat nachgewiesen, dass Ungleichheit in der Gesellschaft schlecht für alle ist, für die Reichen wie für die Armen. Die Lebenserwartung in Staaten mit hoher Ungleichheit ist niedriger, es gibt mehr

Gewaltverbrechen und Gefängnisinsassen, die schulischen Leistungen sind schlechter, die Kindersterblichkeit höher, Drogenmissbrauch ist weiter verbreitet, mehr Menschen sind von Übergewicht betroffen und so weiter.«[25a]

Kommen wir nun zu den wesentlichen Steuerhebeln für ein möglichst gerechtes Steuersystem, in dem Konzerne, Unternehmen, reiche Familien etc. weiter profitieren, aber langfristig die Schere zwischen Arm und Reich kleiner werden würde und die Mittelschicht und das Gemeinwohl auf Dauer global gestärkt werden würde:

1) Entwicklungshilfe 0,7 % BIP – leichte globale Umverteilung Geberländern zu Entwicklungsstaaten:

»Die Mittel für Entwicklungszusammenarbeit (EZA) haben 2016 einen Höchststand erreicht. Insgesamt flossen 145 Milliarden US-Dollar (121,52 Mrd. Euro) von den Geberländern in die Entwicklungsstaaten, das waren 0,32 Prozent des Bruttonationalprodukts (BNE) der OECD-Staaten, wie die OECD am Mittwoch in Paris mitteilte. Österreichs Anteil betrug 0,42 Prozent des BNE, der höchste Wert seit 2008, wenn auch weit entfernt vom langfristigen Ziel. Die Organisation für wirtschaftliche Entwicklung und Zusammenarbeit (OECD) korrigierte die bisher gültigen Zahlen für 2016 nach oben, nachdem genauere Daten aus den Mitgliedsstaaten eingetroffen waren. Die Zahlen bedeuten einen Anstieg um 10,7 Prozent im Vergleich zu 2015. Das UNO-Ziel von 0,7 Prozent des BNE erreichten 2016 aber dennoch nur sechs Staaten: Dänemark, Deutschland, Luxemburg, Norwegen, Schweden und Großbritannien.«[26]

Alle Geberländer sollten mit 0,7 % ihres BIP wesentliche Projekte der Entwicklungsländer fördern, um dazu beizutragen, wesentliche Probleme der Nehmerländer langfristig zu lösen, damit diese sich zu modernen Staaten weiterentwickeln. Es wurden bereits bei den Millenniumszielen 0,7 % gefordert, aber nur wenige Staaten haben dieses Abkommen erfüllt. Um diese 0,7 % zu finanzieren, gibt es einfache Einsparungsmöglichkeiten, die Industriestaaten einfach nutzen könnten. Da sich aber die meisten Staaten an diese Vereinbarung nicht halten, entsteht automatisch eine Spirale des Nichtteilnehmens, ganz nach dem Motto: Wenn die meisten sich nicht daranhalten, fällt es nicht wirklich auf, wenn man sich selbst auch nicht daran hält.

Problem der Zinszahlungen von Entwicklungsländern:

Die jährlichen Zahlungen von Kreditzinsen der Entwicklungsländer für ihre Staatsverschuldung sind dermaßen hoch, dass sie die wesentliche Entwicklungshilfe auffrisst. Man ist hier in einem systemischen Dilemma. Entweder man vollzieht bei den Entwicklungsländern erneut einen Schuldenschnitt oder man legt die Zinszahlungen auf Eis und beginnt erst wieder mit der Rückzahlung, wenn wesentliche Entwicklungsschritte im jeweiligen Staat zu verzeichnen sind.

2) Einheitliches globales Steuersystem:

Mit dieser Maßnahme würde man den Steuerwettbewerb nach unten der einzelnen Staaten beenden. Konzerne hätten nicht mehr die Möglichkeit, Staaten auf dieser Ebene gegeneinander auszuspielen; 206 Staaten würden langfristig die nötigen Steuereinnahmen erzielen, um Verantwortung auf allen nötigen Ebenen übernehmen zu können. Würden sich im besten Fall 206 Staaten zu einem einheitlichen Steuersystem bekennen und dieses umsetzen, würde global die wesentliche Bedingung dafür herrschen, dass Unternehmen und vor allem Konzerne nicht mehr die Möglichkeit hätten, sich hinsichtlich der Steuer global die Rosinen herauszupicken und nachhaltig das Gemeinwohl zu schädigen.

Wesentliche globale Steuersystemfehler beheben

»Angesichts der Trägheit der Regierungen, die systematische Steuervermeidung durch Unternehmen zu beenden, haben sich NGOs wie das Global Tax Justice Network detaillierte Gedanken gemacht, wie das Versteckspiel der Konzerne vor dem Fiskus beendet werden könnte.

- Einheitliche Steuerbasis und Mindeststeuersätze: Unterschiedliche Steuersätze und -regeln sind ökonomisch betrachtet Wettbewerbsverzerrung zugunsten von Unternehmen, die ihre wirtschaftlichen Aktivitäten in Niedrigsteuerländer verlegen. Es geht dann weder um Qualität noch um Leistung, was das Versprechen einer effektiven Ökonomie ist, sondern um Kostenminimierung auf Kosten demokratischer Gemeinwesen. Ein »level playing field«, von dem so viele Freihändler gemeinsam mit Thomas Friedman träumen, würde einen global einheitlichen Steuersatz und eine einheitliche Bemessungsgrundlage vorsehen – nur dann könnten alle Unternehmen unter gleichen Bedingungen spielen. Derzeit ist durch die Nichtkoordination der Steuerpolitik und mehr noch den Steuerwettbewerb das Spielfeld steil abfallend, nicht zugunsten der besseren oder faireren Unternehmen, sondern zugunsten der skrupelloseren, die weniger Scheu haben, ihre Standorte nach Steuerkrit[.]erien auszuwählen und die Gewinne dorthin zu verschieben.

- Doppelbesteuerungsabkommen nach der Anrechnungsmethode: Wenn ein Unternehmen in mehreren Ländern gleichzeitig tätig ist, kann es die Gewinne durch kreative Buchhaltungs- und Bilanzpraktiken in die Länder mit den geringsten Steuersätzen verschieben. Das Herkunftsland hat zwei Möglichkeiten, damit umzugehen. Wendet es in der steuerlichen Kooperation mit den betreffenden Ländern ein Abkommen nach der Freistellungsmethode an, ist im Herkunftsland auch dann keine weitere Steuer zu entrichten, wenn der Steuersatz im Niedrigsteuerland zum Beispiel 12,5 Prozent beträgt, im Herkunftsland aber 30 Prozent. Ein Abkommen nach der Anrechnungsmethode würde die Differenz im Herkunftsland nachversteuern. Die Verschiebung von Gewinnen in Niedrigsteuerländer wäre damit nicht länger attraktiv. Es bedarf lediglich des politischen Willens, sämtliche Steuerabkommen nach der Anrechnungsmethode zu gestalten.

- Unitary Taxation: Die Umstellung sämtlicher Abkommen auf die Anrechnungsmethode allein reicht noch nicht aus, weil dann immer noch die Gefahr besteht, dass das Unternehmen sein Headquarter in das Niedrigsteuerland verlegt – was ein Mitgrund für die Nichtumstellung ist. Accenture startet[e] auf den Bermudas und zog von dort nach Irland. Philip Morris verlegte [d]en Konzernsitz von den USA in die Schweiz. Dagegen ist ein anderes Kraut gewachsen: Unitary Taxation oder anteilsmäßige Konzernbesteuerung. Bei dieser Methode wird zuerst gemessen, in welchem Land ein Unternehmen welchen Anteil seiner realwirtsc[.]haftlichen Aktivitäten wahrnimmt – gemessen an Kapitalinvestitionen, Beschäftigung und Umsatz –, um sodann denjenigen Anteil am globalen Konzerngewinn im betreffenden Land zum dort jeweils gültigen Steuersatz zu versteuern, unabhängig davon, wo der Konzern welchen Anteil des Gewinns ausgewiesen hat. Das würde der Steuertrickserei ein Ende setzen.

- Country-by-Country-Bericht: Voraussetzung für eine proportionale Besteuerung ist das Wissen, in welchem Ländern ein Unternehmen in welchem Umfang aktiv ist; und für die Anrechnungsmethode, welche Steuerleistung es dort erbringt. Erst dann können die beiden Prinzipien angewendet werden und greifen. In diesem Punkt gibt es erfreulicherweise schon Bewegung. Die Methode des sogenannten länderbezogenen Berichts (Country-by[-]Country[-]Report) wurde im Rahmen des OECD-Projekts gegen Base Erosion and Profit Shifting (BEPS) als Mindeststandard beschlossen. Große Konzerne (mit Einnahmen von mehr als 750 Millionen Euro) müssen im Hauptsitzland eine länderbezogene Aufstellung der wirtschaftlichen Aktivitäten einreichen. Dieser Bericht wird dann unter den zuständigen Behörden der betroffenen Staaten ausgetauscht. Ein wichtiger Puzzlestein im Mosaik der globalen Steuergerechtigkeit ist somit bereits verfügbar. Dennoch braucht es das gesamte Puzzle. Eine systematische Besteuerung transnational agierender Unternehmen gehört dazu: Wer globale Wirtschaftsfreiheiten genießen möchte, muss auch globale Steuerpflichten aushalten.«[27]

Globale konkrete Steuern festlegen, die für alle Staaten gelten:

a) Globale Steuerquote (Steuern und SV-Beiträge in % des BIP) für jeden Staat gleich verpflichtend:

Global auf einen Prozentsatz einigen (43, 44, 45, 46, 47 %)

Vorbildstaaten: »Frankreich wies mit 48,1 % die höchste Steuerquote auf. Dahinter folgen Belgien (46,5 %), Dänemark (46,0 %), Schweden (44,0 %), Finnland (42,5 %), sowie Österreich (42,4 %) und Italien (42,3 %).«[27a]

Warum funktioniert wohl in allen diesen Staaten der Sozialstaat so gut und hat nicht eklatante soziale Probleme zu verzeichnen wie z.B. die USA, die eine »**Steuerquote von 26%**«[27b] haben.

»Wenn du hart arbeitest, wenn du an dich glaubst, wenn du an Amerika glaubst, dann kannst du von allem träumen, du kannst alles sein, und gemeinsam können wir alles erreichen.« *Donald J. Trump*

»Die Rede zur Lage der Nation von US-Präsident Donald Trump von Ende Januar 2018, aus der das Zitat stammt, muss sich für die 5,3 Millionen Amerikaner, die von weniger als 4 Dollar pro Tag leben müssen, wie eine Ohrfeige angefühlt haben. Ökonomen der Universität Oxford haben kürzlich errechnet, dass diese Amerikaner in vergleichbarer Armut leben wie die Inder oder Äthiopier, die mit

1 Dollar 90 pro Tag auskommen müssen und laut Maßstäben der Weltbank in äußerster Armut leben.

Die Armutsquote der USA ist damit höher als in Sierra Leone, wo 3,2 Millionen Menschen in extremer Armut leben, oder in Nepal, wo es 2,5 Millionen Arme sind. Und trotzdem pflegen die offiziellen USA, bei weitem nicht nur ihr Präsident, das Trugbild eines hochentwickelten, reichen Industriestaates, dessen Volk alle Träume verwirklichen kann, solange es nur hart genug arbeitet.«[27c]

»Zum ersten Mal in der Geschichte hat das Vermögen der US-Dollar-Millionäre die Marke von 70 Billionen Dollar (rund 60 Billionen Euro) überschritten. […] Das Vermögensplus betrug 2017 rund elf Prozent, der zweithöchste Zuwachs seit 2011. Im vergangenen Jahr kamen weltweit rund zwei Drittel der Millionäre aus den USA, Japan, Deutschland und China.«[27d]

»Die USA haben mit 706 pro 100.000 Einwohnern (2011) die zweithöchste Inhaftierungsrate der Welt nach den Seychellen (799 Gefangene / 100.000 Einwohner). Der größte Teil der ausgesprochenen Strafen ahndet Gewaltverbrechen (624.900), Eigentumsdelikte (253.000) und Drogenkriminalität (265.000).«[27e] »Die Vereinigten Staaten von Amerika hatten zum Zeitpunkt der Erhebung (April 2018) mit rund 2,15 Millionen Inhaftierten den weltweit höchsten Stand an Gefangenen.«[27f]

Neoliberaler Anführer USA → Keine globale Steuerquote von mindestens 43% → Kein globaler nachhaltiger Sozialstaat möglich → Vielzahl an Menschen zahlen global drauf

b) Globale Körperschaftssteuer: 50%

c) Unternehmensbesteuerung: (Tarifliche Belastung des Gewinns von Kapitalgesellschaften 2015 (nominal) in Prozent (Körperschaftsteuern, Gewerbeertragsteuern und vergleichbare andere Steuern des Zentralstaats und der Gebietskörperschaften): 30%

d) Einkommensteuerspitzensätze der Zentralstaaten und der Gebietskörperschaften sowie sonstige Zuschläge: 50%

e) Quellensteuern auf Zinsen und Dividenden (Entspricht dem Einkommensteuerspitzensatz, da hier kein Unterschied gemacht werden soll zu [a]rbeitsbezogen[en] Einnahmen): 50%

Kapitaleinkommen gleich hoch besteuern wie Arbeitseinkommen:

»Alle Kapitaleinkommen sollen unter die Einkommensteuer fallen. Dazu zählen vor allem: Dividenden, Zinserträge sowie Kursgewinne aus dem Aktien-, Anleihe-, Derivate- und Devisenhandel.

Warum?

1. Weil es grundsätzlich nicht einzusehen ist, dass Einkommensarten steuerlich unterschiedlich behandelt werden. Derzeit sind hohe Kapitaleinkommen massiv begünstigt.

2. Weil es widersinnig ist, dass ausgerechnet jene Einkommen, die ohne Arbeit und fast nur von Reichen abgesahnt werden, steuerlich generell bessergestellt sind als Arbeitseinkommen.

3. Weil es nicht gerecht sein kann, dass die Besteuerung von Kapitaleinkommen zurückgeht, obwohl diese stark über dem Wirtschaftswachstum steigen – und andererseits die Steuerlast auf Löhne und Gehälter ständig zunimmt, obwohl diese deutlich hinter dem Wirtschaftswachstum zurückbleiben.«[28]

Die saftigen Budgetüberschüsse könnten für eine spürbare Entlastung kleinerer und mittlerer Einkommen und andererseits für die Sicherung und den Ausbau des Sozialstaats verwendet werden.

f) Belastung von Arbeitnehmern mit Einkommen-/Lohnsteuer und Sozialabgaben (in Prozent des Bruttoarbeitslohns):

Alleinstehend, ohne Kind, Durchschnittseinkommen: 35 %

Verheiratet, 2 Kinder, Alleinverdiener, Durchschnittseinkommen: 30 %

Verheiratet, 2 Kinder, ein Durchschnittseinkommen + 33 % eines weiteren Durchschnittseinkommens: 32 %

g) Gesamtbelastung von Lohnkosten (Lohnkosten definiert als Bruttoarbeitslohn zzgl. Arbeitgeberbeitrag ggf. einschließlich anteiliger Lohnsummensteuer); Gesamtbelastung definiert als Arbeitgeberbeitrag zzgl. Arbeitnehmerbeitrag zur Sozialversicherung und Lohnsteuer (ggf. einschließlich anteiliger Lohnsummensteuer), gemindert um die familienbezogenen Leistungen, z. B. Kindergeld:

Alleinstehend, ohne Kind, Durchschnittseinkommen: 40 %

Verheiratet, 2 Kinder, Alleinverdiener, Durchschnittseinkommen: 35 %

Verheiratet, 2 Kinder, ein Durchschnittseinkommen + 33 % eines weiteren Durchschnittseinkommens: 37 %

h) Umsatzsteuer: 20 %

i) Einkommenssteuer – Stufen für Unternehmen: (Entwicklungsländer, Schwellenländer, Industriestaaten)

- Jahreseinkommen 0 – 15.000 Dollar – 0 %

- von 15.000 Dollar bis 25.000 Dollar – 15 % Steuern

- von 25.000 Dollar bis 35.000 Dollar – 25 % Steuern

- von 35.000 Dollar bis 45.000 Dollar – 35 % Steuern

- von 45.000 Dollar bis 60.000 Dollar – 42 % Steuern

- von 60.000 Dollar bis 120.000 Dollar – 48 % Steuern

- ab 120.000 Dollar – 50 % Steuern

Langfristig sollte es natürlich das Ziel der globalen Staatengemeinschaft sein, ein ähnliches Lohnniveau und ähnliche Preise anzustreben; das wäre ein starker Beweis für eine harmonisierte globale Gesellschaft. Bis dahin ist es noch ein sehr langer Weg; die globalen Steueränderungen würden hier aber wesentlich zu dieser globalen Anpassung beitragen. Wichtig ist, dass Steuerwettbewerb und Steuerschlupflöcher global verhindert werden. Staaten wären dem gegenseitigen Steuerwettbewerb nicht ausgesetzt und die Steuerspirale nach unten würde im globalen Kontext geschlossen werden. Im Weiteren wird die Grundlage dafür geschaffen, dass Staaten genug Steuereinnahmen verzeichnen, um Verantwortung für das Gemeinwohl auf Dauer übernehmen zu können. Denn nur Staaten, die reichlich mit Geld versorgt sind, können ihre große Verantwortung für ihre Staatsbürger übernehmen. Empfehlenswert ist eine einheitliche globale Steuersoftware für jeden Staat, Betriebe und Bürger, da sie ein globales einheitliches Steuersystem unterstützen würde. Natürlich können in einzelnen Staaten und

Regionen im Bereich Steuer individuelle Lösungen gelten. Aber die Hauptsteuerlast, wie gerade beschrieben, sollte möglichst einheitlich sein, damit vor allem große Firmen nicht in Versuchung kommen, ihr Geld einmal um die Welt zu schicken, um möglichst wenig Steuern zu bezahlen. Eine einheitliche globale Steuersoftware würde auch die Zusammenarbeit der einzelnen Regierungen massiv befördern.

Übergang, solange es kein einheitliches globales Steuersystem gibt: Eröffnet ein Konzern eine Filiale in einem Land mit niedrigerem Gewinnsteuersatz, muss die Differenz zum Steuersatz in der EU, Amerika, Russland, China etc. nachversteuert werden – steuermotiviertes Umsiedeln zahlt sich dann nicht mehr aus. Der Steuerwettlauf wird effektiv beendet. Gewinner sind sowohl die Industrieländer, weil Steuerverluste vermieden werden, als auch die Entwicklungsländer, die Unternehmen nicht mehr mit niedrigen Steuersätzen anlocken müssten und dadurch höhere Steuersätze erheben können.

»Um die Verlegung des Konzernsitzes in Niedrigsteuerländer mit dem Ziel der Gewinnverschiebung dorthin zu verhindern: Anwendung des »unitary tax system« (UTS). Die Steuerbehörden ermitteln dabei den Anteil der realen Tätigkeit im jeweiligen Land anhand der Faktoren Kapital, Umsatz und Beschäftigung und unterwerfen den entsprechenden Anteil vom weltweiten Gewinn dem jeweiligen Steuersatz des jeweiligen Landes.«[29]

Langfristig: Weltweit einheitliche Konzernbesteuerung auf Basis einheitlicher Bemessungsgrundlagen, um jede Form des Steuerwettlaufs endgültig zu beenden. Dadurch würde man das Gefühl der globalen Solidarität für alle 206 Staaten befördern und die gesamte Welt würde ein Stück mehr zusammenwachsen.

j) Mindestlohn + monatliche Lohnsteuer:

Staaten müssen gewährleisten, dass ihre Bürger von dem erarbeiteten Einkommen auch in Würde leben und ihren Lebensunterhalt bestreiten können. Vor allem in Entwicklungsländer ist das Lohnniveau erschreckend.

»Über eine Milliarde Menschen auf der Welt verdienen weniger als einen Dollar pro Stunde. Der Mindestlohn in Banglades[c]h z.B. liegt aktuell bei ca. 30 Cent. Mit unbezahlten Überstunden liegt er faktisch oft noch deutlich darunter. Das ist würdelos und erzeugt extreme Armut trotz Arbeit. Armut führt zu Flüchtlings-strömen, Umweltzerstörung und spielt Extremisten in die Hände. Die Lösung liegt auf der Hand. Wir brauchen einen globalen Mindestlohn von mindestens einem Dollar pro Stunde. Das klingt wenig, würde aber sofort mehr als eine Milliarde Menschen aus extremer Armut befreien.

Die Einführung und Durchsetzung könnte mit der Europäischen Union beginnen. Die Idee ist einfach: Die EU erließ bereits viele Verordnungen über gesundheitliche und ökologische Standards, die alle Produkte erfüllen müssen, die in der EU gehandelt und in sie importiert werden. Die global agierenden Unternehmen unterwarfen sich diesen Standards, weil sie es sich nicht leisten können, den europäischen Markt links liegen zu lassen. Warum also nicht eine erste EU-Richtlinie mit einem sozialen Standard verabschieden, konkret mit dem Standard, dass in die EU ab einem Stichtag nur noch Produkte importiert werden dürfen, bei deren Herstellung Löhne oberhalb einer globalen Lohnuntergrenze von 1 Dollar pro Stunde bezahlt werden. Als Unternehmensberater in der Textilindustrie erarbeitete mein guter Freund und Mitautor meines Buches »Die 1-Dollar[-]Revolution« Georgios Zervas ein System für dessen Kontrolle auf der Grundlage der vorhandenen Erfahrungen.«[30]

»Ein globaler Mindestlohn von 1 Dollar pro Stunde würde die Schande menschenunwürdiger Armut in kürzester Zeit und weltweit in die Geschichtsbücher verbannen. Ein ganzes Bündel weiterer Menschheitsprobleme würde mit verschwinden: Flucht, Unterernährung, kriegerische Konflikte und Umweltzerstörung. Die gesamte Menschheit könnte vom ersten wirklich sozialen Weltwirtschaftswunder enorm profitieren. Denn ein solcher Mindestlohn wird das Einkommen von mehr als einer Milliarde Menschen über Nacht mehr als verdoppeln. Das Geld würde in mehr und bessere Ernährung fließen, in den Zugang zu Energie und zur digitalen Welt. Die Armen hätten plötzlich menschenwürdige Entwicklungsperspektiven in ihrer Heimat – was auch unserer Wirtschaft und Gesellschaft zugutekäme.«[31]

»Der Vorschlag ist wettbewerbsneutral konzipiert, so dass kein Unternehmen einen Nachteil daraus hat, sondern alle davon profitieren. Auch die neuen Global Goals sind am effektivsten durch einen globalen Mindestlohn erreichbar.«[32]

Entwicklungsländer: 1 Dollar Mindestlohn / Bei 40-Stunden-Woche muss ein Mindestlohn von 160 Dollar (Netto) bezahlt werden.

Schwellenländer: 6 Dollar Mindestlohn (netto) / Bei 40-Stunden-Woche muss ein Mindestlohn zwischen von 800 Dollar (netto) bezahlt werden.

Industriestaaten: 12 Dollar Mindestlohn (netto) / Bei 40-Stunden-Woche muss ein Mindestlohn von 1440 Dollar (netto) bezahlt werden.

Hinweis: Die Mindestlöhne sollten als globale Mindeststandards über die UNO – je nachdem, ob es ein Entwicklungsland, Schwellenland oder Industriestaat ist – festgelegt werden. Natürlich können dann in einzelnen Staaten die Mindestlöhne nach oben korrigiert werden, aber es dürfen keine Grenzen darunter festgelegt werden.

Entwicklungsländer / Lohnsteuerstufen (netto) + Aufschlag der Lohnnebenkosten (Sozialversicherung + Lohnsteuer) für Unternehmer

0 – 160 Dollar / 10 % → Lohnnebenkosten: 0 – 16 Dollar

Kinderbeihilfe pro Kind: 5 Dollar / pro behinderten Kind: 20 Dollar

160 – 300 Dollar / 15 % → Lohnnebenkosten: 24 – 45 Dollar

Kinderbeihilfe pro Kind: 5 Dollar / pro behinderten Kind: 20 Dollar

300 – 1000 Dollar / 18 % → Lohnnebenkosten: 54 – 180 Dollar

Kinderbeihilfe pro Kind: 5 Dollar / pro behinderten Kind: 20 Dollar

1000 – 1500 Dollar / 20 % → Lohnnebenkosten: 200 – 300 Dollar

1500 – 2000 Dollar / 30 % → Lohnnebenkosten: 450 – 600 Dollar

2000 – 4000 Dollar / 40 % → Lohnnebenkosten: 800 – 1600 Dollar

4000 – 6000 Dollar / 50 % → Lohnnebenkosten: 2000 – 3000 Dollar

6000 – 8.000 Dollar / 60 % → Lohnnebenkosten: 3600 – 4800 Dollar

8.000 – 10.000 Euro / 80 % → Lohnnebenkosten: 6400 – 8000 Dollar

12.000 – 14.000 Euro / 90 % → Lohnnebenkosten: 10.800 – 12.600 Euro

Hinweis: Die Kinderbeihilfe von 5 Dollar würde sich bei etwa 400 Millionen Kindern, die in Afrika leben, bei maximal 24 Milliarden Dollar belaufen. Die 5 Dollar sind ein Mindestwert und können natürlich je nach Staat, wenn es seine Mittel erlauben, auch höher ausfallen.

Warum wird es immens schwer sein, den Mindestlohn und Lohnnebenkosten in Entwicklungsländern durch zu setzen?

- »Mehr als 1 Milliarde Menschen müssen am Tag mit weniger als 1 Dollar haushalten. Weitere 2,7 Milliarden leben mit weniger als 2 Dollar am Tag.«[32a]

Ich möchte hier ganz klar mittels einer Überschlagsrechnung aufzeigen, warum Unternehmer sich bis heute erfolgreich davor drücken, 1 Dollar in der Stunde zu zahlen und Staatsführer diesem unwürdigen Dasein einfach zusehen.

1 Milliarde Menschen verdienen in etwa 30 Dollar im Monat, 360 Dollar im Jahr

Kostenfaktor für 1 Milliarde Arbeitskräfte: 30 Milliarden (pro Monat) / **360 Milliarden (pro Jahr)**

2,7 Milliarden Menschen verdienen in etwa 60 Dollar im Monat, 720 Dollar im Jahr

Kostenfaktor für 2,7 Milliarde Arbeitskräfte: 162 Milliarden (pro Monat) / **1944 Milliarden (pro Jahr)**

Gesamtkosten für 3,7 Milliarden Arbeitskräfte: 192 Milliarden (Monat) / **2304 Milliarden (Jahr)**

Geht man nun davon aus, dass man global einen 1 Dollar Stunden Lohn (160 Dollar im Monat / 1920 Dollar im Jahr) verpflichtend für jede Arbeit gesetzlich verordnet zahlen muss und das für 3,7 Milliarden Menschen:

160 Dollar im Monat (40h pro Woche / 160h pro Monat) x 3,7 Milliarden Menschen: 592 Milliarden

1920 Dollar im Jahr x 3,7 Milliarden Menschen = **7104 Milliarden** (Ohne Lohnnebenkosten berechnet, die langfristig auch nötig sein werden, um einen Sozialstaat aufbauen zu können.)

Eine Arme von **3,7 Milliarden Arbeitskräften** kostet im Jahr entweder **2304 oder 7104 Milliarden Dollar im Jahr.** Die Differenz zwischen 1 oder 2 Dollar pro Tag oder 1 Dollar pro Stunde beträgt im Jahr nach dieser Überschlagsrechnung: **4800 Milliarden Dollar.** Die Entwicklungshilfezahlungen der Geberländer betrug **145 Milliarden Dollar** im Jahr 2016.

Somit ist es leicht nachzuvollziehen, warum die Konzerne und Finanzelite weiterhin bemüht sein werden, diese Niedriglohnsektor aufrecht zu erhalten. Am Ende des Tages entscheidet es, ob am Ende des Tages ein A – Promi die Werbekampagne ziert oder nur ein unbekanntes Model um die Ecke und ob es weiterhin alle 2 Tage einen weiteren Milliardär geben und das Vermögen durchschnittlich weiterhin um 11% pro Jahr steigen wird.

1 Dollar Mindestlohn in der Stunde ist richtungsweisend für die Hälfte der Weltbevölkerung. Es geht hier um 3,7 Milliarden Menschen und deren unmittelbare Existenz, um den tagtäglichen Warenkorb bedienen zu können, wo es letztendlich am Ende des Tages um Leben und Tod geht. Möchte man den Entwicklungsländern wahrlich zur Selbsthilfe verhelfen, ist ein Mindestlohn von 1 Dollar in der Stunde der nötige Anfang für einen Richtungswechsel.

Schwellenländer / Lohnsteuerstufen (netto) + Aufschlag der Lohnnebenkosten (Sozialversicherung + Lohnsteuer) für Unternehmer:

0 – 800 / 10 % → Lohnnebenkosten: 0 – 80 Dollar

Kinderbeihilfe pro Kind: 20 Dollar / pro behindertem Kind: 40 Dollar

800 – 1000 Dollar / 15 % → Lohnnebenkosten: 120 – 150 Dollar

Kinderbeihilfe pro Kind: 20 Dollar / pro behindertem Kind: 40 Dollar

1000 – 1500 Dollar / 20 % → Lohnnebenkosten: 200 – 300 Dollar

Kinderbeihilfe pro Kind: 20 Dollar / pro behindertem Kind: 40 Dollar

1500 – 2000 Dollar / 30 % → Lohnnebenkosten: 450 – 600 Dollar

2000 – 4000 Dollar / 40 % → Lohnnebenkosten: 800 – 1600 Dollar

4000 – 6000 Dollar / 50 % → Lohnnebenkosten: 2000 – 3000 Dollar

6000 – 8.000 Dollar / 60 % → Lohnnebenkosten: 3600 – 4800 Dollar

8.000 – 10.000 Dollar / 80 % → Lohnnebenkosten: 6400 – 8000 Dollar

12.000 – 14.000 Dollar / 90 % → Lohnnebenkosten: 10.800 – 12.600 Dollar

Hinweis: Die 20 Dollar Kinderbeihilfe sind ein Mindestwert und können natürlich je nach Staat auch höher ausfallen.

Industriestaaten / Lohnsteuerstufen (netto) + Aufschlag der Lohnnebenkosten (Sozialversicherung + Lohnsteuer) für Unternehmer:

0 – 1000 Dollar / 15 % → Lohnnebenkosten: 0 – 150 Dollar

Kinderbeihilfe pro Kind: 250 Dollar / pro behinderten Kind: 500 Dollar

1000 – 2000 Dollar / 20 % → Lohnnebenkosten: 200 – 400 Dollar

Kinderbeihilfe pro Kind: 150 Dollar / pro behinderten Kind: 400 Dollar

2000 – 3000 Dollar / 25 % → Lohnnebenkosten: 500 – 750 Dollar

Kinderbeihilfe pro Kind: 150 Dollar / pro behindertem Kind: 400 Dollar

3000 – 4000 Dollar / 30 % → Lohnnebenkosten: 900 – 1200 Dollar

Kinderbeihilfe pro Kind: 100 Dollar / pro behindertem Kind: 300 Dollar

4000 – 6000 Dollar / 40 % → Lohnnebenkosten: 1600 – 2400 Dollar

Kinderbeihilfe pro Kind: 70 Dollar / pro behindertem Kind: 250 Dollar

6000 – 8.000 Dollar / 60 % → Lohnnebenkosten: 3600 – 4800 Dollar

8.000 – 10.000 Dollar / 80 % → Lohnnebenkosten: 6400 – 8000 Dollar

12.000 – 14.000 Dollar / 90 % → Lohnnebenkosten: 10.800 – 12.600 Dollar

Hinweis: Egal in welchem Staat die Kinderbeihilfe festgelegt wird, sollte man immer daran denken, dass Kinder unsere Zukunft sind und jeder Dollar, den wir dort investieren, bestimmt gut angelegt ist.

Zusatzbestimmungen für alle Staaten:

1) Praktika bei Firmen: Die Löhne können frei gewählt werden, sprich es kann auch ein Praktikum ohne Bezahlung stattfinden, begrenzt auf sechs Monate.

2) Firmenneugründung: Müssen die ersten drei Jahre nur die halbe Gewinnsteuer wie üblich bezahlen und können bis zu dreißig Mitarbeiter drei Jahre mit der Hälfte der üblichen Lohnnebenkosten beschäftigen.

3) Umstellung des Mindestlohns für schwierigen Niedriglohnsektor: Schwierige Branchen können beim Umstieg auf die Mindestlöhne in einem Übergangszeitraum von drei Jahren vom Staat subventioniert werden, bis sich der Mindestlohn global einpendelt.

Wesentlich ist, dass diese Mindestlöhne keine Empfehlung darstellen sollen, sondern gesetzlich verpflichtend stattfinden müssen, da sonst Unternehmen immer den Weg der Unterbezahlung wählen werden.

4) Berufsgruppen, denen man möglichst hohe Gehälter zahlen sollte: Warum verdient ein Bill Gates, Mark Zuckerberg, Christiano Ronaldo oder Brad Pitt Jahr für Jahr Millionen bzw. Milliarden und ein Lehrer oder eine Krankenschwester gerade mal so viel, dass man knapp über die Runden kommt? Angebot und Nachfrage laut freier Marktwirtschaft: Der Preis eines Gutes oder einer Dienstleistung richtet sich nach der Nachfrage, sprich wie viele Menschen eine Dienstleistung oder ein Produkt konsumieren; daraus resultiert, wie viel der einzelne Mensch letztendlich verdient.

Einfacher Vergleich:

a) Mark Zuckerberg, einer der Gründer und meisthaltender Aktionär bei Facebook, hat ein soziales Netzwerk im Internet geschaffen, wo derzeit 2,1 Milliarden User registriert sind. Wenn man seine Freunde bei Facebook finden will oder Menschen in seiner Stadt, seinem Land oder weltweit kennenlernen möchte, ist Facebook dafür die größte Plattform weltweit und kein anderes soziales Netzwerk hat diese Reichweite. Dadurch ist Facebook ein exklusives, unverwechselbares, globales Unternehmen und setzt deshalb jedes Jahr Milliarden um. Kurz gesagt, Facebook bietet ein einzigartiges globales Angebot und hat deshalb eine solch starke, nicht abfallende Nachfrage.

b) Christiano Ronaldo ist wahrscheinlich zur Zeit der weltbeste Fußballer; das ist eine einzigartige Leistung, die weltweit Millionen von Fußballfans konsumieren. Da Christiano Ronaldo weltbekannt ist und eine Vielzahl an Menschen sein Tun konsumieren, ist er auch derzeit der bestbezahlte Sportler weltweit. Sein Angebot ist einzigartig und hat zur Folge, dass er jede Menge Konsumenten hat.

c) Lehrer gibt es viele und sie können nur eine begrenzte Anzahl an Schülern unterrichten, sprich das Angebot was der Lehrer der Gesellschaft macht, ist im Sinne des Kapitalismus und Nachfrageprinzips kein einbringliches Unterfangen. Auf der anderen Seite ist es aber enorm wichtig, dass unsere Kinder eine bestmögliche Bildung genießen, wodurch Staaten die Dienstleistung des Lehrers eingeführt haben. Da Lehrer aber auswechselbar sind und die Nachfrage beschränkt ist (20–30 Schüler pro Klasse), wird Lehrer/innen nur ein Gehalt bezahlt, das mindestens nötig ist, damit Menschen sich in einem Staat dazu entscheiden, den Beruf des Lehrers zu wählen. Diese Tatsache finden Sie bei fast allen Sozialberufen. Ausnahmen sind z.B. Ärzte, da der Ausbildungsaufwand dermaßen groß ist, dass man einen finanziellen Anreiz schaffen muss, damit Menschen bereit sind, sich dieses Wissen anzueignen, und man möchte ja nicht riskieren, dass man von einem Arzt operiert wird, der null Ahnung hat.

Schlussfolgerung: Natürlich ist das Innovationsstreben von Unternehmern enorm wichtig, da dadurch die Menschheit global enorm profitiert und sich stetig weiterentwickelt. Aber es sollte uns genau so wichtig sein, dass unsere Kinder von hochmotivierten Lehrern unterrichtet werden, da Kinder die Zukunft unserer Gesellschaft sind. Da sich das Prinzip »Angebot und Nachfrage« aus heutiger Sicht nicht abschaffen lässt, weil es einer der wesentlichen Motoren für Unternehmen ist, sich stetig weiterzuentwickeln, kann man nur von Seiten des Staates eingreifen. Man muss für alle Jobs einen Mindestlohn, wie vorhin vorgeschlagen, einziehen, aber vor allem für Jobs, die tagtäglich unser Gemeinwohl stärken, möglichst hohe Gehälter zahlen. Durch eine entsprechende Steuerpolitik, wie hier vorgeschlagen, würde der Staat die nötigen Gelder zur Verfügung haben, um möglichst hohe Gehälter im öffentlichen Sektor zu bezahlen, was vor allem die Motivation dieser Berufsgruppen steigern würde. Um die Motivation hinsichtlich der Leistung in Sozialberufen zu steigern, sollte man auch hier Anreizstrukturen schaffen, wo man für erreichte Ziele ein Mehr an Bezahlung erhält.

3) Finanztransaktionssteuer global einführen – Bis zu 320 Milliarden Dollar:

»Eine Finanztransaktionssteuer funktioniert im Prinzip wie eine Mehrwertsteuer auf Bankgeschäfte. Der Staat belegt dabei den Handel mit fast allen Finanzprodukten mit einer minimalen Steuer. Angedacht sind Steuersätze von 0,01 bis 0,5 Prozent.«[33]

Das gute an der Finanztransaktionssteuer ist, dass eine Abgabe auf alle Transaktionen mit Finanzanlagen wie Derivate, Fonds, Anleihen, Sicherheiten, Devisen und Aktien erfolgt.

Lohnt sich solche eine geringe Steuer überhaupt?

»Zum einen wird sie das Geschehen an den Börsen wegen der entstehenden Kosten für die Händler entschleunigen. Ein solcher sehr geringer Steuersatz würde sehr kurzfristige spekulative und potentiell destabilisierende Transaktionen unrentabel machen und daher effektiv unterbinden, während längerfristig angelegte und an realwirtschaftliche Tatbestände und Vorgänge anknüpfende Transaktionen kaum beeinträchtigt würden. Eine allgemeine, breit basierte Finanztransaktionssteuer mit einem sehr geringen Steuersatz ist daher prinzipiell sehr gut geeignet, einen Finanzierungs- mit einem Lenkungszweck zu verbinden, sprich es würde dem sinnvollen Handel an der Börse wesentlich in die Hände spielen. Zum zweiten wären die auf diesem Weg eingenommenen Beträge erheblich: Das deutsche Bundesfinanzministerium schätzt die Einnahmen allein aus einer Börsenumsatzsteuer auf 2,5 bis 3 Milliarden Euro; die englische Transaktionssteuer (»stamp duty«) bringt dem britischen Staat jährliche Einnahmen von umgerechnet ca. 5 Milliarden Euro. Das WIFO schätzt die Einnahmen bei EU-weiter Einführung (bei 0,01 %) auf ca. 130 Milliarden USD (oder 0,72 % vom GDP), bei globaler Einführung (bei 0,01 %) auf ca. 320 Milliarden USD (oder 0,53 % vom GDP).«[34]

Wesentlich: »Anders als die aufwändigen Regulierungsmechanismen, die derzeit zur Aufsicht über das Finanzgeschehen ersonnen werden, wirkt diese Steuer unmittelbar und umfassend, da jede Transaktion davon erfasst ist. D. h., ein Katz-und Mausspiel zwischen Händlern und Kontrolleuren erübrigt sich; man ist nicht davon abhängig, dass Kontrolleure eventuellen Missbrauch zunächst aufspüren und dann ahnden.«[34a] Dadurch würde der Hochfrequenzhandel eingedämmt und langfristig wahrscheinlich eliminiert werden und es würden wieder sinnvolle langfristige Investments an der Börse und der Realwirtschaft stattfinden. Im Weiteren würden Staaten entsprechende Steuereinnahmen dadurch erhalten, die man sinnvoll für die Stärkung des globalen Gemeinwohls verwenden könnte.

4) Steueroasen weltweit verbieten – Geschätzte 700 Milliarden Dollar Schaden weltweit:

»Nach den Panama Papers aus dem Jahr 2016 bringen die Paradise Papers des internationalen Netzwerks von investigativen Journalisten das Thema Steuerhinterziehung wieder auf die politische Agenda. Das Problem ist lange bekannt, aber unheimlich komplex: Nach Schätzung des internationalen Netzwerks für Steuergerechtigkeit (TJN) verlieren Regierungen weltweit jedes Jahr rund 700 Milliarden US-Dollar, da Konzerne und Privatpersonen ihr Vermögen dank Steueroasen und Briefkastenfirmen verschleiern.«[35]

»In den vergangenen dreißig Jahren haben sich die Gewinne der größten Unternehmen weltweit vervielfacht – die Steuern, die sie zahlen, aber sinken. Und manche Länder, auch europäische, heizen den Wettlauf um die niedrigsten Steuern ganz besonders an. Das geht aus der Liste der »15 schlimmsten Steueroasen« hervor, die gerade von der Hilfsorganisation Oxfam veröffentlicht wurde.

Die Liste wird angeführt von Bermuda und den Cayman Islands. Auf sie folgen die Niederlande und die Schweiz. Weitere europäische Steueroasen sind Irland, Luxemburg, Zypern und die Kanalinsel Jersey. Auf der Rangliste finden sich auch britische Überseegebiete wie die Kaimaninseln und die zwar autonome, aber zum Königreich der Niederlande gehörende Karibikinsel Curaçao. Diese Länder »ermöglichen den Unternehmen die extremsten Formen der Steuervermeidung«, heißt es in der Studie.

Der Wettlauf um die niedrigsten Steuern würde durch die Oasen immer weiter angetrieben. »Sie müssen dringend trockengelegt werden«, sagt Tobias Hauschild, Experte für Steuergerechtigkeit bei Oxfam. Die Organisation kritisiert, dass die Politik bislang viel zu wenig dafür tue.

Zum Beispiel die G20, die 20 größten Industrie- und Schwellenländer, und die OECD: Zwar hätten sie sich gerade auf eine Initiative geeinigt, die das

Verschieben von Gewinnen in Steueroasen beschränken solle. Aber am Verhandlungstisch hätten ausgerechnet die Steueroasen Schweiz, Niederlande und Luxemburg Mitspracherecht gehabt, und die Reform lasse einzelnen Staaten immer noch die Möglichkeit, ihre Unternehmenssteuern noch weiter zu senken, was den ruinösen Steuerwettbewerb sogar noch weiter anheize. Oder die Europäische Union: Sie arbeite zwar an einer eigenen Schwarzen Liste – die aber EU-Länder oder Steueroasen wie die Schweiz von vornherein außen vor lasse. Die geplante Schwarze Liste der G20 sei noch schwächer.

Steuerschiebung führt zu Ungleichheit

Der Wettbewerb um die niedrigsten Steuersätze und das »daraus resultierende Rennen nach ganz unten in der Besteuerung globaler Konzerne« sei eine der wichtigsten Ursachen für die globale Ungleichheit, schreibt Oxfam. Die Organisation hatte im Januar einen Report über die wachsende Kluft zwischen Arm und Reich veröffentlicht.

Hauschild zufolge unterhalten 90 Prozent der 200 weltgrößten Konzerne Filialen in Steueroasen. Insgesamt verlören arme Länder durch Steuervermeidung von Unternehmen mindestens 100 Milliarden Dollar im Jahr, sagt er. »In den Staatshaushalten würde dieses Geld ausreichen, um 124 Millionen Kindern den Besuch einer Schule zu ermöglichen und mit verbesserter Gesundheitsversorgung weiteren sechs Millionen Kindern das Leben zu retten.«

Entwicklungsländer leiden besonders. Zum Beispiel Kenia: Dem Land entgehen Oxfam zufolge jährlich Einnahmen von mehr als einer Milliarde Dollar – doppelt so viel, wie dem Staat für Gesundheitsvorsorge zur Verfügung stehe. In Kenia stirbt eine von 40 Müttern bei der Geburt. Oder in Nigeria: Das Land gibt fast drei Milliarden Dollar für Steuernachlässe aus, das entspricht dem doppelten Bildungsetat. Sechs Millionen Mädchen gehen in Nigeria nicht zur Schule.

»In dem Bestreben, Unternehmen anzulocken, kürzen Regierungen in aller Welt deren Steuerrechnungen drastisch. So fügen sie ihren eigenen Volkswirtschaften und denen anderer Länder Schaden zu«, schreiben die Autoren des Papiers. Dabei seien niedrige Steuern in der Regel gar nicht ausschlaggebend für Investitionsentscheidungen. Viel wichtiger seien Infrastruktur, eine gesunde, gut ausgebildete Arbeiterschaft und soziale Stabilität.

Weltweit seien die durchschnittlichen Unternehmenssteuersätze in den vergangenen zehn Jahren von 27,5 auf 23,6 Prozent gefallen, teilte Oxfam mit. In den Ländern der G20 hätten die Steuersätze vor 25 Jahren im Schnitt noch bei 40 Prozent gelegen, heute seien sie auf 30 Prozent gesunken. Im Gegenzug würden die Bildungs- und Gesundheitsausgaben gekürzt oder die Mehrwertsteuern erhöht. In beiden Fällen bezahlen die Armen den größten Teil der Rechnung. »Die einzigen, die profitieren, sind die Konzerne und ihre wohlhabenden Aktionäre und Eigentümer.«

Basis der Oxfam-Rangliste sind bereits existierende Listen von Steueroasen, erstellt beispielsweise von der US-Regierung, der Europäischen Union, den Vereinten Nationen oder dem Weltwährungsfonds. Auf ihnen fand Oxfam 59 problematische Staaten. Weitere Länder wurden geprüft, schienen aber keine ähnlich aggressive Steuervermeidungspolitik zu betreiben, und wurden deshalb nicht mit in die Untersuchung einbezogen. In einem nächsten Schritt wählten die Autoren der Studie jene 19 Länder mit unterdurchschnittlichen Unternehmenssteuersätzen aus, die den Konzernen das internationale Verschieben ihrer Profite besonders erleichtern.

Ende der Unternehmensbesteuerung?

In den 15 Ländern, die am Ende übrigblieben, fand Oxfam besonders viele Hinweise auf verschobene Gewinne, besonders niedrige Unternehmenssteuern und weitere besonders bequeme Möglichkeiten der Steuerminimierung. Zudem beteiligten sich diese Länder weniger als andere an den Bemühungen der internationalen Politik, Steuervermeidung künftig zu begrenzen.

Der Bundesregierung komme im Kampf gegen die Steueroasen eine Schlüsselrolle zu, sagt Tobias Hauschild. Deutschland hat gegenwärtig die G20-Präsidentschaft inne. Oxfam fordert eine bessere Koordinierung der internationalen Politik gegen Steuervermeidung. Alle Gespräche darüber müssten die Entwicklungsländer gleichberechtigt mit einbeziehen. Die geplanten schwarzen Listen müssten nach »ungeschönten Maßstäben« erstellt, Steueroasen müssten »schmerzhaft« sanktioniert, das künstliche Verschieben von Gewinnen in Steueroasen müsse verhindert und der Wettbewerb um immer niedrigere Steuersätze gestoppt werden.

Ohne ein entschlossenes Handeln der Regierungen werde das Rennen nach ganz unten weitergehen, schließt die Studie. Wenn nichts geschehe, sei das »effektive Ende der Unternehmensbesteuerung noch in unserer Lebenszeit« sehr gut möglich. »Das wird enorme Folgen für die Ungleichheit und den Kampf gegen die Armut haben.««[36]

Übergangslösung – Globaler Mindeststeuersatz: 20%: »»Es kann nicht sein, dass global tätige Konzerne nur halb so viel Steuern zahlen wie andere Unternehmen«, sagte Schäuble: »Wir müssen durch internationale Zusammenarbeit erreichen, dass Unternehmen wenigstens einmal angemessen besteuert werden.« Dabei sei ihm der in Zypern durchgesetzte Satz von 12,5 Prozent zu niedrig: »Ich hätte schon gerne ein paar Prozentpunkte mehr.««[37] Bei einem einheitlichen globalen Steuersystem wären Steueroasen jedoch sowieso global nicht mehr möglich. Die 20 % wären aber ein erster Schritt in die richtige Richtung.

Langfristig: Man muss sich global durchringen, die Steueroasen endgültig zu schließen, da sie das Gemeinwohl massiv schädigen. Hier würde, wie gesagt, eine globale Steuerregelung enorm helfen, damit vor allem das obere 1 % nicht mehr die Möglichkeit hat, mittels Steueroasen sich am Rücken der globalen Gemeinschaft zu bereichern.

5) Globale Reichensteuer (Vermögenssteuer) 1 %: »Globale Super-Reichen-Steuer für Bargeld-MillionärInnen ab 1 Million[.] Euro. Dies würde die stolze Summe von mindestens 300 Milliarden Euro/Dollar pro Jahr einspielen – genug, um die schlimmste Armut und Umweltverschmutzung aus der Welt zu schaffen und nachhaltiger Entwicklung allerorts den Weg zu ebnen.«[38] Alleine dieser Hebel könnte so viel Leid lindern, unglaublich, dass dieser bis heute global nicht angewendet wird, vor allem, wenn man sieht, wie sich die Schere zwischen Arm und Reich jedes Jahr weiter öffnet.

6) Globale Erbschaftssteuer (Privatvermögen): Die Erbschaftssteuer wurde hier ident von Deutschland übernommen (https://www.steuerklassen.com/erbschaftssteuer/) und könnte global übernommen werden.

Erbschaftssteuer: Steuerklassen und Freibeträge		
Verwandtschaftsgrad	Steuerklasse	Freibetrag
Ehegatten, Lebenspartner	I	500.000 €
Kinder, Enkelkinder (wenn deren Eltern verstorben sind), Stiefkinder, Adoptivkinder	I	400.000 €
Enkelkinder	I	200.000 €
Eltern, Großeltern	I	100.000 €
Geschwister, Kinder der Geschwister, Stiefeltern, Schwiegerkinder etc.	II	20.000 €
Nicht verwandte Erben	III	20.000 €

Erbschaftssteuer: Steuersätze			
Höhe des Erbes (nach Abzug Freibetrag) in Euro	Steuersatz Steuerklasse I	Steuersatz Steuerklasse II	Steuersatz Steuerklasse III
Bis zu 75.000	7 %	15 %	30 %
Bis zu 300.000	11 %	20 %	30 %
Bis zu 600.000	15 %	25 %	30 %
Bis zu sechs Millionen	19 %	30 %	30 %
Bis zu 13 Millionen	23 %	35 %	50 %
Bis zu 26 Millionen	27 %	40 %	50 %
Mehr als 26 Millionen	30 %	43 %	50 %

Quelle der beiden Tabellen: https://www.steuerklassen.com/erbschaftssteuer/

7) Globale Erbschaftssteuer (Betriebsvermögen): 10 % / Der Betrag kann in 10 Jahren in 1%-Schritten abgegolten werden und soll so vor allem Unternehmen ein großzügiges Zeitfenster verschaffen. Bei Konzernen könnte man diesen Betrag alle 80 Jahre, sprich im Sinne einer Genration abgelten.

8) Globale CO_2-Steuer: beginnend mit 5 Euro pro Tonne

9) Gender Taxing: »Frauen erhalten 10% aller Einkommen weltweit und besitzen 1% des Vermögens. Steuern müssen gendergerecht umgestaltet werden, das Ziel der Gleichstellung von Frauen und Männern muss jede Reform des Steuersystems leiten.«[38]

Weitere Maßnahmen, damit die Steuereinnahmen von allen Staaten global gestärkt werden:

1) Digitale Betriebsstätte für Konzerne: Unternehmen müssen Ihre Gewinne im jeweiligen Staat versteuern, da sie die Infrastruktur des jeweiligen Landes nutzen. **Effekt:** Jeder Staat bekommt den gerechten Steueranteil, da das jeweilige Unternehmen den Gewinn, den es im jeweiligen Land macht, entsprechend versteuert. Bsp.: Google ist ein globales Unternehmen und macht in jedem Staat unterschiedlich viel Profit. So ist gewährleistet, dass jeder Staat den gerechten Anteil bekommt.

2) Briefkastenfirmen global verbieten? Es ist schwer zu definieren, ab wann eine Firma eine Briefkastenfirma ist und wann nicht. Wenn z.B. eine Firma gegründet wurde und keinerlei Infrastruktur aufweist, ist das dann eine Briefkastenfirma? Oder wenn man eine Firmenidee vorübergehend parkt und lediglich den Namen etc. anmeldet. Wesentlich ist, wenn man Steueroasen systematisch global austrocknet, ist ein wesentlicher Grund verloren gegangen, eine Briefkastenfirma zu betreiben und die Frage würde sich erübrigen, da die Motivation eine Briefkastenfirma zu gründen, nicht mehr existent wäre.

3) Systemrelevante Banken → Bankenrettung: »Der Finanzsektor der Europäischen Union hat vom Beginn der Finanzkrise im Oktober 2008 bis Dezember 2011 staatliche Hilfen in Höhe von 1,6 Billionen Euro erhalten. Diese Summe entspreche 13 Prozent des Bruttoinlandsprodukts (BIP) der EU, hieß es in einem am Freitag veröffentlichten Bericht der EU-Kommission.«[39]

Wichtig ist, dass man systemrelevante Banken global verbietet oder diese so vom Staat abkoppelt, dass sie in Konkurs geschickt werden können und nicht durch Steuergelder gerettet werden müssen. Ich kenne niemanden. der sich dazu schriftlich verpflichtet hat, private Banken vor dem Konkurs zu retten. Die wesentlichen Mindeststandards für ein zukünftiges erweitertes Bankengesetz sollten am besten von der UNO beschlossen werden, die für alle Staaten verpflichtend sind, diese dann im eigenen Staat umzusetzen. Hier bedarf es ebenfalls einer möglichst globalen Lösung, da ansonst Banken, die sich diesen Mindeststandards nicht anpassen, entsprechende Wettbewerbsvorteile hätten und so einzelne Staaten, die alleine Fairplay betreiben würden, enormen wirtschaftlichen Schaden davon tragen würden. Bedenkt man, dass die meisten Banken realwirtschaftlich so gut wie nichts zum Gemeinwohl beitragen, aber systemisch alles zum Einstürzen bringen können, muss man erkennen, dass hier etwas grundlegend falsch läuft und schleunigst geändert werden muss.

Wesentliche Regulierung der Banken weltweit – 20 bis 30 % Eigenkapital:

»Seit der Finanzkrise entstanden viele neue Vorschriften. Sie sind überwiegend Valium fürs Volk, weil sie kaum zur Verhütung künftiger Probleme beitragen, dafür aber durch ihre Komplexität den Blick auf das große Ganze verstellen und sich kaum noch demokratisch legitimieren lassen. Beispiele sind die deutsche *Bankenabgabe* (die neue Rettungspakete über viele Jahrzehnte nicht wird finanzieren können) sowie partielle *Leerverkaufsverbote* oder *Boni-Begrenzungen* für Bank-Manager (die sich bequem umgehen lassen). Erforderlich sind einfache Regeln, die das Weltfinanzsystem widerstandsfähig machen. Dieses Ziel erfüllt einzig eine hinreichende Eigenkapitalvorsorge für sämtliche Finanzdienstleister.

Basel III verfehlt das marktwirtschaftliche Haftungsziel

Systemrelevante Großbanken sorgen immer noch viel zu wenig vor. Sie erreichen derzeit eine echte Eigenkapitalquote, d.h. eigene Mittel bezogen auf die *komplette Bilanzsumme*, von 1-3%[3]. Zum Vergleich: DAX-Unternehmen erreichten 2012 durchschnittlich 35%[4], ihr Konkurs bedroht aber die Weltwirtschaft in keiner Weise. Die Baseler Eigenkapitalvorschriften für Banken entschärfen das Problem nur wenig, da sie nicht an allen Vermögensrisiken ansetzen, sondern nur an den ›risikogewichteten Aktiva‹. Bankkredite an Griechenland sind z.B. per Definition risikofrei, müssen also nicht mit eigenen Mitteln unterlegt werden. Übrigens ein Grund, warum sich Banken mit Staatsanleihen aus europäischen Krisenländern vollsogen, anstatt mittelständische Kredite zu vergeben. Immerhin wird sich eine »*leverage ratio*« von 3% bis 2017 voraussichtlich in der Testphase befinden[5]. 3% Eigenkapital auf sämtliche bilanzierte Vermögenswerte sind aber nur ein Bruchteil der von Volkswirten geforderten 20-30%. Wenig zielführend sind daneben *interne Risikomodelle* von Banken. Sie definieren Ausfallrisiken möglichst weit nach unten und versagten bei der Vorhersage negativer Extremereignisse[6].

Reformvorschläge

Bilanzielle Eigenkapitalquoten von 20-30% verhindern negative Externalitäten [...]. Die gegenwärtige Praxis dient nur einzelwirtschaftlichen Zwecken, schadet aber im Krisenfall der Gesamtwirtschaft erheblich. Neben Banken mit entsprechender Lizenz müssten v.a. *Schattenbanken* einbezogen werden, also z.B. Geldmarkt-, Hedge-, Private-Equity- oder Pensionsfonds. Sie arbeiten weiterhin überwiegend unreguliert und repräsentieren laut konservativer Schätzung rund die Hälfte aller offiziellen Bankenaktiva bzw. ein Viertel sämtlicher Finanzdienstleistungen der weltweit wichtigsten Wirtschaftsnationen G 20[7]. Daneben sollten die wichtigen internationalen Rechnungslegungsvorschriften *IFRS und US-GAAP* möglichst wenig verrechnen, also sämtliche Vermögensrisiken in der Bilanz aktivieren. Es gäbe nicht nur weniger Streit um Verrechnungsunterschiede, sondern auch mehr Sicherheit im Weltfinanzsystem.

Befürchtungen der Finanzindustrie sind unbegründet

Die Finanzbranche wehrt sich bisher erfolgreich gegen deutlich höhere Eigenkapitalquoten. Es seien *weltweit einheitliche[.] Regulierungen* erforderlich, da alles andere zu Wettbewerbsverzerrungen führe. [...] Für die zweite Begründung, dass höhere Eigenkapitalanforderungen eine gesamtwirtschaftliche *Kreditklemme* auslösen würden, fanden renommierte Ökonomen keine empirischen Belege[8]. Ganz im Gegenteil bescherte die stillschweigende *Staatsgarantie* den systemrelevanten Banken erhebliche Vorteile: Zwischen 2007 und 2009 durchschnittlich 169 Mrd. US-Dollar Subventionen jährlich bzw. einen Zinsvorteil von 60 Basispunkten bis Ende 2007 und 80 Basispunkten Ende 2009 [9]. Der dritte Einwand, eine echte

Eigenkapitalquote von 20-30% sei politisch *utopisch*, erscheint zumindest in lebendigen Demokratien und im historischen Vergleich als zu pessimistisch.

Fazit: Finanzmarktregulierung sollte der Volkswirtschaft dienen

Die G 20-Nationen versprachen im November 2008, dass kein Finanzmarkt, kein Finanzprodukt und kein Akteur unreguliert oder unbeaufsichtigt bleiben werde[10]. Denn die volkswirtschaftlichen Kosten gesteigerter Systemrisiken liegen langfristig weit über den möglichen Effizienzvorteilen großer Banken[11]. Fünf Jahre später stellen Admati/Hellwig fest: »Today's banking system, even with proposed reforms, is as dangerous and fragile as the system that brought us the recent crisis.«[12] Gleichzeitig macht die dramatisch gestiegene öffentliche Verschuldung der G 20-Staaten Rettungsaktionen und Konjunkturpakete wie 2008 ff. völlig unrealistisch. Die Regulierungspolitik muss daher endlich *gesamtwirtschaftlichen Interessen* dienen, statt den Einflüssen der Finanzindustrie zu erliegen. Je einfacher die Vorschriften, desto transparenter und damit demokratischer wären sie. 2012 beschloss der bedeutende Finanzplatz Schweiz, für Großbanken bis 2018 Eigenkapitalanforderungen einzuführen, die weit über Basel III hinausgehen[13].«[39a]

Abschließend: Würde man das Steuersystem auf globaler Ebene nachhaltig umstellen, würde man damit die nötige Umverteilung erreichen, damit die weltweite Ressourcenverteilung gesunden kann. Es sollen hier wesentliche Mindeststandards mit diesen finanziellen Mitteln des globalen Steuerhebels aufgebaut werden. Grundsätzlich soll pro Staat ein langfristiges Ziel in Jahresplänen definiert werden, das besagt, welche wesentlichen Projekte mit diesen Geldern umgesetzt werden sollen, wie z.B. Ausbauen der Infrastruktur, Bildungseinrichtungen, Gesundheitseinrichtungen, etc. Diese globale Steueranpassung hätte zur Folge, dass man im bestehenden System weitere wichtige Hebel ziehen könnte.

Hebel 6 / Globaler Sozialstaat: Soziales Auffangbecken laut Bedürfnispyramide nach Maslow + Zugang zu sauberem Wasser + Zugang zu ausreichend Essen + Zugang zu Wohnraum + Globales Arbeitslosengeld bzw. Bedingungsloses Grundeinkommen + Verpflichtendes globales Rentensystem + Globale Basis-Gesundheitsvorsorge + Globale verpflichtende Schulbildung

Mit den Mehreinnahmen durch ein globales Steuersystem hätten Staaten nach und nach global endlich die finanziellen Möglichkeiten, ihre soziale Verantwortung wahrzunehmen und vor allem dem armen und schwachen Teil der globalen Bevölkerung endlich den Rücken zu stärken und Grundbedingungen zu schaffen, die ein menschenwürdiges Dasein für möglichst viele Menschen gewähren.

1) Soziales globales Auffangbecken laut Bedürfnispyramide nach Maslow

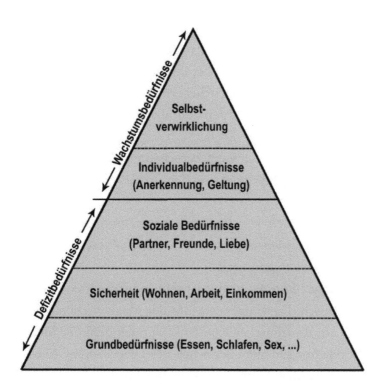

Bedürfnispyramide nach Maslow / Quelle der Grafik: https://axel-schroeder.de/was-ist-die-beduerfnispyramide-bedeutung-fuer-kunden-und-mitarbeiter/

Die Grundbedürfnisse sind weltweit die gleichen!

Nur wenn die wesentlichen Bedürfnisse möglichst jedes Menschen gedeckt werden, hat die Weltgemeinschaft die Chance zu gesunden. Solange das systemisch nicht gewährleitstet ist, wird man immer einer Vielzahl an Symptomen wie z.B. Krankheiten, Flüchtlinge, Terror, Kriege etc. begegnen und diese niemals vollständig in den Griff bekommen. Wir benötigen ein globales System, wo gewährleistet ist, dass jedem Menschen die nötigen Mindeststandards nicht verwehrt werden, wie z.B. finanziellen Mittel um den täglich benötigten Warenkorb bedienen zu können (Wohnen, Essen, Trinken,…), gesundheitliche Versorgung, Schulbildung etc. Sobald ein System global diese Mindeststandards gewährleistet, dann ist es auch im Umkehrschluss in Ordnung, wenn ein System Millionäre und Milliardäre hervorbringt.

- »**Physiologische Bedürfnisse:** Die Basis der Bedürfnispyramide stellt Grundbedürfnisse des Menschen wie Essen, Trinken, Schlafen usw. dar
- **Sicherheitsbedürfnisse:** Diese Gruppe der Bedürfnisse repräsentiert den Schutz vor Gefahr und den Drang nach Sicherheit. Als Beispiele sind Bedrohungen wie Krankheiten anzuführen oder die Sicherheit des Arbeitsplatzes.
- **Soziale Bedürfnisse:** Der Wunsch nach zwischenmenschlichen Kontakten und das Gefühl der Zugehörigkeit sind den sozialen Bedürfnissen zuzuordnen.
- **Individualbedürfnisse:** Auch Ich- Bedürfnisse genannt, hier setzt die Theorie beim Drang des Menschen nach Ansehen[,] Prestige, Freiheit, Stärke[,] Erfolg und Wertschätzung an.
- **Selbstverwirklichung:** Dieses Bedürfnis ist sehr individuell und variiert von Mensch zu Mensch. Diese oberste Stufe der Maslowschen Bedürfnispyramide stellt ein theoretisches Konstrukt dar, bei dem der Mensch nach Selbstverwirklichung in allen Bereichen des Lebens strebt. Maslow beschreibt die Stufe als Ausschöpfung des eigenen Potenzials.

Tatsächlich gibt es von Maslow noch eine sechste Stufe: die der Transzendenz. Darunter versteht man das Bestreben nach Höherem, eine Aufgabe für die Gesellschaft wahrnehmen bzw. soziale Gerechtigkeit ausüben.

Die Bedürfnisebenen werden in der Maslow-Theorie in zwei Bereiche unterteilt. Zum einen die Defizitbedürfnisse und zum anderen die Wachstumsbedürfnisse. Zu den Defizitbedürfnissen zählen die unteren drei Bedürfnisebenen der Pyramide, die physiologischen, die Sicherheits- und die sozialen Bedürfnisse. Als Wachstumsbedürfnisse bezeichnet man die Individualbedürfnisse und die Selbstverwirklichung.

Die Grundlage dieser Motivationstheorie besagt, dass zuerst die Defizitbedürfnisse befriedigt werden müssen. Sind also die physiologischen Bedürfnisse gestillt, strebt der Mensch nach der Erfüllung der Sicherheitsbedürfnisse. Der Befriedigung der Sicherheitsbedürfnisse folgt die Verfolgung der sozialen Bedürfnisse. Werden Defizitbedürfnisse nicht befriedigt, können psychische oder physische Störungen auftreten.«[40]

2) Absolute Grundbedürfnisse müssen von jedem Staat weltweit gestillt werden – Wohnen, Essen, Trinken:

»Hunger wird auf dieser Welt keinen Platz mehr haben, wenn wir unsere wertvollen Böden, die Wasservorkommen[.] und Artenvielfalt auf nachhaltige und gerechte Weise nutzen. Hunger und Armut sind Produkte von Ungerechtigkeit und unverhältnismäßiger Ausbeutung. Wie Gandhi sagte, hat der Planet »*genug, um jedermanns Bedürfnisse zu stillen, aber nicht genug, um die Gier einiger weniger zu befriedigen*«.«[41]

Jeder Staat sollte ein soziales Auffangbecken für Menschen haben, die finanzielle, gesundheitliche, berufliche Probleme haben. Es muss gewährleistet sein, dass Menschen, die im eigenen Land in Not sind, einen Schlafplatz haben, am besten eine eigene Wohnung oder Wohngemeinschaft, genug zu Essen und Trinken haben und die Möglichkeit besteht, dass diese Menschen Hilfe angeboten bekommen, damit sie ihr Leben wieder in geordnete Bahnen bringen und nicht ins Bodenlose rutschen. Zusätzlich sollte man diesen Menschen im Sinne der vierten industriellen Revolution, der Digitalisierung, ein Smartphone + Laptop + Internetzugang zur Verfügung stellen, da sie online die Möglichkeit haben, Dinge zu recherchieren und man sie mit den Zukunftsmedien unserer Zeit somit vertraut macht. Wenn Staaten für die Schwächsten diese Basis (wohnen, trinken, essen) nicht liefern, wird das in Summe auf lange Sicht immer ihr Nachteil sein. Tatsache ist, es kann jedem von uns passieren, dass man in eine Notlage kommt. Der Staat muss ein Sicherheitsnetz bieten, das man im Notfall nutzen kann.

Sieht man sich aber den Sachverhalt global an, muss man leider feststellen, dass bei einer Vielzahl an Menschen diese Grundbedürfnisse nicht gedeckt sind, was auch zur Folge hat, dass sich diese Bevölkerungsschicht niemals weiterentwickeln kann. Stellen Sie sich diesen Umstand für sich selbst nur eine Sekunde vor. Es ist als wäre man dauerhaft benebelt, als wäre man dauerhaft krank, denn wenn diese Bedürfnisse wie eine Wohnung (sicherer Schlafpatz), Essen und Trinken nicht gedeckt sind, ist es so gut wie nicht möglich, sich selbst zu einem besseren Leben zu verhelfen.

Globalen Fakten:

- »Laut UN-Programm Habitat verfügen 1,1 Mrd. Menschen in städtischen Gebieten über keine angemessene Unterkunft; die Zahl der Betroffenen dürfte bis 2025 auf 1,6 Mrd. steigen. Mindestens 100 Mio. Menschen sind praktisch obdachlos. In Europa sind jedes Jahr vier Millionen vorübergehend von Obdachlosigkeit betroffen, in den USA 3,5 Millionen.«[42]

- »Jeden Tag sterben 100.000 Menschen an Hunger oder an den unmittelbaren Folgen«[43]

- »Alle 3,6 Sekunden verhungert ein Mensch; die große Mehrzahl sind Kinder unter 5 Jahren.«[44] »Alle 5 Sekunden verhungert ein Kind.«[45] »30.000 Kinder sterben täglich an Hunger, den Folgen schmutzigen Wassers und vermeidbaren Krankheiten.«[46]

- »Letztes Jahr waren 842 Millionen Menschen schwerstens, permanent unterernährt gewesen.«[47]

- »Jede Minute stirbt ein Kind durch verunreinigtes Wasser.«[48] »Von den 2,1 Milliarden Menschen, die kein sicheres Trinkwasser haben, haben 844 Millionen nicht einmal Zugang zu elementarer Wasserversorgung.«[49] »8 Millionen Menschen sterben jährlich an den Folgen von Wassermangel und -verschmutzung, darunter 1,6 Millionen Kinder.«[50] »Um 300% wird der globale Süßwasserverbrauch in den nächsten 30 Jahren steigen.«[51]

»Menschen sterben nicht durch fehlendes Einkommen. Sie sterben durch fehlenden Zugang zu Ressourcen.[52]«

Jeder Staat dieser Welt muss der Verpflichtung nachkommen, diesem Problem dauerhaft Herr zu werden; ansonsten folgt eine Regierung anderen Interessen, aber nicht denen ihrer Bürger.

Finanzierung und konkrete Umsetzung weltweit: Teile der Entwicklungshilfegelder und Teile der Mehreinnahmen durch das neu vorgeschlagene Steuersystem würden die wesentliche Infrastruktur, Produkte und Dienstleistungen finanzieren, die für die Grundbedürfnisse wie Schlafen, Essen und Trinken notwendig sind. Diese Projekte können natürlich an Firmen vergeben werden, sollen aber Eigentum des Staates sein. Diese Mindeststandards sollten kostenschonend verwirklicht werden, aber letztendlich keinem Profitdenken unterliegen. Der Staat hat am Ende des Tages die entsprechende Kontrolle und garantiert damit ein menschenwürdiges Leben für Menschen, die, aus welchem Grund auch immer, ihr Auskommen nicht selbst erwirtschaften können oder in einer vorübergehenden Notlage stecken.

a) Bau von mietfreien + leistbaren Wohnungen für die ärmste Bevölkerungsschicht (mit entsprechenden Mindeststandards)

Der Teil der Bevölkerung, der keine Wohnung hat, soll so die Grundlage für ein menschenwürdiges Leben erhalten. Es sollte möglichst jede Wohnung mit einem Laptop, Internetzugang und Smartphone ausgestattet werden, da dies für die Neuorientierung eines Individuums oder einer Familie sehr hilfreich sein kann. Diese Wohnungen sollten vor allem die ersten Monate bei Neubezug einer Person oder Familie durch Sozialarbeiter betreut werden. Neben diesem Mindeststandard ist es enorm wichtig, dass global genug leistbare Mietwohnungen vorhanden sind, wenn nötig durch Mietpreisregulierungen, indem man Mietobergrenzen pro Quadratmeter (z.B. je nach Bundesland oder Stadt) gesetzlich verhängt. Langfristig sollten auch vom jeweiligen Staat die Rahmenbedingungen geschaffen werden, dass die Möglichkeit besteht, eine Eigentumswohnung oder ein Haus zu erwerben.

b) Ausbau der Landwirtschaft für Grundnahrungsmittel + Notfallstellen, wo Grundnahrungsmittel für Bedürftige ausgegeben werden

»Hier sind 5 Wege, wie wir einer Lösung des Problems nahekommen können:

1. Bessere Landwirtschaft

Es helfen auch kleine Schritte, um gegen den Welthunger zu kämpfen: Wenn die Bauern aus Entwicklungsländern vor Ort direkt unterstützt werden, kann das einen wichtigen Beitrag im Kampf gegen den Welthunger leisten.

Wie bestelle ich meine Felder optimal? Wie verkaufe ich meine Produkte? Das Projekt Food & Cash for Work des WFP setzt genau hier an: Es bietet Bildungsprogramme für Bauern aus armen Regionen an. Sie erlernen wichtige Fähigkeiten, um sich selbst zu versorgen und den Anbau von Lebensmitteln zu optimieren.

Eine Erfolgsgeschichte des Programms Food & Cash for Work stammt aus Nepal. Die 23-jährige Dhaulidevi Bohara kommt aus einer Bergregion, in der es wenig Essen gibt. Das Projekt ermöglichte es ihr, die Fertigkeiten eines Bauarbeiters zu erlernen und selbst Geld zu verdienen. Mit dem Verdienst kann sie nun ihre Familie miternähren.

2. Demokratische Politik

Bürger, die in undemokratischen und korrupten Ländern leben, leiden mit einer größeren Wahrscheinlichkeit an Hunger als Menschen, die in Demokratien leben. Denn diese Regierungen investieren tendenziell weniger Geld in Landwirtschaft und Bildung.

Internationale Organisationen können deswegen einen wichtigen Beitrag im Kampf gegen den Welthunger leisten. Denn sie setzen sich in betroffenen Ländern gegen Korruption und für demokratische Reformen ein.

Erfolge erzielte beispielsweise Angola. Die Regierung investierte verstärkt Gelder in landwirtschaftliche Projekte und Schulprogramme. Diese politischen Initiativen der Regierung konnten das Ranking Angolas im Welthungerindex deutlich verbessern. Das bestätigt ein Bericht der Welthungerhilfe aus dem Jahr 2012.

3. Essen in Schulen

An Hunger leiden insbesondere Kinder. Zum einen können Eltern aus armen Verhältnissen sie nicht ausreichend ernähren. Zum anderen gibt es in Schulen der betroffenen Entwicklungsländer nur selten Kantinen.

Schulspeisungsprogramme können helfen, Kinder regelmäßig mit lebenswichtiger Nahrung zu versorgen. Denn nur so können sie sich optimal konzentrieren und lernen. Das Welternährungsprogramm der Vereinten Nationen stellt deshalb pro Jahr über 20 Millionen Kindern in Entwicklungsländer Schulmahlzeiten zur Verfügung. Um weitere Erfolge zu erzielen, hat die UNO kürzlich die App »ShareTheMeal« ins Leben gerufen. Mit nur zwei Klicks auf dem Smartphone kann der Nutzer ein Kind für nur 40 Cent einen ganzen Tag ernähren. Mit Erfolg: Bereits während der Testphase haben sich über 13.000 Menschen angemeldet und eine Mahlzeit für hungernde Kinder gespendet.

4. Bewusster Konsum

Fleisch ist der Lebensmittelverschwender Nummer eins. Denn um Fleisch zu produzieren, werden Anbauflächen für Futtermittel vergeudet. Dabei nutzen die westlichen Industriestaaten auch Äcker in Entwicklungsländern. Dort könnten stattdessen Nahrungsmittel für Menschen angebaut werden.

Ein Bericht der Gesundheitsorganisation »Compassion in World Farming« bestätigt, dass »Getreide, das dazu genutzt werden könnte, die Hungernden zu ernähren, verwendet wird, um Tiere zu mästen. Um ein Kilogramm Fleisch zu produzieren, werden bis zu 16 Kilogramm Getreide benötigt.«

Würden wir nur zehn Prozent weniger Fleisch produzieren, würden wir so viel Getreide einsparen, um 60 Millionen weitere Menschen zu ernähren. Das erklärt der Harvard-Ernährungswissenschaftler Jean Mayer auf dem Portal »Vebu«. Im Kampf gegen den Welthunger ist also auch jeder Einzelne gefragt. Auch die Bereitschaft, die eigenen Gewohnheiten zu überdenken und weniger Fleisch zu essen kann dabei helfen, den Hunger von Millionen Menschen zu stillen.

5. Weniger Nahrungsmittel im Müll

Über 40 Prozent der Nahrungsmittel in den ärmsten Ländern der Welt gehen zwischen Ernte und Handel verloren. Das liegt daran, dass Lebensmittel oft nicht sinnvoll gelagert, gekühlt und transportiert werden. Diese Zahl hat das Bundesministerium für Ernährung und Landwirtschaft veröffentlicht.

Aber auch unser Verhalten trägt dazu bei, dass der Welthunger weiter anhält: Jedes achte Lebensmittel, das wir kaufen, werfen wir weg. Die Kampagne »Zu gut für die Tonne« des Bundesernährungsministeriums kämpft mit zahlreichen Initiativen gegen die Verschwendung an.

Die App ›Beste Reste‹ gibt Verbrauchern Tipps, wie sie optimal einkaufen und Essensreste sinnvoll verwerten. Mit großem Erfolg: Seit dem Start 2012 wurde die App von über einer halben Million Menschen heruntergeladen. Wir alle sind gefragt: Denn wenn diese Verluste reduziert würden, könnte die Weltbevölkerung gerechter ernährt werden.«[53]

c) Ausbau der Wasserversorgung + Notfallstellen, wo sauberes Trinkwasser für Bedürftige ausgegeben wird

Verbesserte Abwasserbehandlung, mehr Wasserwiederverwendung und die Rückgewinnung nützlicher Nebenprodukte tragen zur Vermeidung von übermäßiger Wasserentnahme und zu Ressourceneinsparungen in Produktions- und Wirtschaftsaktivitäten bei und ebnen so den Weg hin zu einer Kreislaufwirtschaft.

»Menschheit und Natur sollen auch in Zukunft über ausreichend sauberes Wasser verfügen – es zählt daher jeder Tropfen. Nur die Umsetzung umfassender Konzepte nachhaltiger Wassernutzung ist geeignet, die globalen, nationalen und regionalen Wasserprobleme zu lösen. Parallel zum sparsamen Umgang mit dem Wasser gilt es, die Schädigungen durch Schadstoffe aller Art auf ein Minimum zu reduzieren und die Verursacher für die entstehenden Kosten zur Reinigung von Grundwasser, Feuchtgebieten und anderen Gewässern heranzuziehen.

Gerade beim sorgsamen Umgang mit der Lebensgrundlage Wasser können sich die Initiativen einzelner Bürgerinnen und Bürger, Kommunen, Unternehmen und Regierungen ergänzen. Individuelle Bemühungen zum Wassersparen und zur Verminderung der Belastung des Wassers mit Schadstoffen (etwa durch Öko-waschmittel) bleiben der berühmte Tropfen auf den heißen Stein, wenn nicht gleichzeitig umfassende politische und wirtschaftliche Konzepte zum sorgsamen Umgang mit dem Wasser verwirklicht werden. Umgekehrt bedarf die Durchsetzung einer nachhaltigen nationalen Wasserpolitik auch des überzeugenden persönlichen Umgangs mit der knappen Ressource. Es kommt auf jede Initiative zum sorgsamen Umgang mit der Lebensgrundlage Wasser an – von der Spartaste an der Toilettenspülung über den Schutz großer grenzüberschreitender Flusseinzugsgebiete bis hin zur Erhöhung der Wassereffizienz in der Wirtschaft.

Nachhaltige Wassernutzung

1) Landwirtschaftlicher Wasserverbrauch

Etwa 70 Prozent der menschlichen Wassernutzung (ohne Berücksichtigung von Kühlwasser) entfallen auf die Landwirtschaft, in vielen Entwicklungsländern ist der Anteil noch deutlich höher. Dennoch werden in der Landwirtschaftspolitik die Fragen der Verfügbarkeit von Wasser häufig zu wenig berücksichtigt. Es ist aus ökologischer Sicht unsinnig, in Wüstenstaaten wie Libyen und Saudi-Arabien unter hohem Wassereinsatz Weizen anzubauen (was erfreulicherweise die saudische Regierung inzwischen eingesehen hat). Meist werden hierfür fossile Grundwasservorräte geplündert, die unter gänzlich anderen klimatischen Bedingungen entstanden sind und sich angesichts gegenwärtiger minimaler Niederschläge nicht erneuern. Das Wasser, das heute Weizen oder Zitrusfrüchte wachsen lässt, geht dem Land für immer verloren. Die Motorpumpe ist für viele Wasservorräte in Wüstenstaaten das, was die Motorsäge für Regenwälder in den Tropen ist: Sie ermöglicht eine rücksichtslose Zerstörung knapper natürlicher Ressourcen.

Besonders erschreckend ist die Situation am Aralsee in Zentralasien. Die verschwenderische Bewässerung riesiger Baumwollfelder begann bereits in den 1950er Jahren zu Zeiten der Sowjetunion. Auch heute wird noch so viel Wasser aus den beiden Zuflüssen Amu Darja und Syr Darja auf die Felder geleitet, dass kaum noch Flusswasser in den See strömt, der durch Verdunstung aber ständig große Mengen Wasser verliert. Die Folge ist, dass der einst viertgrößte Binnensee der Welt auf etwa ein Zehntel seiner Fläche geschrumpft ist, verteilt auf mehrere Restflächen. Der einzige Lichtblick ist, dass Kasachstan im nördlichen Seegebiet mit Unterstützung der Weltbank einen Damm errichtet hat und nun so viel Wasser aufstaut, dass wieder eine etwas größere Seefläche entsteht.

Durch effiziente Bewässerungstechniken sind beträchtliche Einsparungen möglich. Vor allem die Tröpfchenbewässerung, bei der leicht poröse, dünne Schläuche das Wasser direkt zu den Wurzeln der Pflanzen leiten, hat sich bewährt. Diese Bewässerungsmethode hat auch den Vorteil, dass die Felder nicht versalzen, wie es bei einer flächendeckenden Überflutung der Felder rasch passiert. Neben der Menge ist es wichtig, in welchem Zustand das verwendete Wasser in das Grundwasser oder Oberflächengewässer abgegeben wird, vor allem, ob die Nitrat- und Pestizidrückstände hoch sind. Auch gilt es, Alternativen zur Nutzung des knappen Grund- und Flusswassers sowie des teuren Wassers aus Meerwasserentsalzungsanlagen zu finden. Unter anderem auf der arabischen Halbinsel gibt es Erfolg versprechende Ansätze dafür, gründlich gereinigtes Brauchwasser für Bewässerungszwecke zu verwenden. Da dieses Wasser viele Nährstoffe enthält, haben die Bauern zusätzlich den Vorteil, auf Kunstdünger weitgehend verzichten zu können – eine wirklich nachhaltige und preiswerte Lösung von Wasserproblemen.

Bei uns stehen bei der landwirtschaftlichen Wassernutzung die Auswirkungen des Einsatzes von Agrarchemie auf Grundwasser und Gewässer im Mittelpunkt der Debatte. Nach Angaben des Bundesumweltamtes weisen rund 50 Prozent aller Grundwasser-Messstellen in Deutschland erhöhte Nitratkonzentrationen nach, wobei 15 Prozent des Grundwassers die Nitratgrenzwerte nicht einhalten.[5] Damit das Wasser aus der Leitung keine überhöhten Nitratbelastungen aufweist, sind aufwendige und teure Reinigungsmaßnahmen erforderlich. Auch andere Agrarchemikalien stellen Gefahren für das Grundwasser und damit zumindest potenziell auch für das Trinkwasser dar. Biohöfe tragen wesentlich weniger zur Schadstoffbelastung des Grundwassers bei und leisten auf diese Weise einen Beitrag zu einer nachhaltigen Wassernutzung.

2) Industrie und Energieerzeugung

Auch bei der industriellen Wassernutzung spielen Fragen der Wassermenge und der Schadstoffbelastung des Abwassers eine entscheidende Rolle. Die benötigte Wassermenge kann durch Kreislaufsysteme um mehr als die Hälfte vermindert werden. Ein Beispiel für nachhaltigen Umgang mit Wasser bietet ein Hamburger Kupferunternehmen. Dort verzichtet man weitgehend auf Leitungswasser und bereitet Wasser aus der Elbe auf, um es für betriebliche Zwecke mehrfach zu nutzen. So konnte der Trinkwasserverbrauch des Unternehmens um bis zu 400.000 Kubikmeter im Jahr vermindert werden. Zusätzlich wurden 2013/2014 Regenwasserrückhaltebecken angelegt.[6] Auch andere Industrieunternehmen haben ihren Bedarf an Grund- und Leitungswasser in den vergangenen Jahrzehnten stark gesenkt, wobei ökologische und finanzielle Überlegungen gleichermaßen im Blick waren.

Sorge bereiten weiterhin die Medikamentenrückstände im häuslichen Abwasser und in den Abwässern von Kliniken und Praxen. In Deutschland sind etwa 3.000 medizinische Wirkstoffe zugelassen und gelangen ins Abwasser. Es ist unmöglich, sie alle in den Kläranlagen herauszufiltern, zumal zusätzlich eine unbekannte Zahl neuer Verbindungen entsteht, wenn die Stoffe im Wasser aufeinandertreffen. Die Medikamentenreste stellen eine ernste Bedrohung für Mensch und Natur dar. So hat man unterhalb von Kläranlagen eine zurückgehende Vermehrungsfähigkeit von Fischen beobachtet. Es wird nicht ausreichen, immer aufwendigere Kläranlagen zu bauen; die Auswirkungen chemischer Produkte auf das Wasser müssen noch gründlicher analysiert werden, zudem sollten Industrie und Konsumenten möglichst auf Stoffe verzichten, die in Kläranlagen nicht aus dem Wasser entfernt werden können.

Wenig Beachtung in der Debatte über nachhaltigen Umgang mit Wasser findet bisher die Nutzung von Flusswasser für die Kühlung von Kraftwerken. Allein in Deutschland werden jedes Jahr etwa 25 Milliarden Kubikmeter Kühlwasser in die Gewässer zurückgeleitet.[7] Umweltschützer fordern höhere Investition in Kühltürme und andere technische Lösungen, damit die Flüsse nicht weiterhin so stark aufgeheizt werden, denn das hat (unter anderem) negative Auswirkungen auf den Sauerstoffgehalt der Gewässer.

3) Streitpunkt Staudämme

Während der Energieverbrauch der Menschheit stark ansteigt und etwa 1,4 Milliarden Menschen immer noch keinen Zugang zur Stromversorgung haben, nehmen gleichzeitig die negativen Auswirkungen vor allem der fossilen

Energiegewinnung aus Kohle auf das Klima dramatische Formen an. Energie aus Wasserkraft ist deshalb ein wichtiger Faktor vieler »grüner« Energiekonzepte.

Weltweit gibt es inzwischen mehr als 45.000 größere Staudämme mit Staumauerhöhen von mehr als 15 Metern. Der Anteil der Wasserkraft an der globalen Energieerzeugung beträgt dennoch lediglich 2,3 Prozent.[8] Betrachtet man nur die Elektrizitätserzeugung, liegt der Anteil bei etwa 16 Prozent. Bei der erneuerbaren Energieerzeugung hat Wasserkraft jedoch eine führende Position. Auch beim Verkauf von Ökostrom und bei Geldanlagen in Ökofonds kommt der Energiegewinnung mit Wasserkraft eine große Bedeutung zu.

Es zeigt sich allerdings, dass zahlreiche Wasserkraftwerke vielfältige negative Auswirkungen auf die Umwelt und für die lokale Bevölkerung haben. So ist zum Beispiel die Klimabilanz vieler großer Wasserkraftwerke in Entwicklungsländern dadurch stark negativ, dass große Flächen tropischen Regenwaldes zerstört werden, um Platz für die Stauseen zu schaffen. Auch darf nicht übersehen werden, dass für die Anlage der Stauseen häufig viele Tausend Familien von ihrem Land in fruchtbaren Tälern vertrieben werden. Auf die zugesagten Entschädigungen müssen sie oft lange warten, wenn sie überhaupt ausgezahlt werden und nicht in dunklen Kanälen verschwinden. In Ländern wie Indien oder Brasilien lösen große Staudammprojekte deshalb immer wieder neue Konflikte aus, und auch in China kommt es häufig zu Protestaktionen.

Die Elektrifizierungsdefizite armer Länder werden nicht unbedingt durch riesige neue Wasserkraftanlagen überwunden. In der Demokratischen Republik Kongo sind 99 Prozent der ländlichen Bevölkerung nicht ans Elektrizitätsnetz angeschlossen. Nun soll der Kongo-Fluss für das gewaltige Staudammprojekt »Inga 3« aufgestaut werden. Dass die auf dem Land lebenden Menschen davon nennenswert profitieren werden, ist schon deshalb praktisch ausgeschlossen, weil weiterhin Stromleitungen in die Dörfer fehlen. Auch haben die Bauernfamilien nicht die nötige Kaufkraft zur Bezahlung der Stromrechnungen. Es ist für die Betreiber deshalb sehr viel lukrativer, den Strom an industrielle Großabnehmer und an das energiehungrige Südafrika zu verkaufen. So hat Peter Bosshard von der Umweltschutzorganisation International Rivers wohl recht, wenn er diagnostiziert: »Arme ländliche Gemeinschaften werden den Preis für eine neue

Generation von zerstörerischen Großdämmen zahlen, aber sie werden die Letzten sein, die von der dort erzeugten Elektrizität profitieren werden.«[9]

Auch die massiven zwischenstaatlichen Konflikte, die durch den Bau von Staudämmen ausgelöst werden, dürfen nicht übersehen werden. Aktuell fürchtet Ägypten, dass deutlich weniger Nilwasser im eigenen Land ankommen wird, wenn ein riesiger äthiopischer Staudamm am Oberlauf des Flusses fertiggestellt sein wird. Am Beispiel der Staudämme zeigt sich, wie wichtig die Verknüpfung einer nachhaltigen Wasserpolitik mit einvernehmlichen Vereinbarungen von Nachbarstaaten über die Nutzung des Wassers grenzüberschreitender Gewässer ist.

Generell gilt, dass kleine Wasserkraftanlagen weniger negative ökologische und soziale Auswirkungen haben als große. Aber auch bei ihnen bedarf es intensiver Studien- und Partizipationsprozesse, um wirklich nachhaltig Energie aus Wasserkraft zu erzeugen. Andernfalls ist die Addition zahlreicher kleiner Wasserbauprojekte nicht wesentlich weniger schädlich als ein Großprojekt. Es gibt aber zum Beispiel in Nepal überzeugende kleine Anlagen zur Energiegewinnung, deren Auswirkungen auf die Natur gering sind.

In Deutschland tragen die 400 großen und über 7.000 kleinen Wasserkraftanlagen 3,5 Prozent zur Stromerzeugung bei.[10] Damit ist das Wasserkraftpotenzial nach Einschätzung des Bundesumweltministeriums weitgehend ausgeschöpft. Nachhaltigkeit bedeutet bei uns, die vorhandenen Anlagen effizienter zu gestalten und gleichzeitig ihre negativen ökologischen Auswirkungen zu reduzieren. So können Fischtreppen, Umgehungsgerinnen und ähnliche technische Lösungen den Fischauf- und -abstieg erleichtern. Bisher stellen viele Wasserkraftanlagen fast unüberwindliche Hindernisse für die Fische auf dem Weg zu und von den Laichgebieten an den Oberläufen der Flüsse dar. Nachhaltigkeit verursacht bei der Nutzung von Wasserkraft häufig beträchtliche Kosten und bedarf weiterer technischer Innovationen.

(Wasser-)Recht der Natur

Bei Berechnungen und Planungen zur Verfügbarkeit und Nutzung von Wasser wird oft vernachlässigt, dass es auch für Pflanzen und Tiere unverzichtbar ist. Wird zum Beispiel Flusswasser zu stark für menschliche Zwecke eingesetzt, trocknen Feuchtgebiete aus. Ein Beispiel dafür ist der nordamerikanische Grenz-fluss, den die Mexikaner *Río Bravo* und die US-Amerikaner *Rio Grande* nennen. Beiderseits des Flusses und an den Zuflüssen hat die Bewässerungslandwirt-schaft in den vergangenen Jahrzehnten einen gewaltigen Boom erlebt, was aber zur Folge hat, dass die Wassermenge im Fluss in den Sommermonaten drama-tisch sinkt. Schon mehrfach hat der Fluss den Golf von Mexiko nicht mehr er-reicht, sondern ist vorher versiegt.

Politisch und vor Gerichten streiten Bauernverbände und Regierungen auf bei-den Flussseiten um das verbliebene Wasser. Die Tier- und Pflanzenwelt des Flus-ses und seiner Ufer hat in diesen Auseinandersetzungen keine starke Lobby. Das wirkt sich besonders im Flussdelta aus. Auf US-amerikanischer Seite werden oh-nehin bereits 95 Prozent der früheren Feuchtgebiete des Deltas für landwirt-schaftliche und industrielle Zwecke oder als Siedlungsflächen genutzt. Nun ver-suchen Naturschutzorganisationen, die zersplitterten restlichen fünf Prozent vor dem Austrocknen zu bewahren. Sie setzen unter anderem Pumpen ein, um die Flächen feucht zu halten, aber das ist eher eine Notmaßnahme als ein nachhaltiger Schutz der verbliebenen Feuchtgebiete.

Ein positives Beispiel ist hingegen der Umgang von Angola, Namibia und Bots-wana mit dem Wasser des gemeinsamen Flusses Okavango. Er mündet in Bots-wana in ein etwa 20.000 Quadratkilometer großes Sumpfgebiet. Dieses Delta mit-ten in einer Wüste gehört mit etwa 1.300 Pflanzenarten und 30 Amphibien- und 445 Vogelspezies zu den ökologisch wertvollsten Regionen Afrikas. Zwar fließen jährlich zehn Milliarden Kubikmeter Wasser in das Feuchtgebiet, aber das hyd-rologische Gleichgewicht von Zufluss und Verdunstung/Versickern ist sehr sen-sibel. Botswana konnte die anderen Anrainerstaaten des Flusses überzeugen, dass die gegenwärtig ankommende Wassermenge unverzichtbar ist, um das Delta zu bewahren. Dabei ist zu bedenken, dass alle drei Länder unter Wasser-knappheit leiden, der Verzicht auf die Nutzung des Okavangowassers also nicht leicht fällt. In der Permanent Okavango River Basin Commission wird gemein-sam darüber gewacht, dass die Nutzung des Flusswassers auf einen geringen Umfang begrenzt bleibt. Touristen aus aller Welt, die Flusspferde, Elefanten und Krokodile des Okavangodeltas hautnah erleben wollen, besuchen meist auch andere Ziele in der Region. Eine einzigartige Landschaft nicht austrocknen zu lassen, bringt also auch ökonomische Vorteile.«[54]

d) Globales Bewusstsein für ein mögliches gesundes Leben klar kommunizieren

»Auf der einen Seite gibt es die Armut der einen Milliarde hungernden und unterernähr[t]en Menschen, auf der anderen Seite eine Milliarde schlecht ernährte, von Fettleibigkeit geplagte Menschen – beide Gruppen leiden unter kultureller und materieller Armut.«[55]

Sobald die Grundbedürfnisse (Wohnen, Essen, Trinken) im jeweiligen Staat abgedeckt sind, ist meines Erachtens folgendes Basiswissen für jeden Menschen von großer Bedeutung, um langfristig eine möglichst gesunde globale Gesellschaft hervorzubringen.

1) Fitness und Sport: Am besten Sie machen jeden Tag zwischen 30 und 60 Minuten Sport. Egal zu welcher Uhrzeit, egal welche Sportart, am wichtigsten ist, dass Sie sich einfach jeden Tag bewegen.

Fitness und Sport ist ein Ziel und gleichzeitig auch ein Weg: Gesundheit und Wohlgefühl sind Zeichen dafür, dass Fitness aufgebaut wurde. Eine gute körperliche Verfassung und eine hohe Leistungsfähigkeit sind der Lohn. Dabei gibt es keine genaue Definition für den Begriff Fitness. Fitness-Training kann jede Form von Sport sein: Joggen im Wald, im See schwimmen, im Fitness-Center Gewichte stemmen, Yoga etc.

Der erste Schritt Richtung Fitness und Sport: Aufstehen und bewegen, runter von der Couch und raus ins Freie oder in das nächste Studio. Fitness und Sport fängt im Kleinen an, Training muss nicht Stunden dauern. Laufen Sie ab sofort Treppen hoch, bauen Sie mindestens 5.000 Schritte in Ihren Tag ein. Und nähern Sie sich langsam zielgerichtetem Fitness und Sport-Training mit Ausdauertraining, Krafttraining und Koordinationstraining.

Hinweis: Am besten Sie stehen in der Früh auf und gehen eine halbe Stunde laufen. Dann sind Sie frisch und munter und haben ihre tägliche Sporteinheit bereits absolviert.

2) Ernährung: Eine gesunde Ernährung besteht aus folgenden Grundnahrungsmitteln:

1) 2–3 Liter pures Wasser am Tag (Starten Sie Ihren Morgen mit ½–1 Liter Wasser) / Alternative zu purem Wasser: mit einer Zitrone ergänzen / Geheimtipp für einen super gesunden leckeren Detox-Tee: 1 Liter heißes Wasser + Grüner Tee + Ingwer + Kurkuma + 1 Zitrone + 1 Esslöffel Honig

2) Getreide (Reis, Vollkornreis, Vollkornnudeln, Dinkel, Buchweizen, Hirse, Weizen, Hafer, Quinoa, Amaranth etc.)

3) Hülsenfrüchte (Bohnen, Erbsen, Linsen etc.)

4) Gemüse (Karotten, Tomaten, Paprika, Salat etc.)

5) Obst (Apfel, Orangen, Papaya etc.)

6) Nüsse (Haselnüsse, Mandeln, Pinienkerne etc.)

7) Superfoods (Goji-Beeren, Moringa, Spirulina, Traubenextrakt etc.)

8) Für Nichtvegetarier (ein- bis maximal dreimal die Woche: Fleisch oder Fisch)

Hinweis: Mit diesen Nahrungsmitteln kann man, egal aus welchem Kulturkreis man kommt, entsprechende Gerichte zubereiten.

Wenn Sie Ihre Ernährung im Wesentlichen auf diese Grundnahrungsmittelgruppen beschränken, haben Sie die perfekte Ausgangslage für eine ausgewogene gesunde Ernährung. Der Trick besteht darin, im Supermarkt diese Lebensmittel zum Großteil zu kaufen und ungesunde Lebensmittel, wie z.B. Fertiggerichte, übermäßig Süßigkeiten etc., einfach gar nicht mehr oder nur eingeschränkt einzukaufen. Wichtig ist, dass man die Hauptbestandteile der täglichen Ernährung umstellt. Wenn Sie sich dann gelegentlich etwas vergönnen, stellt das bestimmt kein Problem für Ihre Gesundheit dar, aber der Hauptbestandteil dieser Ernährung unterstützt Ihre Gesundheit wesentlich.

Systemisch global betrachtet: In so ziemlich jedem Supermarkt finden Sie eine Vielzahl an Produkten, die, wenn diese langfristig konsumiert werden, mit hoher Wahrscheinlichkeit gesundheitliche Schäden verursachen. Bsp.: Jede Menge Fertigprodukte und Getränke, die z.B. enorm viel Zucker und jede Menge Geschmacksverstärker enthalten. Man kann natürlich entgegnen: In einer freien

Gesellschaft soll jeder essen, was er oder sie will. Aber ich denke, dass es weit besser wäre, wenn man langfristig Healthy Food Supermärkte entwickeln und dieses Konzept global in möglichst vielen Supermärkten Realität werden würde. Hier könnte z.B. ein Wert von 80/20 gelten, sprich 80 möglichst gesunde Lebensmittel und 20 % als Lasternahrung. Wenn man systematisch weltweit mehr gesunde Lebensmittel zum Kauf angeboten bekommt, wird hier natürlich langfristig ein Wandel entstehen. Aber solange man einen enormen Slalom im Supermarkt vornehmen muss, damit man an diesen ungesunden Produkten vorbeikommt, wird es langfristig nur wenige Menschen geben, die diesen Produkten widerstehen können.

Fast-Food-Ketten: Man sollte diese Art von Restaurants zumindest dazu bewegen, dass sie auch einen wesentlichen Anteil an gesunden Gerichten führen müssen.

3) Stress und Erholung: Es ist wichtig, dass Sie sich Zeiträume schaffen, wo Sie sich einfach erholen können. Ideal ist es, wenn Sie jeden Tag bewusst der Erholung Ihres Körpers und Geistes Zeit widmen.

Welche Formen der geistigen und körperlichen **Erholung gibt es?**

1) Meditieren: Täglich 15–60 Minuten meditieren (am Morgen oder Abend).

2) Sauna: ein- bis dreimal die Woche in die Sauna gehen. (Sie können auch in der Sauna meditieren.)

3) Massage: ein- bis zweimal im Monat sich massieren lassen.

4) Gesunder Schlaf: Fixe Zubettgehzeiten. Keine elektronischen Geräte im Schlafzimmer.

5) usw.

Wichtig ist, dass Sie ganz klar für sich persönlich herausfinden, was Sie wirklich entspannt und dass Sie das in Ihren Alltag bewusst einbauen.

Abschließend: Stellen Sie sich eine globale Gesellschaft vor, die diese drei Punkte verinnerlicht hat. Dieses Basiswissen würde ausreichen, um eine möglichst gesunde globale Gesellschaft hervorzubringen, sobald die Grundbedürfnisse in jedem Staat erfüllt sind. Jede Menge zivilisatorischer Krankheiten wie z.B.

psychische Erkrankungen, Fettleibigkeit, Diabetes, Bluthochdruck, Herzinfarkt etc. würden extrem abnehmen, Staaten würden im Gesundheitssystem enorm einsparen etc.

Natürlich sind diese drei einfachen Schritte sehr unspektakulär und entsprechen nicht der Funktionsweise eines neoliberalen kapitalistischen Systems. Wir leben in einer bedürfnisweckenden Gesellschaft, wo man nur dann ein wahrlich guter Bürger ist, wenn man möglichst viel konsumiert, was einem die Werbung vorsetzt. Konzerne haben kein Interesse daran, dass Sie diese drei einfachen Punkte verstehen und anwenden, denn so lässt sich nicht auf möglichst vielen Ebenen Geld verdienen. Konzernen ist es am liebsten, wenn Sie wie blöde konsumieren und z.B. bei ungesunder Ernährung, zu viel Stress im Job etc. erkranken und man dann bestenfalls an Ihrem Kranksein auch noch möglichst lang verdient.

3) Globale Arbeitsbedingungen mit klaren Regeln unter Berücksichtigung der Menschenrechte für alle Staaten:

Vor allem in Entwicklungsländern findet man enorm oft miserable Arbeitsbedingungen vor, da sich die einzelnen Staaten dort nicht für Arbeitnehmerrechte einsetzen, wie das z.B. in Industriestaaten der Fall ist, in denen die Gesetze auch weit schärfer kontrolliert werden. Aber auch in Industriestaaten wird der Niedriglohnsektor oft ausgebaut, wie z.B. in Deutschland, indem man auf Zeitarbeit setzt. Wichtig ist, dass man sich global zu klaren Basisregeln bekennt, beruhend auf den universalen Menschenrechten, die von allen Firmen, egal in welchem Land sie wirtschaften, eingehalten werden müssen.

»Der Staat als primärer Adressat zum Schutz der Menschenrechte hat die Pflicht, Menschenrechte zu respektieren, diese vor Beeinträchtigungen durch Dritte (wie z.B. Unternehmen) zu schützen und Menschenrechte zu gewährleisten. Jedoch können auch Unternehmen durch ihr Handeln Auswirkungen auf Menschenrechte haben, etwa auf die der Mitarbeiter, Zulieferer und Kunden bzw. Verbraucher, sowie Menschen, die in der Nähe der Firmen- und Produktionsstandorte leben.

Die Achtung der Menschenrechte ist daher eine wesentliche Voraussetzung für die gesellschaftliche Akzeptanz der Geschäftstätigkeit und für die Begrenzung imagebezogener, betrieblicher, finanzieller und rechtlicher Risiken. Ein proaktiver Menschenrechtsansatz hilft bei der Vermeidung bzw. Verringerung von Managementkosten, dem Schutz der eigenen Reputation und der Vorbereitung auf oder der Umsetzung von neuen Regulierungsmaßnahmen. Darüber hinaus bringt er Vorteile hinsichtlich der Erfüllung der Anforderungen von Geschäftskunden, einer verbesserten Kreditwürdigkeit, positiveren Wahrnehmung im Vergleich zu Wettbewerbern, sowie einer größeren Mitarbeiterzufriedenheit und somit einem besseren Betriebsklima.«[56]

»Laut UN-Sozialpakt hat jeder Mensch das Recht auf:
- Gerechte und günstige Arbeitsbedingungen
- Ein Arbeitsentgelt, das allen Arbeitnehmern mindestens angemessenen Lohn und gleiches Entgelt für gleichwertige Arbeit ohne Unterschied sichert; insbesondere wird gewährleistet, dass Frauen keine ungünstigeren Arbeitsbedingungen als Männer haben und dass sie für gleiche Arbeit gleiches Entgelt erhalten sowie einen angemessenen Lebensunterhalt für sie und ihre Familien
- Sichere und gesunde Arbeitsbedingungen
- Arbeitspausen, Freizeit, eine angemessene Begrenzung der Arbeitszeit, regelmäßigen bezahlten Urlaub sowie die Vergütung gesetzlicher Feiertage

Doch wer überprüft und sanktioniert Verstöße? Die »IAO« darf das nicht. Die 1919 gegründete Internationale Arbeitsorganisation ist eine einzigartige[.] »trilaterale« Struktur aus ArbeitgeberInnen, ArbeitnehmerInnen und Regierungen. Sie hat 187 Mitglieder und setzt sich für Arbeitsrechte, menschenwürdige Arbeitsbedingungen, soziale Absicherung und die Förderung des politischen Dialogs über Arbeit ein. Die Sonderorganisation[.] der UNO arbeitet mit Übereinkommen und Empfehlungen. Prominent sind die acht IAO-Kernarbeitsnormen zu folgenden Themen: Zwangs- und Pflichtarbeit, Vereinigungsfreiheit, Kollektivverhandlungen, gleiche Bezahlung und Nichtdiskriminierung, Mindestalter sowie Kinderarbeit. Priorität haben außerdem die Konventionen über die Arbeitsinspektion, die Beschäftigungspolitik und die Konsultationsverfahren zur Umsetzung der Konventionen. Daran reihen sich weitere Übereinkommen mit geringerer Priorität, deren Zahl an die 200 grenzt. Schließlich hat die IAO noch 208 Empfehlungen ausgesprochen. Zu ihrem 50. Geburtstag 1969 erhielt sie den Friedensnobelpreis.

Zu ihrem 100. Geburtstag 2019 würde sie es verdienen, dass ihre wichtigsten Konventionen und Empfehlungen nicht nur rechtsverbindliches, sondern auch sanktionierbares »hartes« Völkerrecht werden, im Rahmen eines ethischen Welthandelssystems.

Das ist genau der Punkt: Derzeit werden nicht einmal die acht Kernarbeitsnormen von allen Mitgliedern anerkannt: Alle acht waren 2016 von 139 Staaten ratifiziert, darunter Deutschland, Frankreich, Österreich, Großbritannien oder die Schweiz. Am desinteressiertesten waren vier kleine Pazifik-Inseln: Sie haben gar keine Kernarbeitsnorm ratifiziert. Zwei von acht Normen haben ratifiziert: die Cook-Inseln, Brunei Darussalam und die USA. [53]

Der erste Schritt eines ethischen Handelssystem[s] könnte somit darin liegen, den freien Handel an den Respekt = die Ratifizierung dieser arbeitsrechtlichen Mindeststandards zu knüpfen.«[57]

Global Compact:

»Der Global Compact wirbt im privaten Sektor für zehn universelle Prinzipien, die ursprünglich durch und für die UN-Mitgliedstaaten entwickelt worden sind. Von den Unternehmen wird erwartet, dass sie diese Prinzipien in ihre Geschäftspolitik und Kerngeschäfte integrieren. […]

Prinzipien der Global Compact:

Menschenrechte

1 Unternehmen sollen den Schutz der international verkündeten Menschenrechte unterstützen und achten und

2 sicherstellen, dass sie sich nicht an Menschenrechtsverletzungen beteiligen.

Arbeitnehmerbeziehungen

3 Unternehmen sollen die Vereinigungsfreiheit und die wirksame Anerkennung des Rechts auf Tarifverhandlungen wahren sowie

4 für die Beseitigung aller Formen der Zwangs- und Pflichtarbeit,

5 die wirksame Abschaffung der Kinderarbeit und

6 die Beseitigung von Diskriminierung in Beschäftigung und Beruf eintreten.

Umwelt

7 Die Unternehmen sollen umsichtig mit ökologischen Herausforderungen umgehen

8 Initiativen zur Förderung eines verantwortlichen Umgangs mit der Umwelt durchführen und

9 sich für die Entwicklung und Verbreitung umweltfreundlicher Technologien einsetzen.

Anti-Corruption

10 Unternehmen sollen gegen Korruption in all ihren Formen vorgehen, Erpressung und Bestechung eingeschlossen.

Das wesentliche Problem ist, das Global Compact die Leistungen Ihrer Teilnehmer nicht aktiv bewertet. Grundsätzlich sollten diese 10 Gebote global für alle Unternehmen als oberstes Ziel gelten und hier die 206 Staaten als Kontrollorgan agieren, dass diese Vorgaben in den Unternehmen auch tatsächlich umgesetzt werden. Unternehmen, die sich diesen Regeln beugen, sollen z.B. leichteren Zugang zu Krediten erhalten und vom Staat bei der Vergabe von öffentlichen Aufträgen bevorzugt werden.

Zusätzlich zu diesen 10 Leitsätzen bedarf es eine[r] starken Gewerkschafft, die ganz klar die Unternehmen weltweit in die Pflicht nimmt und ganz klare Regeln vorgibt, die für jedes Land gelten:

»Die Rolle, die Gewerkschaften in einer globalen Ökonomie suchen sollten, ist eine aktive Rolle, nicht die eines Statisten. Die aktive Rolle ist deshalb wichtig, weil es – entgegen anders lautender Behauptungen – keinen alternativlosen Sachzwang gibt. Politik ist Entscheidung zwischen Alternativen, und die Globalisierung ist keineswegs nur ein[.] ökonomischer Prozess. Gewerkschaften müssen daher:

- auf ein hohes Niveau der Qualifikation hinwirken

- auf einen aktiven Staat, der notwenige Zukunftsinvestitionen in die Infrastruktur, in die Bildung, in die Umwelt aus einem ausreichenden Steueraufkommen finanzieren kann,

- auf ein funktions- und leistungsfähiges soziales Sicherungssystem und nicht
zuletzt

- auf Löhne, die dem Produktivitätsniveau entsprechen und eine ausreichende
  Binnennachfrage ermöglichen.

Gewerkschaften müssen Strukturen schaffen, die sich über nationalstaatliche
Grenzen hinaus an Wirtschafts- und Branchengrenzen orientieren. Grundsätzlich
gilt: Globaler Wettbewerb mit dem Ziel ökonomischer Effizienzsteigerung – darin
sind sich die Gewerkschaften und globalisierungskritischen Bewegungen einig –
ist nur in dem Maße akzeptabel, wie er drei andere höherwertige Ziele nicht gefährdet:

- die Herstellung globaler Gerechtigkeit

- die Sicherung ökologischer Nachhaltigkeit,

- und demokratische Partizipation

Derartige Ziele lassen sich nur mit Hilfe weltweiter Institutionen durch Regeln
und Gesetze herstellen, die das Verhältnis von Wirtschaft und Gesellschaft in demokratischer Weise gestalten – im Spannungsfeld zwischen Staaten, internationalen Institutionen, globaler Wirtschaft, Finanzwelt und Medien und unter Beteiligung der Zivilgesellschaft.

Horst Köhler sagte im September 2002 am Rande der gemeinsamen Jahrestagung
von IWF und Weltbank in einem Interview mit der Financial Times Deutschland
– seinerzeit noch als geschäftsführender Direktor des IWF:

»Ich würde die Wahrscheinlichkeit, dass es zu einem Umschwung (gegen die
Globalisierung) kommt, nur dann auf unter 50% schätzen, wenn die Industriena-
tionen sich deutlicher klar machen, dass man die Globalisierung formen muss.
[...] Man muss bewusstere Anstrengungen unternehmen, eine Vision zu haben

und nicht nur mehr Märkte, auf denen die Geschäftsleute treiben können, was sie wollen.«

(Financial Times Deutschland 26.09.04)

Die Globalisierung formen – ja, genau diese Aufgabe wollen sich die Gewerkschaften stellen, am besten mit vielen anderen Menschen, Institutionen und Gruppen in unserer Gesellschaft gemeinsam.«[58]

Im Weiteren benötigt man klare globale Regeln, wie viele Stunden pro Tag gearbeitet werden dürfen, welche Sicherheitsvorschriften in einzelnen Betrieben gelten müssen etc. Würde man hier die wesentlichen Regeln von Industriestaaten wie z.B. Schweden, Österreich, Deutschland als globalen Standard erheben, würde das eine enorm starke Verbesserung bezüglich der Arbeitsverhältnisse in Entwicklungsländern und Schwellenländern bedeuten.

So wäre gewährleistet, dass global entsprechende Mindeststandards angepeilt werden und für jedes Unternehmen wäre somit ganz klar, welche internationalen Standards es einhalten muss. Damit sich hier nicht viele davonstehlen, wie es aktuell der Fall ist, bedarf es strenger Kontrollen durch den Staat und entsprechende Strafandrohungen bis hin zum Schließen eines Betriebes.

»Um die Standards weltweit durchzusetzen, muss in jedem Land eine unabhängige, öffentliche Arbeitsinspektion eingerichtet werden, die die Rechte der Betroffenen rechtswirksam durchsetzen kann. Die ILO sieht Arbeitsinspektionen als hoheitliche Aufgabe an. Diese Einschätzung teilen inzwischen 145 Mitgliedstaaten, die das entsprechende Übereinkommen Nr. 81 ratifiziert haben. Die Arbeitsinspektionen müssen in ein wirkungsvolles Rechtssystem eingebunden sein und die Menschen unterstützen, ihre Rechte durchzusetzen. Für Unternehmen darf es keine Sonderrechte geben. Menschen- und Arbeitnehmerrechte müssen mindestens gleichrangig sein zum Profitinteresse der Unternehmen.«[59]

4) Globales Arbeitslosengeld / Bedingungsloses Grundeinkommen / Microkredite

»Im Jahr 2017 hat es weltweit 192,7 Millionen Arbeitslose gegen. Für das Jahr 2018 werden 192,3 [Millionen] Arbeitslose und für das Jahr 2019 193,6 [Millionen] Arbeitslose prognostiziert.«[60]

Da die Geschichte zeigt, dass es schon immer Arbeitslosigkeit gegeben hat und Vollbeschäftigung in einzelnen Staaten die absolute Ausnahme ist, sollten Menschen in jedem Staat Arbeitslosengeld und / oder Sachgüter beziehen können. Wieviel Geld und / oder Sachgüter man monatlich im jeweiligen Staat bzw. in einer jeweiligen Region mindestens benötigt, um über die Runden zu kommen, weiß letztendlich jeder vor Ort und muss individuell berechnet und möglichst in einem demokratischen Prozess gesetzlich verordnet werden. Wesentlich ist auch, dass Staaten Menschen Arbeitslosengeld über einen möglichst langen Zeitraum, am besten zwischen mindestens 3 und maximal 12 Monaten, der dem Lohnniveau des letzten Arbeitsverhältnisses der Person entspricht. Denn wenn man von einem Tag auf den anderen plötzlich weniger Geld zur Verfügung hat, ist man mehr damit beschäftigt, den sozialen Abstieg zu verkraften, als sich einer konstruktiven Zukunftsbewältigung zu widmen. Wesentlich ist aber, dass der jeweilige Staat die Grundbedürfnisse auf jeden Fall abdeckt. Durch die fortschreitende Technologisierung und Robotisierung, wodurch jede Menge Jobs für derzeitige Berufszweige wegfallen, während voraussichtlich die Bevölkerungszahl auf etwa 10 Milliarden Menschen bis 2050 weltweit ansteigt, wird man früher oder später ein »Bedingungsloses Einkommen« schaffen müssen. Letztendlich wird man sich fragen müssen: Will ich zum Teil der klassisch arbeitenden Bevölkerung gehören oder nicht? 2055 könnte die Hälfte aller Arbeitsstunden automatisiert sein, das geht aus einer McKinsey Studie hervor. Knapp ein Viertel aller Arbeitsstunden könnten schon 2030 weggefallen sein. Für Staaten, Unternehmen und Arbeiter bedeutet das: umdenken. Wichtig ist, dass man Menschen ganz klar eine mögliche Welt ohne den klassischen Acht-Stunden-Tag aufzeigt. Man könnte Menschen mit einem bedingungslosen Einkommen zu verschiedenen sozialen, ehrenamtlichen etc. Tätigkeiten im Rahmen von z.B. zwanzig Wochenstunden verpflichten. Wichtig ist, dass man sich ehestmöglich auf diese Zukunft vorbereitet und vor allem in der Erziehung durch die Eltern und Schulen auf diese doch so nahe Zukunft vorbereitet.

Ab wann sollte ein bedingungsloses Grundeinkommen eingeführt werden?

Solange genügend Jobs vorhanden sind und das Arbeitslosengeld noch zielführend ist, sollte man das bedingungslose Grundeinkommen noch möglichst zurückhalten. Denn solange die Digitalisierung noch nicht so fortgeschritten ist, dass wesentliche Berufe durch Maschinen ersetzt wurden und man in vielen Berufsfeldern noch davon abhängig ist, dass Menschen motiviert bleiben, entfremdeter schwerfälliger Arbeit nachzugehen, vor allem in Berufsfeldern, die nicht wirklich beliebt sind, wie z.B. Müllabfuhr, Kanalarbeiten, Sanitärdienste etc. Sobald aber eine Vielzahl an Jobs wegfällt und je mehr Bürger weltweit dadurch arbeitslos werden, müssen diese Bürger abgesichert werden und auch eine soziale Aufwertung erhalten, sprich es muss gesellschaftlich anerkannt sein, dass man keinen Job hat und Grundeinkommensbezieher ist. Sobald Staaten den Status quo erreichen, dass eine Vielzahl an Bürgern aufgrund der Digitalisierung ein bedingungsloses Grundeinkommen erhält, ist es wichtig, dass man bereits in der schulischen Erziehung und darüber hinaus kommuniziert, wie man unter diesen Voraussetzungen ein gelingendes Leben führen kann. Wesentlich wird sein, dass man Menschen ganz klar aufzeigt, wie man ein selbstbestimmtes, glückliches Leben führen kann, ohne dass man einem klassischen geregelten Job nachgeht. Wie solch ein Leben ausschauen könnte, wird später im »Hebel 10 / Technischen Fortschritt bestmöglich global nützen / Digitalisierung + Robotisierung als Wohlstandsmotor für alle 206 Staaten weltweit« noch näher beschrieben.

Selbsthilfe in Entwicklungsländer stärken durch mehr Microkredite:

Microkredite bzw. Kredite an sich können natürlich kein Arbeitslosengeld ersetzen, haben aber in der Vergangenheit bewiesen, dass sie ein gutes Instrument dafür sein können, damit Menschen in Entwicklungsländern sich aus Armutsverhältnissen befreien können und somit die Chance erhalten ein eigenes Unternehmen aufzubauen.

»Die Vorteile des Konzeptes scheinen überzeugend: Mikrokredite seien eine Art „Entwicklungshilfe von unten" und würden unternehmerische Energie freisetzen, anstatt ganze Gesellschaften zu passiven Almosenempfängern zu machen. Die Tatsache, dass das Kapital nur geliehen und nicht geschenkt sei, setze die Kreditnehmerinnen einem sanften Druck aus, tatsächlich unternehmerisch zu denken und sich eine nachhaltig funktionierende Existenz aufzubauen.

Damit könnten sie im günstigsten Fall auch eine zwar bescheidene, aber dennoch spürbare wirtschaftliche Entwicklung in ihrer unmittelbaren Umgebung in Gang setzen. Entwicklung soll so mit marktwirtschaftlichen Mitteln erreicht werden, anstatt von außen immer nur neues Geld hineinzupumpen, das Abhängigkeiten verfestigt.

Bisher ist das Konzept der Mikrokredite insbesondere in Bangladesch und Indien, aber auch in Afrika und Südamerika zum Einsatz gekommen. Auch wenn Mikrokredite keineswegs als „Wundermittel" gegen Armut in Entwicklungsländern angesehen werden können (dafür sind die Ursachen der Armut zu vielschichtig und zu komplex), berichten die Mikrokredit-Institute von zahlreichen positiven Fallbeispielen: In so gut wie allen Studien konnte eine Erhöhung des Einkommens durch Investitionen in ein eigenes Kleinunternehmen festgestellt werden", heißt es im Mikrofinanz-Wiki (Bericht: Ökonomische Effekte durch Mikrofinanz). Die private Lebenssituation der Kreditnehmerinnen und ihrer Familien würde sich oft schnell und entscheidend verbessern, wird berichtet. Da die Kreditnehmerinnen ihr erwirtschaftetes Geld zumeist in der nahen Umgebung ausgeben, können lokale Wirtschaftskreisläufe in Gang kommen, die auch den Nachbarn etwas bringen.

Die Mikrokreditbanken berichten zudem von sehr niedrigen Ausfallraten: Üblich seien Rückzahlungsraten über 90%, die Grameen Bank hat nach eigener Aussage um die 95% (Bericht: Credit Delivery System). Das heißt, dass weniger als zehn Prozent der Kredite nicht zurückgezahlt werden können und von der Bank als uneinbringlich abgeschrieben werden müssten – ein im internationalen Vergleich sehr niedriger Wert. Die Befürworter des Modells sehen vor allem diese Quote als Beweis dafür, dass auch sehr arme Menschen grundsätzlich kreditwürdig seien und in funktionierende Wirtschaftskreisläufe eingebunden werden können."[60a]

Im globalen Kontext kann man natürlich nicht bedingungslos Kredite vergeben, um die Armut in den Griff zu bekommen.

5) Verpflichtendes globales Rentensystem: Wie bei der Arbeitslosigkeit wird es auch im Bereich der Rente immer Menschen geben, die nicht lange genug einbezahlt haben, es kein leistungsfähiges Rentensystem im jeweiligen Staat gibt etc. Menschen müssen in Würde altern können und nicht im hohen Lebensalter weiter einen Kampf mit dem Raubtierkapitalismus führen müssen. Rentner sollten in jedem Staat ein Rentengeld und / oder Sachgüter beziehen können. Die Höhe der Geld- und / oder Sachleistungen, die man im Monat mindestens benötigt, um in der jeweiligen Region über die Runden zu kommen, sollte – möglichst in einem demokratischen Prozess – gesetzlich festgelegt werden. Alles andere ist inakzeptabel.

6) Globale Basis-Gesundheitsvorsorge:

- »Jedes Jahr sterben 6,6 Millionen Kinder unter 5 Jahren an vermeidbaren Krankheiten.«[61]

- »Alle 4 Minuten verliert jemand das Augenlicht, wegen Vitamin A Mangel.«[62]

- »Im Jahr 2016 starben 1,34 Millionen Menschen weltweit an den Folgen einer viralen Leberentzündung, darunter Leberkrebs, Leberzirrhose, Hepatitis A, E, B, C und D. Tuberkulose verursachte[.] 1,2 Millionen Todesfälle, 1 Millionen gingen auf das Konto der Immunschwächekrankheit AIDS und 719.000 Todesfälle wurden durch Malaria verursacht.«[63]

Zentral ist, dass man Medikamente und medizinische Einrichtungen für zivilisatorische und alle anderen weit verbreiteten Krankheiten möglichst weltweit zur Verfügung stellt, wie z.B. HIV, Malaria etc. Wesentlich sind hier Basiseinrichtungen wie z.B. Hausärzte, die sich um das Nötigste kümmern können und dann weitere Schritte veranlassen können. Und es sollte in jedem Staat mindestens so viele Krankenhäuser geben, dass auf lange Sicht, egal in welchem Land man sich befindet, eine gute medizinische Versorgung verfügbar ist. Sprich, dass ein Hausarzt einen Patienten zumindest in ein Krankenhaus überstellen kann, wenn es keinen Arzt gibt, der auf das Fachgebiet spezialisiert ist, so dass die nötigen Untersuchungen und Behandlungen vorgenommen werden können. Wenn das zu Beginn mit längeren Wartezeiten einhergeht, soll es so sein, aber jedes Land sollte zumindest einige Krankenhäuser haben, die ein breites Spektrum an Behandlungen anbieten.

Auch die Aufklärung über und Prävention von Krankheiten wie z.B. HIV und Malaria ist enorm wichtig.

7) Globale Schulbildung:

- »264 Millionen Kinder und Jugendliche zwischen 6 und 17 Jahren haben weltweit keinen Zugang zu Bildung.«[63a] »750 Millionen Analphabeten weltweit.«[64]

Freie Schulbildung mit möglichst hohe Abschlussmöglichkeiten (Grundschule, Gymnasium, Fachhochschule, Universität etc.)

Es wäre wünschenswert, dass in der Zukunft jeder Mensch einen kostenlosen Bildungszugang hat, bis hin zum universitären Abschluss. So würde man auf lange Sicht eine Klassengesellschaft verhindern und würde die globale Chancengleichheit befördern. In Entwicklungsländern mit enorm schlechter Infrastruktur, vor allem im Bereich Bildung, würde es sich anbieten, als Übergangslösung möglichst viele unterschiedliche Onlinekurse anzubieten, die man über das Internet kostenlos abrufen kann. Wichtig wäre, dass die jeweiligen Staaten hier eine gezielte Kampagne im Land starten und Aufklärung betreiben über die Möglichkeiten des Selbststudiums.

Die globale Welt vereinen durch zwei Fremdsprachen: Englisch und Spanisch sollte in jeder Schule der Welt ab dem sechsten Lebensjahr unterrichtet werden und die Schüler sollen aufgeklärt werden, wie wichtig diese beiden Fremdsprachen sind. Diese beiden Sprachen würden es ermöglichen, wenn diese in allen Staaten dieser Welt unterrichtet werden, dass jeder mit jedem weltweit ohne Probleme interagieren könnte. Wenn die Menschen weltweit miteinander problemlos sprechen können, so schafft man es, dass die Welt zusammenwächst und mindert die Angst vor dem Fremden.

Wie sollen alle diese Punkte finanziert werden?

Ohne die nötigen Steuereinnahmen kann man die Grundbedürfnisse einer Weltgemeinschaft nicht decken. Wie im »Hebel 5 / Regulierung des globalen Steuersystems« beschrieben, würden aber alle 206 Staaten massive steuerliche Mehreinnahmen lukrieren und könnten so die nötige soziale Verantwortung übernehmen, damit jeder Mensch die Grundbedingungen für ein menschwürdiges Leben vorfindet.

Abschließend – Soziales Auffangbecken laut Bedürfnispyramide nach Maslow + Zugang zu sauberem Wasser + Zugang zu ausreichend Essen + Zugang zu Wohnraum + Globales Arbeitslosengeld bzw. Bedingungsloses Grundeinkommen + Verpflichtendes globales Rentensystem + Globale Basis-Gesundheitsvorsorge + Globale verpflichtende Schulbildung:

Denken Sie an 206 Staaten, in denen diese Grundvoraussetzungen geschaffen wurden und in denen jeder Mensch mit den wesentlichen zivilisatorischen Errungenschaften der Moderne versorgt ist und keine Angst haben muss, diese Mindeststandards verwehrt zu bekommen. Dadurch würde eine Vielzahl an globalen Problemen abnehmen bzw. verschwinden, z.B. Kriege, Terror, Flüchtlinge, Krankheiten etc., und der wesentliche Grundstein dafür wäre gelegt, dass ein Großteil der Menschen weltweit ein Leben in Frieden, Würde und möglichst großer Freiheit leben könnte.

Hebel 7 / Fairer globaler Welthandel

»EU Bürger Initiative: 3,2 Millionen Bürger haben sich gegen TTIP ausgesprochen. Diese[r] Initiative wurde von der EU keinerlei Beachtung geschenkt.«[65]

Der Welthandel muss dem Gemeinwohl dienen, dem Klima und der sozialen Gerechtigkeit und erst dann dem Profit. Solange wir keine ethischen globalen Regeln definieren, wird die Armut weltweit nicht abnehmen.

Betrachtet man den Welthandel, sollte man sich zu Beginn eine wesentliche Frage stellen: Warum betreiben Staaten grenzüberschreitend Handel? Was ist das Ziel und der Zweck des Handelns?

1) Staaten importieren Güter, die sie selber nicht herstellen oder günstiger vom Ausland zukaufen können. Letzteres führt in vielen Schwellenländern und Entwicklungsländern zu massiven marktwirtschaftlichen Problemen.

2) Staaten exportieren Güter, die sie im Überfluss produzieren und gewinnbringend im Ausland verkaufen können. Letzteres führt in vielen Schwellen- und Entwicklungsländern zu massiven marktwirtschaftlichen Problemen.

Im Wesentlichen gibt es nun zwei Extreme, wenn man für oder gegen den Freihandel ist:

1) Protektionismus: Man importiert und exportiert möglichst wenig und versucht im eigenen Staat alle nötigen Dienstleistungen und Produkte im Alleingang herzustellen.

100 % Protektionismus, sprich Abschottung eines Staates = Nonsens

2) Absoluter Freihandel: Jeder kann seine Produkte und Dienstleistungen x-beliebig um die Welt schicken mit möglichst wenig globalen Regeln. Jeder Staat produziert möglichst kostengünstig wenige Produkt- und Dienstleistungskategorien, sprich man spezialisiert sich auf die Produktion weniger Güter und Dienstleistungen. Man gleicht das auf alle Staaten ab und verteilt dann durch Import und Export auf alle Staaten den Warenkorb.

100 % Freihandel, sprich ohne Regeln oder durch internationale Arbeitsteilung = Nonsens

»Handel kann wertvoll sein und Protektion sinnvoll. Aber Handel ist genauso wenig ein Ziel an sich wie das Verschließen der Grenzen. Maximale internationale Arbeitsteilung ist genauso blind und verbohrt wie das Anstreben nationaler Autarkie. Niemand kann eine dieser Optionen wirklich wollen. Und doch sind derzeit alle entweder für Freihandel oder bezeichnen diejenigen, die es nicht sind, als »Protektionisten«.«[66]

»Gesucht ist ein globales Handelssystem jenseits der Extreme Freihandel und Protektionismus, das:

a) die Werte und Ziele der Völkergemeinschaft unterstützt;

b) demokratischen Handlungsspielraum auf lokaler und nationaler Ebene lässt

c) Ländern mit geringerem Industr[i]alisierungs-, Technologisierungsgrad ermöglicht, zu den weiter entwickelten Ländern aufzuschließen (»Entwicklungsleitern« für alle);

d) kulturelle und ökonomische Vielfalt sichert und damit Resilienz und Innovationsfähigkeit;

e) auf ausgeglichene Leistungsbilanzen aller Handelspartner abzielt, was am besten mit einer Handelswährung zu bewerkstelligen ist.«[67]

Wichtig ist, dass der globale Welthandel so vollzogen wird, dass die Menschenrechte, Sustainable Development Goals der UNO und letztendlich ein gutes Leben für alle Menschen weltweit befördert wird und langfristig nach und nach das Gemeinwohl aller 206 Staaten stärkt.

Wie so oft im Leben sollte man hier einen gesunden Mittelweg zwischen Freihandel und Abschottung einschlagen; es sollten Gesetze und vor allem Zölle definiert werden, die besonders Entwicklungsländer und Schwellenländer wirtschaftlich eine Chance geben, sich weiterzuentwickeln.

Würde man vor allem Hebel 1 bis 6 umlegen, hätte das automatisch zur Folge, dass sich der globale Welthandel harmonisiert, da dies globale Standards zur

Folge hätte, wovon vor allem Schwellenländer und Entwicklungsländer profitieren würden.

Wesentliche Maßnahmen, um diese Hebel zu unterstützen, den globalen Welthandel voranzutreiben und möglichst gerecht zu gestalten:

1) Erster Schritt - Kennzeichnung von Produkten und Dienstleistungen durch Gemeinwohl-Ampel: Bei Zigaretten hat es sich bereits durchgesetzt; Konsumenten werden ganz klar darüber in Kenntnis gesetzt, welche Gefahr von Zigaretten ausgeht. Man könnte Unternehmen, Produkte und Dienstleistungen hinsichtlich ihrer gemeinwohlfördernden oder gemeinwohlschädlichen Produktionsverhältnisse mittels eines Ampelsystems kennzeichnen, wodurch Konsumenten ganz einfach aufgezeigt wird, unter welchen Verhältnissen die Produktion vonstattengegangen ist. Index für die Bewertung der Ampel: Soziale Standards wie z.B. Lohn, Arbeitsbedingungen, Menschenrechte, Ökologie etc. So würde man Unternehmen motivieren, einer schlechten Kennzeichnung zu entgehen.

2) Strafzölle bis hin zum Einfuhrverbot: Langfristig sollten Produkte und Dienstleistungen, die nicht unter akzeptablen globalen Standards produziert wurden, wie z.B. Menschenrechte, Bezahlung (Z.B. Mindestlohn in Entwicklungsländern 1 Euro pro Stunde), arbeitsrechtliche Standards, ökologische Mindeststandards, Steuern etc., mit Strafzöllen belegt werden, bis hin zum Exportverbot mit Strafzahlung für das Unternehmen.

Globales UN Handelssystem:

Optimal wäre ein globales UN Handelssystem, wo alle 206 Staaten sich auf eine globale Gesetzgebung einigen würden.

»Die »Ethische UN-Handelszone« könnte in Kraft treten, wenn zum Beispiel 50 UN-Mitgliedsstaaten die Gründungsurkunde ratifiziert haben. Es muss auf niemanden gewartet werden, eine kritische Masse der Willigen, derjenigen, die es mit den Werten und Zielen der Vereinten Nationen ernst meinen, ist ausreichend. Anstatt von den anderen gegen die Wand gespielt zu werden – im Namen ökonomischer »Effizienz« und unter der Maske des »Freihandels« -, geben sie jetzt die Richtung vor. Andere können mitspielen, wenn sie sich an die Regeln halten. Jede[s] nicht ratifizierte und eingehaltene UN-Abkommen wird [als] »Foul«

geahndet, das dem Land einen unlauteren Wettbewerbsvorteil einbringen würde, der durch Schutzzölle gezielt neutralisiert wird. Am Ende muss es für Teilnehmer am Welthandel auf dem »ebenen Spielfeld« teurer kommen, dass sie foulen, nicht billiger. Der Kern des ethischen Handelssystems könnte darin bestehen, dass in einer Taxaktiv-Liste jene (existierenden, in Entwicklung befindlichen und angedachten) UN-Abkommen aufgelistet werden, deren Nichtratifikation zu Zollaufschlägen gegenüber den Ratifizierenden führt. Sodann werden, je nach Schwere und Relevanz des Abkommens, geringere oder höhere Schutzzölle eingehoben. Zum Beispiel könnten bei schweren Wiegerungen wie den Menschenrechtspaketen 20 Prozent Zoll aufgeschlagen werden, bei Umweltschutzabkommen, dem Abkommen zum Schutz der kulturellen Vielfalt zehn Prozent und je Kernarbeitsnorm der ILO zum Beispiel drei Prozent. In eine Übersicht gebracht könnte ein ethisches UN-Handelssystem in etwa so aussehen.«[68]

Bereich	Zollaufschlag	Summe Bereich
1. Menschenrechte		30%
UN-Zivilpakt	10%	
UN-Sozialpakt	10%	
Gerichtshof f. MR	10%	
2. Arbeitsrechte		48%
Kernarbeitsnorm 1-8	3%	24%
Konvention mit Priorität	1%	4%
ILO-Konvention	0,1%	20%
3.Umweltschutz		45%

Je prioritärem Abkommen	5%	
4. Ökologische Menschenrechte		30%
Rechte der Natur	10%	
Ökologische Menschenrechte	20%	
5. Kulturelle Vielfalt		10%
UNESCO-Abkommen	10%	
6. Steuern		40%
Abkommen mit automatischem Info-Austausch	10%	
Vollständiger Finanzkataster	10%	
1% HNWI-Steuer für UNO-Finanzierung	10%	
Country-by-Country-Reporting, Unitary Taxation, Mindeststeuersatz und Bemessungsgrundlage	10%	
7. Fusionskontrolle		20%
8. Insolvenzrecht für Staaten		10%
9. Währungskooperation		20%
10. Unternehmenspflichten		30%
Größengrenzen	10%	

Gemeinwohlbilanz	20%	

Quelle – Tabelle: Felber, Christian (2017): »Ethischer Welthandel. Alternativen zu TTIP, WTO & CO.« Wien: Deuticke im Paul Zsolnay Verlag Wien. S. 96.

3) Globale Mindeststandards für alle 206 Staaten verpflichtend für einen möglichst gerechten Welthandel: »Verhinderung des Standortwettbewerbs durch gemeinsame Regeln für die Menschenrechte, Arbeitsrechte, Sozialstandards, Umweltschutz, VerbraucherInnen, Steuern und Finanzaufsicht.«[69]

4) Marktkonzentration verhindern: »Anti-Kartell-Gesetze, Fusionskontrolle und Obergrenzen für Marktanteile und die Größe von Unternehmen zur Verhinderung der Machtkonzentration auf den Weltmärkten.«[70]

5) Individualität der einzelnen Staaten schützen: »Schutz lokaler und nationaler Wirtschaftszweige zum Erhalt kultureller und ökonomischer Vielfalt und Resilienz und um Abhängigkeiten zu vermeiden.«[71]

»Die UNESCO-Konvention zum Schutz und zur Förderung der kulturellen Vielfalt (»UNESCO-Konvention«) wurde am 20. Oktober 2005 verabschiedet und trat am 18.März 2007 in Kraft. Bis Ende 2016 waren 141 Staaten der Konvention beigetreten. Mit dieser Konvention wollen die Vertragspartner das Recht auf eine eigenständige Kulturpolitik sichern und eine gleichberechtigte weltweite Kulturkooperation erreichen. Kern der Konvention ist das Recht eines jeden Staates, regulatorische und finanzielle Maßnahmen zu ergreifen, die darauf abzielen, die Vielfalt der kulturellen Ausdrucksformen auf seinem Staatsgebiet zu schützen. Hintergrund ist, dass Kultur nicht einfach nur eine Ware ist. Kulturelle Dienstleistungen stehen für Lebensentwürfe, Traditionen und Identitäten. Sie ragen in den Bereichen der öffentlichen Güter und bedürfen einer besonderen Regulierung, Unterstützung und »Protektion« vor globalen Marktwettbewerb. Die Konvention erkennt diese »Doppelnatur von Kulturgütern« an und erlaubt politische Maßnahmen zu ihrem Schutz. Das Freihandelsrecht gefährdet eine demokratische Kulturpolitik. Es zwingt zur Eliminierung oder Gleichverteilung von Subventionen an »Unternehmen«, es verbietet den besonderen Schutz oder die Förderung bestimmter Kulturpraktiken oder -branchen und degradiert Kunst und Kulturdienstleistungen zu marktförmigen Waren. Würde dieser Ansicht gefolgt, käme es, wie in jeder anderen Branche, zur Herausbildung einer gigantischen Kulturindustrie in allen Branchen, zur Verringerung der Vielfalt, zur Verflachung der Qualität, zur Einschränkung der Freiheit der Kunst und Ökonomisierung des gesamten Kulturbereichs und seiner Durchdringung mit kapitalistischen Werten. Der Passauer Staats- und Welthandelsrechtler Hans-Georg Dederer warnt davor, dass TTIP zu einer »Verödung der kulturellen Vielfalt« in Europa führen könnte.[62] Das gilt grundsätzlich für alle Branchen, nur ist vergleichsweise vielen Menschen die Sensibilität des Kulturbereichs bewusst.«[72]

6) Staaten bestimmen Import-Export-Gesetze individuell: Entwicklungsländer und Schwellenländer führen demokratisch nach ihrem eigenen Ermessen Zölle für Produkte ein, die sie selber im eigenen Land produzieren möchten, um sich gegen subventionierte Produkte aus Industriestaaten zu schützen. Kein Staat darf dazu genötigt werden, wie offen oder geschlossen er sein möchte. Jeder Staat muss das so gestalten, dass er die Grundlage dafür schaffen kann, die Grundbedürfnisse (Pyramide nach Maslow) im eigenen Staat zu stillen. Hier wäre ein multilaterales UN Handelssystem von großer Bedeutung, um langfristig den Aufstieg aller 206 Staaten langfristig zu befördern. Aus heutiger Sicht spielen die Handelsabkommen primär den Industriestaaten in die Hand, nicht aber den Schwellen- und Entwicklungsländern.

Beispiel – Afrika / EU Produkte zerstören den heimischen Markt:

»Viele Landwirte in Afrika leiden unter Lebensmitteln, die aus der EU importiert und von der EU subventioniert werden. Diese drücken die Preise und zwingen Bauern zum Aufgeben - und verstärken dadurch den Wunsch nach einer Flucht über das Mittelmeer.

Abraham Kampelege betreibt ein lohnendes Geschäft am Abeka-Markt in Ghanas Hauptstadt Accra: Er handelt mit tiefgefrorenem Hähnchenfleisch. Der Name seines Ladens ist Programm: »Cheaper Land Coldstore«. Sein Verkaufsschlager sind Hähnchenschenkel aus Holland, die Zehn-Kilo-Box für 85 ghanaische Cedi, etwa 19 Euro. »Die Leute schätzen unsere Qualität«, sagt der Händler im weißen Kittel, »und es ist praktisch für die Leute, einzelne Schenkel zu bekommen. So können sie genau so viel einkaufen, wie sie brauchen«.

Gut zwanzig Meter weiter sitzt George Aguzia vor einem vergitterten Holzverschlag, in dem lebende Hühner vor sich hin scharren. Ein Fünf-Kilo-Exemplar kostet bei ihm 50 Cedi, etwa elf Euro. Für einen kleinen Aufpreis bekommt der Kunde das Tier gleich geschlachtet und gerupft. »Frischer geht es doch nicht«, sagt er, »und bei uns wissen die Leute wenigstens, woher die Hühner kommen.« Die Tiefkühlware aus dem Ausland dagegen, da wisse man nicht, wie oft sie schon angetaut sei, schließlich hat Ghana immer wieder mit Stromausfällen zu kämpfen. »Und wer weiß, womit die Tiere vorher gefüttert wurden?«

Argumente, die nicht von der Hand zu weisen sind. Nur: Die tiefgefrorenen Hähnchenteile aus dem Ausland sind billiger als die frischen aus heimischer Züchtung. George Aguzia sagt, er habe seit drei Tagen kein einziges Tier verkauft.

Künstlich verbilligte EU-Produkte drücken in Afrika die Preise

Geflügelanbieter in Westafrika leiden schon seit Jahren unter billigen europäischen Importen. Ähnlich ergeht es der afrikanischen Milchwirtschaft, die mit Milchpulver von Nestlé konkurrieren muss, oder den Tomatenanbauern, die im Wettbewerb mit Tomatenmark aus Italien stehen. Das Paradoxe: In fast allen Ländern Afrikas leben die Menschen mehrheitlich von der Landwirtschaft. Trotzdem exportieren sie relativ wenige Agrarprodukte, im Gegenteil: Sie importieren sogar Lebensmittel, selbst aus Europas Industrienationen.

Ein Grund für diese erstaunliche Handelsstruktur: Die EU unterstützt ihre Bauern mit Subventionen, diese können ihre Produkte dann sowohl in Europa als auch außerhalb zu sehr niedrigen Preisen anbieten. Afrikas Landwirten bereitet diese Politik Probleme. Die künstlich verbilligten Produkte aus Europa drücken nicht nur die Preise, sie erschweren auch die Entwicklung einer Agrarindustrie, die mehr Arbeitsplätze schaffen könnte als die reine Landwirtschaft. Ein absurd erscheinendes Beispiel: Der Ananas-Saft in einem der großen Supermärkte von Accra stammt nicht etwa aus Ghana selbst, das zu Afrikas wichtigsten Ananas-

Anbaugebieten zählt, sondern von der österreichischen Marke Rauch, abgefüllt in Ungarn.

Geht es nach der EU, soll künftig noch mehr exportiert werden

Afrikas schwache Volkswirtschaften haben viel mit den steigenden Flüchtlingszahlen auf dem Mittelmeer zu tun. Ein großer Teil der Menschen, die die gefährliche Überfahrt antreten, flieht nicht vor Krieg und Verfolgung, sondern vor ökonomischer Aussichtslosigkeit. Und obwohl Europas Politiker, allen voran Kanzlerin Angela Merkel, gelobt haben, nicht die Flüchtlinge, sondern die Fluchtursachen zu bekämpfen, verfolgt die EU eine Handelspolitik, die viele Beobachter für falsch halten, gerade im Hinblick auf die Verbesserung der Lebensbedingungen in Afrika.

Denn geht es nach dem Willen der EU, sollen künftig noch mehr europäische Waren auf afrikanischen Märkten zu finden sein. Seit 2003 verhandelt Brüssel mit Ländern südlich der Sahara - aufgeteilt in fünf Ländergruppen - über neue Handelsabkommen, genannt Economic Partnership Agreements (EPAs). Sie sehen eine fast vollständige gegenseitige Marktöffnung vor. Neue Absatzmärkte für beide Seiten, Effizienzsteigerung durch Wettbewerb, niedrige Preise für die Konsumenten, so beschreiben die Befürworter die Vorteile der Freihandelsverträge.«[73]

Beispiel - Mexikos Maisproduktion:

»Massenhaft exportierten beispielsweise US-Farmer ihren günstigen, auch mit Gentechnik hergestellten Mais nach Mexiko. Dort hatten zahllose Kleinbauern diesen bis dahin selbst angebaut, konnten dann aber mit den günstigen Preisen der neuen Konkurrenz aus »El Norte« nicht mithalten. Schätzungen zufolge wurden bis zum Jahr 2000 eine Million Bauern arbeitslos. Dass die mexikanische Regierung Subventionen abbaute und den Bauern nicht mehr feste Mengen abkaufte, verschlimmerte deren Lage zusätzlich. Viele verließen ihre Dörfer und zogen in die Städte. Oder gleich in die USA, wo sie dann womöglich auf Feldern arbeiteten, die für den Export nach Mexiko produzierten. (…)

Dass Mexiko nun der große Nutznießer von Nafta ist, stimmt also nicht – zumindest, wenn man das Gros der Bevölkerung heranzieht. Wenn Donald

Trump nun tatsächlich das Abkommen neu verhandeln will, müsste Mexiko freudig einschlagen. Und mit Exportsteuern für Rohöl sowie Importzöllen für Mais drohen. Dann hätte Mexiko wohl den besseren Deal für sich. Aber auch Trump könnte noch eins seiner Ziele erreichen. Wenn es den Mexikanern besser geht, machen sich vielleicht nicht mehr so viele auf in den Norden. Dann könnte er sich seine Mauer an der Grenze sparen.«[74]

Die heutigen Regeln für den Import und Export von Produkten sind zu Gunsten der Industriestaaten geschrieben und man sollte dieses Regelwerk nun systemisch zu Gunsten der Schwachen umschreiben, damit sie erstmalig einen wesentlichen Wettbewerbsvorteil genießen. So haben die schwächeren Staaten die Möglichkeit aufzuholen und es wird für Investoren interessant, in einen begünstigten zukunftsfähigen Markt zu investieren. So wird sich dann auch die nötige Infrastruktur für einen konkurrenzfähigen Welthandel etablieren, z.B. gute Transportwege, fehlende Kommunikationsverbindungen, wichtige öffentliche Einrichtungen wie z.B. Kindergärten, Schulen, Krankenhäuser, Altersheime etc. Diesen Wettbewerbsvorteilen für Entwicklungsländer und Schwellenländer, könnte man z.B. bis 2025 / 2030 / 2035 festlegen und dann, bei entsprechendem Erfolg und je nach globaler Wirtschaftslage, auf ein möglichst einheitliches globales System umstellen.

Regeln für die globale Ökonomie

Die Gesetze und Regeln müssen global so gestaltet werden, dass möglichst alle Teilnehmer von diesen Gesetzen wirtschaftlich profitieren und vor allem Entwicklungsländer, mit deutlichem Blick auf Afrika, Bedingungen und begünstigte Gesetze vorfinden, damit sie ihren Wirtschaftsstandort langfristig stärken und sich aus ihrem Elend langfristig erheben können, ganz nach dem Motto »Hilfe zur Selbsthilfe.« Ich erspare es mir hier aufzuzeigen, wer alles Afrika über die Jahrhunderte ausgebeutet hat. Wesentlich ist, dass die Bringschuld für diesen Kontinent vor allem der Industriestaaten enorm ist und es höchste Zeit ist, dass die Gesetze neu geschrieben werden, damit sich dieser Kontinent nachhaltig erheben kann.

Hebel 8 / Patentrecht global neu organisieren

Wenn jemand eine einzigartige Idee für ein Produkt oder eine Dienstleistung hat und aufgrund dieser Idee z.B. eine Firma gründen möchte oder im bestehenden Unternehmen weitere gewinnbringende Produkte oder Dienstleistungen auf den Markt bringen möchte, spricht nichts dagegen.

Ganz klar, jemand hat eine geniale Idee und will diese für seinen wirtschaftlichen Erfolg patentieren lassen.

Doch wenn es z.B. Grundnahrungsmittel sind und Konzerne beginnen sich Saatgut patentieren zu lassen, wofür arme Bauern dann auch noch bezahlen müssen, dann wird hier ganz eindeutig eine Grenze überschritten.

»In den 80er Jahren begannen einige Firmen, systematisch in die Gentechnik zu investieren. Exklusive Patente auf gentechnische Veränderungen und isolierte Erbinformationen ermöglichten erstmals, anderen die Nutzung bestimmter genetischer Eigenschaften in der Züchtung zu untersagen. Seit der Jahrtausendwende bemühen sich Unternehmen zudem mit wachsendem Erfolg, sogar Patente auf die Ergebnisse herkömmlicher Züchtung, z.B. den Gehalt bestimmter Inhaltsstoffe oder schiere Hochwüchsigkeit wie bei Monsantos »geköpftem Brokkoli«, durchzusetzen. Parallel dazu wurde auch das Sortenschutzrecht verschärft. Die Version des UPOV- Übereinkommens von 1991 verbietet Landwirten den Tausch oder Verkauf von geschütztem Saatgut und schränkt auch dessen Nachbau ein.«[75]

Saatgut und Patente auf Leben

»In den 90er Jahren setzte ein bis heute anhaltender Konzentrationsprozess der Saatgutbranche in den Händen einer Handvoll internationaler Chemieunternehmen ein. Die Firmen Monsanto, DuPont, Syngenta, Dow, BASF und Bayer beherrschen zugleich das weltweite Pestizidgeschäft. Klagte der Weltagrarbericht 2008 noch, dass die 10 größten Unternehmen über 50% des globalen Handels mit geschützten Sorten beherrschen, sind es fünf Jahre später noch drei Unternehmen, die 53% des Marktes kontrollieren.

Sie konzentrieren sich dabei auf wenige, lukrative Pflanzenarten, die von zahlungskräftigen Landwirten auf großen Flächen angebaut werden und auf Regionen, die eine entsprechende Infrastruktur und Rechtsschutz für ihre Ansprüche aufweisen. Der Weltagrarbericht bezweifelt deshalb den Nutzen von Patenten und geistigen Eigentumsrechten für Innovation, Forschung und Wissensverbreitung im Saatgutbereich. Hoffnungen, durch vereintes Auftreten öffentlicher Universitäten und Forschungseinrichtungen gegenüber der Privatwirtschaft weiterhin Zugang zu patentiertem Saatgut zu behalten, haben sich in den letzten Jahren zerschlagen. Ebenso die Hoffnung, das Internationale Abkommen über pflanzengenetische Ressourcen (ITPGRFA) werde einen fairen, am Gemeinwohl ausgerichteten Austausch von Zuchtmaterial zwischen privaten und öffentlichen Züchtern aufrechterhalten.

Patente gegen Vielfalt und Entwicklung?

Die Unternehmen horten Patente auf Pflanzen, Tiere, genetische Informationen und auf Verfahren und verkomplizieren so die Forschung, Entwicklung und vor allem Vermarktung bei ihrer Konkurrenz und in der öffentlich finanzierten Forschung. Ihre Verwertungsstrategie für den neuen »Rohstoff Wissen«, einschließlich der anwachsenden Berge an Genom-Daten, bestehe allzu oft nur darin, anderen deren unabhängige Nutzung und Fortentwicklung zu verwehren. Meist reicht dafür schon die Drohung mit einem langjährigen Rechtsstreit ungewissen Ausgangs.

Seit der Weltagrarbericht diese Zweifel anmeldete, ist die globale Konzentration des Saatgutmarkts weiter vorangeschritten. In Afrika gibt es mehrere Vorstöße, das Sortenschutzrecht auf regionaler und nationaler Ebene drastisch zu verschärfen. Industriestaaten üben mit der Saatgutindustrie und privaten Geldgebern durch Freihandelsabkommen und Entwicklungsprojekte entsprechenden Druck auf afrikanische Regierungen aus.

Die Etablierung eines wirtschaftlich profitablen Saatgutmarktes gehört zu den zentralen Strategien der »Allianz für eine Grüne Revolution in Afrika« (AGRA), die von der Bill & Melinda Gates und Rockefeller-Stiftung ins Leben gerufen wurde. In Lateinamerika, dem am schnellsten wachsenden Saatgutmarkt, schreitet dessen Privatisierung vor allem bei den Cash Crops Soja und Mais weiter voran. In Asien dagegen, v.a. in Indien und China, haben Landwirte noch immer vergleichsweise starke Rechte. In der Europäischen Union ist das Thema, wie fast überall auf der Welt, ein Zankapfel, an dem sich der Widerstand gegen große Saatgutunternehmen kristallisiert.

Aus diese[m] Grunde muss das WTO-Übereinkommen über handelsbezogene Aspekte der Rechte des geistigen Eigentums (TRIPS) vollständig verändert werden. Die zwingend notwendige Überprüfung der [Patente-auf-Leben]-Klauseln innerhalb von TRIPS wurde[.] bisher jedoch nicht zu einem Ende gebracht, obwohl dies einen wesentlichen Bestandteil der Doha-Runde darstellt. Die Veränderungen im nationalen und internationalen Patentrecht sind aus drei Gründen dringend notwendig – aus Gründen der Gerechtigkeit, der Demokratie und der Nachhaltigkeit. […]

Es ist aus ethischer Sicht falsch und ungerecht, dass diejenigen, deren Beitrag bloß 1% beträgt, jene ausbeuten, die ihre Rechte und Freiheiten zu 99% beigesteuert haben. Es ist doppelt ungerecht, Bauern durch das Patentieren von Saatgut ihrer Rechte zu berauben. Saaten sind keine Neuerfindungen, sondern das Resultat jahrtausendelanger natürlicher und kultureller Entwicklung. Patente auf Saatgut bedeuten daher eine Verletzung sowohl der Vielfältigkeit der Natur als auch der Beiträge unterschiedlicher Kulturen zur Bereicherung der kultivierten Artenvielfalt. […]

Wenn Saatgut patententiert wird und Bauern eine Billion US$ an Lizenzgebühren zahlen müssen, sind sie um eine Billion US$ ärmer. Patente auf Arzneimittel erhöhen die Kosten von Aids[-]Medikamenten von 200[]US$ auf 20.000[]US$, und Medikamente gegen Krebs verteuern sich für den Behandlungszeitraum eines Jahres von 2.400 US$ auf 36.000[]US$. Wenn Wasser privatisiert wird, verdienen globale Konzerne eine Billion US$ an der Vermarktung des Wassers, und die Armen sind um eine weitere Billion US$ ärmer.«[76]

In diesen Bereichen müssen global neue Standards gesetzt werden, die es natürlich weiterhin Menschen erlauben, innovative Ideen zu patentieren, aber ganz klare Grenzen ziehen, wie hier beschrieben beim Saatgut. Aber auch bei Medikamenten, die für die globale Allgemeinheit über Leben und Tod entscheiden, muss man Patente so weit aushebeln, dass man zumindest für Entwicklungsländer und Schwellenländer billige Generika herstellen kann. Das betrifft z.B. die Krebsmedizin und Medikamente für HIV. Hier bedarf es in allen Bereichen einer klaren globalen Regelung, die für alle Staaten verbindlich ist, damit jeder Staat gewährleisten kann, seine Bevölkerung ausreichend zu ernähren, mit lebenswichtigen Medikamenten zu versorgen etc.

Zahlen & Fakten bezüglich Saatgut:

»Die Umsätze des globalen kommerziellen Saatgutmarktes werden für 2011 auf 34,5 Milliarden US-Dollar geschätzt. Die 10 größten Konzerne kontrollieren 75% des weltweiten Saatgutmarktes. Drei Unternehmen - Monsanto, DuPont (Pioneer) und Syngenta - beherrschen 53% des Marktes, der weltweit größte Saatguthersteller Monsanto allein kontrolliert 26%. Bei Zuckerrüben beträgt der Marktanteil der drei größten Saatgutproduzenten 90%, bei Mais 57% und 55% bei Sojabohnen.

Die Konzentration der Marktmacht auf dem EU-Saatgutmarkt nimmt zu. Bei Mais haben nur fünf Saatgutfirmen rund 75% Marktanteil und kontrollieren 51,4% der Maissorten. Bei Zuckerrüben vereinen 4 Unternehmen 86% des Marktanteils auf sich, die Top-8 steuern 99% des EU-Marktes. Beim Gemüsesaatgut kontrollieren fünf Konzerne etwa 95% des Sektors, Monsanto allein etwa 24%.

2010 wurden beim Europäischen Patentamt etwa 250 Patente auf gentechnisch veränderte Pflanzen und 100 Patente auf ohne Gentechnik gezüchtete Pflanzen angemeldet. Der Anteil von Patenten auf konventionelle Züchtungen nahm stark zu und macht bei Unternehmen wie Monsanto und Syngenta mittlerweile 20%-30% der Anträge aus. 2010 wurden etwa 200 Patente auf Pflanzenzucht mit und ohne Gentechnik erteilt.

2013 wurden beim Deutschen Patent- und Markenamt und beim Europäischen Patentamt von 507 angemeldeten landwirtschaftlich relevanten Patenten 220 erteilt. 163 davon betrafen gentechnisch veränderte Pflanzen oder Tiere. Bei den Pflanzen waren fast 90%, bei den Nutztieren mehr als 40% gentechnisch verändert. Die restlichen Patente wurden somit auf konventionelle Züchtungen erteilt.

Anhand von Präzedenzfällen zu Brokkoli und Tomaten entschied das Europäische Patentamt 2010, das[s] Verfahren zur konventionellen Züchtung von Pflanzen nicht patentierbar sind (G2/07&G1/08). Bereits im Mai 2010 hatte die Beschwerdekammer des Patentamtes aber auch entschieden, dass konventionell gezüchtete Pflanzen, ihr Saatgut und ihre Ernteprodukte selbst dann patentiert werden können, wenn die Verfahren zu ihrer Züchtung nicht patentfähig sind (T1854/07).

Ein Bericht des Center for Food Safety zeigt, dass Monsanto in 136 Fällen Bauern anklagte, die Monopolrechte der Firma verletzt zu haben, auch wenn ihre Felder durch Saatgut und Pollen von Nachbarfeldern verunreinigt wurden. Bis Januar 2010 gewann Monsanto 70 Prozesse und erhielt insgesamt 23.345.820 US-Dollar Schadensersatz. Es wird geschätzt, dass aufgrund außergerichtlicher Beilegungen eine vier- bis achtfach höhere Summe an Monsanto bezahlt wurde.

»Geistige Eigentumsrechte und die Oligopole einiger Anbieter können dazu führen, dass armen Landwirten der Zugang zu Saatgut, einem für sie lebenswichtigen Produktionsmittel, verwehrt wird. Dies kann dazu beitragen, dass die Nahrungsmittelpreise steigen, wodurch sich die Ärmsten Lebensmittel noch weniger leisten können.«

97% aller Saatgut-Patente befinden sich in den Händen von Unternehmen aus Industrieländern, obwohl 90% der biologischen Ressourcen aus dem Süden stammen.

Von den rund 250.000 bisher bekannten Pflanzenarten auf der Erde sind ca. 30.000 essbar. Davon spielen nur 30 Pflanzenarten eine Rolle für die Welternährung und allein fünf Getreidearten (Reis, Weizen, Mais, Hirse und Sorghum) decken 60% der globalen Energiezufuhr ab.«[77]

Hebel 9 / Globale Energiewende → Erneuerbare Energie

»Die Energienachfrage steigt und wird sich nach Meinung der International Energy Agency (IEA) bis 2050 verdoppeln. Gründe sind die zunehmende Industrialisierung in den Schwellenländern sowie die wachsende Weltbevölkerung. Obwohl auf die Industrienationen nur rund 15 Prozent der Weltbevölkerung entfallen, verbrauchen sie heute die Hälfte des weltweiten jährlichen Energiebedarfs.

Zwar kann derzeit niemand die Folgen des Klimawandels vorhersagen, doch wissen wir heute um die Risiken. So rechnet das Deutsche Institut für Wirtschaftsforschung (DIW) bis 2050 alleine in Deutschland mit ökonomischen Schäden durch den Klimawandel in Höhe von 137 Milliarden Euro, wenn nicht rechtzeitig gegengesteuert wird.

Dabei stehen wir vor einem Energie-Dilemma - oder besser -Trilemma: Einerseits müssen Klimaschutzziele eingehalten werden, andererseits steigt bei wachsender Weltbevölkerung der Energiebedarf, insbesondere in den sich entwickelnden Volkswirtschaften. Drittens müssen die neuen Energien bezahlbar bleiben. Die Lösung liegt nach Ansicht der Energieexperten von der IEA nicht in einer einzelnen Energieform[,] sondern in einem ausgewogenen, ökologisch und ökonomisch sinnvollen Energiemix.

Dieser kann erreicht werden, indem das Energieangebot erweitert und die Energieversorgung auf nachhaltige Technologien umgestellt wird.«[78]

Globale Energiewende – Trump steigt aus, der Rest der Welt steigt um

»Eine viel beachtete Studie zur Entwicklung der weltweiten Stromerzeugung kommt zu einem erstaunlichen Ergebnis: Sonne sticht, Kohle wird begraben - und alles geht viel schneller als gedacht. Leider nicht schnell genug.

Die Fachleute von Bloomberg New Energy Finance haben ihren New Energy Outlook 2017 (NEO 2017) veröffentlicht. Die Prognose über die Entwicklung der weltweiten Stromerzeugung bis 2040 enthält einige Überraschungen. Erstens: Die globale Energiewende kommt schneller voran als noch im Outlook 2016 prognostiziert. Zweitens: Drei Viertel des Kapitals, das bis 2040 in die Stromerzeugung investiert wird, geht in Windkraft und Photovoltaik. Drittens: Der Bau zusätzlicher Kohlekraftwerke kommt bereits 2026 zum Erliegen.

»Der diesjährige Report legt nahe, dass das Ergrünen der weltweiten Stromwirtschaft nicht aufzuhalten ist‹, sagt Seb Henbest, Chefautor der Studie. ›Dank schnell fallender Kosten für Strom aus Solar- und Windkraft sowie der wachsenden Bedeutung von Batterien - auch jener in E-Autos - für den Ausgleich von Angebot und Nachfrage.«

Kostenpunkt: 10,2 Billionen Dollar

Der New Energy Outlook [...] erwartet bis 2040 einen Anstieg des weltweiten Stromverbrauchs um 58%. Die dafür nötigen Investitionen beziffert man auf die gewaltige Summe von 10,2 Billionen Dollar, was dem Dreifachen der deutschen Wirtschaftsleistung entspricht. Von dieser Summe fließen fast drei Viertel (72% bzw. 7,4 Billionen USD) in erneuerbare Energien.

Das meiste geht in den Ausbau der Windkraft (3,3 Billionen USD), gefolgt von der Photovoltaik (2,8 Billionen). Solar- [u]nd Windkraft werden dann für die Hälfte (48%) der globalen Kraftwerkskapazität stehen (heute: 12%) und ein Drittel (34%) der Elektrizität erzeugen (heute: 5%). Regional spielt die Musik in Asien: Auf China und Indien entfallen allein 4 Billionen Dollar der gesamten Investitionen.

Der Preissturz

Der Preisverfall erneuerbarer Energien wird sich laut NEO-Prognose fortsetzen - durch technologischen Fortschritt und Massenproduktion. Die Photovoltaik, die sich seit 2009 bereits um drei Viertel verbilligt hat, wird bis 2040 um weitere 66% günstiger. Damit kostet Solarstrom im Jahr 2040 nur noch 8% des 2009er Preises.

Windkraft war bereits 2009 vergleichsweise günstig und ist bis heute noch einmal um 30% gefallen. Bis 2040 rechnen die Experten von Bloomberg New Energy Finance (kurz: BNEF[...]) mit einem weiteren Rückgang um 47%, vor allem durch effizientere Turbinen. Damit wird Windstrom 2040 nur noch 30% des 2009er Preises kosten.

»Tipping Point«

Das heißt in der Praxis: Bereits in wenigen Jahren werden neu errichtete Solar- und Windparks in direkter Konkurrenz stehen zu neuen fossilen Kraftwerken. Gegen Ende der 2020er Jahre werden sie dann auch bereits existierende fossile

Kraftwerke aus dem Markt drängen. »Der Tipping Point kommt früher und man kann nicht bestreiten, dass diese Technologie billiger wird, als wir vormals dachten«, sagt Henbest.

In Indien, einem Schlüsselmarkt, zeigt sich bereits, was er damit meint. Bei einer Auktion zum Bau eines Solarkraftwerks im Februar 2017 ging der Zuschlag an ein Unternehmen, das Strom für 3,3 Rupien (4,6 Euro-Cent) pro KWh anbieten wird. Im Mai bekam ein 200-MW-Solarkraftwerk für 2,44 Rupien (3,4 Cent) den Zuschlag, weitere 300 MW gingen für 2,45 Rupien »über den Tresen«. Zum Vergleich: Der durchschnittliche indische Strompreis, ganz überwiegend Kohlestrom, lag im April bei 2,77 Rupien. […]

Killing coal

Dies hat unmittelbare Auswirkung auf die Ausbaupläne für Kohlekraftwerke. »Kraftwerksentwickler, Versorger und Investoren beobachten allesamt die rapiden Veränderungen der [...] Energielandschaft und hinterfragen Annahmen, die vor zwei bis drei Jahren noch völlig vernünftig waren, heute aber überholt sind«, sagt Tim Buckley vom Institute for Energy Economics and Financial Analysis.

Will heißen: Bevor ein Betreiber sich entschließt, ein neues fossiles (oder nukleares) Kraftwerk zu bauen, das ab Tag eins der Inbetriebnahme rote Zahlen schreibt, denkt er lieber zweimal nach. Der Kapitalmarkt, der das Unterfangen finanzieren muss, tut dies auch. Schließlich bindet man sich für Jahrzehnte.

Vor diesem Hintergrund erwartet BNEF den Höhepunkt der Kohleverstromung - peak coal - bereits 2026, früher als gedacht. Außerdem, so die Experten, würden nur 35% der heute geplanten Kohlekraftwerke tatsächlich gebaut werden. Der Rest, 369 Gigawatt, werde gekillt. Das entspricht der Energieerzeugungskapazität von Deutschland und Brasilien zusammen. Ein Drittel der Streichliste entfällt allein auf Indien. Eine Meldung aus dem April, dass dort nun 14 GW an Kohlekraftwerken doch nicht errichtet werden, stützt die NEO-Prognose.

Brennpunkt Asien

Gleichwohl schreitet der Kohleausbau in Asien zunächst noch voran. Der größte Markt, China, wird sein Kohlemaximum 2026 erreichen und dann 20% mehr

Kohle verstromen als heute. In Indien, ärmer und rückständiger, wird sich der Zyklus erst in den 2030ern drehen.

Der Kohleausbau in Asien wird jedoch kompensiert durch den Kohleausstieg westlicher Industrieländer. In den USA werde laut NEO-Prognose die Kohleverstromung - trotz der Pläne Donald Trumps, den Energieträger zu fördern - bis 2040 um 45% sinken und vornehmlich durch Erneuerbare sowie billiges Erdgas verdrängt werden.

In Europa werde sich die Kohleverbrennung zur Stromerzeugung sogar um 87% reduzieren. Gaskraftwerke würden wegen des in Europa vergleichsweise teuren Brennstoffs vorwiegend als sogenannte Peaker zum Abfangen von Spitzenlasten im Netz eingesetzt werden. Dies setzt, nebenbei, ein weiteres Fragezeichen hinter die Ausbaupläne der Nord-Stream-2-Pipeline für zusätzliches Gas aus Russland.

Batterien schaffen Balance

Das Bewältigen von Spitzenlasten, ebenso wie die schwankende Einspeisung aus Wind und Sonne stellen heute die zentrale Schwierigkeit für Netzbetreiber dar. Hier kommen Lithium-Ionen-Batterien ins Spiel. Deren Preise befinden sich im gleichen Sturzflug wie bei der Photovoltaik. BNEF rechnet bereits bis 2030 mit einer Verbilligung um 73%.

Dies bedeutet, dass Batterien bereits auf Netzebene und in Kraftwerksmaßstab Spitzenlast bedienen und Einspeisespitzen werden auffangen können. Erste Projekte, z.B. in Australien, entstehen gerade. Gleichzeitig fungiert die wachsende Flotte an E-Autos (die Autoren der NEO-Studie erwartet 2040 13% in den USA und 12% in Europa) quasi als gigantischer vernetzter Stromspeicher. Der Grund: Deren Batterien werden vorzugsweise dann geladen, wenn Strom im Überfluss vorhanden und somit billig ist (smart grid - das schlaue Netz).

Trotzdem: Ziel verfehlt

Insgesamt erwartet der New Energy Outlook 2017 das Maximum der CO_2-Emissionen aus der Stromerzeugung für das Jahr 2026, 10% höher als heute. 2040 werden die Emissionen dann 4% unter dem heutigen Niveau liegen.

Für die Einhaltung des 2-Grad-Klimaziels reicht das nicht.«[79]

100 Prozent erneuerbare Energie bis 2050 weltweit?

»Erneuerbare Energien sollen Kohle, Öl und Gas ersetzen und die Erderwärmung stoppen. Doch ist eine Energieversorgung zu 100 Prozent mit Erneuerbaren weltweit bis 2050 realistisch? Ein Report gibt jetzt darauf Antworten.

114 namhafte Energieexperten aus allen Regionen der Welt wurden für den Renewables Global Futures Report befragt. Der jetzt in New York vorgestellte Bericht des Renewable Energy Policy Network for the 21st Century (REN21) analysiert die Machbarkeit des weltweiten Umstiegs auf 100 Prozent erneuerbare Energien bis 2050 und hat dazu Experten aus Wissenschaft, Wirtschaft, Politik und Zivilgesellschaft befragt. Finanziert wurde die Studie von der deutschen Regierung und dem World Future Council.

Andere Länder, andere Sicht

Von den befragten Energieexperten betrachten 71 Prozent eine Energieversorgung mit 100 Prozent erneuerbarer Energien bis 2050 weltweit für realisierbar. Diese Einschätzung haben vor allem Experten aus Australien, den Inselstaaten im Pazifik, Europa und internationalen Organisationen.

17 Prozent der befragten Energieexperten halten den weltweiten Umstieg auf erneuerbare Energien dagegen für nicht realisierbar und unrealistisch. Die skeptischere Haltung gibt es vor allem bei Energieexperten aus Japan und den USA.

In Japan werden laut Report erneuerbare Energien als nicht günstig wahrgenommen, zudem wehrt sich die Nuklearindustrie massiv dagegen. In den USA sehen die Experten den Ersatz von Öl im Transportsektor als die schwierigste Herausforderung bis 2050. Darüber hinaus seien die Interessen der konventionellen Energiewirtschaft ein großes Hindernis beim Energieumbau.

Auch die Experten aus Afrika und Lateinamerika sind eher skeptisch, dass eine Energieversorgung mit 100 Prozent erneuerbaren Energien bis 2050 erreichbar sein kann. Sie bemängeln fehlendes Wissen und Bewusstsein vor allem bei Entscheidungsträgern, eine oft widersprüchliche Energiepolitik und ein fehlendes Know-how für Betrieb und Wartung sauberer Technologien.

Etwas optimistischer zeigten sich demgegenüber Energieexperten aus China und Indien. Die chinesischen Experten sehen eine weltweite Energieversorgung zu

100 Prozent mit erneuerbaren Energien bis 2050 aus Kosten- und Finanzierung[sg]ründen skeptisch, auf lokaler und regionaler Ebene aber technisch und wirtschaftlich machbar.

Ein zweigeteiltes Bild geben in dieser Frage die zehn befragten indischen Energieexperten ab. Fünf von ihnen halten es für wahrscheinlich, dass bis 2050 die weltweite Energieversorgung zu 100 Prozent mit erneuerbaren Energien gedeckt wird, die anderen fünf Experten zeigten sich unentschieden oder halten dies für nicht realistisch.

Laut Report ist das Potenzial der erneuerbaren Energien für die Deckung des weltweiten Energiebedarfs mehr als ausreichend. In Afrika ist das Potenzial der Erneuerbaren sogar 200 Mal größer als der Energieverbrauch und in Nahost, Australien und Lateinamerika 30 bis 60 Mal höher. Auch in [.] Russland, China, Europa und USA gibt es ein ausreichend großes Potenzial für die Deckung des regionalen Energiebedarfs.

Starke Fehlprognosen in der Vergangenheit

Der Futures Report zeigt darüber hinaus, wie überraschend das rasante Wachstum der erneuerbaren Energien selbst für ausgewiesene Energieexperten war und dass sogar die internationale Energieagentur (IEA) bei ihren Prognosen die Dynamik der Erneuerbaren stark unterschätzte.

So prognostizierte die IEA in ihrem World Energy Outlook von 2005 eine global installierte Photovoltaik-Kapazität von 22 Gigawatt (GW) für das Jahr 2020 und von 104 GW für das Jahr 2050. Im Jahr 2016 waren aber schon weltweit Photovoltaikanlagen mit einer Kapazität von 296 GW installiert.

»Die Zukunft der erneuerbaren Energien sah damals anders aus als heute. Damals hätte sich auch niemand vorstellen können, dass schon 86 Prozent aller 2016 gebauten Stromkraftwerke in der EU ihre Energie aus erneuerbaren Quellen beziehen. Auch konnte sich damals niemand vorstellen, dass China Vorantreiber der erneuerbaren Energien wird«, sagt Arthourous Zervous, Vorsitzender von REN21 bei der Vorstellung der Studie in New York auf dem Sustainable Energy for All Forum.

»Der Bericht präsentiert eine breite Palette von Gutachten. Er soll dazu beitragen, dass die Chancen und Herausforderungen diskutiert werden, die mit dem Erreichen einer 100-prozentigen Energieversorgung durch Erneuerbare bis 2050 verbunden sind«, ergänzt Christine Lins, Generalsekretärin von REN21. »Wunschdenken wird uns nicht zum Ziel bringen. Nur mit einer fundierten Debatte können die richtigen politischen und finanziellen Anreize gesetzt werden, um die Geschwindigkeit zu beschleunigen«.

Energie-Umbau braucht vorausschauende Politik

Überzeugt zeigen sich die meisten Experten im Bericht auch davon, dass die Kosten für erneuerbare Energien weiter sinken und innerhalb der nächsten zehn Jahre billiger werden als fossile Brennstoffe. Im Stromsektor - heißt es außerdem im Bericht - sind Wind- und Solaranlagen in den meisten OECD-Ländern schon heute konkurrenzfähig gegenüber neuen konventionellen Kraftwerken.

Während der Report positiv hervorhebt, dass in ländlichen Regionen schätzungsweise 100 Millionen Menschen in den letzten Jahren erstmals Zugang zu einer Stromversorgung durch erneuerbare Energien bekamen und die Märkte für sogenannte Off-grid[-]Systeme schnell wachsen, bemängeln die Experten das Fehlen einer vorausschauenden Politik in den meisten Ländern. »Es fehlt an einem stabilen Klima für Investitionen in Energieeffizienz und erneuerbare Energien. Dieser Mangel an politischer Sicherheit behindert die Entwicklung in den meisten Ländern«, lautet ein weiteres Fazit des Reports.«[80]

Wie kann man die Energiewende beschleunigen?

»Maßgebliche Entscheidungen müssen nun von politischer Seite getroffen werden, gezielte Aktionen folgen. Richtlinien und Vorschriften seien dabei entscheidend für die Schaffung eines stabilen und attraktiven Marktes für regenerative Energien, folgert IRENA. Politische Regulierung sei vor allem erforderlich, um Risiken zu reduzieren und eine gerechte Finanzierung zu ermöglichen. Laut Bericht haben sich bis heute mehr als 170 Länder Erneuerbare Energieziele gesetzt, fast 150 hätten Maßnahmen ergriffen, um Investitionen in Erneuerbare Energietechnologien attraktiver zu machen.«[81]

Abschließend: Die globale Energiewende hin zu erneuerbaren Energien kann nur dann möglichst rasch erfolgen, wenn sich möglichst alle Staaten global dazu entschließen. Die nötige Technologie und deren weitere Entwicklung ist unaufhaltsam und schafft die Voraussetzung, dass tatsächlich eine nachhaltige Kehrtwende stattfinden kann. Aus heutiger Sicht führen wir einen Kampf gegen die Zeit, damit das Zwei-Grad-Klimaziel nicht verfehlt wird. Nur wenn sich die Staaten erneut global abstimmen, die nötigen finanziellen Mittel global koordiniert festgelegt werden und vor allem Amerika sich wieder dem Pariser Abkommen verpflichtet, hat man die reale Chance, die Klimaziele einzuhalten und die benötigte Energiewende möglichst zeitnah global herbeizuführen. Wesentlich wäre auch, dass man aus den Lippenbekenntnissen einen verbindlichen Vertrag für alle Staaten mit den nötigen Zielen aufsetzt, dann hätte man eine vernünftige Basis.

Hebel 10 / Ökologie global schützen

Umweltgesetze sind weltweit unterschiedlich, auch werden sie in vielen Staaten nicht befolgt. Wie schafft man es also, möglichst effektiv die Umwelt global zu schützen? Es bedarf auch im Umweltschutz globaler Standards, Regeln und Gesetze, die für alle Staaten verbindlich sind und auch entsprechend streng kontrolliert werden und bei Zuwiderhandeln vom Gesetzgeber bestraft werden. Wesentlich ist: Je höher die Strafen für Verstöße gegen Umweltstandards sind, umso wahrscheinlicher ist es, dass diese Standards eingehalten werden.

Internationale Umweltschutzabkommen gesetzlich verordnen

»Die meisten internationalen Umweltschutzabkommen sind aus dem Schoß der UNO hervorgegangen, und das entlang großer internationaler Umweltkonferenzen wie der Konferenz über die Umwelt des Menschen 1[9]72 in Stockholm (UN-CHE) und dem Erdgipfel 1992 in Rio de Janeiro (UNCED) sowie dessen Rio+20 Follow-up 2012 in Johannesburg. Frucht der ersten dieser drei Konferenzen, die auch als »Wasserscheide« bezeichnet wird, war auch das Umweltprogramm der UNO, das UNEP. Die Zahl der internationalen Umweltschutzabkommen übersteigt 1500, die meisten davon sind jedoch keine multilateralen Umweltschutzabkommen. Diese lassen sich auf weniger als 20 besonders relevante UN-Abkommen zusammenfassen:

Wichtige multilaterale Umweltschutz-Abkommen			
1	1973	International Convention for the Prevention from the Pollution from Ships	MARPOL
2	1973	Washingtoner Artenschutz-Übereinkommen	CITES
3	1982	Seerechtsübereinkommen	UNCLOS
4	1987	Montrealer Protokoll zum Schutz der Ozonschicht	

5	1989	Basler Übereinkommen über die Kontrolle der grenzüberschreitenden Verbringung gefährlicher Abfälle und ihrer Entsorgung	Basel-Übereinkommen
6	1992	Klimarahmenkonvention	UNFCCC
7	1992	Biodiversitätskonvention	CBD
8	1994	International Tropical Timber Agreement	ITTA
9	1994	Übereinkommen der Vereinten Nationen zur Bekämpfung der Wüstenbildung	UNCCD
10	1996	Kernwaffen-Teststopp-Vertrag	CTBT
11	1997	Kyoto-Protokoll	Zusatzprotokoll zur Klimarahmenkonvention
12	2000	Cartagena-Protokoll über die biologische Sicherheit	Zusatzprotokoll zur Biodiversitätskonvention
13	2001	Stockholmer Übereinkommen über persistente Schadstoffe	POP-Konvention
14	2010	Nagoya-Protokoll über den Zugang zu genetischen Ressourcen und gerechten Vorteilsausgleich	Zusatzprotokoll zur Biodiversitätskonvention

Damit diese globalen Umweltschutzabkommen gleich durchsetzungsfähig werden, wie es heute Handel und Investitionsschutz sind, müssten sich Staaten einer entsprechenden Gerichtsbarkeit unterwerfen, bei der diese eingeklagt werden können, und sich mit Zollaufschlägen vor anderen schützen, die dies nicht zu tun. Zum Beispiel mit drei Prozent je multilateralem Umweltschutzabkommen.«[82]

Da das Thema Umwelt riesengroß ist, sollte man hier eine neue globale Institution ins Leben rufen, eine »Weltumweltorganisation (WEO)«, die der UNO unterstellt ist, der Findung nützlicher globaler und nationaler Bestimmungen zum Umweltschutz dienen soll und auch Kontrollinstanzen global einführt, damit Umweltstandards kontrolliert und bei Zuwiderhandlung Strafen verhängt werden.

Problem globaler Umweltschutz durch eine globale Institution: Weltumweltorganisation (WEO)

»Grundgedanke einer WEO ist die Kooperation aller nationalstaatliche[n] Akteure der Welt, da alle sowohl potentielle Täter, als auch Opfer der Umweltverschmutzung sind. Das Allmende-Dilemma besagt dazu, dass eine gemeinsam genutzte knappe Ressource, die Umwelt, existiert, aber mehrere Akteure, Nationalstaaten, Unternehmen und Personen, darauf Zugriff haben, dabei aber keiner der Akteure eine Kontrolle über das Ausmaß der Nutzung oder hier der Verschmutzung durch die anderen Verfügungsberechtigten ausüben kann (vgl. Seybold, 2003: 29). Das bedeutet für die Debatte zum Thema Umwelt, denn die Umwelt ist eine Ansammlung von Ressourcen, dass alle darauf Zugriff haben und keiner die Kontrolle. Die Folge einer Ausbeutung durch alle aber würde die ganze Welt und somit jeden Akteur in Mitleidenschaft ziehen. Einen Ausweg aus dem sich ergebenden Dilemma bietet ein spieltheoretischer Ansatz, welcher eine zwischenstaatliche Kooperation ermöglicht. Zunächst müssen sich jedoch alle Teilnehmer der existierenden Problemsituation sowie ihrer eigenen Interessen, in diesem Fall langfristig betrachtet, bewusstwerden (vgl. Seybold, 2003: 30 f.). Sind diese notwendigen Voraussetzungen gegeben, kann es nach der Spieltheorie zu einem Nullsummen-Spiel kommen, also einer Kooperation, welche keinen der Akteure auf Kosten eines anderen übervorteilt und sich somit der Nutzen für alle gleichermaßen ergibt (vgl. Seybold, 2003: 31). Im Bereich der internationalen Beziehungen tritt jedoch häufiger das[.] Nicht- Nullsummen Spiel ein, bei welchem die beteiligten Akteure über ein Mindestmaß an gemeinsamen Interessen verfügen, die Aufteilung der zu erzielenden Gewinne jedoch umstritten ist. Daraus entsteht dann ein Verteilungskonflikt, welcher gelöst werden muss, will man die Kooperation dauerhaft aufrechterhalten (vgl. Seybold,2003: 31). Es zeigt sich also, dass das Zusammenwirken aller Nationen ob ihrer unterschiedlichen Verhältnisse sehr problematisch sein dürfte, da die »reichen« Länder es sich aus Sicht der

»Armen« leisten können[,] über die Umwelt nachzudenken, während es für die Entwicklungsländer primär um das Überleben der Bevölkerung geht. Auch könnten die Entwicklungsländer den Industrienationen unterstellen, dass sie versuchten[,] mit der Begründung des Umweltschutzes ihren Status gegenüber der dritten Welt beizubehalten. [...]

Wie könnte man eine Weltumweltorganisation (WEO) organisieren?

Die Dialektik des Problems lässt sich sehr kurz in Ursache und Wirkung erläutern, da in Sachen Umweltverschmutzung eine regionale oder lokale Ursache sehr schnell eine überregionale oder gar globale Wirkung haben kann, wie das simple Beispiel des Reaktors von Tschernobyl bereits 1986 zeigte. Weiter ist bis heute deutlich geworden, dass die meisten Staaten der Welt das Thema Umweltschutz nicht einmal auf nationaler Ebene für wichtig erachten, was sich durch das Fehlen entsprechender Ämter oder staatlicher Institutionen auf nationaler Ebene nachweisen lässt, welche mit einer WEO vergleichbare Aufgaben auf nationaler Ebene erfüllten (vgl. Charnovitz, 2001: 12). Aber selbst abseits der fehlenden Motivation der Nationalstaaten lassen sich erhebliche organisatorische Probleme identifizieren, welche die Sammlung des Fachwissens aller umweltschutzrelevanten Bereiche in einer Organisation betreffen. Zur Zeit gibt es weltweit deshalb so viele einzelne NGO und Institutionen, weil für die meisten Fachgebiete und auch viele geografische[.] Gebiete separate Organisationen gegründet werden, die sich ausschließlich mit ihrem speziellen Thema beschäftigen, dabei aber auch vor der Problematik stehen, dass sie sich nicht global artikulieren können oder nur die wenigsten von ihnen. Durch diese Vielzahl der Programme, NGO, Institutionen und zwischenstaatlichen Abkommen würde es auch extrem problematisch[,] eine zentralistische WEO zu erschaffen, die all diese Bestrebungen und Strömungen in sich vereinte, da viele der Abkommen widersprüchlich sind und daher bereits aus rein juristischen Gründen nicht zusammengefasst werden können (vgl. Charnovitz, 2001: 12). Hier wird also schon in den Anfängen des theoretischen Aufbaus einer WEO deutlich, dass es sich um eine eher idealtypische Konstruktion handeln muss, die man in einem folgenden Schritt der Realität angleichen müsste. [...]

Realistische Ansätze eine Weltumweltorganisation zu etablieren

Will man innerhalb der UN eine WEO etablieren, so muss dies im Einklang mit der Charta der UN geschehen. Auf Grundlage des Artikels 59 der UN Charta, welcher besagt, dass die »UN Industrial Development Organization« (UNIDO) in ein spezialisiertes Amt umgewandelt werden kann, so es der UN nötig erschiene, kann dies auf zweierlei Weisen geschehen. Die erste Möglichkeit ist eine WEO, die ihr Hauptaugenmerk auf das UNEP legt und Teile der Struktur übernimmt. So könnte eine WEO innerhalb der UN als eigenständiges Amt mit bereits bekannten und funktionierenden Strukturen des UNEP etabliert werden und entsprechend hochwertige Arbeit leisten, dabei aber zentral in der UN verankert sein. Der Sitz des UNEP in Nairobi sowie die Abkommen des UNEP blieben weiterhin aktiv, während die WEO zusätzlich zu einigen Strukturen des UNEP noch weitere »Multilinguistic Environmental Agreements« (MEA) und Umweltschutzprogramme in sich vereinen könnte (vgl. Charnovitz, 2001: 20). Der zweite als realistisch eingeschätzte Ansatz beruht ebenfalls auf Artikel 59 der UN Charta und sähe einen Um- bzw. Ausbau des UNEP zu einer WEO vor. Dabei würde die Funktionsweise des UNEP zu hundert Prozent übernommen, gleichzeitig aber eine Umorientierung und Erweiterung der Aufgabenfelder geschehen, die die Effektivität steigern sollte (vgl. Charnovitz, 2001: 20). Als letzte Möglichkeit, eine WEO in die UN zu integrieren und dabei das UNEP mit einzubeziehen, bietet der Artikel 22 der UN Charta. Dieser gibt der UN- Generalversammlung die Möglichkeit, neue Organe ins Leben zu rufen, wenn sie dies für notwendig erachtet. Dadurch wäre es möglich, einen Hybriden zu schaffen, welcher einerseits die Autonomie eines ›Spezialisierten Amtes‹ der UN hat und gleichzeitig zentral innerhalb der UN Strukturen angesiedelt ist (vgl. Charnovitz, 2001: 21). Es kann also herausgestellt werden, dass die beste Möglichkeit eine WEO zu erschaffen innerhalb der UN lieg[t], da diese über die notwendigen Möglichkeiten dazu verfügen und entsprechende Erfolge verzeichnet haben, die es enorm erleichterten eine WEO international zu etablieren und deren Politik um- und durchzusetzen. Somit muss sich die Struktur einer WEO natürlich auch denen der UN anpassen, damit diese kompatibel sind. […]

Strukturelle Anforderungen

Wie sich aus der Abbildung I »Das Internationale Umweltregime« (Anhang, Abb. I) deutlich ergibt, ist der Aufbau der UN recht komplex und über eine Vielzahl von Gremien und Ausschüssen für die fachgerechte Umsetzung und Repräsentanz aller beteiligten Akteure gesorgt. Eine immense Anzahl an Gipfeln, Sonderorganisationen und Abkommen beschäftig sich mit allerlei Themen, die zentral innerhalb der UN behandelt werden, da sie von internationalem Belang sind, so auch das breite thematische Spektrum des Umweltschutzes. Um eine WEO innerhalb dieser Strukturen aufzubauen, bedarf es einer organisatorischen Angleichung an eben diesen Aufbau.

Nationale Minister

Die UN haben 2000 in Malmö, Schweden erstmals eine Ministerkonferenz des UNEP abgehalten. Dadurch zeigte sich bereits, dass es sehr vorteilhaft ist, einen Regierungs- und Entscheidungsapparat zu haben, denn ohne einen solchen dauert es oft sehr lange, bis Beschlüsse gefasst sind, wie sich im Vergleich mit der WTO zeigt (vgl. Charnovitz, 2001: 21 f.). Ein weiterer Vorteil könnte sein, wenn diese Ministerkonferenz aus je zwei Abgesandten der Regierungen der beteiligten Länder bestünde, da somit die nationalen Regierungen vertreten wären und eine Umsetzung der Beschlüsse auf nationaler Ebene enorm vereinfacht und beschleunigt werden könnte (vgl. Charnovitz, 2001: 22). Dennoch ist zweifelhaft, erreicht man das Ziel und vereint alle Staaten der Erde in einer solchen WEO, ob ein derart großer Entscheidungsapparat überhaupt effektiv arbeiten könnte (vgl. Charnovitz, 2001: 21). Die Vorteile des Teilhabens der Regierungsvertreter wiegen hierbei aber wohl stärker, als der zu erwartende Verlust an Effektivität, da im Grundsatz bei der WEO immer davon ausgegangen werden muss, dass alle Staaten den Vorteil und die Notwendigkeit dieser einsehen und fördernd an dieser mitarbeiten wollen, wie sich bereits unter 1.1 ergeben hat.

WEO Führungskräfte

Wie immer, und wie sich auch am Beispiel der EU zeigen lässt, muss nun die Frage des Vorsitzes, also der Führung der WEO geklärt werden[,] um zumindest eine Richtlinienkompetenz dieser zu erreichen und somit die Effektivität zu steigern. Das bedeutet aber auch, dass die einzelnen Nationalstaaten Kompetenzen an den Vorsitzenden abgeben müssen. Im Idealfall besteht diese Führung aus zwei Personen, wobei eine das Management übernimmt und die andere repräsentative Aufgaben der WEO. Beide müssten dabei aus den Riegen der Nationalstaaten, also der abgesandten Minister kommen (vgl. Charnovitz, 2001: 22). Problematisch ist jedoch neben der Festlegung der Anzahl der Führungskräfte zur Steigerung der Effektivität der WEO auch die Frage nach der Bestimmung dieser. Wenn diese gewählt werden, droht selbstverständlich die Gefahr, dass gemauschelt wird, also dass Stimmen »verkauft« werden, damit es zu bestimmten Entscheidungen kommt oder eben nicht. Auch hier bleibt als einziges Gegenargument das der gemeinsamen Bestrebungen einer erfolgreichen WEO nach Punkt 1.1, sonst nichts. Dass dieser ideologische Aspekt mal mehr und mal weniger gut funktioniert und sicherlich kein realistischer ist, zeigen fast alle politischen Gremien[,] in denen gewählt wird. So ist es zum Beispiel in den USA Gang und Gäbe, dass vor einer Abstimmung im Senat die Stimmen gesichert werden, ebenso, wie im Deutschen Bundestag, was hier als Fraktionszwang bezeichnet wird (vgl. Rudzio, 2003: 249 ff).

Gewählte Vertreter

Um der WEO eine stärkere internationale Legitimität zu verschaffen, wäre es zweifelsohne sinnvoll[,] die Abgesandten der Mitgliedsstaaten durch Wahlen zu ermitteln, sich also dazu dem Prinzip der repräsentativen Demokratie zu bedienen (vgl. Charnovitz, 2001: 22). Im Gegensatz zu fast allen existierenden NGO und Umweltregimen böte eine WEO dadurch nahezu keine Angriffsfläche für diejenigen, die an der Legitimation der Entscheidungen zu zweifeln versuchten, da die Entscheidungsträger die Mehrheit widerspiegelten. Als Beispiel kann hier das Europäische Parlament dienen, obgleich die Ziele und Bestrebungen besonders zur Zeit der Europäischen Wirtschaftsgemeinschaft (EWG) natürlich für einen wesentlich höheren politischen Konsens sorgten, als es die Ziele einer WEO täten, da es besonders um marktwirtschaftliche Vorteile ging, die allen Mitgliedern der EWG zu Gute kamen (vgl. Charnovitz, 2001: 22). Ein Forum aus diesen gewählten Mitgliedern könnte sich regelmäßig treffen und die Arbeit der WEO bewerten sowie zukünftige Maßnahmen planen und dazu auch Vertreter anderer internationaler Institutionen einladen, wie zum Beispiel den Präsident[en] der Weltbank oder einen Vertreter der WTO usw. (vgl. Charnovitz, 2001: 22 f.). Durch das regelmäßige Zusammenwirken all dieser Entscheidungsträger und der mit ihnen einhergehenden Legitimation des Gremiums wäre eine hohe Qualität der Arbeit und gleichermaßen eine größtmögliche Umsetzbarkeit gegeben.

Einbindung der NGO

Neben den Vertretern der Mitglieder einer WEO und weiterer Offizieller anderer internationaler Institutionen, sollten auch Vertreter der NGO in die Arbeit mit einbezogen werden, so wie es auch bei der »Organization for Economic Cooperation and Developement« (OECD) der Fall ist (vgl. Charnovitz, 2001: 23). Durch diese Einbeziehung der NGO könnte eine WEO auf enormes Expertenwissen zurückgreifen. Außerdem haben viele NGO gute und langjährige Erfahrungen im Bereich des Lobbyings sowie entsprechende Kontakte, die für die WEO genutzt werden könnten (vgl. Charnovitz, 2001: 23). Abseits davon ist es durchaus förderlich, wenn die WEO, welche sich hauptsächlich aus Politikern zusammensetzt, den ›klassischen‹ Gegner zu Rate zieht und in die Entscheidungsprozesse einbindet, da dadurch die Gegenwehr und Kritik an den Maßnahmen der WEO stark reduziert werden könnte, denn ein heterogenes Organ bedeutet, ist erst einmal eine Entscheidung getroffen, dass diese auf einem Konsens aller beruht (vgl. Charnovitz, 2001: 23). Im Zuge dieser Überlegung zur Einbindung der NGO kommt der ›Cluster-Gedanke‹ ein weiteres Mal zum Einsatz, da dadurch die Aufteilung bzw. Zusammenfassung nach thematischer Ausrichtung möglich wäre, zum Beispiel für den Bereich ‚Atomenergie'. Somit wären Experten aller beteiligten Bereiche in einem Gremium zusammen und könnten eine für alle verträgliche und förderliche Entscheidung vorbereiten, die durch die gewählten Vertreter der Mitgliedsstaaten ratifiziert werden könnte und somit auf die Zustimmung aller stoßen müsste (vgl. Charnovitz, 2001: 23 f.). Die wirklichen Schwierigkeiten, die sich in diesem Szenario auftun, betreffen die Strukturen der NGO, da es hier ein extremes Nord-Südgefälle gibt und die NGO der südlichen Hemisphäre oftmals wesentlich weniger Finanzmittel zur Verfügung haben, als die der nördlichen. Außerdem besteht eine erhebliche Sprachbarriere, da es sehr wahrscheinlich ist, dass Englisch die Hauptsprache aller Verhandlungen und Gespräche wäre, was viele NGO aus Schwellen- und Entwicklungsländern und / oder solchen, die [s]panisch[.]sprachig sind, benachteiligte. Weiter stellte sich abseits der politischen Interessen, die durch die entsprechende Zusammensetzung der Gremien keinen manipulativen Einfluss nehmen sollte, die Frage nach den Interessen der Wirtschaft. Diese könnte über die Finanzierung diverser NGO oder anderer mit einbezogener Interessenvertretungen ihre eigenen Ziele verfolgen und somit einen schädlichen Einfluss auf die WEO und deren Arbeit ausüben.

Mitgliedschaft in einer WEO

Nachdem nun die Feinheiten einer möglichen Struktur der WEO erarbeitet wurden, stellt sich abschließend hierzu die Frage nach der Regelung der Mitgliedschaft der Nationalstaaten und den entsprechenden Anforderungen an diese. Wie sich an vielerlei Beispielen in der internationalen Politik belegen lässt, wie z.B. der Europäischen Union und ihrer Richtlinien, ist es für eine Gemeinschaft, deren Ziel Prävention und unter Umständen auch die Behebung eines alle Länder betreffenden Problems ist, nicht denkbar eine Mitgliedschaft an hohe Anforderungen und Bedingungen zu knüpfen. Hier gilt die Methode der »soft-laws«, also einer niedrigschwelligen Hürde zum Beitritt, um möglichst viele oder idealerweise alle Staaten zu einem Beitritt zu bewegen. Charnovitz fordert dazu einen WEO-Vertrag, den alle Mitgliedsstaaten unterzeichnen müssen. Ein solcher könne nach seiner Meinung eine allgemeine Anerkennung bestimmter umweltpolitischer Ziele und Verhaltensregularien enthalten, die in der Summe eine Verbesserung der globalen Umweltpolitik versprechen. So sei es, wenn auch eher auf regionaler Ebene, bei der »Aarhus Konvention« unter Kofi Annan im Oktober 2001 geschehen und habe eine positive Wirkung gehabt (vgl. Charnovitz, 2001: 24). Dieser Punkt ist sicherlich einer der grundlegendsten, wenn es um eine WEO geht, stellt aber auch eine der schwierigsten Hürden auf dem Weg zu einer WEO dar. In Anbetracht der Erfahrungen aus der EU, beispielhaft an der Richtlinie 94/45/EG zur Einrichtung Europäischer Betriebsräte erläutert, zeigt sich, dass es sich in Belangen, die keinen finanziellen Vorteil für die Regierungen und Länder bringen, immer schwierig gestaltet, eine hohe Schwelle zur Mitgliedschaft bzw. Ratifizierung einzurichten, da dies meist dazu führt, dass entsprechende Verträge nicht unterzeichnet werden, was zwangsweise ein Scheitern des Vorhabens nach sich zieht. Anschließend die Vertragspartner wieder zu einem erneuten Zusammentreffen für weitere Verhandlungen zu motivieren, kann einstweilen sehr lange dauern, was im Falle einer WEO die zu erwartenden Umweltschäden, welche durch sie verhindert werden sollen, verstärkte. Ist ein Vertrag mit entsprechenden Verpflichtungen, die jedoch nicht zu spezifisch sein sollten, erst unterzeichnet, so sorgt dies sicherlich für eine entsprechend hohe Solidarität der Mitglieder zu einander und gegenüber der WEO sowie ihrer Prinzipien und Ziele (vgl. Charnovitz, 2001: 24). So steht hier der Wille einer Mitgliedschaft aller Staaten und einer damit begründbaren niedrigen Einstiegshürde der ideologischen inhaltlichen Ausrichtung der WEO und einer entsprechend hohen Einstiegshürde entgegen. In diesem Fall ist es, wie von Charnovitz vorgeschlagen, der Mittelweg, also eine Verpflichtung zu allgemeinen Zielen und Methoden der Um- und Durchsetzung dieser und somit einer geringen Einschränkung der nationalstaatlichen Souveränität jedes Mitgliedes, ohne diese zu detailliert auszuformulieren.

Beziehungen zu Multilinguistic Environmental Agreements (MEA)

In wesentlich größerer Zahl, als internationale Institutionen oder NGO, sind Abkommen zwischen verschiedenen Staaten, die umweltpolitische Aspekte betreffen. Diese Abkommen, die alle wichtige Teilaspekte des Umweltschutzes betreffen, da jede regionale Ursache globale Wirkungen hervorrufen kann, sollten verallgemeinert und in eine Charta der WEO umformuliert werden und somit für alle Mitglieder verpflichtend sein. Durch einen solchen Prozess ginge kein bisheriges Abkommen und dessen umweltpolitische Bedeutung verloren, sondern würde globale Geltung erlangen und dem Ziel einer WEO dienen (vgl. Charnovitz, 2001: 24 f.). Auf Basis der durch von Moltke getroffenen Unterscheidung in problembezogene

MEA und institutionsbezogene MEA, ist auch Charnovitz der Ansicht, dass dies für eine WEO der richtige Weg sei (vgl. Charnovitz, 2001: 26). Es gilt also nach diesem Prinzip zu unterscheiden, mit welchem Thema sich ein MEA befasst oder welche Institutionen es mit einbezieht. Danach kann dann auch wieder eine Einteilung in entsprechende »Cluster« vorgenommen werden und entsprechend den »Clustern« die Teilnahme von Abgesandten der WEO an entsprechenden Sitzungen organisiert werden, wodurch wiederum die Wirkung der WEO gesichert wäre ohne die Funktionen der diversen MEA zu beeinträchtigen (vgl. Charnovitz, 2001: 26). Dabei tut sich jedoch bei [einer] näheren Betrachtung eine weitere Problematik der internationalen Politik auf, nämlich [die] der divergierenden Rechtsgrundlagen, auf deren Basis die MEA getroffen wurden. So ist es sehr schwierig, ein Abkommen zwischen zwei Nationen, welches sich auf deren jeweiliges nationales Recht bezieht[,] in internationale Abkommen zu transformieren, da es passieren kann, dass ihre eigentliche inhaltliche Ausrichtung ob der Anpassung an die internationalen rechtlichen Grundlagen verloren geht. Auch gilt diese Problematik für die jeweils beteiligten Regierungen und deren nationale Interessen (vgl. Charnovitz, 2001: 26). Eine Lösung hierfür wäre eine Einladung der WEO an alle MEA, mit ihr zu kooperieren und sich unter ihr Dach zu begeben. So behielten die MEA ihre Autonomie und könnten gleichzeitig von den Strukturen der WEO profitieren. Dadurch hätten beide Seiten ihre Ziele erreicht (vgl. Charnovitz, 2001: 26).

3.5 Schlüsselfragen der Orientierung und Funktion

Was ist nun zu tun, um eine WEO möglich zu machen? Welche Grundvoraussetzungen müssen geschaffen werden, damit sie funktionieren kann und was bedeutet das für die Nationalstaaten? Zunächst muss allen Staaten klar sein, dass globale Aufgaben immer auch regionale Aufgaben sind. Das bedeutet in letzter Konsequenz, dass eine WEO nationale Kompetenzen auf alle Mitglieder bezogen haben muss, um gegebenenfalls Entscheidungen durch- und umzusetzen (vgl. Charnovitz, 2001: 27). Im Umkehrschluss müssen die nationalen Akteure die Behandlung globaler Probleme und derjenigen nationalen Probleme mit globalen Folgen an die WEO abgeben, was wiederum eine Einschränkung und Beschneidung nationalstaatlicher Kompetenzen bedeutete (vgl. Charnovitz, 2001: 27 f.). Stellt man sich zum Beispiel einen Fluss vor, der durch mindestens zwei verschiedene Ländern fließt, wird schnell deutlich, was hier gemeint ist. Es muss im Aktionsradius einer WEO liegen, die Verschmutzung eines solchen Flusses zu verhindern, da die Auswirkungen mindestens zwei Länder betreffen. Wie sollte sonst das Land, welches nur die Auswirkungen einer Verschmutzung zu spüren bekäme, die Bekämpfung der Ursache vornehmen, wenn diese in einem anderen Land läge. Als letzten Punkt der Orientierung nennt Charnovitz die notwendige Arbeit bei den Entwicklungsländern. Wie schon in der Einleitung erläutert wurde, sind es besonders diese, die die Umwelt stark belasten, was die Industrieländer zu früheren Zeiten ebenfalls taten. Hier stehen immer enorme wirtschaftliche Interessen und der Wunsch nach Wachstum dem Schutz der Umwelt gegenüber. Glaubhaft aus Sicht der Industrieländer zu argumentieren, dass Indien kein

Kohlekraftwerk bauen solle, ist aus Sicht Indiens nicht möglich, da sich die Belange der Umwelt leicht in den Vordergrund rücken lassen, wenn es den Menschen in einem Land prinzipiell gut geht und diese versorgt sind. Dadurch ergibt sich eine Doppelmoral, die die Entwicklungsländer stark benachteiligt. Es wäre also die Aufgabe einer WEO[,] die Entwicklungs- und Schwellenländer durch Aufbau von Kapazitäten und Wissen auf ihrem Weg aus der Armut zu begleiten und dabei auf die Umwelt Rücksicht zu nehmen (vgl. Charnovitz, 2001: 27 f.). Um diesen Anforderungen und Aufgaben gerecht zu werden, sollte die WEO international Daten sammeln, diese mit Hilfe von Experten aller Fachbereiche auswerten, daraus entsprechende Prognosen erstellen, welche wiederum zu Gegenmaßnahmen führen und diese dann mit den abgesandten Regierungsvertretern in Aktionspläne umwandeln, welche über nationale Kompetenzen der WEO umgesetzt werden müssen, damit selbst im Streitfall eine Lösung erzielt werden kann (vgl. Charnovitz, 2001: 28).«[83]

Ohne ein funktionierendes Ökosystem wird die Menschheit nicht überleben und eine zweite Erde ist aus heutiger Sicht noch nicht verfügbar. Wichtig ist ein nachhaltiges System, das ganz bewusst unsere Natur schützt. Eine globale Weltumweltorganisation könnte hier den nötigen globalen Konsens herstellen.

Vordringlich Maßnahmen zur Bekämpfung des Klimawandels und seiner Auswirkungen ergreifen:

»**Temperaturanstieg:** Von 1880 bis 2012 hat sich die globale Temperatur um 0,85 Grad Celsius erhöht. Von 1901 bis 2010 ist der Meeresspiegel durchschnittlich um 19 Zentimeter gestiegen. Das Eis in der Arktis ist seit 1979 um 1,07 Millionen Quadratkilometer zurückgegangen – pro Jahrzehnt. Es wird weltweit 50 Prozent mehr Kohlendioxid ausgestoßen als noch 1990.

Wichtiges Ziel: Klimaziele sollen in nationale Politik und Gesetze als fester und verbindlicher Bestandteil integriert werden.

Weltmeere: Ozeane, Meere und Meeresressourcen im Sinne der nachhaltigen Entwicklung erhalten und nutzen

Die aktuelle Lage: Drei Viertel der Erde sind von den Weltmeeren bedeckt, die 97 Prozent des Wassers ausmachen. Über drei Milliarden Menschen verdienen ihren Lebensunterhalt dank der Artenvielfalt der Meere und der Küsten. 200 Millionen Menschen leben weltweit von der Fischerei. Bisher wurden 200.000 Tierarten entdeckt, es wird jedoch vermutet, dass es bis zu eine Million Arten sein könnten.

Wichtiges Ziel: Bis 2020 die Jagd und die Überfischung regulieren, illegale und zerstörerische Fischerei stoppen und wissenschaftliche Pläne ausarbeiten, die den Erhalt der Arten sowie die maximale Nachhaltigkeit garantieren.

Ökosystem: Ökosysteme der Erde schützen, wiederherstellen und ihre nachhaltige Nutzung fördern. Wälder nachhaltig bewirtschaften, die Verwüstung bekämpfen und unfruchtbares Land wiederbeleben und den Verlust der Biodiversität stoppen

Die aktuelle Lage der Wälder, Wüsten und Artenvielfalt: 80 Prozent aller Tiere, Pflanzen und Insekten leben in Wäldern. Über 2,6 Milliarden Menschen sind von Landwirtschaft abhängig, aber nur 52 Prozent der Ländereien können dafür genutzt werden, der Rest mangels Bodenverschmutzungen nicht. Von über 8300 entdeckten Tierarten sind 22 Prozent vom Aussterben bedroht.

Wichtiges Ziel: Bis 2020 den Umweltschutz, die Sanierung und den Erhalt der Ökosysteme sicherstellen sowie insbesondere Wälder, Wüsten, Dschungel und Berge mit internationalen Abkommen schützen.«[84]

Hebel 11 / Neues Geldsystem - Vollgeldreform

»Würden die Menschen das Geldsystem verstehen, hätten wir eine Revolution noch vor morgen früh.« **(Henry Ford)**

»Umfragen zeigen, dass Bürgerinnen und Bürger den Staat als Hüter der Geldmenge sehen möchten. Dieser Wille entspricht auch dem öffentlichen Charakter des Geldes als Medium. Nur der Souverän kann für die Stabilität dieses Mediums verantwortlich sein.

Die Notenbank erhält das ausschließliche Recht der Geldschöpfung, sowohl für das Bargeld als auch für das Buchgeld. Alles im Umlauf befindliche Geld ist Zentralbankgeld, das diese gezielt nach vorgegebenen Regeln geschöpft hat. Den Geschäftsbanken wird das Recht auf Geldschöpfung, das ihnen nie explizit verliehen wurde, explizit entzogen.«[85]

»Das grundlegende Ziel einer Vollgeldreform besteht darin, eine staatliche Kontrolle über die Geldschöpfung und Geldmenge zurück zu erlangen. Dies würde idealerweise durch eine Stichtagreform geschehen, bei der das Bankengeld (Giralgeld) über Nacht durch Zentralbankgeld (Vollgeld) ersetzt wird. Man kann sich jedoch auch eine graduelle Reform vorstellen, bei der unbares Zentralbankgeld parallel zu Giralgeld nach und nach in den öffentlichen Umlauf kommt und der Anteil des Giralgeldes mit der Zeit zurückgeht. Die Giralgeldschöpfung der Banken wird also beendet, sei es per Stichtagreform oder nach und nach in einem schrittweisen Übergang.

So oder so ersetzt eine Vollgeldreform das Giralgeld der Banken durch positiv vorhandenes Vollgeld (Zentralbankgeld) im Vollbesitz der jeweiligen Inhaber. Das heutige Münzmonopol der Regierung und das Banknotenmonopol der staatlichen Zentralbank wird – sei [es] zu einem Stichtag oder faktisch mit der Zeit – ausgedehnt auf alle Geldformen, die als offizielle Zahlungsmittel, als unbeschränkte gesetzliche Zahlungsmittel dienen.

Die betreffenden Zahlungsmittel – also Formen von Vollgeld –[]sind zunächst weiterhin das traditionale Bargeld, solange es dieses noch gibt, und jede Form von Kontogeld (in Nachfolge des heutigen Giralgelds, auch als E-Geld). Auch die

Einführung von digitalem Zentralbankgeld auf Blockchainbasis steht heute im Raum. Statt »von Hand zu Hand« wie das Bargeld, oder von Konto zu Konto wie mit heutigen Girokonten und künftigen Vollgeldkonten, zirkuliert digitales Zentralbankgeld, analog altem Bargeld, direkt vom digitalen Portemonnaie des Zahlers zu dem des Empfängers *ohne* monetäre Vermittlung von Banken. Weitere finanztechnische Innovationen können dieselbe Funktion über bestimmte Internet-Dienste voraussichtlich auch ohne Blockchaintechnik noch schneller und billiger erfüllen.

Herausgegeben wird neues Vollgeld von der Zentralbank langfristig und zum größten Teil durch Überlassung der Mittel an den Staatshaushalt. Damit wird eine originäre Seigniorage realisiert, wie sie dem traditionalen Geldregal, der hergebrachten staatlichen Geldhoheit entspricht: dieses Geld wird von der öffentlichen Hand schulden- und zinsfrei eingenommen und ausgegeben. Durch die laufenden Ausgaben der öffentlichen Hand kommt das neue Geld langfristig in Umlauf. Kurzfristig kann neues Geld wie bisher auch im Zuge flexibler geldpolitischer Operationen durch Zentralbankkredit an Banken ausgegeben werden. Dadurch entsteht eine Zinsseigniorage.

Vollgeld der Zentralbank ist sicheres Geld. Es kann in Bankenkrisen nicht verschwinden. Von Konkurs bedrohte Banken müssten nicht mehr auf Kosten der Allgemeinheit gerettet werden. Die Geldmenge wäre vollständig unter Kontrolle. Für überschießende Finanzmarktspekulation würden die Banken nicht mehr zusätzliches Giralgeld erzeugen können. Finanzmarkt- und Konjunkturzyklen würden erheblich moderater verlaufen.

Der Gewinn aus der Geldschöpfung – die Seigniorage – käme zunehmend bis letztlich vollständig den öffentlichen Haushalten zugute. Nach heutigen Maßstäben wären das in Deutschland etwa 25 Mrd Euro je 1 Prozent Wirtschaftswachstum. Damit ließen sich je nach Konjunktur und Staatsausgabenquote 1–6 Prozent des öffentlichen Gesamthaushalts finanzieren.

Darüber hinaus würden die Bestände an liquidem Giralgeld (M1), Ende 2016 rund 1.950 Mrd Euro, nach und nach durch Vollgeld ersetzt. Das entspricht in Deutschland 90% der gesamten Staatschuld bei zuletzt 2.150 Mrd Euro. Soweit das Vollgeld über den Staatshaushalt in Umlauf käme, ließe sich somit ein großer

Teil der Staatsschulden geräuschlos abbauen – ohne ›Haircut‹, also ohne Akti-
vaverluste der Gläubiger, und ohne unsoziale und kontraproduktive Austerität,
sprich ohne Gürtel-enger-schnallen, Verluste von Arbeitsplätzen und Massen-
kaufkraft, und Abbau von staatlichen Leistungen.«[86]

Monetative als vierte Staatsgewalt

**»Es ist höchste Zeit, dass der Staat seiner *Gestaltungsaufgabe* nachkommt, die
in Bezug auf das Geldwesen folgende Inhalte berücksichtigt:**

Privaten Geschäftsbanken ist die gesetzlich ungedeckte Geldschöpfung zu entziehen. Der Souverän muss dieses Vorrecht durch die eigene Zentralbank wieder
in Anspruch nehmen. Konkret bedeutet das die Ausdehnung des Geldschöp-
fungsmonopols, das sich bisher auf Banknoten und Münzen beschränkte, auch
auf die Herstellung von Giralgeld. Die Zentralbank wird hierdurch alleiniger
Schöpfer von Geld.

Um Missbrauch zu unterbinden, sollten Zentralbanken im Sinne der Gewaltenteilung in den Rang einer vierten, von der Exekutive unabhängigen Instanz ge-
hoben werden. Sie soll so unabhängig wie das Verfassungsgericht operieren, dabei freilich dem Gesamtwohl verpflichtet sein.

Von verschiedener Seite wurde daher der Name MONETATIVE vorgeschlagen.
Die MONETATIVE schenkt das erzeugte Bar- und Buchgeld der Exekutive, die
es aufgrund von Beschlüssen der Legislative verwendet und in die Wirtschaft
einleitet. Die MONETATIVE darf aber weiterhin Kredite an die Geschäftsbanken
und auch an den Staat vergeben.

Die Geschäftsbanken bleiben unabhängig. Ihre Aufgabe: den Zahlungsverkehr
abzuwickeln, gesparte und zu investierende Gelder zu vermitteln. Banken vergeben weiterhin Kredite, aber dürfen kein Geld mehr schöpfen.

Mit dem Vollgeldsystem bleibt Geld Geld und Kredit Kredit. Geld entsteht nicht
mehr aus Kredit und verschwindet mit ihm nicht mehr. Geld wird vom Souverän
erzeugt und via Geschenk an die Exekutive in die Wirtschaft eingebracht. Es fungiert dort als Umlaufmittel. Darüber hinaus darf die Zentralbank auch weiterhin
Kredite an Banken und Staat vergeben. Geldkredite und andere Investments sind
auf vorhandenes Geld angewiesen, das auf entwickelten Geld- und

Kreditmärkten gehandelt wird. Weltweite Überhänge an Sparkapital sichern heute jeden sinnvollen Investitionsbedarf. Falls erforderlich, kann die Geldmenge jederzeit ausgedehnt werden.

Das Vollgeldsystem verbindet den Wohlfahrtsstaat mit einer freien Bürgergesellschaft. Es ist sowohl für Liberale, Konservative, Linke und Grüne attraktiv.

Weitere Vorteile des Vollgeldsystems

- Geld auf Girokonten ist vollumfänglich sicher, auch bei Bankenpleiten.
- Die unkontrollierte Geldschöpfung durch private Banken hört auf, zukünftige Finanzblasen werden verhindert bzw. um Vieles unwahrscheinlicher. Der Staat wird dadurch nicht mehr durch Bankenpleiten erpressbar.
- Gewinne aus der Geldschöpfung fließen der Allgemeinheit zu. Die Umstellung des jetzigen Geldsystems auf Vollgeld bringt den Bürgerinnen und Bürgern im Euroraum einmalig ca. 5000 Milliarden an Geldschöpfungsgewinnen […]. Damit kann ein Großteil der Staatsschulden getilgt werden. Pro Jahr würde der Geldschöpfungsgewinn mindestens 200 Mrd. betragen.
- Neues Geld kommt schuldenfrei in Umlauf. Die Zinslast des Staates sinkt.
- Wettbewerbsgleichheit zwischen Banken und Unternehmen sowie zwischen Groß- und Kleinbanken wird hergestellt.
- Der Wachstumsdruck auf die Wirtschaft wird reduziert, weil der Geldschöpfungsgewinn im Zuge der Einführung von Vollgeld zur Staatsschuldentilgung eingesetzt werden würde und umlaufendes Geld nicht mehr schuldbelastet wäre.
- In Europa operieren die meisten Banken als Universalbanken. Zahlungs-, Kredit- und reine Spekulationsgeschäfte durchmischen sich. Unter Vollgeldbedingungen können Geschäftsbanken kein Buchgeld mehr erzeugen. Daher können sie für spekulative Tätigkeiten nicht mehr auf selbst geschöpftes Geld zurückgreifen. Da Vollgeld den Eigenhandel der Banken stark einschränkt, wird das normale Bankgeschäft vom Investmentbanking getrennt. Vollgeld sorgt also auch für ein vielfach gefordertes Trennbankensystem.

- Das Bankgeschäft wird wieder gesund und langweilig. Die Anreizkultur für Boni-Jäger hört auf.
- Das Geldsystem wird für die Bürgerinnen und Bürger wieder verständlich; die Kontrolle der Geschäftsbanken um vieles einfacher.
- Das Vollgeldsystem (VGS) ist nicht irgendeine ausgedachte Reform von Bürokraten, die der Wirtschaft durch weitere Kontrollen das Leben erschweren möchte, sondern es passt zur Bürgergesellschaft.

Das Vollgeldsystem ist KEIN Allheilmittel. Es ist aber ein unentbehrlicher Schritt zu einem nachhaltigen Geld- und Finanzsystem und zu einer gut funktionierenden Bürgergesellschaft.«[87]

Hebel 12 / Globale Währung, Abkehr vom Dollar als Leitwährung

»Übertragung der Faktoren auf eine Weltwährung

Betrachtet man die Größe der Volkswirtschaft, dann müsste eine Weltwährung aus einer der wichtigen Leitwährungen oder aus ihrer Kombination hervorgehen. So besagt Fred Bergsten in seinem 1997 erschienenen Werk *The Dollar and the Euro*, dass die EU 31 Prozent der Weltproduktion und 20 Prozent des Welthandels, die innereuropäischen Transaktionen ausgeschlossen, ausmacht. Im Gegenzug erwirtschaften die Vereinigten Staaten 27 Prozent der Weltproduktion und 18 Prozent des Welthandels. Auf Basis der Dollar- und der Euro-Währungen und gegebenenfalls in Verbindung mit dem japanischen Yen und dem britischen Pfund Sterling ließe sich eine Weltwährung etablieren. Auch weisen die Märkte dieser Volkswirtschaften hoch entwickelte Finanzsysteme mit sehr fortschrittlichen Informationsnetzwerken auf. Hinzu kommt die politische Stabilität, die im Fall der Vereinigten Staaten und der Europäischen Union verfassungsrechtlich bzw. vertraglich unter den einzelnen Staaten geregelt ist und sich historisch bewiesen hat. Weiterhin würde eine Weltwährung selbst erst ihren Wert erhalten, wenn eine möglichst große Anzahl von Volkswirtschaften bzw. Marktteilnehmern sie nutzt. Auch dieser Aspekt wäre für eine Weltwährung auf Grundlage der aktuellen Leitwährungen erfüllt.[24]«[88]

Globo – Wechselkurs auf globaler Ebene

»Der »Globo«, eine eigens geschaffene Verrechnungseinheit für den Welthandel, ist die Alternative zur ungerechten und instabilen Dollarhegemonie. Er bietet Planungssicherheit und beendet Währungsspekulation. Der Globo setzt sich aus einem »Korb« aller wichtigen Weltwährungen zusammen. Die Wechselkurse zwischen den einzelnen Währungen werden nach realer Kaufkraftparität angepasst. Um Abhängigkeiten und Machtgefälle zu vermeiden, müssen stark unausgeglichene Handelsbilanzen sanktioniert werden – etwa über Zinsen oder Zölle. In der EU wird der Globo von Kooperation im Bereich der Steuer-, Lohn- und Wirtschaftspolitik begleitet, um negativen Standortwettbewerb bei Steuern und Löhnen zu verhindern.«[89]

»In Anbetracht der Tatsache, dass auch der US-Dollar in historischen Schwierigkeiten steckt und die BRIC-Länder (Brasilien, Russland, Indien und China) auf eine Neulösung der Weltwährungsordnung drängen, wäre vielleicht der [b]este Weg von allen, eine globale Währungskooperation zu starten, wie ich sie seit 2006 in meinen Büchern fordere. Die Idee dafür stammt von John Maynard Keynes aus der Kriegszeit. 1944 schlug er vor, eine gemeinsame Verrechnungseinheit für den internationalen Wirtschaftsaustausch (Handel, Tourismus, Investitionen) zu schaffen, die sich aus einem Korb der Währungen der Mitgliedsstaaten zusammensetzt. Die nationalen Währungen würden alle erhalten bleiben, jedoch würde ihr Wechselkurs zum »Globo« (bei Keynes: Bancor) gemeinsam festgesetzt und verteidigt werden. Es wäre ein Wechselkurssystem auf globaler Ebene, wobei die internationalen Handelsströme in der Weltwährung abgerechnet würden.

Mit dem Doppelvorteil von Stabilität und Flexibilität: Falls ein Land eine hohe Inflation und ein Handelsdefizit aufweist – wie Griechenland oder die USA –, könnte es abwerten; Überschussländer wie Deutschland oder China müssten hingegen aufwerten. Ziel wären ausgeglichene Handelsbilanzen. Um Ungleichgewichte unattraktiv zu machen, würde es sogar Sanktionen geben (ähnlich dem Euro-Stabilitätspakt): Wer zu lange vom Gleichgewicht abweicht, ohne auf- oder abzuwerten, müsste Strafen zahlen – je länger und größer die Abweichung, desto mehr.

Keynes war nicht nur von makroökonomischen Überlegungen getrieben, er hatte unter dem Eindruck des Zweiten Weltkrieges und vergangenen Währungskonflikt[s] vor allem eines im Sinn: den globalen Frieden, was er 1943 […] nicht ohne Pathos festhielt. »In der Nachkriegswelt muss eine größere Bereitschaft zu übernationalen Abkommen verlangt werden. Wenn die vorgeschlagenen Vereinbarungen als Maßnahmen militärischer Abrüstung bezeichnet werden können, so sind sie doch milde im Vergleich zu den Maßnahmen militärischer Abrüstung, die von der Welt vermutlich akzeptiert werden müssen. […] Der Plan macht einen Anfang auf dem Weg in eine Neuordnung der zukünftigen wirtschaftlichen Beziehungen in der Welt unter den Nationen und zu einem »Gewinn des Friedens«.«[20] Im Unterschied zum missglückten Euro wäre der von Keynes angedachte Plan tatsächlich ein – globales! – Friedensprojekt.

In den Fußstapfen von Keynes plädiert auch UNTAD-Chefökonom Heiner Flassbeck für ein »System realer effektiver Wechselkurse« (real effe[c]tiv[e] exchange rates).[21] Laut Flassbeck würden sich die Handelsbilanzen bei regelmäßiger Anpassung der Wechselkurse an die realen Kaufkraftparitäten von selbst ausgleichen, weil produktivere Länder automatisch teurer und weniger [produktive] Länder automatisch billiger würden (der Übersetzungsmechanismus von höherer/niedriger Produktivität zu niedrigeren/höheren Preisen sind die Löhne). Das müsste erprobt werden. Klappt es nicht, könnte ja der zweite Gang, die von Keynes vorgeschlagene Sanktion für Abweichler von ausgeglichenen Handelsbilanzen, zugeschaltet werden.«[90]

»Bewertung der Idee einer Weltwährung

Nach dem IWF Working Paper von Ewe-Ghee Lim wäre der Gebrauch einer einzigen Währung wesentlich effizienter als der Umlauf verschiedener Währungen. Dabei würden die Effizienzgewinne auf zwei Wegen erreicht. Zum einen würden leitende Transaktionen durch eine Währung weniger ausländische Devisenmärkte involvieren, was die Investitionskosten in Informationsnetzwerke deutlich verringert. Zum anderen würde das Transaktionsvolumen wachsen, da mit insgesamt weniger Devisenmärkten die Transaktionskosten weiter gesenkt werden könnten. Um diese Vorteile zu erklären gibt Ronald I. McKinnon in seinem Fachbeitrag *The Euro Threat is Exaggerated* von 1998 ein gutes Beispiel:

Angenommen es gibt N nationale Währungen. Durch den bilateralen Handel zwischen all diesen Währungen würden N*(N-1)/2 bilaterale Märkte entstehen. Wenn allerdings diese Märkte nur eine einzige der N Währungen als Handelswährung für alle Transaktionen auswählen und alle Wechselkurse quotiert sein würden, wäre die Anzahl der Märkte auf nur N-1 reduziert. In einer Welt mit 150 nationalen Währungen würde dieser Wechsel auf eine (Welt)-Währung eine Reduktion der bilateralen Märkte von 11.175 auf nur noch 149 und enorme Einsparungen an Transaktionskosten bedeuten. In Folge würde das Transaktionsvolumen deutlich wachsen und die Transaktionskosten weiter sinken.[9]

Nach Myron Frankman wäre eine Weltwährung mit unterstützenden Institutionen ein essentieller Bestandteil einer globalen Demokratie, welche den Rahmen für Vielfalt in allen Teilen der Welt herstellen könnte. Das Beispiel der Vereinigten Staaten zeigt, dass eine Währungsunion sich zum großen Vorteil für die Beteiligten entwickeln kann. Voraussetzung dafür wäre, dass sie sich nicht nur auf zentralisierte Währungsautoritäten stützt, sondern auch von anderen Institutionen getragen wird.[21]

Auch Länder, die nicht an einer supranationalen Währung beteiligt sind, würden nach Meinung von Robert Mundell schon von der Stabilität der Wechselkurse profitieren, da ein solches Währungsgebiet eine Ankerfunktion für weitere nationale Währungen einnehmen könnte. Weiterhin wäre eine Weltwährung der Inbegriff eines Sozialvertrags, in dem jedes Mitgliedsland einen juristischen Anspruch entsprechend seiner wirtschaftlichen Größe wahrnehmen könnte.[25]

Hindernisse und Probleme

Aus politischen Gründen haben die einflussreichen Nationalstaaten kaum ein Interesse, ihren geldpolitischen Einfluss aufzugeben oder mit anderen Ländern zu teilen. Dabei spielen die dann entgehenden Seigniorage-Einnahmen ebenso eine Rolle wie das damit vermutlich stark zunehmende geldpolitische Gewicht von Schwellen- und Entwicklungsländern. Da eine politische Kontroverse über das Thema derzeit ebenso wenig stattfindet wie eine ökonomische, ist eine Änderung des Status quo nicht zu erwarten.[8]

Nach Arthur Grimes gibt es zwei Gründe, warum Länder heutzutage keine Weltwährung annehmen möchten. Zum einen besitzt das eigene Land eine geschichtlich lang geprägte Währung. Wichtiger noch ist die Erkenntnis, dass jedes andere Land ebenfalls über eine geschichtlich lang geprägte nationale Währung verfügt. Bis heute existiert praktisch keine Weltwährung, die Länder akzeptieren könnten.[20]

Nach Myron Frankman ist die attraktivste Aussicht auf eine tiefere politische und wirtschaftliche Integration die Erhaltung und der Wiederaufbau regionaler Vielfalt und Kontrolle. Die Akzeptanz einer einzigen Weltwährung fordert allerdings den Verzicht auf viele nationale[.] Ansprüche, sowohl symbolisch[e] als auch reale, sodass sie in absehbarer Zeit nicht existenzfähig ist.[26]

Nach Gudrun Leichtlein, Mitarbeiterin der Deutschen Bundesbank, wirft die Entwicklung einer Weltwährung große Fragen auf. Essentiell für eine Etablierung wäre ein solides Vertrauen in den Wert dieser Währung. Um dieses Vertrauen zu erreichen, bedarf es einer breiten internationalen Verwendung dieser

Weltwährung. Weiterhin müsste die globale Liquidität gesteuert und eine übermäßige Liquiditätsversorgung ausgeschlossen werden. Ebenfalls sollte eine unabhängige Weltzentralbank geschaffen werden, was enorme politische Fragen aufbringt, da ein Konsens über Entscheidungsträger schwer vorstellbar ist. Das Hineinwachsen einer Währung in die Rolle als Weltwährung sieht sie als einen sehr langwierigen Prozess. Zuerst bedarf es eines zunehmenden Einsatzes dieser Währung in einem Bereich, um ihr zusätzlich Auftrieb in ihrer Verwendung zu verschaffen. Allerdings stehen einzelne Verwendungsbereiche nicht isoliert nebeneinander, sondern bedingen und fördern sich gegenseitig. Letztendlich würden die Marktteilnehmer über den Einsatz einer Weltwährung entscheiden.[27]«91

Hebel 13 / Technischen Fortschritt bestmöglich global nützen / Digitalisierung + Robotisierung als Wohlstandsmotor für alle 206 Staaten weltweit

Hier kann man die positive Nachricht verkünden, dass sich der technische Fortschritt unaufhaltsam weiterentwickeln und zur Folge haben wird, dass man immer ressourcenschonender jegliche Produkte und Dienstleistungen produzieren wird können und somit auf lange Sicht dadurch immer mehr Menschen in den Genuss von Wohlstand kommen werden. Durch die fortschreitende Technologisierung wird man vor allem den »Hebel 5 / Soziales Auffangbecken laut Bedürfnispyramide nach Maslow + Zugang zu sauberem Wasser + Zugang zu ausreichend Essen + Zugang zu Wohnraum + Globales Arbeitslosengeld bzw. Bedingungsloses Grundeinkommen + Verpflichtendes globales Rentensystem + Globale Basis Gesundheitsvorsorge + Globale verpflichtende Schulbildung« mit der Zeit immer leichter bedienen können, vorausgesetzt das man sich global im Wesentlichen auf politischer und wirtschaftlicher Ebene auf einen gemeinsamen Weg immer mehr einigt, um die großen Probleme unserer Zeit nachhaltig zu lösen.

Z.B. wird man weit effizientere Wasseraufbereitungsanlagen bauen können, der Anbau von Grundnahrungsmitteln und das Bauen von weiterem Wohnraum wird dadurch erleichtert werden, aber auch die effiziente Versorgung des globalen Gesundheitswesens wird sich durch Forschung und technologischen Fortschritt immer leichter verwirklichen lassen etc.

Die Automobilindustrie wird sich komplett revolutionieren hinsichtlich des Produktionsaufwandes. So hat z.B. ein Achtzylindermotor in etwa 1200 Teile, die montiert werden müssen, ein Elektromotor nur 17 Teile.

Auch werden Fahrzeuge viel effizienter genutzt werden, da in der nicht mal so fernen Zukunft kaum noch einzelne Personen Fahrzeuge besitzen werden. Heutzutage ist es für viele ein enormer finanzieller Aufwand, sich ein Fahrzeug anzuschaffen, und es ist hinsichtlich der Effizienz bei weitem nicht optimal, da Fahrzeuge im Privatbesitz enorm lange Stehzeiten haben. In der Zukunft wird man ein selbstfahrendes Auto anfordern können, und somit ist gewährleistet, dass kein Fahrzeug mehr unnötige Stehzeiten hat, sondern bestmöglich ausgelastet und somit möglichst effizient genützt werden kann.

Die ressourcenschonende Produktion von Autos und die optimale Auslastung jedes einzelnen Fahrzeugs wird es auf lange Sicht der gesamten Bevölkerung ermöglichen, einen fahrbaren Untersatz in Anspruch zu nehmen.

Auch im Arbeitswesen wird sich grundsätzlich etwas ändern, da, wie bereits vorher erwähnt, 2055 die Hälfte aller Arbeitsstunden automatisiert sein könnten und knapp ein Viertel aller Arbeitsstunden könnten schon 2030 weggefallen sein.

Auf lange Sicht wird der Traum des Menschen, frei zu wählen, ob er einen klassischen Beruf erlernen und in einer Firma arbeiten möchte, oder ob man sich für das Gemeinwesen, z.B. durch gemeinnützige Arbeit, betätigen möchte oder sich Dingen widmet, die man schon immer machen wollte, immer realistischer. Auf lange Sicht wird die entfremdete Arbeit jedenfalls abnehmen und das selbstbestimmte Arbeiten und selbstbestimmte allgemeine Handeln jeglicher Art wird steigen.

Ich bin der festen Überzeugung, dass der Mensch eine Gesellschaft erschaffen kann, wo das Müssen immer weniger wird und das Wollen eine immer größere Rolle spielen wird.

Unser Leben ist noch immer voll von Aktionen, die gemacht werden müssen, wie z.B. den Mistkübel rausbringen, den Boden zu wischen, eine Arbeit zu machen, die man gar nicht machen möchte, etc. Auf lange Sicht schafft die fortschreitende Technologisierung den Umstand, dass das alles Maschinen für einen machen werden und man seine Zeit dann anderweitig verbringen kann.

Der Kampf gegen die Natur wird ein immer leichterer werden, wenn man vor allem möglichst bald auf eine nachhaltige Technologisierung und Robotisierung weltweit setzt.

Manchen Menschen macht das vielleicht auf den ersten Augenblick Angst, aber ich denke, dass selbst für Menschen, die z.B. der Technik den Rücken kehren und all den Komfort nicht haben möchten, es immer Gebiete geben wird, wo man sich niederlassen und weiterhin ein althergebrachtes Leben führen kann, ohne Teil des technischen Fortschritts sein zu müssen.

Ich denke ganz einfach, dass der Mensch auf lange Sicht die wahre Freiheit haben wird, zu tun, was er wirklich will und immer weniger Kompromisse eingehen muss.

Ob der technische Fortschritt allen zu Gute kommt und sozusagen eine globale Runde macht, ist eine Frage der Politik und der Wirtschaft und sehr stark von den beschriebenen Hebeln abhängig. Denn natürlich kann es auch passieren, dass lediglich eine Elite davon profitieren, sich den technischen Fortschritt zu ihrem persönlichen Vorteil machen und ihre Macht damit ausbauen wird. Daher ist es enorm wichtig, dass Staaten ihre globale Stärke möglichst bald finden, damit zukünftig nicht Google, Facebook, Apple, Amazon, Microsoft, etc. oder das Silicon Valley die Regeln diktieren und vorgeben, wer in den Genuss von technischem Fortschritt kommt und wer nicht. Es sollte, wie beschrieben, klar gelenkt werden von der direkten Demokratie, wo Souverän + Politiker + Wissenschaftler darüber entscheiden, wie die fortschreitende Technologisierung möglichst gewinnbringend für möglichst alle Staaten und Menschen, sprich für das Gemeinwohl eingesetzt werden kann und vor allem in welchem Maße wir die Gesellschaft als Ganzes durch die Technologisierung transformieren möchten und inwieweit wir die Verantwortung bei der Technik abgeben. Dazu muss man sich auch fragen, in welchem Maße sich die Gesellschaft weiterhin für den freien Willen ausspricht und inwieweit man es der Kybernetik überlässt, seine alltäglichen Entscheidungen zu treffen.

Bespiel: Lässt man es zu, dass Google, Amazon, Facebook, Apple, Microsoft, etc. aufgrund der Informationen, die sie über das jeweilige Individuum gesammelt haben, ständig Empfehlungen geben, wie man seinen Tag bestmöglich gestaltet und welche Produkte und Dienstleistungen man kaufen sollte, damit man möglichst glücklich durch jeden Tag kommt und schließlich komplett fremdbestimmt wird?

Oder möchten wir als Gesellschaft nicht, dass diese Technik uns dermaßen bestimmt, dass wir nur noch wenige Entscheidungen selbst treffen müssen?

Inwieweit lassen wir es als globale Gesellschaft zu, dass uns die Technik in unserem Fortschreiten leitet, und wo ziehen wir klar die Grenzen in der zukünftigen Matrix?

Nur durch die direkte Demokratie kann langfristig gewährleistet werden, dass auf lange Sicht nicht ein paar wenige über das Schicksal der gesamten Menschheit bestimmen. Die Geschichte hat uns bereits mehrfach gezeigt, dass das enorm gefährlich ist, wenn die Macht bei ein paar wenigen konzentriert ist und diese Elite die Möglichkeit hat, den Rest als Spielball ihrer Ideen zu verwenden.

Ich denke aber, dass bis zum heutigen Tage Menschen vor allem in Afrika und anderen Entwicklungsländern deshalb ausgebeutet werden, weil dies den Wohlstand des Westens ermöglicht und man heutzutage diesen Wohlstand nicht allen Menschen ermöglichen kann, da sich das ressourcentechnisch nicht verwirklichen lässt. Die Elite im Westen ist nicht bereit ihren Wohlstand zu beschneiden und fährt deshalb ihr Programm wie gehabt weiter. Wenn durch die fortschreitende Technologisierung und Robotisierung aber der Umstand aufgehoben wird, dass man nicht mehr die Entwicklungsländer ausbeuten muss, damit man den Lebensstandard im Westen hält bzw. ausbaut, wird die westliche Elite wohl nicht so pervers sein, das Leiden aufrechtzuerhalten, sondern möglichst allen Menschen die grundlegenden Ressourcen zur Verfügung stellen, so dass möglichst jeder Mensch ein Leben in Würde führen kann.

Mir ist wichtig, dass man erkennt, wie wichtig der technische Fortschritt für die gesamte Menschheit ist und wie viel Leid damit gelindert werden könnte. Natürlich sollte man sich nicht darauf ausrasten und warten, bis der technische Fortschritt eingetreten ist und dann hoffentlich automatisch alle Entwicklungsländer mitgenommen werden.

Im Hier und Jetzt kann man bereits so viel Leid lindern und die heutigen technischen Voraussetzungen sind genug, um das gesamte Hebelregister umzusetzen. Nur wenn man jetzt reagiert und diese Hebel umsetzt, hat man die Chance, dass eine Vielzahl an Problemen im Zeitraum von 2025 bis 2050 gelöst werden.

Wie möchten wir in der Zukunft leben?

Kinder haben den unaufhaltsamen Drang, neue Erfahrungen zu machen. Sie sind auf der Suche nach Abenteuern und inhalieren jeden Tag, als wäre es ihr letzter. Es wird, wenn möglich, kein Kompromiss geschlossen und man macht das, was man momentan machen möchte. Denken Sie an ein Leben, wo Sie sich auf alle Erfahrungen, die Sie machen werden, wirklich freuen und das Leben nicht während der Schulzeit oder Studium oder spätestens im Arbeitsleben zur dauerhaften Routine wird.

Ein mögliches Leben: Man verbringt eine schöne Kindheit mit vielen Abenteuern. Man geht gerne zur Schule, da man dort Dinge lernt, die man tatsächlich lernen möchte. (Intrinsisches Lernen) Man geht fünf bis zehn Jahre reisen und erfährt die globale Welt. Man reist ins Weltall und sieht neue Planeten. Man arbeitet für eine Firma, arbeitet für das Gemeinwesen oder widmet sich anderen Dingen, die man machen möchte, ohne Zwang. Man gründet eine Familie usw. Denken Sie an eine Welt, wo möglichst viele Menschen eine Vielzahl an neuen Erfahrungen machen durften und auf ein erfülltes Leben zurückblicken können – ich denke, dass ist die lebenswerte Zukunft, für die es sich lohnt zu kämpfen!

Die Technologisierung wird das Leiden der Menschen nicht gänzlich beenden, aber sie hat das Potential, das Leiden hochgradig zu lindern.

Abschließend: Der Mensch unterscheidet sich von den Tieren in einem wesentlichen Punkt: »**Ich denke, also bin ich!**« Dieser Umstand führt dazu, dass wir frei wählen können. Eine wünschenswerte Zukunft wäre, aus einem möglichst breiten Spektrum an Möglichkeiten frei zu wählen. Je größer die Freiheit des Einzelnen wird und letztendlich die gesamte Weltbevölkerung von einer möglichst großen Freiheit profitiert, umso höher ist der Entwicklungsstand einer globalen Gesellschaft.

Hebel 14 / Globale Überbevölkerung reduzieren

Fakten: »Auf der Erde leben im Jahr 2018 in etwa 7,6 Milliarden Menschen

2011 waren wir noch sieben Milliarden Menschen

Im Jahr 2050 werden wir laut Prognosen der Vereinten Nationen 9,8 Milliarden

Im Jahr 2100 11,2 Milliarden

Die Weltbevölkerung wächst um 157 Menschen pro Minute

Die Weltbevölkerung wächst um 226.184 Menschen pro Tag

Die Weltbevölkerung wächst um 82.557.224 Menschen pro Jahr«[92]

Maßnahmen zur Verringerung des Bevölkerungswachstums

»1) Sexualaufklärung

Aufklärung ist die Grundlage dafür, dass sich Jugendliche und Erwachsene mit Verhütungsmitteln wie Kondomen vor ungewollten Schwangerschaften und sexuell übertragbaren Krankheiten schützen können. Über Sexualität zu reden, gilt in vielen Gesellschaften immer noch als Tabu. Nicht darüber zu sprechen, ist sehr gefährlich und kann gravierende Folgen für Mädchen und Frauen haben, wenn sie – oft ungewollt – schwanger werden.

2) Zugang zur Familienplanung

Über Verhütungsmittel etwas zu wissen, ist das eine, sie auch verwenden zu können, das andere. Apotheken oder Krankenstationen sind häufig nicht mit Verhütungsmitteln ausgestattet, der Weg für viele Menschen zu weit. In den Städten hat sich in den letzten Jahren viel getan, doch gerade in den ländlichen Gebieten muss dafür Sorge getragen werden, dass die Menschen eine Möglichkeit haben, moderne Verhütungsmethoden anzuwenden.

3) Starke Gesundheitssysteme

Gesundheit ist das A und O. Werdende Mütter müssen so versorgt werden, dass sie weder um die eigene Gesundheit noch um die ihrer Kinder fürchten müssen. Die Kindersterblichkeit hat einen hohen Einfluss auf die Geburtenzahl pro Frau, denn Paare sind erst bereit, weniger Nachwuchs zu bekommen, wenn sich die Überlebenschance für jedes einzelne Kind erhöht.

4) [...] [Ein- bis Zwei-Kind-]Politik fördern

Die Bevölkerung wächst besonders in den ärmsten Ländern der Welt. Viele Kinder bieten eine Möglichkeit der Versorgung im Alter und bei Krankheit. Dabei könnte freiwillige Familienplanung die Entwicklungschancen armer Länder nachhaltig verbessern. In kleineren Familien sind die Kinder im Durchschnitt gesünder, haben bessere Ausbildungschancen und daher Möglichkeiten, am Erwerbsleben teilzunehmen.

5) Gleichberechtigung

In Partnerschaften können Frauen in vielen Entwicklungsländern oft nur schwer die Verwendung von Verhütungsmitteln und Familienplanung durchsetzen. Viele Frauen wünschen sich weniger Kinder als Männer – doch dies geht nur, wenn sie sich ihnen gegenüber auch behaupten können. Besser gebildete und in ihren Rechten gestärkte Frauen können informierte, selbstbestimmte Entscheidungen zur freiwilligen Familienplanung treffen.

6) Bildungschancen – besonders für Mädchen

Die Welt hat in Bildungsfragen große Fortschritte gemacht, denn mittlerweile werden fast alle Kinder eingeschult. Doch problematisch ist zum einen die Lehrqualität und zum anderen, dass nur sehr viel weniger Kinder auch eine weiterführende Schule besuchen. Mädchen in Entwicklungsländern werden häufig früh verheiratet oder müssen im Haushalt mitarbeiten und deshalb die Schule frühzeitig verlassen. Viele bekommen schon vor der Volljährigkeit ein Kind – und werden damit ihrer eigenen Zukunftschance beraubt.

7) Steigender globaler Wohlstand = Weniger Kinder

Eine deutsche Frau bekommt im Schnitt 1,4 Kinder. Eine gute Quote, denn so geht das Bevölkerungswachstum weltweit zurück - sagt Dr. Reiner Klingholz, Molekularbiologe und Leiter des Berlin-Instituts für Bevölkerung und Entwicklung.

Ideal für die westlichen Industrienationen wäre eine Quote von 1,85 Kindern pro Mutter. In Dänemark beispielsweise ist das schon jetzt der Fall. Aber auch in anderen Ländern der Erde sinkt die Kinderzahl mittlerweile exorbitant. In insgesamt 80 Staaten, so Reiner Klingholz, betrage die Quote nur noch 2,1 Kinder oder weniger. Und selbst in armen Nationen wie in der Zentralafrikanischen Republik, in Niger oder Mali seien gute Ansätze zu erkennen.«[93]

Konkurrenz der Genüsse

»Je mehr Wohlstand, Bildung und Gleichberechtigung sich in einem Staat entwickelten, desto weniger Kinder würden geboren. Stattdessen setzen sich die Menschen zunehmend mit Phänomenen wie der ›Konkurrenz der Genüsse‹ auseinander. Gemeint sind Entscheidungen zwischen Lebensstandard und Nachwuchs, konkret: Kind oder Kreuzfahrt?«[94]

Abschließend: Momentan ist das globale Bevölkerungswachstum, vor allem in den Entwicklungsländern und vor allem in Afrika, ein wesentliches Problem. Die Politik wäre hier gut beraten, Maßnahmen zu treffen, um das Bevölkerungswachstum einzudämmen und die dafür nötigen Anreize in den jeweiligen Staaten zu schaffen.

Hebel 15 / Staat und Religion global trennen / Universelles Wissen anstatt religiöser Fanatismus

»Dass es in einer Gesellschaft viele religiöse, viele areligiöse und sehr viele in religiösen Fragen suchende Menschen gibt, ist allgemein bekannt. […]

Das Verhältnis von Staat und Religion ist in vielen Ländern mit christlicher Mehrheit historisch belastet, weil es dort oft ein Bündnis von Thron und Altar mit Unterdrückung aller Andersdenkenden gegeben hat. In muslimischen Ländern ist der Gedanke einer Theokratie - eines streng nach den Vorschriften des islamischen Glaubens agierenden Staates - noch heute sehr wach, besonders etwa im Iran. Anderseits wurden in etlichen ideologisch dominierten totalitären Systemen - etwa unter Hitler, Stalin oder Pol Pot - religiöse Menschen grausamst verfolgt. Wo religiöse Werte an Bedeutung verlieren, geben andere, oft inhumane Leitideen die Richtung vor.

Was moderne pluralistische Staaten daraus lernen können, ist, dass Staat und Religion, soweit dies möglich ist, getrennt, dass aber zugleich Gedanken- und damit auch Religionsfreiheit, soweit dies möglich ist, geschützt gehören. Die Einschränkung »soweit dies möglich ist« soll weder Privilegien von Religionen eine Hintertür öffnen noch Staaten erlauben, sich in alle inneren Belange der Religionen einzumischen, sie soll nur zeigen, dass in der Praxis in manchen Fällen diese strikte Trennung umstritten bleiben wird. Der Staat soll sich nicht von Religionen »hineinregieren« lassen, es kann ihm aber auch nicht ganz egal sein, ob etwa Religionsunterricht im Geist von Toleranz oder Gewaltpredigten erfolgt (weshalb er vielleicht im öffentlichen Schulwesen besser aufgehoben ist als in privaten Zirkeln) und unter welchen Rahmenbedingungen zum Beispiel traditionelle Riten wie Beschneidungen oder Schächtungen zu vollziehen sind.«[95]

Jede Religion hat ihre Daseinsberechtigung und es soll jedem Menschen freigestellt werden, an was er oder sie glaubt und welche Religion man letztendlich für sich wählt oder ob man als Atheist leben möchte. Es ist die persönliche Entscheidung jedes Einzelnen und soll bedingungslos respektiert werden, solange es die Freiheit anderer nicht einschränkt oder Personen oder Gruppierungen versuchen, andere zwanghaft für eine religiöse Überzeugung zu gewinnen.

Vor allem ist aber wichtig, dass man sein Wissen nicht auf eine Religion bzw. ein Religionsbuch beschränkt und dass man anerkennt, dass die Summe des zum jeweiligen Zeitpunkt vorhandenen Wissens (in Büchern, Zeitungen, Zeitschriften, Filmen, Internet etc.), sprich alles übermittelte Wissen den Status quo darstellt und man versuchen sollte, sich aus möglichst vielen Quellen sein individuelles Weltbild zu schaffen, sich nicht auf eine Religion zu beschränken und nicht nach links und rechts zu sehen.

So wie in diesem Buch 17 Hebel beschrieben werden und ein Hebel alleine niemals die nötige Kraft haben würde, eine gerechtere Welt und neue Weltordnung hervorzubringen, so wird auch niemals eine Religion den Anspruch auf die absolute Wahrheit erheben können.

Natürlich kann jeder Mensch sich für eine konkrete Religion entscheiden und diese praktizieren, aber sie sollte niemals als die einzige Wahrheit betrachtet werden.

Der jeweilige Staat und die dort jeweils gelebte Religion sollte streng vom Parlamentarismus getrennt werden. Die Gesetze, die im jeweiligen Land beschlossen werden, sollten auf einem möglichst breiten universellen Wissen beruhen und nicht religiös fundiert sein oder im schlimmsten Fall fanatischen Überzeugungen folgen.

Nur so haben Staaten weltweit die Chance, auch die nötigen globalen Gesetze zu beschließen, die universell für 206 Staaten gelten, fernab religiöser, kultureller oder geschichtlicher Rahmenbedingungen. Natürlich soll das nicht heißen, dass es keine individuellen Gesetze geben soll, die der Kultur und der Religion des jeweiligen Staates entspricht, sondern es soll das Prinzip der Subsidiarität global angewendet werden.

Wichtig ist, dass man einen gesunden Mittelweg geht, wo unterschiedliche Kulturen und Religionen in gegenseitigem Respekt einander begegnen, und man Regeln und Gesetze formuliert, die auf einem universellen, modernen und am besten einem wissenschaftlich belegten Wissen beruhen.

Hebel 16 / Verpflichtende globale Gemeinwohlbilanz für alle Unternehmen, Staaten, Banken und Institutionen

»Die gesamte wirtschaftliche Tätigkeit dient dem Gemeinwohl.«

(Bayrische Verfassung, Art. 151)

»Kapitalbildung ist nicht Selbstzweck, sondern Mittel zur Entfaltung der Volkswirtschaft.«

(Bayrische Verfassung, Art. 157)

»Eigentum verpflichtet. Sein Gebrauch soll zugleich dem Wohl der Allgemeinheit dienen.«

(Deutsches Grundgesetz, Art. 14)

»Das Gesetz bestimmt die Wirtschaftspläne, damit die öffentliche und private Wirtschaftstätigkeit nach dem Allgemeinwohl ausgerichtet werden können.«

(Verfassung Italiens, Art. 41)

»Der gesamte Reichtum des Landes in seinen verschiedenen Formen und unbeschadet seiner Trägerschaft ist dem allgemeinen Interesse untergeordnet.«

(Verfassung Spaniens, Art. 128)

»Die wirtschaftliche Aktivität und die Privatinitiative sind frei, innerhalb der Grenzen des Gemeinwohls.«

(Verfassung Kolumbiens, Art. 333)

»Laut einer Umfrage der Bertelsmann-Stiftung im Jahre 2010 wünschen sich 88% aller Deutschen und 90% aller ÖsterreicherInnen eine neue und ethischere Wirtschaftsordnung, die den Schutz der Umwelt und den sozialen Ausgleich in der Gesellschaft stärker berücksichtigt.«[96]

»Die Gemeinwohl-Bilanz misst Erfolg nach neuen Maßstäben: Nicht der Finanzgewinn ist das Ziel, sondern die Mehrung des Gemeinwohls.«[97]

Unternehmen: Am Ende des Jahres wird nicht nur eine finanzielle Bilanz gezogen, sondern eine allumfassende, sprich wie wirkt sich das Wirtschaften des jeweiligen Unternehmens auf die Gesellschaft als Ganzes aus.

»Der individuelle Beitrag zum Gemeinwohl wird auf Basis der Gemeinwohl-Matrix definiert und bewertbar gemacht. Das ermöglicht die systematische Betrachtung aller Aktivitäten aus einer 360°-Perspektive und schärft den Blick für das Wesentliche:

- Was für Auswirkungen haben wirtschaftliche Aktivitäten auf die allgemeine Lebensqualität, heute und morgen?
- Wird die Menschenwürde geachtet?
- Wird soziale Gerechtigkeit gefördert?
- Wird ökologische Nachhaltigkeit sichergestellt?
- Wie transparent, solidarisch und demokratisch werden unternehmerische Ziele erreicht?«[98]

Banken: Banken prüfen Unternehmen primär auf ihre Liquidität. Die Gemeinwohlökonomie sieht vor, dass die Bank vorher prüft, wie das Geld investiert werden soll und ob es dem Gemeinwohl nützt oder schadet. Erst danach wird geprüft, ob das Unternehmen einen sicheren finanziellen Rahmen für die Kreditvergabe bietet. Je mehr die Investition dem Gemeinwohl dient, umso günstiger erhält das Unternehmen den Kredit.

Staaten: Staaten sollten ebenfalls dazu beitragen, klar der Bevölkerung darzulegen, inwieweit die gesamten Strukturen im System dem Gemeinwohl dienen. In den Medien wird ständig davon gesprochen, ob das BIP steigt oder fällt. Wesentlich ist, dass bei der Gemeinwohlbilanz der Zugewinn des BIP ins Verhältnis gesetzt wird und man klar erkennt, ob das gesamtheitliche Wirtschaften des jeweiligen Staates dem Gemeinwohl dient oder nicht. Wenn das BIP steigt, z.B. aufgrund von Finanz-, Spekulations-, Immobilienblasen, Raubbau an der Umwelt, Menschenrechtsverletzungen etc., dann ist das ein positives Wirtschaften für wenige. Der Staat muss Interesse daran haben zu messen, wie sich die Gesellschaft als Ganzes entwickelt und wie sich die jeweiligen Unternehmen sowie die Kreditvergabe an Unternehmen auf das Gemeinwohl auswirken. Wenn der Staat dieses Instrumentarium der Gemeinwohlbilanz anlegt und in Prozenten darstellt, ob das Gemeinwohl im jeweiligen Staat steigt oder fällt, wird auch automatisch die gesamte Bevölkerung für dieses Thema sensibilisiert, da die jährliche Gemeinwohlbilanz ein wesentlicher Teil der Jahresbilanz jedes Staates ist und medial an die Bevölkerung weitergegeben wird. So würde das BIP einen gesunden Mitbewerber erhalten, den Faktor Gemeinwohl.

In Summe: Jedes Unternehmen sowie alle Banken, Zentralbanken und Staaten dieser Welt (samt Gemeinden und Bundesländer), aber auch Bildungseinrichtungen, NGOs etc. sollten eine Gemeinwohlbilanz verpflichtend anfertigen müssen. So hätte die Welt die Chance, die globale Marktwirtschaft vom blinden Fluss der Finanzrendite abzukoppeln. Natürlich sollen Unternehmen weiterhin profitabel und ihr Wirtschaften auf Gewinn ausgerichtet sein. Der Gemeinwohlfaktor soll lediglich das Geldverdienen ethisch lenken, damit das Gemeinwohl nicht weiter ungebremst geschädigt wird.

»Gemeinwohl-Bilanzen sollen für jedermann gut verständlich sein;[4] Unternehmen können ihre Gemeinwohl-Leistung auf einer einzigen Seite transparent machen.[5][6] Dabei können die Unternehmen entscheiden, ob sie die Bilanz in Eigenregie erstellen, sich in einer Gruppe gegenseitig bilanzieren oder einen unabhängigen Prüfer bestellen.[7][8] Dies unterscheidet die Gemeinwohl-Bilanz von herkömmlichen Nachhaltigkeitsberichten, die von den Unternehmen selbst erstellt werden[2] – sie kann auch vergleichsweise preisgünstig erstellt werden, für kleine Unternehmen werden ca. 1000 Euro veranschlagt.[9]

Bislang bilanzieren im deutschsprachigen Raum ca. 250 Unternehmen nach Gemeinwohl-Richtlinien,[2][10][11][12][13] in Europa sind es 350–400 Unternehmen (Stand: Anfang 2016).[14][15][16] Insgesamt gibt es 590 deutsche, 631 österreichische, 67 Schweizer und 70 Südtiroler Unternehmen, die sich als Unterstützer der Gemeinwohl-Bilanz registriert haben.[17][18] Alle in einer Peer-Gruppe und extern auditierten Gemeinwohl-Bilanzen sind öffentlich zugänglich.[19]

Ab 2017 sind alle börsennotierten Unternehmen[Anm. 1] mit mehr als 500 Mitarbeitern durch eine EU-Richtlinie verpflichtet, einen Nachhaltigkeitsbericht zu erstellen.[7][20] Dabei hat die EU mehrere Bilanzierungs-Standards explizit erwähnt, darunter auch die Gemeinwohl-Bilanz.[21] Der Europäische Wirtschafts- und

Sozialausschuss, der die EU-Organe berät, hat in einer Stellungnahme empfohlen, dass Unternehmen eine Gemeinwohl-Bilanz erstellen sollten: Ziel sei »der Wandel hin zu einer ethischen Marktwirtschaft«.[22]

In den USA und Italien ist der Geschäftstypus *Gemeinwohlorientierte GmbH* bereits gesetzlich verankert.[7]«[99]

Warum wird die Gemeinwohlökonomie nicht umgesetzt?

»Der Erwerb von Reichtum ist nicht mehr die treibende Kraft in unserem Leben. Wir arbeiten um uns selbst zu verbessern - und den Rest der Menschheit.« **(Jean-Luc Picard, Star Trek)**

Ich denke, dass die »Gemeinwohlökonomie« in Summe zu stark gegen den aktuellen Kapitalismus vorgeht, sprich gegen den Instinkt von einzelnen Unternehmern, die es seit Jahrhunderten gewohnt sind, aus reinem Eigeninteresse Geschäfte zu machen, ohne dass sie dabei vordergründig Gedanken an das Gemeinwohl verschwendet haben. Menschen sind es seit Jahrhunderten gewohnt, in Geldeinheiten zu denken und vor allem reiche Menschen haben es sich zum Sport gemacht, ihr Geld möglichst gewinnbringend zu investieren, wenn nötig fern jeder Moral. »The best time to buy is when there is blood on the streets« (Mark Mobius (Präsident of Templeton Emerging Markets, Singapur). Wenn jetzt jemand vorschlägt, alles Wirtschaften habe **vordergründig** dem Gemeinwohl zu dienen, dann, denke ich, ist das wünschenswert, aber aus heutiger Sicht ein schwieriges Unterfangen. »Mehr als 2000 Unternehmen unterstützen das Modell, rund 400 sind Mitglied oder haben bereits eine Gemeinwohl-Bilanz erstellt, darunter Sparda Bank München, Schachinger Logistik, Sonnentor, VAUDE, Lebenshilfe Tirol oder Fachhochschule Burgenland.«[100] Nachdem es das Konzept der Gemeinwohlökonomie bereits seit 8 Jahren gibt, ist das ein überschaubarer Erfolg und meines Erachtens ein Ausdruck dafür, dass diese Form der Ökonomie sich nicht so schnell durchsetzen wird und aus heutiger Sicht für die meisten Unternehmen keine gewünschte in sich gesamtheitlich schlüssige Alternative darstellt. Felber denkt in hohen moralischen Kategorien, was natürlich aus meiner Sicht erfreulich ist, aber ich denke, damit man ein System ändern kann, muss man beide Seiten stärker abholen: Zum einen das Gemeinwohl, zum anderen Geschäfte im Eigeninteresse. Unternehmer sollen wissen: Es ist wichtig, dass euer schöpferisches, innovatives Wirtschaften unseren Wohlstand sichert; ihr habt die legitime Möglichkeit, sehr reich zu werden, solange gewährleistet ist, dass ihr die globale Basisgesetzgebung einhaltet, wodurch gewährleistet ist, dass jeder Mensch ein menschenwürdiges Leben führen kann.

Aus meiner Sicht wäre ein möglicher Übergang von einer kapitalistischen und kommunistischen Gesellschaft zu einer gemeinwohlorientierten Gesellschaft eine gemeinwohlorientierte kapitalistische Gesellschaft, was zur Folge hätte, dass global alle Staaten Regeln definieren, die es weiterhin Unternehmen ermöglichen, ihr Geschäftsmodel voranzutreiben, sie aber einen Beitrag an das Gemeinwohl leisten und Mindeststandards einhalten müssen, wie im Hebelregister beschrieben. Wenn die Hebel die gewünschte Wirkung zeigen, dann wird man nach mehr Strukturwandel verlangen. Aber am Wichtigsten ist, dass man bedacht und mit Nachdruck die ersten Hebel zieht, bevor sich dann ein mögliches System wie in Christian Felbers »Die Gemeinwohlökonomie« oder die vom »Club of Rome« formulierte »Ökosoziale Marktwirtschaft« etablieren kann.

Problematisch ist, dass der Gedanke des »Gemeinwohls« nicht in der Mitte der Gesellschaft angekommen ist; er gehört nicht zum üblichen Vokabular der politischen Diskussion. Vereine und NGOs finden in den Medien nur bedingt Gehör und Politiker verkaufen lieber eine Ideologie, die sich leicht wählen lässt. Linken Parteien, Sozialisten ist bewusst, dass man globale Gesetze einführen muss, die das Gemeinwohl schützen und stärken; mit diesem Anliegen sind sie jedoch medial nicht präsent genug. Es bedarf einer Partei, die z.B. »Du wirst die Welt verändern«, »Global« oder »Wandel« heißen könnte, und diese sollte in möglichst vielen Staaten dieser Welt vertreten sein. Wenn die nächste Finanzkrise kommt und die Bevölkerung von solch einer Partei über Monate und Jahre gehört hat und für den Souverän im jeweiligen Land klar ist, welche Positionen diese Partei einnimmt, dann kann es passieren, dass solch eine Partei massiv gestärkt wird und das andere Parteien sich diese Argumente ebenfalls an die Fahnen heften und versuchen damit Wähler zu gewinnen. Aus heutiger Sicht wird die Thematik von politischen Parteien mehr als schlecht verkauft, bedenkt man z.B., wie die Sozialdemokratie in Europa flächendeckend abgewählt wurde. Viele Positionen der Sozialdemokratie entsprechen zwar dem hier beschrieben Hebelregister, die Vergangenheit hat aber gezeigt, dass auch sie an den globalen neoliberalen

Strukturen gescheitert sind, eine Vielzahl ihrer Wahlversprechen daher nicht eingehalten haben und dadurch zurecht von den Wählern abgestraft wurden.

Abschließend: Ich schätze die Bücher und Ideen von Christian Felber sehr und vor allem seine Ideen, um das Gemeinwohl zu stärken. Aber ich denke, dass er Unternehmen global zu sehr Angst macht, dass sie nur noch moralisch agieren dürfen, vordergründig dem Gemeinwohl dienen müssen und ihren Instinkt und Antrieb ab jetzt verleugnen müssen, mit ihrem Wirtschaften vordergründig Geld verdienen zu wollen. Man kann sich moralisch viel wünschen, aber aus heutiger Sicht ist das Geldverdienen so tief bei Unternehmern verankert, dass man, denke ich, anders an sie herantreten muss. Deshalb mein vorgeschlagener Übergang »Gemeinwohlorientierte kapitalistische Marktwirtschaft«, wo man das Gemeinwohl mit dem beschriebenen Hebelregister systemisch schützt, aber weiterhin den Unternehmen kommuniziert: Es ist gut, dass du angetrieben bist, bestmögliche Produkte oder Dienstleistungen auf den Markt zu bringen, so dass du reich werden kannst, und das ist vollkommen in Ordnung, solange die globalen Mindeststandards eingehalten werden.

Mittelweg zwischen Gemeinwohlökonomie und dem derzeitigen Kapitalismus: Wenn ein System geschaffen wird, wo gewährleistet ist, dass jedem Menschen die nötigen Mindeststandards nicht verwehrt werden, wie z.B. finanziellen Mittel um den täglich benötigten Warenkorb bedienen zu können (Wohnen, Essen, Trinken,…), gesundheitliche Versorgung, Schulbildung etc. (Bedürfnispyramide nach Maslow). Sobald ein System global diese Mindeststandards garantiert, dann ist es auch im Umkehrschluss in Ordnung, wenn ein System Millionäre und Milliardäre hervorbringt.

Hebel 17 / Globaler Menschengerichtshof + Globaler Strafgerichtshof + Globale Finanzaufsicht + Globale Steuerbehörde + Globale Kartellbehörde + Globales Arbeitsinspektorat

Globale Regeln und Gesetze, die nicht kontrolliert werden und bei Nichteinhaltung keine Konsequenzen nach sich ziehen, haben meist keine Wirkung beim Einzelnen und letztendlich auch nicht auf globaler Ebene.

Begonnen bei kleinen Kindern bis hin zum Konzernchef – wenn man das Gefühl hat, dass man mit seinem Fehlverhalten, seinen betrügerischen Absichten durchkommen wird, wird es immer Menschen geben, die diese Systemlücken nutzen werden, vor allem im Kapitalismus, um sich einen Wettbewerbsvorteil zu verschaffen.

Wenn man mit 100 km/h durchs Ortsgebiet fährt, einen Menschen ermordet, das Haus des Nachbarn anzündet etc., hat das in manchen Staaten mit hoher Wahrscheinlichkeit Konsequenzen, in anderen Staaten eher weniger.

»Eine faire, demokratische und liberale Globalisierung, die auf einer Balance von Rechten und Pflichten, von Freiheit und Verantwortung, von Macht und Kontrolle basiert, benötigt auch globale Institutionen. Das Recht auf Handel, freier Kapitalverkehr, Investitions- und Eigentumsschutz sind der eine Teil der politischen Architektur der Globalisierung; globale Arbeitsstandards, Umweltschutzabkommen, Steuerbehörden, Finanzaufsicht, Kartellämter und Strafgerichtshöfe der andere.«[97]

Konzerne sind global gut vernetzte Einheiten, die Staaten seit Jahrzenten auf der Nase herumtanzen und sie mit Leichtigkeit gegeneinander ausspielen. Doch selbst wenn es globale Gesetze geben würde, würden diese nur dann greifen, wenn diese durch Behörden kontrolliert werden würden und bei Zuwiderhandeln Strafen vollzogen werden. Damit das gelingt, benötigt man globale Kontrollinstanzen, die in allen 206 Staaten verankert sind und verhindern, dass vor allem in Entwicklungsländern und Schwellenländern entsprechende Standards unterlaufen werden.

1) Globaler Menschengerichtshof

»Das Herz des Völkerrechts und der Vereinten Nationen sind die allgemeine Erklärung der Menschenrechte von 1948 sowie die beiden auf sie aufbauenden Menschenrechtskonventionen von 1966: der Zivilpakt und der Sozialpakt. Im Zivilpakt sind bürgerliche und politische Grundrechte verbrieft, im Sozialpakt soziale, wirtschaftliche und kulturelle Menschenrechte. Den ersten haben von den 193 UN-Mitgliedern bisher 162 ratifiziert, viele davon erst in jüngerer Zeit, so zum Beispiel Argentinien 1986[,] die USA 1992 oder Pakistan 2010.[45] Ähnlich fortgeschritten ist die Unterstützung des Sozialpakts: Bis Ende 2016 wurde er von 164 Staaten ratifiziert, von Deutschland 1973, von Frankreich 1980, von der Schweiz 1992, von China 2001. Die USA haben ihn bis heute nicht ratifiziert.

Die Frage, ob Staaten für den Respekt, den Schutz (gegenüber Dritten) oder die Gewährleistung (die aktive Bereitstellung) von Menschenrechten verantwortlich seien, wurde in den sogenannten Limburger Prinzipien geklärt: für alle drei. Die Stärke der Menschenrechtserklärungen liegt darin, dass sie in viele nationale Verfassungen eingearbeitet wurden und vor nationalen Gerichten eingeklagt werden können, auch vor dem Europäischen Gerichtshof für Menschenrechte. Allerdings gibt es bis heute keinen internationalen Gerichtshof für Menschenrechte. Das ist aus zwei Perspektiven ein besonders heikler Punkt. Zum einen können Menschen in vielen Ländern ihre Rechte nirgendwo einklagen, wenn sie im eigenen Staat aufgrund einer korrupten oder mangelnden Gerichtbarkeit keine faire Chance haben. Zum anderen, und das ist hier von besonderer Relevanz, können Unternehmen, die in Menschenrechtsverletzungen involviert sind, dafür vor keinem internationalen Gericht zur Verantwortung gezogen werden. Das ist in Anbetracht der in den letzten Jahren enorm angewachsenen Machtfülle transnationaler Konzerne umso schwerwiegender. Derzeit werde »die globale Reichweite von TNC nicht ausbalanciert durch ein kohärentes globales System der Rechenschaftspflicht«, beklagen JuristInnen.[46] Das Völkerrecht hat seit dem Nationalsozialismus Unternehmen als verantwortliche Rechtssubjekte definiert, die sich der Verletzung der Menschenrechte (mit)schuldig machen können. 70 Jahre nach dem Ende des Zweiten Weltkrieges ist es höchst an der Zeit, ihre Rechte und Pflichten in Balance zu bringen.

Die gute Nachricht: Ein fixfertiger Entwurf für einen solchen »World Court for Human Rights« liegt seit 2009 vor.[47] Die Menschenrechtsexperten Manfred Nowak, Julia Kozma und Martin Schein haben anlässlich des 60. Geburtstags der Allgemeinen Erklärung der Menschenrechte einen konsolidierten Vorschlag für einen Menschengerichtshof entwickelt. Ihr Vorschlag kommt angesichts der Tatsache, dass trotz umfassender völkerrechtlicher Verpflichtungen von Staaten und anderen Pflichtträgern heute immer noch »eine große Zahl von Menschen in allen Teilen der Welt täglich die Verletzung ihrer Menschenrechte erleiden (...) die große Mehrheit der Menschen auf der Welt keinen Zugang zu effektivem Rechtsschutz gegen die Verletzung ihrer Menschenrechte hat und keine Chance auf angemessene Entschädigung für das Leid, das ihnen aus diesen Menschenrechtsverletzungen erwächst«. Die von den Verfassern beklagte »enorme Umsetzungskluft‹ zwischen den bereits bestehenden Verpflichtungen und der mangelnden Durchsetzung der Menschenrechte soll durch diesen internationalen Gerichtshof geschlossen werden. Dieser soll »final und bindend« über Menschenrechtsverletzungen durch Staaten und relevante nichtstaatliche Akteure entscheiden und die Opfer angemessen entschädigen.[48] Rechtsgrundlage ist eine Liste von 21 völkerrechtlichen Abkommen zum Schutz der Menschenrechte, vom Sklavereiabkommen 1926 über die beiden UN-Menschenrechtspakte bis zur Internationalen Convention for the Protection [of] All Persons from Enforced Disappearance 2006. Der Gerichtshof kann von jeder Person, NGO, Menschengruppe angerufen werden, die eine Verletzung ihrer Menschenrechte erlitten und den nationalen Instanzenweg ausgeschöpft hat. Neben Staaten werden explizit auch Unternehmen in die Pflicht genommen (Art. 4). In einem ersten Schritt schlagen die AutorInnen vor, dass sich Unternehmen freiwillig dem Gerichtshof unterwerfen können (Art. 51). Später soll es genügen, dass der Staat, in dem sie sitzen, den Gerichtshof anerkennt, dass sie zur Verantwortung gezogen werden können.[49] Der World Court of Human Rights könnte dem Internationalen Gerichtshof (dem Hauptrechtsprech[u]ngsorgan über die UN-Charta) und dem Strafgerichtshof (»UN-Kriegsverbrechertribunal«), beide in Den Haag, als dritter internationaler Gerichtshof zur Seite gestellt werden – die Menschenrechte sollten dies wert sein.

Die Mitglieder der ethischen UN-Handelszone könnten sich gegen Nichtratifizierende der Menschenrechtspakete mit zehn Prozent Zollaufschlag je Pakt und mit weiteren zehn Prozent gegen Staaten, die sich nicht dem Menschengerichtshof unterwerfen, schützen.«[98]

2) Globaler Strafgerichtshof

»Wenn Staaten Souveränität an eine übergeordnete Ebene abgeben, geht dem meistens ein langer politischer Prozess voran. Dies gilt insbesondere dann, wenn es um die Schaffung von Institutionen geht, die auf Dauer angelegt sind und die mit politischer Macht ausgestattet werden. Im Bereich der Gerichtsbarkeit wurden bereits zahlreiche internationale Institutionen geschaffen. Das internationale Strafrecht weist dabei eine Besonderheit auf: Hier werden nicht Konflikte zwischen Staaten behandelt, sondern es wird über Personen gerichtet. Mit dem Internationalen Strafgerichtshofs (IStGH) wurde eine auf Dauer angelegte, unabhängige Institution der Staatengemeinschaft geschaffen, vor der sich Individuen verantworten müssen. Bis Mitte 2017 wurde das Statut des IStGH von 124 Staaten ratifiziert. […]

Das Besondere am Bereich des internationalen Strafrechts ist, dass hier nicht Konflikte zwischen Staaten behandelt werden, sondern über natürliche Personen gerichtet wird. Ein einmal anerkanntes internationales Gericht kann ein Urteil unabhängig von den Überzeugungen einzelner Staatsvertreter fällen. Entsprechend lang war der Weg zur Errichtung eines ständigen Internationalen Strafgerichtshofs: Bereits 1872 wurde unter dem Eindruck der Grausamkeiten im preußisch-französischen Krieg von 1870/71 der erste förmliche Vorschlag zur Errichtung eines Internationalen Strafgerichtshofs unterbreitet. Vor allem wegen der während des Zweiten Weltkriegs begangenen Verbrechen und der Tätigkeit der Internationalen Militärgerichtshöfe von Nürnberg und Tokio wurde die Idee auf UN-Ebene neu belebt. Die 1948 beschlossene Völkermordkonvention sah ein internationales Strafgericht vor, zu dessen Gründung es aber nicht kam. Auch spätere Bemühungen im Rahmen der UN blieben wegen des Kalten Kriegs ohne Erfolg.

1990 beauftragte die UN-Generalversammlung die Völkerrechtskommission, die Errichtung eines Strafgerichtshofs erneut zu prüfen. Die massiven Verstöße gegen das Humanitäre Völkerrecht im ehemaligen Jugoslawien und der Völkermord in Ruanda führten zur Einrichtung zweier Ad-hoc-Strafgerichtshöfe. Dies gab dem Vorhaben eines ständigen Internationalen Strafgerichtshofs weiteren

Auftrieb. 1994 legte die UN-Völkerrechtskommission ihren ersten Entwurf für ein Statut eines Internationalen Strafgerichtshofs vor. Die von der Generalversammlung beschlossene Konferenz zur Errichtung eines Internationalen Strafgerichtshofs (IStGH) endete mit der Verabschiedung des Römischen Statuts am 17. Juli 1998. Nachdem 60 Staaten das Römische Statut ratifiziert hatten, trat es am 1. Juli 2002 in Kraft.

Bis zum 19. Juli 2017 wurde das Römische Statut des Internationalen Strafgerichtshofs von 124 Staaten ratifiziert. Zuletzt im März 2016 von El Salvador und zuvor im Januar 2015 von Palästina, wobei sowohl die Anerkennung Palästinas als Staat als auch die exakte Bestimmung der Staatsgrenzen einen Sonderfall darstellen [...]. Weitere 27 Staaten haben das Römische Statut unterschrieben, aber noch nicht ratifiziert. Acht Staaten lehnen das Statut gegenwärtig ab: China, Irak, Israel, Katar, Libyen, Russland, Sudan und die USA. Die USA, Israel, der Sudan und Russland hatten das Römische Statut zunächst unterzeichnet, später aber eine Ratifikation ausgeschlossen und ihre Unterschriften zurückgezogen (zuletzt Russland Ende 2016).

Im Jahr 2016 traten mit Südafrika, Burundi und Gambia erstmals Staaten von der Ratifizierung des Römischen Statuts zurück, wobei Südafrika im März 2017 und Gambia im Februar 2017 den Rücktritt widerriefen und der Rücktritt Burundis erst am 27.10.2017 wirksam wird. Gemeinsam ist den Staaten, dass sie dem IStGH anti-afrikanische Tendenzen vorwerfen.

Der IStGH soll weder die nationale Strafgerichtsbarkeit ersetzen noch nationale Verfahren überprüfen. Der Gerichtshof kann nur dann strafverfolgend tätig werden, wenn Staaten nicht willens oder nicht in der Lage sind, eine bestimmte schwere Straftat ernsthaft zu verfolgen (Grundsatz der Komplementarität). Die Gerichtsbarkeit ist auf vier besonders schwere Verbrechen (Kernverbrechen) beschränkt: Völkermord, Verbrechen gegen die Menschlichkeit, Kriegsverbrechen und – nach Aktivierung der entsprechenden Bestimmungen – das Verbrechen der Aggression [...].

Der Gerichtshof kann seine Gerichtsbarkeit nicht nur ausüben, wenn sich ein Verbrechen in einem Staat ereignet, der die Gerichtsbarkeit des IStGH anerkannt hat, sondern auch dann, wenn der mutmaßliche Täter die Staatsangehörigkeit eines dieser Staaten besitzt. Die völkerrechtspolitische Errungenschaft besteht darin, dass sich Individuen vor einer unabhängigen richterlichen Institution der Staatengemeinschaft verantworten müssen.

Der IStGH ist nicht Teil der UN, sondern eine eigenständige Internationale Organisation mit Völkerrechtspersönlichkeit. Sein Sitz ist in Den Haag/Niederlande. Der Gerichtshof wird entweder aufgrund einer Initiative eines Vertragsstaates, des UN-Sicherheitsrats oder aufgrund eigener Initiative des Anklägers (»proprio motu«) tätig. Der Strafgerichtshof hat keine eigene Polizei, keine Soldaten, keine Vollzugsgewalt, also keine exekutiven Befugnisse auf dem Territorium von Staaten.«[99]

3) Globale Finanzaufsicht

Es werden internationale Märkte geschaffen, wie gegenwärtig durch eine Reihe von völkerrechtlichen Abkommen, z.B. EU-Vertrag (freier Kapitalverkehr in alle Drittstaaten), WTO-Dienstleistungsabkommen GATS (Allgemeines Abkommen über den Handel mit Dienstleistungen), WTO-Finanzdienstleistungsabkommen, TTIP. Hier bedarf es logischerweise einer globalen Regulierung und Aufsicht dieser Geschäfte. Märkte ohne Regeln und Aufsicht funktionieren bekanntlich nicht und richten enormen Schaden an, wie uns die Geschichte schon oftmals bewiesen hat.

Globale Finanzaufsicht, die mit folgenden Aufgaben betraut wird:

a) Schließung oder strenge Regulierung der Schattenbanken.

b) Marktzulassungsprüfung für neue Finanzprodukte. Wenn Sie ein Auto auf den Markt bringen möchten, prüft der TÜV, ob dieses Auto regelkonform ist. Erst danach kann es für den Verkauf zugelassen werden. Warum sollte das im Finanzsektor anders sein?

c) Festlegung von Bilanzierungs- und Eigenkapitalstandards

d) Regeln für Fonds und Kapitalanlagegesellschaften

Globale Steuerbehörde: »Eine Weltsteuerbehörde wurde u.a. von der Stiglitz-Kommission vorgeschlagen, die nach der Finanzkrise 2008 im Auftrag der Generalversammlung der Vereinten Nationen eingesetzt wurde. Sie legte einen 110-

Seiten starken Bericht zur Regulierung des globalen Finanzsystems vor. Darin findet sich unter anderem eine »Global Fina[n]cial Aut[h]ority«, die neben anderen regulatorischen Aufgaben auch gegen Geldwäsche und steuerschädliche Praktiken vorgehen sollte.[71] Um Missverständnisse zu vermeiden: Eine globale Steuerbehörde hätte ergänzende und unterstützende Aufgaben zu nationalen Finanz- und Steuerbehörden. Sie würde diese genauso wenig ersetzen, wie sie die Souveränität der Steuerpolitik in Frage stellen würde. Ihr würden nur einzelne Kompetenzen übertragen, die nötig sind, um die globalen Freiheiten der Wirtschaftsakteure nicht in eine neue globale Herrschaft derselben ausarten zu lassen. Niemand wird gezwungen, die Kompetenz solcher globaler Behörden anzuerkennen; der [Vorteil] ist nur der freiere Handel als bei Nichtanerkennung. Eine Weltsteuerbehörde könnte mit folgenden gezielten Aufgaben betraut werden:

- Einrichtung, Monitoring und Verwaltung des globalen Finanzkatasters;
- Übernahme, Monitoring und Weiterentwicklung des OECD-Abkommens zum automatischen Finanzdatenaustausch;
- Administrative Unterstützung bei der Umsetzung der HNWI-Steuer und die Mittelzuleitung an die UNO zur Finanzierung der Sustainable Development Goals (SDG);
- Entwicklung einer global einheitlichen Bemessungsgrundlage für Unternehmen, die Festsetzung eines Mindeststeuersatzes, die Umsetzung des Prinzips der ›anteilsmäßigen Besteuerung‹ (Unitary Taxation) sowie die Eliminierung steuerschädlicher Praktiken;
- Unterstützung des Kampfs gegen Geldwäsche und internationale Finanzkriminalität.

Der Vordenker der ökosozialen Marktwirtschaft Franz Josef Rademacher[72] und der Attac-Gründer in Deutschland und nunmehrige EU-Abgeordnete Sven Giegold fordern schon länger eine Weltsteuerbehörde.[73] Inzwischen hat sich auch das EU-Parlament – im Unterschied zu den Mitgliedsstaaten – für eine solche ausgesprochen. Ecuador kündigte an, das Thema zur Priorität seines G77-Vorsitzes 2017 zu machen.[74] Der freie Handel könnte an die Kooperation in allen Abkommen geknüpft werden. Wer sich nicht am automatischen Informationsaustausch, an der koordinierten Konzernbesteuerung, an der HNWI-Steuer und an der UN-

Steuerbehörde beteiligt, könnte mit je zehn Prozent Zollaufschlag zur Kooperation ermutigt werden.«[100]

4) Globale Kartellbehörde

Wenn man verhindern möchte, dass Konzerne mehr und mehr die Gesetze über Lobbyisten zu ihren Gunsten beeinflussen, und wenn langfristig eine Gesetzgebung zustande kommen soll, die dem Gemeinwohl dient, muss die Macht einzelner Unternehmen begrenzt werden und es muss systemisch verhindert werden, dass sie zu mächtig werden.

»Heute verfügen globale Konzerne über nahezu unbeschränkte Macht, und der Umstand, dass es in der WTO nicht einmal eine Fusionskontrolle gibt, sagt alles über die prophezeiten Machtverhältnisse. ›Postdemokratie‹ bedeutet auch, dass derzeit kein Parlament der Welt die Begrenzung der Macht der Multis angeht. Vielleicht muss deshalb die Initiative zur Begrenzung wirtschaftlicher Macht von den BürgerInnen ausgehen – und vielleicht auch von ihnen entschieden werden, auf direktdemokratischem Weg. Die Unterstützung für so eine Initiative wächst. Die Deutsche Bischofskonferenz schreibt: »Daher sind ordnungspolitische Mechanismen zur Wettbewerbsaufsicht und zur Begrenzung der wirtschaftlichen Macht großer Unternehmen, unter Umständen sogar eine globale Fusionskontrolle, dringend geboten.«[80] George Monbiot fordert: »Die politische Schlüsselfrage unserer Zeit, an der wir die Absicht aller politischen Parteien beurteilen können, ist, wie mit der Macht der Konzerne umzugehen ist.«[81] Das klingt zeitgeistig, ist aber nicht neu. Schon Walter Eucken vertrat die Ansicht: »Es sind also nicht die sogenannten Missbräuche wirtschaftlicher Macht zu bekämpfen, sondern wirtschaftliche Macht selbst.«[82] Die Länder der ethischen Handelszone könnten die Größe und Macht der globalen Konzerne begrenzen, damit diese ihre Agenda nicht gegen die Mehrheitsinteressen und das Gemeinwohl durchsetzen können. Ein Abkommen zur Begrenzung der Machtkonzentration in der globalen Ökonomie könnte zumindest drei Regeln umfassen:

- Kein Unternehmen darf in seiner Branche einen Weltmarktanteil über ein Prozent hinaus[]halten.
- Kein Unternehmen darf einen Umsatz größer als 50 Milliarden US-Dollar haben.

- Keine Bank darf eine Bilanzsumme größer als 30 Milliarden US-Dollar haben.

Und ab einer Größe von einer Milliarde US-Dollar Umsatz oder Bilanzsumme ist nicht nur eine Gemeinwohl-Bilanz verpflichtend, sondern diese wird zur Lizenz für die Teilnahme am Weltmarkt, die nur erneuert wird, wenn ein Mindestergebnis der Gemeinwohl-Bilanz nicht unterschritten wird. Die Teilnahme am Weltmarkt ist ein Privileg für die ethischen Unternehmen!«[101]

Hinweis: Die hier vorgeschlagenen Obergrenzen sind ein möglicher Vorschlag und sollten am Besten im Rahmen einer UNO-Abstimmung direktdemokratisch beschlossen werden. Wesentlich ist, dass man die Macht von Einzelakteuren in einem gesunden globalen Rahmen halten sollte.

»Die Frage ist, wo eine solche Anti-Kartell-Behörde angesiedelt sein könnte. Die meisten Vorschläge gehen in Richtung EOSOC, dem Wirtschafts- und Sozialrat der UNO. Ihm könnte sie als Behörde unterstellt werden. Staaten, welche diese Behörde gemeinsam unterhalten und die Größe und Macht von Konzernen begrenzen, können sich auf zweierlei Art vor den Giganten schützen. Entweder sperren sie Unternehmen, welche die Größenschwellen überschreiten, vom Markt aus. Oder sie erheben zusätzlich gegen Länder, die nichts gegen Machtkonzentration unternehmen, einen Schutzzoll von 20 Prozent. Für diese mutige[n] Maßnahmen wird ein besonders hoher Zoll vorgeschlagen, weil es um die Machtfrage geht.«[102]

5) Globales Arbeitsinspektorat

»Um die Standards weltweit durchzusetzen, muss in jedem Land eine unabhängige, öffentliche Arbeitsinspektion eingerichtet werden, die die Rechte der Betroffenen rechtswirksam durchsetzen kann. Die ILO sieht Arbeitsinspektionen als hoheitliche Aufgabe an. Diese Einschätzung teilen inzwischen 145 Mitgliedstaaten, die das entsprechende Übereinkommen Nr. 81 ratifiziert haben. Die Arbeitsinspektionen müssen in ein wirkungsvolles Rechtssystem eingebunden sein und die Menschen unterstützen, ihre Rechte durchzusetzen. Für Unternehmen darf es keine Sonderrechte geben. Menschen- und Arbeitnehmerrechte müssen mindestens gleichrangig sein zum Profitinteresse der Unternehmen.«[103]

Abschließend zum Hebelregister: Würde man dieses gesamte Hebelregister ziehen, würde das in Summe eine neue Weltordnung bedeuten. Natürlich gibt es noch jede Menge weitere Möglichkeiten, global Hebel zu ziehen, um eine möglichst globale gerechte Welt herzustellen. Das sind meines Erachtens die wichtigsten Hebel, aber natürlich ist dieses Hebelregister nicht in Stein gemeißelt und soll auch dazu anregen, sich weitere Ideen einfallen zu lassen. Wichtig ist, dass dieses Buch kein abgeschlossenes System darstellt, sondern wie das Leben in dauerhafter Bewegung sein soll und viel mehr als Aufschlag gedacht ist, auf das sich möglichst viele Menschen beziehen können und z.B. Experten aus der Philosophie, Wirtschaft, Politik etc. oder z.B. wissenschaftliche Abteilungen aus der Soziologie, Rechtswissenschaft etc. diese Idee weiter verbessern und ausbauen könnten. Wesentlich ist, dass es einer globalen neuen Weltordnung bedarf und umso mehr Menschen sich daran beteiligen, ein bestmögliches globales System zu erdenken, umso wahrscheinlicher wird es auch, dass sich ein neues globales System etablieren wird.

6.) Keiner der Hebel wird gezogen: Was sind die wesentlichen Hindernisse dafür, dass nach und nach eine gerechtere Welt entsteht?

Das Problem beginnt systemisch und endet beim einzelnen Individuum. Aus globaler real politischer und real wirtschaftlicher Sicht ist es aus heutiger Sicht natürlich nicht realistisch, dass diese Hebel so schnell umgelegt werden. Aus globaler systemischer Sicht können alle diese Hebel umgesetzt werden. Das wesentliche Problem ist, die 206 Staaten zu einen und in diesen wesentlichen Fragen dazu zu bringen, von ihren nationalstaatlichen Positionen Abstand zu nehmen, einen globalen einheitlichen Weg zu gehen und zentralistische Lösungen über die UNO zu erarbeiten. Die wesentlichen globalen Player, Amerika, Europa, Russland, China, ... (G20) und deren politischen Elite müssten durch Politiker ersetzt werden, die diesen nötigen Weg des Hebelregisters erkennen und versuchen sich in diesen wesentlichen Fragen zu einem einheitlichen Weg zu bekennen und diesen dann konsequent umzusetzen. Bis heute gibt es aber keine globale Solidarität und keine nennenswerten globalen Verträge bezüglich der wesentlichen Fragen unserer Zeit. Im Weiteren ist das überwiegende Weltbild und die Lebensumstände des globalen Souveräns ein weiteres zentrales Problem, warum keiner der Hebel so schnell gezogen wird, wie am Beginn des Buches im Detail geschildert wurde:

a.) Das grundlegende Problem – Das kollektive globale Bewusstsein: »Die Welt lässt sich nicht zum Besseren hin verändern

b.) Warum der Großteil der Weltbevölkerung aus heutiger Sicht nicht dazu befähigt ist, eine gerechtere Welt zu erschaffen?

Solange beim Einzelnen bis hin zum globalen System kein Umdenken stattfindet und keiner der Hebel gezogen wird, wird sich der fatale globale Ist - Zustand nicht auflösen und der skizzierte wünschenswerte Soll - Zustand (Sustainable Development Goals) bis 2030 nicht realisieren lassen.

a) Die bestehende Plutokratie und Kleptokratie zu bändigen wird das schwierigste Unterfangen

Das wesentliche zentrale Problem ist die Gier nach Macht und Geld der großen Unternehmen. Die, die viel haben, wollen möglichst nichts von ihrem erwirtschafteten Reichtum und ihrer Macht mehr abgeben. Die Menschen, die in hohem Maße von diesem System profitieren, haben nicht wirklich viele ein Interesse, dass sich diese Rahmenbedingungen ändern. Deshalb wird bis heute erfolgreich Lobbyismus betrieben, um Gesetzesbeschlüsse zu beeinflussen, damit nur solche Gesetze zustande kommen, die einer Branche oder einem Konzern nützen, aber nicht primär das Gemeinwohl stärken. Wesentlich ist, dass das nicht ein kleines Vergehen am Gemeinwohl ist, sondern den beschriebenen globalen Ist-Zustand zur Folge hat und dadurch tagtägliche viele Menschen sterben, weil ein Großteil der Elite das Gewissen beim Geld abgegeben hat.

Ich bin der festen Überzeugung, dass eine kleine Elite von reichen Menschen, Familien, Konzerne wesentlich unsere Welt und Gesetze mitbestimmen und beeinflussen. Die reichsten Menschen dieser Welt haben enormen Einfluss auf die globale Gesellschaft, auf alle Staaten, Staatsführer und Politiker dieser Welt und es ist das schwierigste Unterfangen, dieser Elite das Wasser nach und nach abzugraben und ihr begreiflich zu machen, dass man nicht weiter ihre perfiden, undurchsichtigen Regeln und Gesetze akzeptiert. Dass man ihnen klarmacht, dass man auf ihren globalen Lobbyismus nicht mehr reinfällt bzw. dass man ihn verbietet und zukünftig schlüssige Gesetze macht, die dem Souverän und dem Gemeinwohl nützen. Dass sie zur Kenntnis nehmen, dass Politiker, egal in welchem Staat sie es versuchen, nicht mehr käuflich sind, egal mit welchen Mitteln sie versuchen sie einzuschüchtern oder welche Summe sie ihnen bieten. Aus heutiger Sicht ist das schwierig; wie sagt man so schön: »Jeder Mann hat seinen Preis!« Um hier einen Wandel einzuleiten, wäre es natürlich wichtig, dass nicht das Geld entscheidet, wer als Politiker Staatschef wird, sondern Persönlichkeiten zur Auswahl stehen, die sich dem Souverän verpflichtet fühlen. Wer in Amerika Präsident werden möchte, benötigt eine Milliarde Dollar Unterstützung von außen, um eine Chance auf den Sieg zu haben bzw. an dem Spiel teilnehmen zu können.

Das System der Ausbeutung wird seit Jahrtausenden betrieben und die globale Gesellschaft hat sich an diesen Umstand gewöhnt. Die Regierungen von Entwicklungsländern werden von Industriestaaten wie z.B. der USA, EU, China, Russland geschmiert, damit Konzerne dort ihr Unwesen treiben können. Wenn es in einem Staat einen Politikwechsel gibt, kommt der »Economic Hit Man« und der neue Bundeskanzler / Bundespräsident hat dann zwei wesentliche Möglichkeiten zur Auswahl. Entweder er nimmt das Geld und vergisst seine politischen Ambitionen oder er läuft Gefahr politisch oder physisch ermordet zu werden.

Denken Sie nochmals an das sinnhafte Hebelregister und wie mächtig einzelne Hebeln bereits wären. Ich bin fest davon überzeugt, dass es gewollt ist, dass man keinen einzigen globalen Hebel bis jetzt umgelegt hat, obwohl diese schon so lange alle als Optionen bekannt sind, weil man sich vor der entsprechenden Dynamik fürchtet. Würde eine Weltgemeinschaft die Chance erhalten, den positiven Effekt von globaler direkter Demokratie zu erkennen, könnte es passieren, dass sich das Schiff langsam zu drehen beginnt. Wenn man nur ein wesentliches globales Mosaiksteinchen neu positioniert und dann ein zweites und drittes setzt – auf einmal hat man z.B. drei, vier Hebel gezogen und eine Weltgemeinschaft beginnt zu erkennen: Wahnsinn, das wirkt, die Welt wird tatsächlich gerechter, das Gemeinwohl wird tatsächlich gestärkt. Wenn Menschen sinnvolle Gesetze erkennen und auf einmal sehen, dass das in sich schlüssig ist, dann könnte es für das obere 1 % gefährlich werden, da Menschen auf den Geschmack kommen und sich nach einer gerechteren und vor allem gemeinwohlorientierten Gesellschaft sehnen, in der möglichst jeder Bürger möglichst gute Bedingungen für ein gelingendes Leben vorfindet. Die Stimmung, die jedoch herrscht, spielt der reichen Elite enorm in die Karten. Lebensmantra: »Die Welt ist ungerecht, weil das nun mal so ist. Natürlich gibt es gute Ideen, aber gute Ideen haben sich noch nie wirklich durchgesetzt, vor allem, wenn sie den Menschen was Positives bringen würden. Die Welt lässt sich nicht verändern!« Die Allgemeinheit ist mit dem nötigen Pessimismus ausgestattet, zu denken, es sei ein Naturgesetz, dass die Welt kein guter und gerechter Ort ist. Das Brainwashing beginnt in der Schule und hört auf im Beruf und den Bedürfnissen, die uns tagtäglich durch die Werbung aufgeschwatzt werden. Das obere 1 % hat die Menschheit gut im Griff und solange gewisse Mindeststandards vor allem in den Industriestaaten nicht untergraben werden und jeder seine Pizza, seine Cola und seinen Fernseher hat, wird es kein globales Aufbegehren geben.

Im globalen Kontext würde meines Erachtens der Funken einer Chance bestehen, dass sich nach und nach die Welt zum Besseren verändert, wenn zumindest ein oder zwei Hebel gezogen werden und damit eine Dynamik in Gang gesetzt wird, durch die der Einfluss der reichen Elite durch starke Staatsführer, die sich dem Gemeinwohl verpflichtet fühlen, abgelöst wird und eine wahrhafte, direkte Demokratie entsteht.

b) Kapitalisten und deren gekaufte Institutionen (Politiker, Lobbyisten, Experten etc.) werden das Ende der Welt voraussagen

Nehmen wir an, das Buch, die Filmdokumentation, Website, NGO, Partei würde eine große öffentliche Diskussion auslösen. Vor allem, wenn die wirtschaftliche Elite Angst bekommt, dass sich die Bevölkerung weltweit für solch einen Systemwandel aussprechen könnte, würde sie sofort alles in Bewegung setzen, damit das verhindert wird. Es würde z.B. zu einer Diskussion in den Medien führen und man würde Lobbyisten und neoliberale politische Parteien aufmarschieren lassen, die natürlich das Schlimmste vom Schlimmsten prognostizieren würden, wenn man nur einen Hebel umlegt.

Die Totschlagargumente werden sein:

1) Das ist Kommunismus.

2) Das ist Enteignung.

3) Das würde eine Wirtschaftskrise auslösen.

4) Die Welt wird sich niemals einigen können, das ist naiv.

5) Der Kapitalismus hat uns schon so weit gebracht, er wird auch diese Probleme lösen.

6) Unternehmer zahlen bereits so viele Steuern, das wäre ein Wahnsinn, wenn man Unternehmen noch mehr zahlen lässt.

7) etc.

Ihr Job ist es, dass das bestehende System bestehen bleibt bzw. zu Gunsten der Elite ausgebaut wird, denn sie werden dafür bezahlt und dadurch stehen diesen Politikern nach ihrer politischen Laufbahn alle Türen offen. Aber auch Experten und Lobbyisten verdienen einen sehr guten Lebensunterhalt, damit sie für das obere 1 % argumentieren.

Wenn man das System von Grund auf verändern will, muss man aufhören, den Politikern und Experten Gehör zu schenken, die das bestehende System verteidigen, versuchen aufrechtzuerhalten und auszubauen, und stattdessen die Alternative des Hebelregisters befürworten. Es ist ein umfängliches Konzept und setzt sich für 99 % der Bevölkerung ein. Denken Sie immer darüber nach, in welchem Namen der Politiker, Experte etc. kommt, von wem diese Person letztendlich bezahlt wird. Weltweit, vor allem in den Industriestaaten und Schwellenländern, gibt es ausreichend Institutionen, wie politische Parteien, Politiker, Experten etc., die gegen schlüssige Ideen argumentieren und das neoliberale kapitalistische System propagieren. Behalten Sie auch immer im Hinterkopf, wieviel das obige 1 % bei einer gerechten Umverteilung zu verlieren hätte und warum diese Menschen Geld und Zeit investieren, damit medial immer ein starkes Gegengewicht zu jeglichen Alternativen besteht, vorausgesetzt, diese Themen werden überhaupt öffentlich diskutiert. Ich sehe diese Themen als absolute Mangelware in Zeitungen, Fernsehen, Radio etc., denn so verhindert man, dass die Bevölkerung beginnt das System an sich zu hinterfragen.

c) Einzelne Staaten entmachtet

Alle Staaten weltweit konkurrieren miteinander. Das Motto »Zahn um Zahn!« ist wie in der Wirtschaft leider auch das globale Prinzip, wie Staaten die meiste Zeit miteinander umgehen. Keiner ist bereit, auch nur einen Schritt sich von seinem Standpunkt zu entfernen und vertritt primär immer die staatsinternen Interessen nach außen. Im Weiteren herrscht bei vielen Staaten ein gegenseitiges Misstrauen aufgrund der Geschichte, Kultur, vergangenen Kriege, Rüstungspolitik, wirtschaftlichen und politischen Interessen und Ideologie, geopolitischen Ambitionen etc., wodurch Kompromisse nur selten geschlossen werden.

Demokratie für das Gemeinwohl kann aufgrund des globalen Wettbewerbs aller 206 Staaten untereinander nicht stattfinden. Staaten konkurrieren miteinander wie Unternehmen. Dadurch kommen irrationale Gesetze zustande, die nicht dem globalen Gemeinwohl dienen, sondern gewährleisten, dass man im globalen Raubtierkapitalismus konkurrenzfähig bleibt. Politische Parteien und Politiker egal welcher ideologischen Zugehörigkeit – selbst wenn sie mit 51 % der Stimmen des Souveräns ausgestattet sind – haben lediglich die Möglichkeit, Gesetze zu beschließen, die den eigenen Wirtschaftsstandort nicht gefährden. Werden die hier wesentlichen Hebel im Alleingang eines Staates gezogen, würde das ziemlich sicher dazu führen, dass jede Menge Unternehmen ihr Kapital dort abziehen würden und der Staat gezwungen wäre, die alten Gesetze wiedereinzuführen, um, wie gesagt, die Wirtschaftsleistung aufrechtzuerhalten. Kurz gesagt, politische Parteien und Politiker einzelner Staaten können maximal kleine Schräubchen drehen, aber niemals bahnbrechende zukunftsweisende Systemänderungen herbeiführen und sind mehr oder minder im Sinne der Globalisierung in Kombination mit dem Raubtierkapitalismus immer mehr gezwungen, irrationale Gesetze zu beschließen, die immer weniger dem Gemeinwohl dienen, um global wettbewerbsfähig zu bleiben.

Es bedürfte einer globalen Einigung der Staaten, diese Parameter ausnahmslos zu ändern. Jeder einzelne Staat müsste sich zu der Systemänderung bekennen und die einzelnen Hebel möglichst zeitgleich bewegen, damit sich kein anderer Staat diese Änderung zum Vorteil machen kann. Denn wenn nur ein Staat einen Hebel, der global umgelegt wird, nicht anerkennt und umsetzt, vor allem einer der Industriestaaten oder Schwellenländer, und kein Fairplay betreibt, hat dieser Staat enorme Vorteil gegenüber den anderen Staaten. Wenn alle 206 Staaten sich dazu aber international bekennen würden, hätte das einen massiven Effekt. So würden Staaten auf lange Sicht wieder mehr Macht als Konzerne haben und müssten sich die Spielregeln der Konzerne nicht diktieren lassen und es wäre die Grundlage gegeben, dass eine vernünftige, globale, direkte Demokratie sich etabliert, die dem Gemeinwohl, aber natürlich auch großen Leistungsträgern, sprich Unternehmen bis hin zu großen Konzernen dient. Damit bestünde in allen Staaten die Basis dafür, dass globale Mindeststandards entstehen könnten, ohne dass man Gefahr läuft, nicht mehr konkurrenzfähig zu sein.

Die beschriebenen globalen Hebel würde man aber, wie gesagt, nur dann ziehen können, wenn möglichst viele der 206 Staaten sich gleichzeitig und einstimmig dazu bekennen und sie in ihrer Gesetzgebung verankern. Je früher das passieren würde, umso besser. Denkt man über eine moderne Gesellschaft nach, ist es meines Erachtens unumstößlich, dass man möglichst viele globale Gesetze schafft, die allgemein gelten. Natürlich schließt das nicht aus, dass es auch zukünftig national oder regional spezielle Gesetze geben wird. (Subsidiarität) Aber die Gesetzgebung bezüglich der wesentlichen Fragen, die das Fundament einer globalen Gesellschaft sind, muss abgeglichen wird, damit Konzerne nicht weiterhin nach Lust und Laune alle 206 Staaten gegeneinander ausspielen und sich überall die Rosinen herauspicken. Ganz nach dem Prinzip: Ich produziere meine Produkte möglichst billig in Entwicklungsländern, wo es z.B. keine wirklichen Arbeitsstandards gibt, man Hungerlöhne nach Lust und Laune zahlen kann, verkaufe meine Produkte dann möglichst gewinnbringend in den Industriestaaten und versteuere den Gewinn in einer Steueroase.

Vergleich systemischer Lösungen in Konzernen:

Wenn ein Konzern weltweit tätig und in allen 206 Staaten vertreten ist und ein wesentliches Problem auftaucht, dass in allen 206 Standorten einheitlich gelöst werden muss, wird die Konzernleitung keine Rundmail schicken, allen 206 Gebietsleitern das Problem schildern und jeden einzelnen auffordern, das nach seinem eigenen Ermessen zu lösen. Natürlich wird man in der Zentrale ein Strategiepapier entwerfen und dann alle 206 Standortleiter auffordern, diese Strategie umzusetzen. Konzerne lösen ihre Probleme möglichst effizient, da sie daran interessiert sind, möglichst kostengünstig zu agieren und möglichst viel Profit zu machen.

Nur wenn Staaten weltweit diese systemische Grundbedingung für die großen Systemfragen unserer Zeit, wie im Hebelregister beschrieben, anerkennen, ihre egoistischen wirtschaftlichen und politischen Motive über Bord werfen und rein rational und möglichst systemisch gewinnbringend diese Probleme im Sinne des Gemeinwohls über die UNO lösen würden, hätte die Weltgemeinschaft die Chance, auf globaler Ebene den Lebensstandard in möglichst allen 206 Staaten zu steigern.

d) Die Medienlandschaft lässt die Bevölkerung nicht aufwachen

»Die Massenmedien sind ein[e] Art Sprachrohr zum Bewusstsein der Bevölkerung, liegt dieses mächtige Instrument in den falschen Händen, kann es mehr Schaden anrichten als alle verfügbaren Atomwaffen zusammen.« (Zitat: Christian Faltermeier)

»Um dieses Rezept unter die Leute zu bringen, wurden Massenmedien erfunden. Sie alle haben vor allem Kontrollfunktion und sollen das, was erlaubt ist zu denken, dadurch alternativlos machen, indem sie das nicht Erlaubte entweder vollkommen unsichtbar machen, sprich verschweigen, oder aber bei Zuwiderhandlung mit allen Mitteln bekämpfen.

Jeder, der es in der Vergangenheit gewagt hat, der Staatsmeinung zu widersprechen, wurde erst verwarnt und bei fehlender Bereitschaft zur Einsicht gejagt, bekämpft oder eliminiert.

Dass das über Jahrhunderte funktionierte, hatte mit dem Informationsmonopol der Spitze der Machtpyramide zu tun. Nicht erlaubte Gedanken hatten schlicht nicht die Möglichkeit, die Massen durch massive Vervielfältigung zu erreichen.«[1]

Wesentlich ist, wem die Medienriesen im jeweiligen Staat gehören, die die Bevölkerung mit Informationen über das Tagesgeschehen versorgen und dabei Meinungsbildung betreiben.

Die großen Medienbetriebe, z.B. Zeitungen, Fernsehstationen etc., die mit großen Budgets ausgestattet sind, geben uns zu hören, was wir hören sollen, aber nicht sehr oft das, was wir hören könnten. Vor allem private, aber auch öffentlich-rechtliche Medienbetriebe jeglicher Art unterliegen genau wie die Wirtschaft sehr oft dem Profitgedanken und es werden selten z.B. systemkritische Äußerungen und alternative Lösungsansätze präsentiert.

Viele Medienträger haben kein Interesse daran, auf wirklich hohem Niveau systemkritisch zu denken. Sie pumpen all ihre Publikationen so gut es geht mit leicht verträglicher Kost und Werbung voll, um möglichst viel Profit zu machen.

Die Medienlandschaft, die entsprechende Informationen liefern könnte, wird bewusst kleingehalten und hat so gut wie keine Chance, den Ottonormalverbraucher zu erreichen.

Die Mediengesellschaft tut das Übrige, damit wir vollständig den Überblick verlieren

Noch mehr Nachrichten ohne relevanten Informationswert, noch mehr Horrormeldungen. Noch mehr Stars, Sternchen und Skandale. Noch mehr neue Produkte und Dienstleistungen. Das führt dazu, dass sich heutzutage Menschen mehr damit beschäftigen, unwichtige von für sie wichtigen Informationen zu trennen, als mit den Inhalten der Botschaften selbst.

Medien stürzen sich auf das Thema der Woche, auf globaler Ebene, staatenbezogen und eventuell regional. Man sucht nach Informationen mit möglichst großen Überschriften. Die wirklich wichtigen Informationen sind meistens keine Überschrift wert, wenn es z.B. um das alltägliche Leiden großer Bevölkerungsschichten geht. Nur wenn das Leiden der Ärmsten und entsprechende Lösungsansätze Teil der Dauerbeschallung wären, bestünde die Chance, dass immer mehr Menschen aufwachen und sich für eine gerechte Welt einsetzen würden. Das ist aber natürlich nicht gewollt, schon gar nicht in Industriestaaten, damit lässt sich zusätzlich auch nur schwer Geld verdienen.

Wer aber wirklich auf der Suche nach der Wahrheit ist und sich über das wahre große Weltgeschehen informieren möchte, hat durch Literatur, Fachzeitschriften und Zeitungen, Internet etc. die Möglichkeit, sich zu informieren.

Wir sehen alles. Wir wissen alles. Aber verstehen wir auch alles?

Da liegt letztendlich das Problem. Wir erkennen durch Medien maximal einen fatalen Ist-Zustand, eventuell wird ein möglicher Soll-Zustand definiert; aber die wirklich wichtigen alternativen Blaupausen für eine bessere Welt, sprich wesentliche Lösungsansätze bekommt man medial nicht präsentiert. Denken Sie mal darüber nach: Wann haben Sie in Ihrer Zeitung oder im Fernsehen jemanden über einen der beschriebenen Hebel schreiben und sprechen gehört? Bitte wachen Sie auf!

Die gute Nachricht ist: »Über soziale Netzwerke haben es Menschen geschafft, die bis dato erfolgreich totgeschwiegen wurden, ein Millionenpublikum zu erreichen. Der ihn[en] dadurch zufallende Einfluss auf die Massen passt den Eliten nicht, denn er stört immer stärker beim Durchregieren.«[2]

Darin sehe ich auch die wesentliche Chance, da das Internet es den Menschen ermöglicht, sich global zu vernetzen und sich zum Bsp. über Facebook, YouTube etc. zu solidarisieren, einen Widerstand zu kommunizieren und vor allem, wie hier im Buch klar dargestellt, eine wahrliche Alternative für die zukünftige neue globale Politik-, Wirtschafts-, Gesellschafts- und Weltordnung zu präsentieren. Werden diese sozialen Medien in der Zukunft weiterhin mehr und mehr von möglichst vielen Menschen genützt, wird es für die derzeitige Elite immer schwieriger, das Volk für dumm zu verkaufen.

7.) Wege, um den Soll-Zustand einzuleiten: Welche realistischen Möglichkeiten gibt es, damit dieses System für eine bessere Welt umgesetzt wird?

Nachdem man den Ist-Zustand erkannt und den gewünschten Soll-Zustand definiert, ein neues globales System erdacht hat, das dem globalen Gemeinwohl bestmöglich dienen würde, ist man aber einem tatsächlichen Systemwechsel noch keinen Schritt näher. Mit welchen Aktionen kann man also die Weltgemeinschaft auf die Lösungsvorschläge unserer Organisation »Du wirst die Welt verändern« möglichst global aufmerksam machen? Wie könnte man die Informationen in die bestehende Matrix einspielen, damit der Soll-Zustand bis 2030 tatsächlich Realität wird?

a) Sieben wesentliche Elemente zum globalen Erfolg: Buch + Filmdokumentation + Website + Facebook + weltweite NGO + Partei in möglichst vielen Staaten + Werbung

Um global gehört zu werden und das hier vorgeschlagene Hebelregister global zu integrieren, bedarf es sieben wesentlicher Elemente unter dem Namen »Du wirst die Welt verändern«:

1) Buch

2) Filmdokumentation

3) Website

4) Facebook

5) Weltweite NGO »Du wirst die Welt verändern«

6) Partei »Du wirst die Welt verändern« in möglichst vielen Staaten gründen

7) Werbung

Wichtiger Hinweis: In Summe kennt man alle sieben Einzelpositionen. Aber kennen Sie einen Autor, eine Person, Bewegung, Organisation, Institution, die alle sieben Punkte innehat? Wesentlich ist das Zusammenspiel aller sieben

Positionen, wenn man tatsächlich daran Interesse hat, eine gerechtere Welt einzufordern und damit tatsächlich eine neue Weltordnung entstehen kann.

1) Buch + 2) Filmdokumentation + 3) Website: Über diese drei Elemente kann global eine Vielzahl an Menschen erreicht werden und eine erste intensive Berührung mit der Thematik stattfinden. In folgenden Sprachen sollten Buch, Filmdokumentation und Website mindestens erscheinen: Englisch, Spanisch, Portugiesisch, Französisch, Russisch, Chinesisch.

Diese drei Informationsträger werden aber nicht dafür ausreichen, damit sich langfristig das System tatsächlich ändert.

4) Facebook: Mit möglichst vielen Facebook-Likes könnte man global auf unsere Organisation und unser Anliegen aufmerksam machen. 100 bis 208 Millionen Facebook-Likes würden »Du wirst die Welt verändern« globale Aufmerksamkeit bescheren und den Stein unaufhaltsam ins Rollen bringen.

5) Weltweite NGO »Du wirst die Welt verändern«: Die NGO wirbt global für den Systemwechsel und vor allem für das Hebelregister. Im Weiteren könnte man die NGO als Think Tank betrachten und die hier vorgeschlagenen Ideen weiter ausbauen. Am besten orientiert man sich hierbei an bereits existierenden NGOs wie Amnesty International, Greenpeace, Attac, Club of Rome etc.

6) Partei »Du wirst die Welt verändern« in möglichst vielen Staaten gründen: Diese Partei sollte in allen Staaten gegründet werden, wo die entsprechenden demokratischen Bedingungen gegeben sind, gewählt zu werden. Am wichtigsten sind zu Beginn die Industriestaaten und Schwellenländer, damit dort möglichst flächendeckend diese Partei zur Wahl gestellt wird. Nach außen hin ist es enorm wichtig, dass es einen übergeordneten Präsidenten gibt, der als globales Sprachrohr gilt und die wesentliche Koordination übernimmt, damit die Partei möglichst einheitlich hinsichtlich ihrer globalen Forderungen auftritt. Seine Aufgabe muss es auch sein, die Erfolge in den einzelnen Staaten bestmöglich nach außen zusammenfassend zu kommunizieren. Wesentlich für diese Partei sollte sein, dass sie sich von anderen Parteien soweit abhebt, dass die Wähler feststellen, dass Parteien und Politiker in ihrem Handeln massiv eingeschränkt sind, da sie den globalen Kapitalismus oder Kommunismus im Nacken haben und somit niemals wesentliche Handlungsschritte setzen können, die das Gemeinwohl stärken, da

Staaten derzeit in den wesentlichen globalen Fragen miteinander konkurrieren und somit die Rahmenbedingungen fehlen, dass sich Staaten zu einer globalen intelligenten Gesetzgebung bewegen. Eine wesentliche Position der Partei soll sein, dass, wenn eben nur das beschriebene Hebelregister in möglichst großem Umfang global umgesetzt wird, eine wahrhafte globale systemische Veränderung herbeiführt werden kann, die das Gemeinwohl massiv stärkt, Einschränkungen für Unternehmen aber so gestaltet, dass sie weiter gewinnbringend wirtschaften können. Der wesentliche Vorteil der Partei wäre, dass sie zumindest am Beginn ein Alleinstellungsmerkmal hätte und jede Menge Wähler, die von der aktuellen Politik enttäuscht sind, anziehen würde. Bei Wahlerfolgen würden manche Parteien bestimmt unsere Argumentation übernehmen und somit endlich in der Mitte der Gesellschaft eine nachhaltige Diskussion auslösen. Heutzutage ist das ein Nebenschauplatz, wo Menschen wie z.B. Jean Ziegler, Christian Felber, Franz Josef Radermacher etc. ein paarmal im Jahr im öffentlichen Fernsehen erscheinen oder alle heiligen Zeiten in einer bekannten Zeitung zu diesem Thema etwas publiziert wird. Ohne eine Partei, die in möglichst vielen Staaten weltweit aktiv ist, die diesen Schwerpunkt ganz klar setzt, wird sich dieses Thema nur schwer durchsetzen, da es wichtig ist, dass der Souverän die Möglichkeit hat, unsere Forderungen demokratisch zu wählen.

Inhaltliche Positionen – kurzfristige und langfristige Positionen:

Im Wesentlichen sollte sich die Partei für die Umsetzung des Hebelregisters einsetzen. Wie im Buch beschrieben, kann diese Form der Politik aber nur überleben, wenn sich mindestens alle Industriestaaten und Schwellenländer möglichst zeitgleich auf entsprechende Hebel einigen und diese auch zeitgleich umsetzen, damit kein wesentlicher langfristiger Wettbewerbsnachteil für einzelne Staaten entstehen kann.

Solange keine Hebelpolitik betrieben werden kann, sollte die Partei auch Positionen einnehmen, die eine Vorstufe präsentieren für eine globale langfristige Lösung.

Beispiel – Steuerpolitik: In vielen Staaten wird propagiert, dass man die durchschnittliche Steuerquote unbedingt senken muss. Unser Vorschlag beruht darauf, dass man sich global auf eine durchschnittliche Steuerquote zwischen 43 und

47 % einigen soll, sprich einen verbindlichen globalen Prozentsatz. Solange das global nicht beschlossen wird, sollte es die Position der Partei sein, dass die Steuerquote natürlich bei mindestens 43 % liegt.

Beispiel – Flüchtlinge: Unsere Position ist eine globale Quote, damit auf alle Staaten dieser Welt die Flüchtlinge weltweit fair aufgeteilt werden. Solange es hier keine globale einheitliche Regelung gibt, sollte meines Erachtens ein gesunder Kompromiss eingegangen werden. Die Bürger jedes Staates sollten sich fragen, wie viele Flüchtlinge sie maximal aufnehmen möchten bzw. welche Kapazitäten ihr Land hat. Sobald diese Zahl festgelegt wurde, sollte man die Flüchtlinge, wie bereits beschrieben, bestmöglich integrieren, da man nur so langfristig Folgeproblemen aus dem Weg geht. Der Kompromiss ist somit klar: Man definiert pro Jahr eine Obergrenze, solange es keine globale Quote gibt, und dafür werden die Flüchtlinge, die dann kommen, bestmöglich integriert und es wird genug Geld in die Hand genommen.

Für jede große Frage zwei Antworten: Wichtig ist, dass die Partei immer zwei Antworten zu jedem Thema parat hat, um nicht abgehoben zu wirken. Sonst wird einem immer vorgeworfen, dass diese großen Lösungen nicht kommen werden und die Partei überflüssig ist. Daher ist es immer wichtig, eine in der momentanen Situation gängige Lösung parat zu haben, aber dass man auch eine optimale globale Lösung kommuniziert, wie im Heberegister beschrieben. So werden die globalen optimalen Lösungen, sprich die einzelnen Hebel, nach und nach Gehör finden, und es steigt die Chance, dass diese in Zukunft umgesetzt werden.

Gründung der Partei: Am besten geeignet als Präsident wäre ein Spitzenpolitiker, der, wenn möglich, international auch bekannt ist, der sich vor allem mit dieser Ideologie voll und ganz identifizieren kann und bei dem es auch glaubhaft ist, dass er dieser Partei angehört. Dieser Politiker sollte dann Persönlichkeiten finden, die mit ihm diese Partei mit Leben füllen wollen. Wesentlich ist, dass man in möglichst vielen Staaten weitere Politiker findet.

Zielsetzung: Es wäre ein riesen Erfolg, wenn diese Partei bei Wahlen antreten, 5 bis 10 % der Wähler bei der ersten Wahl gewinnen und ins Parlament einziehen würde. Bedenkt man, dass man heutzutage als Großpartei gilt, sobald man 30 % der Stimmen erhält, und wenn sich überlegt, wie viele Nichtwähler es gibt sowie

Bürger, die nicht mehr die etablierten Parteien wählen möchten, darf man daran glauben, dass es nicht unmöglich ist, mit einer wahrhaftigen alternativen Politik gewählt zu werden und die Chance hat Wahlen zu gewinnen. In je mehr Staaten die Parteigründung erfolgt, umso besser. Zu Beginn ist es vor allem wichtig, dass in möglichst vielen Industriestaaten und Schwellenländern die Partei etabliert wird, da dort die globale Macht beheimatet ist.

Dadurch hätten die Organisation und das Hebelregister erneut eine enorme Medienpräsenz und würde im jeweiligen Staat eine Vielzahl an Menschen erreichen. Wichtig ist, dass man versteht, dass »Du wirst die Welt verändern« dann im jeweiligen Staat für den Souverän demokratisch zur Wahl steht, man somit eine authentische Stimme gegen das neoliberale kapitalistische System wählen und sich wahrhaftig demokratisch gegen das bestehende globale System aussprechen kann. Nur so kann auch langfristig ein geordneter und demokratischer Systemwechsel erfolgen, wenn sich die Menschen dazu im freien demokratischen Prozess mit ihrer Stimme entschließen können.

Wer wirklich konkret werden will: Bevor man mit unserem Branding und dem genauen Wortlaut die Parteigründung vollziehen kann, würden wir darum bitten, uns zu kontaktieren, damit man das im Detail besprechen kann. Bevor wir für den jeweiligen Staat die Rechte aus der Hand geben, möchten wir den Hauptverantwortlichen kennenlernen. Wie bereits geschrieben, wäre uns als Leitfigur am liebsten ein Politikprofi mit langjähriger praktischer Erfahrung, der sich wahrlich mit unserer Organisation identifizieren kann.

Abschließend → NGO und / oder Partei: Der Vorteil einer NGO ist, dass man sie problemlos von Beginn an global starten kann und so jeder die Möglichkeit hat, sich an diesem Projekt zu beteiligen. Der wesentliche Nachteil ist, dass NGOs nur schwer langfristig in den Mainstream-Medien stattfinden und auch nicht Teil des demokratischen Prozesses im Parlament sind.

Deshalb sind möglichst viele Parteigründungen in möglichst vielen Staaten zwingend notwendig, damit das Anliegen dieses Buches in der Mitte der Gesellschaft als Information ankommt und möglichst langfristig ein Teil der politischen Diskussion bleibt.

7) Werbung: Um eine Werbung zu entwerfen, die eine möglichst breite Masse anspricht, sollte man sich an Konzernen orientieren. Wesentlich ist, dass man die Kernbotschaft möglichst einfach verpackt, möglichst viele Menschen mit den Themen an der Oberfläche berührt und sie so zu der NGO und / oder Partei im jeweiligen Land führt.

Wir stehen ganz am Anfang: Dieses Buch ist eine theoretische Abhandlung aus heutiger Sicht. Wenn wir all diese sieben Punkte auf hohem Niveau umsetzen möchten, benötigen wir langfristig großzügige Sponsoren, die an den beschriebenen Weg glauben und in diese Idee investieren. Wie man diese Idee global umsetzt, ist hier bereits sehr deutlich skizziert, für die internationale Umsetzung benötigen wir aber jede Menge Geld. Und wir benötigen natürlich jede Menge talentierter Menschen aus den verschiedensten Bereichen wie z.B. Wissenschaftler, Politiker, Philosophen, Marketingstrategen, Webdesigner, Übersetzungsteams, Werber für die Organisation etc., die uns beim Aufbau dieser Organisation helfen. Möchte man dieses Projekt möglichst effizient umsetzen und das Problem Geld ausklammern, würde man lediglich einen einzigen Millionär oder Milliardär benötigen, der an diese Idee glaubt und uns jährlich mit einem ausreichenden Budget ausstattet.

b) Du wirst die Welt verändern: Start für eine neue Weltordnung durch das globale Netzwerk Facebook

Wenn Sie mein Buch überzeugen sollte und Sie sich wünschen, dass diese Lösungsvorschläge tatsächlich global umgesetzt werden, ist der erste effektivste Schritt, sich für einen Systemwandel einzusetzen, unsere Facebook-Seite mit einem Like zu versorgen.

Fakten bezüglich Facebook 2018 (Jahresbeginn):

- »Facebook hat 2,1 Milliarden aktive Nutzer
- 1,4 Milliarden nutzen die Plattform jeden Tag
- 70 Millionen Unternehmen nutzen Facebook, 6 Millionen Werbeaccounts«[1]

Ranking der Fanseiten bei Facebook mit den meisten Fans weltweit im Februar 2018 (in Millionen):

Platz 0: Du wirst die Welt verändern – 208 Millionen Likes

»Platz 1: Facebook selbst – 207 Millionen Likes
Platz 2: Christiano Ronaldo – 122 Millionen Likes
Platz 3: Coca Cola – 107 Millionen Likes«[2]

Globale Solidarität durch Facebook – Setz dich effektiv für eine bessere Welt in 1 Minute ein!

Die Strukturen des bestehenden Systems sind massiv eingefahren und am schwierigsten ist es, dass man die globale Elite unter Zugzwang bringt. Einzelstaatliche Aktionen werden das System aus Wirtschaft und Politik nicht erschüttern. Nur wenn sich Menschen weltweit solidarisieren, so dass es für jeden dauerhaft ersichtlich ist, nur dann hat man eine Chance, die verkrusteten Strukturen aufzubrechen. Die einfachste Form, sich für eine bessere Welt einzusetzen, ist ein solidarisches Like auf Facebook. Es ist, als würde man global wählen gehen, von seinem demokratischen Recht weltweit Gebrauch machen und der gesamten Welt zu verstehen geben: »Ich gebe der globalen Organisation »Du wirst die Welt verändern« mehr Stimmen als Facebook, Christiano Ronaldo oder Coca Cola, ich spreche mich gegen das etablierte globale politische und wirtschaftliche System aus und befürworte eine neue Weltordnung.« Vor allem, wenn sich Prominente mit großer Reichweite mit einem Like und einem Post auf ihrem Facebook-Account beteiligen würden, könnte das sehr schnell an Dynamik gewinnen. Wenn unsere Facebook-Seite zwischen 100 Millionen und 207 Millionen Likes erhalten würde, im besten Fall den ersten Platz besetzt, könnte die gesamte Welt nicht mehr wegschauen und müsste sich mit dem Anliegen dieses Buches auseinandersetzen. Es würde eine globale mediale Berichterstattung zur Folge haben und die Politiker müssten ziemlich sicher weltweit zu diesem Anliegen Stellung nehmen und es würde eine langfristige globale Diskussion zur Folge haben, die mit hoher Wahrscheinlichkeit nicht mehr totzukriegen wäre, letztendlich globale Änderungen mit sich bringen würde und die Initialzündung für eine neue Weltordnung sein könnte.

Facebook Profil: You will change the world Global

https://www.facebook.com/youwillchangetheworldglobal

Wesentlich: Facebook schafft die Möglichkeit, sich global zu solidarisieren, das nach außen hin für jeden sichtbar zu machen und das Thema unserer

Organisation »Du wirst die Welt verändern« global in die Medien zu bringen. Nur so hat man die Chance, dieses Thema global publik zu machen und es keine einwöchige Aktion in ein paar wenigen Staaten bleibt.

Eine weitere Möglichkeit, sich für unsere Organisation einzusetzen: Indem Sie unseren Filmtrailer und den Link zu unserer Website auf Ihrem Facebook-Account oder anderen Social-Media-Portalen posten.

Und natürlich kann sich das Thema sehr schnell herumsprechen, wenn Sie es ihren Familienmitgliedern, Freunden, Bekannten, Arbeitskollegen, Nachbarn etc. erzählen und sie dazu einladen, unsere Website »www.du-wirst-die-welt-vera-endern.com« und unseren Facebook-Account zu besuchen und zu liken. Das ist die einfachste und zu Beginn effektivste Methode, um auf das Thema global aufmerksam zu machen.

Denken Sie darüber nach, egal wie sehr Sie dieses Thema bewegt oder nicht, aber nur mit einem Like haben Sie die Möglichkeit, sich an dem Gelingen einer gerechteren Welt zu beteiligen.

Bildfilter verwenden: Als z.B. in Frankreich ein Terroranschlag im Jahr 2017 verübt wurde, haben jede Menge Menschen ihr Profilbild mit der französischen Flagge mittels Filter erweitert.

Auf unserer Website finden Sie den Bildfilter »Du wirst die Welt verändern«, den Sie bei Ihrem Facebook-Bild hochladen können. Das ist ein starker Ausdruck dafür, dass man sich für eine bessere Welt solidarisiert, und wenn das eine Dynamik annehmen würde, so dass Millionen von Menschen weltweit es Ihnen gleichtun würden, würde das Thema sehr schnell in den Medien landen.

Youtube-Szene: In der Youtube-Szene gibt es jede Menge erfolgreiche Videoproduzenten, die zum Teil eine enorme Reichweite haben. Wenn hier eine Vielzahl an Menschen sich in einem Videobeitrag zu dem Thema äußern würde, könnte unsere Organisation ebenfalls sehr schnell in die breite Öffentlichkeit gelangen und es würde das Potential entstehen, dass große Medien auf das Thema aufmerksam werden.

Prominente aus allen Bereichen aus möglichst vielen Staaten für die Idee gewinnen: Am besten geeignet sind internationale Stars, die eine möglichst große globale Reichweite haben. Es müssen nicht zwingend prominente Wissenschaftler, Politiker, Wirtschaftstreibende etc. sein, sondern es sollten vor allem auch Schauspieler, Comedians, Kabarettisten, Musiker etc. sein, die sich für unsere Organisation positiv aussprechen und sich zu ihr bekennen. So hat man die Chance, viele Menschen egal welcher Bildungsschicht zu erreichen und das ganze Thema hat die Chance, in den Köpfen möglichst vieler Menschen zu landen. Ein Like von Prominenten kann dem Ganzen einen Turbo verleihen, da sie viele Follower bei Facebook haben. Ein weiterer einfacher Weg z.B. ist, wenn Prominente sich über Social Media wie z.B. Facebook, Twitter, WhatsApp etc. bekennend zu Buch, Filmdokumentation und Website äußern. So hätte dieses Buch die Chance, global Gehör zu finden, da in weiterer Folge auch Medien jeglicher Art auf das Thema ziemlich wahrscheinlich aufspringen würden. Wichtig wäre ein globaler medialer Hype, den man so ganz einfach initialisieren könnte.

5 Weltreligionen: Wenn sich die fünf Weltreligionen und deren Führungspersonen, der amtierende Papst Franziskus, der Dalai Lama bzw. Führungspersonal der jeweiligen Religion für unsere Organisation aussprechen und den Inhalt unserer Bewegung befürworten würden, das über ein Facebook-Like kundtun und dazu einen Post auf Facebook machen würden, in dem Sie inhaltlich erklären, warum sie diesen Weg befürworten und vor der Weltpresse durch ein offizielles Interview bekräftigen würden, könnte das ebenfalls weltweit in kürzester Zeit eine enorme Dynamik annehmen.

Bsp.: Das Christentum hat in etwa 2,1 Milliarden Anhänger. Wenn der Papst sich in einem offiziellen Statement für unsere Organisation aussprechen würde, würde das ebenfalls eine globale Berichterstattung zur Folge haben.

Wirtschaft - Das oberste 1 %: Wenn sich Millionäre und Milliardäre wie z.B. Bill Gates, Warren Buffet, Mark Zuckerberg etc. sich für unsere Bewegung aussprechen würden, wäre das ein klares Signal an die Weltgemeinschaft und würde die Argumentation von Gegnern zusätzlich abschwächen. Ein Like auf Facebook von solchen Persönlichkeiten wäre Gold wert, da die Profiteure des Systems sich für einen Systemwandel aussprechen würden. Wenn z.B. ein Bill Gates sich für unsere Organisation offiziell aussprechen würde, hätte das jedenfalls ein breites mediales Echo.

Optimal wäre es natürlich, wenn sich möglichst viele Milliardäre und Millionäre unserer Organisation anschließen, uns auf Facebook ein Like geben und sich offiziell für unsere Organisation aussprechen würden.

Politik: Einen hohen Wert hätte ein Like von Staatsführern und Präsidenten. Umso höher die Position des jeweiligen Politikers ist, umso besser. Natürlich würde es uns helfen, wenn sich weltweit offizielle Vertreter von Staaten aus der Politik sich für unsere Organisation und Lösungsvorschläge aussprechen würden und auch in unserem Sinne Politik machen würden.

Social-Media-Agenturen: 100 bis 208 Millionen Facebook-Likes – jeder, der sich professionell mit der Materie auseinandersetzt, weiß, wie schwierig es ist, dieses Ziel zu erreichen ist, vor allem, wenn man bei null beginnt. Wir benötigen Unterstützung und laden Social-Media-Agenturen weltweit dazu ein, uns bei unserem Unterfangen zu unterstützen.

Es ist nicht realistisch, dass unsere Organisation zwischen 100 und 208 Millionen Facebook-Likes erhält: Es ist z.B. derzeit unrealistisch, in die Vergangenheit zu reisen, andere Galaxien zu besuchen oder den Sinn unseres Daseins zu erfassen. Viele haben mich gefragt, wie man die Welt verändern könnte, wie man global den Stein ins Rollen bringen könnte, damit die Forderungen dieses Buches weltweit diskutiert und eine Chance haben, umgesetzt zu werden. Facebook bietet die Möglichkeit, mittels Likes eine klare globale Botschaft bezüglich Solidarität zu senden. Dass die Menschen ein anderes System haben wollen, vor allem eine neue Wirtschaftsordnung, ist durch eine Umfrage der Bertelsmann Stiftung bewiesen und ich denke, dass diese Studie für die gesamte Weltbevölkerung repräsentativ ist:

»Acht von zehn Bundesbürgern wünschen sich angesichts der europaweiten Krise eine neue Wirtschaftsordnung. Dies ergab eine Umfrage des Meinungsforschungsinstitutes TNS Emnid, die im Auftrag der Bertelsmann Stiftung durchgeführt wurde und der ZEIT exklusiv vorliegt.

Zwei von drei Befragten misstrauen demnach bei der Lösung der Probleme den Selbstheilungskräften der Märkte. Der Kapitalismus sorge weder für einen »sozialen Ausgleich in der Gesellschaft« noch für den »Schutz der Umwelt« oder einen »sorgfältigen Umgang mit den Ressourcen«.

Das Volk sei demnach gar nicht so stark an kurzfristigen Zielen interessiert. »Nachhaltigkeit, Umwelt und Soziales liegt vielen Bürgern mehr am Herzen, als Politiker glauben«, sagte Aart De Geus, Leiter der Bertelsmann Stiftung.«[38]

Ich denke, dass die Menschen gerne eine global gerechtere Welt und neue Weltordnung haben möchten und das schon lange, aber bis heute keinen Weg gesehen haben, wie sie das zum Ausdruck bringen können. Das symbolische Bild: Nehmen wir uns alle bei den Händen und stehen wir gemeinsam auf für eine gerechtere Welt! Ein romantisches Bild, das durch einen Facebook-Like vielleicht an Romantik verliert, aber den gleichen Effekt haben würde, und zwar dauerhaft. Wenn über 200 Millionen Leute global den Facebook-Button klicken, dann ist das dauerhaft auf Facebook und im Internet zu sehen. Das wäre kein einmaliges Happening, Demonstration, Volksbegehren, Wahl eines Politikers, das wäre ein Ausdruck dafür, dass die Menschen weltweit eine gerechtere Welt und neue Weltordnung haben möchten, und keiner hätte die Macht, das einfach wegzuwischen, und es würde vor allem nicht so schnell in Vergessenheit geraten.

Abschließend: Unser Anliegen hat nur dann eine Chance, wenn wir global eine möglichst große Aufmerksamkeit erregen. Mittels Social Media kann sich das Thema wie ein Lauffeuer ausbreiten und in einem Minimum an Zeit an Bekanntheit gewinnen. Vor allem mittels Facebook und am besten 100 bis 208 Millionen Likes wäre unser Anliegen für eine gerechtere Welt und neue Weltordnung für immer in die Geschichtsbücher geschrieben und die wirtschaftliche und politische Elite würde man so massiv unter Zugzwang bringen.

c) Öffentlicher Brief an die regierendende Partei und Oppositionsparteien, den Bundeskanzler und / oder Bundespräsidenten und andere Parteiführer per Mail, Post oder per Nachricht an den jeweiligen Social-Media-Account schicken

Gerne kann der Brief auch in weitere Sprachen übersetzt und verschickt werden. Im Weiteren besteht die Möglichkeit, diesen Brief via Facebook und andere Social-Media-Plattformen unter die Leute bringen. Ebenso kann man die Inhalte an die gesamte Medienlandschaft im jeweiligen Land schicken, wie z.B. Fernsehen, Zeitung etc. Sie können den Brief auch per Mail oder Post an alle 206 Staatsführer, Präsidenten, führenden Parteien senden. Sie können auch gerne einen eigenen Brief verfassen oder unseren Brief ergänzen. Hauptsache ist, dass Sie die Politik und Ihre Mitmenschen auf unsere Lösungsvorschläge aufmerksam machen.

Sehr geehrte(r) ……..,

ich bin im Internet auf die Organisation »Du wirst die Welt verändern« (www.du-wirst-die-welt-veraendern.com) gestoßen. Dort findet man eine detaillierte Analyse des Ist-Zustands unserer Welt, und ein wünschenswerter globaler Soll-Zustand (Sustainable Development Goals) wird beschrieben. Vor allem aber wird dargelegt, wie dieser Soll-Zustand erreicht werden könnte. Im Weiteren erfährt man, welchen realistischen Handlungsspielraum man selbst als Individuum hat, sich für eine bessere Welt einzusetzen, und wie man das System global verändern müsste, damit eine gerechtere Welt und neue Weltordnung langfristig entstehen könnten. Mittels eines Hebelregisters, das 17 globale, universell gültige Hebel im Detail beschreibt, erfährt man, wie man systemisch die Welt neu ordnen müsste, damit möglichst viele Menschen weltweit in allen 206 Staaten dieser Welt ein Leben in Würde und Freiheit leben können.

Eine Zusammenfassung dieser Forderungen finden Sie hier: https://du-wirst-die-welt-veraendern.com/weltveraenderung-jetzt-starten/

Ich bitte Sie, die Lösungsvorschläge zu prüfen und in Ihrer Partei, im Parlament und in einer UNO-Versammlung zur Sprache zu bringen, da ich zu der Überzeugung gelangt bin, dass so jede Menge globale Probleme gelöst werden könnten und ich so vor allem hinsichtlich meiner politischen, wirtschaftlichen und gesellschaftlichen Überzeugungen mich als Staatsbürger im eigenen Land und international bestmöglich vertreten fühlen würde.

Mit freundlichen Grüßen

d) Individuum – Wie sich jeder Einzelne von uns für eine gerechte Welt stark machen kann

Eine mögliche Ebene, sich für eine gerechtere Welt einzusetzen, ist natürlich der persönliche Konsum von Produkten und Dienstleistungen. Instinktiv weiß man sehr oft, ob man mit den Produkten oder Dienstleistungen, die man tagtäglich konsumiert, dem Gemeinwohl schadet oder dient. Wenn man sich unsicher ist: Unternehmen ganz einfach googeln, um seine Entscheidung zu treffen. Wenn man sich wirklich effektiv und global dem Thema Eigenverantwortung widmen möchte, berechnet man am besten seinen persönlichen ökologischen Fußabdruck. Hier sieht man dann ganz klar, wie man sein Potential, als Individuum möglichst ressourcenschonend zu leben, verbessern kann. Im Weiteren kann man sich bei NGOs wie z.B. Amnesty International und Greenpeace engagieren. Es ist nützlich, wählen zu gehen und sein demokratisches Recht wahrzunehmen. Hier eignen sich natürlich Parteien, die unsere Ideen unterstützen und die Ihren persönlichen Vorstellungen entsprechen. Sehr nützlich ist es natürlich auch, wenn Sie persönlich eine politische und wirtschaftliche Meinung haben und Ihre Mitmenschen von Ihren Positionen überzeugen können. Nehmen Sie Ihr Recht der Demonstrationsfreiheit wahr, falls es in Ihrem Staat möglich ist. Sollten Sie vermögend sein, gibt es jede Menge Möglichkeiten, Geld zu spenden, indem man sich z.B. ein Patenkind nimmt oder an hilfsbedürftige Institutionen, NGOs etc. spendet. In Summe bin ich der festen Überzeugung, dass die meisten Menschen ganz gut wissen, was alles möglich wäre zu tun, man aber in seinem Leben meistens so stark gefordert ist, dass man keine Zeit hat, um auch noch kurz die Welt zu retten. Ich möchte hier ganz klar festhalten, dass ich der festen Überzeugung bin, dass das Verhalten des Einzelnen im alltäglichen Leben kaum dazu führen wird, dass man in einer gerechteren Welt aufwachen wird. Es müssten Millionen, wenn nicht Milliarden von Menschen, vor allem im Westen, ihre Lebensgewohnheiten und ihr Konsumverhalten massiv ändern, so dass man Konzerne in die Knie zwingt und zu einem alternativen Wirtschaften bewegt. Mir ist es wichtig, realistisch darzustellen, welchen Stellenwert für das Gelingen einer gerechteren Welt das individuelle Verhalten im globalen Kontext hat, was nicht bedeuten soll, dass, wenn man die Möglichkeit hat, sich als Konsument korrekt zu verhalten, das nicht tun sollte. Um wirklich voranzukommen, bedarf es eines globalen Systemwechsels, damit das Individuum ganz anderen Rahmenbedingungen begegnet und nicht ständig darauf achten muss, dass er oder sie ein korrekter globaler Staatsbürger und Konsument ist. Letztendlich sollten die 206 Staaten ein System schaffen, in dem Bürger in aller Welt gar nicht die Möglichkeit haben, Produkte und Dienstleistungen zu kaufen, die auf Ausbeutung, z.B. schlechte Arbeitsbedingungen, Lohndumping, Steuerhinterziehung etc., beruhen, und Rahmenbedingungen schaffen, damit möglichst alle Menschen mit den nötigen Lebensgrundlagen ausgestattet werden, um ein Leben in Würde und Freiheit zu leben.

Zusammenfassung dessen, was Sie als Individuum leisten können:

- Facebook-Like für unsere Organisation: Je mehr Sie ihr Potential auf Facebook ausschöpfen, umso mehr Menschen können Sie für unsere Organisation gewinnen und einen wesentlichen Beitrag dazu leisten, dass unser Anliegen global Gehör findet. Der erste einfache Schritt: ein Like auf Facebook.

- NGO: »Du wirst die Welt verändern«: Werden Sie Mitglied unserer Organisation oder einer etablierten NGO (Amnesty International, Greenpeace etc.), betätigen Sie sich ehrenamtlich und spenden Sie nach ihrem Ermessen einen für Sie verträglichen Betrag. Natürlich wären wir Ihnen auch dankbar, wenn Sie unsere Organisation »Du wirst die Welt verändern« finanziell unterstützen würden. Nähere Details finden Sie auf unserer Website: www.du-wirst-die-welt-veraendern.com

- In diesen Bereichen benötigen wir noch Unterstützung:

1. Übersetzung des Buches, der Website und Erklärvideos: »Du wirst die Welt verändern?« in folgende Sprachen: Englisch, Spanisch, Französisch, Portugiesisch, Russisch, Chinesisch usw.

2. Webdesigner

3. Marketing-Experten

4. Social-Media-Experten

5. Drehbuchautoren, Animationskünstler, Sprecher etc. für Erklärvideos

6. Werber für Spenden

7. Leute mit allgemeiner NGO-Erfahrung

8. Filmdoku: Es ist eine Filmdoku geplant, für die ich bereits ein Drehbuch geschrieben habe. Leider ist eine solche Filmproduktion mit hohen Kosten verbunden, weshalb wir auch hier noch Unterstützung benötigen: Filmproduktionsfirma, Finanzierung der Filmdoku usw.

9. Wovon wir träumen – Unterstützung eines Millionärs oder Milliardärs: In Summe hat unsere Organisation bereits ein globales Konzept, wie wir die Botschaft einmal um den gesamten Globus schicken würden. Es scheitert derzeit lediglich am Geld und dem nötigen Personal, damit wir uns entsprechend vergrößern können. Am einfachsten wäre es, wenn sich ein Großspender finden würde, sprich ein Millionär oder Milliardär, den die Lösungsvorschläge für eine gerechtere Welt und neue Weltordnung anspricht und diese gerne global umgesetzt sehen möchte.

- Partei: »Du wirst die Welt verändern«: Sobald Sie unsere Partei in Ihrem Staat auf Ihrem Wahlzettel vorfinden sollten, würden wir uns natürlich freuen, wenn Sie Parteimitglied werden, Sie uns mit Ihrem persönlichen Einsatz unterstützen und uns Ihre Stimme bei der Wahl geben würden. Im besten Fall landet unsere Partei in einer Vielzahl an Parlamenten. So wäre gewährleistet, dass wir am demokratischen Prozess teilnehmen, die Lösungsvorschläge dieses Buches öffentlich zur Diskussion gebracht werden und die Möglichkeit besteht, dass tatsächlich Gesetze im Parlament beschlossen werden, die dem Gemeinwohl dienen. Solange dem nicht so ist, wählen Sie am besten eine Partei, die unserem Konzept am nächsten ist. Sollten Sie selbst Ambitionen haben, eine Partei mit unserem Namen zu gründen, melden Sie sich einfach bei uns, dann können wir das gerne miteinander besprechen.

- Ökologischen Fußabdruck reduzieren: Gehen Sie online, berechnen Sie Ihren ökologischen Fußabdruck und verändern Sie ihr Konsumverhalten in dem ihnen verträglichen Maß hinsichtlich Produkten (z.B. Fairtrade statt Konzernprodukte) und Dienstleistungen (z.B. Öko-Strom, mehr Fahrradfahren statt mit dem Auto etc.).

- Patenkind nehmen: Investieren Sie in die Zukunft eines armen Kindes in einem Entwicklungsland und spenden Sie an eine entsprechende Organisation.

- Wählen gehen: Wenn es in Ihrem Staat demokratische Wahlen gibt, nehmen Sie ihr demokratisches Recht wahr und gehen Sie wählen. Unsere Empfehlung ist, sich etablierte Parteien und populistische Parteien ganz genau anzuschauen und eine Partei zu wählen, die konstruktive Zukunftsvisionen hat, die das Gemeinwohl langfristig stärken wollen und nicht Wähler mit den niedrigsten Instinkten versuchen zu ködern, indem sie lediglich Angst schüren.

- Demonstrieren: Wenn Demonstrationen angekündigt sind, die Sie befürworten, nehmen Sie an diesen teil.

- Bilden Sie sich und geben Sie ihr Wissen weiter: Je mehr Sie über das globale Weltgeschehen wissen, konstruktive Lösungsvorschläge für eine gerechtere Welt und neue Weltordnung haben, Ihren Mitmenschen davon berichten und sie argumentativ überzeugen können, tragen Sie dazu bei, dass sich das Denken und Handeln einzelner Personen ändert, und damit machen Sie die Welt ein Stück besser. Auf unserer Website finden Sie jede Menge weitere Bücher und Filme zum Thema globale Weltverbesserung, wo Sie sich entsprechend weiterbilden können.

Abschließend: Wenn Sie die Möglichkeit haben, diese hier vorgeschlagenen Inhalte umzusetzen, dann ist es sicher im Sinne einer gerechteren Welt, diese langfristig in Ihr Leben zu integrieren!

Jedes Individuum hat unterschiedliche realistische Handlungsspielräume:

Jeder einzelne Mensch ist eine Einheit. Je nach den individuellen Umständen hat jeder einzelne Mensch unterschiedliche Möglichkeiten, sich an einer gerechteren Welt zu beteiligen. Natürlich ist der Spielrahmen eines Milliardärs ein ganz anderer als z.B. der einer Krankenschwester. Wie zum Beginn des Buches bereits beschrieben, wäre es am effektivsten, wenn die 206 Staatsführer und die weltweit über 2000 existierenden Milliardäre sich für das hier vorgeschlagene Hebelregister starkmachen, dieses in die Gesetzgebung möglichst aller 206 Staaten einarbeiten und dann konsequent umsetzen würden. Man muss sich aber im Klaren darüber sein, dass die Wahrscheinlichkeit sehr gering ist, dass die Eliten der Politik und Wirtschaft ihr Denken und Handeln ändern werden, solange nicht ein starker Druck von außen, sprich vom globalen Souverän, von Politikern und Parteien zu spüren ist. Die Strategie von Staatsoberhäuptern und Milliardären wird weiterhin darin bestehen, keinen Zentimeter nachzugeben, wenn man an der Spitze des neoliberalen Spiels bleiben will. Aus heutiger Sicht hat man meines Erachtens nur eine Chance, wenn sich möglichst viele Menschen für dieses Hebelregister einsetzen und ganz klar Flagge zeigen, dass sie einen globalen Systemwechsel wünschen. Ein möglichst globaler Zusammenschluss ist die nötige Antwort. Wie bereits beschrieben: Facebook ist die Plattform, um das mit möglichst vielen Likes zum Ausdruck und den Stein ins Rollen zu bringen. Das ist die einfachste Form, globale Solidarität zum Ausdruck zu bringen.

e) Konvente – klein bis ganz groß: Gemeinde / Region / Bundesland / Staat / Kontinent / global

Das Individuum für sich ist in seiner Handhabe beschränkt, Zusammenschlüsse von mehreren Menschen können aber zu etwas Großem führen.

Ablauf eines demokratischen Konvents – Hier stellen sich natürlich folgende Fragen:

1) Wer initiiert einen Konvent?
2) Wie wird ein Konvent zusammengesetzt?
3) Wie läuft der Konvent ab?
4) Wie wird entschieden?

Einen umfangreichen Leitfaden für einen demokratischen Wirtschaftskonvent, den man auch grundsätzlich für jeden anderen Konvent auch als Vorlage nehmen kann, findet man auf der Website von Attac:

1. Wer initiiert einen Konvent?

»Der Impuls könnte sowohl aus dem Souverän heraus erfolgen als auch dessen Vertretung i[n] Parlamenten oder Regierungen. Es gibt überall wache Geister, welche die gegenwärtige Un-Ordnung verändern wollen. Als Best Practice hat sich erwiesen, dass Begeisterte aus der BürgerInnenschaft und aus dem

Gemeinderat gemeinsam an einem Strang ziehen und politisch »zusam[m]en-spielen«. Um die Initiative vor Instrumentalisierung durch eine Partei oder be-stimmte Gruppe zu [.][bewahren], sollte auf eine repräsentative Mindestbreite der TrägerInnnen geachtet werden.

2. Wer sitzt im Konvent?

Für die Zusammensetzung des Konvents gibt es verschiedene Möglichkeiten, und es muss nicht überall dieselbe Methode angewandt werden. In der Praxis der Bürgerinnenbeteiligung wurden unterschiedliche Modelle entwickelt. Zum Bei-spiel könnten alle BürgerInnen eingeladen werden, [sich] an einer Reihe von Tref-fen, die sich über ein Jahr erstrecken, zu beteiligen. Oder es werden zehn bis zwanzig BürgerInnen per Zufallsprinzip ausgewählt, die den inhaltlichen Gro-baufschlag machen – ein in den USA und Vorarlberg bewährtes Verfahren. Es gibt verschiedene Möglichkeiten, und vielleicht ist es das Beste, dass in verschie-denen Gemeinden unterschiedliche Wege beschritten werden. Der Leitfaden kann die unterschiedlichen Varianten aufnehmen, wodurch für die nachfolgen-den Pionier-Gemeinden Wahloptionen entstehen.

3. Ablauf des Konvents

Die Stationen eines solchen Konvents können folgende sein:

Treffen 1: Kick-off, Kennenlernen, Klärung des Projekts, Vorstellung der ›Fragen an den Konvent‹

Treffen 2: Einigung über die Fragen, Aufteilung der Berichtsgruppen, welche die Fragen inhaltlich recherchieren und eine Lise von Pro- und Kontra-Argumenten anlegen

Treffen 3: ›Rohberichte‹, erste Stimmungsbilder und Aufteilung in (zum Beispiel zwölf) Arbeitsgruppen, welche über einen längeren Zeitraum die Feinrecherchen machen und die finalen Fragen ausarbeiten

Treffen 4: Feinberichte mit Fragestellungen, letzte Klärungen und Modifikatio-nen der Fragen

Treffen 5: Abstimmung

Treffen 6: Öffentliche Bekanntgabe der Ergebnisse und Wahl der Delegierten für die nächste Ebene; sowie Einladung an alle Nachbargemeinden, ebenfalls einen Konvent zu organisieren«[4]

f) Im Zuge eines konstruktiven verbindlichen UNO Treffens: 206 Staaten unterschreiben einen verbindlichen globalen Hebelregistervertrag

Die Vereinten Nationen (UNO) und alle Staaten dieser Welt unterzeichnen einen Vertrag, der alle dazu verpflichtet, die entsprechenden Systemveränderungen und globalen Hebel bis spätestens 2020 / 2025 / 2030 vorzunehmen. Diese Maßnahmen könnten durch ein globales Volksbegehren oder international angelegte, friedliche Demonstrationen in möglichst vielen Staaten losgetreten werden. Starten könnte man das mit einer Anfrage bei Parteien, Politikern und internationalen NGOs, die dem Thema im jeweiligen Land, aber auch im internationalen Kontext ein Gesicht geben. Wichtig ist, dass der Maßnahmenkatalog von Beginn an global diskutiert wird, da einzelne Staaten niemals die Macht haben werden, diese Maßnahmen alleine umzusetzen. Es bedarf einer internationalen Kampagne, die nicht abreißt und einer Dauerbeschallung der Bevölkerung entspricht.

Sobald man erreicht hat, dass die 206 Staatsführer an einem Tisch sitzen und ernsthaft darüber diskutieren, wie sie in der UNO direkte Demokratie einführen könnten und das Hebelregister dann als erste wesentliche Agenda nach und nach abarbeiten, würde man global einen wesentlichen Schritt nach vorne machen.

g) Jährlich ausgeschriebener globaler Wettbewerb der besten Ideen für ein bestmögliches globales System, wobei die besten Inhalte jährlich über die UNO im Parlament begutachtet und demokratisch abgestimmt werden

Man sollte einen Nobelpreis ausschreiben und zusätzlich eine eigenen wissenschaftlichen, fächerübergreifenden, universellen Studiengang etablieren, sprich möglichst breite Rahmenbedingungen schaffen, die Intellektuelle, Wissenschaftler, Politiker, Wirtschaftstreibende, Studenten etc. – in Summe: den Souverän – dazu bewegen, konstruktiv zu dem Thema beizutragen oder ihre ganz eigene globale Systemtheorie auszuformulieren oder meinen Aufschlag zum Thema weiterentwickeln. Dieser Wettbewerb der besten Ideen sollte einmal jährlich mittels eines großen Events, das die Dimension der Oscarverleihungen oder eben des Nobelpreises hat, Ideen auszeichnen und in den Medien pushen, so dass z.B. im

Fernsehen, in Zeitungen, Internet etc. global berichtet wird. In weiterer Folge sollten die besten Ideen und Inhalte jährlich über die UNO demokratisch (Souverän + Politiker + Wissenschaftler) abgestimmt und im Falle einer positiven Abstimmung in die globale Gesetzgebung eingeflochten werden. So würde eine kreative Zerstörung nach Schumpeter im globalen System automatisch gewährleistet werden und die globale Gesetzgebung würde sich von Jahr zu Jahr weiterentwickeln. Wichtig ist, dass das Thema für eine bessere Welt einen zentralen Stellenwert erhält und in der Mitte der Gesellschaft ankommt. So gut wie jeder kennt die Oscars oder den Nobelpreis. Würde man es schaffen, dass das Thema »Du wirst die Welt verändern« eine Marke wird, die für jeden ein Begriff ist, dann wäre das ein großer, weiterer Schritt, damit die Welt dauerhaft ein besserer Ort wird.

h) Ein Musikfestival wie Woodstock im Hier und Jetzt

Ein internationales Aufgebot an möglichst bekannten internationalen Musikern mit einem Musikfestival namens »Du wirst die Welt verändern« würde dabei helfen, die Organisation bekannt zu machen. Am besten wäre es, wenn das Festival eine Woche lang dauern würde und internationale Medien darüber berichten würden. Dieses Musikfestival würde ebenfalls eine globale Berichterstattung zur Folge haben.

i) Globales zuhause bleiben an einem Montag

Grundsätzlich ist es ein schwieriges und eher unrealistisches Unterfangen, das global zu organisieren. Wenn aber jemand marketingtechnisch schaffen würde, dass eine Vielzahl der Menschen als Protest für die Umsetzung des globalen Hebelregisters zuhause bleiben würden, hätte das eine große Symbolkraft und bestimmt eine massive mediale Resonanz und könnte die Machthaber massiv in Zugzwang bringen. Wenn am Montag keiner zur Arbeit geht und im besten Fall keiner einkaufen geht, keiner zuhause das Internet anmacht, keiner Fernsehen schaut – stellen Sie sich das mal vor! Das wäre ein massiver Ausdruck von Solidarität und ein Bekenntnis für eine bessere Welt. Einen Tag zu opfern – sich das vorzustellen sorgt im ersten Moment sicherlich für Unbehagen, wenn man das noch nie gemacht hat, aber man würde sich auf unkompliziertem und einfachstem Weg für eine bessere Welt einsetzen. Wie gesagt, man bräuchte hier ein

Marketinggenie, das diesen Plan global professionell aufbereitet, aber dann könnte so eine Aktion die Chance haben, etwas zu bewegen.

j) Flyer verteilen bzw. aufhängen in den größten Städten dieser Welt

Stellen Sie sich vor, es würde in allen Großstädten dieser Welt, wo über eine Million Menschen leben, überall Anhänger unserer Organisation geben und diese Leute würden einmal wöchentlich in den größten Einkaufsstraßen Flyer verteilen und an öffentlichen Plätzen, wie z.B. Bibliotheken, Uni-Campus, Kantine etc., auflegen. Das könnte mit der Zeit eine enorme Dynamik weltweit gewinnen; viele Menschen könnten auf diesem Wege zum ersten Mal von unserer Organisation hören, daraufhin die Website besuchen, das Buch lesen oder unsere Filmdoku schauen. Den Flyer und auch Visitenkarten zum Download finden Sie auf unserer Website.

k) Dauerhafte globale Aufmerksamkeit für unser Anliegen durch das richtige Marketing für Buch, Website, Filmdokumentation, Facebook, NGO und Partei »Du wirst die Welt verändern«

Wesentlich ist, dass es ein allgemeines Thema wird, das wie Bitcoins oder bekannte Marken wie Google und Facebook im alltäglichen Leben besprochen wird und nicht mehr verfliegt. Es muss ein immer wiederkehrendes Thema sein und stetig im Bewusstsein der Gesellschaft medial stattfinden. Wesentlich ist, dass es kein kurzfristiges Thema bleibt, das man vielleicht für ein paar Wochen auf dem Radar hat und das war's dann. Es geht darum, dass eine gesellschaftliche globale Veränderung nur dann stattfinden kann, wenn das Thema von Beginn an von uns selbst gut vermarktet wird. Es muss eine starke Marke werden, wo es cool ist, Teil davon zu sein. Wichtig ist, dass die Kernbotschaft leicht verständlich für jedermann ist und jeder das Gefühl hat, mitmachen zu können. Nur so wird man die benötigte Masse ansprechen. Hilfreich sind dafür auch Werbeartikel wie z.B. T-Shirts, Mützen etc. (auf unserer Website findet Ihr einen Onlineshop), die man im Alltag wiedererkennt und das Thema in Erinnerung rufen. Man muss hier anführen, dass wir nur ein beschränktes Budget zur Verfügung haben und Unterstützung benötigen, um unsere Botschaft bestmöglich in die Welt hinauszutragen. Wesentlich ist die beschriebene Facebook-Strategie; diese könnte das Thema mit minimalem Zeit- und Kostenaufwand um den ganzen Globus tragen und die

Weltbevölkerung mit dem Thema vertraut machen. Aber auch wenn entsprechende Werbeträger Menschen im Alltag zieren, kann man damit viele Menschen für das Thema ansprechen und Ihr würdet unsere Institution damit finanziell unterstützen.

l) Start für die Organisation: »Du wirst die Welt verändern«, um auf globaler Ebene möglichst schnell bekannt zu werden und in möglichst vielen Staaten die Realpolitik mit zu gestalten?

1) Möglichst viele Millionen Likes auf Facebook:

Würden wir tatsächlich in die Top 10 kommen oder sogar über 200 Millionen Facebook-Likes erhalten, was lediglich 10 % aller Facebook-User wären, wäre eine globale Medienberichterstattung die Folge und es würden viele Menschen weltweit das erste Mal von unserer Organisation hören. Im Wesentlichen würde man auch Politikvertreter nach und nach global vor die Kamera holen und sie nach Ihrer Meinung fragen, wodurch die Botschaft dieses Buches Teil einer öffentlichen Diskussion werden würde. So wäre das Pflänzchen sozusagen global gesetzt und sehr viele Menschen würden weltweit von Beginn an dabei sein und mitverfolgen, wie sich unsere Organisation weiterentwickeln würde. Nachdem man also ein starkes Konzept formuliert hat, würde der nächste Schritt gesetzt, um möglichst viel Aufmerksamkeit mit einem Minimum an Kraft und Zeit global zu erreichen. Denn letztendlich ist die wesentliche Handlung für den Einzelnen, sich auf Facebook einzuloggen, unseren Namen in der Suchleiste einzugeben und den Like-Button zu klicken – schon hat man global seine Stimme erhoben und zeigt, dass man unseren globalen Systemvorschlag als gut befindet, eine gerechtere Welt fordert und eine neue Weltordnung befürwortet.

2) Möglichst viele Parteigründungen in möglichst vielen Staaten weltweit: »Du wirst die Welt verändern«

In möglichst vielen Staaten, die demokratisch regiert werden und in denen es möglich ist, eine neue Partei zu gründen, sollte das getan werden, und zwar mit dem Parteinamen »Du wirst die Welt verändern«. Wichtig wäre eine koordinierende globale Person, sprich wie ein Präsident, der die wesentlichen Statuten den einzelnen Parteien in den jeweiligen Staaten klar kommuniziert, damit bei den wesentlichen Eckpunkten eine klare, einige, globale Haltung herrscht. Natürlich soll nach innen eine möglichst belebte Diskussion stattfinden, aber die Kommunikation an die Medien soll sehr bedacht geführt werden. Denn der Tod jeder Partei ist meines Erachtens, nach außen hin uneinig und unklar aufzutreten. Viele Menschen wählen eine Partei auch, weil sie die wesentlichen Kernpunkte ihrer Argumentation als schlüssig empfinden. Wichtig ist ein Konzept, das möglichst viele Menschen mit einer klaren Botschaft an der Oberfläche zu Beginn abholt und dann jeder einzelne Interessent nach seinem Ermessen in die Tiefe gehen kann. Wesentlich ist, dass populistische Parteien viele Menschen mit einfachen Lösungen ansprechen und auf dieser Ebene auch gewinnen. Diesen Hebel muss die Partei »Du wirst die Welt verändern« ebenfalls nutzen, denn es ist ein Irrglaube, dass jeder, der einen wählt, tatsächlich alles in der Tiefe versteht und bereit ist, sich alles nötige Wissen anzueignen, um die wesentlichen globalen Zusammenhänge zu verstehen. Viele Menschen oder vielleicht sogar die meisten würden einen wahrscheinlich deshalb wählen, weil ihnen einige wenige Kernpunkte der Argumentation gefallen und sie sich dann ganz einfach denken: »Das ist eine Alternative zu allen anderen Parteien, die Partei wähle ich.« Natürlich wäre es wünschenswert, dass möglichst viele Menschen möglichst viele Zusammenhänge verstehen und sich ein möglichst breites Wissen aneignen. Aus heutiger Sicht ist das aber sehr schwierig, da meines Erachtens viele Menschen schlichtweg nicht das Interesse und vor allem die Zeit haben, sich in der Tiefe ein parteipolitisches Programm anzueignen. Wesentlich ist: Wenn solch eine Partei zur Wahl steht, hat der Souverän die Möglichkeit, diese Partei zu wählen, und somit wäre es möglich, dass man im Parlament landet. Die Stimme des Souveräns wäre dann im Parlament durch die Partei »Du wirst die Welt verändern« vertreten und würde die Gesetze, die beschlossen werden, mitentscheiden. Das wäre der nächste wesentliche Schritt, die Idee unserer Organisation in den Kopf möglichst vieler Menschen zu bringen. In je mehr Staaten das weltweit erfolgen würde, umso mehr würde die Partei an globaler Bekanntheit und Bedeutung gewinnen. Die wesentlichen Eckpfeiler und Grundwerte dieser Partei müssen möglichst klar global kommuniziert werden, damit möglichst viele Menschen die Hauptanliegen der Partei verstehen. Die Kommunikationsebenen sollten von ganz einfach bis ganz in die Tiefe und komplex vorhanden sein. Der wesentliche Inhalt für das Parteiprogramm wurde hier ja schon an der Oberfläche zusammengefasst, und wenn man das Buch weiterliest, kann man in die Tiefe fortschreiten.

So könnte sich die Botschaft und Organisation nach und nach global verbreitern und an internationaler Relevanz gewinnen. Ein wesentlicher Schritt wäre getan, wenn »Du wirst die Welt verändern« eine Marke wird, wie z.B. Greenpeace oder Coca-Cola, die möglichst vielen Menschen global ein Begriff ist. Dann hat man ein wesentliches Fundament gebaut, von dem aus diese Partei darauf hinwirken kann, eine UNO zu schaffen, in der die wesentlichen globalen Gesetze demokratisch beschlossen werden, die für alle 206 Staaten verpflichtend sind und das Fundament einer neuen Weltordnung darstellen.

IV.) Ende des Buches

Wer bis zum Ende durchgehalten hat: Gratuliere, jetzt haben Sie jede Menge Informationen, um sich für eine bessere Welt einzusetzen. Am wichtigsten ist es, tatsächlich aktiv zu werden und die beschriebenen möglichen Aktionen in dem Maße umzusetzen, wie es einem selbst möglich ist. Wie gesagt, bereits mit einem Facebook-Like hat man seine Stimme für eine bessere Welt erhoben und eine gute Tat getan. Man sollte sich, wenn möglich, nicht darauf ausruhen; aber wenn es das ist, was man lediglich leisten kann oder will, hat man uns bereits sehr geholfen. Der Ausdruck von Solidarität ist einer der wichtigsten Inhalte, die eine bessere Welt ermöglichen können.

Mir als Autor ist es am wichtigsten, dass ich hoffentlich allen Leserinnen und Lesern geholfen habe, ihre Vorstellungen globaler Zusammenhänge zu ordnen. Wer die Welt verbessern will, soll nicht mehr vor einer großen Wand stehen und das Gefühl haben, das Thema sei zu groß und nicht zu bändigen, was oft mit dem Gedanken endet: »Die Welt lässt sich nicht verändern.«

Wichtig ist, dass man von seinem Gefühl und Verstand her das Bewusstsein entwickelt: **»Es ist wahr: Die Welt lässt sich tatsächlich verändern**«, da es sich »**lediglich**« um ein menschengemachtes System handelt. Es geht um die innere Einstellung bei jedem Einzelnen zu diesem Thema und dass man die Möglichkeit hat, sich für eine bessere Welt möglichst effektiv einzusetzen, ohne dass man sein ganzes Leben komplett umwerfen und ändern muss, was viele fälschlicherweise glauben.

Ich hatte oft jeglichen Gedanken an eine bessere Welt verworfen, da ich mir dachte: Egal was ich mache, es ist alles ein Tropfen auf den heißen Stein. Aber wenn sich hier eine große globale Bewegung formiert und z.B. alleine die 200 Millionen Facebook-Likes zustande kommen, kann der Stein ins Rollen kommen und hoffentlich nicht mehr gestoppt werden, bis man in einer Welt aufwacht, die für möglichst alle Menschen eine lebenswerte Zukunft zu bieten hat.

Je mehr der Einzelne bereit ist zu geben, umso größer ist die Wahrscheinlichkeit, dass sich das Thema so stark in das Bewusstsein der globalen Masse einbrennt, dass eine Änderung der Welt dann letztendlich automatisch passiert.

Ich bin jedenfalls davon felsenfest überzeugt, dass eine Zukunft möglich ist, wo die Grundbedürfnisse der gesamten Weltbevölkerung befriedigt werden und jeder Mensch seinen Fähigkeiten entsprechend in eine bestmögliche Zukunft schreiten kann.

Ich hoffe, dass die globale Gesellschaft spätestens 2050 in einer Welt ohne Kriege erwacht, ohne ökologische und soziale Katastrophen, wo möglichst viele von den 10 Milliarden Seelen Tag für Tag aufwachen und voller Freude in die Zukunft schreiten.

Dank

Ich bedanke mich bei meinen Eltern, meiner Mutter Maria Mikulaschek und meinem Vater Karl Mikulaschek, die den Grundstein für mein Leben gelegt haben, dass ich mich frei entwickeln konnte und in keine Richtung privat oder beruflich gedrängt wurde. Nur so hatte ich die Chance, ein Freidenker zu werden, die Möglichkeit erkannt, mir selbst interessante Fragen zu stellen und diese dann auszuarbeiten, was letztendlich zu diesem Buch geführt hat.

Besonderen Dank möchte ich auch meinem Assistenten Christoph Köpplmayr aussprechen, mit dem ich die letzten 4 Jahre unzählige Gespräche bereits vor der Ausarbeitung, aber vor allem während des Schreibens des Buches, zu den entsprechenden Themenfeldern geführt habe, was mir laufend weitere Perspektiven aufgezeigt hat, das Buch entsprechend weiter zu entwickeln. Ohne ihn wäre das Buch in heutiger Form nicht vorhanden.

Im Weiteren möchte ich mich für inspirierende Gespräche der vergangenen Jahre mit Johannes Haslmayr und Daniel Rudlstorfer bedanken.

Anmerkungen

I.) Vorwort: An wen richtet sich dieses Buch und welches Ziel verfolgt es?

1 https://www.menschenrechtserklaerung.de/ - Allgemeine Erklärung der Menschenrechte / Artikel 1

II.) Eine effiziente Zusammenfassung des Buches für Nicht-Leserraten!

1 https://www.hintergrund.de/politik/welt/das-taegliche-massaker-des-hungers/

2 https://www.unric.org/html/german/mdg/MP_PovertyFacts.pdf

3 http://www.spiegel.de/panorama/unicef-studie-alle-fuenf-sekunden-stirbt-weltweit-ein-kind-a-922000.html

4 http://www.vol.at/2007/01/GlobalMarshallPlan.pdf

5 http://dioezesefiles.x4content.com/page-downloads/unterrichtsbehelf2011_2.pdf

6 https://www.welt.de/gesundheit/article173757413/Unicef-2-6-Millionen-Babys-sterben-im-ersten-Lebensmonat.html

7 https://www.ots.at/presseaussendung/OTS_20140501_OTS0010/world-vision-gesunde-kinder-weltweit-kindergesundheit-allgemein

8 https://www.mz-web.de/politik/welternaehrungstag-jede-sekunde-stirbt-ein-mensch-an-folgen-der-unterernaehrung-8807834

9 https://netzfrauen.org/2016/01/30/welt-ohne-wasser/

10 https://unicef.at/news/einzelansicht/21-milliarden-menschen-haben-keinen-zugang-zu-sauberem-trinkwasser/

11 https://www.swissinfo.ch/ger/gesellschaft/schweizer-unternehmen-verwandelt-luft-in-trinkwasser/41653024

12 http://www.waterisright.org/fakten-zur-globalen-wasserversorgung/

13 http://www.suedwind-magazin.at/obdachlosigkeit-zahlen-und-fakten

14 https://www.aponet.de/aktuelles/forschung/20170915-hepatitis-toedlicher-als-hiv-malaria-tuberkulose.html

15 https://www.unric.org/html/german/mdg/MP_PovertyFacts.pdf

16 https://www.oxfam.de/presse/pressemitteilungen/2018-01-22-82-prozent-weltweiten-vermoegenswachstums-geht-ans-reichste

17 https://diepresse.com/home/wirtschaft/economist/5357944/Oxfam_Alle-zwei-Tage-ein-neuer-Milliardaer-weltweit

18 https://www.tagesanzeiger.ch/wirtschaft/wef-2017/Acht-Maenner-besitzen-mehr-als-die-halbe-Weltbevoelkerung/story/11132451

19 http://www.ilo.org/berlin/presseinformationen/WCMS_575502/lang--de/index.htm

20 https://www.misereor.de/fileadmin/publikationen/publikation-schuldenreport-2018.pdf

21 http://www.faz.net/aktuell/politik/ausland/konfliktbarometer-2017-zahl-der-kriege-weltweit-gestiegen-15471806.html

22 http://www.zeit.de/politik/ausland/2017-04/sipri-ruestungsausgaben-2016-anstieg

23 http://www.unesco.de/presse/daten-und-fakten/bildung.html

24 https://www.unesco.de/bildung/2017/750-millionen-analphabeten-weltweit.html

25 https://www.uno-fluechtlingshilfe.de/fluechtlinge/zahlen-fakten.html

26 https://www.giga-hamburg.de/de/publication/autorit%C3%A4re-regime-%E2%80%93-keine-weltweit-aussterbende-gattung-sondern-eine-wachsende

27 http://www.bpb.de/nachschlagen/zahlen-und-fakten/globalisierung/62480/bildergalerie-globalisierung-oekologische-probleme?show=image&i=52738

28 https://www.n-tv.de/wissen/Weltbevoelkerung-steigt-bald-auf-9-8-Milliar-den-article19901622.html

29 https://www.bmvit.gv.at/ministerium/agenda2030/index.html

30 ZIEGLER (2015).

31 HESSEL (2011).

32 https://eineweltsaarlandost.wordpress.com/selbst-handeln/

33 ABIOLO / STOECK (2005), 25–26.

34 KISSINGER (2016), 420–424.

34a 27 FELBER (2014), 21–22.

35 http://files.globalmarshallplan.org/nitra.pdf

36 https://allfacebook.de/toll/state-of-facebook

37 https://de.statista.com/statistik/daten/studie/161957/umfrage/internationale-marken-bei-facebook-nach-anzahl-der-fans/

38 https://www.zeit.de/wirtschaft/2012-08/umfrage-deutschland-wirtschaftsordnung

IV.) Du wirst die Welt ~~nicht~~ verändern? – Globale Anleitung für eine gerechtere Welt und neue Weltordnung

1 http://www.filmdenken.eu/cinematographie/filmzitate/deadpoetssociety

2 https://www.mopo.de/korrekt-leben-100-tipps--wie-sie-die-welt-verbessern-20096992

V.) Mit dem nötigen Überblick die Welt verändern

1.) System – Globale Welt: Was sind die wesentlichen Systembestandteile einer globalen Welt?

1 KISSINGER (2016), 11.

2 BERGHAUS (2011), 26.

2a http://www.alphabet-derfilm.at/

3 BERGHAUS (2011), 33.

4 http://www.sueddeutsche.de/wirtschaft/nachruf-genie-und-wahnsinn-1.2492806

5 ZERVAS / SPIEGEL (2016)

6 https://www.uno-fluechtlingshilfe.de/fluechtlinge/zahlen-fakten/

7 https://www.uno-fluechtlingshilfe.de/fluechtlinge/zukunft/resettlement.html

8 https://lobbypedia.de/wiki/Goldman_Sachs

9 https://www.ots.at/presseaussendung/OTS_20160212_OTS0017/deutsche-bank-regulierung-hat-voellig-versagt

10 https://bahlconsult.com/die-basel-iii-reform-ist-beschlossen-bahlconsult-unternehmensberatung/

11 https://besser-wachsen.com/2014/01/24/bankenregulierung-20-30-eigenkapital-fur-alle-statt-vorschriftendschungel/

12 https://www.vollgeld.de/was-ist-vollgeld/

2.) Globaler Ist-Zustand: Was sind die wesentlichen Probleme unserer Zeit im globalen Kontext?

1 https://www.hintergrund.de/politik/welt/das-taegliche-massaker-des-hungers/

2 https://www.unric.org/html/german/mdg/MP_PovertyFacts.pdf

3 http://www.spiegel.de/panorama/unicef-studie-alle-fuenf-sekunden-stirbt-weltweit-ein-kind-a-922000.html

4 http://www.vol.at/2007/01/GlobalMarshallPlan.pdf

5 http://dioezesefiles.x4content.com/page-downloads/unterrichtsbehelf2011_2.pdf

6 https://www.welt.de/gesundheit/article173757413/Unicef-2-6-Millionen-Babys-sterben-im-ersten-Lebensmonat.html

7 https://www.ots.at/presseaussendung/OTS_20140501_OTS0010/world-vision-gesunde-kinder-weltweit-kindergesundheit-allgemein

8 https://www.mz-web.de/politik/welternaehrungstag-jede-sekunde-stirbt-ein-mensch-an-folgen-der-unterernaehrung-8807834

9 https://netzfrauen.org/2016/01/30/welt-ohne-wasser/

10 https://unicef.at/news/einzelansicht/21-milliarden-menschen-haben-keinen-zugang-zu-sauberem-trinkwasser/

11 https://www.swissinfo.ch/ger/gesellschaft/schweizer-unternehmen-verwan-delt-luft-in-trinkwasser/41653024

12 http://www.waterisright.org/fakten-zur-globalen-wasserversorgung/

13 http://www.suedwind-magazin.at/obdachlosigkeit-zahlen-und-fakten

14 https://www.aponet.de/aktuelles/forschung/20170915-hepatitis-toedlicher-als-hiv-malaria-tuberkulose.html

15 https://www.unric.org/html/german/mdg/MP_PovertyFacts.pdf

16 https://www.oxfam.de/presse/pressemitteilungen/2018-01-22-82-prozent-weltweiten-vermoegenswachstums-geht-ans-reichste

17 https://diepresse.com/home/wirtschaft/economist/5357944/Oxfam_Alle-zwei-Tage-ein-neuer-Milliardaer-weltweit

18 https://www.tagesanzeiger.ch/wirtschaft/wef-2017/Acht-Maenner-besitzen-mehr-als-die-halbe-Weltbevoelkerung/story/11132451

19 http://www.ilo.org/berlin/presseinformationen/WCMS_575502/lang--de/index.htm

20 https://www.misereor.de/fileadmin/publikationen/publikation-schuldenre-port-2018.pdf

21 http://www.faz.net/aktuell/politik/ausland/konfliktbarometer-2017-zahl-der-kriege-weltweit-gestiegen-15471806.html

22 http://www.zeit.de/politik/ausland/2017-04/sipri-ruestungsausgaben-2016-anstieg

23 http://www.unesco.de/presse/daten-und-fakten/bildung.html

24 https://www.unesco.de/bildung/2017/750-millionen-analphabeten-welt-weit.html

25 https://www.uno-fluechtlingshilfe.de/fluechtlinge/zahlen-fakten.html

26 https://www.giga-hamburg.de/de/publication/autorit%C3%A4re-regime-%E2%80%93-keine-weltweit-aussterbende-gattung-sondern-eine-wachsende

27 http://www.bpb.de/nachschlagen/zahlen-und-fakten/globalisie-rung/62480/bildergalerie-globalisierung-oekologische-prob-leme?show=image&i=52738

28 https://www.n-tv.de/wissen/Weltbevoelkerung-steigt-bald-auf-9-8-Milliar-den-article19901622.html

29 https://www.oxfam.de/ueber-uns/aktuelles/2018-01-22-82-prozent-weltwei-ten-vermoegenswachstums-geht-reichste-prozent

30 http://www.bpb.de/nachschlagen/zahlen-und-fakten/globalisierung/52680/ar-mut

31 http://de.wfp.org/hunger/hunger-statistik

32 https://www.welt.de/wissenschaft/article1298062/Globale-Wassernot-in-we-niger-als-20-Jahren.html

33 http://www.suedwind-magazin.at/obdachlosigkeit-zahlen-und-fakten

34 http://www.ilo.org/berlin/presseinformationen/WCMS_575502/lang--de/in-dex.htm

35 https://www.tagesschau.de/ausland/unesco-bildung-101.html

36 https://www.presseportal.de/pm/24571/3330976

37 https://www.uno-fluechtlingshilfe.de/cdn/trk/lp/v01/

38 http://www.dw.com/de/konfliktbarometer-2017-mehr-kriege-aber-weniger-konflikte/a-42768089

39 http://www.bpb.de/nachschlagen/zahlen-und-fakten/globalisie-rung/52838/demokratie

40 https://diepresse.com/home/ausland/aussenpolitik/5170935/Die-globale-De-mokratieRangliste

41 https://www.br.de/themen/wissen/weltbevoelkerung-bevoelkerungswachs-tum-menschen-erde-welt-100.html

41a https://de.wikipedia.org/wiki/Verm%C3%B6gensmillion%C3%A4r

42 http://www.geldsystem-verstehen.de/zins-zinseszins/

43 http://de.wfp.org/hunger-ursachen

44 https://reset.org/knowledge/mangelware-wasser

45 http://www.suedwind-magazin.at/obdachlosigkeit-zahlen-und-fakten

46 http://www.suedwind-magazin.at/obdachlosigkeit-zahlen-und-fakten

47 https://www.unesco.de/bildung/weltbildungsbericht/weltbildungsbericht-201718.html

48 http://www.zeit.de/wissen/gesundheit/2017-06/uebergewicht-studie-fettleib-igkeit-gesundheit-folgen

49 http://www.bpb.de/lernen/projekte/refugee-eleven/243384/fluchtursachen

50 https://blogs.uni-bremen.de/josephinesblog/2014/01/14/konflikte-krisen-und-kriege-auf-internationaler-ebene/

51 http://www.demokratiezentrum.org/themen/direkte-demokratie/direkte-demokratie-ein-loesungsansatz.html

52 http://www.diss.fu-berlin.de/diss/servlets/MCRFile-NodeServlet/FUDISS_derivate_000000000438/03_Kap3.pdf?hosts

53 http://neuesland.at/den-raubbau-an-der-natur-beenden/

54 http://www.bpb.de/nachschlagen/zahlen-und-fakten/globalisier-ung/62480/bildergalerie-globalisierung-oekologische-probleme?show=im-age&i=52738

55 https://www.br.de/rote-liste/index.html

56 http://www.general-anzeiger-bonn.de/ga-erlebniswelt/klassepro-jekt/berufsklasse/Dramatische-Folgen-article3694312.html

57 https://www.volker-quaschning.de/datserv/CO2/index.php

58 https://www.news.at/a/klimawandel-9-neue-fakten--8169640

59 https://www.welt.de/politik/ausland/article146885469/Die-17-UN-Ziele-fuer-eine-bessere-Welt-kurz-erklaert.html

60 http://www.wwf.de/2012/mai/raubbau-an-der-natur-geht-unvermindert-weiter/

61 https://www.br.de/klimawandel/klimaabkommen-paris-protokoll-klimapoli-tik-klimawandel-102.html

61a FELBER (2014), 15–20.

61b FELBER (2014), 20–21.

61c FELBER (2014), 227–228.

62 http://www.bpb.de/apuz/32562/internationale-institutionen-und-nichtstaat-liche-akteure-in-der-global-governance?p=0

63 http://www.bpb.de/izpb/209686/uno-staerken-und-schwaechen-einer-wel-torganisation?p=all

64 SETTON / KNIRSCH / MITTLER / PASSADAKIS (2008), 35–40.

65 https://www.gevestor.de/details/die-weltbank-aufgaben-und-instrumente-670650.html

66 WOLF (2014), 9.

67 https://fassadenkratzer.wordpress.com/2015/02/13/der-internationale-wah-rungsfonds-iwf-und-die-ausbeutung-der-entwicklungslander/

68 https://www.attac.at/fileadmin/_migrated/content_uploads/Die_Welthand-lesorganisation_WTO.pdf

69 https://www.attac.at/fileadmin/_migrated/content_uploads/Die_Welthand-lesorganisation_WTO.pdf

70 http://germanwatch.org/tw/kw-inko06.pdf

71 http://blog.attac.de/arbeitnehmerinnenrechte-wirksam-durchsetzen/

72 KISSINGER (2016), 420–421.

73 https://thinkaboutgeny.com/freie-marktwirtschaft

73a https://kenfm.de/terror-luege-und-wahrheit-podiumsdiskussion/

73b https://kenfm.de/terror-luege-und-wahrheit-podiumsdiskussion/

74 http://www.fr.de/panorama/dossier/der-neue-papst/papst-franziskus-diese-wirtschaft-toetet-a-644587

75 ABIOLO / STOECK (2005), 75.

76 http://www.global-ethic-now.de/gen-deu/0a_was-ist-weltethos/0a-pdf/decl_german.pdf

77 https://derstandard.at/2000072697247/2017-gab-es-weltweit-taeglich-zwei-neue-Milliardaere

78 http://www.un.org/depts/german/millennium/MDG%20Report%202015%20German.pdf

3.) Soll-Zustand: Was wäre ein realistischer Soll-Zustand bis 2030, sprich Ziele, die man erreichen sollte, die für die Weltgemeinschaft wesentlich wären?

1 https://www.bmvit.gv.at/ministerium/agenda2030/index.html

2 https://www.bmeia.gv.at/das-ministerium/presse/aussendungen/2015/09/sustainable-development-goals-sdg/

3 https://www.welt.de/politik/ausland/article146885469/Die-17-UN-Ziele-fuer-eine-bessere-Welt-kurz-erklaert.html

4 http://www.nureineerde.de/Definition.html

4a https://de.wikipedia.org/wiki/Index_der_menschlichen_Entwicklung

5 https://de.wikipe-dia.org/wiki/Liste_der_L%C3%A4nder_nach_Verm%C3%B6gensverteilung

6 https://www.laenderdaten.de/indizes/world_happiness_report.aspx

7 http://www.sueddeutsche.de/wirtschaft/vorschlag-aus-frankreich-weg-mit-dem-bip-1.25166

8 https://de.wikipedia.org/wiki/Stiglitz-Sen-Fitoussi-Kommission

4.) Soll-Zustand erreichen durch neue globale Marktwirtschaft → »Globale gemeinwohlorientierte kapitalistische Marktwirtschaft« oder noch besser »Globale ökosoziale Marktwirtschaft«

1 https://eineweltsaarlandost.wordpress.com/selbst-handeln/

2 ABIOLO / STOECK (2005), 25–26.

3 KISSINGER (2016), 420–424.

4 34a 27 FELBER (2014), 21–22.

5 http://files.globalmarshallplan.org/nitra.pdf

5.) Hebelregister zum Soll-Zustand: Welche Hebel müsste man global ziehen, damit das System sich zum definierten Soll-Zustand entwickeln kann?

1 ABIOLO / STOECK (2005), 166.

2 http://www.demokratiezentrum.org/themen/direkte-demokratie/direkte-dem-okratie-ein-loesungsansatz.html

3 https://www.google.at/search?biw=1600&bih=745&ei=vO7hWsbaI4HCwQLZ-rbYAQ&q=Demokratie&oq=Demokratie&gs_l=psy-ab.3..35i39k1l2j0i20i263k1j0l7.11457.13693.0.13884.10.10.0.0.0.0.141.1107.0j10.10.0..2..0...1.1.64.psy-ab..0.10.1102...0i67k1j0i131i67k1j0i131k1.0.ugiiNeGolE0

4 https://de.wikipedia.org/wiki/Demokratie

5 http://www.bpb.de/nachschlagen/zahlen-und-fakten/globalisier-ung/52838/demokratie

6 ACEMOGLU (2013), 14–15.

7 ACEMOGLU (2013), 21–22.

8 ABIOLO / STOECK (2005), 429–432.

9 http://www.armut.de/bekaempfung-der-armut_internationale-strategien_iwf-weltbank-strategien.php

10 http://www.attac.de/kampagnen/freihandelsfalle-ttip/hintergrund/wto/

11 ACEMOGLU (2013), 540–543.

12 ACEMOGLU (2013), 505–506.

13 ACEMOGLU (2013), 523.

14 https://blog.tagesanzeiger.ch/nevermindthemarkets/index.php/10544/wird-china-bald-demokratisch/

15 https://www.nzz.ch/meinung/kommentare/russland-ohne-putin-ld.1350

16 https://www.mpg.de/786033/W001_Zur-Sache_010-015.pdf

17 ACEMOGLU (2013), 101–106.

18 ACEMOGLU (2013), 101–106.

19a http://www.faz.net/aktuell/politik/ausland/konfliktbarometer-2017-zahl-der-kriege-weltweit-gestiegen-15471806.html

19b https://de.wikipedia.org/wiki/T%C3%B6tungsrate_nach_L%C3%A4ndern

19c http://www.orbit9.de/wissen/goering-krieg

19d https://www.danieleganser.ch/1335.html

19e https://www.danieleganser.ch/1335.html

19f http://www.free21.org/der-alltaegliche-krieg-in-unseren-koepfen/

19g https://quer-denken.tv/krieg-und-frieden-tat-trennen-abwerten-toeten-oder-vav-verbinden-aufwerten-verwandeln/

19h https://www.bluewin.ch/de/news/international/mehr-waffenexporte-in-den-nahen-osten-74296.html

19i http://www.spiegel.de/wissenschaft/mensch/waffen-in-den-usa-zehntausende-us-buerger-sterben-jedes-jahr-a-1171544.html

19j https://derstandard.at/2000071873202/Sieben-Morde-pro-Stunde-Brasiliens-eskalierende-Gewalt

19k https://www.uni-marburg.de/konfliktforschung/studium/studierendeninfos/Krieg_und_Frieden0809.pdf

19l http://www.zeit.de/politik/ausland/2017-04/sipri-ruestungsausgaben-2016-anstieg

19m https://buergerdiplomaten.wordpress.com/2014/07/02/frieden-als-zivilisierungsprozess-das-zivilisatorische-hexagon/

20 https://www.uno-fluechtlingshilfe.de/cdn

21 https://www.uno-fluechtlingshilfe.de/fluechtlinge/zukunft/resettlement.html

22 https://www.attac.at/ziele/steuergerechtigkeit/in-3-minuten/situation.html

23 https://www.zeitenschrift.com/artikel/steuern-vermeiden-machen-wir-es-den-konzernen-nach

24 http://www.attac.at/kampagnen/steuertricks-stoppen/abc-der-steuertrickserei.html

25 https://www.attac.at/ziele/steuergerechtigkeit/in-3-minuten/situation.html

25a https://sektionmur.at/2015/02/neue-steuern-braucht-das-land/

26 https://derstandard.at/2000071876486/OECD-korrigierte-Zahlen-fuer-Entwicklungszusammenarbeit-2016-nach-oben

27 FELBER (2017), 120–122.

27a https://wko.at/statistik/eu/europa-abgabenquoten.pdf

27b https://wko.at/statistik/eu/europa-abgabenquoten.pdf

27c https://nzzas.nzz.ch/notizen/unterwegs-in-den-usa-im-land-verzweifelten-kinderehe-ld.1352828

27d https://www.wienerzeitung.at/nachrichten/wirtschaft/unternehmen/972042_150.000-Dollar-Millionaere.html

27c https://de.wikipedia.org/wiki/Gef%C3%A4ngnissystem_der_Vereinigten_Staaten

27d https://de.statista.com/statistik/daten/studie/3212/umfrage/laender-mit-den-meisten-gefangenen-im-jahr-2007/

28 https://www.attac.at/ziele/steuergerechtigkeit/in-3-minuten/loesungen.html

29 https://www.attac.at/ziele/steuergerechtigkeit/in-3-minuten/loesungen.html

30 https://www.change.org/p/f%C3%BChren-sie-endlich-einen-globalen-mindestlohn-ein-1-dollar-stunde-als-menschenrecht

31 https://www.piper.de/buecher/die-1-dollar-revolution-isbn-978-3-492-05779-0

32 http://www.genisis-institute.org/think-tank/globaler-mindestlohn.html

33 http://www.steuer-gegen-armut.org/steuer-gegen-armut/frage-antwort.html

34 https://www.attac.at/fileadmin/_migrated/content_uploads/Zehn_Fragen_Finanztransaktionssteuer_01.pdf

34a https://www.attac.at/fileadmin/_migrated/content_uploads/Zehn_Fragen_Finanztransaktionssteuer_01.pdf

35 http://www.zeit.de/wirtschaft/2017-11/steuerhinterziehung-offshore-steueroasen-paradise-papers

36 https://www.zeit.de/wirtschaft/2016-12/steueroasen-niederlande-schweiz-oxfam-liste-offshore

37 https://www.welt.de/wirtschaft/article115442373/Schaeuble-will-einen-globalen-Mindeststeuersatz.html

38 https://www.attac.at/ziele/steuergerechtigkeit/in-3-minuten/loesungen.html

39 https://www.focus.de/finanzen/news/bankenrettung-in-der-eu-staaten-halfen-banken-mit-1-6-billionen-euro_aid_886827.html

39a https://besser-wachsen.com/2014/01/24/bankenregulierung-20-30-eigen-kapital-fur-alle-statt-vorschriftendschungel/

40 https://axel-schroeder.de/was-ist-die-beduerfnispyramide-bedeutung-fuer-kunden-und-mitarbeiter/

41 ABIOLO / STOECK (2005), 159.

42 http://www.suedwind-magazin.at/obdachlosigkeit-zahlen-und-fakten

43 https://www.hintergrund.de/politik/welt/das-taegliche-massaker-des-hungers/

44 https://www.unric.org/html/german/mdg/MP_PovertyFacts.pdf

45 http://www.spiegel.de/panorama/unicef-studie-alle-fuenf-sekunden-stirbt-weltweit-ein-kind-a-922000.html

46 http://www.vol.at/2007/01/GlobalMarshallPlan.pdf

47 http://dioezesefiles.x4content.com/page-downloads/unterrichtsbehelf2011_2.pdf

48 https://netzfrauen.org/2016/01/30/welt-ohne-wasser/

49 https://unicef.at/news/einzelansicht/21-milliarden-menschen-haben-keinen-zugang-zu-sauberem-trinkwasser/

50 https://www.swissinfo.ch/ger/gesellschaft/schweizer-unternehmen-verwandelt-luft-in-trinkwasser/41653024

51 http://www.waterisright.org/fakten-zur-globalen-wasserversorgung/

52 41 ABIOLO / STOECK (2005), 164.

53 https://www.huffingtonpost.de/2015/08/06/hunger-welt-wege-besiegen_n_7932266.html

54 http://www.bpb.de/apuz/188672/nachhaltige-wassernutzung?p=2

55 41 ABIOLO / STOECK (2005), 161.

56 https://www.globalcompact.de/de/themen/Menschenrechte-und-Arbeitsnormen.php#anchor_20bd0f29_Accordion-1-Angebote-fuer-Einsteiger-

57 FELBER (2017), 106–107.

58 ABIOLO / STOECK (2005), 290–291.

59 http://blog.attac.de/arbeitnehmerinnenrechte-wirksam-durchsetzen/

60 https://de.statista.com/statistik/daten/studie/76156/umfrage/anzahl-der-arbeitslosen-weltweit/

60a https://www.idealismprevails.at/mikrokredite-kann-armut-durch-unternehmertum-ueberwunden-werden/

61 https://www.ots.at/presseaussendung/OTS_20140501_OTS0010/world-vision-gesunde-kinder-weltweit-kindergesundheit-allgemein

62 https://www.mz-web.de/politik/welternaehrungstag-jede-sekunde-stirbt-ein-mensch-an-folgen-der-unterernaehrung-8807834

63 https://www.aponet.de/aktuelles/forschung/20170915-hepatitis-toedlicher-als-hiv-malaria-tuberkulose.html

63a https://www.unesco.de/presse/pressearchiv/2017/264-millionen-kinder-und-jugendliche-gehen-nicht-zur-schule.html

64 https://www.unesco.de/bildung/2017/750-millionen-analphabeten-weltweit.html

65 https://deutsche-wirtschafts-nachrichten.de/2017/05/10/schlappe-fuer-juncker-eu-darf-3-millionen-ttip-gegner-nicht-ignorieren/

66 http://www.deutschlandfunk.de/welthandel-ethik-first.1310.de.html?dram:article_id=382347

67 FELBER (2017), 93.

68 FELBER (2017), 95–96

69 FELBER (2017), 71.

70 FELBER (2017), 71.

71 FELBER (2017), 72.

72 FELBER (2017), 113–114.

73 http://www.sueddeutsche.de/wirtschaft/freihandel-eu-importe-torpedieren-afrikas-wirtschaft-1.3314106

74 https://www.n-tv.de/wirtschaft/Nafta-ist-ein-guter-Deal-fuer-die-USA-article19631842.html

75 https://www.weltagrarbericht.de/themen-des-weltagrarberichts/saatgut-und-patente-auf-leben.html

76 ABIOLO / STOECK (2005), 156–165.

77 https://www.weltagrarbericht.de/themen-des-weltagrarberichts/saatgut-und-patente-auf-leben.html

78 https://www.the-linde-group.com/de/clean_technology/clean_energy/index.html

79 https://www.3sat.de/page/?source=/makro/thema/193241/index.html

80 http://www.dw.com/de/100-prozent-erneuerbare-bis-2050-weltweit/a-38265724

81 http://www.sonnenseite.com/de/energie/rethinking-energy-2017-energiewende-beschleunigen.html

82 FELBER (2017), 108–109.

83 https://www.grin.com/document/169446 / / S. 2–16.

84 https://www.welt.de/politik/ausland/article146885469/Die-17-UN-Ziele-fuer-eine-bessere-Welt-kurz-erklaert.html

85 FELBER (2014), 64.

86 https://www.vollgeld.de/was-ist-vollgeld/

87 https://monetative.at/vgs-vorteile/

88 https://de.wikipedia.org/wiki/Weltw%C3%A4hrung

89 https://www.attac.at/ziele/alternatives-finanzsystem/in-3-minuten/loesungen.html

90 FELBER (2012), 98–100.

91 https://de.wikipedia.org/wiki/Weltw%C3%A4hrung

92 https://www.dsw.org/unsere-themen/weltbevoelkerung/

93 https://www.dsw.org/unsere-themen/weltbevoelkerung/

94 https://www.deutschlandfunknova.de/beitrag/demografie-mit-wohlstand-gegen-%C3%BCberbev%C3%B6lkerung

95 https://www.wienerzeitung.at/meinungen/blogs/religion_im_blick/537128_Die-muehsame-Trennung-von-Staat-und-Religion.html

96 https://www.ecogood.org/de/vision/darum-gemeinwohl/

97 https://www.ecogood.org/de/gemeinwohl-bilanz/

98 https://www.ecogood.org/de/gemeinwohl-bilanz/

99 https://de.wikipedia.org/wiki/Gemeinwohl-Bilanz

100 https://www.ecogood.org/de/community/pionier-unternehmen/

97 FELBER (2017), 122.

98 FELBER (2017), 103–105.

99 http://www.bpb.de/nachschlagen/zahlen-und-fakten/globalisierung/52814/internationale-gerichtsbarkeit

100 FELBER (2017), 122–123.

101 FELBER (2017), 124–125.

102 FELBER (2017), 125–126.

103 http://blog.attac.de/arbeitnehmerinnenrechte-wirksam-durchsetzen/

6.) Keiner der Hebel wird gezogen: Was sind die wesentlichen Hindernisse dafür, dass global eine gerechtere Welt entsteht?

1 https://kenfm.de/terror-luege-und-wahrheit-podiumsdiskussion/

2 https://kenfm.de/terror-luege-und-wahrheit-podiumsdiskussion/

7.) Wege, um den Soll-Zustand einzuleiten: Welche realistischen Möglichkeiten gibt es, damit dieses System für eine bessere Welt umgesetzt wird?

1 https://allfacebook.de/toll/state-of-facebook

2 https://de.statista.com/statistik/daten/studie/161957/umfrage/internationale-marken-bei-facebook-nach-anzahl-der-fans/

3 https://www.zeit.de/wirtschaft/2012-08/umfrage-deutschland-wirtschaftsordnung

4 86 FELBER (2014), 248–249.

Literatur

Abiola Hafsat / Stoeck Sabine (Hg.) (2005): »Impuls für eine Welt in Balance« 1. Auflage. Hamburg: Global Marshall Plan Initiative.

Acemoglu, Daron (2013): »Warum Nationen scheitern. Die Ursprünge von Macht, Wohlstand und Armut.« Frankfurt am Main: S. Fischer.

Berghaus, Margot (2011): »Luhmann leicht gemacht« 3. Auflage. Köln: Böhlau Verlag GmbH & Cie, Köln Weimar Wien.

Felber, Christian (2014): »Geld. Die neuen Spielregeln. Wien: Deuticke.

Felber, Christian (2017): »Ethischer Welthandel. Alternativen zu TTIP, WTO & CO.« Wien: Deuticke im Paul Zsolnay Verlag Wien.

Felber, Christian (2012): »Retten wir den Euro!« Wien : Deuticke

Hessel, Stéphane (2011): »Empört Euch!« 17. Auflage. Berlin: Ullstein.

Kissinger, Henry (2016): »Weltordnung« 2. Auflage. München: Bertelsmann Verlag.

Setton Daniela / Knirsch Jürgen / Mittler Daniel / Alexis Passadakis (2008): »WTO – IWF – Weltbank. Die »Unheilige Dreifaltigkeit« in der Krise. Hamburg: VSA-Verlag.

Smith, Adam (1974): »Der Wohlstand der Nationen. Eine Untersuchung seiner Natur und seiner Ursachen.« München: Beck.

Wolf, Ernst (2014): »Weltmacht IWF. Chronik eines Raubzugs. Marburg: Tectum Verlag.

Zervas, Georgios / Spiegel, Peter (2016): »Die 1-Dollar-Revolution. Globaler Mindestlohn gegen Ausbeutung und Armut. München / Berlin: Piper Verlag GmbH

Webseiten

https://www.menschenrechtserklaerung.de/

https://www.hintergrund.de/

https://www.unric.org/

http://www.spiegel.de/

http://www.vol.at/

http://dioezesefiles.x4content.com/

https://www.welt.de/

https://www.ots.at/

https://www.mz-web.de/

https://netzfrauen.org/

https://unicef.at/

https://www.swissinfo.ch/

http://www.waterisright.org/

https://www.uni-marburg.de

http://www.suedwind-magazin.at/

https://buergerdiplomaten.wordpress.com

https://www.aponet.de/

https://www.oxfam.de/

https://diepresse.com/

https://www.tagesanzeiger.ch/

http://www.ilo.org/

https://www.misereor.de/

http://www.faz.net/

http://www.zeit.de/

http://www.unesco.de/

https://www.uno-fluechtlingshilfe.de/

https://www.giga-hamburg.de/

http://www.bpb.de/

https://www.n-tv.de/

https://www.bmvit.gv.at/

http://files.globalmarshallplan.org/

https://allfacebook.de/

https://de.statista.com/

http://www.filmdenken.eu/

http://www.sueddeutsche.de/

https://lobbypedia.de/

https://www.hintergrund.de/

http://de.wfp.org/

https://www.tagesschau.de/

https://www.presseportal.de/

http://www.dw.com/

https://www.br.de/

http://www.geldsystem-verstehen.de/

http://de.wfp.org/

https://reset.org/

https://blogs.uni-bremen.de/

http://www.demokratiezentrum.org/

http://www.diss.fu-berlin.de/

http://neuesland.at/ http://www.general-anzeiger-bonn.de/

https://www.volker-quaschning.de/

https://www.news.at/

http://www.wwf.de/

https://www.gevestor.de/

https://fassadenkratzer.wordpress.com/

https://www.attac.at/

http://germanwatch.org/

http://blog.attac.de/

https://thinkaboutgeny.com/

http://www.fr.de/

http://www.global-ethic-now.de/

https://derstandard.at/

http://www.un.org/

https://www.bmvit.gv.at/

https://www.bmeia.gv.at/

http://www.nureineerde.de/

https://de.wikipedia.org/

https://www.laenderdaten.de/

http://www.sueddeutsche.de/

http://files.globalmarshallplan.org/nitra.pdf

http://www.demokratiezentrum.org/

https://www.google.at/

http://www.armut.de/

https://blog.tagesanzeiger.ch/

https://www.nzz.ch/

https://www.mpg.de/

https://www.zeitenschrift.com/

https://www.change.org/

https://www.piper.de/

http://www.genisis-institute.org/

http://www.steuer-gegen-armut.org/

https://www.focus.de/

https://axel-schroeder.de/

https://www.huffingtonpost.de/

https://www.globalcompact.de/

https://www.ots.at/

https://www.mz-web.de/

https://www.aponet.de/

https://www.unesco.de/

https://www.the-linde-group.com/

https://www.3sat.de/

http://www.dw.com/

http://www.sonnenseite.com/

https://www.dsw.org/

https://www.deutschlandfunknova.de/

https://deutsche-wirtschafts-nachrichten.de/

http://www.deutschlandfunk.de/

http://www.sueddeutsche.de/

Bilder

https://pixabay.com/de/merkel-bundeskanzlerin-deutschland-2537927/

https://pixabay.com/de/junge-kinder-zusammenarbeit-vater-2026064/

https://pixabay.com/de/menschenmenge-menschen-kontinente-3205491/

https://pixabay.com/de/albert-einstein-portr%C3%A4t-1144965/

https://pixabay.com/de/ma%CC%88nner-angestellte-anzug-arbeit-1979261/

https://pixabay.com/de/glas-elemente-gesch%C3%A4ft-modern-b%C3%BCro-3339972/

https://pixabay.com/de/papier-gesch%C3%A4ft-finanzen-dokument-3309829/

https://pixabay.com/de/euro-skulptur-eurozeichen-kunstwerk-2867925/

https://commons.wikimedia.org/wiki/File:Seal_of_the_United_States_Federal_Reserve_System.svg

https://pixabay.com/de/wolkenkratzer-architektur-h%C3%B6chste-3306092/

https://pixabay.com/de/vereinten-nationen-blau-logo-uno-303670/

https://www.thepeninsulaqatar.com/article/05/08/2017/WTO-reveals-Qatar%E2%80%99s-complaints-against-UAE,-Bahrain-and-Saudi

https://www.forbes.com/forbes/welcome/?toURL=https://www.forbes.com/companies/world-bank-group/&refURL=https://www.google.at/&referrer=https://www.google.at/

https://de.wikipedia.org/wiki/Internationaler_W%C3%A4hrungsfonds

Grafiken

https://www.br.de/themen/wissen/weltbevoelkerung-bevoelkerungswachstum-menschen-erde-welt-100.html

https://www.dreamstime.com/stock-illustration-two-tennis-players-having-game-tennis-court-cartoon-vector-illustration-side-elevation-view-isolated-vibrant-image86227469

https://blog.tagesanzeiger.ch/nevermindthemarkets/index.php/10544/wird-china-bald-demokratisch/

https://cdn.handelszeitung.ch/sites/default/files/hz-files/files/imce/20170110_waffen.jpeg

http://orf.at/stories/2390714/2390740/

https://buergerdiplomaten.wordpress.com/2014/07/02/frieden-als-zivilisierungs-prozess-das-zivilisatorische-hexagon/

https://axel-schroeder.de/was-ist-die-beduerfnispyramide-bedeutung-fuer-kunden-und-mitarbeiter/